Grochla/Szyperski

Modell- und computer-gestützte Unternehmungsplanung

Betriebswirtschaftliche Beiträge
zur Organisation und Automation

Schriftenreihe des

Betriebswirtschaftlichen Instituts für Organisation
und Automation an der Universität zu Köln (BIFOA)

In Gemeinschaft mit

Seminar für Allgemeine Betriebswirtschaftslehre
und Organisationslehre der Universität zu Köln

Seminar für Allgemeine Betriebswirtschaftslehre
und Betriebswirtschaftliche Planung der Universität zu Köln

Herausgeber: Prof. Dr. Erwin Grochla
Prof. Dr. Norbert Szyperski

Band 22

Modell- und computer-gestützte Unternehmungsplanung

Herausgegeben von

Prof. Dr. Erwin Grochla

Prof. Dr. Norbert Szyperski

Direktoren des Betriebswirtschaftlichen Instituts
für Organisation und Automation an der Universität zu Köln

Betriebswirtschaftlicher Verlag Dr. Th. Gabler · Wiesbaden

ISBN 978-3-409-34072-4   ISBN 978-3-322-89256-0 (eBook)
DOI 10.1007/ 978-3-322-89256-0

Copyright by Betriebswirtschaftlicher Verlag Dr. Th. Gabler · Wiesbaden 1973
Softcover reprint of the hardcover 1st edition 1973

Vorwort

Im März 1972 veranstaltete das Betriebswirtschaftliche Institut für Organisation und Automation an der Universität zu Köln (BIFOA) mit finanzieller Unterstützung des Bundesministeriums für Bildung und Wissenschaft ein Internationales Symposium zum Thema

„Modell- und computer-gestützte Unternehmungsplanung",

an dem mehr als 50 Experten aus verschiedenen Ländern teilnahmen. Der Teilnehmerkreis setzte sich aus Wissenschaftlern und Praktikern zusammen. Mit dem vorliegenden Band werden eingereichte Paper und Ergebnisse des Symposiums einer breiten Öffentlichkeit zugänglich gemacht.

Das Symposium war in drei aufeinanderfolgende Sektionen gegliedert, die aus jeweils zwei parallel stattfindenden Workshops bestanden:

SEKTION A Grundlagen und Organisation der Unternehmungsplanung
Workshop I Planungstheoretische Grundlagen der Unternehmungsplanung
Workshop II Organisatorische Gestaltung der Unternehmungsplanung

SEKTION B Gegenwärtiger Entwicklungsstand modell- und computer-gestützter Unternehmungsplanung
Workshop III Erfahrungen mit Modellen für die Unternehmungsplanung
Workshop IV Software für die Unternehmungsplanung

SEKTION C Konzeptionen und weitere Entwicklung der modell- und computer-gestützten Unternehmungsplanung
Workshop V Konzeptionen für Modelle der Unternehmungsplanung
Workshop VI Organisatorische Implementierung und Schaffung der notwendigen Datenbasis

Während des Symposiums wurde deutlich, daß die theoretische Basis der Planung noch sehr unzureichend ist. Das Wissen über Planung ist noch gering; weite Gebiete der Planung sind bisher unstrukturiert. Daher sind hinsichtlich der Vorgehensweise bei der Entwicklung und Implementierung von Modellen noch eine Vielzahl von Fragen offen. Hervorragende Bedeutung maß man auf dem Symposium z. B. der Frage bei, in welcher Weise Manager am Entwurf von Planungsmodellen und an deren Implementierung beteiligt werden sollten.

Allgemein wurde festgestellt, daß eine große Distanz zwischen der wissenschaftlichen Entwicklung und der praktischen Realisierbarkeit besteht. Dabei konnte nicht eindeutig beantwortet werden, ob hier lediglich ein Gap vorliegt, oder ob man hier an Grenzen stößt, die zumindest vorläufig nicht zu überwinden sind. Es ist daher wünschenswert, durch Kooperationen in Wissenschaft und Praxis Lern- und Anpassungsprozesse in Gang zu setzen, die zur Verringerung der Distanz beitragen können.

Die hier vorliegende Veröffentlichung enthält die wichtigsten Beiträge des Symposiums. Sie bietet eine umfassende Dokumentation des gegenwärtigen Wissensstandes auf dem Gebiet der modell- und computer-gestützten Unternehmungsplanung und sollte daher als Anregung und zugleich auch als wertvolle Grundlage für eine breite öffentliche Diskussion verstanden werden. Eine gewisse Heterogenität der Ansätze darf als Beweis dafür angesehen werden, daß die Planungstheorie und die Entwicklung von effizienten Unternehmungsplanungsmodellen noch in einer frühen Phase stecken. Dieser Entwicklungsstand ist nicht ungewöhnlich, denn in der Geschichte umfassender Theorien kann oft beobachtet werden, daß zunächst unterschiedliche Ansätze existieren. Erst auf einer höheren Stufe wird der Blick frei für eine vereinheitlichende Synthese, die Grundlage für ein systematisches Forschen aller Fachwissenschaftler sein kann.

Wir möchten an dieser Stelle noch einmal allen Teilnehmern des Symposiums danken, die durch ihre Arbeitspapiere, Vorträge und Diskussionsbeiträge ein Gelingen des Symposiums ermöglichten. Unser Dank gilt ebenfalls allen Mitarbeitern des BIFOA, die zum Erfolg des Symposiums beigetragen haben. Insbesondere möchten wir jedoch den Herren Dr. Klaus Sikora, Dipl.-Ing. Herbert Tröscher und Dipl.-Ing. Klaus Höring für die konstruktive Mitarbeit im Programmkomitee, Herrn Dipl.-Kfm. Günter Mans für die wertvolle Hilfe bei der Vorbereitung, Durchführung und Auswertung sowie Herrn Dipl.-Kfm. Friedrich Winkelhage für die organisatorische Betreuung des Symposiums Dank sagen. Schließlich danken wir den Herren Dipl.-Kfm. Karl-Heinz Kaiser, Dipl.-Ing. Karl Hammes und stud. rer. pol. Gerd Nagel für die redaktionelle Mitarbeit.

Erwin Grochla und Norbert Szyperski

Teilnehmer

Prof. Dr. Norton M. Bedford, University of Illinois, Urbana

Prof. Dr. John W. Buckley, University of California, Los Angeles

Dr. Claude W. Burrill, IBM-Systems Science Institute, New York

Dr. Horst Burwick, GEI — Gesellschaft für Elektronische Informationsverarbeitung, Walheim

Prof. E. Eugene Carter, Harvard University, Boston

Prof. Dr. Klaus Chmielewicz, Universität Bochum, Bochum

Prof. Dr. Adolf Coenenberg, Universität Augsburg, Augsburg

Prof. Dr. Kalman J. Cohen, Carnegie-Mellon University, Pittsburgh

Graeme Dillon, State Electricity Commission of Victoria, Melbourne

Prof. Dr. Werner Dinkelbach, Universität Regensburg, Regensburg

Dipl.-Math. Wilhelm B. Emde, Betriebswirtschaftliches Institut für Organisation und Automation an der Universität zu Köln, Köln

Dr. Aloys Gälweiler, Brown, Boveri & Cie. AG, Mannheim

Dr. Helmut Garbe, Betriebswirtschaftliches Institut für Organisation und Automation an der Universität zu Köln, Köln

Dr. Jack Gillette, Bonner & Moore Europa S. A., Brüssel

Dipl.-Kfm. Reinhard Gillner, Betriebswirtschaftliches Institut für Organisation und Automation an der Universität zu Köln, Köln

Prof. Dr. Erwin Grochla, Universität zu Köln, Betriebswirtschaftliches Institut für Organisation und Automation an der Universität zu Köln, Köln

Dr. Hans-Günter Grünewald, Henkel & Cie. GmbH, Düsseldorf

Prof. Dr. Robert Hayes, Vanderbilt University, Nashville

Dipl.-Ing. Dieter Hellmanns, Gelsenberg AG, Essen

Dr. Eugene W. Helms, Texas Instruments Inc., Dallas

Ulrich Hoffmann, Booz, Allen & Hamilton, Düsseldorf

Dr. Helmut Hohlweg, Gewerkschaft Elwerath, Celle

Siegfried Höhn, Volkswagenwerk AG, Wolfsburg

Dipl.-Ing., Dipl.-Wirtsch.-Ing. Klaus Höring, Betriebswirtschaftliches Institut für Organisation und Automation an der Universität zu Köln, Köln

Dr. Erich Jantsch, University of California, Berkeley

Dipl.-Kfm. Alfred Joepen, Betriebswirtschaftliches Institut für Organisation und Automation an der Universität zu Köln, Köln

Dipl.-Volksw. Dieter Kollmannsperger, Ruhrgas AG, Essen

Dr. Ronald J. Lanstein, Wells Fargo Bank, San Francisco

Dipl.-Kfm. Günter Mans, Betriebswirtschaftliches Institut für Organisation und Automation an der Universität zu Köln, Köln

Prof. Dr. Peter Mevert, University of Minnesota, Minneapolis

Dr. Hermann Meyhak, Universität Mannheim, Mannheim

Prof. Dr. Michael Moses, University of Pennsylvania, Philadelphia

John E. Mulvaney, Harold Whitehead & Partner Ltd., London

Arnold Pott, Thyssen Niederrhein AG, Oberhausen

Prof. Dr. Edward B. Roberts, Massachusetts Institute of Technology, Cambridge

Dr. Harald Rölle, ADV-ORGA F. A. Meyer KG, Wilhelmshaven

Dr. Harold Sackman, Kansas State University, Manhattan

Dipl.-Kfm. Otto Schäfer, FAG Kugelfischer, Georg Schäfer & Co., Schweinfurt

Dr. Heinz G. Schild, Siemens AG, München

Dipl.-Kfm. Jürgen Schünemann, Universität zu Köln, Köln

Prof. Dr. Marcell Schweitzer, Universität Tübingen, Tübingen

Dr. Dietrich Seibt, Betriebswirtschaftliches Institut für Organisation und Automation an der Universität zu Köln, Köln

Dr. Klaus Sikora, Universität zu Köln, Köln

Dr. Manfred Stach, Deutsche Unilever GmbH, Hamburg

Dr. Peter Stahlknecht, Preussag AG, Hannover

Prof. Dr. Andrew C. Stedry, The University of Texas at Austin, Austin

Prof. Dr. Franz Steffens, Universität Mannheim, Mannheim

Prof. Dr. Norbert Szyperski, Universität zu Köln, Betriebswirtschaftliches Institut für Organisation und Automation an der Universität zu Köln, Köln

Dr. N. N. Georg Thaler, Mannesmann-Röhrenwerk, Düsseldorf

Dipl.-Ing., Dipl.-Wirtsch.-Ing. Thilo Tilemann, Betriebswirtschaftliches Institut für Organisation und Automation an der Universität zu Köln, Köln

Dr. Günter Tillinger, IBM Deutschland GmbH, Sindelfingen

Dipl.-Ing. Herbert Tröscher, Rhein.-Westf. Elektrizitätswerk AG, Essen

Dipl.-Math. Kurt Uhde, Chemische Werke Hüls AG, Marl

Dr. Günter Widdel, ADV-ORGA F. A. Meyer KG, Wilhelmshaven

Prof. Dr. Jürgen Wild, Universität Freiburg, Freiburg/Brsg.

Dipl.-Kfm. Friedrich Winkelhage, Betriebswirtschaftliches Institut für Organisation und Automation an der Universität zu Köln, Köln

Dr. Allen J. Wood, Power Technologies, Inc., Schenectady

Dr. Erich Zahn, Universität Mannheim, Mannheim

Privatdozent Dr.-Ing. Christof Zangemeister, Scientific Control Systems Ltd., Hamburg

Dr. Hans W. Zipse, Hoesch AG, Dortmund

Tagungsleitung

Prof. Dr. Erwin Grochla
Prof. Dr. Norbert Szyperski

Programmkomitee

Prof. Dr. Erwin Grochla
Dipl.-Ing., Dipl.-Wirtsch.-Ing. Klaus Höring
Dr. Klaus Sikora
Prof. Dr. Norbert Szyperski
Dipl.-Ing. Herbert Tröscher

Organisationskomitee

Dipl.-Kfm. Günter Mans
Dipl.-Kfm. Friedrich Winkelhage

Inhaltsverzeichnis

Seite

Einführung

Grochla, Erwin: Die Aufgabe des Symposiums 17

Szyperski, Norbert: Forschungs- und Entwicklungsprobleme
der Unternehmungsplanung 21

Mans, Günter: Stand und Entwicklung von Planungssystemen
in Unternehmungen der BRD — Analyse einer empirischen
Untersuchung 41

Sektion A:

Grundlagen und Organisation der Unternehmungsplanung

Workshop I: Planungstheoretische Grundlagen der Unternehmungsplanung
Diskussionsleitung: Prof. Dr. Norbert Szyperski

Gälweiler, Aloys: Zur Formalisierung von Planungssystemen 67

Hayes, Robert: Planning Models for Entrepreneurial Organizations . . 85

Zangemeister, Christof: Werturteil und formalisierte Planungsprozesse
— Zur Notwendigkeit und praktischen Möglichkeit einer systematischen Integration menschlicher Urteilskraft und Erfahrung in
modell- und computer-gestützte Planungssysteme 97

Jantsch, Erich: Computer Simulation and Systems Approach 125

Dinkelbach, Werner: Modell — ein isomorphes Abbild der Wirklichkeit? 151

Coenenberg, Adolf G.: Return on Investment und interner Zinsfuß
— Zur Aussagefähigkeit des Return on Investment für betriebliche
Planungs- und Kontrollrechnungen 163

Stedry, Andrew C.: Computers, Data and Decision-Making:
Some Requirements for Rational Planning 191

Szyperski, Norbert; Schünemann, Jürgen: Bericht über die Ergebnisse
des Workshop I 197

Seite

Workshop II: Organisatorische Gestaltung der Unternehmungsplanung

Diskussionsleitung: Prof. Dr. Jürgen Wild

Helms, Eugene W.: Formal Approaches to Strategic Planning 205

Wild, Jürgen: Bestandteile, Aufbauprinzipien und Entwicklungsstufen von Planungssystemen 215

Mulvaney, John E.: Model Based Systems for Corporate Planning and Control 231

Lanstein, Ronald J.: Using mathematical models in the planning process of a complex financial organization 255

Grochla, Erwin: Organisatorische Voraussetzungen einer effizienten modell- und computer-gestützten Unternehmungsplanung 263

Schweitzer, Marcell: Zur Bestimmung optimaler Reorganisationsstrategien wachsender Unternehmungen 281

Wild, Jürgen; Joepen, Alfred: Bericht über die Ergebnisse des Workshop II 307

Sektion B:

Gegenwärtiger Entwicklungsstand modell- und computer-gestützter Unternehmungsplanung

Workshop III: Erfahrungen mit Modellen für die Unternehmungsplanung

Diskussionsleitung: Dipl.-Ing. Herbert Tröscher

Hamilton, William F.; Moses, Michael A.: An Analytical System for Corporate Strategic Planning 321

Stahlknecht, Peter: Erfahrungen mit computer-gestützten Planungsmodellen 339

Wood, Allen J.: Corporate Models in the Electric Utility Industry ... 351

Tröscher, Herbert: Implementation Problems in Model Building for Corporate Planning 363

Stach, Manfred: PROFORMA — ein computer-gestütztes System zur Unternehmungsplanung 383

Seite

Thaler, Georg: Entwicklung eines Rechensystems für die Jahresplanung in einem Unternehmen der Stahlrohrfertigung 397

Tröscher, Herbert; Höring, Klaus: Bericht über die Ergebnisse des Workshop III 413

Workshop IV: Software für die Unternehmungsplanung

Diskussionsleitung: Prof. Dr. Franz Steffens

Gillette, Jack M.: The Planning Language and the Planning Model . . 425

Burwick, Horst: Der Aufbau von Planungs- und Kommunikationssystemen mit der problemorientierten Sprache PS 1 445

Schild, Heinz G.: Überlegungen zu Software für die strategische Planung 463

Tillinger, Günter: PLATO — Das IBM-interne Planungssystem mit EDV 473

Steffens, Franz; Tilemann, Thilo: Bericht über die Ergebnisse des Workshop IV 485

Sektion C:

Konzeptionen und weitere Entwicklung der modell- und computergestützten Unternehmungsplanung

Workshop V: Konzeptionen für Modelle der Unternehmungsplanung

Diskussionsleitung: Prof. Dr. Peter Mevert

Carter, Eugene; Cohen, Kalman: Portfolio Aspects of Strategic Planning 497

Kollmannsperger, Dieter: Computer-gesteuerte Operations Planning in einem Körperpflegemittel-Unternehmen 533

Buckley, John W.: A Systemic Credit Model 547

Chmielewicz, Klaus: Grundzüge einer integrierten Finanz- und Erfolgsplanung 571

Zahn, Erich: Zur Anwendung mathematischer Modelle bei der strategischen Planung 597

Seite

Mevert, Peter; Dickson, Gary W.: Short-Term Planning:
An Interactive Modeling Approach 621

Mevert, Peter; Emde, Wilhelm B.: Bericht über die Ergebnisse
des Workshop V 637

Workshop VI: Organisatorische Implementierung und Schaffung
der notwendigen Datenbasis

Diskussionsleitung: Dr. Harald Rölle

Sackman, Harold: Theory and Rudiments of Participatory Online
Planning 645

Rölle, Harald: Ein formales Planungssystem als Grundlage computergestützter Planungsprozesse 667

Bedford, Norton M.: Information Organization and Retrieval Systems
for Corporate Planning 697

Swanson, Carl V.: Ingredients for Success in Corporate Planning
Models 711

Roberts, Edward B.: Strategies for Effectiv Implementation of Complex
Corporate Models 723

Burrill, Claude W.: Training Management in the Construction of
Financial Models 733

Rölle, Harald; Gillner, Reinhard: Bericht über die Ergebnisse
des Workshop VI 743

Szyperski, Norbert; Sikora, Klaus: Zur Bedeutung betriebswirtschaftlicher Planungsmodelle beim Aufbau interdimensionaler Bezugsrahmen für die Unternehmungsplanung 751

Einführung

Die Aufgabe des Symposions
von Prof. Dr. Erwin Grochla

In den Jahren 1969/70 analysierte das Betriebswirtschaftliche Institut für Organisation und Automation an der Universität zu Köln (BIFOA) — gefördert vom Bundesministerium für Bildung und Wissenschaft (BMBW) — die Gestaltungsmöglichkeiten von rechnergestützten Informations-, Entscheidungs- und Lenkungssystemen in Unternehmungen und erarbeitete Vorschläge für die zur Realisierung solcher Systeme notwendige Forschung. Im Rahmen dieses Projektes wurde im Sommer 1970 ein erstes internationales BIFOA-Symposium über „Management-Informations-Systeme — Eine Herausforderung an die wissenschaftliche Forschung" in Köln veranstaltet. Die Ergebnisse des Symposiums haben ihren Niederschlag in dem Ende 1970 abgeschlossenen Forschungsprojekt gefunden, das als „Vorschlag für ein MIS-Forschungsprogramm" vom BMBW veröffentlicht wurde. Außerdem sind in der Zwischenzeit eine Reihe von Projektberichten in den BIFOA-Arbeitsberichten publiziert worden.

Das Echo auf das genannte Symposium war im Inland und im Ausland sehr positiv. Die Zuschriften lassen den Schluß zu, daß alle Teilnehmer durch den intensiven Gedankenaustausch wertvolle Anregungen für ihre eigene Arbeit nach Hause nehmen konnten. Diese Tatsache hat uns ermutigt, für dieses Jahr ein weiteres internationales BIFOA-Symposium vorzubereiten, und ich freue mich außerordentlich, daß ein so großer Kreis unserer Einladung gefolgt ist. Ich darf Sie alle, zugleich im Namen von Herrn Kollegen Szyperski, sehr herzlich begrüßen und Ihnen — ganz besonders unseren ausländischen Gästen — für Ihre Bereitschaft zur Mitarbeit danken.

Den Hintergrund für das Symposium, das heute beginnen soll, bildet das von uns erarbeitete MIS-Forschungsprogramm, das aus 18 Projektvorschlägen besteht. Das BIFOA wird im Rahmen dieses Programms folgende drei Projekte durchführen:

- Entwicklung eines Informationssystems zur administrativen Steuerung einer Unternehmung (ISAS)

- Entwicklung eines Simulationsmodells des Planungs-, Steuerungs- und Informationssystems als Entwurfs- und Implementierungsinstrument für MIS (SIMMIS)

- Entwicklung eines Informationssystems zur Unternehmungsgesamtplanung (CORPIS).

Dieses Symposium zum Thema „Modell- und computer-gestützte Unternehmungsplanung" steht in engem Zusammenhang mit dem Projekt CORPIS.

Durch die wachsende Komplexität der Unternehmungen und den raschen Wandel der Märkte und Technologien gewinnt eine systematische Unternehmungsplanung immer mehr an Bedeutung. Die sich hierbei ergebende zunehmende Komplexität der Planungsprobleme läßt den Einsatz effizienter Hilfsmittel immer dringlicher erscheinen. Hierzu gehören Planungsmethoden, -modelle, -systeme und -sprachen, vor allem aber die automatische Datenverarbeitungsanlage, der Computer, der die Anwendung der anderen Hilfsmittel in vielen Fällen erst praktikabel macht und wirtschaftlich sinnvoll werden läßt. Darüber hinaus hat die Verwendung des Computers für die Planung der Unternehmung den zusätzlichen Vorteil, daß die in der Regel bereits vorhandene Anlage in vielen Fällen besser genutzt werden kann.

Unter diesem Gesichtspunkt sollen im Projekt CORPIS neue theoretische und praktische Erkenntnisse auf dem Gebiet der Unternehmungsplanung gewonnen werden. Das Projekt ist so konzipiert, daß diese Erkenntnisse durch die Zusammenarbeit einer wissenschaftlichen Gruppe des BIFOA mit einer Anwender-Unternehmung und einem Softwarehaus, das heißt, durch die Entwicklung von Planungs(sub)systemen in der Wirtschaftspraxis gewonnen werden sollen. Es erschien uns sinnvoll, zu Beginn dieser Arbeit den bisherigen Stand der Forschung und der praktischen Entwicklung festzustellen, einen Erfahrungsaustausch zwischen den Fachleuten, die auf diesem Gebiet arbeiten, herbeizuführen und die von uns angestrebte Forschungs- und Entwicklungsmethode zur Diskussion zu stellen.

Die eingesandten Paper zeigen, daß uns eine Fülle von Fragen in der Diskussion begegnen wird. Ich möchte hier schon einige formulieren, die mir als wesentlich erscheinen:

Ein Schwerpunkt der Diskussion dürfte die Frage sein, wie umfangreich und aussagekräftig das theoretische und praktische Planungswissen heute ist. Daran schließt sich eine Reihe von weiteren Fragen an: Ist es möglich und sinnvoll, bereits jetzt komplexe Planungsmodelle zu konstruieren? Auf welchen Ebenen der Planung sind computer-gestützte Modelle anzuwenden? Sollen Modelle auch auf der strategischen Ebene eingesetzt werden? Welche Modellform kann für strategische Modelle besonders sinnvoll sein? Ist es möglich und zweckmäßig, Modelle zu bauen, die die gesamte Unternehmung abbilden? Für welche Unternehmungsbereiche existieren Modelle? Welche Unternehmungsbereiche sind für eine Modellanwendung geeignet und welche nicht? Für welche Planungsaufgaben erscheint der Computereinsatz geeignet? Welche Aufgaben werden auch weiterhin der menschlichen Intuition vorbehalten bleiben?

Ein drängendes Problem ist auch die Auswahl bzw. Entwicklung geeigneter Planungssprachen. Kann auf die Sprache des Rechnungswesens zurückgegriffen werden? Welchen Bedingungen muß eine gute Planungssprache genügen?

Von nicht minderer Bedeutung ist die Frage der Metaplanung, der Gestaltung des Planungsprozesses. Wer sollte für einen Modellbau verantwortlich sein, vor allem, in welcher Form sollten Manager an der Entwicklung eines Modells beteiligt sein?

Gibt es Organisationsformen, die in der Entwicklungsphase die Effizienz des Modellbaus steigern? In welchem Stadium der Modellentwicklung hat die Implementierung des Modells zu beginnen? Wer sollte daran beteiligt sein?

Dieser Fragenkatalog ist zwangsläufig unvollständig. Weitere Fragen werden im Verlauf des Symposiums auftauchen. Zwar nehme ich an, daß es nicht möglich sein wird, diese Fragen endgültig zu beantworten, aber ich hoffe, daß uns die gemeinsame Arbeit in den kommenden Tagen einige Schritte vorwärtsbringen wird. In diesem Sinne würde es mich sehr freuen, wenn das Symposium allen Teilnehmern fruchtbare Anregungen geben könnte.

Forschungs- und Entwicklungsprobleme der Unternehmungsplanung

Von

Prof. Dr. Norbert Szyperski

Als wir uns gestern abend auf Einladung des Bürgermeisters der Stadt Köln im Praetorium die historischen Funde und die Aufzeichnungen über die Stadt Köln ansehen konnten, da war es leicht festzustellen, daß der innere, römische Teil der Stadt Köln sehr gut durchdacht geplant worden war. All das, was dann um den inneren Kern herum — jenseits der Stadtmauern — entstand, war das Ergebnis eines zum Teil recht wilden Wachstumsprozesses. Und dennoch müßte man heute, kommt man in die Kölner Innenstadt, sagen, daß man eine Stadt kaum schlechter hätte planen können, als gerade diesen von den Römern gestalteten Teil. Damit wird deutlich, wie zeitbezogen Planungsüberlegungen sind und wie stark sie auf die Frage ausgerichtet sein müssen, für wen und zu welchem Zwecke geplant wird.

1. Zur Aktualität der Thematik Planung

1.1. Schwankungen in der Beurteilung und Wertschätzung der Planung

Wer einmal ein wenig die literarische Geschichte der Planung auf den verschiedensten Gebieten verfolgt, wird finden, daß es ein starkes emotional und ideologisch beladenes Auf und Ab gegeben hat: Planung hin, Planung her, Planung — die einzig richtige Lösung, Planung — ein Grundübel, das man verhindern muß.

So gesehen, wird Planung auch heute immer noch und wieder unter den verschiedensten Aspekten gegensätzlich aufgebaut.

Planung wird auf der einen Seite mit den Fragen und Problemen von Unfreiheit identifiziert, und zur gleichen Zeit wird Planung als ein Instrument herausgestellt, mit dessen Hilfe Freiheit überhaupt erst geschaffen werden kann. Unfreiheit durch planerische Einengungen der Handlungsmöglichkeiten und Freiheit zur Gestaltung der anstehenden Aufgaben durch planerische Reduktion der Komplexität. Wenn von Planung in Unternehmungen gesprochen wird, so assoziiert sich sofort die Frage nach zentralen und dezentralen multipersonalen Entscheidungsorganisationen und nach den damit verbundenen personalen und sozialen Konflikten. Bezüglich des Planens einzelner Funktionen, einzelner operationaler Einheiten und deren Zusammenwirken, richtet sich der Blick einerseits auf die routinemäßige geistige Bewältigung anstehender realer Probleme. Andererseits wird Planung als innovativer, intellektueller Problemlösungsprozeß mit einer unterschiedlichen Qualität in den Ausgangsinformationen über die Umwelt, die eigenen Möglichkeiten, die eigenen Wünsche, Ziele und Werte sichtbar. Das Wort „Planung" ruft zugleich aber auch Fragen nach der rationalen, zielorientierten und wechselseitig koordinierten Lösung der gestellten Aufgabe hervor.

Schließlich wird Planung nicht selten mit Intuition konfrontiert. Dem Planer wird häufig der Antiplaner gegenüberstehen, der glaubt, sich nur durch Agieren in seiner Umwelt anpassend vorantasten zu können. Gestatten Sie mir die Anmerkung, daß die Antiplaner nicht selten gerade in den Planungsabteilungen sitzen. Man kann fragen, warum das so ist. Möglicherweise liegt es daran, daß sie das Metier und die Schwierigkeiten im kognitiven und konzeptionellen Bereich am besten kennen.

All die oben genannten Punkte werden heute wieder diskutiert. Selbst im öffentlichen Bereich unseres Landes scheint die ausgeprägte Skepsis gegenüber der staatlichen Planung einer weniger ideologischen und mehr sachlichen Diskussion des Planungsproblems zu weichen, ohne allerdings eine gewisse Euphorie vermeiden zu können, die manchmal „Pläne machen" mit dem „Lösen realer Probleme" zu verwechseln scheint. Auf jeden Fall müssen wir uns immer wieder fragen — und das sollte die Grundleitlinie auch unserer Diskussion sein — wozu Planung dienen soll und wo die Möglichkeiten und die Grenzen der Planung in den einzelnen Bereichen liegen.

1.2. Gründe für die Aktualität von Unternehmungsplanung (Corporate Planning)?

Planungen können nach Planungsträgern und Planungsobjekten unterschieden werden. Corporate Planning soll hier als Planung der gesamten Unternehmung durch die Organe dieser Unternehmung verstanden werden. Man könnte sich sprachlich dahingehend einigen, daß man für „Corporate Planning" im Deutschen schlichtweg „Unternehmungsplanung" sagt. Damit würde dann die Planung der gesamten Unternehmung gemeint sein. Werden einzelne Teilpläne angesprochen, so sollten wir diese auch nennen, indem wir sagen: Absatzplanung, Finanzplanung, Divisionsplanung usw. Auf diese Weise erspart man sich zusätzliche Belastungen, die mit dem langen Wort „Gesamtunternehmungs-Gesamtplanung" verbunden sind.

Wenn wir in diesem Sinne Corporate Planning oder Unternehmungsplanung betrachten und uns fragen, warum Corporate Planning und Unternehmungsplanung an Aktualität gewonnen haben und vielfältig diskutiert werden, so scheinen mir die folgenden Gründe dafür maßgeblich zu sein:

Erstens kann man feststellen, daß die einzelnen Märkte und Wirtschaftsräume aus ihrer Isolierung heraustreten und zusätzliche Interdependenzen und Wechselwirkungen zeigen, daß die Kommunikationsdichte über die verschiedenen Wirtschaftsbereiche hinweg wächst und daß die Unternehmungen, die an den verschiedenen Märkten und Wirtschaftsbereichen beteiligt sind, mit dieser Kommunikation und Interdependenz zwischen den Märkten rechnen müssen. Folglich muß immer häufiger die gesamte Unternehmung im Hinblick auf alle Teilbereiche der Umwelt koordinierend reagieren und agieren. Dabei sollte die interne Struktur der veränderten Umweltstruktur angepaßt werden.

Zweitens bieten die technologischen Möglichkeiten in der Produktion und gerade auch im Bereich der Logistik neue Ansatzpunkte, um räumliche Isolierung zu überwinden. So findet man immer häufiger Unternehmungen, die gerade in ihren Produktionsbereichen nationale, kontinentale oder weltweite Planungen vornehmen müssen, weil sie nicht mehr wie früher produktorientiert, genauer fertigproduktorientiert, an einem Platz tätig werden, sondern ihre Fertigung wie ein Netz über weite Bereiche legen.

Drittens machen sich auch für finanzstarke Unternehmungen bei starkem Wachstum Grenzen bemerkbar, so daß Entscheidungen über die Richtung der weiteren Unternehmungsentwicklung notwendig werden. Knappe Ressourcen und weitgefächerte Aktivitäten verlangen eine Ausrichtung auf gemeinsame Ziele und eine Koordinierung der verstreuten Bemühungen, um eine hinreichende Wirksamkeit der Gesamtaktivitäten sicherzustellen. Damit scheidet ein Verteilen der knappen Ressourcen in der Form eines Bewilligungsverfahrens aus und es wird immer stärker danach gefragt, wohin die gesamte Unternehmung sich eigentlich entwickeln soll.

Diese vorgenannten Überlegungen stehen letztlich viertens im Zusammenhang mit den relativ schnellen Veränderungen ganzer Wirtschafts- und Kulturbereiche, die zum Teil technisch bedingt sind, zum Teil aber auch durch soziale Veränderungen hervorgerufen werden. Die Wandlungen der Märkte und ihrer wirtschaftlichen und sozialen Umgebung werden immer schneller. Nicht nur die Mode verändert sich immer kurzfristiger, sondern auch die Lebenszyklen einzelner Produkte und ganzer Produktfamilien werden immer kürzer.

Damit sind die Gründe für die Aktualität der Unternehmungsplanung gewiß nicht erschöpfend behandelt; die genannten dürften aber einen Eindruck von der gegenwärtigen Planungssituation auf diesem Gebiet vermitteln. Sie ist insbesondere durch die wachsende Komplexität der planerischen Aufgaben gekennzeichnet.

1.3. Planung und Komplexität als wachsende Dichotomie

Die zunehmende Komplexität ist eigentlich ein Kernproblem, das sich durch alle Planungsüberlegungen wachsender größerer Unternehmungen zieht. Zunehmende Komplexität, das machen alle vorgenannten Gründe sichtbar, verlangt nach einer zunehmenden umfassenderen Planung der Unternehmung in operationaler, dispositiv-taktischer und strategischer Hinsicht. Wachsende Komplexität eines betrachteten Systems vermindert aber zugleich die Chancen einer umfassenden Gesamtplanung. Mit zunehmender Komplexität wächst also eindeutig die Notwendigkeit zur Planung, während zugleich die Möglichkeit, in diesen umfassenden und komplexen Zusammenhängen überhaupt noch planerisch vorzugehen, eher eingeengt wird. So stehen sich Notwendigkeit und Möglichkeit der Gesamtplanung diametral gegenüber.

Auf diesem Hintergrund müssen alle Bemühungen um die Gestaltung von Planungssystemen gesehen werden. Zugleich ist aber zu fragen, mit welchem Einfluß Modelle und Computer im Rahmen gegebener oder veränderter Planungs- und Entscheidungsstrukturen die realistischen Möglichkeiten der Planung verbessern können. Modelle, ganz gleich, ob implizite im Kopf des Planenden oder explizit formulierte, sind die Ausgangsbasis, an der sich alle planerischen Überlegungen zu orientieren haben. Der Mensch plant nicht an der Realität, sondern an seinen Modellen von der Realität. Die Handhabung derartiger Modelle verlangt nach informationstechnischen Verfahren. Der Computer ist geeignet, die personalen Verarbeitungskapazitäten des Menschen zu erweitern. Zusammen mit den explizit formulierten und damit außerhalb des menschlichen Gehirns manipulierbaren Modellen der Umwelt kann er die kognitiven Begrenzungen im Entscheidungs- und Planungsprozeß verschieben helfen.

Die Modelle, mit deren Hilfe Planung überhaupt erst möglich wird, bilden mehr oder weniger relevante Teile der Realität (einschließlich ihrer Noch-nicht-Dimension) mehr oder weniger konkret ab. Ihren heuristischen Wert erlangen diese Abbildungen dadurch, daß sie deren unendliche Komplexität verkürzen und nur die entscheidungsrelevanten Elemente und Relationen in den Blickpunkt rücken. Der wachsenden Komplexität im Planungsbereich muß somit die stärkere Abstraktion im Modell entsprechen. Corporate Planning ist so gesehen betriebliche Makroplanung. Dem intuitiven Wunsch nach möglichst genauer, realitätsnaher Modellierung steht das Bonini-Paradoxon gegenüber: Je realitätsnäher und damit komplexer ein Modell wird, desto weniger hilft es, die reale Welt zu verstehen und somit zu kontrollieren. Wachsende Komplexität des zu planenden Realsystems verlangt daher auf der Ebene der Gesamtplanung relativ abstrakte und aggregierte Modelle.

Da Planung über zukünftiges Handeln in zukünftigen Strukturen und unter zukünftig wirksamen Entscheidungsdeterminanten zu befinden hat, stehen nicht Abbildungen der hier und heute gegebenen realen Systeme im Vordergrund, sondern — streng genommen — die darauf aufbauenden Systemalternativen ganzer Unternehmungen. Unternehmungsplanung muß daher zwischen alternativen Modellen wählen und ist nicht so sehr auf die optimale Verhaltensweise innerhalb eines gegebenen Modells ausgerichtet. Corporate Models müssen folglich entsprechend flexibel sein, damit Parameter ausgetauscht, Parameteränderungen vorgenommen, neue Variable und neue Relationen eingefügt, ganze Submodelle substituiert werden können.

2. Abgrenzung des Gegenstandsbereichs der Unternehmungsplanung

Der Gegenstandsbereich der Unternehmungsplanung könnte vielleicht wie folgt abgegrenzt werden:

Unter Unternehmungsplanung wird ein Prozeß von Entscheidungen über Entscheidungen verstanden, durch den bei erwarteten Umweltbedingungen die Pläne der divisionalen und/oder funktionalen Bereiche von Unternehmungen für sämtliche Planperioden des Planzeitraums erzeugt, geprüft und — sachlich wie auch zeitlich aufeinander abgestimmt — vorgegeben werden. Diese Teilpläne des Unternehmungsplanes fungieren als Entscheidungsprämissen für zukünftige Planungen niedriger Ordnung bzw. Endentscheidungen in den divisionalen und/oder funktionalen Bereichen der Unternehmung. Sie definieren Planungsprobleme bzw. Endentscheidungsprobleme niedrigerer Ordnung und legen die Bedingungen ihrer Lösungen fest. Unternehmungsplanung erfolgt daher stets in der mehr oder minder begründeten Erwartung, daß die durch den programmierenden Unternehmungsplan programmierten Planungs- und Entscheidungsprobleme so gelöst werden können, daß die definierten Lösungsbedingungen eingehalten werden[1].

Dabei muß hinreichend sichergestellt werden, daß die Unternehmung

(1) im Planungszeitraum, d. h. bis zum Planungshorizont, die Anforderungen der Umwelt und ihre eigenen, systemimmanenten Bedingungen erfüllen kann und

(2) am Planungshorizont in der von ihr erwarteten Umwelt Zustände erreichen wird, die sie befähigen, den Anforderungen der Umwelt (einschließlich jener der Mitglieder der Unternehmung) auch weiterhin entsprechen zu können.

Wenn wir die Anforderungen während des Planungszeitraumes so weit fassen, dann wenden wir uns schon ausdrücklich gegen jeden Versuch, eindimensionale Ziele zu fixieren. Die Diskussion der Zustandsbedingungen am Planungshorizont konzentriert sich auf die Frage, ob und wie es der Unternehmung auch nach diesem Zeitpunkt möglich ist, erneut Ziele zu setzen. Diese Überlegungen, die zum Teil unter dem Aspekt des Überlebens, zum Teil unter dem Problem des Bestandes einer Unternehmung behandelt werden, haben bei der Diskussion der Unternehmungsplanung deswegen besondere Bedeutung, weil es sich hierbei nicht um die Planung einzelner isolierter Investitionen handeln kann.

---

[1] Zur Definition von „Planung" als Entscheiden über Entscheidungen vgl. Luhmann, Niklas: Politische Planung. In: Luhmann, Niklas: Politische Planung. Aufsätze zur Soziologie von Politik und Verwaltung. Opladen 1971, S. 67 f.

3. Zu den Grundlagen der anstehenden Forschungsprobleme auf dem Gebiet der Unternehmungsplanung

Die weite Fassung des Gegenstandsbereiches für Forschung und Entwicklung auf dem Gebiet der Unternehmungsplanung darf nicht den Eindruck hervorrufen, daß gleiche Probleme und einheitliche Lösungen in allen Unternehmungen zu erwarten sind, so daß gewissermaßen am Modell der Unternehmung schlechthin Planungsüberlegungen erforscht und diskutiert werden könnten. Ich glaube, genau das ist falsch. Wir tun weder unserer Betrachtung noch unseren eigenen Forschungsbemühungen etwas Gutes an, wenn wir von diesem einheitlichen und vereinfachten Bild ausgehen. Es ist im Gegenteil eine weitgehende, bisher viel zu geringe Differenzierung notwendig — und zwar bezogen auf die Planungsprozesse in einer Einzelunternehmung und bezogen auf die Planungsprozesse verschiedener Unternehmungen. Wir müssen vermutlich davon ausgehen, daß kaum ein anderer Bereich so weitgehend differenziert sein wird und ist wie der der Planung. Planung unterscheidet sich von Funktionsbereich zu Funktionsbereich, von Unternehmung zu Unternehmung, von Branche zu Branche.

In dieser Hinsicht befinde ich mich in völliger Übereinstimmung mit der von Ansoff und Brandenburg vertretenen Auffassung: "One of the major reasons why much of the economic theory of the firm is inapplicable to the real world stems from a lack of discrimination among individual firms. All firms are expected to follow, in a similar way, the same behavioral hypothesis (maximization of near term profit). In practice we find significant differences among firms both in their objectives and in the way they pursue the objectives. We need to understand the reasons for these differences"[2].

Akzeptiert man diese Position, so können die grundlegenden Forschungsaufgaben wie folgt umschrieben werden:

Es muß ein breites Grundlagenwissen über die Unternehmungsplanung bei sehr verschiedenartigen Bedingungskonstellationen gewonnen werden und durch weitgehende Analysen die Basis für den Entwurf einer allgemeinen Planungstheorie geschaffen werden. Daraus folgt, daß all unsere Bemühungen auf dem Gebiet der Planung auf der einen Seite viel differenzierter und auf der anderen Seite viel koordinierter vorsichgehen müssen. Denn da, wo es Übereinstimmungen gibt, wie etwa in den formalen Zusammenhängen der Problemlösung, da sollen diese Gemeinsamkeiten gesehen, diskutiert und experimentiert werden. Da aber, wo die Unterschiede wichtig und letztlich entscheidend sind, sollten sie auch eindeutig festgehalten werden.

Aus dem Vorhergesagten kann man ableiten, daß uns z. Z. nichts mehr fehlt, als faktische Informationen über das Planungsverhalten, über die Planungsprozesse sowie über Aufbau und Arbeitsweise gegebener Planungssysteme.

---

[2] Ansoff, Igor H.; Brandenburg, Richard C.: A Program of Research in Business Planning. In: Management Science, Vol. 13, No. 6, 1967, S. 233.

Ich möchte daher den Vorschlag machen, eine Serie deskriptiver und vergleichender Studien durchzuführen, um festzustellen, wie Unternehmungsplanung sich heute vollzieht und um aufzuspüren, welche Bedingungen dabei beachtet werden bzw. unbeachtet bleiben. Dabei müssen allerdings zugleich auch die Grenzen dieses Verfahrens gesehen werden. Reale Systeme lassen sich schwer beschreiben, insbesondere dann, wenn menschliche Prozesse im Vordergrund stehen. Es soll doch festgestellt werden, welche Bedingungen einerseits im Planungsprozeß unabdingbar gegeben und als Eckpunkte hinzunehmen sind und welche Bedingungen andererseits veränderlich sein dürfen und somit gerade Gegenstand unserer Gestaltungsüberlegungen bei den Planungssystemen sein sollen.

Das Beschreiben herkömmlicher Planungssysteme und Planungsprozesse kann also im ersten Schritt nur eine Basis für gewisse Anregungen und gewisse Vermutungen bieten. Um die Bedingungen der Planungsprozesse und Systeme wirklich kennen zu lernen, wird man nicht umhinkommen, experimentelle Situationen zu schaffen. Nun ist das Experimentieren auf dem Gebiet menschlicher Entscheidungen häufig versucht worden und zwar meist unter Bedingungen von Kleingruppen und auf die individuelle Person bezogen. Die meisten individual- und auch die meisten sozial-psychologischen Ansätze gehen in diese Richtung. In unserem Falle geht es aber darum, unter Berücksichtigung der Ergebnisse individual- und sozial-psychologischer Forschung sowie der Erkenntnisse der ökonomischen und informationstechnologischen Wissenschaften, die Planungssysteme in großen Organisationen kennen, verstehen und beherrschen zu lernen. Und damit wird es sofort wieder deutlich, daß Experimente im klassischen Sinne der Naturwissenschaften zur Erfüllung dieser Aufgaben nicht in Frage kommen können. Daher müssen andere Wege gefunden werden, um die „kritischen" Bedingungen dieser realen Planungssysteme näher kennenzulernen. Eine mögliche Forschungsstrategie geht davon aus, daß in der Zusammenarbeit mit den Unternehmungen bei der Gestaltung und Verbesserung von Planungssystemen zugleich auch die wissenschaftlichen Fragestellungen mit behandelt werden sollen. Hier soll gewissermaßen Forschung durch Entwicklung betrieben werden. Ich glaube, daß dieser Ansatz einer mehr konstruktiven Forschungsstrategie eine besondere Bedeutung für den Bereich der Planung erfahren wird[3].

An dieser Stelle soll ein kleiner Hinweis für die Kenner der deutschen Betriebswirtschaftslehre eingefügt werden. Die Forschungssituation auf dem Gebiet der Unternehmungsplanung entspricht in etwa der des betrieblichen Rechnungswesens vor mehr als fünfzig Jahren. Der Vergleich hinkt zwar ein wenig, weil im Bereich der Planung gerade die interdisziplinären Probleme auftreten, ein kritischer Bereich der Geheimhaltung und der „Intimsphäre" der Unternehmungsleitung angesprochen werden, die wissenschaft-

---

[3] Vgl. dazu Szyperski, Norbert: Zur wissenschaftsprogrammatischen und forschungsstrategischen Orientierung der Betriebswirtschaftslehre. In: Schmalenbachs Zeitschrift für betriebswirtschaftliche Forschung. 23. Jg., 1971, S. 261—282, insbesondere S. 279 ff.

liche Ausgangssituation ist aber gleich schwach strukturiert. Betrachtet man die Bemühungen auf dem Gebiet des Rechnungswesens im ersten Viertel unseres Jahrhunderts, so finden wir beschreibende Untersuchungen, die nicht global vorgingen, sondern im Gegenteil sehr differenziert einzelne Spezialfälle untersuchten.

Solange wir nicht eine möglichst umfassende Kenntnis der Bedingungen des Planungsprozesses haben, wird es schwerfallen, Voraussetzungen für verbesserte Planungssysteme zu schaffen. Zugleich wird es große Schwierigkeiten bereiten, „maßgeschneiderte" Planungssysteme für die einzelnen Funktionen und für die Unternehmung als Ganzes zu entwerfen.

Solange wir diese Bedingungen nicht ausreichend kennen, werden wir uns auch mit einer Reihe von sogenannten Implementierungsproblemen herumschlagen müssen, die häufig nichts anderes sind, als Folgeprobleme verfehlter oder zu pauschaler Erfassung und Lösung der Planungsprobleme in Unternehmungen.

Mr. Helms warnt in seinem Paper vor der Einseitigkeit eines bedingungslosen oder zu wenig bedingungsbewußten methodologisch orientierten Ansatzes[4]). Die gegenwärtige Situation läßt es geraten erscheinen, die an sich triviale Forderung, daß die Forschung und Entwicklung im Bereich der Unternehmungsplanung viel stärker bedingungsorientiert sein sollte, sehr betont herauszustellen.

Die zunehmende Beachtung der Bedingungen für das Funktionieren von Informations- und Planungssystemen hat dazu geführt, daß die Implementierungsprobleme eben nicht mehr nur als Folgeprobleme, sondern gerade umgekehrt als die Ausgangsprobleme für die Gestaltung computer-gestützter Systeme angesehen werden. Das hat nicht zuletzt auch zu einem grundsätzlichen methodischen Überdenken geführt, wie es z. B. bei Little beobachtet werden kann[5]).

4. Einige ausgewählte Forschungs- und Entwicklungsprobleme

Wenn wir uns unter Beachtung der genannten Vorbehalte fragen, welche Möglichkeiten gegenwärtig für modell- und computer-gestützte Unternehmungsplanung bestehen und welche Probleme zur Lösung anstehen, so

---

[4]) Vgl. Helms, Eugene W.: Formal Approaches to Strategic Planning, Sektion A, Workshop II dieser Symposium-Veröffentlichung.
[5]) Vgl. Little, John D. C.: Models and Managers: The Concept of a Decision Calculus. In: Management Science, Vol. 16, No. 8, 1970, S. B-466 ff.

knüpfen wir zweckmäßigerweise am gegenwärtigen Stand und an der bestehenden Problematik formalisierter Unternehmungsplanung (Formal Planning in Organizations) an.

4.1. Formalisierung der Pläne

In einigen fortschrittlichen Unternehmungen konnte bereits sehr früh eine Formalisierung der Ein-Jahresplanung, weitgehend unter Benutzung der Sprache des Rechnungswesens, festgestellt werden (Plankostenrechnung, Planerfolgsrechnung, Planbilanz, Finanzplan, usw.). Die dem Rechnungswesen inhärenten Grenzen sind bekannt. Im Rahmen der Pläne, die sich der Sprache des Rechnungswesens bedienen, ist es unmöglich, alle gesetzten Ziele, die Gesamtheit der zugewiesenen Mittel, die erwarteten oder zu erwartenden Umweltbedingungen und die zwischen diesen Größen bestehenden Beziehungen auszudrücken.

Daher wurden diese Pläne alsbald ergänzt durch eine Reihe von Sachplänen (Absatzplan, Produktionsplan, Investitionsplan, Materialbeschaffungsplan, Personalplan usw.), die meist kurzfristig auf eine Jahresperiode ausgerichtet wurden (einschließlich des Jahresbudgets für Investitionen) und Angaben über das den monetären Abbildungen zugrundeliegende Mengengerüst enthielten. Sie lieferten Indikatoren, die Rückschlüsse auf reale Bedingungen und Interdependenzen des zugrundeliegenden Mengengerüstes gestatteten. Damit wurden wesentliche Verbesserungen zur sachlichen, mengenorientierten Basis hin erzielt. Man blieb allerdings automatisch bei den Problemen, die sich kurzfristig stellten.

Mit der Einführung der längerfristigen Unternehmungsplanung traten neue Probleme hinzu. Um es sehr deutlich auszudrücken, man kann nicht kurzfristige Planung und einfache Planung bzw. langfristige Planung und schwierige Planung gleichsetzen. Die Schwierigkeiten sind in beiden Bereichen groß. Sie stellen sich nur in der kurzfristigen und in der langfristigen Betrachtung anders. In der längerfristigen Unternehmungsplanung traten mindestens drei neue Problembereiche hinzu:

Erstens mußte die Problematik der Mehrperiodenplanung bewältigt werden. Die einzelnen Planungsperioden waren miteinander zu verknüpfen. Ungeachtet der Praxis, die gerade diese Verknüpfung im Formalschema über langfristige, mittelfristige zu kurzfristigen Plänen hin oft recht gut löst, ist festzustellen, daß die eigentliche Dynamik, die im Zeitgeschehen auftritt, in diesen mehrperiodischen Planungsbetrachtungen nicht abgebildet wird. Es werden vielmehr viel häufiger einzelne Planungsperioden aneinandergereiht und ineinander überführt, ohne die dynamischen Beziehungen zwischen diesen Perioden deutlich zu machen.

Zweitens fiel das Augenmerk auf den großen Komplex der immateriellen Güter. Die Unternehmungen mußten feststellen, daß sie in längerfristiger

Sicht Ausbildungs-, Forschungs-, Entwicklungs- und organisatorische Investitionen zu planen hatten. Zugleich wurde man sich auch der Schwierigkeiten bewußt, die einer systematischen Erfassung dieser immateriellen Güter in Plänen und Planungsmodellen entgegenstehen.

Drittens wurden bisher nicht betrachtete Umweltbedingungen in die Pläne einbezogen oder in Präambeln bzw. sonstigen ergänzenden Anmerkungen untergebracht. Dabei ist an das ganze Gebiet der technologischen Entwicklung (Technological Forecast), an die schon genannten längerfristigen kulturellen Entwicklungen und die Marktveränderungen auf längere Sicht zu denken. Häufig werden diese Größen in Nebenbemerkungen, wie z. B. in den Präambeln der Pläne, erfaßt, oft aber überhaupt nicht sichtbar gemacht. Sie verbleiben gewissermaßen im Untergrund der Vermutungen.

Einmal mehr erwies sich damit die Unzulänglichkeit der Sprache des Rechnungswesens als Basis für die Formulierung der verschiedensten Planaussagen im wirtschaftlichen Bereich. Obwohl und weil zur Zeit gerade eine starke Entwicklung des Rechnungswesens und eine Renaissance von Modellansätzen auf der Basis des Rechnungswesens beobachtet werden kann, soll hier erneut auf die Unzulänglichkeit und auf die Grenzen der Sprache des Rechnungswesens hingewiesen werden.

Das veranlaßt mich zu der Frage, ob wir nicht formalisierte und damit vergleichbare Darstellungsformen entwickeln sollten, die es, unter Einbeziehung der in der Sprache des Rechnungswesens formulierbaren Pläne, gestatten, alle gesetzten Ziele, alle zugewiesenen Mittel und Ressourcen, alle relevanten erwarteten Umweltbedingungen und die zwischen ihnen bestehenden Beziehungen systematisch darzustellen. Ein derartiger Versuch würde meines Erachtens, unter den gegenwärtigen gesetzlichen Gegebenheiten, fruchtbare Anregungen für eine Anpassung des Rechnungswesens an die Erfordernisse der Unternehmungsplanung bieten und zugleich auch die Darstellung anderer Aspekte in Planform erleichtern helfen.

4.2. Formalisierung und Dokumentation der Problemlösungsprozesse

Dem unbefriedigenden Stand der Formalisierung der Pläne und ihrer Ausdrucks- bzw. Beschreibungsmittel entspricht ein unbefriedigender Stand bei der Formalisierung der Problemlösungsprozesse. Dabei handelt es sich weniger um das Ausmaß, den Umfang der erreichten Formalisierung und Modellierung an sich, als vielmehr darum, was im Hinblick worauf und in welchem Zusammenhang formalisiert wurde.

Ein großer Nachholbedarf besteht u. a. vor allem im Bereich der langfristigen Planung und dort wiederum besonders bezüglich der Probleme bei der Setzung von Zielen am zeitlichen Rande des Entscheidungsfeldes (Randzustandsbedingungen) sowie im Zusammenhang mit der bereichsübergreifenden Planung und dabei wiederum insbesondere hinsichtlich der Planung integrierter Sach- und Steuerungsprozesse mit dem Ziel synergetischer Wirkungen. Wenn der Stand der Planungshandbücher einigermaßen als Ausdruck der Praxis hingenommen werden kann, dann glaube ich, ist diese Behauptung relativ leicht zu belegen.

Ansoff[6]) war einer der ersten, der auf diese Probleme aufmerksam machte und Vorschläge unterbreitete, wie man diese Probleme methodisch angehen könnte. In Deutschland hat sich u. a. Helmut Koch[7]) mit den Problemen der Zielsetzung am Rande des Entscheidungsfeldes befaßt. Seine Vorschläge sind jedoch weitgehend eindimensional, eigenkapitalorientiert. Nach allem, was wir wissen, stellt sich das Problem jedoch als ein mehrdimensionales dar. Darum müssen bei der Beschreibung der Planungsprozesse gerade auch diese anderen Komponenten explizit sichtbar gemacht werden.

Es muß insbesondere mehr Klarheit darüber geschaffen werden, wie Planungsprobleme festgestellt und identifiziert werden und wie derart komplexe Planungsprozesse zweckmäßig beschrieben werden könnten. Nur so kann die Problemstellung zugeordnet und können die sachlichen Bedingungen, die Planungsprozesse auslösen, kennengelernt und erfaßt werden. Eine Dokumentation dieser geistigen Prozesse in der Unternehmung ist eine notwendige Voraussetzung für die qualitative Identifizierung und Strukturierung der für die konkrete Unternehmung relevanten Problemfelder und Determinanten. Dies sind, wie Gälweiler[8]) in seinem Paper feststellt, auch die z. Z. vorrangigen Forschungs- und Entwicklungsprobleme auf dem Gebiet der Unternehmungsplanung. Das Wissen um die konkreten Problemfelder ist wiederum auch eine Voraussetzung, um die Reichweite und die Problemadäquatheit vorhandener Modelle und Methoden überprüfen und um neue, angemessene Modelle und Methoden entwickeln bzw. vorhandene verbessern zu können.

Damit wird die Dokumentation des Planungsprozesses selbst zu einem Problem. Hier soll insbesondere die Frage aufgeworfen werden, welche Bedeutung Modelle in diesem Zusammenhang haben und ob sie zur Dokumentation bestehender Planungsprozesse herangezogen werden können. Man kann einerseits Modelle auf der Basis dieser Planungsdokumentation entwickeln und als Hilfe für einen erneuten Planungsprozeß zur Verfügung stellen. Man kann aber auch fragen, wie anders als mit Hilfe eines Modells die komplexen Beziehungen des z. Z. ablaufenden Planungsprozesses dargestellt und in ihren inhaltlichen Verflechtungen transparent gemacht werden können. Planungsdokumentation ist oft nur mit Hilfe entsprechender Modelle explizit möglich. Wenn beides zulässig ist, dann sind Modelle einerseits Instru-

---

[6]) Vgl. Ansoff, Igor: Corporate Strategy, New York a. a. O., 1965.
[7]) Vgl. Koch, Helmut: Grundlagen der Wirtschaftlichkeitsrechnung. Wiesbaden 1970, S. 93 ff.
[8]) Vgl. Gälweiler, Aloys: Zur Formalisierbarkeit von Planungssystemen, Sektion A, Workshop I dieser Symposium-Veröffentlichung.

mente zur Dokumentation bestehender Planungsprozesse und zugleich entwicklungsfähige Hilfen für verbesserte und umstrukturierte Planungsprozesse. Damit wird auch die Grundlage für einen bewußten Lernprozeß im Rahmen der Planung selbst geschaffen. Denn das können wir allgemein festhalten: erst in dem Augenblick, in dem es gelingt, ein Bild bzw. ein internes Modell, das wir von der Umwelt haben, zu formulieren und zu modellieren, setzt ein kontrollierbarer intelligenter Lernprozeß ein.

4.3. Verbesserung der Informationsbasis für Planungsprozesse

Es muß immer noch wiederholt werden: Unklarheit über Aufgabenstellung und zu lösende Probleme erschwert den Aufbau einer adäquaten Informationsbasis. Informationssysteme sind Service-Systeme. Sie müssen den Anforderungen entsprechend differenziert werden. Management Informationssysteme sind zukunftsbezogen und entscheidungsorientiert, aber zugleich auch benutzerorientiert und damit funktionsspezifisch. Damit ist die Position der Informationssysteme im Rahmen der Planungssysteme recht gut abgesteckt. Dennoch sei an diesem Punkt eine besondere Bemerkung erlaubt. Dearden[9]) hat in jüngster Zeit einen Angriff gegen Management Informationssystem-Konzeptionen gerichtet, der eigentlich einer Fiktion und einem Phantom zugleich gilt, nämlich der Fiktion eines allumfassenden totalen Informationssystems für das Management der gesamten Unternehmung. Vermutlich wollte der Autor damit ein Trauma mancher Manager treffen. Es ist kaum vorstellbar, daß er damit ernstgemeinte wissenschaftliche Konzeptionen gemeint hat, die immer wieder die Benutzerorientierung und die zum Teil sehr individuellen Ausprägungen der verschiedenen Informationssysteme betont haben. Das, was schon vorher über die speziellen Gestaltungen der Planungssysteme und ihre bedingten Spezifizierungen gesagt wurde, gilt natürlich auch im besonderen Maße für die Informationssysteme.

Von dem „totalen Informationssystem" müssen die Bemühungen um die organisatorische Integration einzelner Informationsteilsysteme klar getrennt werden. Diese organisatorische Verknüpfung verschiedener Teilsysteme ermöglicht einen besseren Überblick über das in der Unternehmung verfügbare Wissen, mindert die redundanten Informationsprozesse und erhöht die gesamte Transparenz in der Unternehmung. Sie schafft somit die Voraussetzung dafür, daß Kommunikations- und interpersonale Planungsprozesse verbessert werden können. Spricht man von dem Informationssystem der Unternehmung, so kann dies nur im Sinne eines Systems der Systeme gemeint sein, ähnlich wie man von der Chemischen Industrie spricht, ohne dabei an eine Mammutunternehmung zu denken.

Das am stärksten ausgebaute Informationssystem der Unternehmung ist das Rechnungswesen. Leider wurde es nicht unter Planungsaspekten entwickelt,

---

9) Vgl. Dearden, John: MIS is a Mirage. In: Harvard Business Review, Vol. 50, No. 1, 1972, S. 90 ff.

daher ist es auch für Planungszwecke nur bedingt brauchbar. Auf Grund seiner Konstruktion kann es bei weitem nicht alle erforderlichen Informationen zur Verfügung stellen. Zudem liefert es diese Informationen häufig nicht in einer problemgerechten, sachlichen Differenzierung und Aggregierung. Stedry[10]) weist zu Recht darauf hin, daß Daten aus dem Rechnungswesen im allgemeinen zu aggregiert sind, um für direkte Steuerungsaufgaben verwendet zu werden und zu wenig aggregiert sind, um den Aufgaben der Unternehmungsplanung gerecht zu werden.

Die Frage, in welcher Abfolge und in welchem Zusammenhang Informationsbasis und Planungssystem entwickelt werden sollten, ist nur schwer zu beantworten. Auf keinen Fall ist eine „entweder oder" — oder eine „erst dann und danach" — Lösung zu befürworten. Man kann mit der Planung nicht warten, bis die Informationen besser geworden sind; der Aufbau der Informationsbasis darf auch nicht vernachlässigt werden bis die Planungsprobleme hinreichend strukturiert sind. Vielmehr sind der Planungsprozeß und die Informationsbasis iterativ, aber kontinuierlich und aufeinander bezogen in einem Lernprozeß zu entwickeln.

4.4. Ausbau einer adaptiven Planung

Die Formalisierung der Planänderung ist in zeitlicher Hinsicht in vielen Fällen mit festen Planungszyklen und als revolvierende Planung realisiert worden. Dabei wurde häufig ein Jahr als Zyklusdauer gewählt; ungeregelt geblieben ist dagegen in den meisten Fällen die Festlegung von Bedingungen, bei deren Eintreffen zwischenzeitlich Änderungen der Teilpläne und des Unternehmungsplanes erfolgen sollten.

Hilfsformeln, wie „... daß bei zu erwartenden größeren Abweichungen oder bei wichtigen unerwarteten Ereignissen Plananpassungen vorzunehmen sind", bringen zum Ausdruck, daß bei der Plananpassung das Urteilsvermögen der Informationsempfänger bzw. Problemdecker sehr stark beansprucht und vielleicht oftmals überfordert wird. Zugleich wird damit gefordert, daß die horizontalen und vertikalen Kommunikationen erstklassig organisiert und stets funktionsbereit sind.

Die zeitliche Festlegung, daß von einem Zeitpunkt zu einem anderen in einem bestimmten Rhythmus neu geplant werden soll, ist gewissermaßen als eine Anstoßfunktion zu verstehen. Aber die Kritik, die an der Planung geübt wird, wenn sie nur aus dem, was bisher getan wurde extrapoliert und es gewissermaßen um ein oder zwei oder mehrere Jahre fortschreibt, wird ja nicht aufgehoben, wenn dieses Fortschreiben in einem bestimmten Planungszyklus betrieben wird. Die Kritik fragt ja vielmehr danach, von welchen Kriterien diese Plananpassung abhängig gemacht werden soll. Hier müßten Forschungen ansetzen, die Grundlagen einer formalisierten, bedingten Plan-

---

10) Vgl. Stedry, Andrew C.: Computers, Data and Decision-Making: Some Requirements for Rational Planning, Sektion A, Workshop I dieser Symposium-Veröffentlichung.

anpassung schaffen und damit eine Organisierbarkeit dieser Prozesse ermöglichen. Damit hängt die Frage nach der informationstechnischen Flexibilität und Geschwindigkeit bei der Realisierung verschiedener Planungsmethoden eng zusammen.

Auf diesem Gebiet sollte man eine zu optimistische Beurteilung der Möglichkeiten in naher Zukunft meiden. Eine graduelle Verbesserung ist in dem Maße anzustreben, wie die Formalisierbarkeit der Beziehungen zwischen Zielen, Mitteln und Umweltbedingungen fortschreitet, d. h. wie die Anpassung der Unternehmung selbst explizit beherrschbar wird. Damit muß der organisatorischen Gestaltung gemeinsamer, interpersonaler Problemlösungsprozesse (einschließlich der Problemwahrnehmung an Hand von Symptomen und der Problemerkennung im Ursache-Wirkungszusammenhang) auch hier, aber nicht nur in diesem Zusammenhang, besondere Aufmerksamkeit gewidmet werden.

4.5. Hierarchie- und Koordinierungsprobleme der Unternehmungsplanung

Der hierarchisierte Aufbau des Planungsprozesses scheint mir hinsichtlich seiner Problematik durch die vermeintlichen Alternativen "Top-to-down"- bzw. "Bottom-up"-Ansatz nicht gerade lösungsfördernd dargestellt zu sein. Man zerreißt damit einen Zusammenhang, dessen Rück- und Vorkopplungsprozesse einen wesentlichen Ansatz der Planungsaktivitäten ausmachen. Denn das Problem liegt doch gerade darin, einen koordinierten top-down- und bottom-up-Prozeß in Gang zu setzen, um damit die Hierarchiedynamik auszulösen. In ihrem Verlauf soll den jeweils übergeordneten Instanzen eine hinreichende Selektivität bei der Formulierung von Lösungsbeschränkungen verliehen werden, um auf diese Weise den Suchprozeß der jeweils darunterliegenden Ebenen einzuschränken und somit effektiver zu gestalten. Nur so kann sichergestellt werden, daß die Anzahl der erforderlichen Iterationen in erträglichen Grenzen bleibt und dennoch die relevanten Bedingungen aller Ebenen hinreichende Berücksichtigung finden. Damit dürften wesentliche Aufgabenstellungen umschrieben sein, die heute unter dem Schlagwort "Corporate Planning" diskutiert werden.

Wie kann eine Realisierung dieser Forderungen bei langfristiger oder strategischer Planung erreicht werden? Langfristige und strategische Planung sind durch hohe Unsicherheit der Informationen und extrem große Variabilität der Alternativen gekennzeichnet. So stellt sich jedenfalls die Situation, wenn die effektiven Möglichkeitsräume voll ausgeleuchtet werden; ansonsten bietet sich häufig ein umgekehrtes Bild, das in dem lapidaren Satz zum Ausdruck kommt „Es gibt eigentlich immer nur einen sinnvollen Weg". Dort, wo die volle Komplexität der Möglichkeiten betrachtet wird, bringen Zielsetzungen eine enorme Reduktion gerade dieser Komplexität mit sich.

Wendet sich der Entscheidungsträger diesen Möglichkeiten aber überhaupt zu, oder bleibt er nicht vielmehr in der nächsten Umgebung seiner bisherigen Mittel und Ziele? Wenn wir in diesem Zusammenhang von adaptiver Planung sprechen, dann sollten wir diesen Anpassungsprozeß sehr stark aktiv sehen, nämlich im Hinblick darauf, wie neue Alternativen gedacht und geschaffen werden, um auf ihrer Basis eine neue Planung vornehmen zu können. Adaptiv kann hier nicht sture, gewissermaßen mechanistische Anpassung an Veränderungen der Umwelt bedeuten. Adaptive Planung verlangt vielmehr einen kreativen Entwurf neuer Alternativen.

Hier stellt sich die Frage, ob die Hierarchiedynamik, wie Wild[11]) sie in seinem Paper darstellt, den innovativen Sprung zu veränderten Zielen erleichtern hilft oder ob sie vielmehr diese Innovationen bremst. Das Ausschöpfen der kreativen Potenzen in der Unternehmung spricht für eine Nutzung der Hierarchiedynamik. Die Trägheit, die in diesen Vorgängen liegt, kann diese Fähigkeit allerdings wieder fraglich werden lassen. Die Erfahrung zeigt, daß oft nichts schwerer ist, als eine zweite Alternative zu bedenken. Empirische Untersuchungen — so vor allem die von Irle[12]) — haben gezeigt, daß die verfolgte Alternative genau jene ist, die sich auf der Basis des eigenen Vorurteils beim Betrachten des Problems oder schon früher bei der Wahrnehmung des Symptoms aufdrängt. Alle weiteren Bemühungen in einem Quasi-Problemlösungsprozeß dienen dann nur noch dazu, den vorab entschiedenen Weg zu rechtfertigen. Alle unsere Bemühungen, Modelle einzusetzen, Informationsbasen aufzubauen sind dann völlig umsonst. Es müssen nicht aufwendige Informationssysteme entwickelt werden, wenn es nur darum geht, vorgefaßte Meinungen besser verteidigen zu können.

Einen Ausweg aus dieser nicht gerade rosigen Situation hält die Erfahrung bereit. Die Tatsache, daß überhaupt mit dem Planen und Kontrollieren konsequent begonnen wird, bietet die erste entscheidende Hilfe. Der zweite systematische Planungsprozeß in der Geschichte einer Unternehmung läuft bereits erfolgreicher und reibungsloser ab als der erste. Die Probleme sind strukturierter geworden, nachdem erst einmal Ziele gesetzt und Anpassungsprozesse eingeleitet wurden. Der Einsatz von Planungsinstrumenten, Modellen und Datenverarbeitungsanlagen könnte helfen, den sachlichen Diskussionsprozeß im Rahmen der Planung neu anzuregen und ihn auch dort wieder aufzugreifen, wo er möglicherweise selbst im Rahmen gut formalisierter Planungssysteme wieder abgeklungen ist.

4.6. Modelle für die Unternehmungsplanung

Anspruchsvolle Ansätze gehen dahin, hochaggregierte Modelle oder gar Unternehmungsmodelle als Selektivitätsverstärker einzusetzen. Das geht möglicherweise relativ leicht in organisatorisch zentralisierten oder leicht

---

[11]) Vgl. Wild, Jürgen: Bestandteile, Aufbauprinzipien und Entwicklungsstufen von Planungssystemen, Sektion A, Workshop II dieser Symposium-Veröffentlichung.
[12]) Vgl. Irle, Martin: Macht und Entscheidungen in Organisationen. Frankfurt am Main 1971, S. 156 ff.

zentralisierbaren Unternehmungen, die eine geringe Produktionsbreite haben und relativ homogene Produktionsprozesse aufweisen. Praktische Beispiele dafür sind die Unternehmungen der Energieversorgung. In der Mehrzahl aller Fälle stellen sich die Planungsbedingungen in den Unternehmungen jedoch nicht so einfach dar. Folglich geht die Frage dahin, auf welcher Ebene man bei der Modellbildung unter komplizierteren Bedingungen überhaupt beginnen kann. Sollen Modelle für einzelne Divisionen oder einzelne Werke geschaffen werden? Die grundsätzliche Problematik geht aber weiter und wirft die Frage auf, inwieweit das Modellieren einer ganzen Wirtschaftseinheit als Planungshilfe für eben diese Wirtschaftseinheit überhaupt sinnvoll und zweckmäßig ist.

Man könnte versucht sein, zu fordern, daß die Unternehmungsmodelle stets in einer homomorphen Beziehung zu den Submodellen auf den nächst tieferen Ebenen stehen sollten, so daß der auf einer höheren Ebene abgeleitete Plan ein Aggregat der betroffenen Subpläne wäre. Eine solche uneingeschränkte Forderung würde die Funktion von Corporate Models und von Planung überhaupt — im Sinne von programmierenden Entscheidungen — verkennen.

Betrachten wir noch einmal das vorgenannte Anliegen, wie man einerseits den Suchprozeß in einer komplexen organisatorischen Einheit vereinfachen und wirksamer gestalten kann, ohne andererseits die innovative Wirkung der Planung auf den verschiedensten hierarchischen Ebenen zu gefährden. In diesem Zusammenhang würde man Corporate Models oder ähnlich umfassenden Modellen lediglich die Rolle zuweisen, den bottom-up-Teilprozessen durch vorläufige Schließung einiger, nicht aller Lösungsmöglichkeiten eine Richtung zu geben, um dadurch die Lösungssuche und mithin den zielgerichteten Planungsprozeß zu vereinfachen.

Hier können umfassende Modelle in der Tat helfen, die Gesamtheit der Planungsprozesse in der Unternehmung zielgerichteter zu gestalten.

Wir haben vor Beginn dieses Symposiums eine kleine Umfrage bei deutschen Unternehmungen durchgeführt, um einen gewissen Überblick über die Breite und Gewichtung der gegenwärtig anstehenden Planungsprobleme zu gewinnen[13]. Als bedeutsamste Frage wurde von fast allen Unternehmungen, die geantwortet haben, das Problem in den Vordergrund gestellt, wie in der Planung der Bezug zum Zielsystem der Unternehmung hergestellt werden kann. Wenn der Bezug zum Zielsystem der Unternehmung verbunden wird mit der Frage, wie das Zielsystem selbst modifiziert und angepaßt werden kann, dann erkennt man die breite Möglichkeit des Einsatzes von Modellen im Rahmen der Unternehmungsplanung.

Häufig ist das Zielsystem der Unternehmung nur unzureichend bekannt und bewußt. Die Zielfunktionen sind daher oft auch für spezielle Probleme nicht

---

13) Vgl. den anschließenden Beitrag von Mans, Günter: Stand und Entwicklung der Unternehmungsplanung in der BRD.

genügend determiniert. Diese schlecht definierten Ziele können keine Basis für eine analytische Problemlösung bieten, so daß analytische Versuche meist unterbleiben müssen. Man darf aber auch den damit verbundenen Teufelskreis nicht unbeachtet lassen, der sich dort schließt, wo kein Zwang zur expliziten Formulierung der Zielgrößen vorliegt bzw. empfunden wird.

Ungenau formuliert erscheint in vielen Fällen auch der Zweck, der bei der Gestaltung von Corporate Models verfolgt wird. Sollen mit Hilfe der Modelle abgeleitete Daten ermittelt, Alternativen getestet, Alternativen generiert oder gar Hypothesen über die Gesetzmäßigkeiten im Verhalten der Gesamtunternehmung gewonnen werden? Eng damit verbunden sind auch die Abgrenzung der Umweltvariablen und die Entscheidung darüber, ob Verhaltensvariable die in Subsystemen wirkenden Entscheidungsträger erfassen sollen.

Die Komplexität und Größe des abzubildenden Systems können nur im Zusammenspiel mit dem jeweiligen Untersuchungszweck den noch zulässigen Grad der Modellabstraktion bestimmen. Zweck und zulässige Abstraktion bestimmen ihrerseits wiederum die Menge der zulässigen Modell-, Methoden- und Verfahrenskombinationen. Das ist für die weitere Diskussion der Corporate Models von großer Bedeutung: ob analytische, simulative Modelle erster oder höherer Ordnung möglich und sinnvoll sind, hängt nicht direkt von der Komplexität des Realsystems, sondern wesentlich von der Fragestellung ab.

Zur Lösung schwach strukturierter Probleme ist die Einsatzmöglichkeit von Modellen noch sehr begrenzt. Allerdings besteht die Möglichkeit, daß der sich noch in einem frühen Entwicklungsstadium befindende Ansatz des "interactive modelling" den Anwendungsbereich erheblich ausweitet. Der Ansatz sieht vor, den Planungsträger als aktives Element in das System zu integrieren und zwar ausgehend von der Überlegung, die intellektuellen Fähigkeiten und Erfahrungen der Manager mit der Speicherkapazität und der Rechengeschwindigkeit des Computers zu kombinieren, um so einen synergetischen Effekt zu erzielen[14]).

Noch eine letzte Bemerkung zum Verhältnis zwischen Manager und Modell. In letzter Zeit ist recht viel über die Kenntnisse und das Verständnis geschrieben worden, die der Manager bezogen auf das, seine Entscheidungen unterstützende, Modell haben muß. Dabei wird herausgestellt, wie wichtig die Kompatibilität zwischen dem internen geistigen Modell des Managers vom betrachteten Realmodell und dem explizit formulierten Computermodell ist. Eine modellevolutorische Entwicklungsrichtung versucht dem durch einen, mit dem Manager schrittweise abgestimmten, Ausbau anfänglich möglichst einfacher Modelle gerecht zu werden. Wie weitgehend ist das bei kompli-

---

[14]) Den "interactive modelling"-Ansatz behandeln Carter, Eugene E.; Cohen, Kalman J.: Portfolio Aspects of Strategic Planning, und Mevert, Peter; Dickson, G. W., Short-Term-Planning: An Interactive Modelling Approach, Sektion C, Workshop V dieser Symposium-Veröffentlichung.

zierten Entwicklungsstufen noch möglich und vor allem, muß der Modellbauer nicht schon gewisse Komplexitätsstufen in der Konzeption erreicht haben, bevor er überhaupt erst mit dem zukünftigen Modellbenutzer in engere Arbeitsbeziehungen treten kann? Und schließlich: Ausgebaute Corporate Models dürften unter Umständen sowieso nur noch demjenigen einen Durchblick ermöglichen, der intensiv an und mit dem Modell arbeitet, d. h. dem Modellspezialisten. Dem Modellbenutzer verschließt sich das Modell bzw. Modellsystem. Da er aber Ergebnisse des Modells verantwortungsvoll benutzen und durch seine umfassende Beurteilung Parameterwerte für das Modell geben soll, muß dieser Mißstand überwunden werden. Eine Lösung könnte in einer zweiten Abbildungsstufe liegen, auf der das Corporate Planning Model so weitgehend abstrahiert wird, daß sich seine Grundstrukturen in einem Interpretationsmodell niederschlagen. Während im ersten Schritt ein Instrument für die Planung des Realsystems geschaffen wird, dient die zweite Abbildungsstufe dazu, eine Modellabstraktion zu finden, die noch ein Verständnis des Modellbaus und -verhaltens zuläßt (abstrakt genug ist), dem Planungsbedürfnis aber nicht gerecht werden kann (zu abstrakt ist). Das Interpretationsmodell simuliert somit das Planungsmodell. Vielleicht bietet diese, gewiß aufwendige zweistufige Filterungstechnik einen der wenigen möglichen Auswege aus dem Dilemma, daß zu einfache Modelle sachinhaltlich für Planung nicht ausreichen, zu komplizierte Modelle aber wegen der fehlenden Transparenz vom Management oft nicht akzeptiert werden.

Die Ausführungen verdeutlichen, daß gerade für "Corporate Model Building" eine brauchbare Theorie der Modellentwicklung fehlt. Da dies allerdings für den gesamten Modellierungssektor gilt, kann die notwendige Forschungsarbeit auf diesem Gebiet hier nur unterstrichen werden.

Stand und Entwicklung von Planungssystemen in Unternehmungen der BRD

Analyse einer empirischen Untersuchung

Von

Dipl.-Kfm. Günter Mans

Die Bedeutung einer systematischen Unternehmungsplanung für die Sicherung des Bestandes einer Unternehmung oder zur Erhaltung einer befriedigenden Wachstumsrate wird heute in großen Teilen der deutschen Wirtschaft voll anerkannt. Immer seltener ist die Haltung anzutreffen, daß Führungskräfte der Wirtschaft mit dem Hinweis auf vergangene Erfolge auch in Zukunft alleine auf ihr individuelles Fingerspitzengefühl vertrauen wollen. Nur zu gut sind die Fälle bekannt, in denen Großunternehmungen auf der Grundlage einer ausgefeilten Strategie einen kurzfristigen Verlust in Kauf nahmen, um schnell in einen neuen Markt mit hohen Wachstumsraten einzudringen, oder aber in denen kleinere Unternehmungen durch eine zielstrebige Unternehmungsplanung und einer darauf basierenden aggressiven Politik ihren Marktanteil erheblich ausweiten konnten. Natürlich gab es auch Unternehmungen, in denen die Unternehmungsführung ohne eine systematische Planung alleine durch ihr Fingerspitzengefühl weit überdurchschnittliche Wachstumsraten erreichen und somit erhebliche Marktanteile gewinnen konnte. Diese Fälle ereigneten sich jedoch in Zeiten, in denen die gesamte Wirtschaft durch große Wachstumsraten ohne konjunkturelle Einbrüche gekennzeichnet war. Heute hat sich die allgemeine wirtschaftliche Situation in der Hinsicht verändert, daß Unternehmungen, die sich nicht frühzeitig veränderten Umweltbedingungen anpassen, ihren Bestand gefährden, weil eine Vielzahl von Konkurrenten neue Marktlücken möglichst schnell schließen will.

Die Frage lautet deshalb nicht mehr, *ob* die Planung durch stärkere Systematisierung verbessert werden soll, sondern *wie* die Planung verbessert werden kann, d. h. wo die heutigen Ansatzpunkte liegen, um die Planung effizienter zu gestalten.

Die vorliegende Untersuchung soll auf diese zweite Frage eine Antwort aus zwei verschiedenen Sichten geben. In Teil I wurde eine Istaufnahme durchgeführt, um derzeitige Schwachstellen der Unternehmungsplanung aufzuzeigen. Teil II dagegen dient dazu festzustellen, wo die derzeit mit Planungsaufgaben in der Praxis Beschäftigten Verbesserungsmöglichkeiten für die Unternehmungsplanung sehen.

I. Die Struktur der Erhebung

Von den gut 1000 Unternehmungen, an die der Fragebogen verschickt wurde, antworteten 165 Unternehmungen. Das sind etwa 16 %. Von diesen 165 Unternehmungen gaben 156 = 94,5 % an, in zumindest einem Funktionsbereich (Produktion, Absatz, Finanzwesen, Personal, Lagerhaltung, Investition, Forschung und Entwicklung) oder in einer Division einen formalisierten Plan, d. h. einen Plan auf vorgegebenen Formularen oder nach vorgeschriebenem Verfahren zu erstellen. Hier soll jedoch vermerkt werden, daß dieses Verhältnis als nicht repräsentativ für die gesamte Wirtschaft der BRD angesehen werden kann, da zu vermuten ist, daß ein hoher Prozentsatz der Unternehmungen, die noch keine formalisierte Planung durchführen, die Fragebogen nicht beantwortet haben. Diese Vermutung wird durch die Ergebnisse von Strigel[1]) und — was den Computer-Einsatz betrifft — von Becker u. a.[2]) unterstützt. Von den 9 Unternehmungen, die keine Angaben über formalisierte Pläne in ihrem Hause machten, waren alleine 7 Unternehmungen aus dem Bereich der Banken und Versicherungen.

Zur Charakterisierung der Unternehmungen wurden die Merkmale Unternehmungsgröße und Branchenzugehörigkeit herangezogen. Dadurch sollte festgestellt werden können, ob bestimmte Ausprägungen der Unternehmungsplanung mit diesen Kriterien korrellieren. Zur Messung der Unternehmungsgröße wurde lediglich die Zahl der Beschäftigten zugrunde gelegt. Danach ergab sich folgende Struktur der Untersuchung (vgl. Tab. 1).

Tab. 1: Struktur der Erhebung nach der Unternehmungsgröße

Zahl der Beschäftigten	Zahl der Unternehmungen
0 — 1 000	29 = 17,6 %
1 001 — 10 000	99 = 60,0 %
10 001 und mehr	37 = 22,4 %

Die Aufteilung der 165 Unternehmungen nach ihrer Branchenzugehörigkeit führte zu der in Tab. 2 wiedergegebenen Übersicht.

Die Einteilung der befragten Unternehmungen nach den genannten Merkmalen

— Vorhandensein einer formalisierten Unternehmungsplanung;
— Größe der Unternehmung;
— Branchenzugehörigkeit der Unternehmung

läßt folgende Aussagen zu:

1. Die überproportionale Beteiligung derjenigen Unternehmungen die bereits formalisierte Pläne erstellen, erlaubt die Annahme, daß die in Teil II der Erhebung aufgestellte Faktorenbewertung überwiegend auf bisherigen praktischen Erfahrungen beruht.
2. Die Anzahl der Unternehmungen je Größenklasse bzw. je Branche erlaubt in fast allen Fällen ausreichend fundierte Aussagen je Merkmalsklasse.

---

1) Vgl. Strigel, W. H.: Planning in West German Industry. In: Lang Range Planning, Vol. 3, No. 1, Sept. 1970, S. 9—15.
2) Vgl. Becker, J.; Wait, J.; Zajonc, H.: Der Einsatz der Elektronischen Datenverarbeitung in der BRD 1970, hrsg. von AWV, Frankfurt (Main) und Gesellschaft für Kernforschung mbH, Karlsruhe, KTK - Ext. 2/71-2, 77 Seiten.

*Tab. 2: Aufteilung der Unternehmungen
nach Branchen*

Branche	Zahl der Unternehmungen
Chemie	23
Maschinenbau	17
Eisen- und Metallverarbeitung	16
Konsumgüter	16
Energiewirtschaft	15
Banken und Versicherungen	13
Elektro-Industrie	13
Handel	9
Bauwirtschaft	8
Beratungsunternehmen	8
Fahrzeugbau (einschl. Zulieferung)	7
Sonstige	20
davon:	
Feinwerktechnik	4
Verkehrsbetriebe	4
Glasindustrie	3
Verlage	3
Graphische Industrie	1
Verpackung	1
ohne Angaben	4

II. Analyse des derzeitigen Standes der Unternehmungsplanung

Die Ist-Aufnahme beschränkte sich auf drei Fragenkomplexe:

1. In welchem Umfang werden formalisierte Pläne erstellt?
2. Inwieweit wird der Computer zu Planungsaufgaben genutzt?
3. Wird die derzeitige Form der Planung als zufriedenstellend angesehen?

1. Umfang der formalisierten Planung

Der Umfang der formalisierten Planung in einer Unternehmung läßt sich mit Hilfe der beiden Kriterien

— Fristigkeit der derzeitigen Planung und

— Anzahl der Funktionsbereiche oder Divisions, in denen formalisierte Pläne erstellt werden,

feststellen.

Bezüglich der Fristigkeit der Pläne ist festzustellen, daß

40 % der insgesamt erstellten Bereichspläne langfristige Pläne sind
    und

60 % der insgesamt erstellten Bereichspläne kurzfristigen Charakter haben.

Bei den divisionalisierten Unternehmungen ist die Relation nahezu gleichlautend, nämlich

41 % langfristige Pläne
    und

59 % kurzfristige Pläne.

Der relativ hohe Prozentsatz der langfristigen Bereichspläne ist darauf zurückzuführen, daß nahezu in jedem zweiten Funktionsbereich bzw. in jeder zweiten Division für jeden kurzfristigen Plan ein entsprechender Langfristplan erstellt wird.

Tab. 3: Bereichspläne nach Fristigkeiten

Fristigkeit	rel. Anzahl der Bereiche
Bereiche mit kurz- und langfristigen Plänen	48 %
Bereiche mit nur langfristigen Plänen	11 %
Bereiche mit nur kurzfristigen Plänen	41 %

Tab. 3 läßt lediglich das Verhältnis von kurzfristiger und langfristiger Planung erkennen. Dagegen ist hieraus noch nicht zu entnehmen, wie umfassend in den einzelnen Unternehmungen geplant wird, d. h. in wieviel Unternehmungen und in wieviel Unternehmungsbereichen

— kurzfristige und langfristige Bereichspläne,

— überwiegend langfristige Bereichspläne oder

— überwiegend kurzfristige Bereichspläne

erstellt werden. Die Anzahl der Unternehmungsbereiche, in denen die Planung formalisiert durchgeführt wird, wurde in folgende Gruppen eingeteilt:

— 6 und mehr Funktionsbereiche bzw. alle Divisions;

— 4—5 Funktionsbereiche (in allen oder einigen Divisions);

— 3 Funktionsbereiche (in allen oder einigen Divisions);

— 1—2 Funktionsbereiche (in einigen Divisions).

Bei dieser Einteilung ergibt sich für alle befragten Unternehmungen folgendes Bild (vgl. Tab. 4 a).

Tab. 4 a: *Unternehmungen nach Anzahl der Bereichspläne und deren Fristigkeit (9 Unternehmungen = 5,5 %
erstellen keine formalisierten Pläne)*

Fristigkeit	Anzahl der Funktionsbereiche									
	6 u. mehr		4—5		3		1—2		Gesamt	
	abs.	rel.	abs.	rel.	abs.	rel.	abs.	rel.	abs.	rel.
kurz- u. langfr.	21	12,75	32	19,4	15	9,1	5	3,0	73	44,25
überwieg. langfr.	2	1,2	8	4,8	2	1,2	4	2,4	16	9,6
überwieg. kurzfr.	21	12,75	29	17,6	10	6,1	7	4,2	67	40,65
Gesamt	44	26,7	69	41,8	27	16,4	16	9,6	156	94,5

Die Aufgliederung der Tab. 4 a nach Unternehmungsgrößen soll die Abhängigkeit des Umfanges der Unternehmungsplanung von der Größe der Unternehmung verdeutlichen.

In den Tabellen 4 a bis 4 d zeigt sich, daß die Mehrzahl der Unternehmungen das Schwergewicht der formalisierten Planung noch immer auf die kurzfristige Planung legt. Besonders deutlich ist dieser Trend bei den kleineren Unternehmungen zu sehen; denn hier planen nahezu 50 % lediglich kurzfristig, etwa 14 % erstellen gar keine formalisierten Pläne und lediglich 30 % erstellen langfristige und kurzfristige Pläne für die einzelnen Planungsbereiche. Dem stehen etwa 60 % der Großunternehmungen gegenüber, die sowohl langfristige als auch kurzfristige Pläne für den einzelnen Unternehmungsbereich erstellen.

Aus der Gesamtdarstellung (Tab. 4 a) ergibt sich, daß im Durchschnitt lediglich jede achte Unternehmung sowohl in bezug auf die erfaßten Unternehmungsbereiche als auch in zeitlicher Hinsicht nahezu die gesamte Planung formalisiert hat.

Bei einer genauen Analyse dieser Relation in den Tab. 4 b bis 4 d zeigt sich jedoch, daß keine Kleinunternehmung eine umfassende formalisierte Planung aufweisen kann, während jede zehnte mittlere Unternehmung und nahezu jede dritte Großunternehmung in allen wesentlichen Unternehmungsbereichen kurzfristige und langfristige Pläne erstellt.

Auch aus der Gruppierung der Unternehmungsbereiche läßt sich erkennen, daß die größten Unternehmungen in stärkerem Maße dazu neigen, eine möglichst umfassende Planung durchzuführen; denn über 50 % der Großunternehmungen planen in allen wichtigen Unternehmungsbereichen. Bei kleinen und mittleren Unternehmungen ist dieser Anteil wesentlich geringer.

Tab. 4 b: Unternehmungen mit 0—1000 Beschäftigten nach Anzahl der Bereichspläne und deren Fristigkeit (4 Unternehmungen = 13,8 % dieser Größe erstellen keine formalisierten Pläne)

Fristigkeit	Anzahl der Funktionsbereiche									
	6 u. mehr		4—5		3		1—2		Gesamt	
	abs.	rel.	abs.	rel.	abs.	rel.	abs.	rel.	abs.	rel.
kurz- u. langfr.	0	0	6	20,7	2	6,9	1	3,45	9	31,05
überwieg. langfr.	1	3,45	0	0	0	0	1	3,45	2	6,90
überwieg. kurzfr.	4	13,8	6	20,7	4	13,8	0	0	14	48,3
Gesamt	5	17,25	13	41,4	5	20,7	2	6,9	25	86,25

Tab. 4 c: Unternehmungen mit 1001—10 000 Beschäftigten nach Anzahl der Bereichspläne und deren Fristigkeit (4 Unternehmungen = 4,1 % dieser Größe erstellen keine formalisierten Pläne)

Fristigkeit	Anzahl der Funktionsbereiche									
	6 u. mehr		4—5		3		1—2		Gesamt	
	abs.	rel.	abs.	rel.	abs.	rel.	abs.	rel.	abs.	rel.
kurz- u. langfr.	10	10,1	18	18,2	10	10,1	4	4,0	42	42,4
überwieg. langfr.	1	1,0	4	4,0	2	2,0	3	3,0	10	10,1
überwieg. kurzfr.	9	9,1	21	21,2	6	6,1	7	7,1	43	43,4
Gesamt	20	20,2	43	43,4	18	18,2	14	14,1	95	95,9

Tab. 4 d: Unternehmungen mit 10 001 und mehr Beschäftigten nach Anzahl der Bereichspläne und deren Fristigkeit (1 Unternehmung = 2,8 % dieser Größe erstellt keine formalisierten Pläne)

Fristigkeit	Anzahl der Funktionsbereiche									
	6 u. mehr		4—5		3		1—2		Gesamt	
	abs.	rel.	abs.	rel.	abs.	rel.	abs.	rel.	abs.	rel.
kurz- u. langfr.	11	29,7	8	21,6	3	8,1	0	0	22	59,4
überwieg. langfr.	0	0	4	10,8	0	0	0	0	4	10,8
überwieg. kurzfr.	8	21,6	2	5,4	0	0	0	0	10	27,0
Gesamt	19	51,3	14	37,8	3	8,1	0	0	36	97,2

Zu den Kategorien „überwiegend langfristig" und „überwiegend kurzfristig" in den Tabellen 4 a bis 4 d muß vermerkt werden, daß eine Reihe von Unternehmungen hierunter in den Spalten 6 und mehr bzw. 4—5 aufgeführt sind, obwohl sie in einem oder in zwei wichtigen Unternehmungsbereichen kurzfristige und langfristige Pläne erstellen.

Insgesamt zeigt sich aus Tab. 4 b bis 4 d, daß der Umfang der Planung mit wachsender Unternehmungsgröße zunimmt.

Der Zusammenhang zwischen zeitlichem Umfang und Branchenzugehörigkeit ist in Tab. 5 dargestellt. Hierbei wurden nicht die einzelnen Unternehmungen als Gesamtheit, sondern nur diejenigen Unternehmungsbereiche bzw.

Tab. 5: Anteil der Unternehmungsbereiche nach verschiedenen Planungsfristen je Branche

Branchen	lang- und kurzfristig	nur langfristig	nur kurzfristig
Chemie	53 %	13 %	34 %
Maschinenbau	50 %	7 %	43 %
Eisen und Metall	52 %	9 %	39 %
Konsumgüter	58 %	10 %	32 %
Energiewirtschaft	51 %	13 %	36 %
Banken und Versicherungen	40 %	13 %	47 %
Elektroindustrie	62 %	15 %	23 %
Handel	35 %	9 %	56 %
Bauwirtschaft	63 %	2 %	35 %
Beratungsunternehmen	10 %	3 %	87 %
Fahrzeugbau	33 %	19 %	48 %
Sonstige	33 %	16 %	51 %

Funktionsbereiche, in denen formalisierte Pläne erstellt werden, erfaßt. Bemerkenswert dabei ist, daß noch in 5 Branchen die Zahl der Unternehmungsbereiche mit ausschließlich kurzfristiger Planung überwiegt. Eine genauere Untersuchung der Gründe ist an dieser Stelle nicht möglich, wäre jedoch für die Beurteilung des derzeitigen Standes der betrieblichen Planung sicherlich interessant.

Ein möglicher Zusammenhang zwischen Häufigkeit und Fristigkeit der Planung einerseits sowie Funktionsbereich der Unternehmung andererseits soll durch Abb. 1 veranschaulicht werden. Es zeigt sich hier deutlich, daß die Formalisierung der Absatz-, Investitions- und Finanzplanung bereits in etwa zwei von drei Unternehmungen durchgeführt wird, während die Planung in der Lagerhaltung und im Bereich der Forschung und Entwicklung noch recht wenig verbreitet ist. Außerdem ist bemerkenswert, daß in allen Bereichen die langfristige Planung von weniger Unternehmungen formalisiert wird als die kurzfristige Planung.

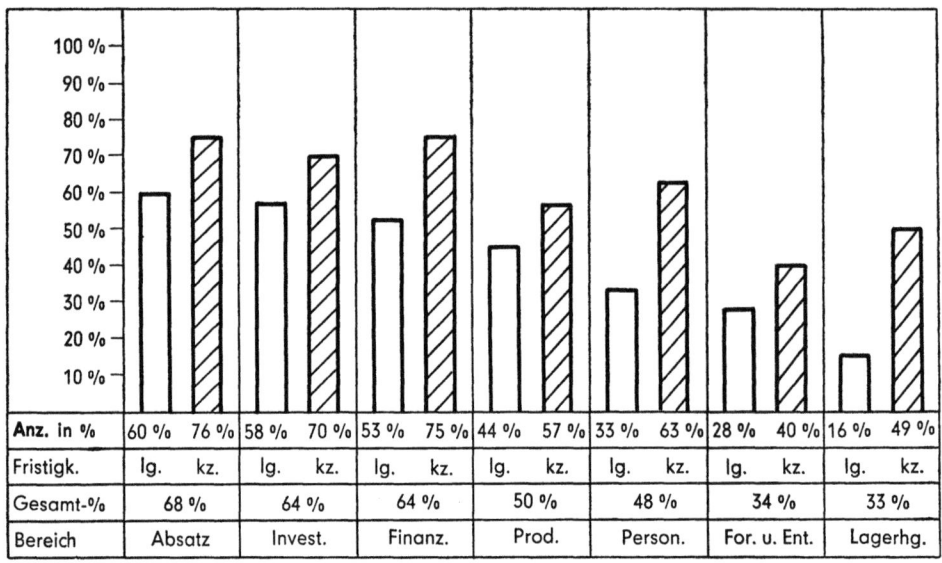

Abb. 1: *Anzahl der Unternehmungen in %, die kurz- und langfristige Bereichspläne erstellen, nach Funktionsbereichen. (lg. = langfristig — kz. = kurzfristig)*

Aus Abb. 1 lassen sich demnach folgende Schlüsse ziehen:

1. Die meisten Unternehmungen erstellen zunächst formalisierte Bereichspläne lediglich für kurzfristige Planungsaufgaben,

    — weil hier der Unsicherheitsfaktor geringer ist;

    — weil man auf der Basis mehrjähriger Erfahrungen mit formalisierten kurzfristigen Plänen eher die Probleme der langfristigen Planung zu lösen hofft,

    — weil sich eine Reihe von Führungsaufgaben ohne kurzfristige Pläne gar nicht ausführen lassen und

    — weil in einigen Bereichen eine langfristige Planung aus sachlichen Gründen kaum sinnvoll oder wenig dringlich erscheint (z. B. Lagerhaltung);

2. das Wissen über methodische Lösungsmöglichkeiten der Probleme bei der langfristigen Unternehmungsplanung ist noch zu gering;

3. die langfristige Unternehmungsplanung wird nur teilweise bereichsweise durchgeführt. Die Gesamtpläne für die ganze Unternehmung werden überwiegend in Geldeinheiten ausgedrückt und vielfach den Finanzplänen oder aber den Investitionsplänen zugerechnet.

2. Umfang des Computer-Einsatzes bei der Planung

Die Ergebnisse dieses Teils der Untersuchung machen deutlich, daß die hier befragten Unternehmungen ein recht fortschrittlicher Teil der gesamten Industrie der BRD sind. Denn während die Studie von Becker u. a.[3]) feststellt, daß erst 7,2 % der Unternehmungen den Computer bei der Lösung von Führungsaufgaben einsetzen und 31,5 % der Unternehmungen einen Einsatz des Computers auf diesem Gebiet vorbereitet (davon 27,3 % erstmalig), geben bei der vorliegenden Untersuchung 52 % der Unternehmungen an, den Computer zu Planungszwecken einzusetzen.

Einschränkend muß jedoch gesagt werden, daß ein Teil dieser 52 % den Computer-Einsatz bei der Planung lediglich auf kleinere Rechenprozesse und Listenschreibungen beschränkt[4]).

Aus Tab. 6 zeigt sich sehr deutlich, daß der Computer vornehmlich zur Unterstützung der kurzfristigen Planung in Unternehmungen eingesetzt wird, nur in Ausnahmefällen werden dagegen ausschließlich langfristige Planungsrechnungen dem Computer übertragen.

Tab. 6: Anzahl der Unternehmungen, die den Computer bei der Planung einsetzen.

Fristigkeit	Anzahl der Unternehmungen	
	abs.	rel.
lang- und kurzfristige Pläne	34	20,6 %
nur langfristige Pläne	3	1,8 %
nur kurzfristige Pläne	49	29,7 %
Gesamt	86	52,1 %

Neben der Fristigkeit der Planung hat auch die Unternehmungsgröße Einfluß auf den Umfang des Computer-Einsatzes bei der Planung. Aus Tab. 7 ergibt sich, daß drei von vier Großunternehmungen den Computer im Rahmen der Unternehmungsplanung einsetzen. Bei mittleren Unternehmungen

---
3) Becker, J.; Woit, J.; Zajonc, H.: Der Einsatz der EDV..., a. a. O., S. 53 ff.
4) Da in der Unternehmung von Becker u. a. die Anwendungsgebiete Finanz und Statistik neben der Kategorie Führungsaufgaben gesondert aufgeführt sind, kann hier eine begriffliche Überschneidung vorliegen, wodurch die Relation 7 % : 52 % sich erheblich verändern kann.

wird jede zweite und bei kleineren Unternehmungen jede dritte Planungsaufgabe mit Hilfe des Computers durchgeführt. Auch der Einsatz des Computers für kurzfristige und langfristige Planungsaufgaben ist bei wesentlich mehr großen Unternehmungen zu finden als bei kleineren oder mittleren.

Tab. 7: *Anzahl der Unternehmungen, die den Computer bei der Planung einsetzen nach Unternehmungsgröße*

Größe	Ge-samt	Anzahl der Unternehmungen mit Computer-Einsatz						ohne Computer	
		kz. u. lg.		nur kurz		nur lang			
		abs.	rel.	abs.	rel.	abs.	rel.	abs.	rel.
0 — 1 000	29	2	6,9	8	27,6	1	3,4	18	62,1
1 001 — 10 000	99	19	19,2	27	27,3	1	1,0	52	52,5
10 001 u. mehr	37	13	35,1	14	37,9	1	2,7	9	24,3
Gesamt	165	34	20,6	49	29,7	3	1,8	79	47,9

Tab. 8: *Anzahl der Unternehmungen, die den Computer bei der Planung einsetzen, nach Branchen.*

Branche	Anzahl der Unternehmungen		
	Gesamt	Mit Computer-Einsatz	
		abs.	rel.
Energiewirtschaft	15	11	73 %
Fahrzeugbau	7	5	71 %
Chemie	23	14	60 %
Maschinenbau	17	10	59 %
Konsumgüter	16	9	56 %
Elektroindustrie	13	7	54 %
Eisen und Metall	16	8	50 %
Bauwirtschaft	8	4	50 %
Beratungsunternehmen	8	4	50 %
Banken und Versicherungen	13	3	23 %
Handel	9	2	22 %
Sonstige	20	9	45 %
Gesamt	165	86	52 %

Die Abhängigkeit des Computer-Einsatzes bei der Planung von der Branchenzugehörigkeit einer Unternehmung ergibt sich aus Tab. 8. Dabei ist zu vermerken, daß im Handel, bei Banken und Versicherungen, der Computer im Verhältnis zum allgemeinen Durchschnitt von über 50 % mit 22 % bzw. 23 % ungewöhnlich selten im Rahmen der Planung genutzt wird.

3. Wie zufriedenstellend ist die derzeitige Form der Planung?

Die Frage, ob die derzeitige Form der Planung zufriedenstellend sei, beantworteten nur 15 % der befragten Unternehmungen positiv. (Die möglichen Ansatzpunkte zur Verbesserung der Planung werden in Kapitel III eingehender diskutiert). Auch die Aufschlüsselung dieses Ergebnisses nach Unternehmungsgröße bringt nur unwesentliche Verschiebungen dieser Gesamtsituation (vgl. Tab. 9).

Tab. 9: Zufriedenheitsniveau nach Unternehmungsgröße

Größe	Anzahl Gesamt	Planung ist zufriedenstellend					
		ja		unentsch.		nein	
		abs.	rel.	abs.	rel.	abs.	rel.
0 — 1 000	29	5	17,2	2	6,9	22	75,9
1 001 — 10 000	99	12	12,1	2	2,0	85	85,9
10 001 u. mehr	37	8	21,6	3	8,1	26	70,3
Gesamt	165	25	15,2	7	4,2	133	80,6

Diese Zahlen verdeutlichen, für wie notwendig eine Verbesserung der Unternehmungsplanung in der Praxis erachtet wird und wie dringlich wissenschaftliche Erkenntnisse als Grundlage der Planungsverbesserung sind.

Bei der Aufschlüsselung nach Branchen sind jedoch erhebliche Abweichungen vom durchschnittlichen Trend festzustellen. Die beiden extremsten Ergebnisse: keine Unternehmung der eisen- und metallverarbeitenden Industrie ist mit der derzeitigen Form der Planung zufrieden, dagegen wird in einem Drittel der Energieversorgungsunternehmen die derzeitige Planung als zufriedenstellend empfunden (vgl. Tab. 10).

Hierzu muß vermerkt werden, daß diese Zahlen nichts über die derzeitige Qualität der Planung aussagen, sondern lediglich Aufschluß über das subjektive Empfinden der mit der Planung beauftragten Mitarbeiter zur augenblicklichen Planungssituation geben können.

Tab. 10: Zufriedenheitsniveau nach Branchen

Branche	Anzahl Gesamt	Planung ist zufriedenstellend					
		ja		unentsch.		nein	
		abs.	rel.	abs.	rel.	abs.	rel.
Energiewirtschaft	15	5	33,3	—	—	10	66,7
Chemie	23	6	26,1	—	—	17	73,9
Maschinenbau	17	3	17,6	1	5,9	13	76,5
Elektroindustrie	13	2	15,4	1	7,7	10	76,9
Bauwirtschaft	8	1	12,5	—	—	7	87,5
Beratungsunternehmen	8	1	12,5	1	12,5	6	75,0
Fahrzeugbau	7	1	14,3	—	—	6	85,7
Handel	9	1	11,1	—	—	8	88,9
Konsumgüter	16	1	6,3	1	6,3	14	87,4
Banken u. Versicherungen	13	1	7,7	—	—	12	92,3
Eisen u. Metall	16	—	—	—	—	16	100 %
Sonstige	20	3	15,0	3	15,0	14	70 %
Gesamt	165	25	15,2	7	4,2	133	80,6

4. Zusammenfassende Analyse der Ist-Aufnahme

Aus dem bisher Gesagten können zusammenfassend folgende Aussagen formuliert werden:

1. Zwischen der Fristigkeit der Pläne und der Größe der Unternehmung besteht eine Beziehung: Von den kleineren Unternehmungen planen 48 %, von den mittleren Unternehmungen 43 % und von den größeren Unternehmungen 27 % nur oder überwiegend kurzfristig. Umgekehrt erstellen 34 % der kleineren, 42 % der mittleren und 59 % der größeren Unternehmungen sowohl kurzfristige als auch langfristige Pläne (vgl. Tab. 4 a bis 4 d).

2. In allen Funktionsbereichen einer Unternehmung werden mehr kurzfristige als langfristige Pläne erstellt (vgl. Abb. 1). Die Ursachen hierfür liegen nicht allein in der sachlichen Vordringlichkeit kurzfristiger Pläne, sondern auch im unzureichenden Wissensstand über langfristige Planungsprobleme und -methoden.

3. Es ist festzustellen, daß einige Branchen sowohl bezüglich der Formalisierung der Pläne als auch in bezug auf den Computer-Einsatz bei der Planung gegenüber anderen Branchen bereits einen erheblichen Vorsprung haben. Insbesondere beim Handel, bei den Banken und Versicherungen sowie bei den Beratungsunternehmungen ist ein Rückstand feststellbar (vgl. Tab. 5 und Tab. 8).

4. Bezüglich der Häufigkeit des Computer-Einsatzes bei der Planung ist eine direkte Proportionalität zwischen Unternehmungsgröße und relativer Anzahl der Unternehmungen mit Computer-Einsatz feststellbar (vgl. Tab. 7).

5. Die Gründe für die relativ hohe Unzufriedenheit mit derzeitigen Formen der Planung werden im Teil III dieser Untersuchung eingehender diskutiert.

III. Ansatzpunkte zur Verbesserung der Unternehmungsplanung

Um mögliche Ansatzpunkte zur Verbesserung der Unternehmungsplanung aus der Sicht der Praxis zu gewinnen, wurde ein Katalog mit insgesamt 54 Faktoren vorgelegt. Dabei lautete die Fragestellung: Wie hoch bewerten Sie die Bedeutung der folgenden Faktoren für eine Verbesserung der Unternehmungsplanung? Für jeden Faktor waren die drei Bewertungsmöglichkeiten „sehr wichtig", „wichtig" und „kaum wichtig" gegeben. Diese drei Bewertungsstufen wurden bei der Auswertung mit 5 = sehr wichtig, 3 = wichtig und 1 = kaum wichtig gewichtet.

1. Die Faktorengruppe

Damit Zufälligkeiten bei der Bewertung der Faktoren möglichst unbedeutenden Einfluß auf das Gesamtergebnis haben sollten, wurden die sechs bedeutsamsten Verbesserungsmöglichkeiten in insgesamt 54 Fragen aufgeteilt. Der befragten Unternehmung wurden lediglich die 54 Einzelfaktoren vorgelegt. Sinn dieser Aufteilung war es, jeden Hauptfaktor mehrmals aus unterschiedlicher Sicht bewerten zu lassen.

Die sechs Hauptfaktoren waren:

1. Grundsätzliche Probleme der Unternehmungsplanung

Hierzu gehörten Fragen nach der Bedeutung
— der Formalisierung kurzfristiger und langfristiger Pläne;
— der Aufstellung von Gesamtplänen oder Teilplänen;
— der Koordination von Teilplänen;
— der Orientierung der Pläne an verschiedenen Unternehmungszielen und
— der Strukturierung des Planungssystems nach hierarchischen Gesichtspunkten für die Planung der Unternehmung.

2. Modell-Einsatz bei der Unternehmungsplanung

Hierzu gehörten Fragen nach der Bedeutung
— von Modellen für die einzelnen Funktionsbereiche;
— von Modellen für die kurzfristige und langfristige Planung;

— vom Simulations- oder Optimierungsmodellen und

— von maßgeschneiderten oder standardisierten Modellen für die Planung der Unternehmung.

3. Computer-Einsatz bei der Unternehmungsplanung

Hierdurch sollte die Wichtigkeit

— des Computer-Einsatzes bei der kurzfristigen und langfristigen Planung;
— des Computer-Einsatzes in verschiedenen Funktionsbereichen;
— unterschiedlicher Betriebsformen für die Unternehmungsplanung;
— einfacher Benutzersprachen und wirtschaftlicher Software für computergestützte Planungssysteme;
— eines ausreichenden Benutzerkomforts für den Manager

ermittelt werden.

4. Informationsbasis bei der Unternehmungsplanung

Hier sollte festgestellt werden, wie bedeutsam

— die Ermittlung des richtigen Informationsbedarfs;
— die Ermittlung möglichst genauer und aktueller Informationen für verschiedene Planungsfristen und in verschiedenen Unternehmungsbereichen;
— die Gewinnung exakter Gesetzmäßigkeiten zwischen verschiedenen Größen und
— die Festlegung des richtigen Datenvolumens für die Planung ist.

5. Methoden für die Unternehmungsplanung

Hier wurde vornehmlich die Bedeutung

— statistischer Methoden und
— Operations-Research-Methoden für die Planung bewertet.

6. Managementprobleme bei der Unternehmungsplanung

Hierzu wurden Faktoren aufgezählt, die die Bedeutung

— des Führungsstils;
— der Ausbildung des Managements;
— der Einbeziehung des Managers in den Prozeß der Systemgestaltung für die Unternehmungsplanung herausfinden sollten.

2. Die Bewertung der Faktoren

Es erscheint nicht sinnvoll, die Bewertung aller 54 Einzelfaktoren hier aufzulisten. Wichtiger ist vielmehr die Ermittlung schwerpunktmäßiger Aussagen, die sich durch die Zusammenfassung der zusammengehörenden Faktoren zu Gruppen ergeben.

a) Gesamtbewertung der Faktorengruppen

Aus Tab. 11 wird deutlich, daß eine wesentliche Verbesserung der Unternehmungsplanung erst dann als realisierbar angesehen wird, wenn man die grundsätzlichen Probleme wie Formalisierung, Quantifizierung, Koordination und Planabstimmung besser bewältigen kann. (Die höchste Bedeutung aller 54 Faktoren wurde der Ausrichtung der Pläne auf die Unternehmungsziele und der Koordination der Teilpläne zugeordnet.) Voraussetzung dazu ist, daß diese Problembereiche der Unternehmungsplanung eingehend analysiert werden, um sie theoretisch beherrschen zu können. Da die bisherigen theoretischen Ansätze den praktischen Erfordernissen keineswegs gerecht wurden, liegt die Annahme nahe, daß einmal die empirische Basis derartiger Ansätze nicht umfassend genug war und daß andererseits der interdisziplinarische Problembereich der Unternehmungsplanung zu stark aus der Sicht einer Disziplin erforscht wurde.

Um diese Wissenslücke wenigstens teilweise überwinden zu können, ist neben einer neuen Forschungsstrategie[5] auch eine neue Projektteam-Struktur[6] erforderlich. Ebenso bedarf es einer den Anforderungen der Praxis gerecht werdenden Formulierung der theoretischen Erkenntnisse, damit die Wissensübermittlung erleichtert wird.

Tab. 11: Gesamtbewertung der Faktorengruppen

Faktorengruppe (abgekürzt)	durchschnittliche Bewertung aller Faktoren dieser Gruppe
Planungsgrundlagen	4,28
Informationsbasis	3,65
Managementprobleme	3,57
Methoden	3,13
Computer-Einsatz	2,96
Modell-Einsatz	2,94

---

[5] Vgl. Szyperski, Norbert: Forschungs- und Entwicklungsprobleme in der Unternehmungsplanung, Einführungsbeitrag dieser Symposium-Veröffentlichung.
[6] Vgl. Vorschlag für ein MIS-Forschungsprogramm von BIFOA, Betriebswirtschaftliches Institut für Organisation und Automation an der Universität zu Köln, Forschungsbericht DV 71-01 Datenverarbeitung des Bundesministeriums für Bildung und Wissenschaft, Oktober 1971.

Die große Bedeutung, die einer verbesserten Informationsbasis beigemessen wird, ist ein weiteres Zeichen dafür, daß die grundlegenden Probleme der Unternehmungsplanung in der Praxis noch unzureichend gelöst sind; denn die relativ niedrige Bewertung von Planungsmethoden sowie Computer- und Modelleinsatz deutet darauf hin, daß die vordringlichsten Schwierigkeiten nicht in der Informationsaufbereitung gesehen werden. Vielmehr ist die Erfassung vieler wertvoller Informationen z. Z. hinsichtlich Schnelligkeit und Genauigkeit noch unbefriedigend. Das gilt insbesondere für die Beschaffung von Informationen für die kurzfristige Planung und für die Absatzplanung (eine verbesserte Beschaffung der Informationen für diese Planungsaufgaben wurde mit 4,41 bzw. 4,40 recht hoch bewertet).

In der Bewertung der Managementprobleme zeigt sich ein zunehmender Trend. Heute wird die Problematik des Managers als Verantwortlicher für eine Entscheidung, die für ihn von anderen Stellen oft unter Zuhilfenahme technokratischer Instrumente informationell vorbereitet wird, in starkem Maße als sozial-psychologische Problemstellung angesehen. Ähnliche Untersuchungen bestätigen diese Entwicklung und weisen auf die Bedeutung der Management-Schulung und der Ausrichtung hochtechnisierter Informationssysteme auf die individuellen Verhaltensweisen ihrer Benutzer hin[7]).

Zu den Methoden ist allgemein zu sagen, daß die statistischen Methoden mit 3,33 als recht bedeutsam angesehen wurden, während der unterdurchschnittliche Wert der Operations-Research-Methoden (2,94) das Gesamtergebnis drückt. Daß die OR-Methoden den gleichen Wert erhielten wie die Modelle insgesamt, zeigt, daß hier Modelle überwiegend mit denjenigen Modellen identifiziert werden, die auf der Basis von OR-Methoden aufgebaut werden.

Die überraschend schwache Bedeutung, die man dem Computer und Modellen als Instrumente zur Unterstützung der Planung beimißt, läßt sich darauf zurückführen, daß man in der BRD noch recht wenig Erfahrungen mit diesen Instrumenten im Rahmen der Planung sammeln konnte[8]) und daß häufig die fehlgeschlagenen Ansätze in den USA[9]) einen negativen Eindruck über diese Instrumente hinterlassen haben. Der Ansatz der „interaktiven Modelle"[10]) läßt hier jedoch erwarten, daß bei einigen Planungsproblemen, bei denen computer-

---

7) Vgl. Powers, R. F.: Correlates of MIS Project Success. MISRC Working Paper 70-5, University of Minnesota, Minneapolis; Mans, Günter: Erfolgsfaktoren für MIS-Projekt-Analyse drei getrennter Umfragen — in: Zeitschrift für Organisation, 1973, H. 4.
8) Vgl. Buss, Dieter; Mans, Günter; u. a.: Stand und Entwicklungstendenzen von Management-Informationssystemen in der BRD (Auswertung einer empirischen Erhebung). BIFOA-Arbeitsbericht 71/3, Köln 1971, Wison-Verlag, 66 S.
9) Vgl. Szyperski, Norbert; Meller, Friedrich; Rölle, Harald: Modellgestützte Management-Informations-Systeme in den USA — Erfahrungen und Entwicklungstendenzen. BIFOA-Arbeitsbericht 71/1, Köln 1971, Wison-Verlag, 86 S.
10) Vgl. Cohen, Kalman J.; Carter, E. Eugenie: Portfolio Aspects of Strategic Planning. (In Workshop V dieser Symposium-Veröffentlichung); vgl. auch Mevert, Peter; Dicksen, G. W.: Short-Term Planning: An Interactive Modelling Approach. (In Workshop V dieser Symposium-Veröffentlichung)

gestützte Modelle eingesetzt werden, eine Vielzahl vergangener Fehler überwunden werden kann.

b) *Auswertung der Erhebung nach Unternehmungsgrößen*

Die bei der Gesamtauswertung des Faktorenkataloges festgestellte Rangfolge ergibt sich — mit nur geringfügigen Änderungen — auch bei der Aufteilung der Bewertung nach Unternehmungsgrößen (vgl. Tab. 12). Interessant erscheint dabei die Tatsache, daß die Bedeutung der Modelle für die Unternehmungsplanung mit zunehmender Unternehmungsgröße zunimmt.

Tab. 12: *Bewertungen der Faktorengruppen nach Unternehmungsgröße*

Faktorengruppe	Gesamtbewertung		Bewertung nach Unternehmungsgröße					
			0—1000		1001—10 000		10 001 u. m.	
	Wert	Rang	Wert	Rang	Wert	Rang	Wert	Rang
Planungsgrundlagen	4,28	1	4,22	1	4,27	1	4,41	1
Informationsbasis	3,65	2	3,55	3	3,66	2	3,73	2
Managementprobleme	3,57	3	3,56	2	3,58	3	3,54	3
Methoden	3,13	4	3,15	4	3,11	4	3,14	4
Computer-Einsatz	2,96	5	2,91	5	2,99	5	2,92	6
Modell-Einsatz	2,94	6	2,79	6	2,93	6	3,09	5

Das läßt sich damit erklären, daß größere Unternehmungen vielfach schon eigene Modellerfahrungen haben und somit die Stärken und Schwächen des Einsatzes mathematischer Modelle bei der Planung kennen.

Eine ähnliche Korrelation ist bei der Beurteilung der Planungsgrundlagen gegeben. Auch hier steigen die Werte mit zunehmender Unternehmungsgröße; denn je größer und komplexer eine Unternehmung wird, desto schwieriger ist die Koordination der Teilpläne zu einem Gesamtplan, der den Zielen der Unternehmung adäquat ist. Insofern ist die hohe Bewertung der Koordinationsproblematik (4,83 Punkte) und der Ausrichtung der Pläne auf die Unternehmungsziele (4,89 Punkte) bei Unternehmungen mit über 10 000 Beschäftigten als Abbildung derzeitiger Schwierigkeiten zu verstehen.

c) *Auswertung der Erhebung nach Branchen*

Auch bei der Aufteilung nach Branchen kann bei den meisten Branchen eine weitgehende Übereinstimmung mit dem allgemeinen Trend festgestellt werden. So ist auf die Unternehmungen der eisen- und metallverarbeitenden Industrie, des Maschinenbaues, der Fahrzeug-Industrie und ihrer Zulieferer, der Energiewirtschaft, der chemischen Industrie und der unter „Sonstige" zusammngefaßten Branchen insgesamt das anzuwenden, was unter III 2. a) und III 2. b) gesagt wurde. Die Verschiebungen in der Rangordnung sind dabei so gering, daß ihre Interpretation wohl kaum sinnvoll erscheint.

Dagegen läßt die wohl auffälligste Abweichung vom allgemeinen Trend, die hohe Bewertung der Managerprobleme und die relativ geringe Bewertung der Planungsgrundlagen bei den Unternehmungen der Beratungsbranche folgende Vermutungen zu (vgl. Tab. 13 c).

Tab. 13 a: *Bewertung der Faktorengruppen nach Branchen*

Faktorengruppe	Branchen							
	Eisen/Metall.		Masch.-bau		Fahrzeug		Elektroind.	
	Wert	Stelle	Wert	Stelle	Wert	Stelle	Wert	Stelle
Planungsgrundlagen	4,29	1	4,39	1	4,75	1	4,52	1
Informationsbasis	3,78	2	3,73	2	3,89	2	3,83	3
Managementprobleme	3,45	3	3,64	3	3,76	3	3,87	2
Methoden	3,07	4	3,19	4	3,29	4	3,08	5
Computer-Einsatz	2,65	6	3,03	6	3,26	5	3,44	4
Modell-Einsatz	2,92	5	3,17	5	2,90	6	2,99	6

Tab. 13 b: *Bewertung der Faktorengruppen nach Branchen*

Faktorengruppe	Branchen							
	Energiewirt.		Chemie		Bauwirt.		Konsum	
	Wert	Stelle	Wert	Stelle	Wert	Stelle	Wert	Stelle
Planungsgrundlagen	4,35	1	4,20	1	3,91	1	4,31	1
Informationsbasis	3,82	2	3,61	3	3,35	2	3,73	3
Managementprobleme	3,50	3	3,67	2	3,35	3	3,77	2
Methoden	3,07	6	3,27	4	3,25	4	3,00	6
Computer-Einsatz	3,33	4	2,82	6	2,91	5	3,03	5
Modell-Einsatz	3,10	5	3,14	5	2,49	6	3,18	4

Tab. 13 c: *Bewertung der Faktorengruppen nach Branchen*

Faktorengruppe	Branchen							
	Handel		Banken/Vers.		Beratungs.		Sonstige	
	Wert	Stelle	Wert	Stelle	Wert	Stelle	Wert	Stelle
Planungsgrundlagen	4,06	1	3,93	1	4,02	2	4,46	1
Informationsbasis	3,52	2	3,36	2	3,77	3	3,72	2
Managementprobleme	3,24	3	3,31	3	4,17	1	3,40	3
Methoden	2,78	6	3,08	4	3,00	4	3,31	4
Computer-Einsatz	2,92	4	2,86	5	2,91	5	2,85	6
Modell-Einsatz	2,91	5	2,75	6	2,54	6	2,86	5

Die Bewertung der Managementprobleme läßt sich damit begründen, daß diese Unternehmungen als externer Berater bei der Übernahme von Planungsprojekten in Unternehmungen besondere Schwierigkeiten in der Überzeugung der verantwortlichen Manager hatten, was sowohl auf die Ausbildung des Managements (4,50 Punkte) als auch auf den individuellen Führungsstil (4,50 Punkte) zurückgeführt wurde. Bezüglich der Planungsgrundlagen ist zu bemerken, daß die Beratungsfirmen möglicherweise mit diesen unternehmungsinternen Schwierigkeiten größtenteils bei ihrer Beratungstätigkeit gar nicht vertraut gemacht werden, sondern lediglich Detailprobleme geschildert bekommen. Die sehr negative Beurteilung der Modelle durch Beratungsunternehmungen erlaubt folgende Schlüsse:

Externe Berater werden nur ungerne zur Entwicklung von Planungsmodellen herangezogen oder aber bei den Beratungsfirmen hat sich die Geringschätzung von Planungsmodellen durch große Teile der deutschen Wirtschaft kumuliert[11]).

Die relativ hohe Bewertung des Computer-Einsatzes in der Elektroindustrie erlaubt die Feststellung, daß die hier miterfaßten Hersteller von Computer-Anlagen dem Computer als Instrument zur Verbesserung der Planung eine größere Chance einräumen, als das im Durchschnitt der Industrie der Fall ist.

Bemerkenswert ist auch die niedrige durchschnittliche Bewertung aller Faktoren in der Bauindustrie, beim Handel und bei den Banken und Versicherungen. Das läßt darauf schließen, daß eine wirksame Verbesserung der Unternehmungsplanung in diesen Branchen kritischer beurteilt wird als in anderen Branchen. Jedoch ist zu vermerken, daß bei der Ist-Analyse (vgl. Teil II) insbesondere der Handel und die Banken und Versicherungen bezüglich Umfang der Formalisierung und des Computer-Einsatzes bei der Planung einen sichtbaren Entwicklungsrückstand aufwiesen, so daß die geringe Bewertung der Verbesserungsmöglichkeiten durch die Unternehmungen dieser Branchen auch auf die geringere Erfahrung mit formalisierten Planungsverfahren zurückgeführt werden kann.

3. Zusammenfassende Analyse der Bewertung der Verbesserungsmöglichkeiten der Unternehmungsplanung

Zusammenfassend kann zu obigen Ergebnissen folgendes gesagt werden:

1. Die hohe Bewertung der Formalisierung von Unternehmungsplänen und der Koordination der Teilpläne zu einem zielorientierten Gesamtplan zeigt, daß grundlegende Problemstellungen der Unternehmungsplanung

---

11) Bei der Bewertung der Unternehmungsberater muß beachtet werden, daß die Mehrzahl dieser Firmen angab, den Teil II der Erhebung lediglich im Hinblick auf Erfahrungen in anderen Unternehmungen zu beantworten und nicht die eigene Situation damit zu bewerten.

in der Praxis noch nicht ausreichend beherrscht werden. Eine der Ursachen dieses mangelnden Wissens ist, daß auch die Wissenschaft bis jetzt noch keine operationalen Aussagen zu diesen Fragen der Unternehmungsplanung geliefert hat. Um diese Forderungen erfüllen zu können, muß die Wissenschaft in enger Verbindung mit der Praxis Planungsprobleme und Planungssituationen in den Unternehmungen analysieren, um zu empirisch fundierten Ergebnissen zu gelangen.

2. Eine Verbesserung der Informationsbasis kann einmal dadurch bewirkt werden, daß durch eine sorgfältige Analyse von Planungssituationen in der Praxis der richtige Informationsbedarf festgestellt werden kann. Das wäre auf die gleiche Weise möglich wie das unter 1. genannte Vorgehen. Zum anderen scheint es jedoch erforderlich zu sein, möglichst schnell hinreichend genaue Daten vornehmlich aus dem Absatzbereich (3,87 Punkte)[12]) und für die kurzfristige Planung (4,41 Punkte)[13]) bereitstellen zu können. Dafür sind natürlich amtliche Statistiken und Veröffentlichungen von Verbänden wenig geeignet, weil der time-lag hierbei zu groß ist. Zur Verbesserung dieser Situation müßten deshalb neuartige Methoden oder andersartige Institutionen eingeführt werden, die — wie etwa das Utility-Konzept — eine schnelle zentrale Datensammlung und -weitergabe ermöglichen.

3. Bezüglich der Managementproblematik ist zu vermerken, daß eine Hochschulausbildung, die die Entwicklung formalisierter und gegebenenfalls auch modell- und computer-gestützter Planungssysteme und deren Nutzungsmöglichkeiten praxisorientiert vermittelt, zumindest langfristig hier eine Veränderung erwarten läßt. Unternehmungsinterne Ausbildungsprogramme müßten weiter verbreitet werden, um auch kurzfristig Veränderungen des Managementverhaltens bezüglich der Planung zu erreichen. Beide Vorgehensweisen gewähren aber eine eingehende Verbesserung dieses Problembereiches nur dann, wenn die Sozialwissenschaften möglichst brauchbare Erkenntnisse über das Managementverhalten liefern und wenn diese Erkenntnisse bei allen Schulungsprogrammen und bei der Systemgestaltung verwertet werden.

4. Modelle und Methoden sollten eng zusammengesehen werden und soweit die Modelle auf Grund ihrer Struktur, ihrer Rechenintensität und ihres Speicherbedarfs recht aufwendig sind, sollte auch der Computer miteinbezogen werden. Für diese Instrumente der Unternehmungsplanung gilt, daß sie — obwohl z. T. sehr leistungsfähig — nur in den Unternehmungen sinnvoll eingesetzt werden können, in denen eine formalisierte Planung

---

[12]) Gegenüber einer verbesserten Datenbasis für z. B. Produktion (3,38 Punkte), Finanzwesen (3,65 Punkte) und Personal (3,45 Punkte).
[13]) Gegenüber schnelleren Informationen für die langfristige Planung (2,88 Punkte).

bereits allgemein akzeptiert wird; denn diese hochwertigen Instrumente können nur auf einer gut strukturierten Basis effizient eingesetzt werden.

Weiterhin ist zu beachten, daß nur die Teile eines Planungsprozesses modelliert werden sollten, die auf Grund ihres Umfanges, ihrer Quantifizierbarkeit und ihrer Determiniertheit den Manager und den Planungsfachmann lediglich mit aufwendigen Rechenprozessen belasten würden und keine schöpferischen Leistungen erfordern. Dabei sollte die Komplexität der Modelle nicht deren Verständlichkeit für den Manager oder deren Aktualisierung beeinträchtigen. Schließlich sollte eine möglichst einfache Strukturierung des computer-gestützten Teils des Planungssystems eine leichte Nutzung und eine schnelle Informationsbereitstellung gewährleisten.

Sektion A:

Grundlagen und Organisation der Unternehmungsplanung

Workshop I:
Planungstheoretische Grundlagen der Unternehmungsplanung

Diskussionsleitung:

Prof. Dr. Norbert Szyperski

Zur Formalisierbarkeit von Planungssystemen

Von

Dr. A. Gälweiler

Vorbemerkung

Unter Formalisierbarkeit von Planungssystemen wird hier in einem ganz engen Sinne dieses Wortes die Anwendung von Modellen und der Einsatz von Computern bei der Lösung von Problemen der Unternehmensplanung verstanden. Die Ausführungen dazu sind in vier Abschnitte (I—IV) und eine Schlußbemerkung gegliedert. Im Abschnitt I werden eine Reihe grundlegender Thesen zu diesem Thema mehr oder weniger apodiktisch dargestellt. In den Abschnitten II—IV werden drei Problemkreise aus der Unternehmensplanung dargelegt, die diese Thesen belegen und erläutern sollen.

I. Grundlegende Thesen zum Thema

1. Beim gegenwärtigen Stand des Wissens liegt das Anwendungsgebiet von Modellen und Computern in erster Linie auf dem Gebiet der Ausführungsplanung. Demgegenüber liegt der Schwerpunkt im derzeitigen Entwicklungsstadium der Unternehmensplanung auf dem Gebiet der Zielplanung, die der Ausführungsplanung stets vorausgeht und für diese selbst von grundlegender Bedeutung ist. Was in der Zielplanung versäumt wird, kann in der Ausführungsplanung im Regelfalle nicht mehr aufgeholt werden.

2. Das wesentliche Problem bei der Zielplanung, wie auch gleichzeitig die Voraussetzung für die Anwendung von Modellen und Computern bei der Zielplanung, ist die eindeutige Strukturierung und die geistige Beherrschung der für die konkreten kurz-, mittel- und langfristigen Unternehmensziele maßgebenden externen und internen Problemfelder.

3. Bei Unternehmenszielen handelt es sich im Regelfall nicht um stationäre Planungsobjekte, sondern um dynamische Planungsobjekte, d. h. sie sind nicht gekennzeichnet durch einen im vorhinein im letzten Detail beschreibbaren stationären Endzustand.

Es handelt sich bei Unternehmenszielen vielmehr um im Zeitablauf kontinuierlich zu sichernde Gleichgewichtszustände, die ständig verschiedenartigen, zum Teil unvorhersehbaren Störgrößen unterliegen. Soweit sie vorhersehbar sind, ist die zeitliche Entfernung des Vorhersehbarkeits-Zeitpunktes von ihrem Eintreffenszeitpunkt sehr unterschiedlich und verändert sich zudem laufend. Das heißt, es handelt sich dabei um weitgehend offene Systeme mit vielen und im Zeitablauf sich ständig verändernden Randbedingungen. Diese Gegebenheiten erschweren beim derzeitigen Stand des Wissens die Anwendung von Modellen und Computern auf dem Gebiet der Zielplanung. Allerdings kann man damit rechnen, daß diese Schwierigkeiten mit fortschreitendem Wissen überwunden werden können.

4. Daneben besteht noch eine weitere, aber grundlegende andere Art von Erschwernissen. Von ihnen kann man leider nicht sagen, daß sie überwindbar sind. Sie bestehen in folgendem Sachverhalt: Die meisten Problemlösungen bei der Zielplanung werden zwar systematisch, d. h. durch schrittweises, auch häufig iteratives, Vorgehen gewonnen, aber mit einem relativ hohen und sehr differenzierten kreativen Input.

Die zunehmende Strukturierung und Beherrschbarmachung der Zielplanung zeigt immer mehr, daß Planung als geistiger Prozeß insbesondere die Mobilisierung, Ausrichtung und Nutzbarmachung des im Unternehmen vorhandenen Kreativitätspotentials in bezug auf die konkreten Zielprobleme des Unternehmens bedeutet.

Dabei heißt das langfristige Zielproblem stets: Welches sind die besten Produkte und Märkte in der Zukunft und was hat spätestens jetzt dafür zu geschehen. Beim kurzfristigen Ziel, das stets ein Ergebnisziel in absoluten Geldeinheiten ist, besteht das Hauptproblem in der Identifizierung der möglichen Produktivitätsfortschritte, die zur Sicherung eines bestimmten wirtschaftlichen Ergebnisses zu realisieren sind, d. h. im Herausfinden aller erfolgversprechenden Rationalisierungsmöglichkeiten in allen Bereichen des Unternehmens.

In beiden Fällen liegt der Schwerpunkt des Planungsprozesses in der problemorientierten Organisation des kreativen Wissenspotentials. Kreativität äußert sich dabei nicht nur in neuen Lösungen, sondern oft auch in provozierenden intuitiven Fragestellungen. Die Antwort auf solche Fragen kann manchmal der Computer schnell finden, soweit der Fragestellung gerecht werdende Modelle und Programme vorliegen. Das ist aber selten der Fall, selbst wenn umfangreiche Modelle vorhanden sind.

Die Kreativität, d. h. die Neuartigkeit solcher Fragen und Lösungen besteht häufig gerade darin, daß sie in völlig andere Richtungen gehen, als es dem Inhalt und Potential vorliegender Modelle und Programme entspricht. Eine variierende Anwendung gegebener Modelle enthält im Regelfall nichts „Kreatives". (Diese Aussage gilt naturgemäß nicht für die erstmalige Konstruktion solcher Modelle und das Auffinden optimierbarer Strukturen überhaupt.)

5. Unternehmensplanung bedeutet unter diesem Aspekt insbesondere in der Zielplanung, aber auch in der Ausführungsplanung, im Grunde stets innovative Planung. Sie ist nichts anderes als ein problemorientiertes und organisiertes Einbringen des laufenden Wissenszuwachses der Menschheit in die Ziel- und in die Ausführungsplanungen des Unternehmens.

Bei der exponentiellen Entwicklung des technisch-wissenschaftlichen Wissens werden bestehende, d. h. auf bisherigem Wissen gegründete Modelle offensichtlich immer schneller überholt. Das Schaffen von computerisierten Modellen lohnt sich deshalb meistens nur für etablierte Ausführungsprozesse mit häufig wiederkehrenden und in der konkreten Problemstruktur gleichen oder ähnlichen Entscheidungssituationen.

Die Tatsache des sich immer mehr beschleunigenden Wissenszuwachses scheint fast eher darauf hinzudeuten, daß die Diskrepanz zwischen der kreativen Orientierung des Planungsprozesses und dem möglichen Einsatz von Modellen und Computern eher größer als kleiner wird, auch wenn die Arbeit an Entscheidungsmodellen gleichzeitig verstärkt wird.

6. Diese Ausführungen sind nicht zu verstehen als eine grundsätzliche Ablehnung von Computern und Modellen in der Unternehmensplanung. Die notwendigen Bemühungen und Arbeiten in dieser Richtung sollten nur in ihrem konkreten Bezug zur derzeitigen Wirklichkeit gesehen werden. Daraus resultiert dann vor allem:

a) Eine Konzentration in der Entwicklung und Anwendung von Computer-Lösungen und Modellen auf diejenigen Probleme, die mit diesem Mitteleinsatz besser und wirtschaftlicher lösbar sind, als mit konventionellen Mitteln und Methoden.

b) Eine Konzentration und Hinlenkung geistiger Energien auf die Problemfelder, die als erstes — bevor man sie dem Computer übergeben kann — überhaupt einmal einer besseren und systematischeren Strukturierung bedürfen.

Die qualitative Identifizierung und Strukturierung der für die konkreten Unternehmensziele relevanten Problemfelder und Determinanten ist z. Z. die vorrangige Forschungs- und Entwicklungsaufgabe auf dem Gebiet der Unternehmensplanung. Die Lösung dieser Aufgabe ist eine grundsätzliche Voraussetzung für die Anwendung von Computern und Modellen. Unter konkreten Unternehmenszielen werden dabei verstanden:

kurzfristig: die Ergebnisziele in absoluten Geldbeträgen

mittelfristig: ebenfalls Ergebnis- und Marktziele in absoluten Werten

langfristig: die rechtzeitige Orientierung auf Produkte und Märkte mit einem möglichst hohen Ertragspotential.

7. An drei Problembeispielen werden in den folgenden Abschnitten II—IV die vorgenannten Thesen belegt:

— Das *erste Beispiel* betrifft mehr die grundlegenden Gegebenheiten bei dynamischen Zielproblemen. Diese Gegebenheiten und ihre operationale Beherrschbarkeit scheinen auch in der Theorie noch nicht hinreichend erforscht.

— Das *zweite Beispiel* zeigt die bei langfristigen Zielproblemen im allgemeinen anstehenden Problemfelder. Aus ihrer Art und der bis heute erreichten Strukturierung wird der begrenzte Grad der Computerisierung sehr schnell erkennbar. (Unter Strukturierung verstehen wir dabei die Zerlegung eines als Ganzes kaum lösbaren Problems in leichter lösbare Teilprobleme, ohne dabei die gegebenen Gesamtzusammenhänge und Interdependenzen zu vernachlässigen oder zu verlieren.)

— Das *dritte Beispiel* zeigt die bei kurzfristigen Zielproblemen relevanten Problemfelder und die dabei zu lösenden Grundprobleme. Auch daraus läßt sich bei einer so verstandenen Zielplanung leicht der nur begrenzt mögliche Einsatz von Computern und Modellen zu ihrer Lösung erkennen.

II. Das Problem der zeitlichen Dynamik in der Unternehmensplanung

Auf den kürzesten Nenner gebracht, ist das Grundproblem der Unternehmensplanung die

„Nachhaltige Sicherung der Ertragsfähigkeit".

Im Adjektiv „nachhaltig" kommt die zeitliche Dimension zum Ausdruck. Nachhaltig heißt dabei „von jetzt an bis in die weitest absehbare Zukunft hinein".

Dieses Problem läßt sich zunächst in zwei Problemgruppen aufteilen:

1. Die systematische Erarbeitung und Festlegung konkreter kurz-, mittel- und langfristiger Unternehmensziele (Ergebnis- und Marktziele) = *Zielplanung*.

2. Die systematische Erarbeitung und Festlegung aller Maßnahmen, Aktionen und Programme zur Realisierung dieses Zielspektrums = *Ausführungsplanung*.

Aus den Zusammenhängen zwischen Ziel- und Ausführungsplanung lassen sich zwei Erkenntnisse ableiten:

1. Es ist im Grunde nicht Aufgabe der lang- und mittelfristigen Zielplanung, die Maßnahmen, Aktionen und Programme zu erarbeiten, die in 5, 10 oder 20 Jahren zu vollziehen sind, sondern all das, was man spätestens heute und in der unmittelbaren Zukunft tun muß, um für das Unternehmen und seine Ziele an Hand der für die nächsten 5, 10 oder 20 Jahre erwarteten Umweltbedingungen die besten Voraussetzungen geschaffen zu haben, oder anders gesagt: Gegenstand der langfristigen und mittelfristigen Planung sind Entscheidungen von heute und nicht solche, die man wegen des im Zeitablauf sich ergebenden besseren Informations- und Wissensstandes besser zu einem späteren Zeitpunkt treffen kann. Daraus folgt:

2. Es gibt einen quasi optimalen Planungs- bzw. Entscheidungszeitpunkt. Er ist dadurch gegeben, daß man solange wie möglich, d. h. bis zum spätest notwendigen Zeitpunkt mit der Entscheidung wartet.

Damit verfügt man gleichzeitig über den maximal möglichen Informationsstand und reduziert dementsprechend die Ungewißheit.

So läßt sich ein bestimmtes Ziel für 1976 auflösen in Teilschritte (Aktionen), deren späteste Planungs- bzw. Entscheidungszeitpunkte über die ganze Zeitstrecke von 1972 bis 1976 verteilt sind. Die detaillierte Ausführungsplanung dieser Teilschritte betrifft stets nur das, was unmittelbar, d. h. in der nächsten Zukunft zu tun notwendig ist, und zwar stets abgeleitet von dem zu realisierenden Ziel und den dafür relevanten Gegebenheiten und Sachnotwendigkeiten.

Die Nichtbeachtung dieser grundlegenden Zusammenhänge zwischen Zielplanung und Ausführungsplanung führt häufig zu fehlorientierenden Ansatzpunkten in der Unternehmensplanung. Die Verführung dazu ist deshalb so groß, weil fast die gesamte bisher gewonnene Planungserfahrung aus der Ausführungsplanung stammt und man die dort gemachten Erfahrungen unbesehen auf Probleme der Zielplanung übertragen zu können glaubt. Der grundlegende Unterschied zwischen Planungsobjekten der Ausführungsplanung und der Zielplanung läßt sich wie folgt beschreiben:

Planungsobjekte auf dem Gebiet der Ausführungsplanung sind im allgemeinen

stationärer Art und in ihrer Problemstruktur mehr oder weniger *geschlossenen* Systemen zu vergleichen

Planungsobjekte auf dem Gebiet der Zielplanung sind im allgemeinen

dynamischer Art und in ihrer Problemstruktur mehr oder weniger *offenen* Systemen zu vergleichen.

Was heißt und was bedeutet das für die praktische Unternehmensplanung?

Planungsobjekte stationärer Art zeichnen sich dadurch aus, daß zu einem bestimmten Zeitpunkt etwas mit bestimmten Eigenschaften technischer und wirtschaftlicher Art fertig sein soll.

Unter einem geschlossenen System versteht man dabei die Tatsache, daß alle für die Realisierung des Objektes wesentlichen Nebenbedingungen und Faktoren weitgehend bekannt sind. Beispiel: Die Planung eines Hausbaues.

Ein solches stationäres Planungsobjekt ist durch zwei entscheidende Möglichkeiten gekennzeichnet, die dynamische Planungsobjekte im allgemeinen nicht haben:

a) Sehr lange im vorhinein kann man den Endzustand im letzten Detail beschreiben und festlegen

b) Sehr lange im vorhinein kann man für das letzte Detail die Ausführungsfolge und die Ausführungszeiten (Anfang und Ende) relativ exakt festlegen.

Beides geht nicht mehr bei dynamischen Planungsobjekten. Im Gegensatz zu stationären Planungszielen handelt es sich bei ihnen um im Zeitablauf permanent zu sichernde Gleichgewichtszustände, die ständig wechselnden Situationsbedingungen (Störgrößen) ausgesetzt sind, wobei die Anfallsfolge dieser Situationsbedingungen im allgemeinen nicht vorhersehbar und deshalb auch das jeweils optimale Anpassungsverhalten nicht planbar ist.

Typisch dynamische Planungsobjekte sind Umsatz, Ertrag und Liquidität, jeweils in unterschiedlicher zeitlicher Reichweite aber auch in ihren gegenseitigen Gleichgewichtsbeeinflussungen, z. B. die heutige Sicherung eines langfristigen ertragsstarken Umsatzes in Form von Entwicklungsaufwand, kostet Ertrag und Liquidität von heute.

Was unter solchen Bedingungen in einem gegebenen Zeitpunkt planbar ist und was nicht, läßt sich an einem einfachen Beispiel deutlich zeigen.

Ein in Frankfurt wohnender Autofahrer soll zu einer bestimmten Zeit, z. B. um 15.00 Uhr in Mannheim sein, und er weiß das bereits am Tage vorher.

Was kann er planen und was kann er nicht planen?

Planen kann er

a) um wieviel Uhr er spätestens in Frankfurt wegfahren muß bei den um diese Jahreszeit bestehenden Witterungsbedingungen und bei den um diese Tages- und Jahreszeit im Durchschnitt bestehenden Verkehrsbedingungen

b) daß das Auto in Ordnung ist (Bremsen, Brennstoff usw.)

Nicht planen kann er, wann und wo er bremsen, beschleunigen, wen und wo überholen muß, weil es sich dabei um die jeweils bestmöglichen bzw. notwendigen Anpassungsmodalitäten an Situationsbedingungen handelt, die ihrer Art und Anfallsfolge nach nicht vorhersehbar sind.

So einleuchtend diese Feststellung offensichtlich auch ist, nicht selten wird im Unternehmen dagegen verstoßen, z. B. wenn im Januar, ganz gleich aus welchen Gründen, das Produktionsprogramm z. B. für Oktober schon in seinen letzten Details festgelegt wird, obwohl die dafür wesentlichen Situationsbedingungen (Absatzentwicklung, Lieferzeiten der Zulieferer usw.) noch nicht bekannt sind und eine detaillierte Festlegung auch noch gar nicht notwendig ist.

Daraus entsteht die Frage nach den allgemeinen Bestimmungsgründen für die Zusammenhänge zwischen Ziel- und Ausführungsplanungen; denn alle dynamischen Zielgrößen lassen sich schließlich nur über eine Vielzahl sich gegenseitig im Zeitablauf überlagernder Ausführungsvorhaben realisieren.

Theoretisch ist die Frage dadurch beantwortet, daß man mit jeder Entscheidung und endgültigen Festlegung immer bis zum spätest notwendigen Zeitpunkt warten muß, weil dann das Maximum an verfügbaren Informationen vorliegt, d. h. gleichzeitig die Ungewißheit und Unsicherheit minimiert ist.

Ein weiterer Versuch, diese Grenze noch mehr zu verschieben, d. h. noch länger zu warten, führt dazu, daß man zwar einiges besser weiß, aber mit der Entscheidung zu spät kommt. Das anschaulichste Beispiel bietet die Börse. Wenn man alles genau weiß, ist es zu spät.

Das bedeutet, ein bestimmtes Gesamtvorhaben (z. B. Einführung eines neuen Produktes im Jahre 1975) ist so in die einzelnen zeitlichen Teilschritte aufzulösen, daß im jeweils spätesten Zeitpunkt die bestmöglichen Entscheidungen getroffen und die entsprechenden Handlungen veranlaßt werden können. Die Nebenbedingung des spätesten Entscheidungszeitpunktes gilt naturgemäß immer, d. h. auch für den Fall ohne Unternehmensplanung.

Das bedeutet, detaillierte Ausführungsplanungen für solche Teilschritte, auch im Rahmen langfristiger Geschäftsziele, sollten stets nur für die Aktionen erfolgen, die in der unmittelbar bevorstehenden Zukunft auszuführen notwendig sind.

Demgegenüber ist die Zielplanung so vorzunehmen, daß das Ziel nicht durch spätere, aber heute schon vorhersehbare Ausführungsschwierigkeiten gefährdet werden kann, d. h. die Berücksichtigung der grundlegenden Ausführungsmöglichkeiten und -bedingungen ist Teil der Zielplanung.

Aus diesen hier nur kurz angedeuteten Zusammenhängen ergeben sich folgende allgemeine Problembedingungen für die Unternehmensplanung:

1. Die mit wachsender zeitlicher Entfernung für die kurz- mittel- und langfristigen Ziele zunehmende Unschärfe und Streuungsbreite der dafür relevanten Randbedingungen und Problemfelder, wie z. B. gesamtwirtschaftliche Entwicklungstrends, Marktbedingungen, Technologische Entwicklung usw.

2. Mit dem Zeitablauf werden mittelfristige Ziele zu kurzfristigen und langfristige zu mittelfristigen. Dabei werden die ursprünglichen unscharfen Randbedingungen nicht nur schärfer und deutlicher, sie können sich auch verändern.

Das ist der entscheidende Grund für die Notwendigkeit der periodischen Überholung aller Pläne (Rollende Planung).

3. Aus den alljährlich erarbeiteten kurz-, mittel- und langfristigen Zielen sind die für das gesamte Zielspektrum notwendigen Maßnahmen und Aktionen in ihrer zeitlichen Notwendigkeit und Ablaufsfolge abzuleiten, und zwar um so detaillierter, je kurzfristiger die Notwendigkeit zum Handeln ist.

4. Auch diese Zeitabstände zwischen der Zielperiode und den spätesten Entscheidungszeitpunkten sind für die verschiedenartigen Maßnahmen keine konstanten Zeitgrößen. Sie unterliegen gleichfalls ständigen Veränderungen; z. B. der notwendige Planungsvorlauf für ein Fertigungsprogramm kann durch konjunkturbedingte Verschiebungen der Lieferzeit der Vorlieferanten andauernd verändert werden.

5. Für jede Ausführungsstelle im Unternehmen (z. B. Entwicklung usw.) ist für die jeweils anstehende Periode alles festzulegen, was in dieser Periode von dieser Stelle für das gesamte Zielspektrum (kurz- mittel- und langfristig) an Beiträgen und Teilleistungen zu erbringen ist. Das ist gleichfalls — wenn auch in viel gröberer Form — notwendig, falls die Kapazität dieser Stellen durch längerfristige Entscheidungen auch schon für weitere Zeiten belegt ist.

Alle diese Zusammenhänge sind prinzipiell in Modellen darstellbar. Was aber noch weitgehend fehlt, sind für konkrete Planungsprobleme geeignete Strukturmodelle. Dabei ist von Bedeutung, daß solche Modelle im allgemeinen durch die sachlogischen Zusammenhänge des jeweiligen Planungsproblems in ihrem Algorithmus mehr oder weniger determiniert sind.

In der Beherrschung solcher Strukturierungsprobleme und in ihrer Umsetzung in allgemeingültige Algorithmen für bestimmte Arten von Planungsproblemen steht man erst am Anfang. Da man die Probleme noch nicht beherrscht, fehlen auch noch weitgehend die Begriffe und Bezeichnungen, um sie in ihrer Komplexität eindeutig und operational zu beschreiben.

III. Die Planung der langfristigen Ziele

Diese Tätigkeit wird auch oft als die „Strategische Planung" oder „Langfristige Planung" bezeichnet.

Man versteht darunter:

a) die rechtzeitige Orientierung des Unternehmens auf Produkte und Märkte mit einem möglichst hohen Ertragspotential

b) den rechtzeitigen Auslauf von Produkten und Märkten, die ein schrumpfendes Ertragspotential erwarten lassen.

Die grundlegende Bedeutung der „Strategischen Planung" liegt darin, daß mit den Entscheidungen über Produkte und Märkte die damit gegebene Obergrenze für das dem Unternehmen zugängliche Ertragspotential festgelegt wird.

Entscheidungen solcher Art können nicht beliebig oft geändert werden, weil sie stets mit Investitionen aller Art (Entwicklung, Markt, Produktion, Knowhow usw.) verbunden sind.

Unbewußt werden solche Entscheidungen auch dort laufend getroffen, wo man sich nicht damit befaßt, sondern einfach das weiter vor sich hin tut, was man bisher schon getan hat.

Maßgebend für die Qualität strategischer Entscheidungen ist das rechtzeitige Erkennen der künftigen Gegebenheiten, die für ein bestimmtes Produkt auf einem bestimmten Markt von Bedeutung sind. Notwendigerweise basieren solche Entscheidungen auf Prognosen aller Art und nicht auf Informationen, wenn man die scharfe Definition akzeptiert, daß es keine Informationen aus der Zukunft gibt, sondern nur solche über sie.

Alle in der Zukunft liegenden Chancen und Risiken sucht man dadurch zu identifizieren, daß man alle für ein wirtschaftliches Tätigkeitsfeld relevanten Umweltbedingungen in eine Reihe von Problemfeldern zerlegt und dann durch vielfältige Analysen und Ansatzpunkte die evtl. damit verbundenen konkreten Chancen und Risiken so objektiv wie möglich herauszuarbeiten versucht.

Verständlicherweise sind dabei nur solche Prognosen von Bedeutung, die einen relativ hohen Grad der Eintreffenswahrscheinlichkeit haben.

Im folgenden werden die externen (außerhalb des Unternehmens liegenden) Problemfelder aufgezählt, die beim heutigen Stand der Planungstechnik dabei einer besonderen Analyse unterzogen werden.

1. Die wirtschaftliche Umwelt-Analyse

Sie soll in erster Linie die für das Unternehmen maßgebenden, gesamtwirtschaftlichen, langfristigen Trends erkennbar machen, die sich z. B. in den unterschiedlichen Wachstumsraten der einzelnen Industriezweige niederschlagen. Diese langfristig sehr eindeutigen Trends werden im Regelfall leicht übersehen, weil sie von den kurzfristigen konjunkturellen Auf- und Abschwüngen überlagert werden.

2. Konjunktur-Analyse

Hier spielen nicht nur die jeweiligen Konjunktur-Gegebenheiten eine Rolle, sondern auch die spezifische Konjunktur-Abhängigkeit bestimmter Produkte und Märkte und die sich daraus ergebenden langfristigen und kurzfristigen Anpassungsnotwendigkeiten.

3. Analyse der Marktverhältnisse

Wesentliche Trends und Tendenzen in den jetzigen und künftigen Marktgegebenheiten, Markt-Volumen, Markt-Wachstum, Umschichtungen, Wachstumsschwerpunkte, Wachstumsursachen, Preistrends, Veränderungen der Abnehmer-Struktur, Abnehmer-Konzentration usw.

4. Analyse der technologischen Trends

Hier sind von Bedeutung:

Risiken, die den Produkten drohen durch Substitutionsprodukte, wie auch Risiken in bezug auf die gegenwärtigen oder geplanten Verfahrenstechniken, insbesondere in der Fertigung und Konstruktion.

5. Branchen-Analyse

Spezifische Entwicklungstrends für die gesamte Branche. Differenzierung nach Produktgruppen. Konzentrationstendenzen.

6. Analyse der Wettbewerber

Entwicklung der 3—5 wichtigsten Konkurrenten in den letzten Jahren, ihre wesentlichen Stärken und Schwächen, getrennt nach Funktionsbereichen (Entwicklung, Produktion, Marketing, Organisation, Informationswesen usw.) Vorgehensweisen der Konkurrenz.
Entwicklungstrends und Vorhaben der Konkurrenz.
Veränderungen der Anbieterstruktur usw.

7. Analyse möglicher Einflüsse aus neuen Gesetzen und Vorschriften im Inland und Ausland

8. Analyse möglicher Einflüsse aus Veränderung soziologischer Faktoren

9. Analyse der Arbeitsmärkte

10. Analyse der Kapitalmärkte

Es leuchtet ohne weiteres ein, wie schwierig eine objektive Beurteilung, Gewichtung und damit auch näherungsweise Quantifizierung der in diesen Problemfeldern liegenden Chancen und Risiken ist, von der Sammlung und problemorientierten Strukturierung der Ausgangsinformationen ganz abgesehen.

Der sicherste Weg, um zu zuverlässigen Aussagen zu kommen, besteht meistens darin, jedes konkrete Problemfeld mit mehreren Methoden anzugehen. Das wird um so wichtiger, je grundlegender die in einem Problemfeld liegenden Chancen und Risiken für die gesamte Zielentscheidung werden.

Ähnliches gilt für die Identifizierung der für die Zielsetzung gleichfalls wichtigen internen Stärken und Schwächen, weil dort die Anforderungen an einen möglichst hohen Grad der Objektivität noch schwieriger zu erfüllen sind.

Erst nach einer solchen fundierten Diagnose lassen sich erste Zielalternativen über Produkte und Märkte bilden.

Erst dann ist eine integrierte Bewertung solcher Alternativen möglich, etwa nach

1. kurz-, mittel- und langfristigen Ergebnis- und Umsatz-Chancen
2. Kapitalbedarf für Anlage- und Umlaufvermögen
3. Personalbedarf nach Höhe und Qualifikationsstruktur
4. spezifischen Risiken.

Für die danach ausgewählte Alternative lassen sich dann verschiedene Realisierungsstrategien entwickeln.

Sie münden zuletzt in den Entscheidungen darüber, welche Aktionen und Maßnahmen (in der Entwicklung z. B.) jetzt zu treffen sind, um die Realisierung dieses Zieles so gut wie möglich zu sichern.

Ohne auf weitere Einzelheiten einzugehen, zeigt sich doch deutlich, daß der Einsatz von Computern erst in den letzten Schritten von zunehmender Bedeutung wird, etwa für den Netzplan eines größeren Entwicklungsprojektes, für die optimale Bemessung der Sortimentsbreite, des Kapazitätsprofiles, der Dimensionierung und Lokalisierung der Läger, der Optimierung der Losgrößen, der Bewertung der Investitions-Alternativen usw.

Man kann allerdings auch die Hoffnung haben, daß aus verschiedenen Gründen auch weiter vorgelagerte Probleme mit zunehmendem Erfahrungswissen modellfähig und computerisierbar werden. Zu diesen Gründen zählen insbesondere:

— Die zunehmende Strukturisierung und Systematisierung der Analyse der einzelnen Problemfelder.

— Die Erfahrungstatsache, daß auch bei schwerwiegenden langfristigen Entscheidungen meistens nur wenige Faktoren von ausschlaggebender Bedeutung sind und daß die Identifizierung dieser wenigen Faktoren aus der Fülle der Informationen und analytischen Teilergebnisse oft die Hauptarbeit im Planungsprozeß ist.

IV. Die Planung der kurzfristigen Ziele

Man glaubte lange, die für die kurzfristigen Ziele relevanten Komponenten seien mehr oder weniger durch die jeweiligen Gegebenheiten determiniert und die Planung bestände nur in einer Simulation verschiedener Verhaltensweisen und der Auswahl der besten Verhaltensweise.

Die Anforderungen der Wirklichkeit haben zu einem völlig anderen Standpunkt in bezug auf die kurzfristigen Ziele geführt.

Diese Anforderungen bestehen darin, daß

1. unabhängig von allen Steigerungen der Personal-, Rohstoff- und sonstigen Kosten für die jeweils kurzfristige Periode im Regelfalle ein positives Minimalergebnis zu sichern ist;

2. dieses positive Minimalergebnis in bezug auf seine Realisierbarkeit so fundiert wie möglich im Planungsstadium zu erarbeiten ist, d. h., es darf nicht nur Wunschvorstellung oder Prognose sein;

3. dieses Minimalergebnis im Zeitablauf über die Kontrolle der zu seiner Realisierung notwendigen Aktionen und Programme beherrschbar gemacht und so weit wie möglich von negativen Überraschungen freigehalten werden kann.

Dahinter steht die Auffassung, daß jede mit der Planung angestrebte bessere Beherrschung der Zukunft stets bei der Gegenwart und der unmittelbar bevorstehenden Zukunftsperiode beginnt.

Wem es nicht gelingt, die Gegenwart und die unmittelbare Zukunft beherrschbar zu machen, der ist nach aller Erfahrung kaum legitimiert, große Planungen für die weitere Zukunft zu machen. Die mangelnde Beziehung zur Realität läßt solche Planungen dann allzu leicht zu Utopien werden.

Zur Erfüllung dieser Anforderungen an die kurzfristige Zielplanung hat sich folgende Vorgehensweise herausgebildet:

A) Es wird aus verschiedenen Komponenten die Ergebnis-Lücke ermittelt. In der graphischen Darstellung ist sie der Abstand zweier Kurven in einem Ordinatenkreuz, gemäß der folgenden Abbildung.

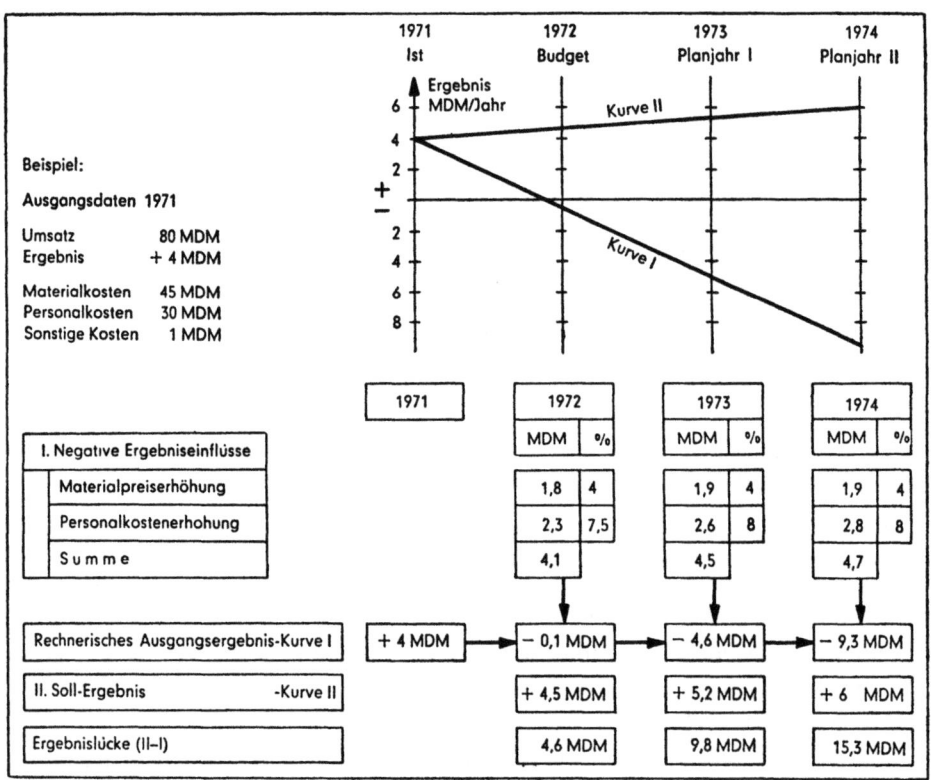

Beide Kurven, die auf der Ordinate einen gemeinsamen Ausgangspunkt haben, werden wie folgt ermittelt:

1. Der Ausgangspunkt auf der Ordinate stellt das voraussichtliche Ergebnis des laufenden Jahres (hier 1971) dar.

2. Für die folgenden drei Jahre 1972—74 wird dieses Ergebnis um die für diese Jahre erwarteten Kostensteigerungen (bei den Personal-, Material- und sonstigen Kosten) fortgerechnet. (In Ausnahmefällen können dazu noch erwartete Verkaufspreis-Rückgänge sowie auch Beschäftigungsverluste kommen).

3. Daraus ergibt sich die Kurve I.

4. Die Kurve II ist durch folgende Punkte auf den Jahres-Ordinaten 1972 bis 1974 bestimmt.

a) für 1972 durch die bereits aus dem Vorjahr vorliegenden Pläne

b) für 1973 und 1974 erfolgt ein erster Ansatz abgeleitet aus
  — den vorangehenden Jahresergebnissen
  — den Ergebniszielen für diese Jahre aus den Vorjahresplanungen
  — den festgelegten Mindestzielen (z. B. 5 % Umsatzrendite, falls man noch stark darunter liegt)
  — darüber hinausgehende anspruchsvollere, aber durch eine erste Beurteilung der Situation realistisch erscheinende Ergebniszielsetzungen.

B) Die eigentliche Planungsarbeit besteht nunmehr in der Ausfüllung der Lücke für 1973 mit konkreten ergebnisverbessernden Aktionen.

Für die Ausfüllung der Ergebnis-Lücke sind im allgemeinen drei grundlegende Problemgruppen von Bedeutung:

1. mögliche Erhöhungen der Verkaufspreise

2. Erhöhungen des Mengenvolumens bzw. Veränderungen in seiner Zusammensetzung

3. Rationalisierungsmaßnahmen in allen Funktionsbereichen

(Entwicklung, Produktion, Marketing, Organisation usw.).

Hinzu kommen die Auswirkungen der aus dem Vorjahr **stammenden Aktionen** in diesen drei Problemgruppen.

(Verkaufspreise und Volumenänderungen können naturgemäß alternativ auch als negative Faktoren auftreten, die dann die Ausgangskurve I weiter nach unten verschieben.)

Auf alle mit dieser Vorgehensweise verbundenen Probleme kann hier nicht näher eingegangen werden.

Es soll nur auf folgendes hingewiesen werden:

Häufig ist es mehr als die Hälfte dieser Lücke, die mit Rationalisierungsmaßnahmen aller Art zu füllen ist. Das sind im Regelfalle wiederum nicht lineare Kostensenkungen und dergleichen, sondern kostengünstigere und wirtschaftlichere Problemlösungen als bisher, so wie man es z. B. von der Wertanalyse her kennt, und zwar in allen Funktionsbereichen.

Es leuchtet ohne weiteres ein, daß die Suche und das Erarbeiten solcher Problemlösungen gleichfalls mit einem hohen Einsatz kreativen Potentials verbunden sind. Dabei lassen sich zwei Arten von Problemen unterscheiden:

a) Rationalisierungen, die das Aufgabengebiet eines Funktionsbereiches betreffen, z. B. in der Konstruktions-Abteilung die Erarbeitung kostengünstiger herzustellender Gerätekonstruktionen.

b) Rationalisierungen, die die Aufwandseite des Funktionsbereiches selbst betreffen.

Die Summe der gefundenen Lösungen in allen drei Problemgruppen einschließlich der bereits laufenden Verbesserungen, kann naturgemäß im Vergleich zum ersten Kurvenansatz II zu drei verschiedenen Lösungen ($\lesseqgtr$) führen.

Der Zweck der Planung ist aber erreicht: nämlich 1. ein durch konkrete Aktionen fundiertes Ergebnisziel zu erhalten und 2. dieses Ergebnisziel durch die im Zeitablauf kontrollierbaren Aktionen so weit wie möglich beherrschbar gemacht zu haben.

In bezug auf die jeweils erforderlichen Aktionen erfolgt die gleiche Erarbeitung und Festlegung naturgemäß für das gesamte Zielspektrum (kurz-, mittel- und langfristige Ziele).

Es wird dadurch weiterhin erreicht:

1. Die Arbeitsprogramme und Tätigkeiten aller Funktionsbereiche werden im frühestmöglichen Zeitpunkt auf diese Ziele ausgerichtet durch eine intensive Beteiligung an der Erarbeitung der Ziele und der von ihnen zu leistenden Beiträge.

2. An Hand des Zeitaufwandes, der mit jeder Aktion für die auszuführende Stelle verbunden ist, läßt sich ein Belastungsdiagramm erstellen, aus dem sich ergibt, in welchem Ausmaß die personelle bzw. sonstige Kapazität belastet ist. Daraus wiederum können Entscheidungen über die Priorität bestimmter Aktionen resultieren bzw. Entscheidungen über die Anpassung dieser Kapazität.

Auch hier sieht man wiederum, daß für alle Probleme, die der kreativen Planungsphase folgen, sich Modelle und Computer wieder in einem breiteren Maß wirtschaftlich einsetzen lassen.

V. Schlußbemerkung

Die Probleme und Schwierigkeiten, die beim heutigen Stand des Wissens mit dem verstärkten Einsatz von Modellen und Computern in der Unternehmensplanung verbunden sind, konnten in den vorangegangenen Ausführungen nur grob umrissen werden.

Sie lassen aber zur Genüge erkennen, daß wesentliche Kernprobleme in der Zielplanung durch Besonderheiten innovativer Art gekennzeichnet sind, die sich im Regelfall nicht als generalisierbare Eigenschaften in Unternehmensmodellen berücksichtigen lassen.

Unabhängig von den dargestellten Problemen darf nicht übersehen werden, daß jede Planungsarbeit immer Arbeit für ein „Modell" oder Arbeit an einem „Modell" ist, wenn es auch nicht immer mathematische Modelle sind. Jede Planung ist Simulation, nämlich ein „Durchdenken" bzw. „Durchspielen" verschiedener Möglichkeiten, mit dem Ziel, die beste Art des Verhaltens und Vorgehens herauszufinden. Dabei können Modelle und Computer wertvolle Hilfsdienste leisten.

Es wurde hier insbesondere auf den innovativen und kreativen Charakter jeder Planung hingewiesen. Damit wurde eine Barriere aufgezeigt, die nach den heutigen Gegebenheiten in absehbarer Zukunft für Computer und Modelle mit großer Wahrscheinlichkeit nicht überwindbar erscheint.

Vor dieser Barriere liegt aber sicher noch Vieles, was im Grunde auch Computer können, und zwar nicht nur schneller, sondern auch besser und wirtschaftlicher. Wenn es heute noch nicht mit Computern geschieht, dann nicht deshalb, weil man nicht will, sondern weil man noch nicht kann, weil es noch weitgehend an einer systematischen Strukturierung der Probleme und der Problemfelder mangelt, d. h. an einer vorab notwendigen geistigen Beherrschung der wesentlichen Gegebenheiten und ihrer qualitativen und quantitativen Zusammenhänge, und zwar nicht, wie sie der Logik nach sein sollten, sondern wie sie in der Wirklichkeit tatsächlich sind. Daraus resultieren auch eindeutig Aufgaben und Arbeitsrichtung der weiteren Forschung auf diesem Gebiet.

Planning Models for Entrepreneurial Organizations

Von

Prof. Dr. Robert Hayes

We are witnessing today an interesting phenomenon related to the planning function in organizations. Academicians and corporation executives, after finally succeeding in convincing themselves and each other of the merits of planning and formal planning systems, are discovering that many of our old planning doctrines need revision as the firm's environment undergoes important structural changes. To cite a few examples: the negative cash-flow phase of product lifecycles is increasing in length and magnitude while the positive cash-flow phase is becoming more subject to rapid and unexpected decline; the number and complexity of linkages between the firm and its environment are increasing, with the expanded role of government being a prime example; and the increasing importance of service industries as an area for growth, forcing many firms to seek opportunities in areas where they possess only marginal expertise.

As the structure of the environment has undergone change, so too have the basic concepts guiding the planning function within organizations. The predecessor of modern planning systems, the financial budget, gave way to what was called "management by objectives." Such objectives were usually judgmental extrapolations of past performance and past goals. In many organizations this evolved into what is commonly called "long-range planning" in which a serious attempt is made to forecast future markets and technologies and to assess how the firm might best react to them. The likely successor to these systems in certain firms is called "strategic planning," and it is in this system that we shall explore most carefully the role of models.

In this paper we will review a framework for classifying organizations that has proven useful for discussing planning. We will then focus on the particular type of organization most affected by change, one characterized by a high level of entrepreneurship, and explore the particular planning needs of such an organization. Finally, we will discuss the role of models in this strategic planning process and identify criteria on which evaluation of such models should be made and the type of output to be expected from them.

A Framework for Classifying Organizations

We can facilitate our discussion by identifying categories of firms whose needs with respect to planning are similar. Based on such attributes as organizational goals, stability of the proximate environment, managerial problem solving style, etc., we place firms into the bureaucratic, extrapolative or entrepreneurial category. Firms characterized by a highly stable proximate environment and a closely circumscribed (often by some external agency) purpose we will call *bureaucratic*. We choose this title, despite its negative connotation, because we wish to emphasize the notion of stability that characterizes such organizations. It is the internal stability of purpose and structure, rather than environmental stability, that causes us to classify organizations as bureaucratic. We acknowledge the existence of firms in stable environments whose dynamic behavior would cause us to exclude them from the bureaucratic category. We also recognize that, once firmly established, a bureaucracy is unlikely to change styles simply because the stability of the environment starts to decrease. Clearly, the attitude of management has a great deal to do with the style that the organization chooses to adopt.

The search for administrative efficiency is the organizing principle most easily recognized in such firms and, subject to the continued existence of demand for their product, they tend to be both profit-making and cash generating. Their concern is with the present and their information base is historical. (Note that our definition could apply equally well to either an independent company or a division within a larger corporate entity.)

Organizations said to be of the *extrapolative* type are facing an environment that could be described as changing in small increments. By this we mean to imply the existence of detectable trends that the firm must maintain a capability for tracking. The perspective of such a firm is a mixture of historical and future. It is historical in the sense that there is an implicit assumption that change, when it occurs, will be of a variety that can be dealt with by incremental changes in the organization's systems. Such an assumption naturally gives rise to a self-reinforcing behavior in which search tends to be very localized and solutions to new problems are generally found in the vicinity of solutions to previous problems. The perspective is future-oriented in the sense that extrapolative forecasting is employed and actions are taken which attempt to meet perceived changes in the environment.

The *entrepreneurial* type of organization is more difficult to characterize, partially because our notion of entrepreneurship is rooted in an image of a single individual developing an idea into a product or service and generating a market where none had previously existed. By organizational entrepreneurship we mean to imply much the same set of activities: the possibility of anticipating or even causing a discontinuous change in the relationship of the firm to its environment and exploiting it to the best advantage. Here we do not confine ourselves to the environment proximate to where the firm is presently operating, either in terms of product, market, or technology. What we are describing sounds rather grandiose in the sense that the present posture of the firm should not be considered a constraining force. We are not interested so much in whether the present organizational subsystems — financial, planning, information, etc. — can be mobilized to exploit a particular opportunity, but rather whether the managerial capability exists to make the necessary transformations within acceptable cost limitations. Some of the implications for management style are obvious: a continuous, opportunistic, problem generating search mode replaces the operational problem solving mode; the focus of the organization is more and more external, creating the need for a more flexible and broad-based information system; and managers themselves must learn to cope with a highly unstructured set of problems, a transition that many operations-oriented people find difficult to make. It also implies an ability on the part of such an organization to make objective and accurate evaluations of its own capabilities.

Organizational Planning

We should recognize at the outset that planning needs of the various kinds of organizations bear a hierarchical relationship to each other. That is, the planning function of the extrapolative organization contains all elements necessary for bureaucratic organizations plus those additional elements that it alone needs. Similarly the planning function in entrepreneurial firms usually incorporates elements found in bureaucratic and extrapolative organizations as well as certain items specific to itself.

Our description of the bureaucratic organization has already settled most planning issues; such organizations need devote relatively little energy to planning since, by definition, few changes are expected to occur affecting their product, market, technological, or socio-political environment. The standard planning tool of such an organization is usually the one-year budget and, once approved, it frequently becomes the most important basis for performance evaluation. It has been argued, with some merit, that in this type of organization the most important function of planning is to solidify historic goals and current procedures.

Extrapolative organizations bear the added burden of having to deal with an uncertain future. This is reflected in their planning needs by a requirement for a forecasting capability and a means for translating these forecasts into the various incremental changes that will be forced on the operations subsystem. Planning is viewed as a process of development of programs and budgets on the basis of an extrapolative forecast.

The problem with such a procedure is that, while looking to the future for new business alternatives, it tends to be rather short-sighted about facets of the organization not directly related to investment opportunities. The development of an appropriate vector of managerial capabilities, for example, is an item which usually enjoys a low priority in most extrapolative organizations. This only becomes a problem when, after a lengthy series of incremental changes, management finds itself progressively growing obsolete. Similarly, changes in the organization's structure frequently come about in response to an unfavorable discrepancy between goal and performance level rather than in anticipation of requirements for new undertakings. Much of this results from a poor choice of a model of the firm on which to base planning assumptions, a subject that we will address in greater detail below.

As our concern shifts to the entrepreneurial firm we recognize two mutually supportive phases in the planning process. First we must consider the process that is known as strategic planning. Under this heading we find a set of activities such as goal setting, analysis of gaps between desired and achieved levels of performance, the search for alternative strategies for closing gaps, and the selection of the optimal strategic portfolio. It is this area that has received the most effort in research on planning.

Since the entrepreneurial firm is by definition considering alternatives that would involve drastic transformations of the firm's structure, purpose, marset, etc., its planning system must clearly be capable of incorporating these as variables. We are now talking about major, discontinuous changes in important organizational systems rather than incremental changes within these systems. When a firm decides to commit itself in such directions, it must also consider what new burdens will be placed on management; the systems must be able to assess the implied needs for management development. It must be able to assess whether the old reward system will still elicit the desired kinds of behavior. The information system must be able to adjust itself to accommodate new links that are created with the environment and the possibility that qualitatively different kinds of information will have to be developed and transmitted.

This second phase of the planning process in entrepreneurial firms, which we shall call *strategic management,* is clearly a very comprehensive kind of planning. It attempts to take into account the effect of alternative strategic decisions on the entire organization. It views the development of the organization's major systems as a complementary activity to the generation, selection, and programming of alternatives in strategic planning. Strategic management has both offensive and defensive components. It is offensive in the sense that it attempts to maintain in the firm a readiness and a flexibility to exploit new opportunities. It is defensive in that it seeks to prevent a misalignment of the firm with future states of its environment. Strategic management is at the core of the planning process in an entrepreneurial organization.

Models in Planning

Before we discuss the kinds of planning models that these organizations might employ we must briefly digress for a more general discussion of models and techniques. In particular we must be careful to differentiate between a model and a technique, as these two words are often used as synonyms. This linguistic casualness has served to disguise the uneven progress that has been made in the development of the two areas.

For the purposes of this paper a model will be defined as abstract representation — physical, mathematical, verbal — of an entity. It contains as elements the major variables, both internal and external, and important relationships between those variables. Two categories of models interest us as planners — models of the firm and its environment and models of the planning process itself. Examples of the former, both normative and descriptive, are familiar and well-developed: financial models, resource allocation models, behavioral models; examples of the latter, usually far less quantitative, are more recent in origin and not yet as completely developed.

Techniques are easy to define — they are simply tools employed to analyze and operate on models. Among the more familiar techniques are linear programming and its various derivatives, probability theory, the calculus, the Delphi and other forecasting approaches. A substantial fraction of the techniques that have been developed in the management sciences have found their way to analysis of planning models — more, in fact, than are probably justified in view of the state of development of the models themselves. Applications of linear programming to such areas as R & D project selection or selection of strategic alternatives, both of which have actually been proposed, are classic cases of techniques in search of problems.

Over the past decade there has been a considerable blurring of the distinction between model and technique, with terms such as "linear programming model" becoming commonplace. While perhaps disturbing to guardians of the language, this trend has caused little or no problem within the management science profession — it is accepted as describing a linear mathematical model amenable to analysis by linear programming. However, and this is the reason for belaboring the distinction between model and technique, this terminological casualness has served to conceal the substantial differences in rate of development between models and techniques in the planning area.

If we were to evaluate the relative progress in model and technique development over the last two decades, the time in which the need for entrepreneurial planning has begun to be recognized, we would have to award a clear victory to the technique innovators. However, this advantage to techniques is considerably dimmed by the failure of model builders to keep pace. Existing models of the firm are simply not adequate for planning purposes in entrepreneurial organizations. The more common model varieties — economic, financial, logistic — are only barely adequate for the uses intended for them and planning is not one of those uses. And subscribers to behavioral theories of the firm are likely to argue that such models are inadequate in that they fail to take into account most difficult-to-quantify variables, rendering the validity of the abstraction suspect.

One of the more interesting developments in the direction of closing the gap between management science model builders and decision makers has been the emphasis on design of decision support systems in which a model is constructed using only the most easily quantified variables. A decision maker then interacts with the model, using it to assess the effect of certain parameter changes or alterations of policy variables. In return for having his analysis supplied to him on a near-instantaneous basis, the decision maker is given two added responsibilities:

(1) He must assure himself that the model is a valid abstraction for the problem at hand and that the analysis is accurate and appropriate. These systems are usually operated with the aid of a time-shared computer, and hence the model itself is hidden in the form of an unseen computer program. Assessing the validity of the model then becomes a difficult problem in itself and one that the typical decision maker is likely to ignore. This is especially difficult in view of a phenomenon that is sometimes observed in graduate business schools' executive programs. A manager arrives with a fear, or at least a disdain, of computers. As he is forced to experiment with time-shared decision aids he sometimes finds himself transformed into too strong a believer. The problem then becomes one of imbuing him with at least a mild dose of skepticism.

(2) He must be able to integrate the results of the structured, computerized analysis with the other relevant variables to arrive at a decision. This implies the existence of a larger, more comprehensive model in which the quantifiable components are treated as a sub-model. Although overall decision quality is probably mostly dependent on the quality of this larger model, there is some evidence that improved decisions result form using these systems.

The development of decision support systems may be an important step in improving the quality of planning. Before this can be expected to occur, however, some fundamental problems will need to be attacked. The first and most obvious is the need for an appropriate model of the firm for planning purposes. The global models used in conjunction with decision support systems are mainly internalized within an executive's decision process. Formal models of the firm, e. g., the economic, the behavioral, or the financial, closely approximate the required degree of aggregation but lack many important variables and relationships.

A problem arises because planning is at one extreme of the spectrum of structured vs. unstructured problems. As an activity whose important variables are frequently difficult to identify and whose relationships between variables are seldom obvious, it is particularly difficult to model. Organizational subsystems which are amenable to quantitative modeling have inspired the development of most management science techniques but these suborganizations are of relatively low importance in planning, and useful analogies with strategic decision processes are difficult to construct.

A useful model of the firm for planning would have to include at least the following as variables:

(1) The structure of the firm (formal/informal);

(2) The information system and control systems;

(3) The function relating the firm to its environment;

(4) The product-market-technology environment of the firm;

(5) The reward system for management

(6) Management capabilities and the management development system;

(7) Management decision-making systems.

It should also include a means for describing and analyzing the relationships between these variables.

We do not mean to imply a need for some global, computerbased model ready to print out plans at the touch of a button. We do advocate at least a complete set of sub-models with the appropriate coupling relationships clearly indicated. All-encompassing models are, to say the least, hard to find, especially as they would probably be rather organization-specific. A *theory* of such models need not be organization-specific and constructing such a theory is a logical step in the advance toward improved models for planning.

These models of the organization might be useful frameworks in which to analyze the following kinds of problems:

(1) The effect of the "informal organization chart" in preventing or facilitating changes in the formal structure.

(2) The ability of the organization to absorb a strategic shock without disrupting operational activities.

(3) The quality of the organization as a communication system: the ability to monitor the environment and make the information available in useful form to decision makers.

A second kind of model in need of development is a normative framework for the planning *process* itself. In fact, a better understanding of the process of planning should be of considerable benefit in constructing models of the organization appropriate for planning. While it is probably safe to assert that there now exists no model of the firm which incorporates in any meaningful way a majority of the variables listed above, it is probably even safer to claim that even if such a model did exist, there is no normative model of the planning *process* suitable to accompany it.

Since the necessity of such models may not be obvious, we list a few of the problems which require such a framework for analysis:

(1) What are the effects of various reward systems on the ability of the organization to plan effectively?

(2) How should the planning function be evaluated?

(3) How can the planning system be designed so as to operate effectively when the organization as a whole is undergoing significant change?

Model Design

The preceding discussion has already described many of the dimensions relevant to planning models that will prove useful in the context of changing environment. In the paragraphs that follow we shall attempt to clarify some of the requirements we impose on these models and determine the kinds of output that we expect them to provide.

Our earlier discussions leave little reason to doubt that we would recommend only some kind of a systems model of the firm (and its environment) as being appropriate for planning. As a minimum it must include the major intra-firm subsystems listed above as well as the links between them. It must also include such extra-firm variables as potential competitors, the government, the consumer movement, and environmentalists, as well as their interfaces with the firm. With the organization thus disaggregated into its component parts, the planning process can proceed on somewhat more rational grounds in assessing the impact of proposed strategic alternatives.

The systems model of the firm we describe here is not to be confused with some sort of arbitrary partition of the organization chart. The fact that the formal structure is itself one of the variables should make that apparent. It also should be clear that not all variables or relationships can be thought of as controllable. On the contrary some, such as the informal communication structure, should more accurately be considered as constraints in the short to medium term. Finally, we reiterate our statement that a single, closed-form model is not to be expected. Rather, a set of submodels and their couplings are likely to be adequate for the task of planning.

Basing the planning function on such a systems model will profoundly affect process. The first, and most obvious effect will be an increase in the complexity of evaluating strategic alternatives. Although this may appear to be a questionable policy for a firm new to planning to pursue, and some gradual buildup of the planning function is certainly to be expected, there is little question that current procedures are becoming increasingly less viable. While current planning procedures would dictate laying out alternatives and attempting to develop some "optimal" portfolio based mainly on financial considerations, we would argue that financial criteria are more usefully viewed as a constraint. The role of "optimizing," as we see it, is to set priorities so that the firm's resources can be best allocated among the various subsystems where changes will be forced. For example, should the firm be restructured and given a new information system simultaneously, or should a sequential approach be used? Can we allow management development to be a high priority item or must we "go with what we've got" for the present? When applying financial measures in such a process, account will have to be taken of the costs of altering the firm's posture, with respect to both its internal subsystems and the various external forces that interact with it.

Summary

This discussion was based on the assumption that significant and rapid changes are occurring in the environment of most firms. Certain kinds of organizations, those that we have chosen to call entrepreneurial, must be able to continually realign their various subsystems in order to capitalize on anticipated changes. Within such an organization the planning function becomes more than an instrument for selecting the optimal mix of investment alternatives and programming their implementation. It must instead evolve into a mode that we have termed "strategic management" in which the firm can allow for simultaneous shifts in major subsystems brought on by entry into new products, markets, or technologies.

Werturteil und formalisierte Planungsprozesse

Zur Notwendigkeit und praktischen Möglichkeit einer systematischen Integration menschlicher Urteilskraft und Erfahrung in modell- und computergestützte Planungssysteme

Von

Privatdozent Dr.-Ing. Christof Zangemeister

Model- and computer-based planning systems are used for concrete problem solving in practice. Planning problems are often highly complex problems which cannot be solved with the aid of a formalized procedure in a satisfying manner. It is assumed that the cause of this difficulties lies primarily in the fact that in socio-economic systems the reduction of complexity is not only a question of adequate structuring but also in a main part a question of subjectively founded human judgement.

It is the purpose of this article first to show up the origin of this subjectivity and the neccessity for an subjectively oriented problem solving process especially for the so called dispositive and strategic problems. These problems are often characterized through an unspezified value system. For problem solving, which takes care of such specific situations, the responsible decision maker must compensate the indefiniteness by personal decision-making. This can be done a priori, if he can accept the assumptions which are necessary for an automatic problem solving. Then the system has to be an adaptive system for revising the assumptions and resulting structures in lapse of time. But if such assumptions are too dangerous in respect of reaching the overall systems goal, the decision maker has to be an active systems element in the problem solving process. That is, the planning system has to be designed as an interactive men-machine-system where the manager has the possibility for direct influencing the problem solving process.

Going out from these foundations in problem solving planning systems the question about optimality of subjectively influenced problem solving processes is discussed. It is shown, that there is always a flowing transition between an objective and subjective best solution.

Finally the method ,,Nutzwertanalyse'' is characterized. This method may be a pragmatic instrument for evaluating multiattributed alternatives by systematic integration of value judgements in a model- and computer-based planning system.

Zusammenfassung

Modell- und computergestützte Planungssysteme dienen der konkreten Lösung von Planungsproblemen in der Unternehmenspraxis. Sehr häufig handelt es sich bei Planungsproblemen um äußerst komplexe Probleme, deren Komplexität erfahrungsgemäß nur selten befriedigend in formalisierten Lösungssystemen erfaßt werden kann. Der Grund dafür wird hier insbesondere darin gesehen, daß in sozioökonomischen Systemen Komplexitätsreduktion nicht nur eine Frage von Strukturbildung ist, sondern zu einem wesentlichen Teil auch auf subjektiv begründeter Entscheidungstätigkeit beruht. Ziel der im folgenden angestellten Überlegungen ist es, den Ursprung dieser Subjektivität und die Notwendigkeit der bewertenden Einflußnahme auf Problemlösungsprozesse aufzuzeigen, um davon ausgehend einige damit zusammenhängende und teilweise noch offene Fragen der praktischen Gestaltung von Planungssystemen zu behandeln.

Zunächst werden die wichtigsten Möglichkeiten der Komplexitätsreduktion in Systemen charakterisiert. Grundlage dafür ist das Prinzip der abgestuften, auf Werturteil beruhenden Zwecksetzung (Zweckprogrammierung). Auf diesem Prinzip bauen insbesondere die Reduktionsstrategien der funktionalen, arbeitsteiligen Systemstrukturierung und die Strategie der Prozeßstrukturierung auf, die damit ebenfalls letzlich subjektiv wertorientiert sind. Im Hinblick auf die Automatisierung von Problemlösungsprozessen zeigt sich, daß die Erfolgsaussichten dafür um so günstiger sind, je mehr Komplexität bereits durch subjektiv bewertende Vorentscheidungen beseitigt ist, so daß der Lösungssuche und Lösungsbeurteilung ein situationsunabhängiges — in der Regel eng abgegrenztes — Wertsystem zugrunde gelegt werden kann. Ist das jedoch — wie bei zahlreichen dispositiven und strategischen Problemen — nicht der Fall, da der für die Formulierung des Wertsystems maßgebende Systemzweck noch zu weit gefaßt ist, verlangt die Problemlösung eine situationsabhängige Bewertung durch den Entscheidungsträger, d. h. die zur Lösung erforderlichen Prämissen sind zu weitreichend, als daß sie generell a priori verantwortet werden könnten. Auf Grund dieses Sachverhaltes müssen Planungssysteme, die der Problemlösung bei situationsabhängigen Wertsystemen dienen sollen, als Mensch-Maschine-Systeme konzipiert werden, in denen der Entscheidungsträger ein aktives Systemelement darstellt.

Für die Gestaltung von Planungssystemen ergeben sich angesichts der Notwendigkeit, auch subjektive Informationen in den Systemablauf einzubeziehen, zahlreiche Probleme. Im Mittelpunkt steht dabei häufig die Frage, inwieweit subjektiv beeinflußte Problemlösungsergebnisse auch Optimalitätskriterien genügen. Unter Bezugnahme auf einen differenzierten Rationalitätsbegriff wird hier gezeigt, daß der Übergang zwischen objektiv und subjektiv besten Problemlösungen grundsätzlich als fließend angesehen werden kann. Die Güte von Problemlösungen kann dort, wo bewertende Entscheidungstätigkeit eine systemimmanente Lösungsfunktion darstellt, nicht dadurch gesteigert werden, daß man diese Seite des Problems einfach übersieht. Im Sinne einer rationalen, d. h. bewußt und in allen relevanten Aspekten überlegt vorgenommenen Problemlösung geht es vielmehr darum, bei der Systemgestaltung zu versuchen, die bewertende Einflußnahme auf Problemlösungsprozesse soweit zu formalisieren, daß Irrationalitäten auf Grund der begrenzten menschlichen Urteils- und Informationsverarbeitungskapazität weitgehend vermieden werden. Als eine operationale Möglichkeit dazu wird abschließend die Methodik der Nutzwertanalyse umrissen und ihre Einbettung in computergestützte Planungssysteme an einem Beispiel aus der Forschungs- und Entwicklungsplanung aufgezeigt.

1. Einführung

Die modell- und computergestützte Unternehmensplanung findet heute in Wissenschaft und Praxis ein zunehmend starkes Interesse. Diese Entwicklung ist u. a. insbesondere darauf zurückzuführen, daß die technischen Voraussetzungen zur Gestaltung solcher Systeme — wie beispielsweise die Möglichkeiten des Time-sharing und einer benutzerfreundlichen Mensch-Maschine-Kommunikation — in den letzten Jahren erheblich verbessert werden konnten. Darüber hinaus hat man bereits in einer Reihe von Fällen genügend praktische Erfahrungen sammeln können, die erkennen lassen, daß solche Planungssysteme heute nicht nur realisierbar sind, sondern auch ein wirtschaftliches Instrument praktischer Unternehmensführung sein können (vgl. z. B. [5]). Allerdings bereitet es oft noch große Schwierigkeiten, realistisch abzuschätzen, wo, in welcher Form und wie erfolgreich der Einsatz eines Planungssystems im Einzelfall möglich ist. Im Mittelpunkt solcher Überlegungen steht dabei häufig die Frage, inwieweit überhaupt die Komplexität dispositiver und strategischer Unternehmensprobleme in formalisierten Planungssystemen eingefangen werden kann und welche Rolle ein Entscheidungsträger beim Systemablauf einnehmen sollte.

2. Werturteile als Elemente der Komplexitätsreduktion

Zur Beantwortung der oben aufgeworfenen Frage erscheint es zweckmäßig, zunächst einmal die grundlegenden Zusammenhänge der Komplexitätsreduktion in sozio-ökonomischen Systemen aufzuzeigen. Davon ausgehend können dann die sich daraus für die Gestaltung formalisierter Planungssysteme ergebenden Konsequenzen untersucht werden.

2.1. Die Wertorientierung von Systemstrategien zur Komplexitätsreduktion

Ein Unternehmen kann bekanntlich entsprechend *Abb. 1* als zielorientiertes, offenes System betrachtet werden, das durch Aktion und Reaktion auf eine komplexe Umwelt einwirkt. Das *Grundproblem* eines solchen Systems, aus dem sich alle Folgeprobleme im Systeminnern ergeben, besteht in seiner Bestandserhaltung, d. h. in der Stabilisierung seiner Systemgrenzen. Prinzipiell wird das erreicht durch den Einsatz des systemeigenen Mittelpotentials. Der Umfang dieses Potentials ist maßgebend für den Rahmen möglicher Abgrenzungen einer systemrelevanten Umwelt. Eine solche Abgrenzung ist notwendig, um Umweltkomplexität in eine entscheidbare Fassung zu bringen, d. h. solche Umweltgrößen zu isolieren, die angesichts des verfügbaren Mittelpotentials im Sinne der Bestandserhaltung beeinflußt werden können bzw. selbst auf den Einsatzerfolg dieser Mittel einen Einfluß ausüben.

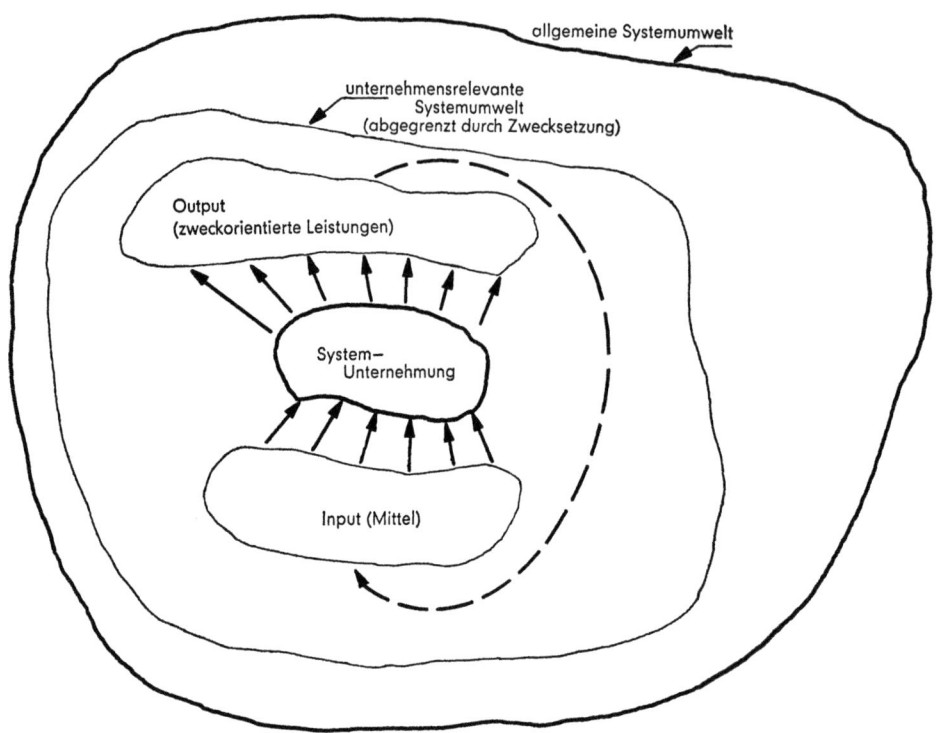

Abb. 1: Allgemeine Darstellung der System-Umweltbeziehungen einer Unternehmung

Das Prinzip der Zwecksetzung

Die Festlegung einer bestimmten Grenze im Rahmen aller denkbaren Grenzziehungen erfolgt nach dem Prinzip der *Zwecksetzung*, d. h. durch eine *wertende Primärentscheidung*. In dieser kommen ein individuelles und möglicherweise stark vereinfachtes Umweltbild sowie die vermuteten bzw. bevorzugten Gestaltungsmöglichkeiten des verfügbaren Mittelpotentials zum Ausdruck. Durch Zwecksetzung werden bestimmte umweltverändernde Handlungsfolgen als erstrebenswert ausgezeichnet und alle übrigen möglichen Handlungsfolgen als wertneutral und damit irrelevant betrachtet (vgl. dazu [4, S. 123 ff.]). Auf diese Weise wird das ursprüngliche Systemproblem der Bestandserhaltung umdefiniert zu einem *Problem der Zweckerfüllung*. Diese zweckrationale Problemfassung ist jedoch nicht notwendig ein dauerhaftes Äquivalent für das Bestandsproblem, da sich die zugrunde gelegten Umweltbedingungen und Wertauffassungen im Zeitablauf ändern können. Infolgedessen kann der Systembestand langfristig nicht nur durch Lösung von Zweckerfüllungsproblemen bzw. durch die daraus abgeleiteten Handlungen gesichert werden. Darüber hinaus muß im System ständig geprüft werden, ob die Zwecksetzung noch situationsgerecht ist oder ggf. revidiert werden muß (Zweckanpassungsproblem).

Durch Zwecksetzung erfolgt eine erste Reduktion von Umweltkomplexität, indem eine grundsätzliche Ausrichtung von Handlungen auf erstrebenswerte Handlungswirkungen festgelegt wird. Die verbleibende Komplexität besteht nun darin, aus der Unendlichkeit denkbarer Einzeltätigkeiten und deren sachliche sowie zeitliche Kombinationen diejenigen Handlungen herauszufinden, die der Erfüllung des Systemzwecks am nächsten kommen. Erfahrungsgemäß kann die damit verbundene Komplexität nun jedoch nicht in einem Zug abgearbeitet werden. Denn die Durchrechnung der Vielfalt aller denkbaren Elementarhandlungen stößt aus Übersichts-, Zeit- und Kapazitätsgründen gewöhnlich schnell auf praktische Grenzen. Die Aufgabe besteht daher zunächst darin, die ursprüngliche Zwecksetzung durch weitere Substitution zu operationalisieren.

Diese Operationalisierung erfolgt durch Zweckprogrammierung (vgl. [4, S. 177 ff.]). Über einen mehrstufigen Substitutionsprozeß, bei dem Zwecke zum Auffinden und zur Auswahl von Mitteln und diese wiederum als Zwecke für eine entsprechende Festsetzung nachgeschalteter Mittel dienen, werden in wachsendem Maße Entscheidungsprämissen fixiert, wodurch die Vielfalt denkbarer Handlungsmöglichkeiten zunehmend verkleinert wird.

Auch diese Entscheidungsprämissen beruhen grundsätzlich auf subjektiv-verhaltensorientierten Wertfestsetzungen, die situationsabhängige Anpassungsprobleme mit sich bringen. Ihre bestandserhaltende Relevanz verliert jedoch mit der wachsenden Anzahl vorgeschalteter Zwecksetzungen und den damit zunehmenden Handlungsbegrenzungen an Bedeutung.

Zweckprogramme führen nun nicht unmittelbar zu Problemlösungen, d. h. zu Entscheidungen über Handlungen, sondern zunächst nur zu Problemverkleinerungen. Sie sind damit jedoch Ausgangspunkt und gemeinsame Grundlage für alle weiteren Systemstrategien, die der systematischen Erarbeitung einer verstärkt handlungsbezogenen Komplexitätsreduktion dienen. So insbesondere für die Strategien der funktionalen Systemstrukturierung und der Strukturierung von Problemlösungsprozessen. Diese Strategien erfahren dadurch ebenfalls eine subjektiv-wertspezifische Abhängigkeit, die bei der praktischen Problemlösung eine wesentliche Rolle spielen kann.

Die funktionale Systemstrukturierung

Die Innendifferenzierung von Systemen dient der arbeitsteiligen Problemlösung. Im System werden dementsprechend Subsysteme abgegrenzt, deren jeweilige Funktionen als Beziehungen von Leistungen auf die Probleme der Zweckerfüllung zu verstehen sind. Damit wird die Struktur des Zweckprogramms, d. h. die Verknüpfung der Zwecke und Unterzwecke zur Grundlage für die Bildung von Subsystemen. Jedes dieser Subsysteme hat als Output eine Teilleistung zur Erfüllung eines spezifischen Unterzweckes zu erbringen, wobei es auf einem bestimmten Input aufbauen kann, der an anderen Stellen des Systems bereitgestellt werden muß.

Die funktionale Systemstrukturierung dient der flexiblen Reduktion von Umweltkomplexität. Die Anpassungs- und Reaktionsfähigkeit des Systems wird in dem Maße erhöht, als z. B. störende Umwelteinwirkungen direkt zur Problemlösung auf partiell unabhängige Systeme gelenkt werden können. Die in den Subsystemen ablaufenden Problemlösungsprozesse werden durch die jeweils maßgebenden Input-Outputgrößen begrenzt und damit primär durch die mehr oder weniger weit gefaßten, subjektiv-wertorientierten Zwecksetzungen des Zweckprogramms gesteuert. Diese Vorgaben schränken den Raum zulässiger Problemlösungen um so mehr ein, je weiter Zwecksetzungen über eine mehrstufig verzweigende Aufspaltung des Systemgesamtzweckes konkretisiert wurden. Zu beachten ist, daß diese Lösungsbegrenzungen jedoch nur solange als feststehend betrachtet werden dürfen, wie die den Zwecksetzungen zugrunde liegenden Wertungen beibehalten werden bzw. die dafür ursprünglich maßgebenden Umweltbedingungen nach wie vor zutreffen.

Die Strukturierung von Problemlösungsprozessen

Die Zweckprogrammierung und die auf diese ausgerichtete funktionale Strukturierung eines Systems führen dazu, daß von den einzelnen Subsystemen die verschiedensten, zweckspezifischen Teilprobleme gelöst werden müssen. Unabhängig von der jeweiligen speziellen Zwecksetzung eines Subsystems kann nun eine weitere Komplexitätsreduktion dadurch erzielt werden, daß man den Problemlösungsprozeß selbst strukturiert.

Allgemein kann man sich die Erarbeitung einer Problemlösung entsprechend *Abb. 2* so vorstellen, daß der momentane Zustand eines Objektsystems (Entscheidungsfeld) als relevante Umwelt eines Subjektsystems (Funktionsträger) in dessen Wertsystem abgebildet und durch Aktion in einen höherwertigen Zustand überführt wird.

Das *Objektsystem* oder Entscheidungsfeld ist durch eine momentane Bedingungskonstellation sowie durch Gesetzmäßigkeiten, die diese verändern können, gekennzeichnet. Durch sie wird der Handlungsspielraum *objektiv* zwingend beeinflußt bzw. begrenzt, wie z. B. durch eine bestimmte Rechts- und Wirtschaftsordnung, Konkurrenzlage, Technologien, vorangegangene Entscheidungen etc. Das *Subjektsystem* ist dagegen — soweit es die eigentliche Problemlösung und die Entscheidungsfindung angeht — durch individuell *subjektiv* gestaltete Systemkomponenten gekennzeichnet. Diese bestimmen maßgeblich das Entscheidungsergebnis und werden dementsprechend gelegentlich auch als *Entscheidungsdeterminanten* bezeichnet [2]. Sie sind die logischen Grundkomponenten jedes rationalen Problemlösungsprozesses, der aus der Sicht des Subjektsystems als Prozeß der systematischen Informationsgewinnung und der entscheidungslogischen Informationsverarbeitung verstanden werden kann. Zu den Entscheidungsdeterminanten ist im wesentlichen folgendes zu rechnen:

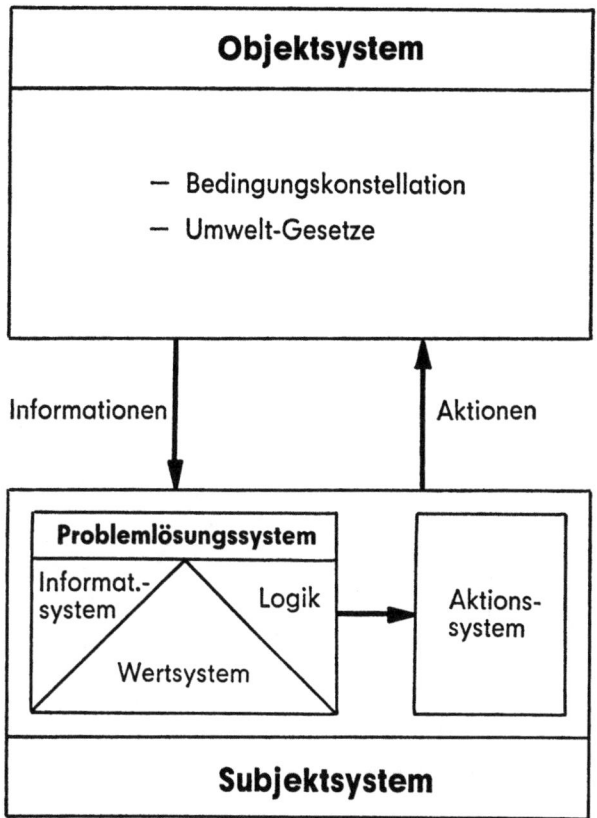

Abb. 2: *Makrostruktur systematischer Problemlösung*

(1) Ein Wertsystem: Dieses umfaßt den Systemzweck, daraus abgeleitete Zwecke in Form von Handlungszielen sowie die individuellen Präferenzen des Funktions- bzw. Entscheidungsträgers. Das Wertsystem dient zur umweltbezogenen Ausrichtung des Informationssystems und der Bewertung der Folgen möglicher Handlungsalternativen. Es verkörpert definitionsgemäß einen subjektiven Tatbestand.

(2) Ein Informationssystem: Dieses umfaßt alle dem Entscheidungsträger bekannten bzw. verfügbaren technisch-methodischen Hilfsmittel, die relevante Umwelt zu beschreiben, Handlungsalternativen aufzufinden und diese in ihren zielrelevanten Folgen abzubilden. Das Informationssystem ist bezüglich seines Inhalts und seiner zweckspezifischen Ausrichtung ebenfalls subjektiv geprägt.

(3) Ein System von Prämissen bezüglich der entscheidungslogischen Informationsverarbeitung. Durch diese wird der Zusammenhang zwischen den Werten, den momentanen Zustandsbedingungen und den zielrelevanten Folgen von Handlungsalternativen hergestellt, um eine begründete Problemlösung herleiten zu können.

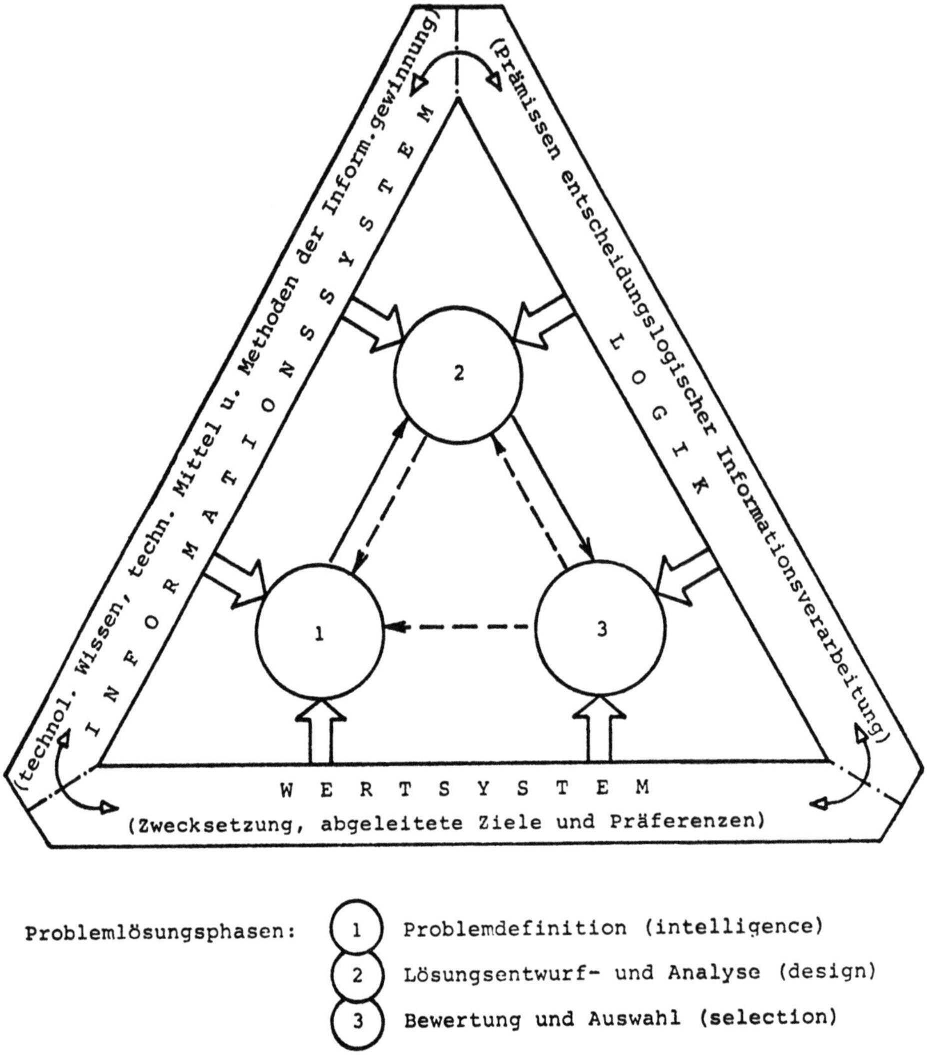

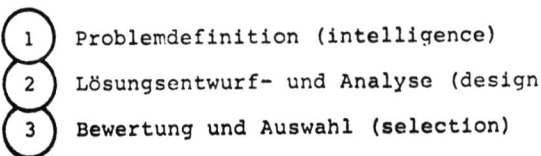

Abb. 3: *Der Problemlösungsprozeß im Einflußfeld der Entscheidungsdeterminanten*

Wie in *Abb.* 3 dargestellt ist, werden die Ablaufphasen des eigentlichen Problemlösungsprozesses im „Kraftfeld" dieser grundsätzlich subjektiv-wertorientierten Entscheidungsdeterminanten vollzogen. Diese *systemimmanente Subjektivität* kann jedoch in den Entscheidungsdeterminanten und damit in dem eigentlichen Problemlösungsprozeß in situationsspezifisch unterschiedlicher Form zum Tragen kommen, was für die Formalisierung solcher Prozesse in Planungssystemen von grundlegender Bedeutung ist. Das hängt zum einen davon ab, ob das Wertsystem als weitgehend situations-unabhängig, d. h. als ein Standardwertsystem angesehen werden kann, und zum anderen auch davon, inwieweit bewertende Funktionen im Lösungsprozeß durch vertretbare Prämissen bei der Ausrichtung und Anwendung des Informationssystems und/oder der entscheidungslogischen Informationsverarbeitung funktional ersetzt werden können. Letzteres bedeutet, daß die Entscheidungsdeterminanten zu einem gewissen Grade substituierbar sind.

2.2. Die Konsequenzen für die Gestaltung formalisierter Problemlösungssysteme

Die im vorangehenden aufgezeigten Zusammenhänge lassen erkennen, daß Zwecksetzungen in sozio-ökonomischen Systemen über System- und Prozeßstrukturierung unmittelbaren Eingang in Problemlösungsprozesse finden. Insbesondere sind sie Ausgangspunkt für die problemspezifische Formulierung von Wertsystemen und damit auch maßgebend für die Ausrichtung der Entscheidungsdeterminanten. Im Hinblick auf die Gestaltung formalisierter Problemlösungssysteme ist nun insbesondere zu beachten, daß Zwecksetzungen auf Entscheidungen beruhen, in denen Werturteile zum Ausdruck kommen, die mehr oder weniger auf Urteilskraft und Erfahrung gestützt sein können. Zwecksetzungen stellen dementsprechend keine generell gültigen Maßstäbe für die Ableitung von Problemlösungen dar, sondern unterliegen einer mehrfachen Unbestimmtheit. Diese Unbestimmtheit von Zwecksetzungen liegt in ihrer

— *Situationsrelevanz,* d. h. in ihrer Abhängigkeit von Umweltveränderungen

— *Subjektivität,* d. h. in ihrer Orientierung an individuellen Wertschätzungen eines Entscheidungsträgers

— *Operationalität,* d. h. im Ausmaß ihres unmittelbaren Handlungsbezugs.

Auf Grund des engen Zusammenhanges zwischen Systemzweck und entscheidungsrelevantem Wertsystem bedeutet Unbestimmtheit in der Zwecksetzung auch *Unbestimmtheit* in den *Entscheidungsdeterminanten.* Für die praktische Problemlösung und Entscheidungsfindung ist es nun jedoch notwendig, solche Unbestimmtheiten auszugleichen, indem zum Beispiel Betrachtungsgrenzen bezüglich des wertmäßigen und technologischen Wirkungsbereichs einer Entscheidung gezogen werden (vgl. [1, S. 210]). Diese *Ausgleichsfunktion* ist im System durch *wertende Entscheidungstätigkeit* des jeweils verantwortlichen Entscheidungsträgers wahrzunehmen. Je nachdem, inwieweit das Wertsystem in einer Problemsituation nun unbestimmt ist, kann diese Ausgleichsfunktion in unterschiedlicher Weise erfolgen. Dabei sind offenbar folgende Zusammenhänge in einem System zu beachten:

(1) Vorgelagerte Zwecke verringern das Ausmaß der Unbestimmtheit nachgelagerter Zwecke.

(2) Je abgeleiteter eine Zwecksetzung, desto geringer ist die Bedeutung ihrer Zweckerfüllung für die Erreichung des Systemgesamtzweckes (abnehmende Bestandsrelevanz von Unterzwecken bzw. Untersystemen).

Beide Systemsachverhalte sind für die Formalisierung von Problemlösungsprozessen von Bedeutung. Denn die dazu ggf. erforderlichen Prämissen sind bei

— geringer Unbestimmtheit weniger weitreichend und infolgedessen leichter zu übersehen bzw. zu akzeptieren,
— geringer Bestandsrelevanz weniger gravierend in ihren evtl. negativen Auswirkungen und können infolgedessen grundsätzlich leichter vom Entscheidungsträger verantwortet werden.

Ausgehend von diesen Zusammenhängen können nun unter dem Gesichtspunkt der Unbestimmtheit von Zwecksetzungen bzw. Wertsystemen unterschiedlich stark formalisierte Problemlösungssysteme und zugehörige Rollen des Entscheidungsträgers bei der Problemlösung unterschieden werden (vgl. Tabelle 1).

1. Fall: Situationsunabhängiges Wertsystem

Der Systemzweck eines Subsystems kann auf Grund weitgehend konstanter Umweltvoraussetzungen als *Dauerzweck* betrachtet werden. Er ist soweit bestimmt, daß das Wertsystem als generell gültiges *Standardwertsystem* formuliert werden kann. Damit ist dann auch die Ausrichtung des Informationssystems fixiert und der Zielbezug für eine entscheidungslogische Informationsverarbeitung festgelegt. In diesem Fall ist ein automatisierter Problemlösungsablauf grundsätzlich möglich (d. h. nicht notwendig auch wirtschaftlich!). Diese Situation ist typisch für zahlreiche „operative Probleme". Der Entscheidungsträger kann sich gleichsam auf die „Richtigkeit" des Lösungsalgorithmus und die zugrunde gelegten Werte verlassen. Im Hinblick auf ein entsprechend automatisiertes Lösungssystem übt der *Entscheidungsträger* hier eine reine *Benutzerfunktion* aus.

2. Fall: Situationsbezogenes Wertsystem

Das Wertsystem wird auf Grund eines nicht vollständig bestimmten Systemzweckes als „schwach" situationsabhängig angesehen. In einem solchen Fall ist es jedoch im Hinblick auf die praktische Systemgestaltung wahrscheinlich, daß der Entscheidungsträger bereit ist, seine Ausgleichsfunktion bei der Problemlösung a priori durch Entscheidungstätigkeit wahrzunehmen, d. h. Entscheidungsdeterminanten zu substituieren. So zum Beispiel, indem er relevante Informationsgesichtspunkte festlegt und implizite Entscheidungsstrukturen sowie Nutzwertfunktionen (vgl. z. B. [10, S. 220]) explizit in Systemstrukturen überträgt. Voraussetzung ist jedoch, daß der Entscheidungsträger überzeugt wird, solche Prämissen *verantworten* zu können. Das wird um so leichter fallen, je weniger unzweckmäßige Problemlösungen — die später als solche erkannt werden — unmittelbar bestandsgefährdende Auswirkungen haben können. Darüber hinaus wird ein Entscheidungsträger die Verantwortung für den Einsatz eines solchen, auf individuellen Prämis-

PROBLEMTYPEN / MERKMALE		*OPERATIVE* PROBLEME 1	*DISPOSITIVE* PROBLEME 2	*STRATEGISCHE* PROBLEME 3
1	UNBESTIMMTHEIT DES WERTSYSTEMS	SITUATIONSUNABHAENGIG	*SCHWACH* SITUATIONSABHAENGIG	SITUATIONSABHAENGIG
2	ERFORDERLICHE AUSGLEICHSFUNKTION ZUR BESEITIGUNG VON UNBESTIMMTHEIT DURCH DEN ENTSCHEIDUNGSTRAEGER	KEINE	VERANTWORTUNG BENUTZER LOESUNGSSTRUKTUREN	ENTSCHEIDUNGSTAETIGKEIT IM LOESUNGSPROZESS
3	ROLLE DES ENTSCHEIDUNGSTRAEGERS	REINE BENUTZERFUNKTION	GESTALTUNGS- KONTROLL- UND BENUTZERFUNKTION	MEHRFACH FUNKTIONAL AKTIVES SYSTEMELEMENT
4	ERREICHBARE FORMALISIERUNG DES PROBLEMLOESUNGSPROZESSES	AUTOMATISIERTES SYSTEM	AUTOMATISIERTES, ADAPTIVES SYSTEM	INTERAKTIVES SYSTEM

Tabelle 1: Charakteristische Merkmale und Merkmalsausprägungen für die modell- und computergestützte Behandlung von Unternehmungsproblemen

sen gestützten Systems, leichter bereit sein zu tragen, wenn dieses als *adaptives* System so ausgelegt ist, daß er einerseits die logischen Wirkzusammenhänge übersieht und andererseits mit Hilfe gezielter Ergebniskontrollen Erfahrungen sammeln kann, die ihm ggf. eine begründete Struktur- und Wertanpassung erlauben. Dementsprechend übt der *Entscheidungsträger* in diesem Fall außer einer Benutzerfunktion auch eine *gestaltende* und *kontrollierende Funktion* aus. Diese Situation ist in der Praxis insbesondere typisch bei der Behandlung „dispositiver Probleme" (vgl. z. B. [11]).

3. Fall: Situationsabhängiges Wertsystem

Der Systemzweck ist noch so unbestimmt, daß das Wertsystem im wesentlichen erst bei der Problemformulierung und Problemlösung vom Entscheidungsträger fixiert werden kann. Die Ausgleichsfunktion des Entscheidungsträgers durch Entscheidungstätigkeit erfolgt in diesem Fall also *während* des Systemablaufs, so zum Beispiel durch Ergänzung und Interpretation von Informationen sowie durch direkte Bewertung der Konsequenzen von Handlungsalternativen. Der Lösungsablauf ist zwar formalisierbar, jedoch nur streckenweise automatisierbar. Im Sinne eines Mensch-Maschine-Systems ist der *Entscheidungsträger* als *aktives Systemelement* in das System einzubeziehen. Diese Situation kann als typisch für die Behandlung „strategischer Probleme" in der Praxis angesehen werden.

Wie in *Tabelle 1* angedeutet ist, müssen die Grenzen zwischen den hier unterschiedenen 3 Fällen in der Praxis als fließend betrachtet werden. Für den Aufbau von Planungssystemen dürfte in der Regel der Fall 3 maßgebend sein, in günstigen Fällen aber auch der Fall 2. „Bevor man Entscheidungsmodelle (Planungssysteme; Anmerkung des Verfassers!) konstruiert, muß man wissen, wieviel Komplexität durch sie absorbiert werden soll, und das hängt vor allem davon ab, wo im System sie verwendet werden sollen und welche Vorleistungen außerhalb und innerhalb des Systems vorausgesetzt werden können (vgl. [4, S. 124])." Dementsprechend kann die Frage nach der Formalisierbarkeit bzw. Automatisierbarkeit von Problemlösungen im Rahmen von Planungssystemen letztlich nur unternehmensindividuell entschieden werden, wobei insbesondere folgende Gesichtspunkte eine Rolle spielen:

— Die Komplexität der unternehmensspezifischen Marktsituation
— Die Organisationsstruktur (funktionsspezifische Subsysteme)
— Das individuelle Entscheidungsverhalten des verantwortlichen Funktionsträgers.

Dort, wo im Hinblick auf den Gesamtoutput eines Unternehmens die für eine Automatisierung von Problemlösungen erforderlichen Prämissen so kritisch erscheinen, daß sie von dem zuständigen Entscheidungsträger nicht a priori verantwortet werden können, ist das *Planungssystem* als *lernendes Mensch-Maschine-System* zu gestalten. Dieses muß im Sinn einer permanenten Entwicklung eine dem jeweiligen Erfahrungsstand des Entscheidungsträgers entsprechende, situationsgerecht „optimale" Aufgabenteilung zwischen Managerfunktionen und Computerfunktionen erlauben (vgl. dazu [6, S. 76]). John D. C. Little hat in [3] die 6 wichtigsten Forderungen zusammengefaßt, die entsprechend dieser Zielsetzung auf Grund bisheriger Erfahrungen erfüllt werden müssen, damit man in der Praxis mit modell- und computergestützten Planungssystemen Erfolg haben kann. Eine dieser empirisch gestützten Forderungen betrifft die hier im vorangegangenen aus theoretischer Sicht ebenfalls aufgezeigte Notwendigkeit (vgl. speziell oben den Fall 3), subjektive Urteile direkt in formalisierte Problemlösungsprozesse einzubeziehen. Im folgenden sollen daher zwei spezielle Fragen zu diesem Problemkreis behandelt werden, die für die Gestaltung von Planungssystemen von Bedeutung sind, und zwar:

● Inwieweit genügen die Ergebnisse subjektiv beeinflußter Planungsprozesse Optimalitätskriterien?

● Wie kann speziell eine subjektiv bewertende Einflußnahme auf Planungsprozesse soweit systematisiert werden, daß Irrationalitäten auf Grund der begrenzten menschlichen Urteilskapazität vermieden werden?

3. Zur Optimalität subjektiv beeinflußter Planungsprozesse

Die Frage nach der Optimalität von Ergebnissen subjektiv beeinflußter Planungsprozesse ist nicht nur von theoretischem Interesse, sondern wird auch in der Praxis bei der Systemgestaltung häufig gestellt. Zielt sie doch letztlich darauf ab, inwieweit ein formalisiertes Planungssystem überhaupt gegenüber herkömmlichen Verfahrensweisen zu besseren Ergebnissen führen kann, wenn der Mensch mit allen seinen Unzulänglichkeiten nach wie vor unmittelbaren Einfluß auf die Ergebnisfindung ausübt. Denn offenbar können gerade bei der Lösung zahlreicher dispositiver und insbesondere strategischer Unternehmungsprobleme keine Optimallösungen im mathematisch-funktionalen Sinne abgeleitet werden. Wie die Ausführungen unter Absatz 2.1. erkennen lassen, muß bei Problemtypen dieser Art der Optimalitätsbegriff situationsspezifisch relativiert werden, da er letztlich nur auf eine mehr oder weniger *unbestimmte* Zwecksetzung, d. h. auf das daraus abgeleitete, naturgemäß subjektive Wertsystem bezogen werden kann.

Die Grenze zwischen einer objektiv besten und einer subjektiv besten Problemlösung muß jedoch als fließend angesehen werden. Denn die in jedem Fall vorzunehmende Auswahl der als relevant erachteten Informationen und die jeweils angewandte Informationsmethodik beinhalten ebenso wie die Logik eines Entscheidungsverfahrens immer subjektive Wertungsakte, die nie a priori als objektiv „richtig" angesehen werden können. Um daher die Optimalität — oder allgemeiner die Güte — einer Problemlösung beurteilen zu können, erscheint es hier notwendig, ein umfassenderes Optimalitätskriterium abzugrenzen. Dieses darf nicht nur die Einstufung mathematisch voll strukturierter Problemlösungen erlauben, sondern muß darüber hinaus auch die durch Strukturbildung *und* Entscheidungstätigkeit gekennzeichneten Lösungen komplexer Probleme erfassen können.

3.1. Rationalität als Optimalitätskriterium

Eine allgemeinere Optimalitätseinstufung von Problemlösungen ist möglich, wenn man sich an einem differenzierten Rationalitätsbegriff orientiert. Je nachdem, ob man den Gehalt oder das formallogische Zustandekommen einer Problemlösung im Auge hat, ist es zweckmäßig, zwischen substantieller und formaler Rationalität zu unterscheiden.

Die *substantielle* Rationalität bezieht sich auf das der Problemlösung zugrunde gelegte Wertsystem, d. h. auf die Präferenzstruktur und den Inhalt der Zwecksetzung bzw. auf die daraus abgeleiteten Unterzwecke und Zielsetzungen. Dort, wo keine allgemein anerkannten Wertnormen existieren, könnte substantielle Rationalität z. B. dadurch gemessen werden, daß man prüft, inwieweit die für eine Problemlösung verantwortlichen Entscheidungsträger mit einem zugrunde gelegten Wertsystem übereinstimmen. Als praktisches Maß für einen solchen Übereinstimmungsgrad könnte beispielsweise folgende Kennziffer S dienen:

$$\text{Gl. (1)} \qquad S = \frac{s}{s_0}; \ 0 < S \leq 1$$

mit

$s_0 :=$ Anzahl derjenigen Personen, die für das benutzte Wertsystem verantwortlich sind

$s :=$ Anzahl derjenigen Personen von s_0, die mit dem zugrunde gelegten Wertsystem übereinstimmen.

Formale Rationalität betrifft dagegen das logisch richtige Zustandekommen einer Problemlösung sowie die Widerspruchsfreiheit des Wertsystems. Eine Problemlösung, die diesen Anforderungen genügt, könnte jedoch — unabhängig vom benutzten Wertsystem — durchaus zu bestandsgefährdenden Ergebnissen führen. Das wäre beispielsweise der Fall, wenn der Entscheidungsträger von einem irrealen Situationsbild ausgeht und infolgedessen Ziele und Mittel in Wahrheit unzweckmäßig formuliert hat. Aus diesem Grund muß man hier noch genauer unterscheiden, und zwar zwischen subjektiver und objektiver Formalrationalität. *Subjektive* Formalrationalität liegt vor, wenn der Entscheidungsträger zwar formallogisch richtig vorgeht, seine Informationen aber über die Entscheidungssituation die Realität nur „subjektiv gefärbt" wiedergeben.

In diesem Fall können Ziele und Handlungsalternativen in Wahrheit unzweckmäßig formuliert worden sein. Bei *objektiver* Formalrationalität stimmt dagegen das Situationsbild des Entscheidungsträgers mit der Wirklichkeit überein. In diesem Fall wäre es einem Außenstehenden bei bekannter Präferenzstruktur möglich, den Problemlösungsprozeß nachzuvollziehen bzw. seine Ergebnisse zu prognostizieren.

Auch formale Rationalität wird in der Praxis kaum eindeutig zu messen sein. Auf Grund der unter Absatz 2.1. dargelegten Zusammenhänge müßte jedoch generell verlangt werden, daß den verantwortlichen Entscheidungsträger die benutzte Logik der Ergebnisermittlung befriedigt. Insbesondere sollte er die zugrunde gelegten Prämissen akzeptieren, d. h. verantworten können. Inwieweit ein Ergebnis darüber hinaus objektiver Formalrationalität genügt, ist offenbar immer eine Frage adäquater Informationsgewinnung, was in Anbetracht der zu bewältigenden Komplexität vor allem auch eine Frage der verfügbaren Methoden der Systemanalyse ist. Infolgedessen liegt es im Zusammenhang mit der Lösung dispositiver und strategischer Probleme in der Natur der Sache, daß ein objektives Situationsbild im strengen Sinne in der Regel praktisch nicht erreicht wird, sondern bestenfalls näherungsweise gewonnen werden kann. Als praktisches Maß für formale Rationalität könnte man unter diesem Gesichtspunkt — d. h. logisch folgerichtige Problemlösung vorausgesetzt — folgende Größe definieren:

Gl. (2) $$F = \frac{f}{f_0}; \; 0 < F \leq 1$$

mit

$f_0 :=$ Anzahl derjenigen Personen, die das Situationsbild entwerfen sollten

$f :=$ Anzahl derjenigen Personen von f_0, die mit dem zugrunde gelegten Situationsbild übereinstimmen.

3.2. Rationale Entscheidungstypen

Ausgehend von der oben vorgenommenen Differenzierung des Rationalitätsbegriffes lassen sich nun grundsätzlich vier Typen von Problemlösungsprozessen bzw. Entscheidungen definieren. Entsprechend *Abb. 4* sollen hier folgende Typen unterschieden werden:

(1) E (F, S), d. h. subjektiv bestmögliche Entscheidung

(2) E (F, 1), d. h. subjektiv optimale Entscheidung

(3) E (1, S), d. h. objektiv bestmögliche Entscheidung

(4) E (1, 1), d. h. objektiv optimale Entscheidung

Dabei beziehen sich entsprechend *Abb. 4* die Begriffspaare

— *objektiv* und *subjektiv* darauf, ob dem Lösungsprozeß ein allgemeingültiges Situationsbild zugrunde gelegt wurde oder nicht, sowie

— *optimal* und *bestmöglich* darauf, ob von einem Standardwertsystem ausgegangen werden konnte oder nicht.

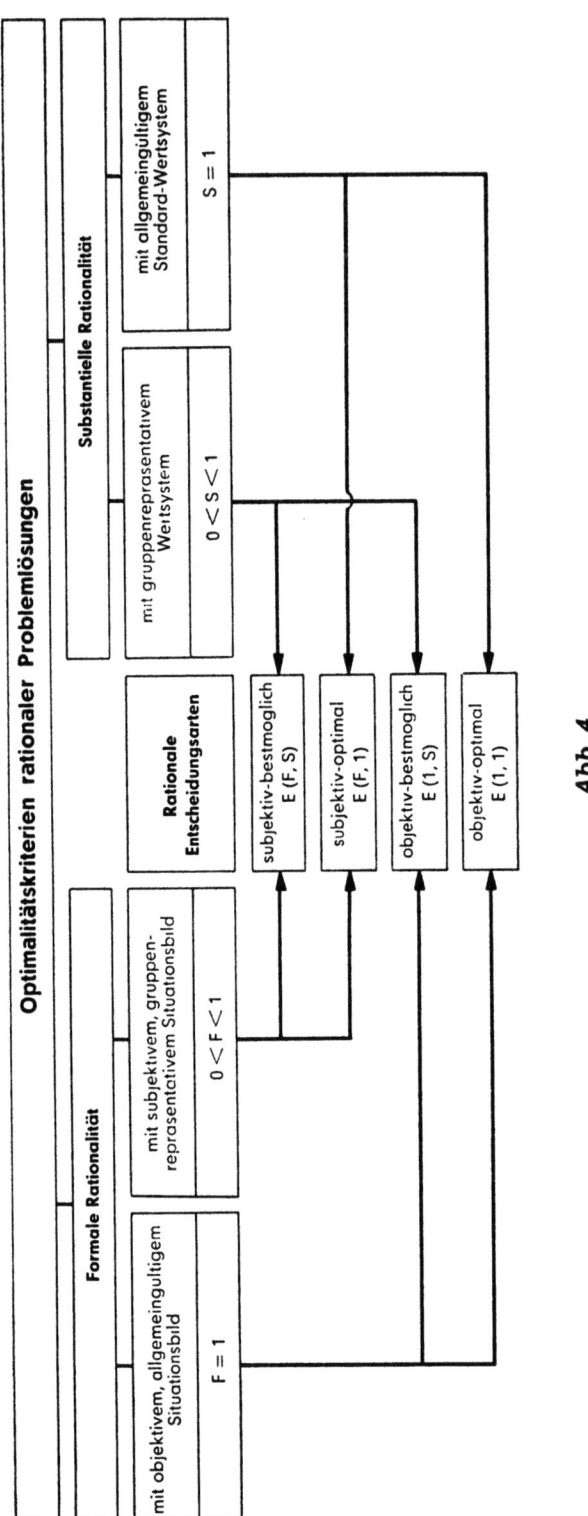

Abb. 4

Die Festlegung von f_0 bzw. s_0 wäre im konkreten Fall eine politische Entscheidung. Lassen sich vernünftige Annahmen über diese Größen machen — z. B. $f_0 = s_0$ = Anzahl der Mitglieder der Geschäftsführung eines Unternehmens — so könnte die Optimalität einer Problemlösung nach diesem Schema eingestuft werden. Diese Optimalität kann jedoch nur für den Bezugsrahmen eines mehr oder weniger willkürlich begrenzten Personenkollektivs von Bedeutung sein.

Da man in der Praxis meistens nicht von einem Standardwertsystem ausgehen kann, und das entworfene Situationsbild bei zukunftsbezogenen Entscheidungssachverhalten immer mehr oder weniger subjektiv gefärbt sein wird, werden S bzw. F gewöhnlich kleiner als 1 anzusetzen sein. Infolgedessen können für Probleme, die nicht voll strukturierbar sind, sondern zu ihrer Lösung bewertender Einflußnahme durch Entscheidungstätigkeit bedürfen, mit Hilfe entsprechender Planungssysteme grundsätzlich nur Ergebnisse vom Typ E (F, S), d. h. subjektiv bestmögliche Entscheidungen abgeleitet werden. Diese Erkenntnis entspricht dem bekannten Simonschen „Prinzip der befriedigenden Lösung". Angesichts dieses Tatbestandes wird hier die Auffassung vertreten, daß man bei der Gestaltung von Planungssystemen nicht der Versuchung erliegen sollte zu glauben, Subjektivitäten ließen sich vermeiden. Sie lassen sich bestenfalls verdrängen, so z. B. durch implizite Prämissen, die dann allerdings unbewußt leicht zu Irrationalitäten führen können, was in der Regel den Einsatzerfolg eines Planungssystems in Frage stellen dürfte. Vielmehr sollte man unter Beachtung des Wirtschaftlichkeitsprinzips in verstärktem Maße anstreben, Planungssysteme u. a. auch so zu gestalten, daß die lösungsbeeinflussenden, problemimmanenten Subjektivitäten in *geordneter* Form in den Lösungsprozeß einfließen, so daß auch diese Seite praktischer Problemlösung transparent wird. Ein praktikables Hilfsmittel dazu kann in bestimmten Situationen die Methodik der Nutzwertanalyse darstellen. Sie soll daher im folgenden kurz umrissen werden (vgl. ausführlich dazu [10]).

4. Zur subjektiv bewertenden Einflußnahme auf Planungsprozesse mit Hilfe der Nutzwertanalyse

Die Nutzwertanalyse ist eine heuristische Methode zur systematischen Bewertung und Auswahl komplexer Alternativen (Plan-, Projekt-Handlungsalternativen). Diese seien dadurch gekennzeichnet, daß eine Zielvielfalt zu beachten ist und/oder ein monetärer Projektwert der Alternativen nicht bestimmt werden kann. Genauer gefaßt soll die Nutzwertanalyse hier wie folgt verstanden werden:

- *Die Nutzwertanalyse* ist eine Methodik, komplexe Projektalternativen entsprechend den Präferenzen des Entscheidungsträgers bezüglich eines multidimensionalen Zielsystems zu ordnen. Die Abbildung dieser Ordnung erfolgt durch die Angabe der *Nutzwerte* N_i der Alternativen A_i.

Die gesuchten Nutzwerte stellen jeweils das Ergebnis einer ganzheitlichen Bewertung sämtlicher Zielerträge einer Alternative dar. Ein Nutzwert ist direkt nicht als Ertragsgröße zu verstehen, sondern kann nur im Hinblick auf das relevante Wertsystem, bestehend aus Zielsystem und zugehörigen Präferenzen des Entscheidungsträgers, als solche interpretiert werden. Er ist entsprechend der Definition der Nutzwertanalyse zunächst nur ein *dimensionsloser Ordnungsindex,* der die relative Stellung der Alternativen in ihrer Vorzugswürdigkeit beschreibt und verbal, durch Rangziffern oder auch durch Zahlen im Sinne von Schulnoten ausgedrückt sein kann.

Im Zusammenhang mit Planungssystemen ist die Nutzwertanalyse dort von Bedeutung, wo Planalternativen miteinander verglichen werden müssen, nachdem diese — beispielsweise mit Hilfe eines Simulationsmodells — bezüglich ihrer zielrelevanten Folgen (Zielerträge) beschrieben worden sind (vgl. z. B. auch [9]). Speziell sind solche Situationen häufig dadurch gekennzeichnet, daß

- mehrere Alternativen zu vergleichen sind,
- eine Vielfalt von entscheidungsrelevanten Größen zu beachten ist, zwischen denen Funktionalbeziehungen nicht angegeben werden können,
- die persönliche, *subjektive* Einschätzung dieser Größen in ihrer relativen Wichtigkeit durch den Entscheidungsträger eine erhebliche Rolle spielt.

Besonders häufig treten solche Situationen bei der Investitionsplanung, der Planung neuer Produkte und im Bereich der Forschungs- und Entwicklungsplanung auf.

Erfahrungsgemäß ist es nun jedoch nicht möglich, die Präferenzen eines Entscheidungsträgers bei der Bewertung durch einen *einzelnen Urteilsakt* begründet zu erfassen. Denn die bewußte, d. h. gedanklich kontrollierte Auflösung eines mehrdimensionalen empirischen Ordnungsmusters und die Verknüpfung solcher Objektinformationen mit subjektiven Präferenzen kann gedanklich nicht befriedigend durch eine globale Bewertung bewältigt werden. Wie empirische Untersuchungen gezeigt haben, führt nämlich die rein gedankliche Abwägung der zielrelevanten Vor- und Nachteile von Projekten schon bei wenigen Zielen und Alternativen zu willkürlichen Bewertungsergebnissen (Präferenzordnungen der Alternativen). Offenbar werden die Urteilskraft und die gedankliche Übersicht einer Urteilsperson mit zunehmender Dimensionalität der Bewertungsaufgabe insbesondere überfordert im Hinblick auf

- die simultane gedankliche Erfassung und wertende Gegenüberstellung vieler zielrelevanter Konsequenzen von Alternativen,
- die gedankliche Fixierung der Ergebnisse von Teilvergleichen zwischen mehreren Alternativen und deren systematische, präferenzgerechte Kombination zu einer Gesamtaussage über den jeweiligen Projektwert (vgl. dazu auch [7, S. 257]).

4.1. Die Grundlogik der Nutzwertanalyse

Angesichts der heutigen Erkenntnisse über das menschliche Urteilsverhalten ist der bisherige Glaube an die Intuition und die persönliche Erfahrung als adäquates, *alleiniges* Mittel zur Beurteilung multidimensionaler Sachverhalte nicht mehr gerechtfertigt. Um ein rational begründetes Bewertungsergebnis zu erhalten, bedarf es vielmehr einer Methodik, die es erlaubt, sämtliche Problemaspekte der multidimensionalen Bewertung systematisch bei der Urteilsbildung und Urteilsformulierung zu berücksichtigen. Darüber hinaus verlangt die praktische Lösung dieser Aufgabe, daß es gelingt, auf der Grundlage einer solchen Methodik die folgenden Hilfsmittel geeignet miteinander zu kombinieren:

- die Erkenntnisse der *Entscheidungsforschung* im Hinblick auf eine rationale Bewertungslogik.
- Die Fortschritte der Psychologie bei der Erfassung subjektiver Größen (*Psychometrie*).
- Die vergleichsweise unbegrenzten Speicher- und Operationsmöglichkeiten elektronischer Rechenanlagen (*Computertechnik*).

In *Abb. 5* ist die Logik eines entsprechenden Ansatzes zur Lösung des Bewertungsproblems zusammen mit den vorangehenden Schritten einer Problemlösung dargestellt. Ausgehend von einem zweckmäßigerweise hierarchisch strukturierten Zielprogramm, aus dem sich die für die Bewertung relevanten Zielkriterien ergeben, und einer Beschreibung der diesbezüglichen Konsequenzen der Alternativen in der sogenannten Zielertragsmatrix $[k_{ij}]$, erfolgt eine schrittweise Bewertung. Durch direkte Beurteilung stuft der Entscheidungsträger die Alternativen der Reihe nach für jedes Zielkriterium gesondert auf Grund ihrer Zielerträge nach ihrer Vorzugswürdigkeit ein, indem er sogenannte Zielwerte zuordnet.

- Ein *Zielwert* n_{ij} ist eine subjektive Nutzengröße. Er beschreibt die relative Stellung der Alternative A_i in der Präferenzordnung $[n_{ij}]_{j\,=\,\text{konst.}}$ bezüglich des *einen* Zielkriteriums $k_{.j}$.
- Eine *Präferenzordnung* ist die Abbildung der subjektiven Einstufung von Alternativen nach ihrer Vorzugswürdigkeit bezüglich eines Merkmales.

Da es sich bei der relationstreuen Wiedergabe von Präferenzen durch numerische Nutzengrößen grundsätzlich um eine psychometrische Aufgabe handelt, sind hier für die praktische Bewertung die in der Psychologie entwickelten *Skalierungsmethoden* zur Abbildung subjektiver Empfindungsgrößen von erheblicher Bedeutung.

Die Zerlegung der m-dimensionalen Bewertungsaufgabe in m eindimensionale Teilbewertungen macht es notwendig, daß die Ergebnisse der Teilbewertungen zu einer „richtigen" Gesamtbewertung zusammengefaßt werden.

Entsprechend *Abb. 5* müssen danach die Zielwerte (Teilnutzen) jeder Alternative in geeigneter Form miteinander zum Nutzwert (Gesamtnutzen) verknüpft werden.

- Ein *Nutzwert* N_i ist eine subjektive Größe. Er beschreibt die relative Stellung der Alternative A_i in der Präferenzordnung $[N_i]$ bezüglich *aller* Zielkriterien $k_{.j}$.

Formal besteht diese *Wertsynthese* in einer systematischen Zusammenfassung von m eindimensionalen Präferenzordnungen zu einer m-dimensionalen Präferenzordnung. Hierbei ist offenbar auch der gewöhnlich vorliegenden Tatsache Rechnung zu tragen, daß die Zielkriterien für den Entscheidungsträger von unterschiedlicher Bedeutung sein können und dementsprechend auch eine Präferenzordnung der Zielkriterien (Gewichtung) vorzunehmen ist. Die Wertsynthese selbst kann mit Hilfe verschiedener, sogenannter *Entscheidungsregeln* vorgenommen werden.

Welche Annahmen bei der praktischen Anwendung dieser Logik ggf. zu beachten sind und welche Verfahren zur Skalierung bzw. Wertsynthese zu einem situationsgerechten Nutzwertmodell miteinander kombiniert werden können, ist in [10] ausführlich beschrieben worden.

4.2. Die Nutzwertanalyse im Rahmen computergestützter Planungssysteme

Abschließend sei hier noch auf die speziellen Möglichkeiten von Nutzwertanalysen in Verbindung mit der elektronischen Datenverarbeitung hingewiesen. Grundsätzlich können Nutzwertanalysen auch ohne dieses Hilfsmittel durchgeführt werden. Der EDV-Einsatz lohnt sich jedoch insbesondere dann, wenn

— Nutzwertanalysen häufig durchgeführt werden müssen, so z. B. im Rahmen von Planungssystemen,

— ein umfangreiches, hierarchisches Zielsystem schrittweise im Sinne eines längeren Lernprozesses aufgebaut werden muß, um bewertungsrelevante Zielkriterien systematisch abzuleiten,

— die Bewertungen von mehreren Personen vorgenommen und/oder häufig wiederholt werden, wobei die Übereinstimmung verschiedener Urteilsfolgen mit Hilfe statistischer Methoden überprüft werden soll,

— Unsicherheiten berücksichtigt werden müssen,

— Präferenzsimulationen vorgenommen werden sollen, um im Sinne einer Empfindlichkeitsanalyse die Auswirkungen von Änderungen der Zielgewichte auf das Gesamtergebnis, d. h. auf die Präferenzfolge der Alternativen zu überprüfen,

— Zielwertprofile über Bildschirm oder Plotter automatisch erstellt werden sollen.

Die generelle Programmstruktur und den zugehörigen Programmablauf computergestützter Nutzwertanalysen zeigen *Abb. 6* und *Tabelle 2*. Die Stellung der Nutzwertanalyse im Rahmen eines gesamten Planungssystems ist

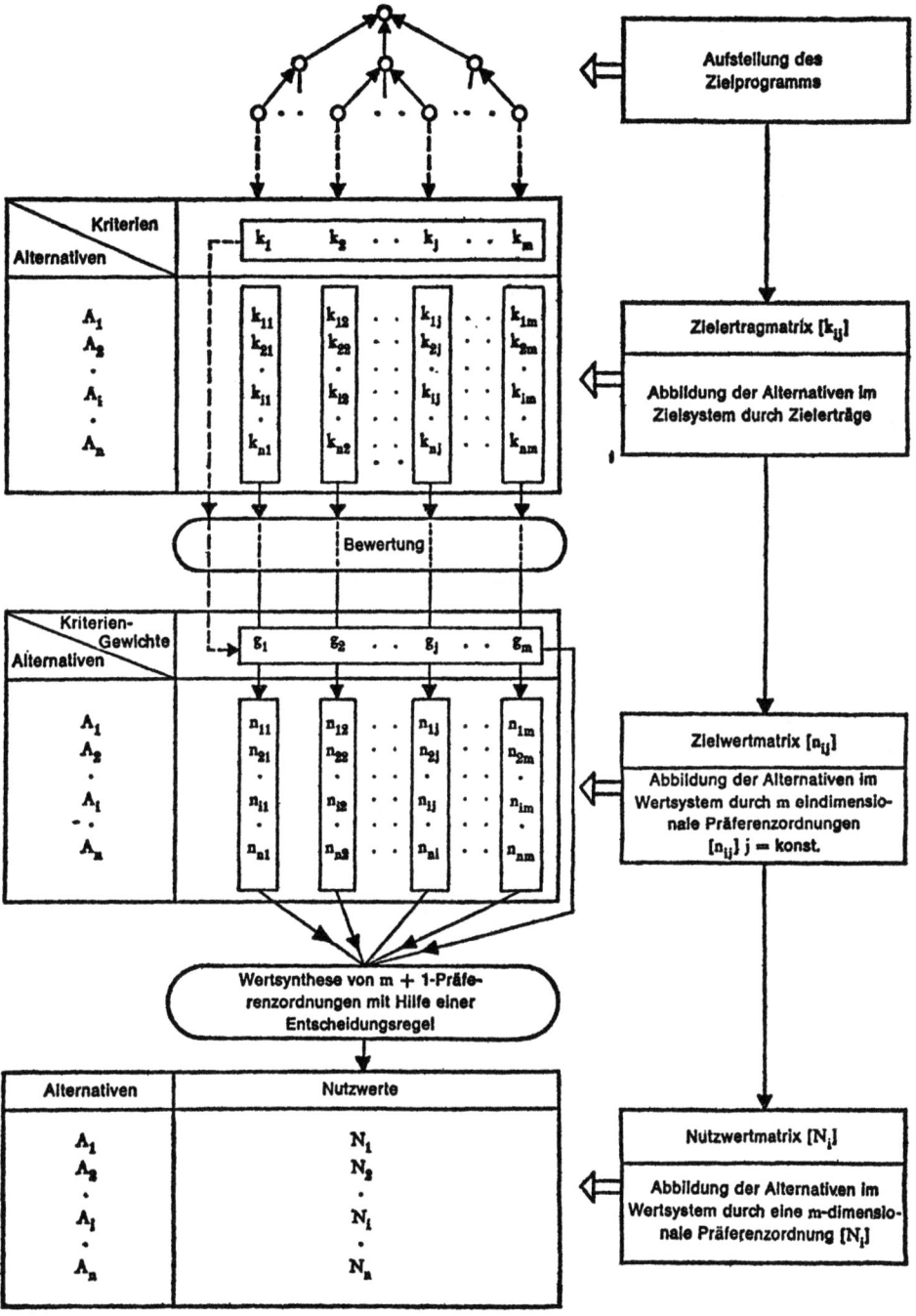

Abb. 5: Allgemeine Logik der Nutzwertanalyse

an einem Beispiel in *Abb.* 7 verdeutlicht. Sind im konkreten Fall die technischen Voraussetzungen für eine operationale Mensch-Maschine-Kommunikation gegeben, so kann der Entscheidungsträger in einem solchen Planungssystem auf der Grundlage der Nutzwertanalysemethodik seine auf Urteilskraft und Erfahrung gestützten individuellen Präferenzen gezielt in den Problemlösungsprozeß einfließen lassen.

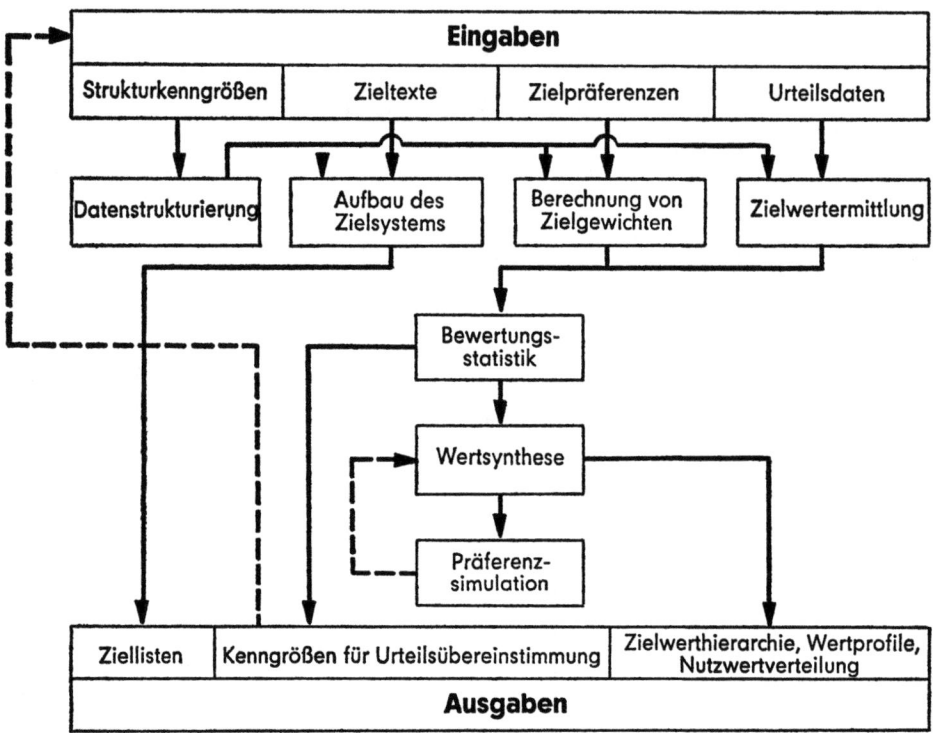

Abb. 6: Eine EDV-Programmstruktur für Nutzwertanalysen

(1) Es wird ein Zielsystem entwickelt, indem Zieltexte und Daten bezüglich der Aufbaustruktur des Zielbaumes in die EDV eingegeben werden. Diese Tätigkeit kann schrittweise im Sinne einer stetigen Verbesserung des Zielsystems vorgenommen werden.

(2) Es erfolgt die Ausgabe von Ziellisten.

(3) In die Ziellisten werden von einer oder mehreren Urteilspersonen entsprechend deren Zielpräferenzen die Knotengewichte GK (s, j) eingetragen. Diese sind dann in die EDV einzugeben.

(4) Es werden die Stufengewichte GS (s, j) durch die EDV berechnet und Bewertungstabellen ausgedruckt, in der die Alternativen A_i den mit ihren Gewichten g_j aufgeführten Zielkriterien k_j gegenübergestellt sind.

(5) Die Alternativen werden bezüglich jedes einzelnen Zielkriteriums auf Grund ihrer Zielerträge k_{ij} (die eventuell ebenfalls mit Hilfe der EDV z. B. auf der Grundlage eines Simulationsmodells beschrieben worden sein können) einmal oder wiederholt von einer bzw. mehreren Urteilspersonen wertend eingestuft. Diese Urteilsdaten werden in die Bewertungstabellen eingetragen und der EDV eingegeben.

(6) Berechnung von Zielwerten n_{ij} entsprechend der gewählten Urteilsmethode durch die EDV.

(7) Statistische Auswertung der Urteilsdaten und Ausgabe von Kenngrößen für die erzielte Urteilsübereinstimmung. Bei geringer Urteilsübereinstimmung sind die vorausgegangenen Schritte ab (4) zu wiederholen.

(8) Vornahme der Wertsynthese ggf. nach mehreren Wertsyntheseregeln durch die EDV. Ausdruck der Ergebnisse in verschiedenen Formen (Zielwerthierarchie, Wertprofile, Nutzwertverteilungen).

(9) Empfindlichkeitsanalyse der ermittelten Nutzwerte mit Hilfe der EDV durch systematische Veränderung der Kriteriengewichte und Zielwerte (Präferenzsimulation). Feststellung kritischer Kriteriengewichte und/oder wünschenswerter Zielwertverbesserungen, die zu einer Rangverschiebung der Alternativen führen würden.

Tabelle 2: Programmablaufbeschreibung für die Durchführung von Nutzwertanalysen entsprechend Abb. 6.

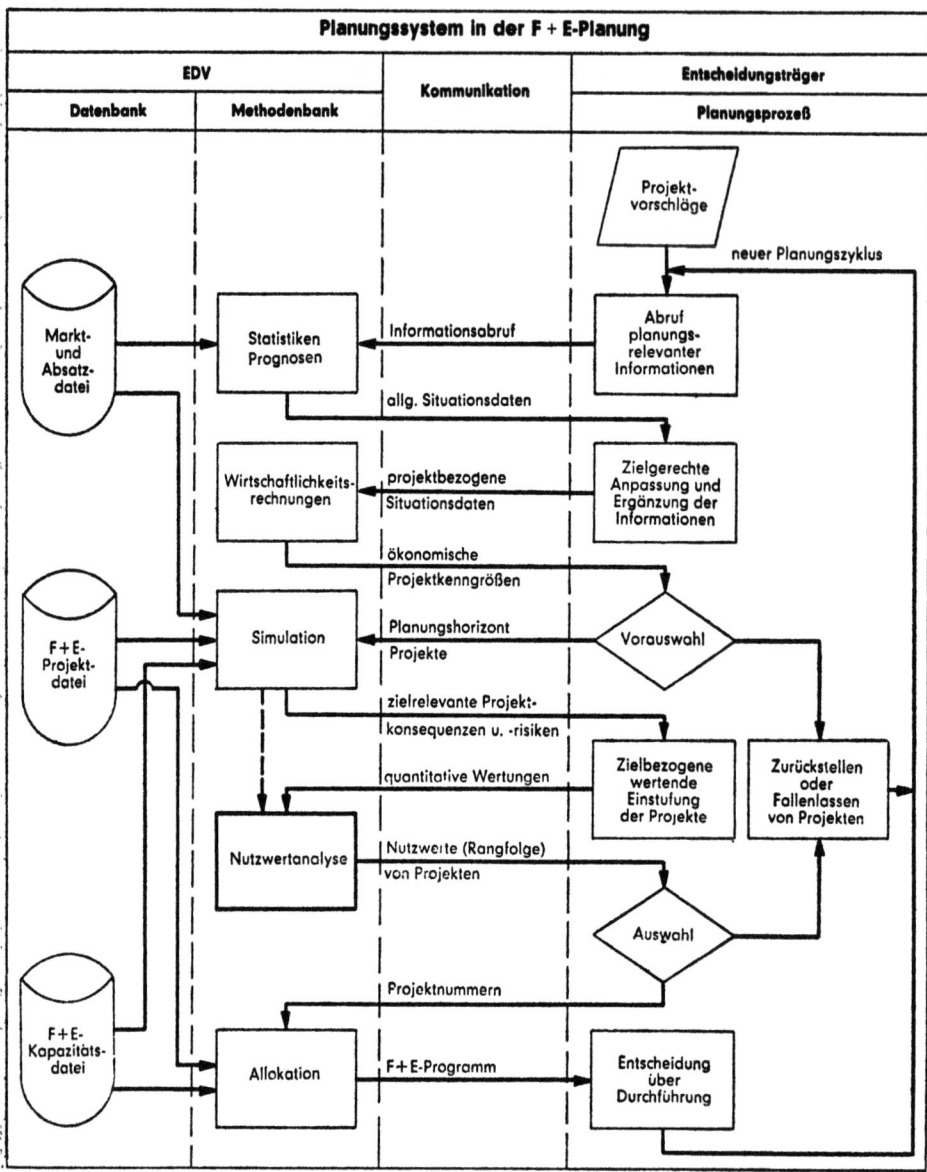

Abb. 7

Literaturnachweis

[1] Gäfgen, G.: „Theorie der wirtschaftlichen Entscheidung", Tübingen 1963.

[2] Heinen, E.: „Das Zielsystem der Unternehmung", Wiesbaden 1966.

[3] Little, John D. C.: "Models and Managers: The Concept of a Decision Calculus." In: Management Science, Vol. 16, No. 8, April 1970, S. B-466—485.

[4] Luhmann, N.: „Zweckbegriff und Systemrationalität", Tübingen 1968.

[5] Morton, M. S. S.: "Management Decision Systems", Boston 1971.

[6] Rölle, H.: „Modellgestützte Systemanalyse, Informationssystemplanung, Matrixmanagement und Veränderungspromotor für die MIS-Gestaltung." BIFOA Arbeitsbericht 1971/2, Köln 1971.

[7] Shelly, M. W., Bryan, G. L.: "Human Judgement and Optimality." New York 1964.

[8] Simon, H. A., March, J. G., Guetzkow, H.: "Organizations." New York 1958.

[9] Turban, E., Metersky, M. L.: "Utility Theory Applied to Multivariable System Effectiveness Evaluation."In: Management Science, Vol. 17, No. 12, August 1971, S. B-817—828.

[10] Zangemeister, C.: „Nutzwertanalyse in der Systemtechnik". München 1970.

[11] Zangemeister, C.: „Systemtechnische Überlegungen zur Konzeption eines marktorientierten Bedarfsprognosesystems." In: Industrielle Organisation, 40 (1971), Nr. 6, S. 284—290.

Computer Simulation and Systems Approach

Von

Dr. Erich Jantsch

1. The Evolving Context of Corporate Planning

Corporate planning is about the behaviour of a social system in a changing environment. In particular, the concept of corporate long-range planning has initiated a process of profound change in business attitudes and general thinking. As a widespread phenomenon, this process became visible in the United States in the first half of the 1950's, and in Europe in the early 1960's. However, we have probably witnessed only a beginning so far. The consequences of consciously and rationally oriented thinking and action toward long-range futures cannot yet be fully measured out — they may be expected, not only to revolutionize the ways in which corporations operate, but also lead to a thorough redefinition of roles and tasks for business in a rapidly changing societal and world context.

Long-range thinking implies developing a *sense of direction*. Where a succession of short-range steps may be made *in reaction* to change in the environment, a long-range framework requires thinking and acting *in anticipation*. Not that a rigid yard-stick is to be cast into a hazy future — as for short-range operational steps — but direction and thrust of action have to be understood, monitored and continuously modified. This brings the question of "good" and "bad" to the foreground: What is "good" direction, and how can we obtain criteria by which to distinguish between "good" and "bad" action? A whole host of problems is thereby introduced to the decision-making process, problems of personal and social values, of pluralism and consensus, of motivation and organization, of decentralized initiative coordination — in short, of creative participation.

In a long-range time-frame, only the short-range end of planning has to be "frozen in" for immediate realization. For the more distant future, *alternative options* are brought into view and kept open as long as possible. Strategic planning is not about one inescable future, but about a multitude of possible courses of action.

Hand in hand with this new sense for direction — and with the *outcome* (not just the outputs) of planning and action — goes an awareness of the *systemic nature* of the reality to which planning and action are applied. The corporation is part of this reality no less than the entire society in which it operates. Restriction to narrow angles of view — looking separately at economic, social, technological, political, anthropological aspects of the future — becomes insufficient in an epoch characterized by the continuing shift from market choice to political choice. Environmental considerations which happen to be in the spotlight at present, and which are leading to grave concern, constitute just one aspect of this. The emphasis is on systemic or integrative thinking, cutting across all these dimensions. In the context of dynamic systems, the straight-forward sequential problem-solving approach, so successful when applied to purely technological tasks, cannot be applied to planning and action. Instead, we have an evolving dynamic situation with problematic aspects, a *problématique* (Ozbekhan), whose spatial and temporal morphology we may attempt to elucidate but which cannot be dissected any more into clear-cut and solvable "problems".

Unitil recently, the dominant modes of forecasting and planning were *prediction* (of what "will" happen) and *"linear" planning* along given tracks and within a given framework, assuming that the forces that have acted in the recent past, will continue to act in the near future. This type of planning focusses on the organization of inputs toward the realization of well-perceived targets. It continues to be useful in the full long-range planning context — but in the specific role of *operational planning* now, linking up with strategic and normative planning (the "can" and the "ought to").

Corporate planning, over the past few years, has developed considerable sophistication in dealing with the strategic level, bringing in the concept of a "decision-agenda" which is to be enriched by as many options as can be developed. The emergence, in the 1960's, of technological forecasting as a means to envisage such options, was crucial in building the fundaments of strategic medium-and long-range planning in corporations active in rapidly evolving sectors of technology.

In the framework of strategic planning, industry is learning to think not so much in terms of specific technologies, skills or product lines, but — taking up the challenge of integrative thinking — in terms of the *functions* of technologies and products in a societal, i. e. systemic, context, and is adjusting organizational forms accordingly[1]). If, in a major American car manufacturing corporation, a split occurred between people holding that "we manufacture cars" and others saying "we move people", the distinction between the function "transportation" and the product "car" leads to vastly different behavioural patterns and planning approaches. Thinking in terms of technological functions brings the larger systems — in particular, the „joint systems" of society and technology, as they may be called — into view and ultimately lads to redefining the corporation's tasks in terms of socio-technological systems design.

2. Forecasting Tasks in a Systems Approach

The emerging notion of systems approach does not refer to well laid-out procedures, sets of techniques, assumptions, criteria and measures. It is not even the expression of a specific attitude, although perhaps an overall methodolog-

---

[1]) I have developed these themes in: Erich Jantsch, Technological Planning and Social Futures, Cassell/ABP, London, and Halsted/Wiley, New York 1972; Chapters 8 and 10.

ical framework. In his book on the systems approach, Churchman[2]) concludes "that *the* systems approach really consists of a continuing debate between various attitudes of mind with respect to society."

Such a continuing debate may be conceived to take place at least along the following coordinates: horizontal (across the various conceptual dimensions of the system, as well as across the different views and attitudes represented in it), vertical (across various levels of discourse — equivalent to various levels of synthesis in planning), time (across various time ranges), and action (across the full process of rational creative action from invention of new ideas to realization). The aim of the systems approach, as its name suggests, is integration along these coordinates, and possibly others, too. However, for the purposes of this paper we may restrict discussions to these essential coordinates along which planning unfolds in a cybernetic way through learning in feedback cycles. These processes, constituting systemic planning, may be described schematically as outlined in the following paragraphs.

Horizontal integration emerges from continuous feedback interaction between the general and the particular, between system aspects of high conceptual dimensionality and partial aspects of low (or single) dimensionality. Conceptual dimensionality refers here to the degree of systemic interrelatedness between aspects pertaining to different attitudes toward states, activities, and dynamics of social systems, e.g. economic, social, political, psychological and technological aspects, which may be further subdivided. But conceptual dimensionality implies also the legitimacy of a variety of perhaps irreconcilable views of the system and its development.

Integration here does not necessarily mean consensus. Nor does it imply that the different views are to be represented by one integral forecast. On the contrary, horizontal integration may be understood as a dialectical process between such different views.

It is unimportant from which angle this interaction starts, from the system, or from a multitude of partial aspects, or from one partial aspect. As Blum[3]) notes, the cybernetic process works in big loops which are themselves composed of small feedback loops to that thinking proceeds in little learning steps, continuously alternating between looking toward the system and looking toward partial aspects, seeking coordination between pairs or multiplets of partial aspects and gradually working toward fuller integration of all system aspects. Both directions are really complementary and one may imagine the

---

2) C. West Churchman, The Systems Approach, Delacorte, New York 1968; Delta paperback edition, p. xi. In the following references to this book, page numbers always refer to the paperback edition.
3) Henrik L. Blum, Planning for Health, mimeographed manuscript, Berkeley, California 1971; book publication forthcoming University of California Press, Berkeley; Chapter 4.

learning process as working in feedback loops within feedback loops within feedback loops....

Vertical integration may best be discussed in the framework of the basic three-level structure proposed by Ozbekhan[4] for planning and further elaborated by the author[5]. In Ozbekhan's words, "There are three levels of functional relations between a plan and the environment:

(a) Policymaking functions which result in normative planning and are directed toward the search and establishment of new norms that will help define those values which will be more consonant with the problematic environment. In other words, normative planning occurs when the purpose of planning action is to change the value system in order to achieve the required consonance with the environment. The statements of normative planning are derived from values and defined in terms of 'oughts'.

(b) Goal-setting functions which result in strategic plans wherein various alternative ways of attaining the objectives of the normative plan are reduced to those goals which can be achieved given the range of feasibilities involved and the optimum allocation of available resources.

(c) Administrative functions which lead to operational planning wherein the strategies that will be implemented are ordered in terms of the priorities, schedules, etc., that the situation dictates. Operational planning is that part of the planning structure in terms of which changes in the environment are effected that are purely of a problem-solving nature."

Most of what is commonly referred to as "planning" today, is merely operational planning.

It is most important to understand the notion of *policy* in its full meaning as a formulation of regulating principles for dynamic social systems. Vickers[6] defines policy as consisting "in regulating a system over time in such a way as to optimize the realization of many conflicting relations without wrecking the system in the process".

The enduring themes which find their expression in and constitute elements of policy, will be called *objectives* in this paper. They can, by definition, not be attained once and forever, but characterise the aims of dynamic behaviour (e. g. the crude profit maximization objective of conventional corporate policy). Instead of problems which can be solved so that they disappear, there is now the systemic and dynamic notion of a *problématique*. Responses to the challenge of normative or policy planning are only gradually, and slowly, emerging.

---

[4] Hasan Ozbekhan, "Toward a General Theory of Planning", in: Erich Jantsch (ed.), Perspectives of Planning, OECD, Paris 1969; p. 153.
[5] Erich Jantsch, op. cit. (ref. 1); p. 15 ff.
[6] Geoffrey Vickers, Freedom in a Rocking Boat: Changing Values in an Unstable Society, Allen Lane The Penguin Press, London 1970, p. 116.

At the strategic level, *goals* are general aims formulated in terms of outputs (missions) or functional outcomes. The above mentioned difference between notions such as "moving people" and "making cars" illustrates the hierarchical relationship between strategic goals and operational targets. This outcome-orientation of thinking enforces the adoption of at least a partial system view. It ist the essence of governmental planning in the framework of the Planning-Programming-Budgeting System (PPBS) and has deeply penetrated industrial planning and organization in areas of rapidly changing technology.

Only at the operational level, planning and action is directed at fixed, attainable *targets* such as growth targets or technical products. To get to these targets poses a problem which can be solved in typical cases. The "ends and Means" to which economic theory frequently refers, are usually defined at this level only. Operational planning is input-oriented, focussing on alternative ways of organizing inputs to attain fairly well perceived targets.

The full normative process of planning and change unfolds in the feedback interaction between the three levels (see Fig. 1). Each level of planning works through two intermeshed feedback loops — one reaching "upward" and one "downward" — so that planning levels do not only "touch" each other, but share feedback loops with adjacent levels. These feedback loops may be conceived as being themselves composed of small feedback loops representing the continuous fluctuation between attitudes pertaining to creation and appreciation, to synthesis and analysis, constituting the infrastructure of the learning process which is sometimes called planning, sometimes selforganization, and which characterizes human systems including social systems[7]. At which level and from which attitude this process — in which the planning levels become intricately interwoven — starts, is not important. What matters is that the learning process is not reduced to one or two levels only (as is usually the case in current modes of planning).

Time integration may be discussed in terms of forecasting direction, with *exploratory* forecasting plotting alternative paths into the future and *normative* (or, if no value change is implied, teleological) forecasting structuring courses of action from the viewpoint of stipulated (desirable) future system states[8]. As Kaje[9]) points out, also this feedback loop is built of many

---

7) This learning process is discussed in more detail in my paper "Education for Design: Preliminary Notes on a System Approach to Total Human Experience and Purposeful Activity", Symposium "The Universitas Project — Institutions for a Post Technological Society", The Museum of Modern Art, New York, 8-9 January 1972; book publication of Symposium papers forthcoming. Large extracts of my paper have appeared under the title "Education for Design" in: Futures, Vol. 4, No. 3, 1972, pp. 232—255.

8) The terms exploratory and normative forecasting have first been proposed by Dennis Gabor in a letter to the author (1966) and have been elaborated in: Erich Jantsch, Technological Forecasting in Perspective, OECD, Paris 1967.

9) Ritva Kaje, Methods of Inquiry for Planning: Social versus Technological Forecasting, Master's Thesis, University of California, Berkeley, June 1970.

small feedback loops within feedback loops, etc., representing the continuous learning process of forecasting by complementary angles of view pertaining to the feasible and the desirable, to opportunity and need, to induction and deduction, to inertia and invention. Again, it is unimportant from which angle of view and at which time distance the forecasting process starts, it is the intricate interweaving of both angles of view that counts. If the exploratory direction dominates in forecasting, either linear planning (adaptation to and exploitation of system dynamics inherent in the present situation with its particular constellation of forces) besomes reinforced or change becomes and end in itself[10]). If the normative direction dominates, Utopian system states or goals are stipulated without clarification of the possibilities to pursue them. The former deformations are characteristic of bureaucracies and of economic life today, the latter of futuristic speculations. Both are useless for the full-scale planning process, but are conspicuously present in current discussions of medium and long range futures.

Finally, forecasting itself may be viewed as part of a feedback learning process through which it is linked to planning, decision making and action. This axis may be labeled the action coordinate and we may speak of *action-oriented integration*. In the contemplation and preparation of social change, forecasting and planning represent two complementary aspects, embedded in the decision-making and action process, again tied together by the same type of intricately interwoven feedback process as outlined for the other types of integration[11]). Here, there is alternation between possibility and potential, input and absorption of ideas, imaginative and realistic attitude, dialectic and cybernetic modes of approaching future system states. Forecasting is also linked to the outcomes of action by evaluation processes which modify continuously the information basis for forecasting, but also — infinitely more important — the value basis.

The tasks of forecasting may now be formulated in terms of this multiple cybernetic learning process aiming at integration.

Forecasting itself besomes part of the learning process which constitutes planning in this view. Although any one of the above coordinates of integration, or possibly others, may be chosen to structure the tasks of forecasting, it is perhaps most useful for the purposes of this paper to discuss these tasks in terms of vertical integration. In doing so, we base on the understanding that all identified tasks have to aim also at horizontal and time integration — although a certain correlation between planning level and time distance is inherent in the short range nature of operational planning, in which domain targets have to be fixed and specific courses of action for attaining them have to be laid out and pursued.

---

[10] Hasan Ozbekhan, "The Triumph of Technology: 'Can' Implies 'Ought'," in: Stanford Anderson (ed.), Planning for Diversity and Choice, M. I. T. Press, Cambridge, Mass. 1968.
[11] This is elaborated in: Erich Jantsch, op. cit. (ref. 1); Chapter 2.

Starting with the highest planning level, forecasting tasks may then be identified as shown in Table 1. For many of these tasks, the importance of horizontal integration is self-evident, for example for role playing, where not only specific role playing, but also inter-role patterns and the "games" between roles and groups of roles have to be forecast[12]. Also, time integration is obviously necessary if alternative developments are to be taken into account which, in turn, are supposed to match the demands of vertical integration. Policies have to be consistent with values and norms "in play", but unsatisfactory policies are also supposed to stimulate changes in values and norms; institutional role playing explores and builds policies, but is also normatively influenced by the anticipated outcomes of alternative policies; etc. The same examples also serve to illustrate the necessity of vertical integration which has two "links" to human individual behaviour, one at the normative level (through culture and civilization), and one at the operational planning level (through individual role playing).

It becomes obvious that it cannot be the task of any one forecasting approach or technique to deal with all tasks at once. To "model" a dynamic social system integrally — even if, as a hypothesis, some approximation to this doubtful "ideal" may look conceivable — is not the task of forecasting. Nor can it be the task of forecasting to combine in one model the different angles of view which are prtinent to the development of a social system and which express a variety of human attitudes, preferences, and motivations. Rather, forecasting aims at making the full range of integration in the systems approach "play" with techniques as auxiliary means to aid and structure human thinking, human preferences and idiosyncrases, and human experience where appropriate. The general framework of a method is supposed to make explicit where, for what task, and under what conditions techniques or formalized approaches are appropriate. The systems approach is such a method.

3. A Working Typology of Systems and Systems Models

The notion of "system" has found many definitions in the more recent literature[13]. Some of them are geared to mechanical and biological systems, domains for which a somewhat better understanding has already been attained with the introduction of cybernetics than is the case for social systems. However, for the purposes of this paper and for dealing with social

---

12) The important concept of roles and role playing of individuals, organizations and institutions has been elaborated by Geoffrey Vickers, Value Systems and Social Process, Tavistock Publ., London 1968; and by the same author in op. cit. (ref. 6).

13) For discussions of systems in general, and social systems in particular, see, for example, the following references: W. Buckley, Sociology and Modern Systems Theory, Prentice-Hall, Englewood Cliffs, N. J. 1967; W. Buckley (ed.), Modern Systems Research for the Behavioral Scientist, Aldine, Chicago 1968; Fred E. Emery (ed.), Systems Thinking, Penguin, Harmondsworth, Middlesex 1969; Ernest O. Attinger (ed.), Global Systems Dynamics, S. Karger, Basle 1970.

systems in general, a definition proposed by Mesarović[14]) emphasizes in a convenient way the forecasting, planning and decision making aspects on which this paper is focussed: "A system is a relationship among objects described (or specified, defined) in terms of information processing and decision making concepts."

In order to discuss forecasting for social systems in a meaningful way, at least the following three questions, relating to the assumptions made for the system, have to be answered first:

— What are the assumed behavioural characteristics (the capability for self-organization) of the system (a) internally, in the modes of generation and utilization of information, and (b) externally, in the modes of interaction with the environment?

— What is the dimensionality of the system and its degree of dimensional integration?

— What are the criteria and measures assumed to be applicable to the pursuit and measurement of system improvement?

These three questions are to a certain degree interrelated. For example, a system assumed to be singledimensional will be assessed and evaluated by criteria pertaining to this dimension only (e. g. by economic criteria). But the reverse does not hold necessarily in modelling.

In this section and the following two sections, the above questions will be briefly elaborated and a framework of reference will be suggested for the discussion of forecasting approaches to social systems.

Social systems may be classified in behavioural terms by their capability for self-organization[15]). This implies making the vertical coordinate of integration the "backbone" of systems classification and using notions developed for this type of integration in the preceding chapter. This is, of course, not the only way of classifying systems in the context of the systems approach, but it appears to be the most convenient for the purposes of this paper.

I have discussed elsewhere some of the emerging organizational forms which seek to institute the principle of decentralized initiative and centralized synthesis[16]). The recently formulated theory of multiechelon systems[17]) pro-

---

14) Mihajlo D. Mesarović, Systems Concepts, paper prepared for the UNESCO Project "Scientific Thought", 30 Nov. 1969, rev. 29. Dec. 1969.

15) Proposals for systems classification in similar terms often remain unsatisfactory due to their neglect of the policy level and of the issue of regulation, or the implicit assumption of a fixed policy. This is the case, for example, with Russel L. Ackoff, "Towards a System of Systems Concepts", Management Science, Vol. 17, No. 11, July 1971, pp. 661—671, which nevertheless proved useful for formulating the distinctions adopted in this paper.

16) Erich Jantsch, op. cit. (ref. 1): Chapters 9 and 10.

17) Mihajlo D. Mesarović, D. Macko, and Y. Takahara, Theory of Hierarchial, Multilevel Systems, Academic Press, New York 1970.

vides a possibility to discuss self-organization in terms of coordination rather than in terms of control.

Engineering systems are usually built so as to maintain a desired output by operating on the inputs only, whereas living organisms change their own system in such a way that the desired output can be yielded by using given inputs. An important distinction between internal characteristics of self-organizing behaviour is thus drawn already for fixed-output systems (deterministic systems, as they will be called below). Both engineering and biological systems are geared to homeostasis, to negative feedback behaviour, with respect to their environment. Human beings and human systems, however, display the additional capability to introduce positive feedback or "feedforward", into their environment, to wilfully change and shape their environment. We may thus distinguish between the following three types of *internal self-organizing behaviour* of systems:

— *Mechanistic* systems do not change their internal organization;

— *Adaptive* (or organismic) systems adapt to changes in the environment through changes in their internal organization;

— *Inventive* (or human action) systems change their internal organization in accordance with their intentions to change the environment.

In mechanistic and adaptive systems, information concerning their internal organization is preprogrammed, e. g. through engineering or genetic/physiological control. In inventive systems, such information is generated within the system and in feedback interaction with the environment.

In many cases, the theoretical treatment of mechanistic systems is possible through *linear* systems of equations. Most engineering systems are therefore built as mechanistic systems, but also the bulk of econometric approaches to forecasting may be considered as mechanistic — and thus as unrealistic if applied to any social system not controlled in a centrally planned way. Adaptive systems, representing "ffedback through parameters", already require *complex non-linear* forms of negative feedback approaches for their theoretical consideration, amenable primarily to computer simulation. Inventive systems would in addition require theoretical approaches dealing with the introduction of *complex positive feedback* elements into dynamic situations, to gain some basic understanding of their interaction with the environment.

Wherever social systems aim at changing their own internal organization, the political processes for planning and enacting such a change become an integral aspect of the systems approach. Inventive systems, beyond internal political processes, also have to take into account ecological feedback relationships between the system and its environment. Since the environment is partly shaped by the system, on which it acts back, also the external behaviour of the system ought to become part of the political structure; recognition of this is only gradually emerging through the general debate around the deterioration of the environment due to man's interventions. But the evolutionary and anthropological aspects of this feedback interaction belong partly to cultural change beyond the grasp of conventional political processes.

By *external self-organizing behaviour*, systems may be classified as follows:

- *rigidly controlled* systems pursue prescribed operational targets in prescribed ways for attaining them. Examples: Factories, bureaucracies.

- *Deterministic* systems pursue prescribed operational targets, but select between various ways and inputs for attaining them. Example: Vertically organized product lines in industry, bringing into play various sets of material and non-material resources, and various sequences.

- *Purposive* systems pursue prescribed strategic goals or multigoal patterns, but select the corresponding operational targets (and the ways for attaining the latter). Example: Industry developing various (and possibly innovative) product lines, or diversifying in products and services, under a function-oriented heading such as "power generation, transmission, distribution and utilization", or "food production, processing and distribution".

- *Heuristic* systems select their goals or multigoal patterns flexibly within the framework of a prescribed overall policy. Example: Industry developing new functional foci such as "environment" or "education"; universities setting up interdisciplinary programs.

- *Purposeful* systems formulate and select policies in the light of the long-range outcomes (system states) of their own and their environment's potential dynamics. Examples: New institutional roles for business (e. g. "planner for society"), or higher education (e. g. "education for self-renewal"), etc.; an ecosystemic view of world dynamics and policies geared to stability rather than growth.

The above classification is of general nature and may be applied to social systems of all sizes and scopes. Leaving the rigidly controlled systems aside, the remaining four system types correspond to the more or less complete combination of the four feedback loops operating in the process of vertical system integration (see Fig. 1). Purposeful systems represent full vertical integration (keeping also the norms fluid); heuristic, purposive, and deterministic systems correspond to the combination of the lower three, two or one feedback loops, with the top level in each case kept invariant. Higher-order systems may, of course, be composed of subsystems partly belonging to lower order in respect of self-organizing behaviour. This constitutes the *only* justification for the limited use of forecasting models, and in a subservient role only.

There is a certain correlation between internal and external self-organizing behaviour of systems, although not an unambiguous one (therefore both views ought to be taken simultaneously). Fig. 2 shows this correlation. It may be seen that human inventiveness alone can fulfill even some of the tasks of operational planning in the realm of purposive systems — namely, the invention of new operational targets. Adaptive systems may only select from a given spectrum of targets, but have considerable flexibility in doing so since internal organizational changes may accoupany the selection of such targets. Mechanistic systems are restricted in the same task by the rigid organizational structure which has to fit all selected targets.

Most of the elaborate forecasting models in use, and particularly in the economic area, are of a deterministic-mechanistic type, and few attempt to go beyond the purposive level. Stochastic versions do not change their basic deterministic character. Most of the real social systems of Western society today function in a purposive or heuristic way (e. g. static or innovative "free enterprise" systems), usually modified or canstrained not only by an overall policy, but also by an instrumentarium of intervention which tends to become rigidified at lower levels. Purposeful systems are rare in the decisive institutions of society, and hardly ever underlie planning efforts. Yet, in a period of cultural transition like ours, in which new values and new norms come into play, and new roles for institutions (and possibly also new institutions) are gradually emerging, it ist the highest step in self-organization which becomes of crucial importance for planning and acutal change.

External not less than internal self-organizing behaviour of systems implies one of the issues central to the systems approach: "Who is the planner?" (and who is the forecaster?). This brings back the important issue of *political processes* which have to be actively engaged as well as forecast in a systems approach. In relatively small-scale social systems such as industrial organizations, forecasting is stimulated and synthesized by small groups, but consists in its creative inputs of contributions from a large number of creative people at all hierarchical levels[18]. One may say, forecasting is a self-organizing activity throughout the system itself. In a general perspective, individual, organizational and institutional role playing, as mentioned in Section 2 and listed under the respective forecasting tasks in Table 1, fill the empty mechanisms and structures provided for the organization of the system, with the life of human attitudes, aspirations and experience. It ist this political interaction, this role playing, which provides the inflow of *information* and *human energy* which makes possible the anti-entropic systems behaviour finding ist expression in self-organization.

---

[18] Erich Jantsch, op. cit. (ref. 1); Chapter 10.

4. The Dimensionality of Systems and System Models

The first two principles for a "deception-perception approach to systems" are stated by Churchman[19]) as follows: "1. The systems approach begins when first you see the world through the eyes of another... 2. The systems approach goes on to discovering that every world view is terribly restricted." These are lessons not yet sufficiently learned by social scientists and technologists alike.

Social systems, like biological systems, involve a large number of variables and thus suffer what Richard Bellman calls "the curse of dimensionality." Considering the types of social systems distinguished in the preceding chapter, it becomes obvious that inputs may be treated as singledimensional only in special cases of rigidly controlled systems. The usual assumption underlying crude modelling approaches, in particular econometrics, is the singledimensional character of outputs. This assumption may be made, at best, for rigidly controlled and deterministic types of systems, i. e. only for social systems in which central planning pervades the whole system down the operational target setting. Only for such systems clearly separable targets, and singledimensional criteria and measures for their attainment, may be formulated.

All social systems of non-deterministic behaviour are *inter- and transdimensional*, by which I mean here not just the coexistence of factors and aspects pertaining to different dimensions — economics, social, political, psychological, technological, and others — but a truly systemic kind of interdependence and interpenetration between them. This interpenetration assumes increasingly dramatic character in a highly technology-based world. With traditional singledimensional approaches, we may at best "drill a hole" through a social system with the understanding that we cannot comprehend or assess or plan for a two-, three- or multi-dimensional system by following just a onedimensional line through it. Following many lines, or taking multiple two-dimensional cuts, is already significantly better. We cannot hope to get much further as long as social science, in grotesquely misunderstanding its role, imitates the dissection into narrow disciplines and the empirical or empirical-conceptual methods of natural science, concentrating on the world as it is and thus becoming "simply a defective part of the social organization" (Churchman[20])).

Forecasting concerned with technological development and its impact has become conscious of the challenge of dimensional integration in a time of growing concern of the effects of technology in the systems of human living. I have attempted elsewhere[21]) to sketch the evolutionary development of

---

19) C. West Churchman, op. cit. (ref. 2); p. 231.
20) C. West Churchman, Challenge to Reason, McGraw-Hill, New York 1968; paperback edition, p. 83.
21) Erich Jantsch, op. cit. (ref. 1); Chapter 5.

forecasting techniques in this area toward more systemic approaches partly by combining a variety of simpler techniques of low dimensionality. The following five steps of increasing dimensional integration may be found in forecasting approaches:

— *Singledimensional* forecasting

— *Multidimensional* forecasting proceeds with parallel forecasts in various (isolated) dimensions, and views them synoptically in (not necessarily consistent) spatial cross sections, without attempting spatial and temporal harmonization; at this level, technological, economic, social, and other types of sectoral forecasting are defined in the traditional narrow sense.

— *Pluridimensional* forecasting proceeds first with parallel forecasts in various (isolated) dimensions, but attempts subsequently, for discrete time-depths, to set them in relation to each other and, through some spatial and temporal harmonization, to obtain reasonably consistent spatial cross sections; technological, economic, social, and other singledimensional types of forecasting are meaningful here only as "crude" inputs to pluridimensional forecasting.

— *Interdimensional* forecasting proceeds by establishing spatial and/or temporal causality relationships between discrete inputs pertaining the various dimensions, and simulates — by iteration or model simulation — spatial and temporal implications of their (linear or feedback) interaction.

— *Transdimensional* forecasting, finally, proceeds by establishing a spatial and temporal morphology of a complete system (a dynamic situation) from a specific normative angle of view, and aims at simulating total system behaviour in consequence of complex multiple feedback interactions in the system.

Single- and multidimensional forecasting presuppose independence of dimensional developments. It is only from pluridimensional forecasting „upward" that we may speak of first attempts to place forecasting in the framework of a systems approach. The focus is on interdimensional approaches, whereas the ultimate ideal of transdimensional forecasting refers to an attitude rather than to the potential of "orderly" procedures by which it may be approximated, though.

However, it is essential to view the challenge of higher dimensional integration not just as an incentive to develop and apply techniques which will permit to conduct the entire range of discussions pertinent to a systemic forecast in some sort of highly integrated meta-language. The aim is rather to bring together viewpoints from different dimensions — which may be sharpened by the use of approaches with low dimensional integration — and to coordinate them from higher levels of discourse. This task may be seen in analogy to the organization of knowledge toward a purpose through inter- and transdisciplinary coordination[22]), for which the multiechelon (multilevel, multigoal) system concept, which has recently found its mathematical theory[23]), seems particularly well suited. As in interdisciplinary coordination, we may also expect in our task the scope, principles, terminology, and concepts of singledimensional forecasts to change significantly when coordinated in such a way. This does not mean that they will become "aligned" by force — rather, they will be asked to join in a more fully orchestrated approach to the inventive self-organization of human systems. It may be readily foreseen that this will be felt as a hard chore by economists of a mechanistic credo who — to continue with the metaphor — are out of tune not only with the developments in other sectors of knowledge, but also with social reality.

Interdimensional coordination is already making headway in industry defining its goals and structuring its organization, and also making its forecasts, in terms of functions of technology in social systems — thus coordinating from a higher level of discourse and bringing flexibly into play a spectrum of potentially contributing technologies. In government planning, the Planning-Programming-Budgeting System (PPBS)[24]) provides a similar framework for a function-oriented coordination of activities.

5. Criteria and Measures for System Improvement

Churchman[25]) continues the list of principles quoted at the beginning of the preceeding chapter, with the third statement: "There are no experts in the system approach." This is perhaps hardest to swallow for status-ridden social scientists who have, after all, invested incredible effort in making their disciplines "scientific", "objective" and separable not only from other disciplines, but also from the object of their study, from society and its political processes.

All system models imply a normative position. There are no "objective" models of systems. The selection of system elements and relationships, of structure and boundaries, is representative of a particular angle of view. What kind of information we expect to obtain from the model, but also what kind of future system states we prejudge as "good" or "bad", determines this angle of view no less than does our attitude toward the principle and the various modes of self-organization of the system under study. Criteria and measures are closely linked to the type of model chosen. This constitutes perhaps the most severe restriction in the use of any model in a systems

---

22) Erich Jantsch, op. cit. (ref. 1); Chapter 15.
23) Mihajlo D. Mesarović, et al., op. cit. (ref. 17).
24) David Novick (ed.), Program Budgeting, second ed., Holt, Rinehart and Winston, New York 1969.
25) C. West Churchman, op. cit. (ref. 2); p. 231.

approach. Where as many viewpoints as possible are to be looked for, a model represents only one viewpoint. And the idea of super-models, perhaps in the form of "multi-model games" is hardly conceivable since measures cannot be quantified in the same terms for all the different viewpoints which have to be taken.

The criteria for assessing or orienting dynamic aspects of social systems, and the measures for optimization — or system improvement, which is both more modest and more realistic — have generally developed out of disciplines. They represent at best partial views, which are usually even very narrowly conceived. Singledimensional approaches inherently restrict themselves to singledimensional criteria and measures. The reverse is not true, however, since singledimensional criteria and measures are often also applied to multi-dimensional approaches. This is particularly true for economic criteria and measures which have become the curse of a world devoted to materialistic values. Schumpeter[26] already drew attention to the spread of the all-pervasive principle of economic rationale, and warned before a growing "social hostility" which he expected to put in question the legitimacy of the capitalist institutions — a process which seems to have started and which is not inherent in any political or economic system, but in the imperialism of narrowly conceived criteria.

The crude *cost-benefit* criterion, usually in conjunction with a discounted cash flow approach to obtain net present values, is almost ubiquitous in quantitative assessments. But it is worthless for medium and long range planning, in spite of the elaborate time preference theories discussed in economic literature. Industry active in areas of rapid technological change has learned this lesson and applies different and strategically conceived criteria to planning going beyond the task for selecting a product mix for immediate development. If internal rates of return of 20 and 30 per cent per year are applied, as is the case in industry, any benefits accruing beyond a time horizon of one decade or less do not count anyway. The same becomes true for social investment in inflationary periods characterized by high interest rates. Luckily, the impossibility of expressing social effectiveness and social indicators in dollars, is quickly becoming evident when this is tried.

The growing concern over the distortions of the environment seems to give renewed bounce to an economist's approach to taking "social costs" into account by means of carrying out economy/diseconomy calculations in a cost-benefit framework. This ties well in with the linear cause-effect thinking of conventional economists. It negates the feedback structure of reality and it neglects any other — even much more legitimate — points of view. Whole systems of human living thus become subjected to the rationale of production and consumption, to economic efficiency which has turned so much of urban America into a nightmare.

---

[26] Josef Schumpeter, Kapitalismus, Sozialismus und Demokratie, second rev. ed., Franke, Bern 1950; p. 202 ff.

A certain sophistication has been introduced by the cost-effectiveness concept[27], which, to many people, includes the cost-benefit concept. But it can got further in expressing and measuring also the effectiveness of attaining a specified target or contributing to a goal which may, for example, be determined by different probability distributions for different alternatives. The cost-effectiveness concept has developed mainly around weapons technology, but seems to hold some potential for interdimensional social applications, too — at least some improvement over crude cost-benefit assessments.

Interdimensional criteria may be conceived in the framework of multi-phase-space representations. Such applications, based on general utility theory, have been proposed, for example, for the quantification of the hierarchical relevance tree approach to normative forecasting[28]. Factor analysis may extend the scope and potentials of such interdimensional approaches[29].

These are, for the time being, just possible inroads to the shaping of a general social *systems effectiveness* approach (with cost-effectiveness as one aspect only), which would depend on a much better knowledge of interdimensional interaction in social systems.

Measures are closely linked to criteria, but are perhaps a little more tangible Singledimensional measures prevail in the areas dominated by economic approaches and are, in line with our cultural bias, geared to growth in GNP, per capital income, and all sorts of production and consumption figures. But singledimensional measures also characterize the non-systemic approaches to technological forecasting where growth in technological capability is usually measured.

The development of measures for the improvement of social systems is a recognized field of endeavour known under the name of "social indicators"[30]. The results are not yet very impressive. And the use of non-economic measures has not yet penetrated very deeply.

An important question is whether single (composite) measures can be developed for interdimensional approaches. In conjunction with his world model, Forrester[31] uses "quality of life" as a composite measure which is to be stabilised — not maximized! — at the highest level where this appears possible, and

---

27) Sec. for example: L. D. Attaway, "Criteria and the Measurement of Effectiveness", in B. S. Quade and W. I. Boucher (eds), Systems Analysis and Policy Planning: Applications in Defense, American Elsevier, New York 1968.

28) Manfred Fischer, "Toward a Mathematical Theory of Relevance Trees", Technological Forecasting, Vol. 1, No. 4, 1970, pp. 381—389.

29) William T. Martin and James Sharp, "Application of Reverse Factor Analysis to Relevance Trees", Technological Forecasting and Social Change, Vol. 4, No. 1, 1972.

30) See, for example: Raymond A. Bauer (ed.) Social Indicators, M.I.T. Press, Cambridge, Mass. 1966; and Eleanor Bernert Sheldon and Wilbert E. Moore, Indicators of Social Change: Concepts and Measurements, Russell Sage Foundation, New York 1968.

31) Jay W. Forrester, World Dynamics, Wright-Allen, Cambridge, Mass. 1971.

which is determined by (in this order of importance) food availability, material standard of living, crowding, and pollution. The material standard of living is itself a composite factor. In general, composite measures will have to be sought at higher levels of discourse. Measures for the improvement reached in pursuing a strategic goal, may be conceived as composed of coordinated measures pertaining to a multiplicity of operational targets. Policy objectives, having to do with measures of regulation — ecosystemic stability, steady-state, equilibrium, etc. — may be thought of as coordination of a multiplicity of strategic goals. In the case of Forrester's world model, for example, an overall policy objective of steady-state equilibrium is implicitly pursued in terms of steady levels of food production, industrialization, and population, and slowly decreasing levels of natural resources. These strategic goals are, in turn, composed of various operational target measures (e. g. capital investment rate in the case of industrialization, material standard of living, etc.). If higher-level measures can be found, the feedback interactions between lower-level measures may be "incorporated" in them.

6. Potentials and Limitations of Computer Simulation

Computer simulation of structural models, as currently employed, is basically *exploratory* in its approach. The principal aim is the simulation of systemic outcomes inherent in given dynamic situations.. *Normative,* or teleological, simulation — the implications of stipulated future system states for the courses of action to be taken from the present into the future — is not so easy and has been applied only to relatively simple tasks of strategic choice, e. g. setting priorities for research and development. If sufficient information is preprogrammed, i. e. a spectrum of options to choose from, and criteria and procedures for choice, the computer can, of course, carry out the routine tasks which are left. However, much more important is the normative angle of view which is introduced by the structure of the model, the dimensions represented, and the implicit or explicit criteria for system improvement.

Two complementary approaches to simulation appear to be of particular interest in our current situation:

- "System Dynamics", developed by Forrester and his associates, and constituting a single-level approach to complex systems, characterized by Forrester[32] as "high-order, multiple-loop, nonlinear, feedback structures";

- Multiechelon coordination, for which the mathematical theory has been built by Mesarović and his associates[33], and which constitutes an approach to simulate the self-organization of hierarchical multilevel multigoal systems.

---

32) Jay W. Forrester, "Planning under the Dynamic Influences of Complex Social Systems", in: Erich Jantsch (ed.), Perspectives of Planning, OECD, Paris 1969, p. 238.
33) Mihajlo D. Mesarović, et al., op. cit. (ref. 17).

The first approach optimizes its grasp of complex feedback behaviour, the second its grasp of organization toward a purpose — both optimize one principle at the expense of the complementary principle.

"*System Dynamics*" was formerly called "Industrial Dynamics"[34]) when it was applied to the multivariate dynamics of industrial corporations. Since then, it has been applied, for example, to the dynamics of research and development[35]), to stagnation and growth of cities[36]), and to the interaction of four major internal system pressures recognizable in the world system: depletion of natural resources, food shortage, pollution, and crowding[37]). The interdimensional aspirations of the world model already become visible in this selection of system pressures. "System Dynamics" is capable of accomodating a high degree of interdimensional integration on the basis of quantified behavioural patterns. At present, the poor state of knowledge about non-economic social indicators will probably hamper high-dimensional applications of the technique — but certainly all sorts of indicators may be accommodated as measures. The same holds for quantitatively explicit criteria for improvement; at present, however, many criteria of obvious importance can be formulated in qualitative ways only. The real problem will be to develop overal measures for system improvement which are interdimensional in themselves, representing a higher level of discourse. Forrester's urban growth model was still built from an economic angle of view (how can a stagnated city gain a platform for economic growth?); his world dynamics model was already geared to the composite measure of quality of life which was to be stabilized at the highest possible level.

The published applications of "System Dynamics" all refer to the *mechanistic* versions of *deterministic* system models, although the potential of the technique certainly goes beyond this level, possibly (and perhaps in theory only for practical reasons) reaching up to the heuristic level. The possibility of modelling complex feedback interaction also opens up the basic potential for building models of an *adaptive* type (in which structural changes within the system may be simulated as well as external behaviour). Developments in this direction would seem to be not very far off. However, it appears doubtful that such refinements will be considered worthwhile in view of the wide possibilities for utterly transparent man-technique interaction which "System Dynamics" offers (see below).

A major shortcoming of the "System Dynamics" approach, as it has been developed so far, may be seen in its incapability to deal with political processes by which basic changes in the internal system structure as well as in external policy may be introduced. It is implicitly assumed, or so it seems,

---

34) Jay W. Forrester, Industrial Dynamics, M.I.T. Press, Cambridge, Mass. 1961.
35) Edward B. Roberts, The Dynamics of Research and Development, Harper & Row, New York 1964.
36) Jay W. Forrester, Urban Dynamics, M.I.T. Press, Cambridge, Mass. 1969.
37) Jay W. Forrester, op. cit. (ref. 31).

that changes can be made by decree, and that the system would change in the decreed direction without resistance (which may ultimately lead it in a different direction). This is the area, in which the complementary multiechelon approach comes in.

The theory of *multiechelon coordination* may be applied to multilevel multigoal hierarchical systems acting with a purpose. Multiechelon systems are composed of echelons (or levels) of subsystems, some or all of which — at all levels — may be goal or target setting and decision units, which are coordinated by decision units at the next higher hierarchical level. It is important to understand that the function of the higher-placed units it not one of control, but of coordination. In a multiechelon system, no goal is defined *a priori* or from the top, for the overall system — it results from the interaction of subsystem goals, to the extent that they can be coordinated, and it may become modified if goals or coordinability change anywhere in the system. Energies and ambitions at *all* system levels are thus brought into play, and the system is "alive" in many or all of its elements, thereby justifying the hierarchical structure. This concept may be expected to become very useful in discussing or forecasting all forms of self-organization toward a purpose[38]), be it the organization of human or social systems, or the coordination of knowledge[39]) or human experience in general[40]). Multiechelon coordination has not yet been developed very far for practical applications to social systems[41]). Its potential to accommodate feedback behaviour within a system level, or between system levels — apart from the coordanation from the next higher level — is not yet very clear, but certainly limited.

"System Dynamics" and multiechelon coordination may conceivably be married in an integral approach to modelling. However, it may appear at best uncertain whether such a degree of complexity would be desirable in models — or whether the mechanical use of models as decision aid should not be restricted to the simulation of mechanistic subsystems.

Both "System Dynamics" and multiechelon coordination are characterized by a particularly high degree of transparency. Both provide the possibility for easy manipulation — multiechelon coordination perhaps a little less. For the bulk of useful applications, we may thus conceive the use of computer simulation of both basic types in the following modes:

— *Simulation models* provide a possibility for exploring the particular dynamics, along with normative implications, inherent in a specific

---

[38]) Erich Jantsch, op. cit. (ref. 1); Chapter 11.
[39]) Erich Jantsch, op. cit. (ref. 1); Chapter 15.
[40]) Erich Jantsch, op. cit. (ref. 7).
[41]) A multiechelon interactive approach to world dynamics, recognizing three major levels (causal, decision, norm levels), is being undertaken at the Technical University of Hannover (Germany). See: Mihajlo D. Mesarović and Eduard C. Pestel, "A Goal-Seeking and Regionalized Model for Analysis of Critical World Relationships — The Conceptual Foundation", Kybernetes, Vol. 1, 1972, pp. 79—85.

system design conceived on the basis of a technique. These self-contained models correspond generally to the *mechanistic* mode of system behaviour, mostly at the deterministic level, to some degree on the purposive level (with the understanding that models cannot invent new operational targets, only select from a given spectrum on the basis of preprogrammed information).

— *Man-technique interaction* provides a framework for exploring the spectrum of possibilities for system design inherent in a specific structure of a technique, e. g. by introducing structural changes in the relationships between elements of a structural model (including the exploration of "hunches" which structural changes might correspond to stipulated outcomes). Man-technique interaction corresponds basically to the *adaptive* mode of system behaviour, mainly at the purposive level, but potentially also at the heuristic level. The setting of new targets and new goals, which is the function of man in this interaction, generally implies changes in the organization of the system, which also may be conceived by man rather than by preprogrammed technique.

— *Enhancement of human inventive thinking* may be aided, to some extent, by the exploration of the spectrum of possibilities for inventing new structural designs for the technique framework, for example by introducing new structural designs (with new elements, new viewpoints, new criteria and measures, etc.) for structural models. In this way, the use of techniques corresponds to the *inventive* mode of system behaviour, from the purposive over the heuristic to the purposeful level, including issues of policy (system regulation), new roles, and cultural change.

Thanks to the flexibility in approaching feedback and self-organizing behaviour of social systems, and thanks to its transparency and manipulability, computer simulation of structural models provides one of the major tools for aiding human thinking in the task of structuring and planning for the self-organization of human systems, corporations as well as the systems of society which are partly built by corporations. Viewed in this perspective, taking limitations into account as well as basic potentials, and avoiding the mechanical use of the technique, computer simulation may be recognized as a valuable technique to be applied in the framework of the systems approach.

Table 1

Forecasting tasks in a systems approach, structured in terms of vertical integration. All of these tasks have to be carried out with horizontal (system-wide), time (exploratory/normative) and action-oriented (forecasting/planning) integration in mind. They have to be vertically integrated among themselves.

Planning Level	Feedback-Loop	Forecasting Tasks	Hypothetical Example
Normative	Upper	Changes in values and norms, and in the overall appreciative system (cultural basis)	Global sharing of responsibility for world development, improved distribution (closing "gaps"), etc.
	Upper/Lower	Anticipations (normative future system states); dynamic system behaviour for alternative policies	Maintaining sufficient food production for world population; interaction of food production and population with possible aggravation of world instability
	Lower	Institutional role playing and invention of new roles	Institution of business orients itself toward concerns for social systems instead of product line development; industry as "planner for society" in interaction with government and higher education (universities).
Strategic	Upper	Implications for policies of dynamically evolving goal patterns	Extension of food production by non-agricultural technologies shifts global system pressure on population growth to other functions (health, etc.)
	Upper/Lower	Goals (functions in society); systemic implications and "systems effectiveness" of strategic options (e. g. effects of alternative technologies in social systems)	Food production and distribution; non-agricultural food production technology holds promise of easily added capacity, no burden on land use, little ecological threat, etc., but requires innovative approach to distribution (new service roles for industry?)
	Lower	Instrumental (organizational) role playing; spectrum of strategic options (e. g. technological "decision-agenda")	Petroleum and food industry link up to develop integral approach to single cell protein on petroleum basis; others develop fresh water algae technology, etc.; university research shows new ways, etc.

Planning Level	Feed-back-Loop	Forecasting Tasks	Hypothetical Example
Operational	Upper	Implications for strategic goals (functions) of dynamically evolving patterns of targets	Impact of single cell protein on food production and on situation characterized by protein shortage; market implications of this innovation
	Upper/Lower	Targets (feasibility of and requirements for attaining them, development and performance characteristics); organizational implications of alternative ways of attaining them	Single cell protein on various substrates; state of the art, expected development, performance, and cost characteristics; manpower, skills facilities, financial resources needed; required states of the art of subtechnologies
	Lower	Individual role playing; availability of material and non-material resources (including skills and capabilities)	Where is research and development pushed by individual ambition; what targets do people identify with; availability of raw materials (petroleum, etc.), of a science and technology base, of skills, financial resources, manpower, facilities, etc.; implications of location of manufacturing (e. g. in arid zones); budgets.

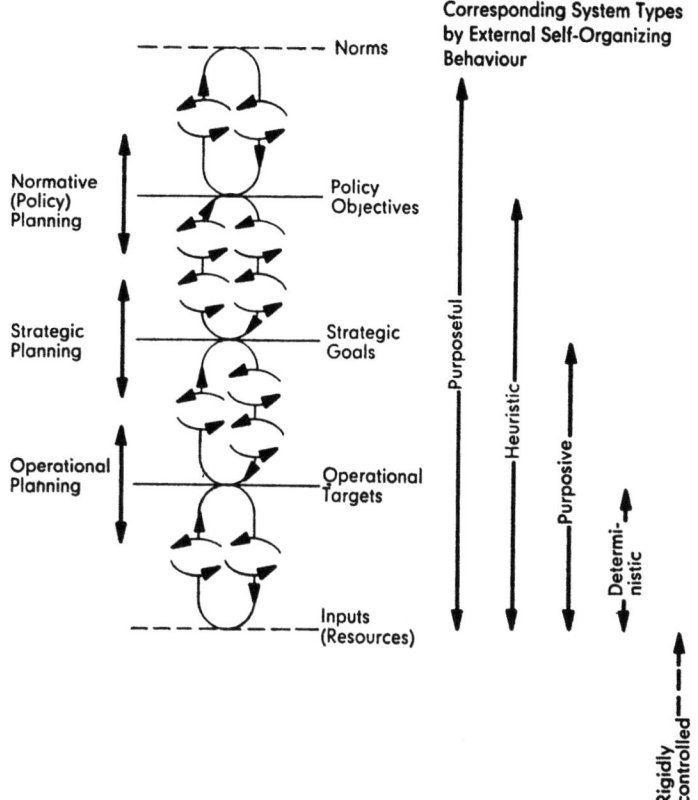

Fig. 1 Vertical integration across planning levels.
(For the types of system see Section 3)

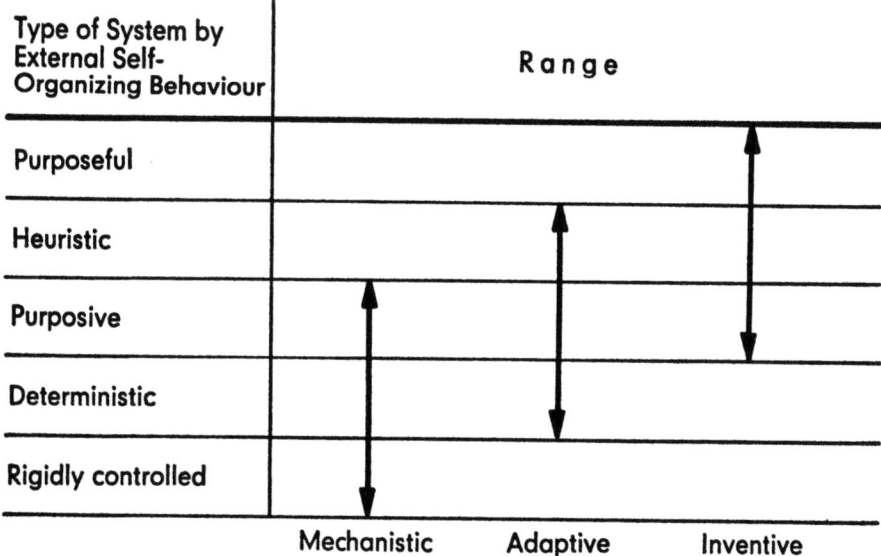

Fig. 2 Correlation between internal and external self-organizing behaviour of systems.

Modell — ein isomorphes Abbild der Wirklichkeit?

Von

Prof. Dr. Werner Dinkelbach

I.

Das Wort Modell gehört zu jener Klasse von Begriffen, die sich durch verhältnismäßig häufigen Gebrauch wie auch — zumindest im Rahmen der Wirtschaftswissenschaft — durch eine verhältnismäßig geringe Klarheit ihrer jeweiligen Definitionen auszeichnen. Über einige Bedeutungen des Wortes Modell, wie sie in Wörterbüchern oder Lexika zu finden sind, dürften allgemein keine Meinungsverschiedenheiten auftreten. Man denke etwa an ein Modell im Sinne eines Musters, eines Vorbildes oder Typs, z. B. an das Modell 72 eines bestimmten Autotyps, an Jugoslawien als Modell des Sozialismus oder an eine bestimmte Art der Beteiligung der Mitarbeiter am Gewinn eines Unternehmens als Modell der Vermögensbildung der Arbeitnehmer. Auch dürfte über die Bedeutung eines Fotomodells, eines Modellkleides oder eines Modells in einer Gießerei im allgemeinen Konsens bestehen. Unter Modellen versteht man jedoch weiterhin auch die Nachbildung von existierenden sowie den Entwurf von noch zu schaffenden Gegenständen, z. B. Modelle eines Bauwerkes oder eines Eisenbahnwaggons. Mit letzterer Bedeutung kommt man bereits in die Nähe von Modellen, die in verschiedenen Wissenschaften, speziell auch in den Wirtschaftswissenschaften, von zentraler Bedeutung sind. Mit Modellen dieser Art, insbesondere mit betriebswirtschaftlichen Modellen, sollen sich die nachfolgenden Ausführungen auseinandersetzen.

„Modelle finden sich in allen Wissenschaften. Während jedoch in den Formal- und Naturwissenschaften der Einsatz von Modellen auf präzisen Modellbegriffen basiert und durch detaillierte Theorien über Struktur und Funktion der Modelle gesteuert wird, ist das „Modell-Denken" in den Sozialwissenschaften weitgehend durch einen vagen, willkürlichen und ausschweifenden Gebrauch des Ausdrucks „Modell" gekennzeichnet, hinter dem sich nur selten eine brauchbare *Theorie* der Modelle verbirgt" (Spinner [1969], Sp. 1000—1001). Der Betriebswirt sollte sich durch dieses Zitat zu zwei Fragen provozieren lassen: Stimmt es, daß der Ausdruck Modell auch und gerade in der Betriebswirtschaftslehre vage, willkürlich und ausschweifend Verwendung findet, und wenn ja, existieren irgendwelche Ansätze, diesen Vorwurf wenigstens in ganz kleinen Schritten abzubauen? In den folgenden Abschnitten soll versucht werden auf die beiden Fragen zumindest eine vorläufige Teilantwort zu geben, Teilantwort deshalb, weil dabei methodologische Untersuchungen über den Modellbegriff (Modelltheorie, Theorienbildung usw.) außerhalb der Diskussion bleiben.

II.

Die Frage, inwieweit der Modellbegriff in der Betriebswirtschaftslehre exakt (im Gegensatz zu vage), wohl durchdacht (im Gegensatz zu willkürlich) sowie bewußt und konzentriert (im Gegensatz zu ausschweifend) benutzt wird, kann durch einige Zitate beantwortet werden.

Ein Modell ist „eine einheitliche gedankliche Hilfskonstruktion zur logischen Behandlung quantitativer und qualitativer Probleme und Erscheinungen der wirtschaftlichen Wirklichkeit auf vereinfachter Grundlage" (Gablers Wirtschafts-Lexikon [1962], Sp. 291).

Die von Kosiol geprägte Definition eines Modells als „*adäquates Abbild* der betrachteten Wirklichkeit" (Kosiol [1961], S. 321) ist oft mit nur geringfügigen Änderungen in sehr zahlreichen betriebswirtschaftlichen Arbeiten der vergangenen zehn Jahre wiederzufinden: „Ein *Modell* ist eine durch isolierende Abstratkion gewonnene, vereinfachte Abbildung der Wirklichkeit" (Koller [1969], Sp. 1487). „Zur Erfüllung ihrer Aufgabe bedient sich die Betriebswirtschaftslehre bevorzugt der *Modellanalyse.* Die betriebliche Realität ist nämlich in vielen Bereichen so kompliziert, daß es notwendig ist, sie vereinfacht abzubilden. Eine solche vereinfachte Abbildung der Realität wird als Modell bezeichnet" (Diederich [1969], S. 17). — Oder: „Jede adäquate Abbildung von realen Erscheinungen, Zusammenhängen oder allgemein von Untersuchungsobjekten, losgelöst aus ihrer Umwelt, bezeichnet man als *Model*" (Kern [1964], S. 10); das „Modell ist eine idealisierende Beschreibung der Realität, d. h. die Realität ist darin nur in bezug auf die problemrelevanten Tatbestände wiedergegeben" (Müller-Merbach [1971], S. 14).

Ohne Zweifel ist keine der zitierten Definitionen als falsch zu bezeichnen, doch werfen fast alle zusätzliche Fragen zur Definition eines Modells auf: Was ist eine „gedankliche Hilfskonstruktion", eine „idealisierende Beschreibung"? Was heißt „isolierende Abstraktion", was „vereinfachte" oder „adäquate Abbildung"? — Die Auswahl der Zitate ließe sich ohne allzu große Mühe erweitern; sie sollte lediglich dazu beitragen, einen kleinen Einblick in Möglichkeiten der Modelldefinitionen innerhalb der Betriebswirtschaftslehre zu skizzieren (vgl. hierzu auch Schweitzer [1972], S. 17—42).

Gewisse Einschränkungen und damit erste Ansätze zu einer Präzisierung der Definition eines Modells im Rahmen der Wirtschaftswissenschaft lassen die beiden folgenden Zitate erkennen. „Ein Modell ist nur dann ein adäquates Abbild des betrachteten Problems und damit wissenschaftlich fruchtbar, wenn trotz aller vorgenommenen Vereinfachungen Strukturgleichheit zwischen der realen Sphäre des Problems und der gedanklichen Sphäre des Modells vorliegt" (Kosiol [1966], S. 209). Oder: Ein Modell kann „als ein System von Elementen und Relationen aufgefaßt werden, das zu einem gegebenen Aspekt der Wirklichkeit so in Beziehung gesetzt wird, daß bestimmte Elemente und Relationen des Modells ein homomorphes Bild bestimmter Elemente und Relationen der Wirklichkeit sind" (Klein [1971], S. 37). Durch die beiden letzten Zitate, insbesondere durch den Hinweis auf die Strukturgleichheit bzw. auf die Interpretation eines Modells als System, kommen zwei neue Aspekte in die Überlegungen hinein, die es im folgenden noch genauer zu umreißen gilt. Insgesamt kann jedoch festgestellt werden, daß in der Betriebswirtschaftslehre neuerdings verstärkt Bemühungen erkennbar sind, die darauf abzielen, den Modellbegriff gegenüber ersten Definitionsversuchen mehr und mehr zu präzisieren. Das Problem der Strukturgleichheit, welches bei der Definition eines Modells eine zentrale Rolle spielt, wird zunächst im Rahmen eines Beispiels diskutiert.

III.

Das folgende Beispiel ist der Netzplantechnik entnommen, wobei unterstellt wird, daß der Leser mit den wichtigsten Elementen der Netzplantechnik vertraut ist. Es wird ein Projekt — ein nicht routinemäßiger und zeitlich genau begrenzter Aufgabenkomplex, bei dem eine größere Anzahl gegenseitig abhängiger Vorgänge (Aktivitäten, Tätigkeiten) zu koordinieren ist — mit elf Vorgängen betrachtet, für das mit Hilfe eines CPM-Netzplans eine Zeitplanung durchgeführt werden soll. Die elf Vorgänge mögen konkret als elf zeiterfordernde Tätigkeiten vorliegen, die in einer zukünftigen Zeitperiode durchzuführen sind. Sie stellen insofern einen Ausschnitt aus einem realen Aufgabenkomplex eines Unternehmens dar. Es wird hier darauf verzichtet, das Projekt konkret zu beschreiben, man möge sich darunter den Bau eines Fließbandes, die Installation einer EDV-Anlage oder die Organisation einer Tagung vorstellen. Dieses Projekt soll als ein Ausschnitt der Realität nun auf einen Netzplan abgebildet werden, so daß der Netzplan als Modell des Projektes aufgefaßt werden kann. Die einzelnen Vorgänge seien mit A, B, ..., K bezeichnet; ihre jeweilige Dauer ist in diesem Zusammenhang ohne Interesse, da hier nur der Netzplan aufgestellt, nicht hingegen die Zeitplanung selbst durchgeführt werden soll. Der für jeden Vorgang verantwortliche Sachbearbeiter gibt an, welchen Vorgängen der von ihm zu bearbeitende Vorgang zeitlich vorausgehen muß. Auf diese Weise erhält man die Tabelle 1, in der zu jedem Vorgang die ihm zeitlich, nicht notwendig unmittelbar nachfolgenden Vorgänge aufgezeichnet sind.

Tab. 1

Vorgang	nachfolgende Vorgänge
A	B, C, D, K
B	E
C	D, E
D	E, I, K
E	—
F	G, H, I, J, K
G	I, J
H	J
I	K
J	—
K	—

Zunächst einmal stellt man fest, daß Tabelle 1 keine Widersprüche derart enthält, daß z. B. ein Vorgang Q einem Vorgang P nachzufolgen hat, während gleichzeitig der Vorgang P dem Vorgang Q nachfolgen muß. Betrachtet man die Angaben jedoch genauer, dann zeigt sich, daß eine Reihe von Angaben redundant ist, so z. B., daß Vorgang D dem Vorgang A nachfolgt. Dies ist insofern überflüssig, als einerseits Vorgang D Nachfolger — ein Nachfolger ist ein zeitlich unmittelbar nachfolgender Vorgang — von Vorgang C und andererseits Vorgang C Nachfolger von Vorgang A ist, woraus folgt, daß Vorgang D dem Vorgang A nachfolgen muß. Versucht man alle überflüssigen Angaben zu streichen, dann erhält man Tabelle 2.

Tab. 2

Vorgang	Nachfolger
A	B, C
B	E
C	D
D	E, I
E	—
F	G, H
G	I, J
H	J
I	K
J	—
K	—

Ein CPM-Netzplan ist nach DIN 69900 ein Vorgangspfeilnetzplan, so daß die Vorgänge durch Pfeile dargestellt werden. In der nachfolgenden Abbildung 1 wird ein zu dem betrachteten Projekt gehöriger Netzplan dargestellt.

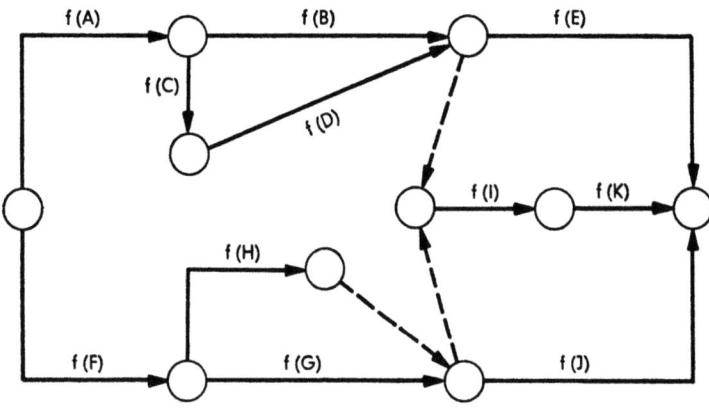

Abb. 1

Dem Vorgang A entspricht der Pfeil f (A), dem Vorgang B der Pfeil f (B) usw. Die gestrichelten Pfeile repräsentieren sogenannte Scheinvorgänge, die keine Zeit erfordern und lediglich dazu dienen, verlangte zeitliche Abhängigkeiten darzustellen.

Prüft man für jeden Vorgang die in Tabelle 2 angegebenen Nachfolger nach, so wird man feststellen, daß alle in der Tabelle 2 angegebenen Nachfolger in dem Netzplan der Abbildung 1 als „nachfolgende" Pfeile wiederzufinden sind. Insofern scheint die Abbildung 1 keinen Fehler zu enthalten. Der Netzplan der Abbildung 1 ist also ein Modell des beschriebenen Projektes?

IV.

Durch das Beispiel des vorhergehenden Abschnitts sind einige Fragen angeschnitten, die bei der Modellbildung eine Rolle spielen. Wie läßt sich die Wirklichkeit, der konkrete, zu untersuchende Tatbestand, überhaupt beschreiben? Was bringt Tabelle 2 zum Ausdruck? Ist es das Projekt oder sind es vielleicht nur Teilaspekte des Projektes? Ist der Netzplan ein adäquates Abbild? Lassen sich insbesondere Rückschlüsse vom Netzplan auf das reale Projekt ziehen?

Im folgenden wird gezeigt, auf welcher Grundlage sich die zitierten Definitionen eines Modells weiter präzisieren lassen. Es wird sich herausstellen, daß zwischen den Bemühungen der Betriebswirtschaftslehre und denen der Mathematik keine Widersprüche existieren. Zunächst werden einige grundlegende Definitionen angeführt.

Definition 1:

Eine *Menge* ist ein Begriff, unter dem verschiedene Objekte, Elemente genannt, der konkreten Anschauung oder der abstrakten Vorstellungswelt zu einer Einheit zusammengefaßt werden. Es muß stets feststellbar sein, ob irgendein Objekt zu einer Menge gehört oder nicht (nach Jaeger-Wenke [1969], S. 87).

Schreibweise:

a ∈ A ist gleichbedeutend damit, daß a Element der Menge A ist; A = {a|a hat die Eigenschaft ...}.

Beispiele:

In dem eingeführten Beispiel seien die Vorgänge A, B, ..., K zu einer Menge M zusammengefaßt. Nachdem diese Menge durch vollständige Aufzählung aller zu ihr gehörenden Vorgänge definiert ist, kann für jeden überhaupt denkbaren Vorgang festgestellt werden, ob er zur Menge M gehört oder nicht. — Außerdem seien die Pfeile f(A), f(B), ..., f(K) zur Menge N zusammengefaßt, die damit die Bausteine des Netzplans enthält. Die Menge der Pfeile N hat genau soviele Elemente wie die Menge der Vorgänge M.

Definition 2:

Eine Menge A heißt *Teilmenge* einer Menge B, wenn alle Elemente von A auch Elemente von B sind, in Zeichen $A \subseteq B$.

Definition 3:

Das *kartesische Produkt* zweier Mengen A und B, in Zeichen $A \times B$, ist die Menge aller Paare (a, b), wobei $a \in A$ und $b \in B$ ist: $A \times B = \{(a, b) | a \in A$ und $b \in B\}$.

Definition 4:

Eine (zweistellige, binäre) *Relation*, in Zeichen R, zwischen zwei Mengen A und B ist eine Teilmenge des kartesischen Produktes $A \times B$. Gilt $(a, b) \in R$ mit $a \in A$ und $b \in B$, so sagt man, a und b stehen in der Relation R. Ist $A = B$, heißt R eine Relation auf A bzw. auf B.

Anmerkung:

Mehrstellige Relationen werden u. a. bei Jaeger-Wenke ([1969], S. 109—110) eingeführt; sie sind in diesem Zusammenhang ohne Bedeutung.

Beispiele:

Im betrachteten Projekt lassen sich mehrere Relationen angeben:

1. $R = R_{MN} \subseteq M \times N$ mit folgender Interpretation:

    $(m, n) \in R_{MN}$ ist gleichbedeutend damit, daß dem Vorgang m genau der Pfeil n und dem Pfeil n genau der Vorgang m zugeordnet ist.

2. $R = R_M \subseteq M \times M$ mit folgender Interpretation:

    $(m_1, m_2) \in R_M$ ist gleichbedeutend damit, daß Vorgang m_1 zeitlich unmittelbar vor Vorgang m_2 durchgeführt werden muß.

3. $R = R_N \subseteq N \times N$ mit folgender Interpretation:

    $(n_1, n_2) \in R_N$ ist gleichbedeutend damit, daß der Endknoten des Pfeiles n_1 gleich dem Anfangsknoten von Pfeil n_2 ist, gegebenenfalls unter Zwischenschaltung eines Scheinvorgangs.

Definition 5:

Es seien A und B zwei Mengen.

a) Eine Relation R zwischen A und B mit der Eigenschaft, daß zu jedem $a \in A$ genau ein $b \in B$ mit $(a, b) \in R$ und zu jedem $b \in B$ mindestens ein $a \in A$ mit $(a, b) \in R$ existiert, heißt *Abbildung* von A auf B.

b) Eine Abbildung von A auf B, für die gilt, daß zu jedem $b \in B$ genau ein $a \in A$ mit $(a, b) \in R$ existiert, heißt *eineindeutig*.

Anmerkung:

Man bezeichnet Abbildungen häufig mit f, g o. ä. und schreibt: $f: A \to B$ bzw. $b = f(a)$ für $a \in A$ und $b \in B$.

Beispiel:

Die oben eingeführte Relation R_{MN} ist eine eineindeutige Abbildung der Vorgangsmenge M auf die Pfeilmenge N.

Definition 6:

Ein *System* (Relationensystem, strukturierte Menge, Struktur), in Zeichen $\{A; R_1, \ldots, R_K\}$, besteht aus einer Menge A und einer Menge von Relationen $R_1, \ldots, R_K$ auf A. Ein System heißt *numerisch*, wenn A Teilmenge der reellen Zahlen ist, es heißt *empirisch*, wenn A aus nicht-numerischen Objekten besteht.

Anmerkung:

Ein System kann auch aus einer Menge und mehreren Relationen unterschiedlicher Stelligkeit bestehen (vgl. Pfanzagl [1971], S. 18).

Beispiele:

Betrachtet man die Menge M der Vorgänge zusammen mit der oben definierten Relation R_M, so ist $\{A; R_1\} = \{M; R_M\}$ ein System; ebenso ist $\{A; R_1\} = \{N; R_N\}$ ein System. In diesen Fällen liegt jeweils nur eine Relation vor (K = 1).

Definiton 7:

Es seien $\{A; R_1, \ldots, R_K\}$ und $\{B; S_1, \ldots, S_K\}$ zwei Systeme. Eine eineindeutige Abbildung f von A auf B heißt *Isomorphismus* (isomorphe Abbildung), wenn gilt: $(a_1, a_2) \in R_k$ genau dann, wenn $(f(a_1), f(a_2)) \in S_k$ (k = 1, ..., K). $\{A; R_1, \ldots, R_K\}$ und $\{B; S_1, \ldots, S_K\}$ heißen dann zueinander isomorph. (Vgl. u. a. Heinhold-Riedmüller [1971], S. 16; Pfanzagl [1971], S. 23).

Anmerkung:

Ist die Abbildung f nicht notwendig eineindeutig, spricht man von einem Homomorphismus, auch von einer homomorphen Abbildung.

Beispiel:

Ist die Abbildung f, die die Menge der Vorgänge des Projektes auf die Menge der Pfeile des Netzplans abbildet, ein Isomorphismus? Wenn ja, dann muß für Vorgangspaare $(m_1, m_2) \in R_M$ gelten: Der Endknoten von $n_1 = f(m_1)$ ist zugleich Anfangsknoten von $n_2 = f(m_2)$ gegebenenfalls unter Zwischenschaltung eines Scheinvorgangs. Beziehungsweise: Ist der Endknoten von $n_1 = f(m_1)$ zugleich Anfangsknoten von $n_2 = f(m_2)$ gegebenenfalls unter Zwischenschaltung eines Scheinvorgangs, dann ist m_2 Nachfolger von m_1. Stimmt das? Offensichtlich nein, denn es gilt zum Beispiel: $(n_1, n_2) \in R_N$ mit $n_1 = f(B)$ und $n_2 = f(I)$, es gilt jedoch nicht $(m_1, m_2) \in R_M$ mit $m_1 = B$ und $m_2 = I$; Nachfolger von Vorgang B ist laut Tabelle 2 nur Vorgang E. Damit stellt sich die Frage: Gibt es keinen Isomorphismus zwischen Projekt und Netzplan, oder ist der Netzplan falsch aufgestellt? Offensichtlich ist der zweite Teil der Frage zu bejahen. Abbildung 2 gibt einen Netzplan, interpretiert als System $\{N; R_N\}$ wieder, der zu $\{M; R_M\}$ isomorph ist.

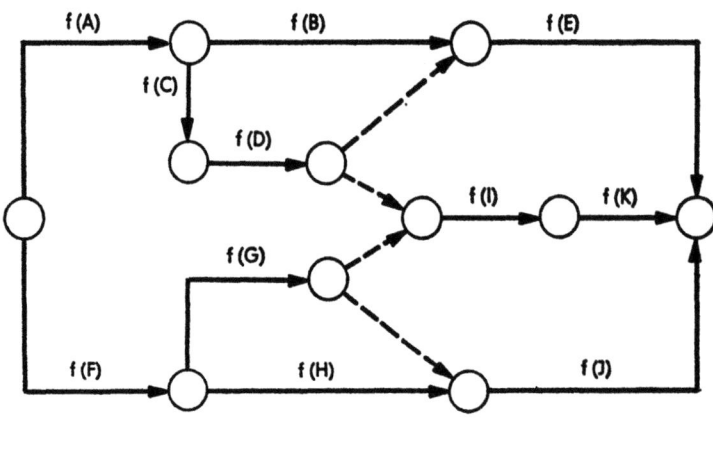

Abb. 2

V.

Völlig falsch ist der Eindruck, als seien nunmehr alle Probleme um die Definition eines Modells gelöst: Modell, ein isomorphes Bild der Wirklichkeit? Ein Netzplan als isomorphes Bild eines Projektes? Nicht das Projekt wird isomorph abgebildet, sondern nur ein kleiner Ausschnitt dessen, was das Projekt ausmacht. Das reale Projekt wird zunächst einmal unter Fortlassung aller nicht relevanter — aber was heißt das? — Tatbestände in das abgebildet, was in der Tabelle 2 zum Ausdruck kommt. Tabelle 2 jedoch wird — wie gezeigt — isomorph auf den Netzplan der Abbildung 2 abgebildet. Fragen der Terminplanung, die im Netzplan gelöst werden, lassen sich auf das Projekt der Tabelle 2 übertragen. Läßt sich aber das tatsächliche Projekt so durchführen, wie es eine Zeitplanung des Netzplans der Abbildung 2 vorsieht? Vielleicht wurden Kapazitätsbeschränkungen als nicht relevante Tatbestände vernachlässigt, die sich jetzt als Hindernis für die optimale

Zeitplanung erweisen. Vielleicht wurde etwas vernachlässigt, von dem derjenige, der die Zeitplanung durchführt, überhaupt nichts weiß. Damit dürfte deutlich geworden sein, daß sich die Wirklichkeit in ihrer Ganzheit nicht isomorph abbilden läßt, sondern höchstens ein bereits aufbereiteter, von allen Nebensächlichkeiten bereinigter Ausschnitt, so wie er im Beispiel in der Tabelle 2 vorliegt. Was sich also möglicherweise isomorph abbilden läßt, ist ein empirisches System, das seinerseits nicht die Wirklichkeit, sondern bereits ein aufbereiteter Ausschnitt der Wirklichkeit ist. Daß im Beispiel eine isomorphe Abbildung eines Systems gelingt, läßt nicht den Schluß zu, daß dies grundsätzlich möglich ist. Es handelt sich mehr um eine Wunschvorstellung. Damit läßt sich versuchsweise ein Modell wie folgt definieren.

Definition 8

Ein *Modell* ist eine isomorphe Abbildung eines als empirisches System vorliegenden Ausschnittes der Wirklichkeit auf ein numerisches System.

Möchte man, wie es in betriebswirtschaftlichen Definitionen häufig der Fall ist, die Zwischenschaltung des Systems vermeiden, dann ist eine isomorphe Abbildung schlechthin unmöglich, da diese nur bei numerischen Systemen möglich ist, etwa die Abbildung der positiven Zahlen auf ihren Logarithmus. Auch dann, wenn man in Definition 8 isomorphe Abbildung durch homomorphe Abbildung ersetzt, wie es vielfach üblich ist, bleibt die Problematik erhalten, die die Beschreibung der Wirklichkeit als System aufwirft. „Das mengentheoretische Explikat des Homomorphismus zweier Systeme ist nur auf Systeme anwendbar, die beide symbolische Systeme sind" (Kirsch [1971], S. 35). Die Definition eines Modells als isomorphes oder homomorphes Abbild eines Ausschnitts der Wirklichkeit ist einerseits bestechend klar und einsichtig, impliziert jedoch andererseits die Beschreibung der Wirklichkeit als System und damit weitere noch offene Fragen.

Wenn im Rahmen dieses Symposiums von „modell-gestützter Unternehmungsplanung" gesprochen wird, so kann man davon ausgehen, daß jeder Teilnehmer eine mehr oder weniger scharfe, meist individuelle Vorstellung von einem Modell hat. Wie schwierig es ist, eine allgemein gültige und für alle mehr oder weniger verbindliche Definition zu finden, haben diese Ausführungen hoffentlich gezeigt.

Literaturverzeichnis

Diederich, H.: Allgemeine Betriebswirtschaftslehre I. Stuttgart: Kohlhammer 1969.

Gablers Wirtschafts-Lexikon. Zweiter Band. 5. Aufl. Wiesbaden: Gabler 1962.

Grochla, E. (Hrsg.): Handwörterbuch der Organisation. Stuttgart: Poeschel 1969.

Heinhold, J., und B. Riedmüller: Lineare Algebra und Analytische Geometrie. Teil 1. München: Hanser 1971.

Jaeger, A., und K. Wenke: Lineare Wirtschaftsalgebra. Band 1. Stuttgart: Teubner 1969.

Kern, W.: Operations Research. Stuttgart: Poeschel 1964.

Kirsch, W.: Entscheidungsprozesse. Zweiter Band. Wiesbaden: Gabler 1971.

Klein, H. K.: Heuristische Entscheidungsmodelle. Wiesbaden: Gabler 1971.

Koller, H.: Simulation. In: Grochla [1969], Sp. 1486—1498.

Kosiol, E.: Modellanalyse als Grundlage unternehmerischer Entscheidungen. ZfhF, N. F., Jahrgang 13, 1961, S. 318—334.

Kosiol, E.: Die Unternehmung als wirtschaftliches Aktionszentrum. Reinbek: Rowohlt 1966.

Müller-Merbach, H.: Operations Research. Zweite Auflage. München: Vahlen 1971.

Pfandzagl, J.: Theory of Measurement. 2nd Edition. Würzburg: Physica 1971.

Schweitzer, M.: Struktur und Funktion der Bilanz. Berlin: Duncker & Humblot 1972.

Spinner, H. F.: Modelle und Experimente. In: Grochla [1969], Sp. 1000—1010.

Return on Investment und interner Zinsfuß

Zur Aussagefähigkeit des Return on Investment für betriebliche Planungs- und Kontrollrechnungen

Von

Prof. Dr. Adolf G. Coenenberg

Problemstellung

Das Rentabilitätskonzept oder Return-on-Investment-Konzept erfreut sich in der Praxis betrieblicher Planungs- und Kontrollrechnungen außerordentlicher Beliebtheit. Die Ursache hierfür dürfte nicht zuletzt darin zu sehen sein, daß die Return-on-Investment-Rechnung in Gestalt einer einzigen Größe, nämlich der Kapitalrentabilität, einen vermeintlich umfassenden Beurteilungsmaßstab liefert und daß die Rechengrößen der Return-on-Investment-Rechnung unmittelbar den Daten des traditionellen Rechnungswesens entnommen werden können ([6] S. 42).

Der Return-on-Investment-Rechnung entspricht — wie Seelbach ([7] insbes. S. 314 f.) gezeigt hat — von der zugrunde liegenden Zielsetzung her gesehen im Rahmen der kapitaltheoretischen Verfahren der Investitionsrechnung die Interne-Zinsfuß-Methode. Von der auf periodisierten Bestands- und Stromgrößen basierenden Rentabilitätsrechnung unterscheidet sich das Verfahren des internen Zinsfußes vor allem dadurch, daß es unmittelbar an den durch die zu planende oder zu kontrollierende Entscheidung verursachten Zahlungsströmen anknüpft und alle mit der Entscheidung verbundenen künftigen finanziellen Auswirkungen in sich einschließt. Diese offensichtlichen Vorteile der kapitaltheoretischen Verfahren der Wirtschaftlichkeitsrechnung haben zwar dazu geführt, daß das Verfahren des internen Zinsfußes bei der Planung und Kontrolle *einzelner* Investitionsprojekte anstelle der statischen Rentabilitätsrechnung in zunehmendem Maße eingesetzt wird. Im Gegensatz dazu haben die kapitaltheoretischen Rechenverfahren in die auf das *gesamte* Unternehmen oder auf *ganze* Unternehmensbereiche bezogene Planungs- und Kontrollrechnungen aber kaum Eingang gefunden; die zunehmende Notwendigkeit gesamtbetrieblicher Planungs- und Kontrollsysteme und die wachsende Beliebtheit des Divisionalisierungsprinzips haben vielmehr zu einer raschen Verbreitung des Return-on-Investment-Konzepts in der Praxis geführt.

Es stellt sich somit die Frage nach der Aussagefähigkeit des Return-on-Investment-Konzepts und damit in einem weiteren Sinne — ähnlich wie im folgenden Referat von Andrew Stedry — die Frage nach der Eignung von Daten des Rechnungswesens für gesamtbetriebliche Planungs- und Kontrollrechnungen.

Gemessen am Kriterium des internen Zinsfußes kann die Rentabilität nur insoweit als aussagefähig betrachtet werden, wie sie eindeutige Schlüsse auf die Höhe des internen Zinsfußes zuläßt. Anhand eines vereinfachten Modells einer ganzen Unternehmung soll deshalb untersucht werden, inwieweit die Rendite den internen Zinsfuß bezogen auf das gesamte Unternehmen richtig widerspiegelt, bzw. von welchen Faktoren das Verhältnis von Rendite zum internen Zinsfuß abhängt.

Diese Problemstellung wurde schon verschiedentlich aufgegriffen: So hat Solomon [9] die Abhängigkeit des Verhältnisses von Rendite zu internem

Zinsfuß jeweils für den Fall eines jährlich gleichbleibenden und eines jährlich mit konstanter Rate wachsenden Investitionsvolumens von folgenden Faktoren untersucht: Nutzungsdauer der Investitionsobjekte, zeitliche Struktur der Einnahmeüberschüsse, Aktivierungspolitik, Abschreibungspolitik, Geldwertänderungen. Diese Untersuchung weist zwei methodische Schwächen auf: (a) Die verschiedenen Einflußgrößen werden jeweils nur isoliert voneinander betrachtet, so daß die erzielten Ergebnisse u. U. nur sehr eingeschränkt gültig sein können. (b) Das jährliche Investitionsvolumen wird exogen vorgegeben; eine solche, von den erzielten Ergebnissen unabhängige Investitionspolitik erscheint aber äußerst unrealistisch ([2] S. 39 ff.). In einer von Harcourt [3] vorgelegten Studie wird zwar der unter (a) aufgezeigte Nachteil teilweise vermieden, indem jeweils für die Fälle konstanten und wachsenden Investitionsvolumens sowie linearer und degressiver Abschreibung die kombinierten Effekte der Einflußgrößen Nutzungsdauer, Struktur der Einnahmeüberschüsse und Art der Investitionsobjekte (Sach- und Finanzinvestitionen) untersucht werden. Wie in der Studie Solomons wird das Investitionsvolumen aber exogen vorgegeben. In einer kürzlich veröffentlichten Arbeit haben Livingstone und Salamon [5] die kombinierten Wirkungen folgender Faktoren analysiert: Projektnutzungsdauer, Struktur der Einnahmeüberschüsse, Höhe des internen Zinsfußes und Investitionsvolumen. Das jährliche Investitionsvolumen hängt dabei von der Höhe der in der jeweiligen Vorperiode erwirtschafteten Einnahmeüberschüsse ab.

Die vorliegende Untersuchung knüpft unmittelbar an das von Livingstone und Salamon entwickelte Modell an ([5] S. 203 ff.). Unter dem Aspekt der Planung und Kontrolle erscheint es insbesondere bedeutsam, solche Einflußgrößen in die Betrachtung einzubeziehen, die der Manipulation durch den jeweils Betroffenen (z. B. Unternehmensleitung, Divisionsleitung) unterliegen. Aus diesem Grunde wird der Modellansatz von Livingstone und Salamon um folgende (bilanzpolitische) Variablen erweitert:

— Abschreibungsverfahren: Neben linearer wird auch degressive Abschreibung zugelassen. Aus Vereinfachungsgründen wird, da es nur um die Richtung des Einflusses geht, nur das digitale Abschreibungsverfahren betrachtet.

— Aktivierungsanteil: Neben der Vollaktivierung sämtlicher Investitionsprojekte wird berücksichtigt, daß je nach Art der Investitionen Aktivierungsverbote (z. B. nicht entgeltlich erworbene immaterielle Anlagen) und Aktivierungswahlrechte (z. B. entgeltlich erworbene immaterielle Anlagen) bestehen.

Modellformulierung

Annahmen des Modells

1. Die Unternehmung besteht aus einer Menge unabhängiger Investitionsprojekte mit gleicher Nutzungsdauer, gleicher Struktur der Einnahmeüberschüsse, gleichem internem Zinsfuß, gleichen Restwerten von Null.

2. Geldwertänderungen und Ertragsteuern bleiben unberücksichtigt.
3. Es bestehen sichere Erwartungen.
4. Alle Einnahmeüberschüsse, die nicht reinvestiert werden, werden ausgeschüttet. Die Investitionen, die die Einnahmeüberschüsse übersteigen, werden durch Eigenkapitalaufnahme finanziert.
5. Der Gewinn entspricht den jährlichen Einnahmeüberschüssen abzüglich Abschreibungen und abzüglich dem Teil der jährlichen Investitionsausgaben, der aus bilanzpolitischen Gründen nicht aktiviert wird oder aufgrund rechtlicher Vorschrift nicht aktiviert werden darf.
6. Während der ersten n Jahre (n = Nutzungsdauer) tätigt die Unternehmung jährlich eine Investition in Höhe von I_0 (= konst.), wovon jede zu Nettoeinnahmen in Höhe vonn $Q_1, Q_2, \ldots, Q_n$ führt. Ab dem Jahre n + 1 wird die jährliche Investitionsausgabe modellintern in Abhängigkeit von den jährlichen Nettoeinnahmen bestimmt. Ab dem Jahre 2n besteht die Unternehmung also nur noch aus modellintern bestimmten Investitionen. Alle Modellbetrachtungen beziehen sich auf die Zeit nach der „Anlaufperiode", also auf $t \geq 2n$.
7. Die jährlichen Investitionsausgaben werden jeweils zu Beginn der Periode getätigt; die jährlichen Nettoeinnahmen fallen jeweils zum Ende der Periode an.

Symbole:

F_t = gesamte Nettoeinnahmen im Jahr t

$D_t^{(k)}$ = Abschreibung im Jahr t auf Basis $\begin{cases} \text{linearer Abschreibung falls } k = 1 \\ \text{degressiver (digitaler) Abschreibung falls } k = 2 \end{cases}$

$K_t^{(k)}$ = Nettovermögen zu Beginn des Jahres t

G_t = Bruttovermögen zu Beginn des Jahres t

I_t = Investitionsausgabe zu Beginn des Jahres t (t > n), für $t \leq n$ gilt $I_t = I_0 =$ konst.

Q_i = Nettoeinnahmen am Ende des Nutzungsjahres i (i = 1, 2, ..., n) einer Investition im Betrag von I_0

n = Nutzungsdauer

s = Wachstumsfaktor zur Kennzeichnung der zeitlichen Struktur der Nettoeinnahmen (z. B. bedeutet s = 0,2, daß die Nettoeinnahmen des Projektes jährlich um 20 % zunehmen, also $Q_{i+1} = (1 + s) Q_i = 1,2 \cdot Q_i$)

$R_t^{(k)}$ = Rendite

r = interner Zinsfuß

c = $\dfrac{I_t}{F_{t-1}}$ = reinvestierter Teil der Nettoeinnahmen

A_t = Investitionsausgabe im Jahr t, die aus bilanzpolitischen oder bilanzrechtlichen Gründen unmittelbar als Aufwand verrechnet wird

a = Prozentsatz der Investitionsausgabe, der aktiviert wird.

Nettoeinnahmen

(1) $\quad F_t = \dfrac{c \cdot Q_1}{I_0} \sum\limits_{i=1}^{n} F_{t-i}(1+s)^{i-1}$

Bruttovermögenswert

(2) $\quad G_t = \sum\limits_{i=1}^{n} a \cdot c \cdot F_{t-i}$

Abschreibungen

linear:

(3) $\quad D_t^{(1)} = \dfrac{1}{n} G_t = \dfrac{a \cdot c}{n} \sum\limits_{i=1}^{n} F_{t-i}$

degressiv (digital):

$D_t^{(2)} = \dfrac{I_t \cdot n}{\sum\limits_{v=1}^{n} v} + \dfrac{I_{t-1}(n-1)}{\sum\limits_{v=1}^{n} v} + \ldots + \dfrac{I_{t-n+1} \cdot (n-n+1)}{\sum\limits_{v=1}^{n} v}$

(4) $\quad = \dfrac{a \cdot c}{\sum\limits_{v=1}^{n} v} \cdot \sum\limits_{i=1}^{n} F_{t-i} \cdot (n+1-i)$

Nicht aktivierte Investitionsausgaben

(5) $\quad A_t = (1-a) \cdot c \cdot F_{t-1}$

Nettovermögenswert bei linearer Abschreibung:

Die kumulative lineare Abschreibung für eine im Jahre t—i getätigte Investition I_{t-i} ist gleich $\dfrac{i}{n} \cdot I_{t-i}$. Ihr entsprechender Nettobuchwert zu Beginn der Periode t ist deshalb gleich $(1 - \dfrac{i}{n}) \cdot I_{t-i} = (\dfrac{n}{n} - \dfrac{i}{n}) \cdot a \cdot c \cdot F_{t-i-1}$.

Unter Einschluß der Investition zu Beginn der Periode t ergibt sich damit für alle während der letzten n — 1 Jahre getätigten Investitionen ein Nettovermögenswert von

$$K_t^{(1)} = \frac{n-0}{n} \cdot a \cdot c \cdot F_{t-1} + \frac{n-1}{n} \cdot a \cdot c \cdot F_{t-2} + \ldots + \frac{n-(n-1)}{n} \cdot a \cdot c \cdot F_{t-(n-1)-1}$$

(6) $$= \frac{a \cdot c}{n} \sum_{i=1}^{n} (n+1-i) \cdot F_{t-i}$$

bei degressiver (digitaler) Abschreibung:

Für eine im Jahre t—i getätigte Investition von I_{t-i} beträgt der noch nicht abgeschriebene Betrag

$$I_{t-i} \cdot \frac{\sum_{v=1}^{n-i} v}{\sum_{v=1}^{n} v} = \frac{\sum_{v=1}^{n-i} v}{\sum_{v=1}^{n} v} \cdot a \cdot c \cdot F_{t-i-1}$$

Unter Einschluß der Investition zu Beginn des Jahres t ergibt sich damit für alle während der letzten n—1 Jahre getätigten Investitionen ein Nettovermögenswert von

$$K_t^{(2)} = \frac{\sum_{v=1}^{n-0} v}{\sum_{v=1}^{n} v} \cdot a \cdot c \cdot F_{t-0-1} + \ldots + \frac{\sum_{v=1}^{n-(n-1)} v}{\sum_{v=1}^{n} v} \cdot a \cdot c \cdot F_{t-(n-1)-1}$$

(7) $$= \frac{a \cdot c}{\sum_{v=1}^{n} v} \cdot \sum_{i=1}^{n} \sum_{v=1}^{n+1-i} v \cdot F_{t-i}$$

Gewinn der Periode t

(8) $$G_t^{(k)} = F_t - A_t - D_t^{(k)}$$

$$= \frac{c \cdot Q_1}{I_0} \sum_{i=1}^{n} F_{t-i}(1+s)^{i-1} - (1-a) \cdot c \cdot F_{t-1}$$

$$- \begin{cases} \dfrac{a \cdot c}{n} \cdot \sum_{i=1}^{n} F_{t-i} & \text{für } k = 1 \text{ (lineare AfA)} \\ \dfrac{a \cdot c}{\sum_{v=1}^{n} v} \cdot \sum_{i=1}^{n} F_{t-i}(n+1-i) & \text{für } k = 2 \text{ (degressive AfA)} \end{cases}$$

Rendite der Periode t

$$R_t^{(k)} = G_t^{(K)}/K_t^{(k)}$$

Rendite bei linearer Abschreibung

$$R_t^{(1)} = \frac{c \cdot Q_1}{I_0} \cdot \sum_{i=1}^{n} F_{t-i}(1+s)^{i-1} - (1-a) \cdot c \cdot F_{t-1} - \frac{a \cdot c}{n} \cdot \sum_{i=1}^{n} F_{t-i}$$

$$= \frac{c}{n \cdot I_0} \left[\sum_{i=1}^{n} (n \cdot Q_1 \cdot (1+s)^{i-1} - a \cdot I_0) F_{t-i} - (1-a) \cdot n \cdot I_0 \cdot F_{t-1} \right]$$

$$\frac{a \cdot c}{n} \sum_{i=1}^{n} (n+1-i) F_{t-i}$$

$$= \frac{c}{n} \sum_{i=1}^{n} a(n+1-i) F_{t-1}$$

Da gilt: $I_0 = \sum_{i=1}^{n} Q_i(1+r)^{-i} = Q_1 \sum_{i=1}^{n} (1+s)^{i-1} \cdot (1+r)^i$

(9) $\quad = Q_1 \left[\frac{(1+r)^n - (1+s)^n}{(r-s)(1+r)^n} \right]$ mit $r \neq s$

kann $R_t^{(1)}$ wie folgt geschrieben werden:

$$R_t^{(1)} = \frac{\sum_{i=1}^{n} \left[n \cdot Q_1 \cdot (1+s)^{i-1} - a \cdot Q_1 \left[\frac{(1+r)^n - (1+s)^n}{(r-s)(1+r)^n} \right] \right] F_{t-i} - (1-a) \cdot n \cdot Q_1 \left[\frac{(1+r)^n - (1+s)^n}{(r-s)(1+r)^n} \right] F_{t-1}}{Q_1 \frac{(1+r)^n - (1+s)^n}{(r-s)(1+r)^n}} \sum_{i=1}^{n} a \cdot (n+1-i) F_{t-i}$$

$$(10) = \frac{\sum_{i=1}^{n}\left\{n \cdot (1+s)^{i-1} \cdot (r-s)(1+r)^n - a[(1+r)^n - (1+s)^n]\right\} F_{t-i} - (1-a) \cdot n \cdot [(1+r)^n - (1+s)^n] F_{t-1}}{[(1+r)^n - (1+s)^n] \sum_{i=1}^{n} a \cdot (n+1-i) F_{t-i}}$$

Rendite bei degressiver Abschreibung

$$R_t^{(2)} = \frac{\dfrac{c \cdot Q_1}{L_0} \sum_{i=1}^{n} F_{t-i}(1+s)^{i-1} - (1-a) \cdot c \cdot F_{t-1} - \dfrac{a \cdot c}{\sum_{v=1}^{n} v} \sum_{i=1}^{n}(n+1-i) F_{t-i}}{\dfrac{a \cdot c}{\sum_{v=1}^{n} v} \cdot \sum_{i=1}^{n} \sum_{v=1}^{n+1-i} v \cdot F_{t-i}}$$

$$= \frac{\dfrac{c}{L_0 \sum_{v=1}^{n} v} \left[\sum_{i=1}^{n}\left\{Q_1(1+s)^{i-1} \sum_{v=1}^{n} v - L_0 \cdot a(n+1-i)\right\} F_{t-i} - L_0 \cdot (1-a) \cdot F_{t-1} \cdot \sum_{v=1}^{n} v\right]}{\dfrac{c}{\sum_{v=1}^{n} v} \cdot a \cdot \sum_{i=1}^{n} \sum_{v=1}^{n+1-i} v \cdot F_{t-i}}$$

$$= \frac{\sum_{i=1}^{n} \sum_{v=1}^{n} v \cdot Q_1 \cdot (1+s)^{i-1} - a \cdot (n+1-i) \cdot Q_1 \left[\dfrac{(1+r)^n - (1+s)^n}{(r-s)(1+r)^n}\right] F_{t-i} - (1-a) \cdot \sum_{v=1}^{n} v \cdot Q_1 \left[\dfrac{(1+r)^n - (1+s)^n}{(r-s)(1+r)^n}\right] F_{t-1}}{Q_1 \dfrac{(1+r)^n - (1+s)^n}{(r-s)(1+r)^n} \sum_{i=1}^{n} \sum_{v=1}^{n+1-i} v \cdot a \cdot F_{t-i}}$$

$$(11) = \frac{\sum_{i=1}^{n}\left\{\sum_{v=1}^{n} v \cdot (1+s)^{i-1} \cdot (r-s) \cdot (1+r)^n - a \cdot (n+1-i) \cdot [(1+r)^n - (1+s)^n]\right\} F_{t-i} - (1-a) \cdot \sum_{v=1}^{n} v [(1+r)^n - (1+s)^n] F_{t-1}}{[(1+r)^n - (1+s)^n] \sum_{i=1}^{n} \sum_{v=1}^{n+1-i} v \cdot a \cdot F_{t-i}}$$

Auswertung des Modells[1])

Die Gleichungen (10) und (11) zeigen, daß die Rendite vom Abschreibungsverfahren, von der Nutzungsdauer, vom internen Zinsfuß, vom Aktivierungsanteil und von der Entwicklung der Nettoeinnahmen abhängt. Da die Nettoeinnahmen F_t in Gleichungen (10) und (11) nicht durch Parameter ausgedrückt werden können, ist eine weitere analytische Untersuchung des Zusammenhangs von Rendite und internem Zins nicht möglich. Das Modell wird deshalb in Form einer deterministischen Simulation für die folgenden Parameterkombinationen numerisch ausgewertet:

r: 10 %, 20 %

c: 50 %, 75 %, 100 %, 125 %, 150 %

n: 5, 10

s: — 50 %, — 25 %, 0 %, 25 %, 50 %

a: 60 %, 80 %, 100 %

k: 1 (linear), 2 (degressiv)

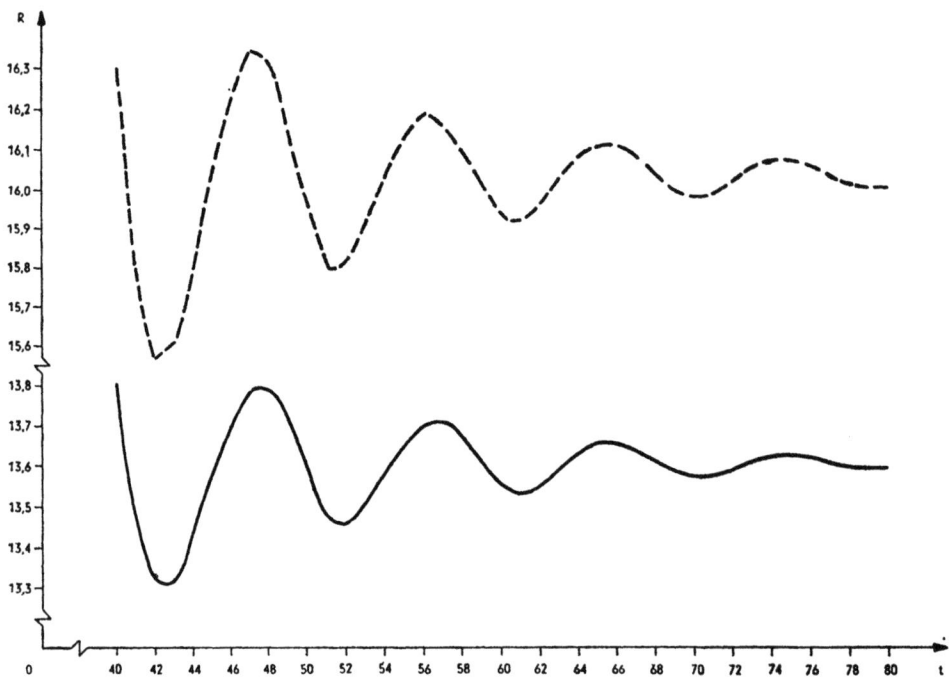

Abb. 1: Renditeverlauf für $n = 10$; $r = 0{,}10$; $s = 0{,}5$; $c = 0{,}75$; $a = 1$

——————— = Renditeverlauf bei linearer Abschreibung

·········· = Renditeverlauf bei digitaler Abschreibung

---

[1]) Ich danke Herrn Dr. Peter Möller für die Unterstützung bei der Programmierung und Auswertung des Modells.

Diese insgesamt 600 Parameterkonstellationen wurden für alle t, $2n \leq t \leq 8n$, durchgerechnet. Aus Gründen der Übersichtlichkeit sind lediglich die jeweiligen maximalen und minimalen Renditewerte für die Zeiträume $3n < t \leq 4n$ und $5n < t \leq 6n$ in den Tabellen 3 bis 12 des Tabellenanhangs zusammengefaßt. Die folgenden Ausführungen beziehen sich ausschließlich auf die genannten Parameterkombinationen. Bei Betrachtung des Renditeverlaufs in Abhängigkeit von der Zeit ergab sich in allen Fällen ein um eine Konstante zyklischer Renditeverlauf mit abnehmender Amplitude. Ein Beispiel gibt Abbildung 1.

Für die Beurteilung der Aussagefähigkeit der Rendite ist von Bedeutung, (a) unter welchen Voraussetzungen sich die Rendite dem internen Zinsfuß annähert und (b) von welchen Größen die Schnelligkeit der Annäherung des Renditeverlaufs an die Konstante abhängt.

Zunächst werden die ordinalen Relationen zwischen Rendite und internem Zinsfuß bei jeweils gegebenen Werten für n und r betrachtet. Tabelle 1 gibt eine Übersicht. Die Ergebnisse werden im folgenden den von Livingstone und Salamon (L & S) gegenübergestellt. Dabei werden nach der Höhe der Investitionsquote drei Situationen unterschieden.

Tabelle 1

			$c = 1$	$c < 1$	$c > 1$
$s < 0$	$k = 1$	$a = 1$	$R = r^*$	$R < r^*$	$R > r^*$
		$a < 1$	$R > r$	$R \gtreqless r$	$R \gtreqless r$
	$k = 2$	$a = 1$	$R = r$	$R \gtreqless r$	$R \gtreqless r$
		$a < 1$	$R > r$	$R \gtreqless r$	$R \gtreqless r$
$s \geq 0$	$k = 1$	$a = 1$	$R = r^*$	$R > r^*$	$R < r^*$
		$a < 1$	$R > r$	$R > r$	$R \gtreqless r$
	$k = 2$	$a = 1$	$R = r$	$R > r$	$R < r$
		$a < 1$	$R > r$	$R > r$	$R < r$

* = von Livingstone und Salamon ([5] S. 206 ff.) untersuchte Fälle.

(1) c = 1: Nach L & S führt dieser Fall stets zur Identität von Rendite und internem Zins. L & S halten dieses Ergebnis für besonders bedeutsam, weil es immerhin den Schluß zulasse: „there is a class of cases for which ARR (= Rendite) is a good proxy measure for IRR (= interner Zins)" ([5] S. 212).

Durch Einführung der degressiven Abschreibung ändert sich dieses Ergebnis zwar nicht, es wird aber durch Einführung des Parameters a erheblich relativiert: unter der realistischen Annahme, daß teilweise auch nichtaktivierungspflichtige Investitionsprojekte durchgeführt werden (a < 1), gilt R > r.

Die Differenz zwischen Rendite und internem Zins wird um so größer, je geringer der Aktivierungsanteil ist. Für a < 1 führt das degressive Abschreibungsverfahren stets zu größerem R als das lineare Verfahren. Der Wachstumsfaktor s hat keinen Einfluß auf die Höhe der Rendite.

(2a) c < 1, s < 0: Nach L & S gilt hier allgemein R < r. Tabelle 1 zeigt, daß dieses Ergebnis nur unter den Voraussetzungen linearer Abschreibung und Vollaktivierung zutrifft. Bei Teilaktivierung bzw. degressiver Abschreibung hängt die Relation zwischen Rendite und internem Zins von c, n, r, s, a und k ab. Bei gegebener Investitionsquote, Nutzungsdauer und gegebenem internen Zinsfuß wächst R mit sinkendem a und mit steigendem s. R ist bei degressiver Abschreibung höher als bei linearer Abschreibung.

(2b) c < 1, s ≥ 0: Nach L & S gilt hier allgemein R > r. Dieses Ergebnis wird durch die zusätzlichen Parameter a und k nicht beeinträchtigt. Bezüglich der Abhängigkeit der Rendite von Wachstumsfaktor (s), Aktivierungsanteil (a) und Abschreibungsverfahren (k) gilt das unter (2a) Gesagte[2]).

(3a) c > 1, s < 0: Nach L & S gilt hier R > r. Wie im Falle (2a) trifft dieses Ergebnis nur unter den einschränkenden Bedingungen linearer Abschreibung und der Vollaktivierung zu. Bei gegebener Investitionsquote, Nutzungsdauer und gegebenem internen Zinsfuß sinkt R mit steigendem s. R ist bei degressiver Abschreibung niedriger als bei linearer Abschreibung. Der Einfluß von a ist abhängig von der Höhe des internen Zinsfußes. Für r = 10 % sinkt R mit sinkendem a, für r = 20 % steigt R mit sinkendem a.

(3b) c > 1, s ≥ 0: Nach L & S gilt hier R < r. Dieses Ergebnis wird auch bei Variation von a und k im wesentlichen bestätigt. Ausnahmen ergeben sich bei Zusammentreffen geringer Werte für c, a, s und hoher Werte für r, in der vorliegenden Untersuchung allein für die Kombination c = 1,25; a = 0,6; s = 0; r = 0,2; n = 5. Bezüglich der Abhängigkeit der Rendite von Aktivierungsanteil, Wachstumsfaktor und Abschreibungsverfahren gilt das unter (3a) Gesagte.

---

[2]) Für das Zero-Growth Model, das den Fällen c ≤ 1, s = 0 entspricht, kommt Solomon ([9] S. 234 ff., 240) hinsichtlich des Einflusses von Abschreibungsverfahren und Aktivierungsanteil auf die Höhe der Rendite zum selben Ergebnis. Seine Schlußfolgerung, daß die Rendite mit steigender Nutzungsdauer zunehme, ist dagegen, wie weiter unten gezeigt wird, in dieser allgemeinen Form nicht haltbar.

Die vorstehenden Ausführungen machen deutlich, daß sich die Rendite nur unter den sehr speziellen und nicht unbedingt realistischen Annahmen der Vollaktivierung und der vollkommenen Reinvestition aller erwirtschafteten Nettoeinnahmen dem internen Zinsfuß annähert. In allen anderen Fällen hängt das Verhältnis zwischen Rendite und internem Zinsfuß von der jeweiligen Parameterkonstellation ab. Dabei sind die in dieser Untersuchung zusätzlich betrachteten Parameter Aktivierungsanteil und Abschreibungsverfahren entscheidende Einflußgrößen. Die Bedeutung dieser Einflußgrößen zeigt sich auch bei Betrachtung des zyklischen Renditeverlaufs. Außer den bereits von L & S ([5] S. 208, 211) festgestellten Einflußgrößen Zeit, Wachstumsfaktor, Investitionsquote, interner Zinsfuß und Nutzungsdauer beeinflussen Aktivierungsanteil und Abschreibungsverfahren die Höhe der Amplitude des Renditezyklus (gemessen an der Differenz der maximalen und minimalen Rendite eines vorgegebenen Zeitintervalls). Bei gegebenem internen Zinsfuß und bei gegebener Nutzungsdauer gilt folgender Zusammenhang: Die Amplitude wächst mit steigendem s, sie sinkt mit steigendem c und t und sie wächst mit sinkendem a; sie ist bei degressiver Abschreibung stets höher als bei linearer Abschreibung.

Bei der bisherigen Analyse des Verhältnisses von Rendite und internem Zinsfuß wurde von jeweils gegebenen Werten für n und r ausgegangen. Aussagen über den Einfluß dieser Größen können nur mit großer Vorsicht abgeleitet werden, da für n und r nur je zwei verschiedene Werte einbezogen wurden. Die Auswirkungen variierender n und r auf die Relation R/r sind in Tabelle 2 zusammengefaßt.

L & S haben den Einfluß von n nur für den Fall sinkender Nettoeinnahmen (s = — 0,25), linearer Abschreibung und Vollaktivierung untersucht. Ihr Ergebnis ist ([5] S. 211):

(1) Für c < 1 sinkt R/r mit wachsendem n.

(2) Für c > 1 wächst R/r mit wachsendem n.

(3) Für c = 1 gilt R/r = 1 für beliebige Werte von n.

Wie Tabelle 2 zeigt, gelten die Aussagen (1) und (2) auch für den allgemeinen Fall linearer oder degressiver Abschreibung und variierender Aktivierungsanteile[3]).

Aussage (3) gilt dagegen nur bei Vollaktivierung; bei Teilaktivierung sinkt R/r mit wachsender Nutzungsdauer sowohl bei linearer als auch bei degressiver Abschreibung. Bemerkenswert ist ferner der in Tabelle 2 dargestellte

---

3) Bezüglich Aussage (2) ist diese Verallgemeinerung u. a. insofern interessant, als Harcourt ([3] S. 76 f.) für den Fall wachsender Investitionsausgaben und sinkender Nettoeinnahmen sowohl bei linearer als auch bei degressiver Abschreibung einen positiven Zusammenhang zwischen n und R/r festgestellt hat. Die von Livingstone und Salamon für den Fall linearer Abschreibung vorgebrachte Kritik an diesem Ergebnis Harcourts gilt somit auch für den Fall degressiver Abschreibung.

Tabelle 2

k	a	n	r	c = 1	s < 0		s ≥ 0	
					c < 1	c > 1	c < 1	c > 1
k = 1	a = 1	Δn	r beliebig	R/r = 1*	−Δ (R/r)*	−Δ (R/r)*	Δ (R/r)	−Δ (R/r)
k = 1	a < 1	Δn	r beliebig	−Δ (R/r)	−Δ (R/r)	Δ (R/r)	±Δ (R/r)	−Δ (R/r)
k = 2	a = 1	Δn	r beliebig	R/r = 1	−Δ (R/r)	Δ (R/r)	−Δ (R/r)	Δ (R/r)
k = 2	a < 1	Δn	r beliebig	−Δ (R/r)	−Δ (R/r)	Δ (R/r)	−Δ (R/r)	±Δ (R/r)
k = 1	a = 1	n beliebig	Δr	R/r = 1	Δ (R/r)	−Δ (R/r)*	−Δ (R/r)	Δ (R/r)
k = 1	a < 1	n beliebig	Δr	Δ (R/r)	±Δ (R/r)	±Δ (R/r)	−Δ (R/r)	Δ (R/r)
k = 2	a = 1	n beliebig	Δr	R/r = 1	±Δ (R/r)	±Δ (R/r)	−Δ (R/r)	Δ (R/r)
k = 2	a < 1	n beliebig	Δr	Δ (R/r)	±Δ (R/r)	±Δ (R/r)	−Δ (R/r)	Δ (R/r)

* = von Livingstone und Salamon ([5] S. 208 ff.) untersuchte Fälle.

Zusammenhang zwischen n und R/r für den Fall c < 1, s ≥ 0. Nur bei linearer Abschreibung und Vollaktivierung zeigt sich ein positiver Zusammenhang zwischen n und R/r. In ihrem Zero-Growth Model, das den Fällen c ≤ 1, s = 0 entspricht, kommt Solomon dagegen zu der *allgemeinen* Schlußfolgerung: „the longer the project life, the greater the overstatement" ([9] S. 240). Die Ursache für dieses abweichende Ergebnis liegt darin begründet, daß Solomon die Auswirkungen von Nutzungsdauer, Abschreibungsverfahren und Aktivierungsanteil isoliert voneinander betrachtet, der Einfluß von n aber nicht unabhängig von a und k ist. Hier zeigt sich deutlich die Gefahr eines solchen isolierenden Ansatzes. Den Einfluß von r haben L & S nur für den Fall sinkender Nettoeinnahmen und einer die Nettoeinnahmen übersteigenden Investitionsquote untersucht. Tabelle 2 macht deutlich, daß der von L & S herausgefundene negative Zusammenhang zwischen r und R/r bei Variation des Abschreibungsverfahrens und des Aktivierungsanteils nicht notwendig gelten muß; bei degressiver Abschreibung und Teilaktivierung steigt R/r in allen betrachteten Fällen mit steigendem n.

Schlußbemerkung

Die Modelluntersuchung des Zusammenhangs zwischen der Rentabilität und den Parametern interner Zinsfuß, Nutzungsdauer, Wachstumsrate der Nettoeinnahmen, Investitionsquote, Aktivierungsanteil und Abschreibungsverfahren legt folgende Schlußfolgerungen nahe:

(1) Nur unter den sehr speziellen Voraussetzungen der Vollaktivierung und der vollständigen Reinvestition der jährlichen Nettoeinnahmen führt das Modell stets zur Identität von Rendite und internem Zinsfuß. Selbst unter den engen Prämissen des verwendeten Unternehmensmodells ist die Rentabilität also ein äußerst unzuverlässiger Erfolgsindikator.

(2) Nach den Ergebnissen der Modellauswertung haben die Parameter Aktivierungsanteil und Abschreibungsverfahren einen entscheidenden Einfluß auf das Verhältnis von Rendite und internem Zins sowie auf den zyklischen Renditeverlauf; infolge der Berücksichtigung dieser Parameter in dieser Untersuchung mußten deshalb einige bisher vorliegende Ergebnisse über das Verhältnis von Rendite und internem Zins relativiert werden. Aktivierungsanteil und Abschreibungsverfahren erweisen sich somit als wichtige bilanzpolitische Instrumente.

(3) Die Rentabilität steht mit den hier untersuchten Parametern, selbst unter den engen Modellprämissen, in einem äußerst komplexen Zusammenhang, der es unmöglich macht, ohne genaue Kenntnis der jeweiligen Parameterkonstellation Richtung und Ausmaß der in den meisten Fällen beobachteten Abweichungen der Rendite vom internen Zinsfuß abzuschätzen. Der Vorschlag, durch Entwicklung geeigneter Konversionsfaktoren einen Rückschluß

von der ausgewiesenen Rentabilität auf die interne Rendite einer Unternehmung zu ermöglichen ([10] S. 253 f., [9]), erscheint deshalb wenig aussichtsreich. Als Lösung scheint sich anzubieten, die herkömmliche Unternehmungsrechnung auf der Basis des kapitaltheoretischen Renditekriteriums „interner Zinsfuß" neu zu gestalten, um so zu einem theoretisch exakten Erfolgsmaßstab für das Gesamtunternehmen zu gelangen. Für die Jahresbilanz liegen zwar entsprechende Vorschläge vor ([1], [4]), allerdings erscheint es fraglich, ob eine solche Umgestaltung, soweit es die externe Unternehmungsrechnung betrifft, angesichts des Erfordernisses der Objektivität der Rechnungslegung wünschenswert wäre. In der internen unternehmungs- oder bereichsbezogenen Planungs- und Kontrollrechnung hingegen wird dem kapitaltheoretischen Renditekonzept, einhergehend mit einer stärkeren Differenzierung der Planungs- und Kontrollkalküle nach der zeitlichen Wirkung der zu treffenden Entscheidungen, anstelle des herkömmlichen Return-on-Investment-Konzepts eine stärkere Bedeutung zuzumessen sein ([6] S. 43 ff.).

Tabelle 3

Rendite bei einem internen Zinsfuß von 10 % und Reinvestitionen der Nettoeinnahmen von 50 %

S in %	Extreme Werte in den Jahren zwischen		N = 5 Aktivierungsanteil						N = 10 Aktivierungsanteil					
			60 %		80 %		100 %		60 %		80 %		100 %	
			linear	digital	linear	digital	linear	digital	linear	digital	linear	digital	linear	digital
—50	3N < T ≤ 4N	max.	2.3	12.9	—2.7	5.7	—5.7	1.4	—11.0	—4.5	—12.9	—7.8	—14.1	—9.7
		min.	2.3	12.9	—2.7	5.7	—5.7	1.4	—11.0	—4.5	—12.9	—7.8	—14.1	—9.7
	5N < T ≤ 6N	max.	2.3	12.9	—2.7	5.7	—5.7	1.4	—11.0	—4.5	—12.9	—7.8	—14.1	—9.7
		min.	2.3	12.9	—2.7	5.7	—5.7	1.4	—11.0	—4.5	—12.9	—7.8	—14.1	—9.7
—25	3N < T ≤ 4N	max.	16.4	28.7	9.3	18.8	5.0	12.9	8.4	17.5	4.1	11.1	1.5	7.3
		min.	16.4	28.6	9.2	18.8	4.9	12.9	8.3	17.5	4.1	11.1	1.5	7.3
	5N < T ≤ 6N	max.	16.4	28.6	9.3	18.8	5.0	12.9	8.3	17.5	4.1	11.1	1.5	7.3
		min.	16.4	28.6	9.3	18.8	5.0	12.9	8.3	17.5	4.1	11.1	1.5	7.3
0	3N < T ≤ 4N	max.	25.6	38.9	16.9	27.2	11.7	20.2	22.1	32.8	15.8	23.9	12.1	18.6
		min.	25.4	38.5	16.8	26.9	11.6	20.0	22.1	32.7	15.8	23.9	12.1	18.5
	5N < T ≤ 6N	max.	25.5	38.7	16.8	27.0	11.7	20.1	22.1	32.8	15.8	23.9	12.1	18.6
		min.	25.4	38.6	16.8	27.0	11.7	20.0	22.1	32.8	15.8	23.9	12.1	18.6
25	3N < T ≤ 4N	max.	31.3	45.4	21.7	32.5	15.9	24.8	29.1	40.4	21.7	30.2	17.3	24.1
		min.	30.9	44.4	21.4	31.8	15.7	24.2	29.1	40.3	21.7	30.1	17.3	24.0
	5N < T ≤ 6N	max.	31.1	44.9	21.5	32.1	15.8	24.4	29.1	40.4	21.7	30.2	17.3	24.1
		min.	31.0	44.7	21.5	32.0	15.7	24.4	29.1	40.3	21.7	30.2	17.3	24.0
50	3N < T ≤ 4N	max.	35.2	49.8	24.9	36.1	18.7	27.8	32.3	43.9	24.4	33.1	19.7	26.6
		min.	34.1	47.9	24.1	34.6	18.0	26.6	32.0	43.4	24.2	32.7	19.5	26.3
	5N < T ≤ 6N	max.	34.7	49.0	24.5	35.4	18.4	27.3	32.2	43.8	24.3	33.0	19.6	26.5
		min.	34.5	48.5	24.4	35.1	18.3	27.0	32.1	43.6	24.3	32.9	19.5	26.4

Tabelle 4

Rendite bei einem internen Zinsfuß von 20 % und Reinvestitionen der Nettoeinnahmen von 50 %

S in %	Extreme Werte in den Jahren zwischen		N = 5 Aktivierungsanteil						N = 10 Aktivierungsanteil					
			60 %		80 %		100 %		60 %		80 %		100 %	
			linear	digital	linear	digital	linear	digital	linear	digital	linear	digital	linear	digital
−50	3N < T ≤ 4N	max.	14.1	26.1	7.3	16.7	3.2	11.1	—1.8	6.1	—4.8	1.4	—6.5	—1.5
		min.	14.1	26.1	7.3	16.7	3.2	11.1	—1.8	6.1	—4.8	1.4	—6.5	—1.5
	5N < T ≤ 6N	max.	14.1	26.1	7.3	16.7	3.2	11.1	—1.8	6.1	—4.8	1.4	—6.5	—1.5
		min.	14.1	26.1	7.3	16.7	3.2	11.1	—1.8	6.1	—4.8	1.4	—6.5	—1.5
−25	3N < T ≤ 4N	max.	30.5	44.2	21.0	31.6	15.4	24.0	20.6	31.1	14.5	22.5	10.9	17.3
		min.	30.5	44.2	21.0	31.5	15.4	24.0	20.6	31.1	14.5	22.5	10.9	17.3
	5N < T ≤ 6N	max.	30.5	44.2	21.0	31.5	15.4	24.0	20.6	31.1	14.5	22.5	10.9	17.3
		min.	30.5	44.2	21.0	31.5	15.4	24.0	20.6	31.1	14.5	22.5	10.9	17.3
0	3N < T ≤ 4N	max.	41.5	56.3	30.1	41.3	23.3	32.4	38.2	50.2	29.3	38.3	24.0	31.1
		min.	41.5	56.1	30.1	41.3	23.3	32.3	38.2	50.2	29.3	38.3	24.0	31.1
	5N < T ≤ 6N	max.	41.5	56.2	30.1	41.3	23.3	32.4	38.2	50.2	29.3	38.3	24.0	31.1
		min.	41.5	56.2	30.1	41.3	23.3	32.3	38.2	50.2	29.3	38.3	24.0	31.1
25	3N < T ≤ 4N	max.	48.6	64.0	36.0	47.6	28.4	37.7	48.6	61.3	37.9	47.3	31.5	38.9
		min.	48.5	63.8	35.9	47.4	28.3	37.6	48.0	60.4	37.4	46.6	31.1	38.3
	5N < T ≤ 6N	max.	48.6	63.9	35.9	47.5	28.4	37.7	48.4	61.0	37.7	47.1	31.3	38.7
		min.	48.5	63.8	35.9	47.5	28.4	37.7	48.3	60.9	37.7	47.0	31.3	38.6
50	3N < T ≤ 4N	max.	53.2	68.9	39.7	51.6	31.7	41.1	54.7	68.2	42.9	52.9	35.8	43.7
		min.	53.1	68.7	39.7	51.4	31.6	41.0	51.3	68.2	40.2	48.9	33.5	40.4
	5N < T ≤ 6N	max.	53.1	68.8	39.7	51.5	31.6	41.1	53.5	66.5	42.0	51.6	35.0	42.6
		min.	53.1	68.8	39.7	51.5	31.6	41.1	52.7	65.4	41.3	50.6	34.5	41.8

Tabelle 5

Rendite bei einem internen Zinsfuß von 10 % und Reinvestitionen der Nettoeinnahmen von 75 %

S in %	Extreme Werte in den Jahren zwischen		N = 5 Aktivierungsanteil						N = 10 Aktivierungsanteil					
			60 %		80 %		100 %		60 %		80 %		100 %	
			linear	digital	linear	digital	linear	digital	linear	digital	linear	digital	linear	digital
−50	3N < T ≤ 4N	max.	8.6	13.3	5.4	9.0	3.5	6.5	2.6	5.9	0.9	3.4	−0.2	1.9
		min.	8.6	13.3	5.4	9.0	3.5	6.5	2.6	5.9	0.9	3.4	−0.2	1.9
	5N < T ≤ 6N	max.	8.6	13.3	5.4	9.0	3.5	6.5	2.6	5.9	0.9	3.4	−0.2	1.9
		min.	8.6	13.3	5.4	9.0	3.5	6.5	2.6	5.9	0.9	3.4	−0.2	1.9
−25	3N < T ≤ 4N	max.	14.4	19.4	10.4	14.2	8.0	11.1	10.7	14.5	8.1	10.9	6.5	8.8
		min.	14.4	19.4	10.4	14.2	8.0	11.1	10.7	14.5	8.1	10.9	6.5	8.8
	5N < T ≤ 6N	max.	14.4	19.4	10.4	14.2	8.0	11.1	10.7	14.5	8.1	10.9	6.5	8.8
		min.	14.4	19.4	10.4	14.2	8.0	11.1	10.7	14.5	8.1	10.9	6.5	8.8
0	3N < T ≤ 4N	max.	17.9	23.2	13.4	17.3	10.7	13.8	16.0	20.1	12.8	15.8	10.8	13.2
		min.	17.9	23.2	13.4	17.3	10.7	13.8	16.0	20.1	12.7	15.8	10.8	13.2
	5N < T ≤ 6N	max.	17.9	23.2	13.4	17.3	10.7	13.8	16.0	20.1	12.7	15.8	10.8	13.2
		min.	17.9	23.2	13.4	17.3	10.7	13.8	16.0	20.1	12.7	15.8	10.8	13.2
25	3N < T ≤ 4N	max.	20.0	25.4	15.2	19.2	12.3	15.5	18.6	22.9	15.0	18.2	12.8	15.3
		min.	20.0	25.4	15.2	19.2	12.3	15.4	18.3	22.4	14.8	17.8	12.7	15.0
	5N < T ≤ 6N	max.	20.0	25.4	15.2	19.2	12.3	15.5	18.5	22.8	14.9	18.0	12.8	15.2
		min.	20.0	25.4	15.2	19.2	12.3	15.5	18.5	22.7	14.9	18.0	12.8	15.2
50	3N < T ≤ 4N	max.	21.4	26.9	16.3	20.4	13.3	16.5	20.1	24.8	16.3	19.7	14.0	16.7
		min.	21.3	26.7	16.2	20.2	13.2	16.4	18.8	22.6	15.2	18.0	13.1	15.2
	5N < T ≤ 6N	max.	21.3	26.8	16.3	20.3	13.2	16.5	19.7	24.1	15.9	19.1	13.7	16.2
		min.	21.3	26.8	16.3	20.3	13.2	16.5	19.3	23.5	15.6	18.7	13.5	15.8

Tabelle 6

Rendite bei einem internen Zinsfuß von 20 % und Reinvestitionen der Nettoeinnahmen von 75 %

S in %	Extreme Werte in den Jahren zwischen		N = 5 Aktivierungsanteil						N = 10 Aktivierungsanteil					
			60 %		80 %		100 %		60 %		80 %		100 %	
			linear	digital	linear	digital	linear	digital	linear	digital	linear	digital	linear	digital
−50	3N < T ≤ 4N	max.	21.2	26.7	16.2	20.3	13.2	16.4	13.9	17.9	10.9	13.9	9.1	11.5
		min.	21.2	26.7	16.2	20.3	13.2	16.4	13.9	17.9	10.9	13.9	9.1	11.5
	5N < T ≤ 6N	max.	21.2	26.7	16.2	20.3	13.2	16.4	13.9	17.9	10.9	13.9	9.1	11.5
		min.	21.2	26.7	16.2	20.3	13.2	16.4	13.9	17.9	10.9	13.9	9.1	11.5
−25	3N < T ≤ 4N	max.	27.8	33.7	21.8	26.0	18.1	21.4	23.0	27.5	18.8	22.1	16.3	18.8
		min.	27.8	33.7	21.8	26.0	18.1	21.4	23.0	27.5	18.8	22.1	16.3	18.8
	5N < T ≤ 6N	max.	27.8	33.7	21.8	26.0	18.1	21.4	23.0	27.5	18.8	22.1	16.3	18.8
		min.	27.8	33.7	21.8	26.0	18.1	21.4	23.0	27.5	18.8	22.1	16.3	18.8
0	3N < T ≤ 4N	max.	32.1	38.2	25.4	29.8	21.3	24.7	29.7	34.5	24.6	28.0	21.5	24.1
		min.	32.1	38.2	25.3	29.7	21.3	24.6	29.7	34.5	24.6	28.0	21.5	24.1
	5N < T ≤ 6N	max.	32.1	38.2	25.4	29.8	21.3	24.7	29.7	34.5	24.6	28.0	21.5	24.1
		min.	32.1	38.2	25.4	29.8	21.3	24.7	29.7	34.5	24.6	28.0	21.5	24.1
25	3N < T ≤ 4N	max.	34.8	41.2	27.6	32.1	23.3	26.7	33.5	38.5	27.8	31.3	24.4	27.0
		min.	34.6	40.8	27.5	31.9	23.2	26.5	33.0	37.8	27.4	30.7	24.1	26.5
	5N < T ≤ 6N	max.	34.8	41.0	27.6	32.1	23.3	26.7	33.4	38.3	27.7	31.2	24.3	26.9
		min.	34.8	41.0	27,6	32.0	23.3	26.7	33.3	38.3	27.7	31.1	24.3	26.8
50	3N < T ≤ 4N	max.	36.7	43.2	29.2	33.8	24.6	28.1	36.1	41.5	30.0	33.8	26.3	29.2
		min.	36.0	42.1	28.7	33.0	24.3	27.5	33.3	37.4	27.7	30.6	24.3	26.4
	5N < T ≤ 6N	max.	36.5	42.9	29.0	33.5	24.5	27.9	35.2	40.3	29.2	32.8	25.7	28.3
		min.	36.4	42.7	28.9	33.4	24.5	27.9	34.6	39.5	28.8	32.2	25.3	27.8

Tabelle 7

Rendite bei einem internen Zinsfuß von 10 % und Reinvestitionen der Nettoeinnahmen von 100 %

S in %	Extreme Werte in den Jahren zwischen		Aktivierungsanteil N = 5						Aktivierungsanteil N = 10					
			60 %		80 %		100 %		60 %		80 %		100 %	
			linear	digital	linear	digital	linear	digital	linear	digital	linear	digital	linear	digital
−50	3N < T ≤ 4N	max.	12.5	13.1	10.9	11.2	10.0	10.0	11.6	12.0	10.6	10.8	10.0	10.0
		min.	12.5	13.1	10.9	11.2	10.0	10.0	11.6	12.0	10.6	10.8	10.0	10.0
	5N < T ≤ 6N	max.	12.5	13.1	10.9	11.2	10.0	10.0	11.6	12.0	10.6	10.8	10.0	10.0
		min.	12.5	13.1	10.9	11.2	10.0	10.0	11.6	12.0	10.6	10.8	10.0	10.0
−25	3N < T ≤ 4N	max.	12.5	13.1	10.9	11.2	10.0	10.0	11.6	12.0	10.6	10.8	10.0	10.0
		min.	12.5	13.1	10.9	11.2	10.0	10.0	11.6	12.0	10.6	10.8	10.0	10.0
	5N < T ≤ 6N	max.	12.5	13.1	10.9	11.2	10.0	10.0	11.6	12.0	10.6	10.8	10.0	10.0
		min.	12.5	13.1	10.9	11.2	10.0	10.0	11.6	12.0	10.6	10.8	10.0	10.0
0	3N < T ≤ 4N	max.	12.5	13.1	10.9	11.2	10.0	10.0	11.6	12.0	10.6	10.8	10.0	10.0
		min.	12.5	13.1	10.9	11.2	10.0	10.0	11.6	12.0	10.6	10.7	10.0	10.0
	5N < T ≤ 6N	max.	12.5	13.1	10.9	11.2	10.0	10.0	11.6	12.0	10.6	10.8	10.0	10.0
		min.	12.5	13.1	10.9	11.2	10.0	10.0	11.6	12.0	10.6	10.8	10.0	10.0
25	3N < T ≤ 4N	max.	12.6	13.2	11.0	11.2	10.0	10.0	11.7	12.2	10.7	10.9	10.1	10.1
		min.	12.4	12.9	10.9	11.1	10.0	9.9	11.4	11.7	10.4	10.5	9.9	9.8
	5N < T ≤ 6N	max.	12.5	13.1	10.9	11.2	10.0	10.0	11.6	12.0	10.6	10.8	10.0	10.0
		min.	12.5	13.1	10.9	11.2	10.0	10.0	11.6	12.0	10.6	10.7	10.0	10.0
50	3N < T ≤ 4N	max.	12.7	13.4	11.1	11.4	10.1	10.1	12.2	13.0	11.1	11.5	10.5	10.7
		min.	12.1	12.6	10.8	10.9	9.9	9.7	10.7	10.7	9.9	9.7	9.4	9.0
	5N < T ≤ 6N	max.	12.5	13.2	11.0	11.2	10.0	10.0	11.7	12.2	10.7	10.9	10.1	10.1
		min.	12.5	13.1	10.9	11.1	10.0	10.0	11.3	11.7	10.4	10.5	9.8	9.8

Tabelle 8

Rendite bei einem internen Zinsfuß von 20 % und Reinvestitionen der Nettoeinnahmen von 100 %

S in %	Extreme Werte in den Jahren zwischen		N = 5 Aktivierungsanteil						N = 10 Aktivierungsanteil					
			60 %		80 %		100 %		60 %		80 %		100 %	
			linear	digital	linear	digital	linear	digital	linear	digital	linear	digital	linear	digital
−50	3N < T ≦ 4N	max.	25.5	26.7	22.1	22.5	20.0	20.0	23.8	24.7	21.4	21.8	20.0	20.0
		min.	25.5	26.7	22.1	22.5	20.0	20.0	23.8	24.7	21.4	21.8	20.0	20.0
	5N < T ≦ 6N	max.	25.5	26.7	22.1	22.5	20.0	20.0	23.8	24.7	21.4	21.8	20.0	20.0
		min.	25.5	26.7	22.1	22.5	20.0	20.0	23.8	24.7	21.4	21.8	20.0	20.0
−25	3N < T ≦ 4N	max.	25.5	26.7	22.1	22.5	20.0	20.0	23.8	24.7	21.4	21.8	20.0	20.0
		min.	25.5	26.7	22.1	22.5	20.0	20.0	23.8	24.7	21.4	21.8	20.0	20.0
	5N < T ≦ 6N	max.	25.5	26.7	22.1	22.5	20.0	20.0	23.8	24.7	21.4	21.8	20.0	20.0
		min.	25.5	26.7	22.1	22.5	20.0	20.0	23.8	24.7	21.4	21.8	20.0	20.0
0	3N < T ≦ 4N	max.	25.5	26.7	22.1	22.5	20.0	20.0	23.8	24.7	21.4	21.8	20.0	20.0
		min.	25.5	26.7	22.1	22.5	20.0	20.0	23.8	24.7	21.4	21.8	20.0	20.0
	5N < T ≦ 6N	max.	25.5	26.7	22.1	22.5	20.0	20.0	23.8	24.7	21.4	21.8	20.0	20.0
		min.	25.5	26.7	22.1	22.5	20.0	20.0	23.8	24.7	21.4	21.8	20.0	20.0
25	3N < T ≦ 4N	max.	25.6	26.8	22.1	22.6	20.1	20.1	23.9	24.8	21.5	21.9	20.1	20.1
		min.	25.3	26.4	22.0	22.3	19.9	19.9	23.6	24.4	21.3	21.5	19.9	19.8
	5N < T ≦ 6N	max.	25.5	26.7	22.1	22.5	20.0	20.0	23.8	24.7	21.4	21.8	20.0	20.0
		min.	25.5	26.7	22.1	22.5	20.0	20.0	23.8	24.7	21.4	21.8	20.0	20.0
50	3N < T ≦ 4N	max.	25.8	27.1	22.3	22.8	20.1	20.2	24.6	25.8	22.1	22.7	20.6	20.8
		min.	24.9	25.8	21.7	22.0	19.7	19.6	22.3	22.6	20.3	20.1	19.0	18.6
	5N < T ≦ 6N	max.	25.6	26.8	22.1	22.5	20.0	20.0	23.9	24.9	21.5	21.9	20.1	20.1
		min.	25.5	26.6	22.0	22.5	20.0	20.0	23.6	24.4	21.2	21.5	19.8	19.8

Tabelle 9

Rendite bei einem internen Zinsfuß von 10 % und Reinvestitionen der Nettoeinnahmen von 125 %

S in %	Extreme Werte in den Jahren zwischen		N = 5 Aktivierungsanteil						N = 10 Aktivierungsanteil					
			60 %		80 %		100 %		60 %		80 %		100 %	
			linear	digital	linear	digital	linear	digital	linear	digital	linear	digital	linear	digital
−50	3N < T ≤ 4N	max.	14.9	12.8	14.8	12.6	14.8	12.6	17.2	15.6	17.2	15.6	17.2	15.6
		min.	14.9	12.8	14.8	12.6	14.8	12.6	17.2	15.6	17.2	15.6	17.2	15.6
	5N < T ≤ 6N	max.	14.9	12.8	14.8	12.6	14.8	12.6	17.2	15.6	17.2	15.6	17.2	15.6
		min.	14.9	12.8	14.8	12.6	14.8	12.6	17.2	15.6	17.2	15.6	17.2	15.6
−25	3N < T ≤ 4N	max.	10.8	8.4	11.2	9.0	11.5	9.3	11.7	9.9	12.2	10.5	12.5	10.9
		min.	10.8	8.4	11.2	9.0	11.5	9.3	11.7	9.9	12.2	10.5	12.5	10.9
	5N < T ≤ 6N	max.	10.8	8.4	11.2	9.0	11.5	9.3	11.7	9.9	12.2	10.5	12.5	10.9
		min.	10.8	8.4	11.2	9.0	11.5	9.3	11.7	9.9	12.2	10.5	12.5	10.9
0	3N < T ≤ 4N	max.	8.3	5.9	9.1	6.8	9.5	7.4	8.1	6.2	8.9	7.3	9.4	7.9
		min.	8.3	5.8	9.0	6.8	9.5	7.4	8.1	6.2	8.9	7.2	9.4	7.9
	5N < T ≤ 6N	max.	8.3	5.9	9.1	6.8	9.5	7.4	8.1	6.2	8.9	7.3	9.4	7.9
		min.	8.3	5.9	9.1	6.8	9.5	7.4	8.1	6.2	8.9	7.3	9.4	7.9
25	3N < T ≤ 4N	max.	6.9	4.5	7.8	5.6	8.4	6.3	6.6	4.7	7.6	5.9	8.1	6.6
		min.	6.7	4.1	7.7	5.4	8.3	6.1	6.4	4.3	7.4	5.6	8.0	6.3
	5N < T ≤ 6N	max.	6.9	4.4	7.8	5.5	8.4	6.2	6.6	4.6	7.5	5.8	8.1	6.5
		min.	6.8	4.4	7.8	5.5	8.4	6.2	6.5	4.6	7.5	5.8	8.1	6.5
50	3N < T ≤ 4N	max.	6.2	3.8	7.2	5.0	7.8	5.7	6.5	4.8	7.4	5.9	8.0	6.6
		min.	5.5	2.8	6.8	4.4	7.5	5.3	5.1	2.7	6.3	4.2	6.9	5.1
	5N < T ≤ 6N	max.	6.0	3.5	7.1	4.8	7.7	5.6	6.0	4.1	7.0	5.4	7.6	6.1
		min.	6.0	3.4	7.0	4.7	7.7	5.5	5.8	3.7	6.8	5.0	7.4	5.8

Tabelle 10

Rendite bei einem internen Zinsfuß von 20 % und Reinvestitionen der Nettoeinnahmen von 125 %

S in %	Extreme Werte in den Jahren zwischen		Aktivierungsanteil N = 5						Aktivierungsanteil N = 10					
			60 %		80 %		100 %		60 %		80 %		100 %	
			linear	digital	linear	digital	linear	digital	linear	digital	linear	digital	linear	digital
−50	3N < T ≤ 4N	max.	28.2	26.5	26.2	24.1	24.9	22.6	29.9	28.6	28.3	26.8	27.4	25.8
		min.	28.2	26.5	26.2	24.1	24.9	22.6	29.9	28.6	28.3	26.8	27.4	25.8
	5N < T ≤ 6N	max.	28.2	26.5	26.2	24.1	24.9	22.6	29.9	28.6	28.3	26.8	27.4	25.8
		min.	28.2	26.5	26.2	24.1	24.9	22.6	29.9	28.6	28.3	26.8	27.4	25.8
−25	3N < T ≤ 4N	max.	23.5	21.6	22.2	20.0	21.4	19.1	23.8	22.4	23.0	21.5	22.6	20.9
		min.	23.5	21.6	22.2	20.0	21.4	19.1	23.8	22.4	23.0	21.5	22.6	20.9
	5N < T ≤ 6N	max.	23.5	21.6	22.2	20.0	21.4	19.1	23.8	22.4	23.0	21.5	22.6	20.9
		min.	23.5	21.6	22.2	20.0	21.4	19.1	23.8	22.4	23.0	21.5	22.6	20.9
0	3N < T ≤ 4N	max.	20.5	18.5	19.6	17.5	19.1	16.8	19.3	17.8	19.1	17.5	19.0	17.3
		min.	20.5	18.5	19.6	17.4	19.1	16.8	19.3	17.8	19.1	17.5	18.9	17.3
	5N < T ≤ 6N	max.	20.5	18.5	19.6	17.5	19.1	16.8	19.3	17.8	19.1	17.5	18.9	17.3
		min.	20.5	18.5	19.6	17.5	19.1	16.8	19.3	17.8	19.1	17.5	18.9	17.3
25	3N < T ≤ 4N	max.	18.7	16.7	18.1	15.9	17.7	15.5	17.1	15.5	17.1	15.5	17.1	15.5
		min.	18.5	16.4	18.0	15.7	17.6	15.3	16.9	15.2	16.9	15.3	17.0	15.3
	5N < T ≤ 6N	max.	18.7	16.6	18.1	15.9	17.7	15.4	17.0	15.4	17.1	15.4	17.1	15.5
		min.	18.7	16.6	18.1	15.9	17.7	15.4	17.0	15.4	17.1	15.4	17.1	15.5
50	3N < T ≤ 4N	max.	17.8	15.8	17.3	15.2	16.9	14.8	16.7	15.2	16.7	15.2	16.7	15.2
		min.	16.9	14.6	16.8	14.4	16.6	14.2	14.9	12.8	15.2	13.2	15.4	13.5
	5N < T ≤ 6N	max.	17.6	15.5	17.1	14.9	16.8	14.6	16.1	14.5	16.3	14.7	16.3	14.7
		min.	17.5	15.4	17.1	14.9	16.8	14.6	15.9	14.3	16.1	14.4	16.2	14.5

Tabelle 11

Rendite bei einem internen Zinsfuß von 10 % und Reinvestitionen der Nettoeinnahmen von 150 %

S in %	Extreme Werte in den Jahren zwischen		N = 5 Aktivierungsanteil						N = 10 Aktivierungsanteil					
			60 %		80 %		100 %		60 %		80 %		100 %	
			linear	digital	linear	digital	linear	digital	linear	digital	linear	digital	linear	digital
−50	3N < T ≤ 4N	max.	16.5	12.3	17.7	13.7	18.4	14.5	20.8	17.7	21.8	18.9	22.4	19.7
		min.	16.5	12.3	17.7	13.7	18.4	14.5	20.8	17.7	21.8	18.9	22.4	19.7
	5N < T ≤ 6N	max.	16.5	12.3	17.7	13.7	18.4	14.5	20.8	17.7	21.8	18.9	22.4	19.7
		min.	16.5	12.3	17.7	13.7	18.4	14.5	20.8	17.7	21.8	18.9	22.4	19.7
−25	3N < T ≤ 4N	max.	9.2	4.8	11.4	7.3	12.7	8.9	11.3	8.0	13.2	10.3	14.4	11.7
		min.	9.2	4.8	11.4	7.3	12.7	8.9	11.3	8.0	13.2	10.3	14.4	11.7
	5N < T ≤ 6N	max.	9.2	4.8	11.4	7.3	12.7	8.9	11.3	8.0	13.2	10.3	14.4	11.7
		min.	9.2	4.8	11.4	7.3	12.7	8.9	11.3	8.0	13.2	10.3	14.4	11.7
0	3N < T ≤ 4N	max.	4.8	0.3	7.5	3.5	9.2	5.4	5.2	1.7	7.6	4.6	9.0	6.4
		min.	4.8	0.2	7.5	3.5	9.2	5.4	5.2	1.7	7.6	4.6	9.0	6.4
	5N < T ≤ 6N	max.	4.8	0.3	7.5	3.5	9.2	5.4	5.2	1.7	7.6	4.6	9.0	6.4
		min.	4.8	0.3	7.5	3.5	9.2	5.4	5.2	1.7	7.6	4.6	9.0	6.4
25	3N < T ≤ 4N	max.	2.4	−2.2	5.4	1.3	7.2	3.5	2.7	−0.8	5.2	2.2	6.7	4.1
		min.	2.2	−2.5	5.3	1.2	7.1	3.4	2.6	−1.1	5.0	2.0	6.5	3.9
	5N < T ≤ 6N	max.	2.4	−2.3	5.3	1.3	7.1	3.5	2.7	−0.9	5.1	2.2	6.6	4.0
		min.	2.4	−2.3	5.3	1.3	7.1	3.4	2.7	−0.9	5.1	2.2	6.6	4.0
50	3N < T ≤ 4N	max.	1.1	−3.5	4.2	0.2	6.0	2.4	2.1	−1.3	4.6	1.8	6.1	3.7
		min.	0.4	−4.5	3.8	−0.4	5.8	2.0	0.9	−3.1	3.6	0.3	5.1	2.3
	5N < T ≤ 6N	max.	0.9	−3.8	4.1	0.0	5.9	2.3	1.8	−1.8	4.3	1.3	5.8	3.2
		min.	0.9	−3.8	4.0	−0.0	5.9	2.3	1.5	−2.1	4.1	1.0	5.6	3.0

Tabelle 12

Rendite bei einem internen Zinsfuß von 20 % und Reinvestitionen der Nettoeinnahmen von 150 %

S in %	Extreme Werte in den Jahren zwischen		Aktivierungsanteil N = 5						Aktivierungsanteil N = 10					
			60 %		80 %		100 %		60 %		80 %		100 %	
			linear	digital	linear	digital	linear	digital	linear	digital	linear	digital	linear	digital
−50	3N < T ≤ 4N	max.	30.0	26.2	29.1	25.2	28.6	24.6	33.6	30.9	33.0	30.3	32.7	29.9
		min.	30.0	26.2	29.1	25.2	28.6	24.6	33.6	30.9	33.0	30.3	32.7	29.9
	5N < T ≤ 6N	max.	30.0	26.2	29.1	25.2	28.6	24.6	33.6	30.9	33.0	30.3	32.7	29.9
		min.	30.0	26.2	29.1	25.2	28.6	24.6	33.6	30.9	33.0	30.3	32.7	29.9
−25	3N < T ≤ 4N	max.	21.8	17.7	22.2	18.2	22.4	18.5	23.3	20.3	24.0	21.2	24.5	21.7
		min.	21.8	17.7	22.2	18.2	22.4	18.5	23.3	20.3	24.0	21.2	24.5	21.7
	5N < T ≤ 6N	max.	21.8	17.7	22.2	18.2	22.4	18.5	23.3	20.3	24.0	21.2	24.5	21.7
		min.	21.8	17.7	22.2	18.2	22.4	18.5	23.3	20.3	24.0	21.2	24.5	21.7
0	3N < T ≤ 4N	max.	16.5	12.3	17.7	13.7	18.4	14.5	15.7	12.5	17.2	14.3	18.2	15.4
		min.	16.5	12.2	17.7	13.6	18.4	14.5	15.7	12.5	17.2	14.3	18.2	15.4
	5N < T ≤ 6N	max.	16.5	12.3	17.7	13.7	18.4	14.5	15.7	12.5	17.2	14.3	18.2	15.4
		min.	16.5	12.3	17.7	13.7	18.4	14.5	15.7	12.5	17.2	14.3	18.2	15.4
25	3N < T ≤ 4N	max.	13.4	9.1	15.0	11.0	15.9	12.1	11.9	8.6	13.8	10.9	14.9	12.2
		min.	13.2	8.8	14.9	10.8	15.9	12.0	11.7	8.4	13.7	10.7	14.8	12.1
	5N < T ≤ 6N	max.	13.3	9.0	14.9	10.9	15.9	12.1	11.9	8.5	13.8	10.8	14.9	12.2
		min.	13.3	9.0	14.9	10.9	15.9	12.1	11.8	8.5	13.8	10.8	14.9	12.2
50	3N < T ≤ 4N	max.	11.6	7.3	13.4	9.5	14.5	10.8	10.7	7.5	12.7	9.9	13.9	11.3
		min.	10.8	6.3	13.0	8.8	14.2	10.3	9.3	5.5	11.5	8.3	12.8	9.9
	5N < T ≤ 6N	max.	11.4	7.1	13.3	9.3	14.4	10.6	10.3	7.0	12.4	9.4	13.6	10.9
		min.	11.4	7.0	13.3	9.3	14.4	10.6	10.2	6.8	12.2	9.3	13.5	10.7

Literaturverzeichnis

[1] Albach, Horst: Grundgedanken einer synthetischen Bilanztheorie, in: Zeitschrift für Betriebswirtschaft, 35. Jg., 1965, S. 21—31.

[2] Albach, Horst: Steuersystem und unternehmerische Investitionspolitik, Wiesbaden 1970.

[3] Harcourt, G. C.: The Accountant in a Golden Age, in: Oxford Economic Papers, March 1965, S. 66—80.

[4] Horsterbach, Ernst: Investitionsrechnung und Rechnungswesen, in: Zeitschrift für Betriebswirtschaft, 41. Jg., 1971, S. 391—404.

[5] Livingstone, John Leslie — Salamon, Gerald L.: Relationship between the Accounting and the Internal Rate of Return Measures: A Synthesis and an Analysis, in: Journal of Accounting Research, Vol. 8, 1970, S. 199—216.

[6] Lüder, Klaus: Unternehmensführung: Problematisches Return-on-Investment-Verfahren, in: Wirtschaftswoche, 25. Jg., Nr. 46, 1971, S. 41—46.

[7] Seelbach, H.: Entscheidungskriterien der Wirtschaftlichkeitsrechnung, in: Zeitschrift für Betriebswirtschaft, 35. Jg., 1965, S. 302—315.

[8] Smith, J. M.: Financial Accounting Conversion: Analysis and Evaluation, Dissertation, Stanford University, 1965.

[9] Solomon, Ezra: Return on Investment: the Relation of Book-Yield to True Yield, in: Jaedicke, Robert K.-Ijiri, Yuji — Nielsen, Oswald (eds.): Research in Accounting Measurement, Menasha, Wisc., 1966, S. 232—244.

[10] Zeff, Stephen A.: Discussion Comments, in: Jaedicke, Robert K. — Ijiri, Yuji — Nielsen, Oswald (eds.): Research in Accounting Measurement, Menasha, Wisc., 1966, S. 249—254.

Computers, Data and Decision-Making:
Some Requirements for Rational Planning

Von

Prof. Dr. Andrew C. Stedry

Introduction

Indeed the major problem I have observed in the design of computer-based corporate planning and control systems is that of collecting data first and deciding on what data are needed later. Data are collected and stored in all-too-convenient computer memory banks *because the data are there* (i. e., are in the accounting system) *rather than because,* as an outgrowth of a rational decision, *they have been deemed useful.*

Accounting and Computers

Historically, computers were first introduced into corporations through the accounting department. The crowning achievement of Westinghouse's UNIVAC I in 1954 was automation of the payroll. In the same year Westinghouse instituted computer-based inventory control, using mathematical models at their Newark instrument plant. In the latter operation, the costs used were accounting costs; the usages projected were based on historical acquisitions.

The incompatibility of accounting records and rational planning is well illustrated by a legendary inventory control anecdote. During a period of recent history, military resupply was based upon past usage — i. e., the historical accounting data on actual shipments. This is, of course, perfectly sound accounting doctrine based upon the principle of the *transaction*[1]) where no fact is recognized until an actual transfer of goods or services has occurred. Unfortunately the combat troops ran out of patches for repairing automotive tire tubes. They naturally had to replace entire tubes, thus raising the recorded usage of tire tubes. The usage of tire patches was, of course, *nil* since there were none to use. Based upon the accounting records we dutifully shipped tubes rather than patches until the end of that particular conflict.

There is no mechanism in accounting to record demands; they are not accounting transactions. Yet, in rational inventory control systems demands, rather than actual usage, represent the relevant system input. Planning requires non-accounting inputs. As long as the corporate computer reports to the controller's office it is unlikely that the bias toward using accounting records as the primary data base will diminish.

To recall an earlier statement, accounting records go into computer storage because they are there. Planning, however, requires projections, "what if we did this?" estimates which find no home in traditional accounting or record-keeping.

---

1) See Eric L. Kohler, A Dictionary for Accountants, Englewood Cliffs, 1956.

Data and Models

The alternative to collecting data in vast quantities, "stuffing" them into computer memory banks never to be touched again, rests in the prior preparation of planning models. Professor Gälweiler in his paper at this Symposium calls appropriately for problem-oriented information systems. In the use of Management Science models, most significantly mathematical programming applications[2]), it has been found that the overwhelming mass of available data is irrelevant while the few items needed for rational decision making must be erected *de nouveau*.

Typically, the critical parameters in linear programming applications are not costs — which are readily available — but the technological "mix" parameters which are so bogged down in a morass of allocations, reallocations, and accounting variance computations as to be virtually inaccessible. In developing a mathematical computer-based model for a fully automated steel mill, the operations research staff of a major British company was forced to turn, for technological parameters, to a "little black book" kept by a foreman in a steel plant built in North Wales some fifty years earlier. The accounting system set up by a highly reputed American consulting firm produced data so far removed from the actual production process as to be worse than useless. The needs were for data on how many tons of iron ore and coke were required for a given tonnage of steel, how long it had to remain in the furnace etc., and *not* the cost of steel per ton (to the sixth decimal place) at the loading dock after all indirect costs (including the Director's salary and perquisites) had been added.

A look at the planning model *before* designing the accounting system (and hence what was available in computer storage) would have mitigated this problem. A far more rational procedure would have been to design the decision model first and *then* to establish what data should be collected.

Data collection is expensive, model-building relatively cheap. The planning model should be designed first in order that the relevant data can be collected, avoiding the expense of overloading memory banks with "facts" whose importance is non-existent.

Operations, Planning and Control

The requirements of computer-based systems vary greatly, depending on their use. We have discussed elsewhere[3]) the need for *micro* data in day-to-day operations (e. g., on-line computers for process control in manufacturing) and *macro* data — tons of coke per ton of steel — for planning models. These

---

2) A. Charnes and W. W. Cooper, Management Models and Industrial Applications of Linear Programming, New York 1961.
3) Neil C. Churchill and Andrew C. Stedry, "New Data Needs for Planning and Control," Management Services, October, 1964.

categories bracket the accounting data normally collected (and computer-stored). Only summaries of the *micro* data are represented as accounting transactions while the *macro* data are simply unavailable.

We define operations as the actual goings-on — the production, the inputs and outputs, the daily routine. Planning encompasses the decisions of how much to produce, when, and with what materials, capital, and labor inputs. Control is the process through which actual operations are caused to conform to or exceed plans through the interests and motivations of the people who are charged with the responsibility of performing.

In the paper cited, Churchill and I point out that data available from accounting records are too micro for planning and too macro for operations. They may be adequate for control where the necessity for precision or accuracy in fact is less important than credibility and consistency in name. For control purposes, motivation of a supervisor to produce 10 % more of "something" is little affected by whether or not the figure is in error by a factor of two to begin with — provided that the factor of two is consistently applied in the subsequent valuation. In this light the emphasis, by accountants, on consistency is wholly justified.

For planning, however, the focus must be on accuracy rather than credibility. Accounting data are quite *precise*. They measure what they measure[4]. It would probably not be unfair to say that accountants collect all of the wrong data very well while operations researchers (attached to the staffs of corporate planners) collect all (or some) of the right data very badly. Accounting prerequisites for periodicity, verifiability and timeliness of data frequently do (and should) override the long-range information needs of corporate planners. We entertain a (possibly vain) hope that the latter will learn enough accounting to use the accounting system for what it is worth — but not more.

A New Accounting

Ultimately the computer-based corporate planning system must be based on some amalgam of data already available (collected as part of the ordinary accounting *scheme*) and that specifically devoted to supplying needed parameters for computer-oriented mathematically devised planning models. We may need a new accounting — a *scheme* for providing the *right data* but collected with the care and with the adherence to prescribed, time-tested procedures which characterize accounting data.

For example, why should accountants not collect forecasts? Statistical procedures are specified with much the same care and attention to detail as

---

[4] Our thinking here is predicated upon the distinction made in statistics between precision and accuracy. The former relates to the absence of undue variation in the observed data; the latter has to do with the closeness of estimated parameters to their true values (including absence of bias).

accounting procedures. Indeed, there is considerable similarity between the two. Forecasts could be prepared *and audited*, the fact verified that the forecast were prepared "in accordance with generally accepted statistical procedures." Needless to say, forecast data are essential to planning. More controversial might be the statement that accountants are remise in their duty to management by failing to provide forecasts capable of verification.

Similarly, accountants can provide data *subject to audit* on technological parameters — process yields and plant capacity, for example — without departing drastically from current procedures. Even limited "personal resource" accounting — e. g., size of work force, absenteeism rates — would pose no problems.

Other data, on such things as employee motivation and attitudes, could be collected and verified as to procedure in accordance with accepted procedures in the behavioral sciences[5]). These procedures are, of course, less clear-cut and, admittedly represent a greater departure from current practice. But if such data are *relevant* why should the accountant refuse to collect *and* certify them? Certainly the limitations on such verification can be spelled out, just as they are in contemporary auditing practice.

In brief, accountants *could* collect the data needed for modern applications of the management and behavioral sciences *and* develop appropriate validation procedures. A further extension might well be audited of the way the data are used as well as verification that appropriate operations research techniques are being used, thus moving the so-called managerial audit into the latter half of the twentieth century.

As management become more sophisticated, using increasingly data bases, accountants, too must widen their definition of accounting data. The alternative is, I suspect, that accountants will become as scholars of classical Greek literature whose works are interest to, and can be read by, only other scholars. We can already see examples in organizations where one is told, "The accounting department is on the seventh floor but if you really want some information, go to the data processing department in the basement." What I am proposing is that accountants reasses the (self-imposed) limitations on the scope defined for accounting data. These limitations exclude the great bulk of planning data using modern methods; this was not true twenty years ago when planning was based largely on monthly cost summaries and quarterly reports. Planning has changed. Will Accounting change to meet the challenge?

---

5) See T. R. Prince, **Extending the Boundaries of Accounting Measurement**, (Southwestern, 1963).

Bericht über die Ergebnisse des Workshop I:

Planungstheoretische Grundlagen der Unternehmungsplanung

Von

Prof. Dr. Norbert Szyperski

in Zusammenarbeit mit

Dipl.-Kfm. Jürgen Schünemann

Die Beiträge dieses Workshops beschäftigten sich zwar alle mit theoretischen Grundlagen, jedoch machte die Diskussion sehr schnell deutlich, daß es dabei eigentlich um theoretische Grundfragen der Unternehmungsplanung ging.

Bei unterschiedlichen Meinungen im Detail war man sich einig darüber, daß die theoretische Basis auf dem Gebiet der Planung insgesamt, insbesondere aber für die Planung von Unternehmungen noch derart schwach ist, daß man sich fragen kann, ob es corporate planning überhaupt gibt oder ob das nicht eine Umschreibung dessen ist, was ohnehin passiert und man es besser nicht Planung nennen sollte. Der grundsätzliche Tenor der Diskussion ließ erkennen, daß wir zwar planen müssen, für komplexe Systeme jedoch nicht gut planen können *(Jantsch)*.

Versucht man, die Punkte herauszuarbeiten, die in der Gruppe besonders lebhaft diskutiert wurden, so lassen sich die Ergebnisse des Workshops zwei großen Problembereichen zuordnen.

Wurden auf der einen Seite Grundprobleme modellanalytischer Arbeit angesprochen, so konzentrierte sich die Diskussion schwerpunktmäßig auf die Frage, welche Sprache überhaupt geeignet sei, Systembeziehungen von Unternehmungen zu erfassen.

I. Grundprobleme modellanalytischer Arbeit

Geht man davon aus, daß der Schwerpunkt der Unternehmungsplanung auf dem Gebiet der Zielplanung liegt, dann stellt sich das Planungsproblem und das Abbildungsproblem durch Modelle nicht nur als Problem der Informationsbasis und der Sicherheit dieser Informationsbasis.

Wir konnten ausgehen von einigen Untersuchungsergebnissen, die anzeigten, daß ca. 90 % der Planungsfehler nicht auf unvollkommene Informationen zurückzuführen waren, sondern vielmehr darauf, daß die anstehenden Planungsaufgaben nicht sorgfältig genug analysiert und die verfügbaren, hinreichenden Informationen nicht gründlich genug genutzt wurden, und daß das kreative Durchdenken zukünftiger Möglichkeiten nicht intensiv genug erfolgte *(Gälweiler)*.

Die Probleme der Informationsstrukturierung, der Beherrschung der zu planenden Grundsysteme und damit die Analyse der Sachprobleme sind mindestens ebenso wichtig wie die Problematik der Informationsbasis.

Das Identifizieren von Problemen, das Abstecken von Problemfeldern als Vorphase modellanalytischer Arbeit sollte mehr akzentuiert werden. Zeichnen sich operative Probleme in der Regel durch ihre Strukturiertheit und damit abgegrenzte Alternativenräume aus, so muß man sich bei strategischen Fragen die Problemstellung und die Problemzusammenhänge erst erarbeiten. Gerade in diesem Bereich, den man vielleicht als Diagnosebereich kennzeichnen könnte, wäre die Konstruktion und Nutzung von Modellen wünschenswert, wiewohl die Chancen zumindest für die nahe Zukunft noch pessimistisch beurteilt werden *(Gälweiler/Hayes)*. Gerade bei den schlecht strukturierten Problemen der Zielplanung mit multidimensionalen Bewertungsoperationen wurde die Notwendigkeit herausgestellt, modell- und computergestützte Planungssysteme mit dem menschlichen Urteilsvermögen zu integrieren *(Zangemeister)*.

Die Gretchenfrage allerdings stellt sich nicht erst, wenn man fragt, was Modelle überhaupt leisten können, sondern schon bei der Frage nach der Modelldefinition. Es wurde gezeigt, welche Spannweite der Modellbegriff in der betriebswirtschaftlichen Literatur aufweist und wie man ihn präzisieren könnte. Da Isomorphismen oder Homomorphismen immer nur zwischen Formelsystemen explizierbar sind, war ein Definitionsversuch dadurch gekennzeichnet, daß der Systembegriff zwischengeschaltet wurde: Modell als isomorphe Abbildung eines als empirisches System vorliegenden Ausschnittes der Wirklichkeit *(Dinkelbach)*.

Unter dem Aspekt des Rücktransfers der Modellergebnisse in die Wirklichkeit wurde einerseits Isomorphie der Abbildung zumindest gefordert *(Dinkelbach)*, andererseits wurde durch Beispiele aus dem technischen Versuchswesen gezeigt, daß auch homomorphe Abbildungen Rückschlüsse zulassen, sofern man Ähnlichkeitsgesetze beachtet *(Schild)*. Weiterhin wurde klar, daß das reale System im Grunde ja nicht die reale Welt, sondern schon ein zielbezogener Ausschnitt der Realität ist. Die Modellbildung muß also die Systemabgrenzung unmittelbar mit einbeziehen *(Coenenberg)*. Diese Systemabgrenzung aber verlangt wiederum nach bestimmten Kriterien, so daß die Problematik des Modellbegriffs sich verlagert auf die Problematik des Systembegriffs.

In diesem Zusammenhang stellte sich die Frage, was eigentlich zu dem der Unternehmungsplanung zugrundeliegenden System gehören soll. Unternehmungen sind eben nicht nur als selbstorganisierende Systeme, sondern als "innovative self organizing systems" zu verstehen *(Jantsch)*. Und gerade dieser schöpferische, eigenkreative Aspekt entzieht sich in vielen Fällen der Darstellung. Den Problemen der Einbeziehung der innovativen Aspekte des eigenen Systems in die Systembetrachtung wird man sich vermutlich permanent stellen müssen.

II. Grundprobleme des Sprachansatzes

Bei der Frage, welche Sprache überhaupt geeignet sei, bestimmte Systembeziehungen darzustellen, sie vergleichbar und transparent zu machen, kam man verständlicherweise sofort auf die Probleme des Rechnungswesens zu sprechen, denn das Rechnungswesen bietet sich ja als ein Instrument, als eine Sprache für die Abbildung an.

Die Praxis zeigt, daß Fragen des Rechnungswesens und Planungsprobleme gerade auf der Gesamtunternehmungsebene eng miteinander verbunden werden.

Nun läßt sich aber nicht leugnen, daß die Datensammlung im Rechnungswesen oftmals problemunabhängig erfolgt, zu überdimensionierten Datenbeständen führt, zu sehr an der Vergangenheit orientiert ist und den Bereich der Mengeninformationen vernachlässigt (*Stedry*). Materiell liefert das Rechnungswesen augenblicklich wenig planungsrelevante Informationen. Was den formalen Ansatz angeht, so muß man feststellen, daß wohl nirgends Größen salopper, unkontrollierter bestimmt werden als im Rechnungswesen, für das es keine meßtheoretisch begründeten Zuordnungsregeln gibt: Es kennt keine exakten Regeln und gibt keine Toleranzen an (*Szyperski*).

In der Diskussion wurde deutlich die Abbildungsproblematik des Rechnungswesens akzentuiert. Das Rechnungswesen kann nur Wirkungen messen, niemals die Ursachen angeben, denn die Beschränkung auf monetäre Daten entspricht einer Transformation aus einem n-dimensionalen Raum der physikalischen und sozialen Grundzusammenhänge in einen eindimensionalen Wertraum (*Mevert*). Die mit dieser Reduktion verbundene Vereinfachung und Aggregierung bewirken zwar einerseits eine Vergleichbarkeit, andererseits aber einen Informationsverlust, durch den eine Vielzahl von Aussagemöglichkeiten verloren geht.

Eine in ihrem Sprachschatz auf die Sprache des Rechnungswesens beschränkte Planung, kann also nur Aussagen über die finanzwirtschaftlichen Begleitkomponenten der Sachzusammenhänge machen, was dazu führt, daß das Planungsengagement sich auf das Finanzwesen beschränkt und dadurch die Identifikationsmöglichkeiten der Problemfelder beschnitten wird, die trotz einiger Wechselwirkungen ja nicht im Rechnungswesen liegen (*Gälweiler*).

Auf der anderen Seite kann man nicht verkennen, daß wesentliche Zielkomponenten von Unternehmungen immer finanzwirtschaftlicher Natur und damit nur vom Rechnungswesen her überwachbar sind (*Chmielewicz*), obwohl unsere Optik der Zielausrichtung möglicherweise falsch ist und man die gegebenen policies — verstanden als Grundorientierung gegebener sozialer Systeme — selbst in Frage stellen sollte *(Jantsch)*. Man kann vermuten, daß die Sprache des Rechnungswesens ausreichend ist, um finanzielle Auswirkungen bisheriger oder zukünftiger Aktionen, Symptome wertmäßiger Fehlentwicklungen oder monetäre Instabilitäten aufzuzeigen, insbesondere wenn auch die zugrundeliegenden Ziele in monetärer Sprache formuliert sind. Dann ist gewissermaßen die Sprache dem Sachgebiet adäquat.

Die Sprache des Rechnungswesens ist aber ungeeignet, Ursache-Wirkungszusammenhänge in den einzelnen Sachbereichen darzustellen. Das kaufmännische Rechnungswesen allein ist deshalb kein ausreichendes Instrument der Planung und Steuerung einer Unternehmung.

Für Planungsfragen darf die Beziehung zwischen dem n-dimensionalen Raum der Sachzusammenhänge und dem eindimensionalen Raum des Rechnungswesens nicht verloren gehen, so daß die Fragestellung entweder Rechnungswesen oder etwas anderes im Grunde eine Fehlfrage ist. Die Frage kann nur lauten, in welcher Weise es gelingen kann, diese beiden Darstellungsbereiche miteinander zu verbinden. Dabei war man sich einig darüber, daß das Rechnungswesen unbedingt einer Reihe von Erweiterungen bedürfe. Unterschiede ergaben sich in der Beurteilung der Erfolgschancen solcher Erweiterungen, wobei die Skala von optimistisch *(Chmielewicz/Bedford/ Coenenberg)* bis pessimistisch *(Stedry/Mevert)* breit gestreut war.

Vor allem wenn es für Aufgabenstellungen im Bereich der Planung neu entworfen würde, wäre das Rechnungswesen aber sicher ein fruchtbarer Sprachansatz zur Abbildung von Systemzusammenhängen. Drei andere Ansatzpunkte wurden genannt. Ein zweiter Ansatz, der es ermöglicht, die verschiedenartigen Beziehungen in unterschiedlichen Sachbereichen darzustellen, wurde im Bereich der formalen systemtheoretischen Sprache gesehen. Offen blieben in Workshop- und Plenumsdiskussion die Fragen, ob es sprachliche Ansätze geben könne, um Zweck-Mittel-Ketten darzulegen, und ob es nicht zweckmäßig wäre, die Sprachansätze der Graphentheorie für die Darstellung komplexer Folgeschemata in modifizierter Form für die Aktivitätsabfolge der ganzen Unternehmung zu verwenden *(Szyperski)*.

Wurde einerseits davor gewarnt, das linear-sequentielle Problemlösungsdenken des Zweckmittelansatzes in Sozialsystemen anzuwenden *(Jantsch)*, so wurde andererseits die Bedeutung dieses Ansatzes gerade im systemtheoretischen Gesamtzusammenhang als ein nützliches Instrument unter anderem zur Reduktion der Gesamtkomplexität großer Systeme hervorgehoben *(Szyperski)*.

Workshop II:
Organisatorische Gestaltung der Unternehmungsplanung

Diskussionsleitung:

Prof. Dr. Jürgen Wild

Formal Approaches to Strategic Planning

Von

Dr. Eugene W. Helms

The distinction between planning for repetitive, routine tasks, and planning for nonroutine, creative tasks has been emphasized by many writers. By far, the most successful application of formalized planning has been for routine activities. For example, some of the most effective and well-developed systems are those used in planning and control of inventories. But far less help is available when the question is setting a corporate objective, or developing an overall business strategy. In other words, formalized planning systems have contributed much more to operational planning than to strategic planning. This should not be particularly surprising. It is only the natural result of working on the most visible, easily formulated problems first.

In this paper, attention is shifted completely to strategic planning problems. The rather low level of planning formalization effectively employed for this class of problems suggests that there may be some highly visible obstacles and ultimate boundaries. Drawing upon experience over the past decade at Texas Instruments, and interactions with the academic community, the government, and other industrial activity, I would like to discuss four obstacles, crucial in the future development of strategic planning:

1. Injecting methodology into a human organization suggests merging organization development ideas with those of strategic planning.
2. Planners and modelers possibly overemphasize the decision-making role of management, leading to elegant methodologies for well-structured problems, at the expense of attention on problem-structuring itself.
3. Modelers tend to begin from assumptions, or a set of alternative assumptions, thereby largely ignoring the crucial need to assimilate and interpret a complete information base so that preferable assumptions may be chosen with confidence.
4. Finally, models tend to be structured primarily for interaction with the model creators, making the model primarily an extension of the creator's intellect, rather than an extension of the appropriate executive's intellect.

That last point expresses the reason why so many executives become frustrated with otherwise excellent efforts of modeling staffs, so that they may ultimately abandon these efforts because they feel the results are impractical or too abstract and theoretical. We will talk more about that later, but first, let's deal with injecting methodology into a human organization.

Literature abounds with elegant solutions to well-formulated problems. However, very few well-formulated problems appear in strategic business management. Even fewer businessmen are prepared to accept someone else's strategic model as a guide to their own behavior. Too often, we've tried to extend into the strategic planning area the same points of view which have proved successful operating planning approaches. Because they have been applied to more routine tasks, these approaches have not interacted strongly with variations in management style. In strategy, style is everything, and planning approaches must complement management style variations effectively or they'll be useless.

However theoretically desirable, and however strong the top management commitment, the practical difficulties of implementing a new strategic concept is certain to be a sobering and humbling experience for anyone who attempts it. During this decade, we have had the opportunity at TI to evolve and introduce a somewhat formal approach to strategic planning. It has been a slow, methodical process, but the key to successful evolution undoubtedly has been the total commitment and leadership of our top corporate management. In the words of our chairman, "It has been a deliberate attempt to institutionalize the process of corporate self-renewal." At TI, the result has been a unique management style and culture. You might view it as a ten-year experiment in the possibility of formalizing strategic planning, in the real world, but under the most favorable conditions. These opportunities seldom occur, so what can we learn from this one?

Without always realizing exactly why, over the past ten years we have followed a strategic planning development program that emphasized management style rather than methodology. Discussions with numerous colleagues in the United States lead me to believe that TI is using one of the most advanced and sophisticated strategic planning systems in existence today, in terms of a well developed philosophy and style. On the other hand, we might also be considered somewhat primitive in terms of methodology. This is not meant to sound pessimistic about the future of formalized strategic planning approaches. In fact, we probably tend to be more optimistic about it than many of those who have concentrated entirely on methodology in the past.

We have concentrated on developing an organizational mode responsive to strategic planning. In other words, we have worked on "style-oriented" strategic planning, confident that when methodology really was needed, it could be developed quickly. Where it was unnecessary, we were not burdened with its formality.

For example, we have not installed an extensive data bank system or elaborate forecasting system in the strategic context, despite their effectiveness in operational management. We have found little use for the elegant Bayesian approaches to decision analysis, or for the equally elegant mathematic programming approaches to capital budgeting and resource allocation. Instead, we have formalized a three-level goal structure throughout the company, known as Objectives, Strategies, and Tactics (OST). The goal structure couples each tactic upward to its associated strategy, and each strategy upward to its associated objective. The objectives express our top-level goals, business and otherwise, and the environment in which they must be achieved. Strategies define the general courses of action to be followed in support of the objective, and progress is measured against key checkpoints. Tactics are the detailed plans for moving between strategic checkpoints, and provide for the allocation and control of strategic resources.

Each objective, strategy, and tactic is assigned a manager. The goal structure, and the OST managers create a strategic mode which pervades all units of TI, making the organization quickly and consistently responsive to corporate goals. Goals are established; strategic plans are developed; and resources for strategic development are allocated and controlled through this structure. The structure makes it convenient to relate resource appropriations systematically to strategic goals, so that goal achievement is consistent with our investment criteria, and progress toward goals can be measured periodically.

The OST managers always are a part of an operating organization, and often have operating responsibilities as well. Typically, a strategy manager is manager of a division or profit center also. But he has two clearly delineated types of responsibilities: strategic and operating. As a result, the strategic planning task is diffused throughout the organization. This situation requires a very small corporate-level planning function. In effect, a strategic structure has been imbedded in the organization culture.

Perhaps an appropriate analogy here is that of attempting to control a system without knowing its contents. Too many of our formalized planning systems have been founded entirely on normative assumptions about an organization's behavior. In other words, we construct a set of assumptions about how a rational organization should respond, and then build an elaborate tower of methodologies on a foundation that is weak. It's weak because organizations don't always respond rationally, nor do they respond consistently from time to time. Actually, even organizations with excellent operational planning and control systems may not possess a recognizable strategic mode whereby new goals and resources can be applied, and progress can be measured. Strategically, such an organization may completely lack structure or order. Little wonder then that methodology-oriented approaches so often are futile. What we are urging here, to some extent, is an organization development viewpoint. First, this would include developing a well-defined strategic mode in the organization, sufficient to make the organization responsive to strategic inputs in the form of objectives and resources. Exercising this mode in real situations will define the needs for methodology. In this way, needs are permitted to drive the development of methodology, rather than the reverse.

These arguments seem to support the following conclusion: An effective strategic planning development program is inseparable from the development of the organization itself. The more we struggle with these problems, the more we realize that every planning innovation is an organization development. Primarily, strategic planning is concerned with creating goals and transmitting goals and resources throughout the organization. If people are induced to perform so that the goals are reached, then strategic planning is effective. But it's amazing how often it is isolated from the organization it must guide, and viewed as a product in itself.

We must be careful to avoid weakening or defocusing the purpose of strategic planning when imbedding it in the operating organization. The dilemma is: "How can we protect the emphasis on long range goals and strategic activity without separating it from routine activities?" Creative programs tend to be quite fragile in their embryonic phases, and even the good ones seldom can withstand strong critique at that point. More important, unless adequate safeguards are provided, long range programs tend to suffer in competition for resources when current crises occur. We need better ways to emphasize strategic planning and execution, without emphasizing functional separation.

At TI, we have proceeded on the premise that long range planning can be imbedded successfully within the primary operating organization. We are committed to doing that and we have placed first priority on matters of organization development and culture rather than on matters of pure planning methodology. Therefore, we have created the OST structure of goals, and superimposed it upon our traditional organization structure. By doing so, we are building in a consciousness of the future and distinctly orienting ourselves toward two different time frames. When successful, it creates two management modes within the same organization: a strategic mode and an operating mode.

These two modes can be interpreted as an overlay or matrix organization. Matrix organizations have been used in the past to create simultaneous alignment along both project lines and technical disciplines. Particularly, the aerospace industry has used this concept successfully, and its organizations frequently exhibit two distinct modes: project modes and technical modes. In such organizations, individuals may report upward through two different channels, leading to the familiar expression: "wearing two hats." Frequently TI managers wear two hats also, but primarily the distinction here is between short range and long range matters. We are using the matrix concept to distinguish explicitly between strategic and operating modes within a single organization.

The central concept is to plan and control profit performance through the operating mode, and to allocate strategic resources through the OST structure. Thus we can see clearly which hat our people wear as attention rapidly shifts between strategic and operating questions. But more important is that we can accurately allocate resources for implementing management policy to protect the classic short term/long term tradeoff.

Another important property of the matrix concept is that objectives and strategies are not restricted by organization or geographical boundaries. When necessary, a strategy manager may have tactics in different profit centers, different divisions, or even in different groups. For example, it is possible to create a strategy for attacking new business opportunities without creating a new organization structure. The strategy serves as a vehicle for pulling together elements of different existing organizations. Thus, we aren't constrained to developing the businesses of the 1980's with the same organization structure needed to execute today's business.

The strategic structure becomes viable when we assign strategic investment control to the objective and strategy managers and make them responsible for progress on strategic programs. The structure of OST managers provides the vehicle for decentralized strategic resource allocation. Top-level resource allocation among business objectives is the responsibility of a group called the OST Committee, which includes the president and his key managers. Aside from the Board of Directors, it is the top decision-making agency for strategic matters, including creating or revising business objectives, and balancing corporate strategic resources. Of course, decisions still rest with the chief executive but the committee members help focus both sides of key issues; and it involves senior operating managers in more corporate-level matters.

Now we have almost a decade of accumulated experience with the imbedded strategic planning concept. How effective has it been? We believe it effectively concentrates our activities, and makes planning at all levels responsive to the established corporate goals, and it effectively produces a self-consistent strategic plan, where complex business interrelations, like multiple levels of vertical integration exist.

The approach does contain some implicit pitfalls and limitations which we continually attempt to minimize. The principal danger is that the tightness in coupling the goal structure can operate, if permitted, in restraint of self-renewal. The same goal orientation which promotes concentration of resources also tends to reduce the prospects for serendipity, or accidental encounter with new opportunities. In effect, we have chosen to rely on deliberate, rather than accidental, introduction of renewal. So it becomes much more important that top management knows when and what kind of new objectives to create, and has the flexibility and intent to change objectives and strategies when the opportunity environment changes.

We can speak with considerable confidence from a wealth of TI experience about injecting methodology into an organization, but the next three topics move us into more speculative areas.

The second obstacle I mentioned earlier deals with overemphasis on decision-making as the principal management function, especially in some academic circles. Suppose we have a responsive, imbedded strategic planning structure, plus a top-level decision making agency as already described. What else is required to complete the self-renewal process? The most creative part of the entire process still is missing: collecting information and transforming it into strategic alternatives. Decisions are made based upon alternatives. Advocates of modeling often have been far too quick to focus on the decision-making process while neglecting the more creative aspects of formulating alternatives. We must be extremely careful not to overstress decision-making as the essential management role. Statistical decision theory tools are quite elegant, but before they can be applied, the crucial aspects of most problems are resolved. In other words, if we ever can reach the point where a well-structured decision-making problem has been formulated, we are nearly home already. I suspect that, given a well-formulated and articulated decision-making problem, most executives would reach the same decision with or without sophisticated tools. Undoubtedly, there are important exceptions to this; but without the leadership required to structure the decision problem, there would never have been a decision-making opportunity. The crucial elements of management style are to lead, to create, and to structure choices and alternatives, especially in the long term or strategic sense.

Can the field of modeling or management science contribute anything to these needs? Can it contribute anything to help the chief executive or top manager deal with the creative aspects of leadership, and many non-recurring aspects involved in strategic planning? So far, it has produced little but frustration. The predictable reaction is always: The model is either too simple or too complicated. If it is simple enough to be understandable in the time span available to the typical executive, then it's too superficial. In trying to make it more realistic, we quickly pass the limit of instant understandability. Since we are dealing with nonroutine aspects of the future, uncertainty abounds, and the necessary assumptions multiply rapidly. Soon we are bogged down in a labrynth of assumptions, and may even lack the means to manage alternate assumptions and to keep a consistent set of assumptions.

This brings us to our third obstacle: The useful model must find a way to reach back beyond convenient assumptions, and into the world of information. An important goal would be to extend our human capacity for utilizing information. Among the most fruitful areas for future development are assimilating information and presenting it, isolating trends and changes in trends, searching for significant patterns, and interacting creatively with a data base. They may require some extension in our classical definition of "modeling" but they certainly are encompassed within the general scope of "computer-based planning aids."

Now, to the extent we become successful in these activities, the model becomes an assistant to the planner in managing and interpreting information. If the interaction is truly creative, the planner is encouraged to begin with given information, and to add to it, using his own judgment or new information, structuring a more complex and realistic representation. At this point, the model is becoming primarily an extension of the intellect of its creator. The more realistic and complex it becomes, the more this is so. Inevitably, it becomes more and more separated from the intellect of the decision maker.

This brings us to our final obstacle, which is this dilemma: Usefulness implies realism, which implies complexity, which implies intimacy between the model and its creator. In the final analysis, especially in nonroutine, highly subjective and highly uncertain matters, the model can be useful only to its creator. This is the climactic problem in subjective models for strategic planning. The decision-making executive either must understand his models completely himself, or he must have ultimate confidence and trust in his model builders. This is much more than a question of management style. It probably never will be resolved as long as the conventional distinction between model builders and model users continues to exist. Regardless of the confidence and trust he places in his people, the executive cannot rely heavily on complex models he does not understand. If he did, it would, in effect, amount to an abdication of his critical judgment powers at the crucial point of decision-making. The crucial structuring of alternatives and assumptions belongs to the model builder, not to the executive. It is an extension of their intellect, not his. In that case, the real executive power would be theirs, not his. This situation is not extensively prevalent.

The alternative is to find ways for models to extend the executive's intellect. We cannot merely say, "Models will become useful only when executives take the time to understand and use them." Actually, most executives would welcome any practical, useful way to extend their intellectual powers right now, but unfortunately, management science has not developed adequate means to do so. Survey the field of elegant decision-making models, and you will find this viewpoint apparent: "How can I solve a problem for the executive; and where can I get the information I need?" Now what's wrong with that attitude? It's the pronoun, "I." The emphasis has been misplaced. Notice the contrast here: "How can I help him solve his problem? What information does he need, and how can it be structured to extend his perception of the situation?" As it is now, the executive must confront this problem with the best tools he has available. And until we can instill the attitude of "he" rather than "I," there will be little possibility for creative interaction between the executive and his full span of strategic information sources.

Perhaps we can learn from the field of cybernetics. We are told that, beginning at birth or before, the brain structures itself to build its own model of the external universe. It evaluates information impinging on the senses, and either rejects or incorporates it into a model which then guides everyday decisions. Those with the best and most realistic models of the universe make the best decisions. Since all learning is a process of refining our internal model, improvements in decision-making correspond largely to improvements or extensions in the decision-maker's internal model. Earlier references to model building as an extension of the model builder's intellect simply recognize that explicit mathematical models frequently can serve as extensions to or refinements of the brain's internal model. One who has worked extensively with models will recognize this significance immediately. Characteristics and subleties of the model, apparent to others only after extensive study, can be discussed freely and comfortably by model builders. So, the model is truly an extension of his intellect. It becomes useful to another only when he studies it, understands it, and recreates it for himself.

We know very little about how the executive models his world when he is faced with a decision or needs to structure alternatives. We are certain all don't do it the same way, so adaptability to individual style is important. We do know that it involves the way the individual interacts with his information sources. It's not surprising that there always seems to be a surplus of irrelevant information. True or not, the individual perceives it as mostly inaccurate or irrelevant. He simply refuses to incorporate it into his internal model because it does not correlate. He may consider it incomplete or poorly represented. Thus he will say: "It's misleading; it's poorer than my intuition." Frequently, we hear this expression, "My intuition just can't work on that data." So what begins tol emerge is the dualism between the intuition and the brain's model of the environment. With this bit of insight, it becomes clearer that our theoretical modeling activities need to be motivated by extending our powers of intuition. Some may believe this is regression into black magic and witchcraft, but I believe it represents a great leap forward in understanding the decision-makers dilemma. Let's not underestimate intuition; let's let it work and do our best to enhance it. Realistic models of the universe will be unbelievably complex; and the human brain remains our most powerful tool for recognizing and adapting complex patterns.

Perhaps we should extend the boundaries of what we define as a model. An entirely different viewpoint might be wise. Objective model structures could be developed primarily as support for human intuition. We could imagine immersing the human intellect in a system to enhance its ability to interact with an extensive data base. But what kind of system would that be? We really don't know. Herman Kahn expressed it well in suggesting that we must work somewhere short of rigorous models, but beyond analogs. Furthermore, these devices should have two important characteristics. First, they should efficiently impart information to a decision-maker. Secondly, the heuristic property should enable him to proceed beyond the given information utilizing his own judgment and creativity. Kahn says the problem of developing devices with these properties is the basis for the furor in the so-called information explosion. We'd like to add our voice urging increased attention to that situation.

Bestandteile, Aufbauprinzipien und Entwicklungsstufen von Planungssystemen

Von

Prof. Dr. Jürgen Wild

I. Fragestellung

Während die Notwendigkeit der Planung für die Führung von Unternehmungen oder Systemen der Regierung und öffentlichen Verwaltung heute weitestgehend unbestritten ist, sind die Auffassungen zum „Wie" der Planung teilweise kontrovers. Allerdings steht die Diskussion hierüber erst in den Anfängen. Vordringlich erscheint vor allem die Klärung der Frage, welche Anforderungen an ein leistungsfähiges Planungssystem zu stellen sind und mittels welcher Kriterien seine Funktionseignung zu beurteilen ist. Diese Frage richtet sich primär auf die Funktionsbestimmung, Systemgestaltung und Arbeitsweise von Planungssystemen, wobei Aspekte wie die Instrumentalisierung, Formalisierung, Standardisierung und Integration eine wichtige Rolle spielen. Die den folgenden Überlegungen zugrunde liegende Hypothese ist dabei die, daß spezifische Leistungsanforderungen an ein Planungssystem (PS) bestimmte Systembestandteile, Aufbauprinzipien, Funktionsmechanismen usw. voraussetzen, so daß ein bestimmter Zusammenhang zwischen Leistungsfähigkeit und Entwicklungsstufe des PS zu erwarten ist. Der folgende Beitrag will neben der Analyse der Bestandteile und Aufbauprinzipien geeignete Beurteilungskriterien für PS verschiedener Entwicklungsstufen herausstellen.

II. Begriff und Bestandteile von Planungssystemen

Ein PS wird definiert als eine geordnete und integrierte Gesamtheit verschiedener Teilplanungen, Planungsträger, Prozesse und anderer Elemente sowie ihrer Beziehungen, die nach einheitlichen Prinzipien aufgebaut und zwecks Erfüllung bestimmter Funktionen miteinander verknüpft sind. Ein PS konstituiert sich aus mindestens folgenden *Bestandteilen*:

1. Planungsträger

als organisatorische Einheiten (Instanzen, Stäbe, Teams usw.), die mit der Wahrnehmung von Planungsaufgaben betraut sind. Der Grad der Arbeitsteilung in der Planung drückt sich dabei im Ausmaß der Zentralisation bzw. Dezentralisation aus. Ferner bestimmt die personelle Verteilung der Planungsaufgaben das Ausmaß der horizontalen und vertikalen Koordinationsbedürfnisse in der Planungsarbeit sowie die Notwendigkeit von Kommunikationsbeziehungen zwischen den Planungsträgern und zwischen Planungs- und anderen Aufgabenträgern. Dabei ist im einzelnen zwischen einer selbständigen Wahrnehmung von Planungsaufgaben und der Teilnahme am Planungsprozeß zu unterscheiden.

2. Pläne bzw. Teilplanungen

Einzelne Subsysteme des PS lassen sich u. a. (a) sachlich nach ihrem speziellen Gegenstand (z. B. Finanzplanung, Absatzplanung, Organisationsplanung), (b) nach ihrer Aktionsnähe (Ziel-, Programm-, Vollzugsplanung) und (c) nach der zeitlichen Reichweite (lang-, mittel- und kurzfristig) differenzieren. Bedeutsam ist vor allem die — mit (b) und (c) eng korrespondierende — Unterscheidung zwischen strategischer, taktischer und operativer Planung.

3. Informationsbasis

Planung beruht auf Informationen und ist als komplexer Informationsverarbeitungsprozeß aufzufassen. Daher hängt die Qualität der Planung von der Qualität und Menge der den Planern verfügbaren Informationen ab. Unter Informationsbasis sei die Gesamtheit und Verteilungsstruktur der verfügbaren Informationen und Informationsträger verstanden, wobei zu beachten ist, daß jeder Planungsträger und jeder Plan partielle Informationsbasis für andere Pläne sein kann. Zur Informationsbasis gehört deshalb auch das nichtdokumentierte Wissen der am Planungsprozeß beteiligten Personen (Sachwissen und know how). Von besonderer Wichtigkeit ist neben der Bedarfsgerechtigkeit der Struktur der Informationsverteilung und der Qualität der Informationen die Anpassungsfähigkeit, Transparenz und kommunikative Übertragbarkeit der Informationsbasis.

4. Beziehungen

Dabei handelt es ich um Informations- und Arbeitsbeziehungen zwischen den verschiedenen Bestandteilen des Planungssystems und anderen Subsystemen (z. B. Kontroll- oder Zielsystem). Diese Beziehungen sind vielfältig und werden vermittelt durch die Planungsträger, die Pläne, die Informationsbasis und die Instrumente der Planung. Die Regelungen des PS (vgl. (5)) regeln u. a. diese Beziehungen. Besonders hervorzuheben sind Vor- und Rückkopplungsbeziehungen sowie die organisatorischen und kommunikativen Beziehungen zwischen Plänen, Planungsträgern und der Informationsbasis.

5. Regelungen

Sie normieren und standardisieren die Funktionsweise der Planung innerhalb des PS. Sie beziehen sich u. a. auf (a) die Aufbauorganisation (Verteilung der Planungsaufgaben und reporting lines), (b) die zeitliche Ablauforganisation der Planungsprozesse (z. B. Planungskalender), (c) die Verhaltensweisen der am Planungsprozeß Beteiligten (z. B. Prinzip der Partizipation, Abstimmungsregeln, Informationsregeln u. a. Normen für den Vollzug der Planungsaufgaben) und (d) auf den Einsatz und die Verwendungsweise der Planungsinstrumente (Normierung von Standards, Formularverwendung, Qualitätsnormen für Prognosen, Einsatz von Modellen usw.).

Umfang, Einheitlichkeit und Strenge dieser Regelungen bestimmen den „Organisationsgrad" der Planung in aufbau- und ablauforganisatorischer Hinsicht sowie die Formalisierung und Standardisierung des PS.

6. Instrumente

Zu den Instrumenten der Planung zählen (i. w. S.) Planungsverfahren, Methoden bzw. Techniken, Planungsmodelle sowie sonstige Hilfsmittel speziell zwecks Dokumentation der Planung (wie Formulare, EDV, Visualisierungsmittel usw.). Das Ausmaß der Unterstützung der Planung durch derartige Instrumente bestimmt den Grad der Instrumentalisierung. Da die Instrumente aber ebenfalls zur Formalisierung und Standardisierung beitragen, besteht ein positiver Konnex zur Formalisierung von PS. Im übrigen beruht jede Planung — bewußt oder unbewußt — auf bestimmten Modellen (als gedankliche oder sprachliche Abbildungen der geplanten Wirklichkeit), so daß mit zunehmender Formalisierung dieser Modelle auch der Formalisierungsgrad des PS steigt.

III. Aufbauprinzipien von Planungssystemen

Kennzeichen eines PS sind u. a. bestimmte Aufbau-, Gestaltungs- und Funktionsprinzipien. Sie stehen in engem Zusammenhang mit der Leistungsfähigkeit eines PS, sind also auch als Beurteilungskriterien verwendbar. Als wichtigste Prinzipien sind zu nennen:

1. Mehrstufigkeit des PS

Das PS wird gemäß diesem Prinzip als mehrstufige Hierarchie verschiedener Planungsebenen (-stufen) aufgebaut (Planungshierarchie). Charakteristisch hierfür ist die Trennung in die Ebenen der *strategischen*, *taktischen* und *operativen* Planung, die gewisse Ähnlichkeiten mit der Gliederung der Planungsstufen des PPBS (Planning Programming & Budgeting System) aufweist. Die strategische Planung besitzt dabei die größte zeitliche Reichweite (Langfristplanung), die höchste Abstraktionsstufe und den größten Planungsumfang; sie stellt den langfristigen Rahmenplan für die untergeordneten Planungsstufen dar. Ein einstufiges PS umfaßt dagegen nur einen Planungstyp (in der Regel die kurzfristige Planung). Mit steigender Zahl der Planungsebenen wächst die Differenziertheit der Planung, aber auch die Integrationsproblematik, da die einzelnen Ebenen ineinander verschachtelt sind (Schachtelprinzip). Diese Verschachtelung bedingt eine vertikale Integration von Plänen verschiedener zeitlicher Reichweite, Rangstufe und Detailliertheit. Einen inhaltlich anderen Tatbestand als die hier gemeinte Planungshierarchie stellt die organisatorische Hierarchie der Systemebenen eines planenden soziotechnischen Systems (also Planung auf nationaler, internationaler, Ressort- und Abteilungsebene) dar, allerdings bestehen zwischen beiden enge Beziehungen.

2. Hierarchiedynamik des PS

Planung kann in komplexen Systemen nicht von der Hierarchie der Managementebenen getrennt werden: Planung ist eine der wichtigsten Managementfunktionen, die nicht in toto einem Planungsstab übertragen werden kann. Da sich zudem die Planung auf einen begrenzten Verantwortungsbereich bezieht und ein simultaner Vollzug aller Teilprozesse ausscheidet (Hierarchie des Ziel-Mittel-Systems), erhebt sich die Frage, wie sich der Planungsprozeß über die Ebenen der Organisationshierarchie hinweg vollziehen soll. Drei charakteristische Formen sind denkbar:

(a) — retrograde Planung

(b) — progressive Planung

(c) — Planung nach dem Gegenstromverfahren (Kaskadenprinzip)

zu (a): Als naheliegendste Vollzugsrichtung (Ableitungsrichtung) der Planung bietet sich die *retrograde* Planung an. Die Idee ist dabei die, daß die übergeordneten und langfristigen Ziele Ausgangspunkt der Planung sind, aus denen über die mittel- und kurzfristige Planung („*deduktiv*") geplante Maßnahmen abgeleitet werden, die sich in operativen Soll-Vorgaben (konkrete Aktionsziele und Budgets) niederschlagen. Umgesetzt in die Hierarchie würde dies der Planung von der Führungsspitze zur Basis (von „oben nach unten") entsprechen. Im Grenzfall wird durch eine zentrale Planungsabteilung (Planungsstab) in der Führungsspitze die Planung auch für die unteren Managementebenen erstellt und in Form von Soll-Vorgaben (Budgets) durchgesetzt. Zeitraubende Abstimmungsprobleme zwischen verschiedenen Führungsebenen entfallen dabei zum großen Teil. Allerdings ergeben sich folgende Probleme: der Planungsstab verfügt nicht über ausreichendes Wissen bezüglich der unteren (operativen) Bereiche, deren zukünftiges Handeln er planen soll. Der Abruf planungsrelevanter Informationen aus diesen Bereichen ist ebenfalls problematisch, da dies bereits sehr viel Informationen voraussetzt (Kenntnis des eigenen Informationsbedarfs!) und auf psychologische Widerstände und Informationsverzerrungen stößt (man fühlt sich „verplant"). Zum anderen dürfte die Motivation der unteren Managementebenen, die an der Planung nicht beteiligt sind, für die Planrealisation fehlen, zumal wenn die an zentraler Stelle erarbeiteten Pläne unrealistisch sind oder in den Augen der Ausführungsträger andere Mängel aufweisen. Die Partizipation der verschiedenen Managementebenen an der Planung — eigentlich naheliegend, weil Planung eine der Kernfunktionen des Management ist — dürfte daher aus Motivationsgründen eine wichtige Voraussetzung für erfolgreiche Planung sein. Dies scheint eindeutig für die progressive Form der Planung zu sprechen.

zu (b): Bei der *progressiven* Planung vollzieht sich die Entwicklung der Pläne in der Hierarchie von „unten nach oben", d. h. von der Basis zur Spitze der Organisationshierarchie, was natürlich einen bestimmten Führungsstil voraussetzt. Die einzelnen Organisationseinheiten planen Maßnahmen, die bereichsweise fortschreitend integriert werden und den Gesamtplan ergeben. Auf diese Weise wird der Gesamtplan „*induktiv*" durch eine Synthese untergeordneter Teilpläne gewonnen. Vorteile dieses Verfahrens sind: relativ gute Planungs- und Leistungsmotivation auf allen Managementebenen (wenn die Pläne auch realisiert werden, was hier jedoch aus prinzipiellen Gründen problematisch ist), weitgehende Kongruenz von Informationsstand, Erfahrungsbereich und Planungsaufgabe. Die Nachteile, die zweifellos überwiegen, sind: Fortschreibungscharakter der Planung, da i. d. R. geplante Maßnahmen (Teilpläne) Ausgangspunkt, Ziele das Ergebnis der Planung sind. Stimmen die Ziele des Top Management mit den aggregierten Teilplänen nicht überein, was ganz bestimmte Voraussetzungen erfordert, so ist die Führungsspitze zur sog. Negativ-Koordination gezwungen. Voraussetzung einer erfolgreichen Anwendung des Prinzips der progressiven Planung wäre daher ein feststehendes, wohlstrukturiertes und allen Planern bekanntes Zielsystem. Das Zielsystem ist jedoch erst Ergebnis der Planung, d. h. genauer: aus den gewünschten Zielen oder „Zielen vor Planung" (potentielle Ziele) werden durch den Selektions- und Transformationsprozeß der Planung die zur Realisation vorgesehenen Ziele, d. h. „Ziele nach Planung" (aktuelle Ziele). Ohne Vorgabe oder Vereinbarung von verbindlichen Zielgrößen als Planrahmen für die unteren Instanzen können diese aber kaum sinnvoll planen, so daß die Führungsspitze ihrerseits zwecks Vorgabe der aktuellen Ziele planen muß. Diese Feststellung legt eine dritte Form der Planung nahe, die gewissermaßen die retrograde und progressive Form vereinigt.

zu (c): Die Planung nach dem *Gegenstromverfahren* oder *Kaskadenprinzip* entwickelt sich zwar prinzipiell von „oben nach unten", verbindet aber auf jeder Führungsebene retrogrades und progressives Vorgehen. Dabei wird davon ausgegangen, daß jede Führungskraft für ihren unmittelbaren Verantwortungsbereich selbst plant und für ihren Führungsbereich die Planung unterstellter Instanzen steuert und integriert. Auf diese Weise wird eine enge Kopplung zwischen den Planungs- und anderen Führungsfunktionen auf jeder Managementebene erreicht. Der zentrale Planungsstab hat dann lediglich die Aufgabe, das PS zu implementieren und organisatorisch zu steuern, wesentliche Planungsarbeiten für das Top Management zu erledigen und als Planungs-Service- und Koordinationsstelle alle Ebenen des Management zu unterstützen. Die spezielle Hierarchiedynamik nach dem Gegenstromverfahren ergibt sich nun wie folgt: (a) auf jeder Ebene der Organisationshierarchie erfolgt die Planung von „oben nach unten" und umgekehrt, (b) den planenden Instanzen wird durch Vorgabe von potentiellen Zielen ein Planrahmen gestellt, (c) nach vollzogener Planung werden die aktuellen Ziele und Pläne vereinbart (Bargaining und Commitment), Planung und Zielvereinbarung erfolgen also nach dem Prinzip der Partizipation (charakteristisch für Management by Objectives — Führung durch Zielvereinbarung), (d) ergeben sich bei der Abstimmung Zielkonflikte oder Ressourcenrestriktionen, die ein auf oberer Ebene gesetztes Ziel in der konkreteren Planung einer unteren Ebene in Frage stellen, so sind (u. U. mehrfach) Abstimmungsrückläufe erforderlich, die zu einer Planrevision führen. Abgesehen von solchen Rückläufen springt sozusagen die Planung von Managementebene zu Managementebene nach unten und zurück (daher der Name „Kaskadenprinzip"), wobei im Vorlauf retrograd, im Rücklauf progressiv geplant wird. Auf diese Weise ist die vertikale Koordination bzw. Integration der Pläne durch das Linienmanagement sichergestellt. Für die Querschnittskoordination bedarf es besonderer Abstimmungsregeln und Organe — etwa i. S. des Matrix-Management. Wichtigste Vorteile der Planung nach dem genannten Prinzip sind: positive Voraussetzungen für die Planungs- und Leistungsmotivation, Abbau von Durchsetzungsschwierigkeiten, Kongruenz von Informationsstand, Erfahrungsbereich und Planungsaufgabe und Integration der Planung in den Managementprozeß (-zyklus).

3. Revolvierende Planung

Ein weiteres Aufbauprinzip des PS betrifft die Frage, ob die Planung starr oder flexibel, d. h. mit bestimmten Anpassungsmechanismen erfolgt. Als spezifische Form eines auf Anpassung (d. h. fortlaufende Ziel- und Plankorrektur) ausgerichteten Planungssystems ist hier die revolvierende Planung zu nennen. Während eine einstufige Planung in der Regel starr ist, bietet sich bei einer mehrstufigen Mehrperiodenplanung ein revolvierender Planungszyklus als Aufbauprinzip des PS an. Er ist wie folgt zu kennzeichnen: mehrere Planungsstufen mit unterschiedlicher zeitlicher Reichweite (z. B. strategische, taktische, operative Planung) sind ineinander verschachtelt (Schachtelprinzip). Ein strategischer Plan (mit einer Reichweite von 15 Jahren) umschließt dann z. B. drei taktische Planabschnitte (à 5 Jahre) und jeder taktische 5 operative Planabschnitte (à 1 Jahr). Die Fortschreibung bzw. Erneuerung der einzelnen Pläne und des jeweiligen Zielsystems erfolgt dann *gleitend,* indem in bestimmten Zeitabschnitten bzw. bei Bedarf jeder Planabschnitt überprüft, erneuert oder fortgeschrieben wird. Damit ergibt sich der charakteristische Rhythmus einer sukzessiv-gleitenden Planung, wobei die kumulierten Ist-Ergebnisse der jeweils untergeordneten Planabschnitte zur Überprüfung und Fortschreibung der übergeordneten Planabschnitte dienen. Auf diese Weise wird automatisch eine zeitliche Integration der Ziele und Pläne verschiedener zeitlicher Reichweite und Rangordnung erreicht, so daß hierin ein spezieller Fortschreibungs- oder Anpassungsmechanismus zu sehen ist.

4. Rückkopplung und Vorkopplung

Eine wichtige Voraussetzung für die Verwirklichung der Anpassungsfähigkeit und damit der Leistungsfähigkeit des PS ist, daß das PS institutionalisierte Vor- und Rückkopplungsbeziehungen aufweist. Unter Rückkopplungsbeziehungen (feed back) sind dabei Kontrollinformations-Rückflüsse zu verstehen, die innerhalb und zwischen den einzelnen Planungsstufen einen

Soll-Ist-Vergleich als Planfortschritts-, Ergebnis- und Prämissenkontrolle ermöglichen. Mit Vorkopplungsbeziehungen (feed forward) sind institutionalisierte Informationsverknüpfungen gemeint, die bei Feststellung bereits eingetretener Ergebnisabweichungen oder Prämissenveränderungen sowie bei Prognose zu erwartender künftiger Ergebnisabweichungen und Prämissenänderungen eine Überprüfung und eventuelle Anpassung der Pläne auslösen. Die Existenz von Rückkopplungsbeziehungen ermöglicht eine ex-post-Anpassungsfähigkeit, die von Vorkopplungsbeziehungen eine Anpassungsfähigkeit „im Vorgriff", so daß die Totzeit der Regelinstanzen erheblich verkürzt werden kann. Letzteres ist speziell für sog. *Frühwarnsysteme* charakteristisch. Im übrigen sei auf den engen Zusammenhang der kybernetischen Prinzipien der Vor- und Rückkopplung mit dem Management by Exception hingewiesen.

5. Geschlossener Management-Zyklus

In Verbindung mit der Rückkopplung ist ein weiteres Gestaltungsprinzip für PS zu nennen, nämlich die geschlossene prozessuale Verbindung oder Kopplung von Planung, (Fortschritts- und Ergebnis-)Kontrolle, Abweichungsanalyse und Zielfortschreibung bzw. erneuter Planung. Danach schließt sich die Planung und Zielbildung für die nächste Periode an die Analyse der Abweichungsursachen der Vorperiode an, was die Verwertung von Erfahrungen bzw. Lerneffekten erzwingt, also den ersten wesentlichen Schritt zu einem „lernenden" PS darstellt. Dieses Prinzip ist beispielsweise beim Führungskonzept Management by Objectives realisiert, bei dem auf allen Führungsebenen die Bildung neuer Ziele, Standards, Pläne und Budgets auf der Grundlage einer Analyse der Abweichungen der Vorperiode erfolgt. Dieses Prinzip setzt allerdings eine Integration der Planung in die Führungsaufgaben jeder Organisationseinheit voraus, was bestimmte Anforderungen an das Organisations-, Informations- und Kontrollsystem sowie an das Führungskonzept stellt.

6. Koordination, Integration, Flexibilität

Koordination und Integration sind Mittel zur Erreichung weitgehender Konsistenz von Zielsystem und PS. Die Notwendigkeit der Koordination und Integration von Plänen begründet sich durch Ziel-Mittel-Abhängigkeiten oder Zielwirksamkeitsbeziehungen zwischen Zielen und den zu ihrer Erreichung geplanten Maßnahmen und Ressourcenverwendungen. Versteht man unter Koordination von Plänen die Abstimmung isolierter Teilpläne auf eine gemeinsame Informationsbasis und auf übergeordnete Ziele und Pläne hin, so geht die Integration von Plänen insofern darüber hinaus, als sie verschiedene Teilpläne zu einem Gesamtplan zusammenfaßt, der diese als untergeordnete Bestandteile enthält, wodurch die Teilpläne ihre Selbständigkeit verlieren. Mit zunehmender Integration büßen die Pläne jedoch auch an autonomer Flexibilität ein, da Änderungen auf andere Teilpläne und den

Gesamtplan übergreifen. Flexibilität und möglichst hoher Integrationsgrad (letzterer erwünscht wegen der Synergie-Effekte) können daher als konfligäre Ziele der Gestaltung eines PS betrachtet werden, es sei denn, es existiert ein Anpassungsmechanismus, der große Flexibilität auch bei hohem Integrationsgrad ermöglicht. Der Konflikt ist deshalb einerseits über die Aufbau- und Ablauforganisation der planenden soziotechnischen Systeme lösbar (durch Abbau der Abhängigkeiten der Organisationseinheiten, d. h. durch Reduktion des Integrationsbedarfs bzw. der Komplexität, z. B. durch Spartenorganisation) und zum anderen über die Einrichtung spezieller Ziel- und Planungsanpassungsmechanismen, die eine rasche Umsetzung von Veränderungen in allen Teilplänen erlauben. Hierfür spielen Vor- und Rückkopplungsbeziehungen wie auch die Formalisierung und Dokumentation der Planung eine wichtige Rolle.

Im übrigen sei ergänzend auf den Tatbestand hingewiesen, daß der erforderliche bzw. der tatsächlich erreichte Integrationsgrad unter verschiedenen Aspekten betrachtet werden kann: während hier von der materiellen (auf die Planinhalte bezogenen) Integration die Rede war, wurde in (1) und (3) die zeitliche Integration der Pläne und in (2) und (5) die funktionale Integration angesprochen.

7. Formalisierung, Standardisierung, Instrumentalisierung

Formalisierung (explizite Regelung der Bestandteile und Prozesse des PS), Standardisierung (Vereinheitlichung) und Instrumentalisierung wurden eingangs bereits als Kenngrößen für den Entwicklungsstand eines PS angesprochen. Sie können mehr oder weniger weitgehend erfüllt sein und sich auf alle oder nur einige Teilplanungen im Rahmen eines PS erstrecken. Es sollte jedoch eine Entwicklung im „Gleichschritt" angestrebt werden, da die Wirksamkeit einer Formalisierung (Standardisierung, Instrumentalisierung) in einem Bereich naturgemäß vom diesbezüglichen Zustand in anderen Bereichen abhängt. Ist also z. B. nur ein Planungstyp, etwa die Finanzplanung, ausgeprägt entwickelt, während andere Teilplanungen nur ansatzweise und ungeregelt erfolgen, besteht die Gefahr, daß letztlich die Finanzplanung über die Zuweisung finanzieller Ressourcen die zu erreichenden Ziele bestimmt und nicht umgekehrt. Ähnlich ist es mit dem Einsatz von Planungsmodellen auf Teilgebieten, was entweder zu einer isolierten Suboptimierung führt oder wegen fehlender Einbeziehung anderer Bereiche die Durchsetzung an der mangelnden Planung dieser Bereiche scheitern läßt.

8. Transparenz und Einheitlichkeit der Informationsbasis

Weitere Gestaltungsprinzipien bzw. Anforderungen an ein PS betreffen die Transparenz des PS für alle Mitwirkenden hinsichtlich aller Bestandteile und die angemessene Vereinheitlichung der Informationsbasis. Dabei zielt die erste Forderung darauf ab, den arbeitsteiligen und komplexen Prozeß der

Planung besonders in großen sozialen Organisationen dadurch zu vereinfachen und reibungsloser zu gestalten, daß jeder Teilnehmer an diesem Prozeß seine Rolle und die Rollenerwartungen anderer kennt, was eine Offenlegung aller Regeln und eine laufende Information über die Aufbauveränderungen des PS erfordert. Die Vereinheitlichung der Informationsbasis bedeutet dagegen, daß inhaltlich gleiche Planungsprobleme mit gleichen Informationen gelöst werden. Dazu ist ebenfalls eine Transparenz der Informationsbedürfnisse und der Informationsstruktur erforderlich, was allerdings in praxi erhebliche Schwierigkeiten bereitet.

9. Dokumentation der Planung

Ein wichtiges Hilfsmittel zur Erzielung höherer Transparenz, zur Vereinheitlichung der Informationsbasis, zur Formalisierung und Standardisierung sowie schließlich zur Konsistenzprüfung ist die Dokumentation (schriftliche Fixierung) der Planung. Diese Forderung erstreckt sich auf die Prämissen, Methoden, Ziele und Ergebnisse der Planung sowie auf Gesamt- und Teilpläne.

10. Vollständigkeit der Planung

Dieser Gesichtspunkt betrifft die Frage, ob das PS für alle relevanten Aktionsbereiche des planenden Systems Teilpläne enthält. Ein unvollständiges PS liegt also dann vor, wenn in einem Teilbereich, für eine Ressourcenart, Systemfunktion oder eine Zielkategorie keine Planung erfolgt, wenn also etwa die Personalplanung fehlt oder bestimmte Ziele außer acht bleiben. Der Tatbestand der Unvollständigkeit kann sich dabei auf jede Stufe des PS erstrecken, ist also auch gegeben, wenn die Personalplanung nur kurz-, aber nicht lang- oder mittelfristig betrieben wird. Dies ist für viele PS geradezu charakteristisch, da sie zwar detaillierte, kurzfristige Ressourcenverwendungspläne enthalten (für Personal, Sachmittel, Finanzen usw.), aber die mittel- und langfristige Ressourcenentwicklung in der Planung vernachlässigen. Die Vollständigkeitsforderung bedeutet dabei selbstverständlich nicht, daß ein Planungssystem in jeder Hinsicht vollständig sein muß, sondern nur, daß in Hinsicht auf die Steuerungszwecke der Planung und auf die relevanten Interdependenzen zwischen Planungselementen hinreichende Vollständigkeit gegeben sein sollte.

11. Detailliertheit der Pläne

Auch die Forderung, daß die Pläne hinreichend detaillierte Aussagen (bzw. einen hohen Informationsgehalt) aufweisen müssen, bezieht sich einmal auf den Einzelplan, zum anderen aber auch auf die Gesamtheit der Pläne im Rahmen eines PS. Im zweiten Sinne ist eine relative Übereinstimmung des Detailliertheitsgrades zu fordern, da anderenfalls bei starker Abhängigkeit der Pläne die Koordination und Kontrolle erheblich erschwert werden. Allerdings ist auch hier wieder die unterschiedliche Detailliertheit der Pläne auf den verschiedenen Stufen eines mehrstufigen PS zu berücksichtigen, so daß diese Forderung ebenenweise differenziert werden muß.

12. Problemsuche

Ein weiteres Beurteilungskriterium für die Leistungsfähigkeit und den Entwicklungsstand eines PS ist ferner die Frage, ob das PS über eine Einrichtung zur gesteuerten Problemsuche verfügt, die dem PS erst Regelungscharakter verleihen kann. Über die durch die Vor- und Rückkopplung bereits vermittelten Problemanstöße hinausgehend, käme dieser look-out-Einrichtung die Aufgabe zu, im Wege einer systematischen langfristigen Projektion von Umwelt- und Zieländerungen mögliche kritische Veränderungen, die durch die gegebene Regelungskapazität des PS nicht abgedeckt sind, aufzuzeigen.

13. Lernfähigkeit

Diese komplexe Eigenschaft bezeichnet im wesentlichen die Fähigkeit, im Wege einer systematischen Schwachstellenanalyse Notwendigkeiten und Möglichkeiten einer Leistungssteigerung durch eine strukturelle und inhaltliche Systemmodifikation aufzuzeigen und den beteiligten Planungsträgern gezielte Lerneffekte in bezug auf eine wirksamere Aufgabenerfüllung (Management Development) zu vermitteln. Dies setzt voraus, daß das PS in seiner Leistungsfähigkeit im Zuge des Management-Zyklus regelmäßig überprüft und angepaßt wird. Hierzu sind bestimmte systeminterne Kontroll- und Beurteilungsmechanismen für die Güte der Funktionserfüllung des PS erforderlich. Da Systemstrukturveränderungen letztlich nicht ohne Rückgriff auf andere Aktivitätsbereiche der Unternehmung (wie Führung, Organisation, Personalwesen, Kontroll- und Informationssystem) vollzogen werden können, ist Lernfähigkeit nur bei enger Kopplung bzw. hoher Integration und hoher Anpassungsfähigkeit dieser Bereiche sowie des PS möglich.

IV. Charakteristische Entwicklungsstufen von Planungssystemen

Auf den naheliegenden Zusammenhang zwischen den Aufbauprinzipien eines PS und seiner Leistungsfähigkeit bzw. Entwicklungsstufe wurde eingangs bereits hingewiesen. Verwendet man die Prinzipien als Anforderungs- bzw. Beurteilungsmerkmale, so lassen sich über die Kombination der Merkmale und die Differenzierung unterschiedlicher Ausprägungsgrade charakteristische Entwicklungsstufen von PS als mehrdimensionale Typenbegriffe bilden. Die beiliegende Übersicht (S. 227) unterscheidet dabei lediglich 5 Entwicklungsstufen. Tatsächlich lassen sich wesentlich mehr Stufen bilden, wobei die eindeutige Zuordnung von Merkmalsausprägung und Entwicklungsstufe allerdings recht problematisch ist.

Charakteristische Entwicklungsstufen von Planungssystemen

Merkmale \ Entwicklungsstufen	Intuitive ad-hoc-Planung	Einstufiges, starres Planungssystem	Mehrstufiges, starres Planungssystem	Mehrstufiges, flexibles Planungssystem	Hochintegriertes, flexibles, adaptives Planungssystem
Planungsinhalt	Maßnahmen/Ressourcen	Ziele/Maßnahmen/Ressourcen	Ziele/Maßnahmen/Ressourcen	Ziele/Maßnahmen/Ressourcen	Ziele/Maßnahmen/Ressourcen
Stufenzahl	einstufig	einstufig	mehrstufig	mehrstufig	mehrstufig
zeitliche Reichweite	kurzfristig	kurzfristig	kurz-, mittel-, langfristig	kurz-, mittel-, langfristig	kurz-, mittel-, langfristig
erforderlicher Formalisierungsgrad	minimal	mittel	mittel bis hoch	hoch	hoch
erforderliche Instrumentalisierung	gering	mittel	mittel bis hoch	hoch	hoch
Vollständigkeit	Teilpläne	Teilpläne	Teilpläne und Gesamtplan	Teilpläne und Gesamtplan	Teilpläne und Gesamtplan
Einheitlichkeit und Transparenz der Informationsbasis	gering	gering	mittel	hoch	hoch
Koordination/Integration	weitgehend keine	partielle Koordination	partielle Koord. und Integration	weitgehende Koord. und Integration	hoher Integrationsgrad
Kontrolle	nur Ergebniskontrolle	nur Ergebniskontrolle	Ergebnis- und Fortschrittskontrolle	Ergebnis- und Fortschrittskontrolle	Ergebnis- und Fortschrittskontrolle
Hierarchiedynamik	keine	keine	erforderlich	erforderlich	erforderlich
Verteilung der Planungsaufgaben	ungeregelt-dezentral	weitgehend zentral	weitgehend zentral	weitgehend dezentral	weitgehend dezentral
Dokumentation	keine	partiell	partiell	umfassend	umfassend
Anpassungsmechanismus (revolvierendes PS)	nicht vorhanden	nicht vorhanden	nicht vorhanden	erforderlich	erforderlich
Flexibilität	keine	keine	geringe	große	große
Vorkopplung	keine	keine	partielle	weitgehende	umfassende
systematische Problemsuche	keine	kurzfristige	kurzfristige	langfristige	langfristige
Lernfähigkeit des PS	keine	keine	keine	ansatzweise	weitgehende

Das Beurteilungsschema eignet sich einmal zur empirischen Analyse und zum Vergleich von PS, wie sie in der Praxis tatsächlich vorgefunden werden können. Dabei müßte im Zuge empirischer Forschung einerseits bestätigt werden müssen, ob die spaltenweise Kombination der Merkmalsausprägungen in irgendeiner Form typisch ist. Von Interesse für eine „Theorie der Planung und Planungssysteme" ist darüber hinaus, inwieweit die diesem Schema zugrundeliegenden Hypothesen über die Kombination der Merkmalsausprägungen einerseits und der Leistungsfähigkeit des PS tatsächlich haltbar sind bzw. revidiert werden müssen.

V. Wirkungen und Voraussetzungen des Modell- und Computereinsatzes

Die Frage, inwieweit die Planung innerhalb eines PS durch den Einsatz von Modellen und Computern unterstützt wird, ist — wie die Ausführungen zur Instrumentalisierung in Punkt III (7) implizit erkennen lassen — für die Beurteilung von PS nur von sekundärem Belang. Zudem wird der Einsatz dieser Instrumente nur partieller Natur sein, also keineswegs alle Elemente des PS erfassen. Im Zusammenhang mit den oben angestellten Überlegungen ist jedoch durchaus wichtig und von Interesse, welche Wirkungen ein weitgehender Modell- und Computereinsatz auf die Gestaltung und Funktionsweise von PS hat bzw. haben könnte und an welche Voraussetzungen er gebunden ist. Auch hier läßt sich allerdings mangels wissenschaftlich gestützter empirischer Aussagen zunächst nur allgemein i. S. plausibler Hypothesen argumentieren.

Schränkt man den Modellbegriff wie üblich auf formalisierte Aussagenzusammenhänge mit Abbildungsfunktion ein, so erhöhen Modelle (z. B. Prognose-, Such-, Simulations-, Bewertungs-, Entscheidungsmodelle) naheliegenderweise zumindest partiell den Formalisierungsgrad der Planung. Das gleiche gilt für den Computereinsatz. Zum zweiten besteht zweifellos eine Tendenz zur stärkeren Zentralisierung der Planung und höheren Integration von Teilplanungen bzw. -plänen, so daß auch ein entsprechender Einfluß auf die Hierarchiedynamik und die Ablauforganisation der Planungsprozesse zu erwarten ist. Ebenso wird sich die Transparenz des Planungssystems für denjenigen erhöhen, der den Aufbau und die Operationsregeln der Modelle und der Computerabläufe kennt, was jedoch in der Regel eher für die Spezialisten als für das Management zutreffen wird. Weitere Wirkungen lassen sich zum Teil nur unter bestimmten Voraussetzungen vermuten, so z. B., daß die schnellere Informationsverarbeitung und der gezieltere Informationszugriff eine höhere Anpassungsgeschwindigkeit bei Datenänderungen erlaubt, was für die Verwertung von planändernden Vor- und Rückkopplungsinformationen sehr wichtig ist. Hinzu kommt, daß durch den Modell- und Computereinsatz über Sensitivitätsanalysen und Simulationen eher die Möglichkeit gegeben ist, die Relevanz bzw. Wirkung von Datenveränderungen vorauszuschätzen.

Schließlich bleibt auf diejenigen Wirkungen hinzuweisen, derentwegen der Modell- und Computereinsatz überhaupt generell angestrebt wird: Die qualitativ und quantitativ bessere und einheitlichere Informationsbasis und die Standardisierung der Verarbeitungsregeln, die bei logisch einwandfreier Handhabung zu „richtigen" Planungsergebnissen führen müssen, was bei vorwiegend intuitiver Planung keineswegs der Fall ist.

Auf der anderen Seite stellt der Modell- und Computereinsatz an die Eigenschaften bzw. die Entwicklungsstufe des PS bestimmte Anforderungen. Zu nennen ist hier neben der Wohlstrukturiertheit bzw. Strukturierbarkeit der Planungsprobleme die weitgehende Programmierbarkeit der Informationsflüsse, die Standardisierung der Planungsinformationen, die Dokumentierbarkeit einzelner Planungsschritte und -ergebnisse sowie nicht zuletzt ein gewisses Mindestmaß an Einheitlichkeit und Transparenz der Informationsbasis. Welche Modelltypen dabei im einzelnen spezifische Voraussetzungen verlangen und wie sich diese Anforderungen mit zunehmender Extension des Modell- und Computereinsatzes auf immer größere Teile des PS verändern, ist eine Frage, deren Klärung empirischer Forschung vorbehalten bleiben muß.

Model Based Systems for Corporate Planning and Control

Von

John E. Mulvaney

Introduction

This paper consists of three sections. In the first section the need for a logical framework for analysing and designing planning and control systems is examined. As an example, a framework that is being used in practice is outlined.

The second section deals with the use of models as an aid to corporate planning. A modular approach is suggested and examples of this approach in action are given. Some practical problems and their solutions are examined.

The third section deals with the computing needs of model builders and model users and describes one such system in outline.

The paper as a whole is intended to give an overview of particular experience gained in application of model based business planning and control systems in the UK and Europe from 1967 to the end of 1971.

Section 1

The Possibility of Formalising Planning Systems
Diversity in Planning Requirements

The type and extent of planning that an organisation needs depends clearly upon its size and the type of commercial or industrial activity in which it is engaged.

At one end of the scale are found large international organisations, with diverse operations in many countries. At the other end, are found small national organisations with simple local operations.

In addition to these differences in scale, organisations vary considerably in their management methods and styles from the highly centralised authoritarian organisation, where most important decisions are made by a small group of men at the centre, to organisations where a participative management style encourages a diffusion of decision making throughout the structure.

It is therefore unrealistic to suppose that any single formalised planning system will produce results that are satisfactory in all cases. Planning systems can be designed to only suit particular organisations, and these systems must be based on the real needs of the particular managers who run the organisations.

This is not to say that no changes in management methods and styles are to be considered. In many cases they must be. The point is that in general, planning systems must satisfy the needs of managers. Managers should not be expected to satisfy the needs of planning systems.

In a particular organisation, the planning system designer therefore, must take as one starting point the existing situation. He needs to be sensitive to this situation and he needs to recognise the many subtle relationships that exist.

Despite this diversity of planning needs, it is contended that there is a universal logic underlying all planning processes which can be used as a starting point by planning system designers. From this starting point an analysis of planning needs can be carried out with the objective of determining those areas where model-based systems might be useful.

The Logic of the Planning Process

All managers are familiar with the need to plan operations. There is nothing new in the concept; planning has existed ever since man first achieved the ability to conceive objectives.

In essence planning involves finding the answers to two questions:

> What do we want to do?
>
> How best can we do it?

The questions are very simple, but the process of finding the answers can be very complex, particularly in the case of corporate planning in large organisations.

This paper is not the place to attempt a summary of the extensive literature on corporate planning, if indeed such a summary is possible. Instead, a simple representation of the basic logic of the planning process, stripped of all refinement, is shown in Figure 1.

The diagram will be familiar. All planning processes involve the tasks of setting objectives, establishing the present position and predicting where the organisation will be if existing plans are achieved, analysing the environment and predicting changes in it.

With this basic information management can create strategies, evaluate them and select one or more for implementation, which, in turn provides the base for detailed planning of operations.

This simple framework can be used to provide the basis for a complete analysis of the planning processes currently in use in all areas of management and in all time frames.

The Logic of the Planning Process

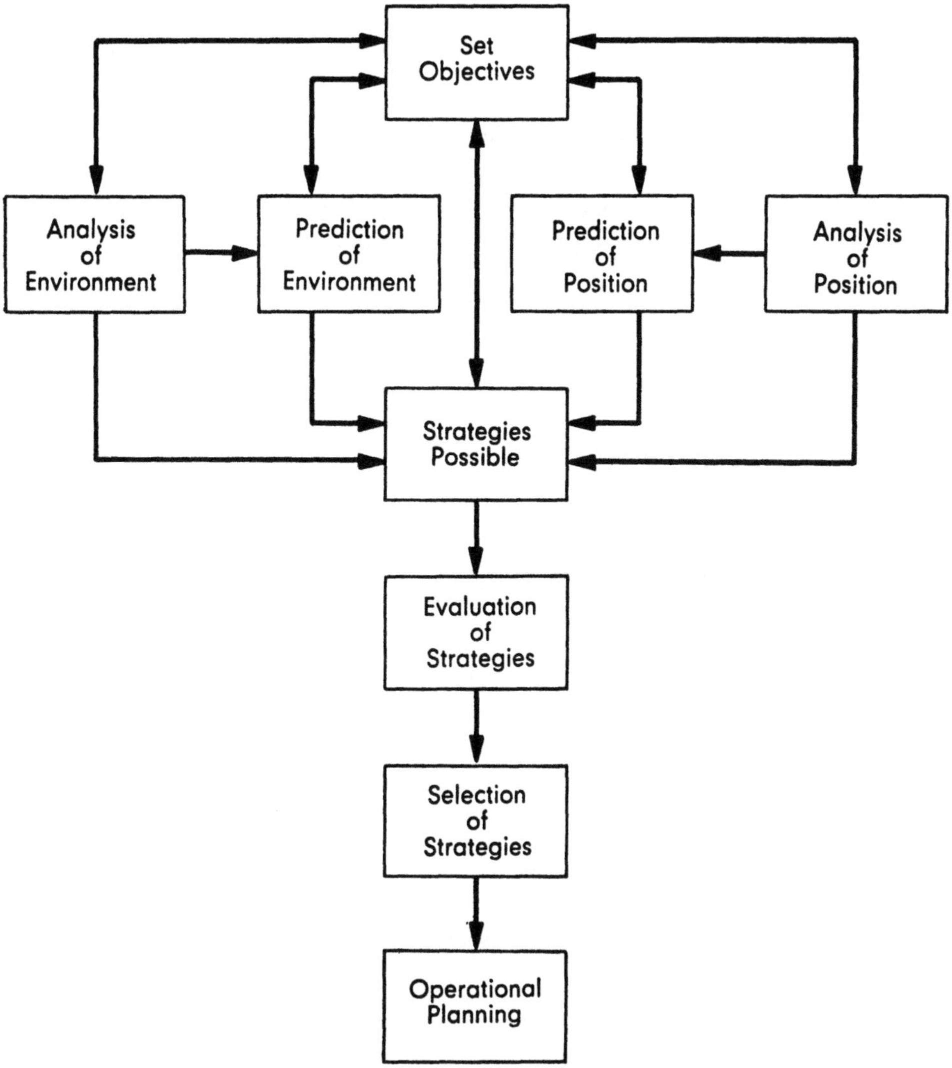

```
                        Set
                     Objectives
                         │
   ┌─────────┬───────────┼───────────┬─────────┐
   ▼         ▼           │           ▼         ▼
Analysis  Prediction     │      Prediction  Analysis
   of   →    of          │         of    ←    of
Environment Environment  │      Position    Position
   │         │           │           │         │
   └─────────┴──→ Strategies ←───────┴─────────┘
                  Possible
                     │
                     ▼
                 Evaluation
                     of
                 Strategies
                     │
                     ▼
                  Selection
                     of
                  Strategies
                     │
                     ▼
                 Operational
                  Planning
```

Figure 1

The Logic of the Control Process

Planning cannot be considered in isolation. Since all organisations operate in an environment of increasing rate of change, it is important to consider the control processes also. Plans need to be updated at appropriate intervals, either because of unpredicted changes in the environment or because of variances between performance and plan.

Figure 2 represents the basic logic of control and planning processes together.

The performance resulting from operational planning needs to be measured, so that the position analysis and prediction can be updated.

The environment too, needs to be measured so that the environmental analysis and prediction can be updated.

The Basic Planning and Control Logic

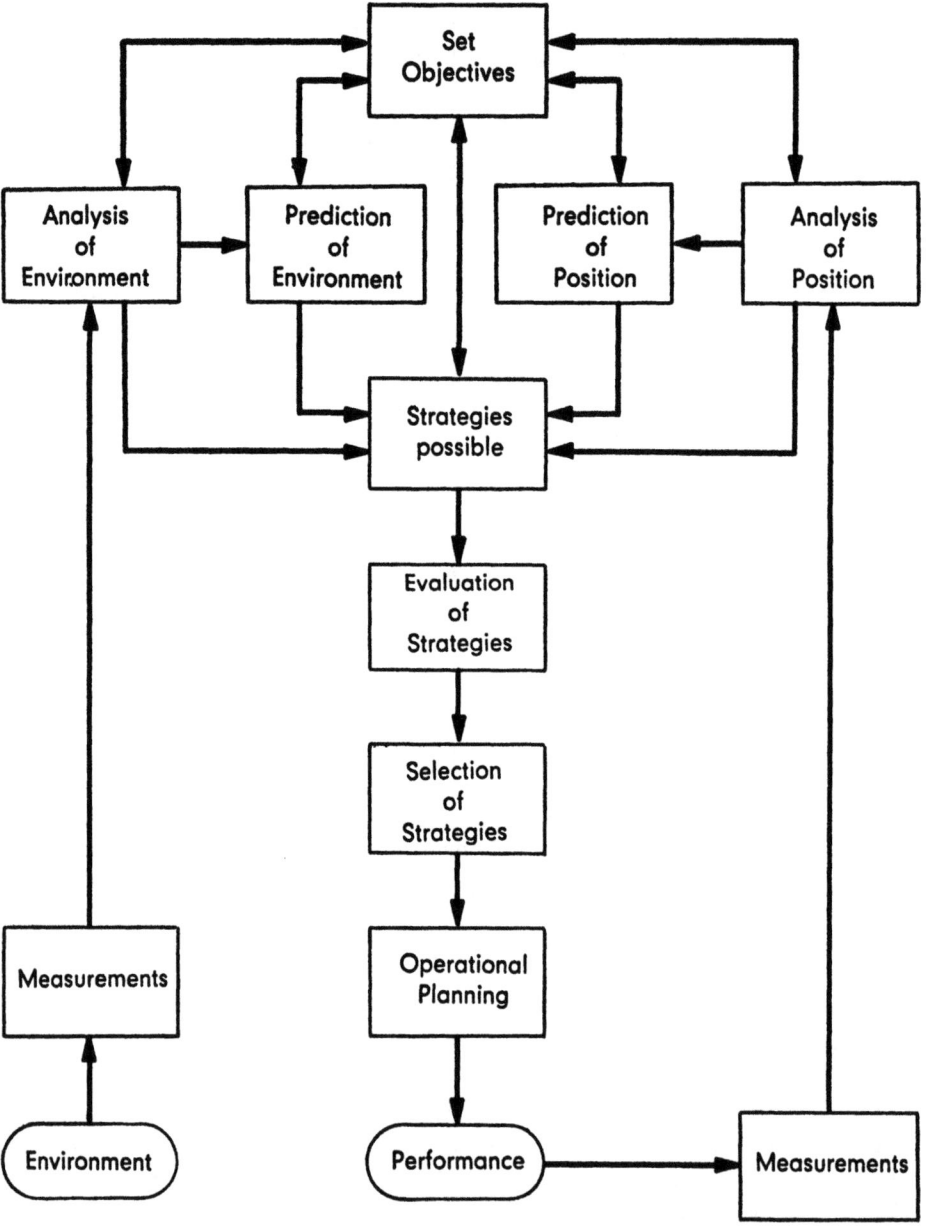

Figure 2

Cycles of Planning and Control

Having used such a logical framework to analyse the planning and control processes involved, suitably modified and extended to suit particular organisations, the planning designer can then set these processes against a time scale to produce a picture of the time cycles involved. Usually there will be an annual bases to these cycles.

A PERT representation of the cycles is often useful. Even at this early stage it is not unusual to find that the time available to carry out the various planning processes is not sufficient, which gives one indication of where model-based systems might be used to speed up the calculations involved or to allow management to look at more alternatives in greater depth.

System Planning

The planning system designer has, at this stage, produced his own „model" of what management does, what decision making processes are involved, and how decisions are made. It is important to ensure that this model is based on what really happens, and not on what managers say happens or even on what they think happens.

Sometimes managers are so involved in the tasks of planning, in the actual production of plans, that they lose sight of the processes involved.

On a recent training course a group of managers were exposed to the „systems thinking" concepts outlined in the previous paragraphs. They were then asked to describe their planning and control processes; how they arrived at their plans. Without exception, the syndicates described what their plans were, rather than how they arrived at them. It is not unusual to have to carry out a reorientation to focus attention onto process and away from task.

I call the task of designing and installing planning and control systems — system planning. System planning is dedicated to the planning of the planning and control systems. The type of question that systems planning must answer are indicated below:

>How are objectives to be set?
>
>How are objectives to be communicated?
>
>What form should the analysis of the environment take?
>
>What quantities should be measured? How often?
>
>What forecasting mechanisms should be used for environmental predictions?
>
>How is the organisation's position in its environment to be monitored?
>
>How is the creation of strategy to be stimulated?
>
>How are strategies to be evaluated; against what set of criteria should they be selected?

How is operational planning to be carried out?

What operational planning areas have to be considered and how are they to be co-ordinated?

What measurements of performance are necessary and how often should these be made?

Relationship Between Types of Planning

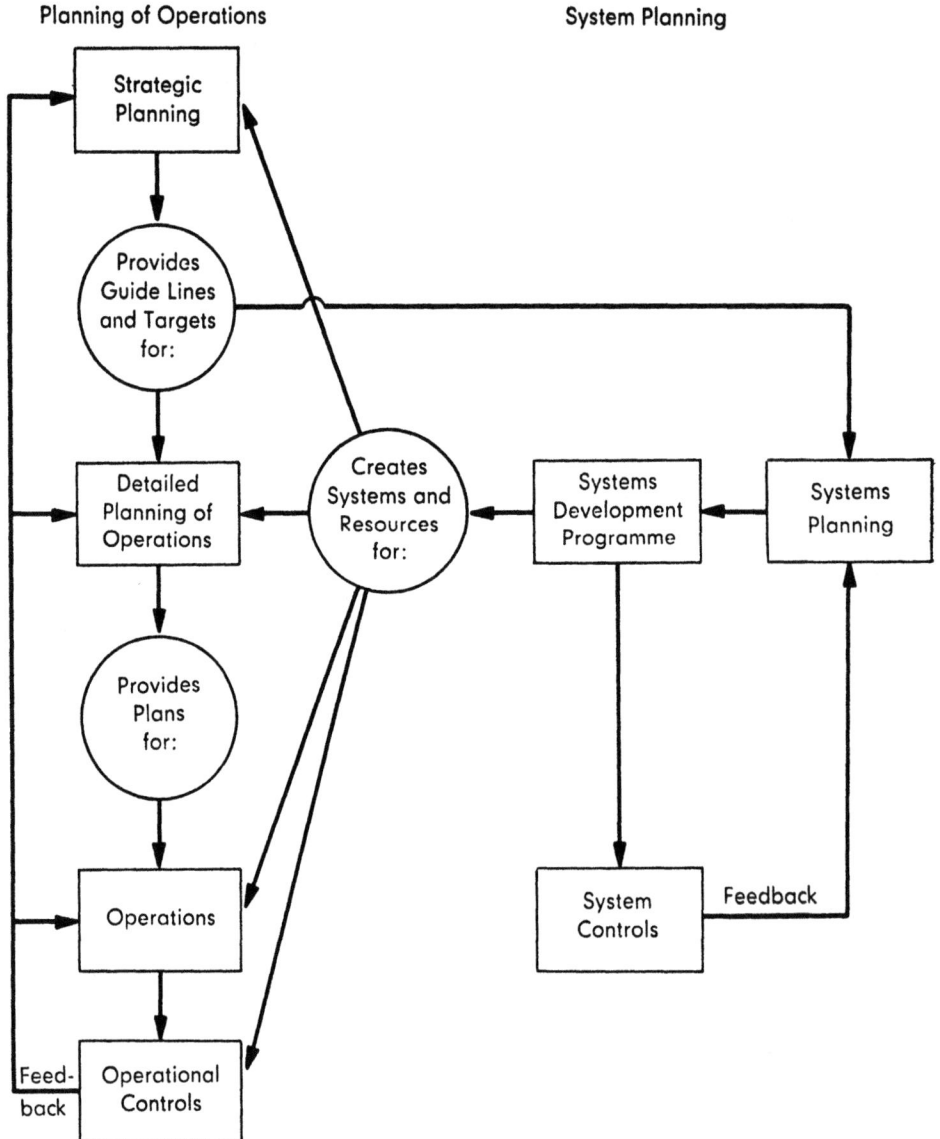

Figure 3

All these questions and the many others that arise, are concerned with the processes of planning and control, and not with the content of the plans. They are concerned with the creation of the content of the plans. They are concerned with the creation of the machinery of management.

Like other forms of planning, system planning needs to have associated controls. The functions of controls are to monitor the effectiveness of the machinery of management, to modify it and adapt it as management's needs change and so keep it running smoothly.

The Total Planning Needs

There are thus two types of planning necessary in an organisation as shown in Figure 3. Firstly, the planning of operations concerned with both strategy and tactics. I believe that this type of planning should be carried out by managers with responsibility for operations, men with a strong task orientation, men who are anxious to answer the question "What shall we do with our business" and who are motivated to achieve good operational results. These men also tend to be strong in leadership qualities.

Secondly there is system planning, dedicated to the production of systems of planning and control for the use of operational management. These men must have a strong process orientation. They must be capable of taking a broad view of systems and must be sensitive to the real needs of operating management. They must understand what is desirable and possible in system terms. They must have a wide experience of planning and control techniques and must know how these can be applied effectively. Certainly today they must understand and have experience in the use of model based systems in planning and control, the subject of the next section of this paper.

One footnote must be added to the above. I believe that task orientated managers are best suited for the planning and control of operations and process orientated managers best suited for system planning. By a process of conscious or unconscious selection the correct type of manager tends to occupy the relevant positions in an organisation. However, there is one important exception that must be made. The chief systems planner, whilst being fully aware of process, must also be strongly task orientated. His task is to plan and install systems to provide operating management with effective processes. He must do this quickly and efficiently, and must be a good team leader.

Such men are rarely to be found in this role, which is probably why systems planning is often inefficient and is not given the attention it really deserves.

Section 2

Models as an aid to Corporate Planning

In the first section of this paper the need to make a comprehensive analysis of the real planning requirements of an organisation was stressed, and a framework for doing this was put forward.

Equally important, in my submission, is the need to avoid any attempt to satisfy these planning requirements with one comprehensive model. Such an attempt is almost bound to fail. Even if the model builders succeed to their own satisfaction, they will almost surely fail to get managers to use their system.

The difficulty and length of the management learning processes involved in the use of models makes a step-by-step or modular approach mandatory. There is also a very strong requirement in most organisations to prove that models really do work, and there is a need to do this as cheaply and as quickly as possible. This, in turn, means that the first models which are built for the managers in an organisation need to be simple. Complication can be added subsequently, if any real advantage can be gained by such complication.

An analysis of planning requirements, and some from of planning cycle diagram, can now be used by the system designer to identify the areas where models might be constructed for use by the managers concerned.

He will draw on the experience he has gained in other systems he has constructed, or is familiar with, to enable him to do this.

If he is both skilled and experienced he will be able to specify quickly the general form of inputs and outputs of the model and define how it will help the manager to carry out his planning or control task.

Having identified where models could be built, the job now becomes one of saying where they should be built, and in what order. In other words, a system development programme is prepared which must be based on the real priorities of the organisation. Some of the factors which help to set these priorities are discussed later.

Some Examples of Modules

Below are described some of the areas in which models have been constructed and are in routine use by managers.

Models dealing with the environment

Here we are mainly concerned with models of markets. The management need is usually to have mechanisms which predict the size of the markets over time periods ranging from one year to ten years. These models handle factors such as historical volumes, pricing effects, population trends, market sectors trends and movements between them, import and export volumes, possible technological developments, manufacturer's behaviour, macro-economic factors and company assumptions regarding unpredictable items such as tax changes, and actions of competitors. Purchasing models have also been constructed which handle factors such as alternative sources of supply and price movements. In most cases however management concern in the environmental area is directed mainly to its markets.

Models dealing with position analysis and prediction

The starting point here often turns out to be a series of models which cover the organisation's major products. One need is to have mechanisms which will help the managers in charge of the products to allocate marketing expenditure. Product models deal with factors such as the effect on market shares or volumes of advertising, pricing policies, distribution, seasonal patterns, sales force activities, discounts and trade incentive dealing and promotions.

It is the model builder's task to identify those factors which have a significant effect on product performance and to express those effects as "influence functions", which are then incorporated in the model equations. Another need satisfied by product models is the forecasting of income or profit streams. Those forecasts are an essential input to the corporate planning function. Product models therefore usually take the calculations through to profit figures, and incorporate the relevant price and cost factors.

New Product Activity

Many companies treat new product activity as a separate planning and control area. Model based systems are in use in the United Kingdom which deal with the marketing and financial aspects of new products, and also handle the timing aspects, usually in the form of a simple PERT sub-system. Using such systems managers can be provided with the latest information on any new product, or on the effects of total new product activity on corporate performance.

Financial Models

The construction of financial models presents a somewhat different challenge from the construction of models of markets and products. They can usually be built more quickly, since not as much fundamental research is required to establish the financial and accounting relationship which they contain, although these can cometimes be very complex. Financial models of products have already been mentioned. Other financial models provide investment analysis, cash flows, balance sheets, profit and loss statements, in fact all the commonly required accounting documents. These models, to be really useful to managers, must be constructed flexibly and must enable a wide range of simulations to be carried out.

The System Development Programme

The system development programme of an outline plan for the development of model based planning and control systems shows the various phases of development, with the earlier phases given in more detail. Time and cost for construction of each phase and results to be obtained are shown also. An example is shown in Figure 4, which summarises the system development programme for a company in the tobacco industry Several factors are important in deciding the sequence of development that should be followed. Some of the more usual factors are as follows:

Planning Needs

Sometimes it is possible to identify a really urgent need that the present planning method cannot satisfy. For example, in one case, a consumer goods company, the time required for calculating the effects of pricing decisions and ingredient cost increases was far longer than the decision time available. Consequently the brand management were operating in an open-loop situation, with no ability to calculate the likely results of their decisions. This area became phase 1 of the system development plan.

In another case the first phase consisted of the construction of a financial model of the company, since the ability to simulate the outcome of alternative funding and investment decisions was urgently required.

Skills and attitudes

When deciding where to start, the skills and attitudes of the managers for whom models might be built are sometimes important. If the model builders are working with a manager who believes in the approach and himself has some degree of numeracy, they are more likely to succeed than if they are working with a hostile "non-believer" with no numerate ability. Thus in some cases the major factor in selecting a starting point from several possibilities has been the keeness of the managers concerned.

Data availability

The amount of data available, its reliability and its structure are also important factors to consider when deciding a starting point. If there is a great deal of data the task of the model builder increases in complexity and duration, but the chances of finding really significant relationships also increases. It has also been found that where there is much data there is also a pressing need to find ways of handling it, a means to cure "data indigestion". One of the key factors to investigate when selecting a starting point is the quality of the data available or obtainable.

Duration of Phase 1

This should be as short as possible because of the need to demonstrate early results.

Effect of success

Where possible phase 1 should be chosen so that success will have a significant impact on the company. For example the introduction of a model-based corporate planning system in one division of an international company led to the production of significantly better corporate plans, with a much higher degree of innovation and with many more alternative policies analysed in depth. The planning cycle time was reduced from 15 weeks to a few hours using the system. When a significant increase of divisional profits was predicted by the model and subsequently achieved, the success of the operation was widely visible, and other divisions became interested in the approach.

Problems arising in Application

The following paragraphs deal with the major problems that have arisen and ways in which they have been overcome.

Acceptance of concepts

Management need to be convinced that models of various kinds have been used in their organisation for years. They must accept that there is nothing new in the concept of models and that models based on mathematical, operational research and statistical skills can be of use to them, in addition to models based on accounting skills.

A programme of education is required so that understanding spreads throughout the organisation. A certain cynicism is usually unavoidable, but it should not turn into opposition. It has been found that a presentation of about an hour including demonstrations of appropriate models, with participation by the managers, is useful in gaining acceptance that "there might be something in it for us".

Integration of skills

A variety of skills need to be brought together if successful development of model based systems is to be achieved.

A System Development Programme

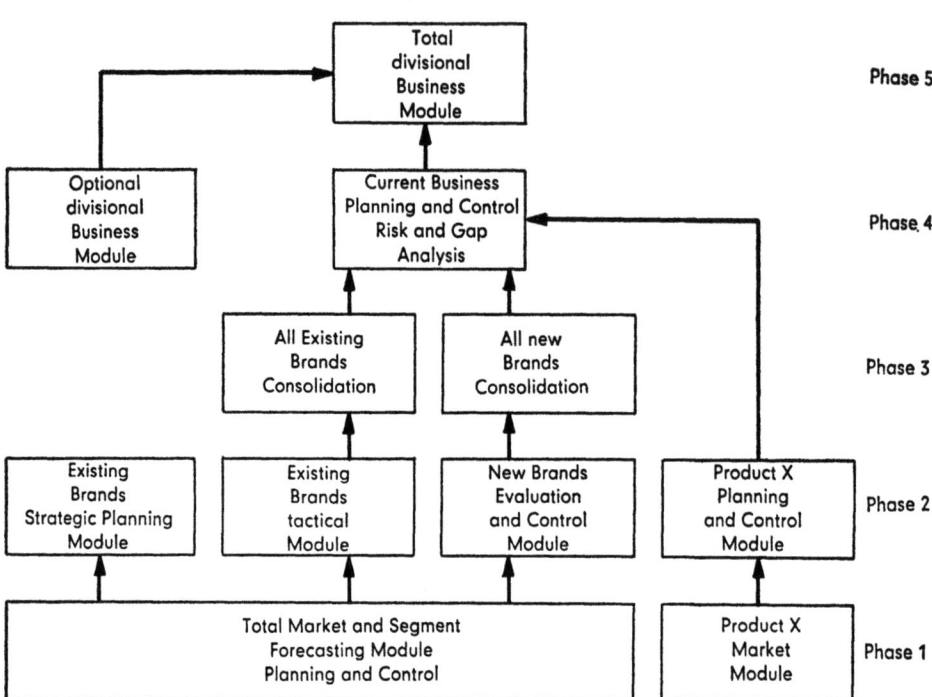

Figure 4

First and foremost, management skills are required. The emphasis will depend upon the area being modelled, but the planning system is for use by a particular manager, or group of managers and they must be included in the team. For example, a team building a market model must include, and preferably should be led by, the manager who knows the market best.

Other skills that are usually required are those of accountancy, mathematics, O. R. and statistics, computing and data management.

To these specialist skills needs to be added a good leavening of common sense and task orientated leadership.

The formation of teams incorporating these skills usually cuts across the departmental organisation of the company. Departmental conflict can then arise if the ground has not been carefully prepared beforehand.

The custodianship of a successful model system is a desirable prize which can be fought for by departments such as long range planning, finance, management services and data processing.

If system planning has been properly carried out the place and role of models will have been decided and accepted well in advance.

Fear

Some Managers are afraid of models and computers. They fear that they are about to be replaced, or that their decision making powers will be revealed as inadequate by the system. Other despise, or affect to despise computers. It is necessary to dispel these fears. Each case needs to be treated on its merits, but it has sometimes been found useful to point out the following facts.

"The model in the computer will be your model. It will do the calculation that you decide. It is very unlikely that it will optimise for you, and actually give you the best course of action. It is an exploratory system, one that will help you feel your way to a good solution, to test your ideas. Its answers will probably stimulate you to ask further questions. The system will be designed to satisfy your needs. It will be simple and flexible. If you begin to dislike it, it will be changed to suit you. It will always be kept upt to date. It will help you to do your job the way you want to do it. You will not have to make violent changes".

Dispelling the mystique

When the programme has reached as significant stage and something worth while has been produced, it has been found that a briefing session on what has been achieved and on the future developments helps to dispel the mystique that often surrounds the work. If possible, demonstrations of the system in action should be given, and managers encouraged to participate themselves.

Maintenance

Planning requirements change and managers change. It is necessary to institute a system maintenance programme to keep models up to date and to ensure that they are being used effectively. When managers change an understanding of the model must be given to the new manager. He will probably want to make some changes to the model, or to the way it is used.

Failure to integrate with management system

A model based planning system should not be treated as an interesting appendage, the *real* planning taking place elsewhere. It should form the heart of the planning system around which all quantitative work revolves. If it is not used in this way, it will soon be discarded as a useless toy.

Complete commitment by management is therefore required. It is asking rather too much that this should be given at the beginning of the programme, but as the model builders prove that the systems really do work, this commitment should develop.

It is also important to maintain balance. Model builders and users tend to be enthusiasts. Their enthusiasm needs to be controlled otherwise they may attempt to model everything in sight. There are many aspects of planning that cannot be modelled.

The diagram in figure 5 has been used to illustrate the place of model based systems in the total management structure. The diagram deals with those models which are run on interactive computing systems, using terminals Most of the models referred to in this paper were built and are used on such computing systems.

ICM

The name the Whitehead Consulting Group has given to this type of management system is Interactive Corporate Management (ICM). The list below will give some idea of the range of model building activities that have taken place under this heading.

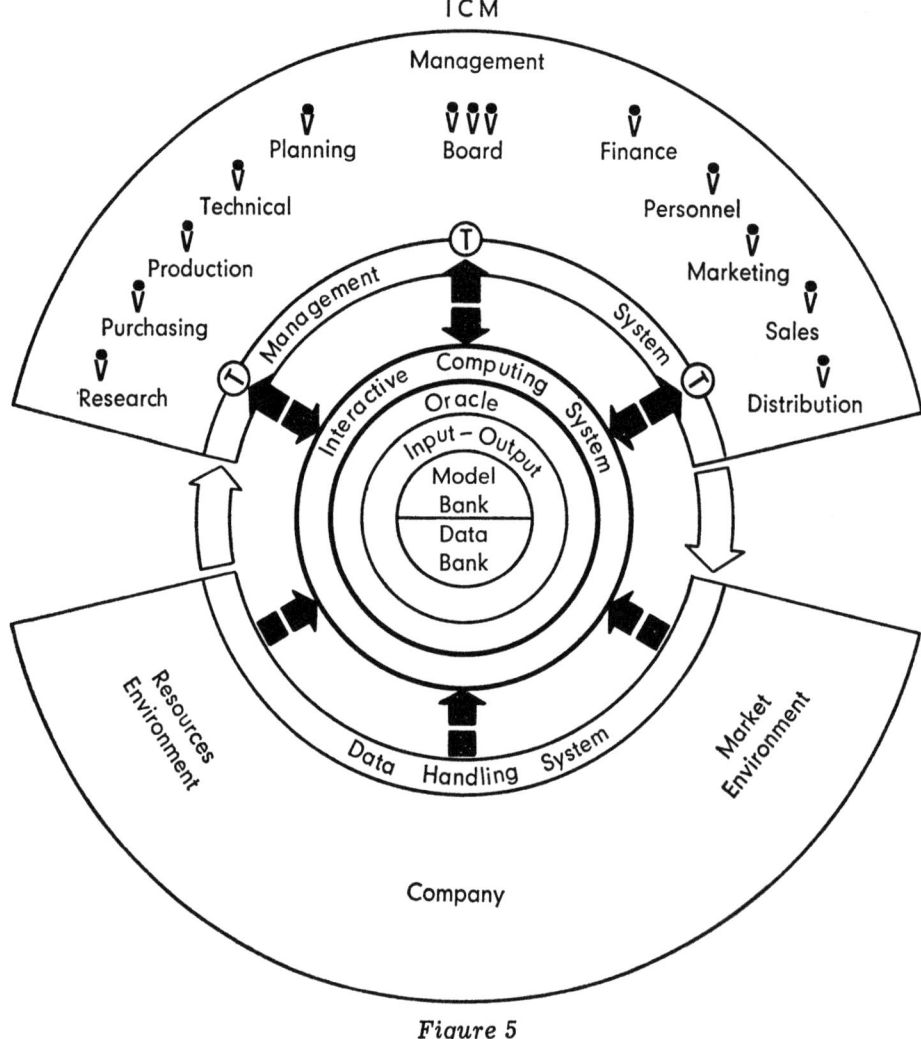

Figure 5

Note in the agone diagram "oracle" is one planning language that can be used to build and operate the model and data banks.

Industry	Type of model
Food manufacture and distribution	Market, market sector, product, product-financial, financial.
Tobacco	Market, market sector, product financial, new product planning and control.
Cosmetics	Market and financial.
Confectionery	Market, corporate planning, discounting model, product models.
Beverages	Market and product models.
Pharmaceutical	Total market and products — product financial.
Paper manufacture	Financial-corporate planning models.
Hotels and tourism	Budgetting models-forecasting models.
Industrial products	Capital investment models. Financial models.

Section 3

Computing Needs

This section of the paper suggests a method for evaluating and selecting from the many computing systems that are becoming available to model builders and model users. The method is concerned with several stages of work, as shown in Figure 6, which indicates where computing aids are usually necessary.

The determination of the objectives of the system, what it is to be designed to do and how it will be used by the managers concerned, does not require computing assistance. This task has been covered in earlier sections of the paper, and is repeated here only to emphasize its importance.

Model Research

This is an important section of the total process. It is the area which is the concern of the model builder. The research often involves a great deal of data collection and analysis for which computing assistance is usually required. Model builders will have to search for relationships between a number of factors often in time series form. They will have to test the validity of the implicit "models" put forward by managers by reference to past data, and will also be concerned with the use of standard forecasting methods or the creation of new ones.

They need easy access to computing facilities which enable them to create and manipulate data files, and to carry out statistical manipulation such as regression analyses, seasonal adjustments, transforms, curve fitting, graph plotting etc.

Their prime need at this stage is therefore a powerful statistical package, which is compatible with whatever methods are to be used in subsequent model running stages. For example, files containing forecasts of quantities must be easily accessible during the model running stage.

Model Coding

The establishment of the form of the model during the research is facilitated by the use of a powerful statistical section. What is now required is a simple language for coding the model. For example, the computing system should permit the early use of row and column calculations, the use of conditionals and functions, easy access to data files, easy editing and the interlinking of sub models.

When models are being run facilities such as abort, automatic command sequences, display of variables, trace facilities and the easy transfer of data between models are required.

Model Use

When using the model in a simulation mode, for testing alternative courses of action, the user requires a simple language together with the ability to carry out manipulations such as forward interactions for any change in input variables, forward iteration in steps, sensitivity analyses and backward iteration. It is thus possible to determine by how much input variables will have to change to reach a target value of an output variable value.

In addition the operator requires a consolidation facility, to be able to run predetermined sequences, to pass data between models, and to have an effective interactive facility with options. A "prompted" dialogue facility may also be required. The output forms should be flexible and capable of speedy modification.

A Check List

The check lists in Tables 1, 2, 3 und 4 have been used in the way indicated to make comparisons between alternative systems.

Use of Terminals

It has been found that terminals are of great assistance during the model research phase. It is of advantage to be able to test ideas on an interactive system and to make changes in programs quickly.

Stages of Construction of Model Based Systems

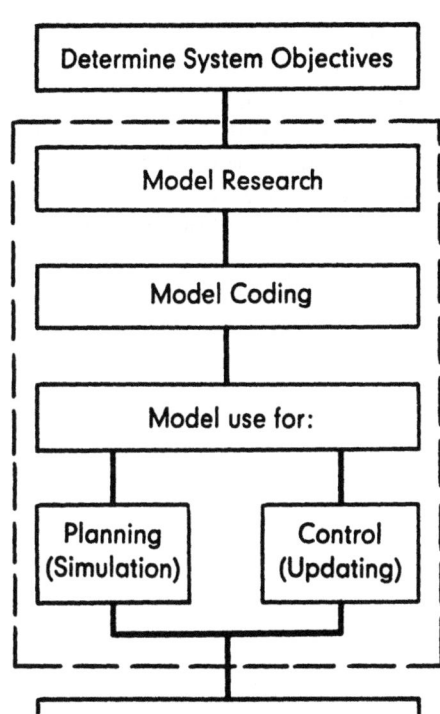

*Area inside dotted line indicates where
computing aids are usually necessary*

Figure 6

Similarly, models which are for use in an interactive manner by management really need terminals. It has been found that the answer to one question stimulates the next, and managers "explore" their way to a good solution.

On the other hand, where models involve a great deal of consolidation, for example, from products, to product groups, to divisions, to corporate results, a batch processing mode has sometimes been found more satisfactory.

For corporate planning and control systems it is now not uncommon to find the computing needs of an organisation being met in several ways, some models being run "on line" and some in a batch processing mode.

A Flexible Approach

With the proliferation of packages, software systems and hardware facilities it is becoming more important for model builders and users to keep an open mind, and to carry out depth research into the facilities available. It is recommended that a detailed planning and control system specification be drawn up before the computing requirements are examined. Then there is a firm base for subsequent selection of the computing system. In the same way that planning systems should satisfy the needs of managers, so computing facilities should satisfy the needs of planning systems, and not vice versa.

Table 1
User Needs
Common to Research, Building and usage Stages

		I	II	III
Ease of use	— Interaction	Yes	Yes	Yes
	— ‚English' command language	Yes	Reasonable	Yes
	— Natural file names	Yes	Yes	Yes
	— Common data files through all stages	Yes	Building & usage stages only	Research stage only
	— Security	Yes	Weak	Weak
	— Open-endedness	Yes	Weak	Weak
	— Terse or verbose operation	Yes	Yes	No
	— Free format input	Yes	Yes	
	— ‚Option' dialogue	Yes	Yes	Fair

Table 2
User Needs
Model Research Stage

		I	II	III
Creation, Manipulation of data	— Create data series	Yes	Yes	Yes
	— Edit date series	Yes	Yes	Yes
	— Manipulate date series $+, -, *, /$ - transforms	Yes	Weak	No
	— Display data series	Yes	Yes	Yes
	— Graph series	Yes	Fair	Poor
	— Accounting period transforms	Yes	No	No
Statistical analysis	— ‚Standard' forecasts	Yes	No	No
	— Simple curve fits	Yes	No	Yes
	— Seasonal adjustments algorithms	Yes	Yes	No
	— Regression	Yes	No	No
	— Step-wise regression	Yes	No	No
	— Time series analysis (Box-Jenkins)	Yes	No	No
Miscellaneous	— Data base for economic series	Yes	No	No
	— Uniform format data series	Yes	?	No

Table 3
User Needs
Model Coding Stage

		I	II
Model building	— Easy procedural language	Yes	Yes
	— Easy editing of lines	Yes	Yes
	— ‚Natural' variable names	Yes	Yes
	— Complexity of statements	Yes	Poor
	Ability to refer to past time periods	Yes	No
	Conditionals	Yes	No
	Nested brackets	Yes	No
	Functions	Yes	No
	User-defined functions	Yes	No
Structure	— Interlinking with other models	Yes	Poor
	— Consolidation of models	Yes	Yes
	— Independence of data from model from report	Yes	No
	— Unlimited data size	Yes	Restricted
	— Unlimited time periods	Yes	Restricted
	— Unlimited model size	Yes	Restricted
Debugging	— Abort facilities	Yes	Poor
	— Interrogate variables	Yes	Poor
	— Trace facility	Yes	No
	— List model/data (Audit trail)	Yes	Yes
Reports	— Tailoring reports	Yes	Weak
	— Date, page numbering, width etc., of reports	Yes	Yes
	— Ability to handle different terminal width	Yes	Yes
Miscellaneous	— Pre-structured models (model-models)	Yes	Fair

Table 4

User Needs

Model use Stage

		I	II
Running	— Select data/model/report for run independence	Yes	Poor
	— Automatic running of command strings	Yes	Yes
	— Editing of command strings	Yes	No
	— Abort facility	Yes	Poor
	— Display variable	Yes	Poor
	— Select report lines	Yes	Poor
	— Graphs	Yes	No
Sensitivity	— Easy ‚what if' by changing single item	Yes	Yes
	— Sensitivity analysis	Yes	Yes
	— Decision search	Yes	No
	— Risk Analysis	Version 2	No
Miscellaneous	— Data update	Version 2	No
	— Data management	Version 2	No

Using mathematical models in the planning process of a complex financial organization

Von

Ronald J. Lanstein

Abstract

Explicit mathematical models are employed at several stages of the bank planning process in order to assure consistency and to provide benchmarks for planning. It has been found to be important that the models be understood by the users, requiring that modelling sophistication be introduced gradually. Models play a role in evaluating performance as the year progresses. At the end of the planned period a retrospective evaluation of both the plan and the bank's performance is facilitated by having a record of the assumptions in precise, quantitative form built into the models. The feedback from the plan evaluations has aided in improving the modelling of subsequent periods. The savings in management time and effort in preparing the various documents required for plan creation has allowed the time allocated to the planning process to be used more in discussion of strategies than numbers. Also, ability to simulate various strategies in a short span of time has caused the search for alternative strategies to be expanded.

I. The Planning Process

I. A. Background

One year planning, called Profit Planning at Wells Fargo Bank, has been going on at the Bank since 1964 with some form of computer assistance. Beginning in 1970, mathematical models were explicitly introduced into the planning process. The first model put into use was an overall model of the Corporation containing about 200 line items, including both the balance sheet and the income and expense entries. This Financial Statement Simulator, or FSS, made use of the usual extrapolative techniques of exponential smoothing and regression analysis, as well as more straight-forward computations such as those for taxes and interest payments. The following year the FSS model was extended to the level of the 300 or so individual profit centers of the Bank. In the larger model it became possible to exploit the cross-sectional data leading to the use of newer statistical techniques such as Convergent Parameter Regression. Both the model development and the integration of the model into the planning process are continuing to evolve.

All planning at the Bank is a line function. Staff supply some help, but it is senior and middle line management who are responsible for the planning. There is a small "Plannung Department", but most of the staff assistance in planning comes from staff who are also engaged in other activities.

I. B. Economic Context

The Profit Plan cycle begins with a meeting in which the Bank's economists give a briefing on their predictions for the following year to the top management. The economic assumptions are then used in a National Econometric Model[1]) to obtain forecasts of the "key variables" for the Bank, such as interest rates, loan demand and growth in money supply. A meeting is then convened to discuss the forecasts of the "key variables" and a set of values is provisionally determined to be the operative assumptions for the Profit Plan.

I. C. Total Bank Portfolio Forecast

After setting the economic context in which the Bank expects to operate, the next step is to generate the most likely outcome for the Bank under the policies envisaged for the coming year. The variables considered are loans, deposits and rates. The model employed at this stage[2]) is one which is continually updated, providing an 18 month forecast for the Profit Plan, as well as other purposes, each month. At a meeting of the Bank officers chiefly responsible for the overall levels of these loans, deposits and other investments, the forecasts are refined and the initial predictions set for the next stage of the Profit Plan.

I. D. Total Bank Profit Plan

Using the Financial Statement Simulator[3]), which is stored on an interactive computer, the Controller prepares a complete balance sheet and income statement for the Bank, consistent with the total Bank portfolio forecast. Inputs are either solicited from the responsible officers or forecasted to complete the pro-forma statement. The "key variables" and economic assumptions and strategies are kept fixed through the first run-out.

The first pro-forma income statement is then presented to the Chief Executive Officer. An interactive procedure is then initiated in which the Chief Executive Officer and the other senior management discuss various strategies to improve the outcome and then simulate them. Some of the possible variations in key assumptions are also simulated to determine the sensitivity of the outcome to these assumptions. The iterations between the strategies and the outcomes results finally in approximating an optimal plan for the following year.

---

1) Data Resources Inc. provides for the United States a national service consisting of an econometric model of the United States and a vast array of data and programs to manipulate this model and data to which the Bank subscribes.

2) "Relating Short Term Economic Forecasts to Bank-Wide Performance", Dr. T. Y. Hans Tjian, Wells Fargo Bank, N. A., San Francisco, California.

3) Financial Statement Simulator — Paper entitled "A Predictive Information System", in preparation by the author.

In general, then, goals are set above the level of performance expected in the "optimal" plan in an attempt to motivate superior performance. The Total Bank Profit Plan is a statement of the goals.

I. E. Profit Center Profit Plan

Using the Total Bank Profit Plan as its basis, the extended version of FSS[4]) allocates the goals to the profit centers. A rather complicated give and take follows the receipt of this information, since parts of the overall plan have been solicited from the heads of the profit centers during the formulation of the Total Bank Profit Plan. There is some scope in this process for modifying the goals of the Bank, but only under some very limiting constraints. For example, a profit center manager may shift the mix of his portfolio somewhat, as long as his profit goal is unchanged and that the change does not affect the leverage position of the Bank. (That is, lengthening the asset portfolio or shortening the liability side of the portfolio). Most of what occurs, however, is a swapping of various goals among the profit centers to more closely reflect their individual situations.

II. Evalution and Motivation

II. A. Weighting of Goals

The final Profit Center Profit Plan contains a variety of goals stated for the manager. While the profit goal is the single most important, it conveys little information to the profit center manager as to how to allocate his resources if a conflict occurs among his many other goals. Certain of the Bank's major goals for the year, the ones for which special strategies were developed in the planning cycle, are singled out and given a weight. The profit goal is weighted the most heavily, but is less than half of the total. The achievement of the goals as weighted is then the main standard of performance. Using weighting allows the management to maintain the central control of policy variables, that is, portfolio mix and pricing, while still conveying meaningful goals to the profit centers.

II. B. Reporting on Profit Plan Progress

Three types of reports follow the progress of the profit centers. The Goal Performance Report (GPR) is received monthly and records the achievement of the weighted measure. Only the goals which are assigned weights are reported upon and the percentage of goal achievement is translated into a point score. In order that this report be gotten to the profit centers in a timely fashion some of the entries in the computation are estimated. The Monthly Operating Report is a fully detailed back-up to the Goal Perform-

---

[4]) Described in the paper "Using Branch Classification to Forecast Bank Variables", Barr Rosenberg and Ronald J. Lanstein, ORSA, 1971.

ance Report which shows the manager what has gone into the few lines of the GPR. Finally, the Quarterly Profit Plan Report is received four times a year and records in exactly the same detail as the Profit Center Profit Plan the achievemets of the profit center.

II. C. Motivation for Plan Performance

Salary review is the primary device that the Bank uses in motivating performance. The review process is tied in with the achievement of the Profit Plan goals, although including other subjective measures. There are two main theoretical reasons that subjective measures must be added to the pureley objective measure of goal performance. First, there are the unforseeable local events, such as a blight in a farming area, which influence the profit center manager in a fashion beyond his control. Modelling has not proceeded to the point of being able to take account of these phenomena. It is in fact unlikely to be economically justifiable to undertake an effort of such scope at any time in the near future. Secondly, it is not the outcome which is influenced by a policy or special effort, but the **probability** of the outcome occurring. In the case, for example, of opening a major account relationship, the Bank may succeed on only one of a dozen or more attempts. The eleven failing managers may well be only random events. Indeed, the successful manager need not have been either as skillful, nor as hard working as one of the unsuccessful ones.

III. Measurement of Progress and Plan Revision

III. A. Comparison Against Competition

One of the major goals of the Bank is to outperform its competitors. If the plan is being accomplished, but the competition is doing still better, the Bank has likely set too easy goals for itself. In a regulated industry it is not always advisable to appear too different from the industry norm. But the trick is to identify what differences may lead to an enhanced position without either drawing down the wrath of the regulatory agency or entailing undue risk. The Bank has modelled its competitors in order to estimate the contribution of various factors to profits. Where the Bank pursues a policy which it believes to be different from the norm, the progress of that policy is followed very closely in the modelled comparison. Whenever comparison with the competition shows there to be a discrepancy where one was not to be expected, the management reviews the implications of the difference to determine if any corrective action need be taken.

III. B. Changes in Economic Trends

The plan is drawn up under a single set of economic assumptions, but with the realization that many of the Bank's expectations will not materialize. Obviously the plan requires readjustment in line with unexpected economic shifts. The Bank organization needed to respond to such shifts and make the required adjustments in the context of a pre-set plan is different from that usually found in American banks, whose structure is re-active rather than pre-active. The emphasis, even in the day to day management committees, is placed on organizing current information in a forward-looking scenario so that policy can prepare for, rather than react to, new contingencies.

There are two areas that have required special attention and for which mathematical models were prepared. They are both repetitive decision problems with a highly complex structure. The decision on when and to what extent to purchase long-term funds is under constant review. It lends itself to modelling and a linear programming approach has been followed in the Bank. Uncertainty is dealt with by varying assumptions. The decisions surrounding the tax position of the Bank are likewise complex and in need of frequent review. In this case, a detailed simulation model was chosen.

III. C. Monitoring Key Variables

Whenever shifts in the economic environment lead to a failure to realize the planned outcome to a significant extent in a key variable, the plan becomes in need of revision. The credibility of the planning process would obviously be damaged by either too frequent revision or maintaining a too unrealistic plan. Most plan revisions have been small enough that only a few areas of the Bank were impacted, thus making the rationale for the change easier to explain. However, since the plan is structured on a quarterly (13 week) basis, it is possible to make changes with some facility. Communication lines and monitoring for control allow new policies to be implemented rather quickly. The techniques involved are outside the scope of this paper, but are themselves of some interest and are being researched currently.

IV. An Experiment in Planning and Some Problems Encountered in the Planning Process

IV. A. Structuring a Dialectical Encounter: An Experiment in Negotiating

Past experience with planning has shown that in estimating future events, both the top management and the profit center managers had made errors that could have been improved upon if there had been sufficient communication between the two groups. The problem usually described by the middle management was that top management was arbitrary. Top management, on the other hand, failed to find the arguments of the middle managers convincing. An experiment was tried[5], using the output of two of the models described above. The top management was provided as usual with the aid in generating the Total Bank Plan. The middle managers, however, were

---

5) The idea was borrowed from work by C. West Churchman and Richard O. Mason, but they share no responsibility for its application in the Bank context.

provided with output of the expanded FSS model, which was close to their own estimates, but not necessarily consistent with the Total Bank Plan. In the ensuing discussions, both sides had started with the same data, but with rather different ways of looking at it. It is too early to say if there is much to be gotten from elaborating this experiment, but a little anecdotal evidence suggests that there may have been some impact.

IV. B. Correct Alignment of Authority and Responsibility

For any organization, the problem exists of managers expecting their subordinates to take responsibility for matters which the subordinates believe they do not have enough authority to carry out. In the Bank this can have an exceptionally severe form. The view of the branch manager is that his rates are set for him, his risk levels controlled from above, his marketing area circumscribed, and then he is expected to perform up to certain volume goals on a fixed budget. It is all too easy for him to feel that he is without resources to do his job. The job of the branch manager, and other profit center managers, is to make it known to the top what policies and resources he needs to get his job done, and what opportunities may be being missed in his area. His management job is then to employ those resources at his disposal in the best possible way. Experience has shown that managers make a big difference in a branch's performance, although it may be the manager's ability to work through the system that is his greatest asset. On occasion, a manager who was known to be very competent in a smaller bank system has proven to be unable to deal with the restrictions placed on him in the Bank.

IV. C. Conclusion

Mathematical models have enabled the Bank to systematize procedures with a savings of management time. The range of alternatives considered has been increased and the planning horizon lengthened. Thus far, each of the policy innovations attempted since models were introduced in the planning process has proven successful. Greater reliance has been put on planning as a tool as a result of the successes. The Bank has moved up substantially against its major competitors in this time both in earnings and volume growth. The plans of the past couple of years have been achieved to within a percent or so.

The Bank's management has come to understand the models used and the model builders as well. Models have not been constructed for their own sake, but rather because of bottlenecks experienced in the planning process. The sophistication of the models, as well as their degree of detail, has been dictated by the needs of the organization, balanced against the costs of building and explaining models containing such detail and sophistication. Planning remains a line function with models playing a useful, but relatively low profile, part in augmenting the manager's common sense expertise.

Organisatorische Voraussetzungen einer effizienten modell- und computer-gestützten Unternehmungsplanung

Von

Prof. Dr. Erwin Grochla

A. Probleme einer effizienten modell- und computer-gestützten Unternehmungsplanung aus organisatorischer Sicht

Das zunehmende Wachstum der Unternehmungen, die Konzentration und Internationalisierung der Märkte sowie die durch den technischen Fortschritt induzierten Wandlungen der Produktionsweise stellen zunehmend höhere Anforderungen an das Management. Das Treffen zuverlässiger Prognosen und die Auswahl erfolgreicher Strategien wird immer schwieriger.

Wenn die Unternehmensführung heute dennoch in der Lage ist, ihre Aufgaben zufriedenstellend zu erfüllen, so ist dies zu einem nicht unbeträchtlichen Teil der technischen und methodischen Forschung zu verdanken, die zwei moderne Instrumente der Unternehmungsführung entwickelt bzw. weiterentwickelt hat. Einmal handelt es sich um die automatische Datenverarbeitungsanlage (Computer), zum anderen sind es die Methoden der Modellanalyse. Obwohl diese beiden Instrumente selbständige Problem- und Forschungsbereiche verkörpern, stehen sie in einem die Entwicklung gegenseitig unterstützenden Beeinflussungsverhältnis. Viele Modelle sind erst durch den Einsatz des Computers praktisch anwendbar geworden; andererseits hat die automatische Datenverarbeitungsanlage die Entwicklung neuer und komplexer Modelle gefördert.

Die folgenden Ausführungen konzentrieren sich auf die Modellkomponente moderner Unternehmungsplanung. Zwar wird berücksichtigt, daß diese Modelle in der Praxis ohne den Einsatz automatischer Datenverarbeitungsanlagen kaum angewendet und gelöst werden können, der Übersichtlichkeit der Argumentation wegen erscheint es jedoch sinnvoll, bei der Analyse organisatorischer Probleme den Einsatz von Modellen und seine Konsequenz hier zu isolieren.

Die betriebswirtschaftliche Forschung hat sich von Beginn an der Modellanalyse bedient, und auch der Unternehmer legte seinen Entscheidungen schon immer Modellvorstellungen seiner Entscheidungsprobleme zugrunde. Wenn von einer modellgestützten Unternehmungsplanung gesprochen wird, so wird von einer spezifischen Art von Modellen ausgegangen. Die in diesem Zusammenhang zu betrachtenden Modelle zeichnen sich zum einen durch eine steigende Formalisierung und Kalkülisierung aus; zum anderen ist eine zunehmende Entwicklung vom betrieblichen Teilmodell zum Gesamtmodell erkennbar[1]).

Der Unternehmer muß sich also mit einem Sprachsystem auseinandersetzen, zu dem er oft keine Beziehung hat, und er muß in größeren Referenz-

---

[1]) Vgl. Grochla, Erwin: Modelle als Instrumente der Unternehmungsführung. In: Zeitschrift für betriebswirtschaftliche Forschung, 21. Jg. 1969, S. 382 ff.

systemen denken. Dennoch wird erwartet, daß von einer Formalisierung und Integration der Unternehmungsplanung erhebliche Effizienzsteigerungen ausgehen. Die Entwicklung derartiger formalisierter Planungssysteme hat sich inzwischen allerdings als äußerst schwierig, aufwendig und langwierig erwiesen[2]) und hat vielfach zu einer Dämpfung der Erwartungen in diese Systeme geführt.

Ein großer Teil der Schwierigkeiten betrifft die Bildung praxisnaher Modelle sowie ihre softwaremäßige Implementierung und Integration. Solche Fragen werden in den Beiträgen zu diesem Symposium eingehend behandelt. Ergänzend hierzu erscheint es wichtig, aus organisatorischer Sicht auf zwei Problemkreise hinzuweisen, deren Vernachlässigung ausschlaggebend für eine Vielzahl von Entwicklungsschwierigkeiten zu sein scheint, und zwar die mangelnde Berücksichtigung des Verhaltens und der Qualifikation des Planungsträgers sowie die unzureichende Beachtung organisatorischer Voraussetzungen.

Auf den ersten Aspekt habe ich schon vor ca. 15 Jahren hingewiesen[3]) und herausgestellt, daß bei der Euphorie über die Entwicklung neuer Verfahren und Methoden das Planungssubjekt, das mit diesen Methoden arbeiten muß, nicht die ihm gebührende Beachtung erfährt. Aussagen zu dieser auf das Individuum gerichteten Betrachtungsweise finden sich heute in einer verhaltenstheoretischen Richtung der MIS-Literatur[4]). Zu dem zweiten genannten Problemkreis, der auf einer höheren Aggregationsebene angesiedelt ist, fehlen gegenwärtig gehaltvolle Aussagen in der Literatur.

Zwei Teilprobleme scheinen jedoch zu dominieren:

— die Erarbeitung organisatorischer Lösungen zur Abstimmung der formalisierten Teilpläne und

— die Erarbeitung organisatorischer Lösungen für die Zusammenarbeit zwischen Managern und Planungsspezialisten.

I. Die Koordination formalisierter Planungssysteme

Die Organisation der Planung vollzog sich bisher in den meisten Fällen über die hierarchische Struktur des Leitungssystems: Die einzelnen Instanzen planen — ggf. mit Unterstützung ihrer Stäbe — für ihren jeweiligen Leitungsbereich. Treten bei der Entwicklung von Plänen, die mehrere Leitungs-

---

[2]) Vgl. Herbold, R.: Internationaler Entwicklungsstand auf dem Gebiet computer-gestützter Entscheidungssysteme. In: Computer-gestützte Entscheidungen in Unternehmungen, hrsg. von Erwin Grochla, Wiesbaden 1971, S. 210.

[3]) Vgl. Grochla, Erwin: Die Träger der Betriebsplanung. In: Zeitschrift für handelswissenschaftliche Forschung, 10. Jg. 1958, S. 511 ff.

[4]) Diese Entwicklung spiegelt sich z. B. in einer Fülle von Beiträgen eines kürzlich veranstalteten Symposiums wider. Vgl. Management Informationssysteme. Eine Herausforderung an Forschung und Entwicklung, hrsg. von Erwin Grochla und Norbert Szyperski, Wiesbaden 1971.

bereiche betreffen, Abstimmungsprobleme auf, so werden sie in der Regel von der nächst höheren gemeinsamen Instanz gelöst[5]. Im Zuge eines stärkeren Planungsbewußtseins in der betrieblichen Praxis und der Bemühungen um eine formalisierte Unternehmungsgesamt- und Langfristplanung wird die Unternehmungsführung, der nach diesem Koordinationsmechanismus die Aufgabe der Abstimmung obliegt, in einem nicht zumutbaren Ausmaß beansprucht.

Es ist daher zu prüfen, ob nicht andere, mehr oder weniger stark von diesem Modell abweichende Koordinationsinstrumente den Gegebenheiten formalisierter Planungssysteme besser entsprechen. Diese müßten sowohl den spezifischen Gegebenheiten der betrieblichen Teilbereiche als auch — den Integrationsbemühungen entsprechend — einer gemeinsamen Ausrichtung auf die Gesamtzielsetzung Rechnung tragen, ohne unbedingt eine Zentralisation der Abstimmungsaufgaben an der Hierarchiespitze zu induzieren.

II. Die gegenwärtige „Polarisierung" von Betriebs- und Methodenwissen

Das zweite Problem ergibt sich daraus, daß grundsätzlich die Planungsverantwortung des Managements neben der Bestimmung der zu berücksichtigenden faktischen Gegebenheiten auch die Auswahl geeigneter Methoden und Verfahren zur Verknüpfung dieser Informationen umfaßt. Diese beiden Arten von Wissen finden sich gegenwärtig wohl kaum in einer Person vereinigt. Daher kann von einer „Polarisierung" des für eine formalisierte Unternehmungsplanung erforderlichen Wissens (Fach- und Methodenwissen) gesprochen werden.

Soll nämlich die Planung eines bestimmten betrieblichen Teilbereiches formalisiert und kalkülisiert werden, so sind die aktiven Linienmanager heute in der Regel mit dieser Aufgabe überfordert. Ihnen fehlt weitgehend die Kenntnis aller in Frage kommenden Methoden. Sie sind daher auf die Hilfe von Operations-Research-, ADV-, Planungs- und Systemspezialisten angewiesen, denen wiederum oft das praxis- und erfahrungsbezogene Managementwissen fehlt.

Man könnte nun glauben, diese „Polarisierung" von Betriebs- und Methodenwissen durch Ausbildungsbemühungen aufzuheben. Es wird jedoch kaum gelingen, Mitarbeiter derart auszubilden, daß sie alle Aspekte einer modell- und computer-gestützten Unternehmungsplanung gleichermaßen gut beherrschen. Da außerdem eine Spezialisierung in gewissen Grenzen grundsätzlich als vorteilhaft angesehen wird, erscheint auch langfristig eine arbeitsteilige Zusammenarbeit von praxisorientierten Linienmanagern und methodisch geschulten Spezialisten für die Entwicklung formalisierter Planungssysteme der effiziente Weg zu sein.

---

[5] Vgl. Grochla, Erwin: Planung, Organisation. In: Handwörterbuch der Organisation, hrsg. von Erwin Grochla, Stuttgart 1969, Sp. 1305 ff.

Durch die gegenwärtig zu beobachtenden Ausbildungsbemühungen wird daher die Notwendigkeit zu einer Zusammenarbeit zwischen Managern und Spezialisten nicht entfallen, wohl aber müssen die gegenwärtigen Kommunikationsprobleme zwischen beiden Partnern reduziert und die Effizienz ihrer Zusammenarbeit erhöht werden.

Der Erfolg der Formalisierungsbemühungen hängt somit wesentlich davon ab, ob es gelingt, durch organisatorische Lösungen bei der Zusammenarbeit zwischen Managern und Spezialisten die „Polarisierung" des erforderlichen Wissens zu überwinden.

B. Die Bedeutung organisatorischer Regelungen für die Effizienz einer modell- und computer-gestützten Unternehmungsplanung

Die kurze Skizzierung dieser beiden Problemkreise läßt die Bedeutung organisatorischer Regelungen für den Erfolg der Entwicklungsarbeiten und die effiziente Benutzung der formalisierten Planungssysteme sichtbar werden. Empirische Erhebungen bestätigen, daß die Entwicklung modell- und computergestützter Planungssysteme „zu gleichen Teilen ein organisatorisches, behavioristisches und softwaretechnisches Problem ist"[6]. Dementsprechend ist es schwierig, den partiellen Erfolgsbeitrag organisatorischer Voraussetzungen exakt zu isolieren. Leichter dagegen ist es, Fehlschläge bei solchen Entwicklungsprojekten auf mangelnde organisatorische Lösungen zurückzuführen.

Die praktischen Erfahrungen zeigen, daß oft kein Konzept für die Entwicklung modell- und computergestützter Unternehmungsplanung existiert. Dementsprechend selten finden sich Vorstellungen über die organisatorischen Voraussetzungen. Als Anlaß für die Neukonzeption einzelner Planungsprozesse dient vielmehr häufig ein unbefriedigender Zielerreichungsgrad oder ein anderes Signal betrieblicher Ineffizienz. Die betreffende Abteilung erkennt dann u. U. die Notwendigkeit einer Formalisierung ihrer Planung und den Bedarf an Spezialisten zur Beteiligung an dieser Aufgabe. Werden die Spezialisten in einem solchen Fall eingestellt und der entsprechenden Abteilung zugeordnet — was mangels einer langfristigen Konzeption üblich ist —, so ergeben sich in der Folgezeit Probleme einer aus gesamtbetrieblicher Sicht unkontrollierten Entwicklung der Planungsaktivitäten, da bald auch andere Abteilungen solche Spezialisten einstellen. Die Nachteile solcher rein kurzfristig orientierter Lösungen sind z. B. bei der Errichtung und Einordnung von Datenverarbeitungsstellen sichtbar geworden[7].

---

[6] Szyperski, Norbert; Meller, Friedrich; Rölle, Harald: Modellgestützte Management-Informationssysteme in den USA. Erfahrungen und Entwicklungstendenzen. BIFOA-Arbeitsbericht 1971/1, Köln 1971, S. 50.

[7] Vgl. zu diesem Problemkreis z. B. Meller, Friedrich: Datenverarbeitungsstelle. In: Handwörterbuch der Organisation, hrsg. von Erwin Grochla, Stuttgart 1969, Sp. 423—432, sowie McKinsey & Co. Inc.: Der optimale Einsatz elektronischer Datenverarbeitungsanlagen. In: Management und Computer. USW-Schriftenreihe, Band 1, Wiesbaden 1969, S. 32 ff.

In einer in der BRD im Jahre 1970 durchgeführten Erhebung bei 58 mit MIS-Projekten beschäftigten Unternehmungen gaben 40 % an, daß den Entwicklungsarbeiten formelle Beschlüsse des Managements zugrunde liegen. Dabei handelt es sich lediglich in 18 Fällen (31 %) um die oberste Unternehmungsleitung. In nur 15 Fällen existierte eine mit den Entwicklungsaufgaben speziell betraute zentrale Projektgruppe[8]. Es konnte festgestellt werden, daß gerade diese Firmen aber den größten Projektfortschritt aufweisen[9].

Diese Hinweise sollen genügen, die Bedeutung organisatorischer Voraussetzungen darzulegen. Daher dürfte die Frage, welche Organisationsform für die Entwicklung einer formalisierten Unternehmungsplanung die geeignete ist, von großem Interesse sein.

C. Praxisrelevante Organisationsformen einer modell- und computer-gestützten Unternehmungsplanung

Die Problematik genereller Aussagen über eine effiziente organisatorische Gestaltung der Formalisierungsbemühungen wird treffend z. B. von Steiner charakterisiert: "There are many organizational combinations which have yielded high-quality plans. Furthermore, very comparable planning organizations have produced widely differing results in different companies"[10].

Wissenschaftliche Aussagen über eine effiziente Planungsorganisation sind also nur möglich aufgrund einer Analyse der jeweiligen Determinanten unterschiedlicher Planungsorganisation in der Realität[11]. Entsprechende fundierte empirische Untersuchungen fehlen heute jedoch noch weitgehend. Um solche Untersuchungen überhaupt sinnvoll durchführen zu können, muß die Organisationsforschung zunächst eine Vorstellung von den möglicherweise relevanten Einflußfaktoren entwickeln. Einen ersten Überblick über die als bedeutsam erscheinenden Faktoren vermag dabei eine Analyse der praxisrelevanten Planungsliteratur zu vermitteln.

I. Mögliche Formen der Planungsorganisation und ihre Einflußfaktoren

Einer der wichtigsten Einflußfaktoren ist die Unternehmungsgröße. Daneben wird die Form der Planungsorganisation z. B. auch durch die Homogenität des Produktionsprogrammes, die Gesamtorganisationsstruktur oder die Umweltdynamik beeinflußt.

---

8) Vgl. Köhler, Richard: Informationssysteme für die Unternehmensführung. In: Zeitschrift für Betriebswirtschaft, 41. Jg. 1971, S. 48 f.
9) Vgl. Köhler, Richard, a. a. O., S. 51.
10) Steiner, George A.: Top Management Planning, London 1969, S. 121.
11) Zur gleichen Schlußfolgerung in bezug auf die gesamte Organisationsstruktur gelangen z. B. Pugh, Hickson u. a. Vgl. hierzu die zusammenfassende Darstellung dieses Ansatzes bei Kieser, Alfred: Zur wissenschaftlichen Begründbarkeit von Organisationsstrukturen. In: Zeitschrift für Organisation, 40. Jg. 1971, S. 239—249.

In sehr kleinen Unternehmungen wird die Unternehmungsführung die Planungsfunktion allein wahrnehmen, da ein Stab entsprechender Spezialisten in der Regel zu aufwendig wäre. Bei etwas größeren Unternehmungen mit ausgeprägter funktionaler (verrichtungsorientierter) Bereichsgliederung können die *Leiter der einzelnen Funktionsbereiche* der Unternehmungsführung bei der Entwicklung ihrer Pläne assistieren[12]. In Abhängigkeit vom jeweiligen Strukturierungs- und Formalisierungsbewußtsein der Unternehmungsführung münden solche gemeinschaftlichen Planungsbemühungen entweder in eine auf Dauer ausgerichtete Organisationsform — wie z. B. *Planungskomitees* usw. — oder werden im Sinne einer „Feuerwehrplanung" fallweise geregelt. Konferenzen, regelmäßige Besprechungen u. ä. sind, wie eine neuere emprische Erhebung zeigt, relativ häufig anzutreffende Formen der Planungsorganisation in deutschen Mittelbetrieben[13].

Mit steigender Unternehmungsgröße und einem ausgeprägteren Planungs- und Strukturierungsbewußtsein der Unternehmungsführung wird es sinnvoll, zur Unterstützung des Managements *Planungsstäbe* einzurichten. In Abhängigkeit von Einflußfaktoren, wie Produktionsprogramm, Umweltdynamik und Gesamtorganisationsstruktur, werden diese Stäbe unterschiedlichen Instanzen zugeordnet: So werden etwa bei homogenem Produktionsprogramm, einer stabilen Umwelt und funktionaler Gesamtstruktur die Planungsspezialisten häufig der kaufmännischen Geschäftsleitung oder dem Finanzdirektor bzw. Controller zugeordnet[14].

In sehr großen Unternehmungen findet sich zumeist eine eigene *Planungsabteilung*. In funktional gegliederten und zentralisierten Großunternehmungen ist die Planungsabteilung in der Regel auf der obersten hierarchischen Ebene eingeordnet, während sie bei divisionalisierter und dezentralisierter Gesamtstruktur oft auf der Divisionsebene angesiedelt ist. Große multinationale Konzerne weisen schließlich auf der Divisions- und Distriktebene ausgeprägte Planungsabteilungen und zusätzlich auf der obersten Leitungsebene eine zentrale Koordinationsstelle auf.

II. Kritische Gegenüberstellung zweier häufig diskutierter Organisationsformen

Bei der vorangegangenen Darstellung mußte, um eine gewisse Übersichtlichkeit zu schaffen, teilweise generalisiert und vereinfacht werden. Derartige generelle Aussagen genügen heute jedoch weder wissenschaftstheoretischen Kriterien noch den Bedürfnissen der betrieblichen Praxis. Von größerem Wert für die Praxis erscheinen daher Aussagen über die Vor- und Nachteile ganz bestimmter Formen der Planungsorganisation. Durch eine kritische

---

12) Vgl. Steiner, George A., a. a. O., S. 96.
13) Zu diesem Ergebnis führt ein gegenwärtig an meinem Seminar durchgeführtes Habilitationsprojekt von Kieser, Alfred: Einflußfaktoren der Organisationsstruktur (Arbeitstitel).
14) Vgl. hierzu auch Clee, Gilbert H.: Organizing for Multinational Planning. In: Multinational Corporate Planning, hrsg. von George A. Steiner und Warren M. Cannon, New York - London 1966, S. 39.

Gegenüberstellung der beiden in der Literatur am meisten diskutierten Organisationsformen sollen nun die relevanten Aspekte herausgestellt werden, die vor einer Entscheidung zur Realisation einer dieser Formen zu beachten sind. Auf der einen Seite steht hierbei das fest-strukturierte, an der Leitungshierarchie orientierte Konzept des "Planning Department", auf der anderen Seite das lose-strukturierte Konzept der "task-forces" oder Projektgruppen.

a) Die fest-strukturierte Form des "Planning Department"

In räumlich dezentralen und/oder diversifizierten Unternehmungen variieren die Umweltsegmente der einzelnen betrieblichen Teilbereiche so stark, daß die spezifischen Gegegebenheiten dieser Subsysteme[15]) im Planungssystem von vornherein berücksichtigt werden müssen. Dies wird dann erreicht, wenn Entscheidungsfeld und Planungsverantwortung aufeinander abgestimmt sind, d. h. eine Kongruenz von Leitungsbereich und Planungsverantwortung besteht[16]).

Im Konzept des "Planning Department" wird daher explizit gefordert, daß derjenige, der für die Erreichung des Zieles und die hierzu notwendigen Aktivitäten verantwortlich ist, auch für die entsprechende Planung verantwortlich sein muß[17]). Dies wird dadurch begründet, daß Planung als solche keinen Eigenwert besitzt, sondern ihren Sinn nur durch eine höhere Effizienz der aus den Plänen abgeleiteten Aktivitäten erhält. Damit der Realisationsbezug der Planung gesichert ist, müssen Planungs- und Handlungsverantwortung übereinstimmen[18]).

Die aus diesem Postulat folgende Dezentralisation der Planungsverantwortung erfordert Koordinationsinstrumente, um die Ausrichtung der dezentral erstellten Pläne auf das betriebliche Gesamtergebnis sicherzustellen. Damit eine solche Abstimmung institutionell gesichert ist, wird in der Literatur vorgeschlagen, eine zentrale Planungsabteilung zu bilden, die zwar selbst kaum plant, die jedoch die Rolle eines Katalysators, Integrators o. ä. in bezug

---

15) Vgl. hierzu die empirisch-gehaltvolle Konzeption zur Berücksichtigung dieser Gegebenheiten bei Lawrence, Paul R. und Lorsch, Jay W.: Organization and Environment. Boston 1967.
16) Ackoff stellt dementsprechend eine reziproke Beziehung zwischen der Zentralisation der Planungsaktivitäten und der Effizienz des gesamten Planungssystems her. Vgl. Ackoff, Russell L.: A Concept of Corporate Planning. New York - London - Sydney - Toronto 1970, S. 129.
17) So z. B. bei Steiner, George A., a. a. O., S. 126 und 129; Clee, Gilbert H., a. a. O., S. 35 und 38; Aguilar, Francis J.: An Organization for Corporate Strategic Planning: Western Europe and the United States. In: Multinational Corporate Planning, hrsg. von George A. Steiner und Warren M. Cannon, New York - London 1966, S. 49; Edwards, W. A. M.: Organizing for Planning in Imperial Chemical Industries Limited. In: Multinational Corporate Planning, hrsg. von George A. Steiner und Warren M. Cannon, a. a. O., S. 77.
18) Das gleiche Problem tritt auf einer höheren Ebene im Verhältnis zwischen Betrieb- und staatlichen Planungsstellen auf. Vgl. zu den korrespondierenden Formen „interner" und „externer Betriebsplanung" Grochla, Erwin: Betrieb und Wirtschaftsordnung, Berlin 1954. S. 26 ff. und 83 ff.

auf die dezentral erstellten Pläne erfüllt[19]): "In sum, the planning staff is fundamentally a coordinator, an integrator of the planning effort"[20]).

In Großunternehmungen ist die Unternehmungsführung in der Regel nämlich mit der Wahrnehmung dieser Koordinationsfunktion überfordert. Gegen eine Delegation dieser Funktion an den Controller, den Marketing-Direktor oder andere Leiter von Funktionsbereichen erhebt ein großer Teil von Autoren den Einwand, die Koordination verliere dann zu stark an der erforderlichen Neutralität[21]). Ackoff wendet sich insbesondere gegen die Übernahme der Koordinationsfunktion durch den Controller. Auf diese Weise erhalte das gesamte betriebliche Planungssystem einen "financial bias"[22]). Eine effiziente Koordination kann nur von einer neutralen, d. h. keinem bestimmten Teilbereich verpflichteten Stelle durchgeführt werden, die möglichst der obersten Unternehmungsführung direkt unterstellt sein sollte[23]).

In der amerikanischen Praxis werden daher, diesen Prinzipien entsprechend, immer häufiger Planungsabteilungen gebildet, die als Stabsstelle der obersten Unternehmungsführung (oder eines Komitees aus Managern der beiden obersten Ebenen) diese Abstimmungsaufgaben erfüllen[24]). Für sie hat sich die Bezeichnung "Planning Department" oder "Planning Coordination Department" durchgesetzt[25]). Neben der Wahrnehmung der Koordinationsfunktion bestehen die Aufgaben des "Planning Department" außerdem in der Unterstützung der Unternehmungsführung bei der Entwicklung ihrer Rahmenpläne und der auf Anfrage zu gewährenden Hilfe für die planungsautonomen Teilbereiche[26]).

Es stellt sich nun die Frage, inwieweit diese Organisationsform die beiden anfangs skizzierten Probleme einer effizienten Planungsorganisation — die Abstimmung der Teilpläne und die Überwindung der „Polarisierung" im erforderlichen Wissen — zu lösen vermag.

Die Abstimmung der Entwicklungsarbeiten und der aus ihnen resultierenden Teilpläne wird in diesem Konzept auf zweifache Weise zu lösen versucht:

— Durch die Entwicklung eines langfristigen, strategischen Planes, den die Unternehmungsführung mit Hilfe des "Planning Department" erstellt, wird eine gemeinsame konzeptionelle Basis für alle betrieblichen Teilpläne geschaffen.

---

19) Vgl. etwa Clee, Gilbert H., a. a. O., S. 44 sowie Aguilar, Francis J., a. a. O., S. 55.
20) Steiner, George A., a. a. O., S. 120 f.
21) So z. B. Middleton, C. J.: How to Set Up a Project Organization. In: Harvard Business Review, Vol. 45, März—April 1967, S. 74.
22) Vgl. Ackoff, Russell L., a. a. O., S. 131 sowie Steiner, George A., a. a. O., S. 131.
23) Vgl. Steiner, George A., a. a. O., S. 137.
24) Vgl. Steiner, George A., a. a. O., S. 116 und 126; Clee, Gilbert H., a. a. O., S. 39 f. sowie Aguilar, Francis J., a. a. O., S. 52 f.
25) Vgl. Steiner, George A., a. a. O., S. 116 und 125 sowie Edwards, W. A. M., a. a. O., S. 72 und 77.
26) Vgl. zu den Aufgaben des "Planning Department" z. B. Steiner, George A, a. a. O., S. 117 ff. und 124; Clee, Gilbert H., a. a. O., S. 40 ff. sowie Aguilar, Francis J., a. a. O., S. 54 ff.

Dieser Plan steckt den Rahmen ab für die Planungsaktivitäten auf den nächsten Hierarchieebenen[27]).

— Die in diesem Rahmen entwickelten Teilpläne der zweiten bis vierten Leitungsebene (Division, Funktionsbereiche, Distrikte usw.) werden jeweils direkt an das "Planning Department" geleitet und dort auf ihre Konsistenz mit dem Rahmenplan und ihre gegenseitige Kompatibilität hin überprüft[28]).

Erinnert man sich an die von den Vertretern dieses Konzepts ausdrücklich geforderte Autonomie der Teilbereiche, so erscheint die soeben dargestellte Koordinationsform nur dann als konsequent, wenn zwischen den einzelnen Teilplänen keine Interdependenzen bestehen und keine Konflikte auftreten. Solche Konfliktsituationen ergeben sich jedoch immer wieder aus den unterschiedlichen Umweltbedingungen der einzelnen Subsysteme, ihrer Konkurrenz um die knappen betrieblichen Ressourcen u. a. Anlässen.

Wird nämlich versucht, mögliche Konflikte mit Hilfe der Vorgabe des langfristigen, strategischen Planes von vornherein zu vermeiden, indem z. B. bestimmten Bereichen Prioritäten eingeräumt, einzelne Ressourcen budgetiert werden usw., so wird hierdurch die geforderte Planungsautonomie der Subsysteme beeinträchtigt. Versucht man statt dessen, aufgetretene Konflikte durch eine nachträgliche Abstimmung (verbunden mit Änderungen bestimmter Teilpläne) zu lösen, so ist dies ebenfalls nicht ohne Eingriff in die Planungsautonomie möglich. Das Konzept des "Planning Department" scheint daher einen Widerspruch zu enthalten, der die praktische Realisation des Koordinationszieles bei der gegebenen Forderung nach Planungsautonomie in Frage stellt[29]). Das zweite zu lösende Problem, die Organistion der Zusammenarbeit zwischen Managern und Spezialisten, wird in diesem Konzept im Vergleich zum Koordinationsaspekt weniger ausführlich behandelt. Allerdings sind drei alternative Organisationsformen in der Literatur erkennbar:

— Die meisten der mit Planungsaufgaben betrauten Manager haben ihren eigenen Spezialistenstab[30]).
— Das "Planning Department" enthält gemäß seiner Unterstützungsfunktion einen Pool von Spezialisten, die auf Anfrage Vorschläge für die dezentralen Planungsträger entwickeln[31]).
— Der Spezialistenstab ist organisatorisch verselbständigt, so daß neben dem "Planning Department" ein zentrales "Management Service Department" existiert, das diese Unterstützung gewährt[32]).

---

27) Vgl. Clee, Gilbert H., a. a. O., S. 39.
28) Vgl. Clee, Gilbert H., a. a. O., S. 38 sowie Steiner, George A., a. a. O., S. 119.
29) Steiner selbst gibt zu, daß in der Praxis das "Planning Department" einen starken Einfluß auf die Entscheidungsprozesse des Managements ausübt. Vgl. Steiner, George A.,a. a. O., S. 125.
30) Siehe hierzu z. B., Clee, Gilbert H., a. a. O., S. 45; Flavin, J. B. und Parisot, G. R.: The IBM World Trade Planning System. In: Multinational Corporate Planning, hrsg. von George A. Steiner und Waren M. Cannon, a. a. O., S. 84, sowie Hannoch, Julius und Goldman, Irwin: Corporate Planning at Merck. In: Multinational Corporate Planning, hrsg. von George A. Steiner und Warren M. Cannon, a. a. O., S. 94.
31) Vgl. Steiner, George A., a. a. O., S. 118 ff. und 130 f.
32) Vgl. Edwards, W. A. M., a. a. O., S. 76.

Die erste Lösung erscheint äußerst aufwendig, während die beiden letztgenannten Organisationsformen, wie die bisherigen Erfahrungen gezeigt haben, zu erheblichen Kommunikationsproblemen und Verhaltenskonflikten führen[33]). Insbesondere steht der für die Planung verantwortliche Manager vor dem Problem, in seine Planung extern erarbeitete, die spezifischen Sachprobleme seines Leitungsbereiches u. U. nicht ausreichend berücksichtigende Vorschläge einzubeziehen, deren Implikationen er nicht immer vollkommen übersehen kann.

Aufgrund der negativen Erfahrung mit einer solchen Lösung wurde von mir bereits in früheren Publikationen der „Grundsatz einer optimalen Distanz zwischen Planungssubjekt und Planungsobjekt" aufgestellt. Die darin geforderte optimale Kombination von Einsicht und Übersicht des Planungssubjektes vermag die hier dargestellte Organisationform kaum zu gewährleisten[34]).

b) Die lose-strukturierte Form der "task-forces" oder Projektgruppen

Ebenso wie das Konzept des "Planning Department" beruht die Organisationsform der "task-forces" oder Projektgruppen auf der Forderung, daß Planung Bestandteil der Managementfunktionen bleiben muß, auch wenn zur Entwicklung formalisierter Planungssysteme eine Reihe von Spezialkenntnissen über Operations Research, Informationstechnologie, Volkswirtschaftstheorie, Verhaltenstheorie u. a. Wissensbereiche erforderlich ist[35]). Die Dominanz des praktischen Betriebswissens des Managements im Rahmen der arbeitsteiligen Formalisierungsbemühungen wird in diesem Konzept ebenso wie die Koordination der modell- und computer-gestützten Teilpläne durch ein System von Projektgruppen und Komitees gewahrt.

Die am Planungsprozeß zu beteiligenden Spezialisten werden in einem zentralen "Management Service Department" zusammengefaßt, dessen Leiter der obersten Unternehmungsführung unterstellt sein sollte[36]). Da die erfolgreiche Formalisierung der Planung eines beliebigen Teilbereichs nicht extern für diesen, sondern nur intern erfolgen sollte, werden — dem Grundsatz der optimalen Planungsdistanz entsprechend — die für ein bestimmtes Projekt erforderlichen Spezialisten für die gesamte Projektdauer der Fachabteilung zugeordnet, deren Planung formalisiert werden soll. Diese Organisationsform bezeichnet Ackoff als die Bildung von "task-forces". Leiter dieser "task-forces", die sich aus den zentralen Spezialisten einerseits und Mit-

---

33) Vgl. hierzu die entsprechenden Probleme bei der Entwicklung und Implementierung von Management-Informationssystemen. In: Management-Informationssysteme. Eine Herausforderung an Forschung und Entwicklung, a. a. O.
34) Vgl. zur generellen Bedeutung dieser Kriterien Grochla, Erwin: Die Träger der Betriebsplanung, a. a. O., S. 519 f., sowie ders.: Planung, Organisation, a. a. O., Sp. 1308.
35) Vgl. Ackoff, Russell L., a. a. O., S. 131 f.
36) Vgl. Ackoff, Russell L., a. a. O., S. 132.

arbeitern der betreffenden Abteilung andererseits zusammensetzen, ist der Linienmanager des entsprechenden Fachbereiches[37]).

Im Gegensatz zu einer „reinen" Projektorganisation werden im Konzept der "task-forces" die Spezialisten von einer zentralen Service-Abteilung „ausgeliehen", ihre Stellen in dieser Abteilung werden für die gesamte Projektdauer „offengehalten"[38]).

Diese Organisationsform, in der die Spezialisten wie externe Berater fungieren, bietet eine Reihe von Vorteilen: Da die Spezialisten regelmäßig in der Fachabteilung arbeiten, können sie dort an allen Besprechungen teilnehmen und die konkreten Problemstellungen und Gegebenheiten „aus erster Hand" erkennen und verstehen lernen. Offizielle Rückfragen und lange Kommunikationswege wie im Konzept des "Planning Department" entfallen auf diese Weise. Im Gespräch mit den Mitarbeitern der Fachabteilungen können zum einen die Spezialisten ihr Verständnis der Problemstellungen vertiefen, zum anderen werden die ständigen Mitarbeiter dieser Abteilung von Anfang an in die Entwicklung des neuen Planungsverfahrens einbezogen. Auf diese Weise soll eine effiziente Benutzung der neuen Methoden auch für die Zeit gesichert werden, in der die Spezialisten in das "Management Service Department" zurückgekehrt oder einem anderen Projekt zugeteilt worden sind. Dieses Ziel kann z. B. durch intensives "on-the-job-training" der Mitarbeiter durch die Spezialisten erreicht werden[39]). Dies setzt jedoch voraus, daß die Spezialisten ihr Ziel nicht nur in der Entwicklung und Implementierung eines neuen Planungsverfahrens sehen, sondern vor allem an seiner effizienten späteren Anwendung durch die Linienmanager interessiert sind.

Als empirische Bestätigung der Vorteilhaftigkeit einer Integration von zentralen Spezialisten in die Benutzerabteilungen kann die Untersuchung von Brown dienen, in der der Anwendungserfolg der Entscheidungsbaumanalyse in Abhängigkeit von verschiedenen Organisationsformen der Zusammenarbeit ermittelt wurde[40]).

Ein weiterer positiver Nebeneffekt dieser Organisationsform ist schließlich darin zu sehen, daß die Spezialisten langfristig durch diese Rotation einen fundierten betriebsinternen Erfahrungsschatz erhalten, der die Unterschiede in den Denkansätzen zwischen ihnen und den Managern ständig reduzieren hilft. Langfristig gesehen besitzen sie daher einen wesentlichen Vorteil gegenüber externen Beratern.

Für die Benutzer erscheint diese Organisationsform somit durchaus als vorteilhaft. Bei einer gesamten Beurteilung ist allerdings einschränkend darauf hinzuweisen, daß die verhaltensmäßigen Konsequenzen einer solchen Lösung

---

37) Vgl. Ackoff, Russell L., a. a. O., S. 129 f.
38) Vgl. zu dieser Unterscheidung Middleton, C. J., a. a. O., S. 73.
39) Vgl. Ackoff, Russell L., a. a. O., S. 137.
40) Vgl. Brown, Rex V.: Do Managers Find Decision Theory Useful? In: Harvard Business Review, Vol. 48, Mai—Juni 1970, S. 81—89.

für die Spezialisten noch nicht exakt zu erkennen sind. Teilweise wird behauptet, daß die hiermit verbundenen Anforderungen an ihre Anpassungsfähigkeit zu Störungen führen können, da die Spezialisten ebenso wie alle anderen Mitarbeiter ein Bedürfnis nach klaren Zuordnungsverhältnissen, Aufstiegschancen, Statussymbolen usw. haben. Aufgrund der bisherigen fahrungen ist jedoch insgesamt festzustellen, daß das Konzept der "task-forces" zu den Ansätzen zu zählen ist, die der Polarisierung des Wissens für eine modellgestützte Unternehmungsplanung am besten gerecht werden.

Ein weiteres Problem effizienter Planungsorganisation liegt, wie gezeigt, in der Abstimmung konkurrierender Teilpläne, insbesondere dann, wenn die Planungsverantwortung bei den einzelnen Bereichsleitern liegt. Auch dieses Problem wird im Konzept der "task-forces" durch eine lose-strukturierte, nicht unmittelbar an die Hierarchie gebundene Organisationsform gelöst: Als Koordinationsinstrument dient ein System von Ausschüssen oder Komitees, die Ackoff als "Planning Review Boards" bezeichnet[41]).

Im Gegensatz zum Konzept des "Planning Department" handelt es sich hier nicht um einen zentralen Ausschuß auf einer der oberen Hierarchieebenen. Die mit einer solchen Lösung verbundenen Eingriffe in die Autonomie der

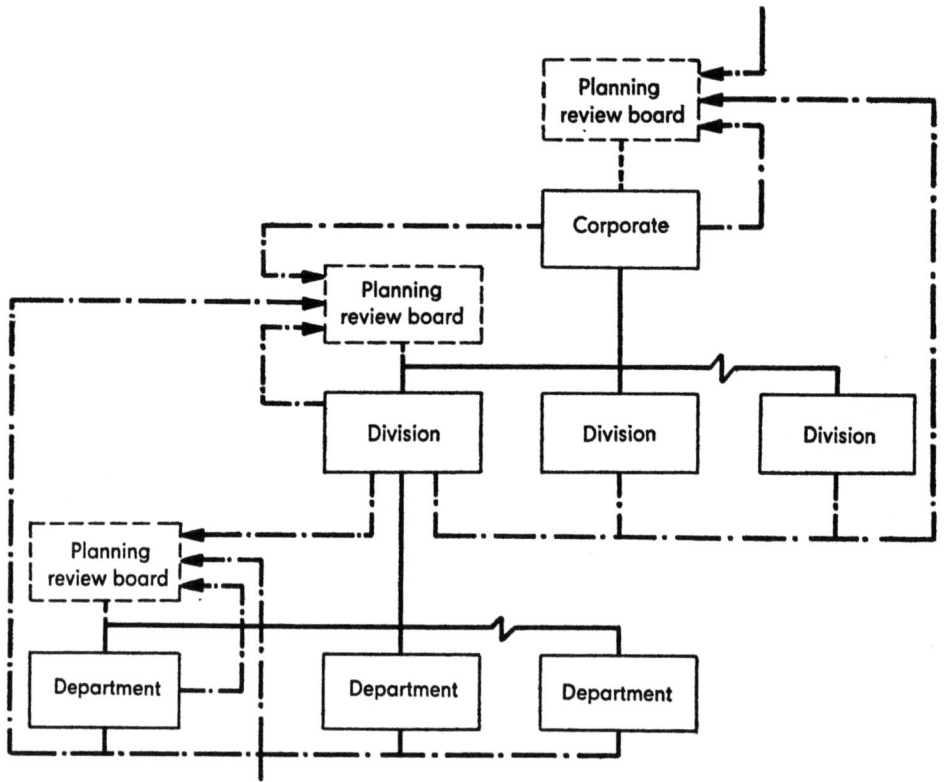

---

[41] Vgl. Ackoff, Russell L., a. a. O., S. 134.

einzelnen Bereiche und die extrem langen Kommunikationswege[42]) werden vermieden, indem für jeden planenden Bereich ein eigener Ausschuß gebildet wird.

Die vertikale Integration der Planungsaktivitäten wird erreicht, indem die Erarbeitung von Richtlinien sowie die Durchführung von Konsistenzprüfungen individuell für jede planende Abteilung durch einen Ausschuß erfolgen, in dem der für die Planung verantwortliche Manager, sein Vorgesetzter und einer seiner Untergebenen vertreten ist. Zwischen jeder hierarchischen Ebene existieren also Ausschüsse, in denen Mitglieder der nächsthöheren und der beiden tieferen Ebene vertreten sind. Daraus folgt, daß jeder Manager in drei verschiedenen Ausschüssen mitwirkt (vgl. Abbildung)[43]:

— in dem Ausschuß, dem sein Vorgesetzter verantwortlich ist,

— in dem Ausschuß, dem er selbst verantwortlich ist,

— in dem Ausschuß, dem seine Untergebenen verantwortlich sind.

Durch die gleichen Ausschüsse wird auch die horizontale Koordination, d. h. die Abstimmung auf einer bestimmten Ebene, erreicht. Alle planenden Manager einer bestimmten Ebene sind zunächst einem gemeinsamen Komitee verantwortlich. Auf diese Weise können die Planungsaktivitäten untereinander und mit der nächsthöheren Ebene abgestimmt werden. Außerdem sind alle diese Manager Mitglieder des Ausschusses, dem ihre nächsten Untergebenen insgesamt verantwortlich sind. Daher kann auch die Realisation der gemeinsam erarbeiteten konzeptionellen Basis von jedem einzelnen Manager überwacht werden, auch wenn sie seinen Leitungsbereich überschreitet.

Zu betonen ist, daß mit diesem Konzept — das eine starke Ähnlichkeit mit dem von Likert für die gesamte Organisation entwickelten System von "linking-pins" aufweist[44]) — die Leitungshierarchie nicht abgeschafft werden soll. Zur Koordination von Ausführungs- und Routinetätigkeiten ist die ursprüngliche hierarchische Leitungsstruktur auch weiterhin in der Regel das am besten geeignete Instrument, während die Koordination der Planung die hier beschriebene vermaschte und durchlässige Organisationsform vorteilhafter zu sein scheint, die in diese Hierarchie eingebettet ist.

Ein möglicher Einwand gegen das System von "Planning Review Boards" kann in dem mit dieser Lösung verbundenen umfangreichen — u. U. kaum realisierbaren — Engagement der Manager in zu vielen Komitees gesehen werden. Diesem Einwand können jedoch zwei Argumente entgegengehalten werden:

— Die mit der Teilnahme in solchen Komitees verbundenen Lernprozesse der Manager werden von manchen Autoren höher bewertet als das konkrete Ergebnis dieser Bemühungen. Denn das tiefere Verständnis der eigenen Probleme

---

[42]) Siehe zu dieser Kritik z. B. Middleton, C. J., a. a. O., S. 75.
[43]) Vgl. Ackoff, Russell L., a. a. O., S. 135 f.
[44]) Vgl. hierzu Likert, Rensis: New Patterns of Management, New York u. a. 1961, S. 105.

sowie aller angrenzenden Teilbereiche befähigt den Manager, seine Koordinations- und Planungsaufgaben weitaus effizienter zu erfüllen und das gesamte betriebliche Konfliktpotential zu reduzieren[45]).

— Bei sehr intensiven und zeitaufwendigen Formalisierungsprojekten, in denen etwa ein mehrere Abteilungen umspannendes integriertes Planungssystem entwickelt werden soll, ist das dargestellte Konzept durch die Institutionalisierung von Projektmanagern erweiterungsfähig.

Die Modifikation des dargestellten Modells durch die Bestellung von Projektmanagern erscheint auch aus anderen Gründen als vorteilhaft. Wenn z. B. mehrere Linienbereiche an einem Formalisierungsprojekt beteiligt sind und zu entscheiden ist, welchem Bereich die aus dem "Management-Service-Department" zu übernehmenden Spezialisten zugeordnet werden sollen, erscheint es sinnvoll, sie einem Projektmanager zu unterstellen. Um die Neutralität gegenüber allen beteiligten Bereichen zu wahren, werden neben den Spezialisten zeitweise auch bestimmte Mitarbeiter aus den betroffenen Abteilungen dem Projektmanager zugeordnet. Seine ausschließliche Aufgabe besteht dann in der Sicherung einer reibungslosen und termingetreuen Durchführung des Projektes.

Der Projektmanager kann zwar das Linienmanagement zu einem großen Teil entlasten. Es muß jedoch vermieden werden, daß dieses sich ganz aus dem Planungsprojekt zurückzieht. Daher sollten die Linienmanager weiterhin in dem Ausschuß aktiv sein, dem der Projektmanager unterstellt ist. In den beiden anderen Komitees können sie sich bei vielen Fragen durch den Projektmanager vertreten lassen. Schließlich ist darauf hinzuweisen, daß eine derartige Organisationsform einen entsprechenden kooperativen Führungsstil voraussetzt. Ist dieser vorhanden, so erscheint zusammenfassend die lose-strukturierte Form der "task-forces" und "Planning Review Boards" dem Konzept des "Planning Department" überlegen.

Diese Aussage muß jedoch sehr vorsichtig interpretiert werden. Es ist zu fragen, ob die positive Beurteilung der lose-strukturierten Organisationsform nicht nur auf der gegenwärtig zu beobachtenden Modernität team-orientierter Ansätze beruht. Dies könnte zur Folge haben, daß der Blick des Betrachters auf die häufig propagierten Vorteile solcher Konzepte beschränkt bleibt, ihre Nachteile jedoch nicht erkannt werden. Die Erfahrungen mit solchen Organisationsformen sind jedoch noch zu gering, als daß die aufgeworfene Frage ausführlich und zufriedenstellend beantwortet werden könnte.

D. Zukünftige Aufgaben der Organisationsforschung

Im Laufe der vorangegangenen Darstellung wurde verschiedentlich auf offene Teilprobleme hingewiesen, für die gegenwärtig noch keine wissenschaftlich befriedigenden Lösungen gefunden worden sind. Das zentrale Pro-

---

[45]) Vgl. Ackoff, Russell L., a. a. O., S. 130 und 136; Steiner, George A., a. a. O., S. 97 und 137 sowie Szyperski, Norbert; Meller, Friedrich; Rölle, Harald, a. a. O., S. 47 und 71.

blem im hier diskutierten Kontext, mit dem sich die Organisationsforschung in Zukunft zu beschäftigen haben wird, ist letztlich im Fehlen eines geschlossenen Systems praxeologischer Aussagen zu sehen[46].

Um zu solchen praxeologischen Aussagen über die organisatorischen Voraussetzungen einer effizienten modell- und computer-gestützten Unternehmungsplanung zu gelangen, sind drei grundlegende Forschungsstufen zu bewältigen:

— Zur Erarbeitung deskriptiver Aussagen ist ein konzeptioneller Rahmen zu entwickeln, der zum einen eine Systematik der Vielfalt realer Formen der Planungsorganisation erlaubt und zum anderen die unterschiedlichen internen und externen Bestimmungsfaktoren zu isolieren vermag, von denen unterschiedliche Einflüsse auf die Effizienz der einzelnen Organisationsformen ausgehen könnten.

— Zur Generierung empirisch-kognitiver Aussagen sind die auf diese Weise hypothetisch formulierten Relationen zwischen Einflußfaktoren und Organisationsformen durch eine Reihe von empirischen Studien auf ihren Realitätsgehalt hin zu überprüfen und ggf. zu modifizieren.

— Die Ableitung praxeologischer Aussagen erfordert schließlich operationale Bewertungskriterien zur Auswahl der bei bestimmten Bedingungskonstellationen in Frage kommenden Organisationsformen. Hierbei besteht das besondere Problem darin, daß formale Bewertungskriterien, wie Termin- oder Budgettreue usw., relativ leicht zu erfassen sind, aber formal erfolgreiche Projekte sehr wohl unwirtschaftliche Systeme erbringen können. Als Erfolgskriterien sollten daher nur materielle Benutzerkriterien herangezogen werden, deren Anwendung bisher jedoch an Zurechnungsproblemen scheitert[47].

Da es sich hierbei jedoch um einen langfristigen Forschungsprozeß handelt, erscheint mir der einzig sinnvolle Weg für die nächste Zukunft in einer zweigleisigen Orientierung zu liegen: Zum einen sollten die soeben aufgezeigten generellen Forschungsaufgaben in Angriff genommen werden. Um jedoch der Praxis auch heute schon brauchbare Aussagen zur Verfügung stellen zu können, sollten andererseits parallel hierzu theoretische Konzeptionen mit partiellem Anwendungsbereich und entsprechende Einzelerfahrungen analysiert und die sich hieraus ergebenden Lösungsmöglichkeiten kritisch verglichen werden — so wie es in diesem Beitrag versucht wurde.

---

[46] Vgl. zu dem wissenschaftlichen Ziel praxeologischer Aussagen und den wissenschaftstheoretischen Entwicklungsstufen der Organisationstheorie Grochla, Erwin: Organisationstheorie. In: Handwörterbuch der Organisation, hrsg. von Erwin Grochla, Stuttgart 1969, Sp. 1236—1255.

[47] Vgl. Szyperski, Norbert; Meller, Friedrich; Rölle, Harald, a. a. O., S. 41.

Zur Bestimmung optimaler Reorganisationsstrategien wachsender Unternehmungen

Von

Prof. Dr. Marcell Schweitzer

Vorwort

Das hier vorgestellte Modell zur Bestimmung optimaler Reorganisationsstrategien ist ein Beitrag zur Planung der Organisation wachsender Unternehmungen. Dabei handelt es sich um einen ersten Entwurf, dem eine Bewährung in der Wirtschaftspraxis noch bevorsteht. In diesem Entwicklungsstadium ist ihm in erster Linie eine *heuristische Funktion* zuzuschreiben. Das Modell macht deutlich, daß auch das qualitative Problem „Organisation" einer quantitativen Optimierungsrechnung zugeführt werden kann. Hilfsmittel dazu sind *typologische Beschreibungsverfahren*, das *vektorielle Messen* von Unternehmungsgrößen sowie *Organisationshypothesen* über Beziehungen zwischen alternativen Organisationsformen und zu erwartenden ökonomischen Konsequenzen. Die Funktionsweise des Modells, das einen Anwendungsfall der *dynamischen Planungsrechnung* darstellt, wird in einem Grundmodell und zwei realitätsbezogenen Modellerweiterungen erläutert. Alle drei Modellausprägungen lassen für bestimmte Zielfunktionen und Situationsbedingungen die Bestimmung optimaler Reorganisationsstrategien diskret wachsender Unternehmungen zu. Der Bezug der hier konzipierten Problematik zur Organisation der Planung läßt sich durch die Skizzierung mehrerer erkennbarer Abhängigkeiten angeben: Die Organisationsplanung ist ihrer Natur nach eine taktische und strategische Planung, die auf einer Reihe betrieblicher Teilpläne aufbaut und vor umfangreichen Datenverarbeitungen steht; vom Planungsgegenstand und von der Modellstruktur her können daher Anforderungen an die Datensammlung und an die Einsatzarten des Modells formuliert werden. Wegen der Wechselbezüglichkeit von Organisation und Planung legt eine als optimal klassifizierte Reorganisationsstrategie den Entwicklungsrahmen für betriebliche Plankonzeptionen fest. Schließlich ist das vorgestellte dynamische Optimierungsmodell ein Baustein zur Entwicklung eines *modellgestützten betrieblichen Planungssystems*.

I. Problemformulierung

Die Betriebswirtschaftslehre als Theorie und Politik des Wirtschaftens in Unternehmungen hat sich bisher der Entwicklung einer Teiltheorie und Teilpolitik wachsender bzw. schrumpfender Unternehmungen nur zaghaft zugewandt. Die vorliegenden Untersuchungen zur Betriebsgrößenproblematik zeigen deutlich, welche Schwierigkeiten auf dem Wege zu diesem Ziel zu überwinden sind. Auch die Beiträge, welche sich mit den Ursachen von Schrumpfungen sowie dem wirtschaftlichen Tod von Unternehmungen befassen, haben den Durchbruch zum Theoriestadium noch nicht erreicht, sondern sie bewegen sich entweder auf der Deskriptionsebene oder auf der Ebene der Ursachenanalyse. Diese Feststellung gilt auch für die amerikanischen Beiträge zum „Corporate Planning". Was für eine Theorie und Politik wachsender bzw. schrumpfender Unternehmungen generell gesagt wird, ist auch für die Verbindung von Wachstumstheorie und Organisationstheorie bzw. deren Politiken gültig. Obwohl für diesen Bereich eine Problemverknüpfung bereits sehr gut gesehen und beschrieben wird, liegt noch kein adäquates Aussagensystem vor, das als Gestaltungshilfe in der Realität eingesetzt werden kann. Das hier vorgestellte Entscheidungsmodell mag ein idealtypischer Versuch sein, die markierte Problemverknüpfung auf der Ebene der Politik möglichst wirklichkeitsorientiert abzubilden und zu einer ersten Lösung zu führen.

Zunächst muß gesagt werden, daß sich der hier entwickelte Ansatz von den Beiträgen des „Planned Organizational Change" unterscheidet, weil er nicht von einem soziologisch bzw. sozialpsychologisch determinierten Organisationskonzept ausgeht, sondern vom sogenannten formalen Organisationskonzept. Danach wird unter Organisation die Summe von Strukturierungstechniken verstanden, mit deren Hilfe in Unternehmungen zielgerichtete Ordnungszusammenhänge erzeugt werden können. Die Organisation erhält damit eine Instrumentalfunktion, die darin besteht, durch bessere Ordnungsbeziehungen im Wirtschaftsprozeß der Unternehmung dessen Ergiebigkeit zu erhöhen. Die Organisation ist unter diesem Aspekt ein Mittel der Unternehmungspolitik, und sie muß daher voll in unternehmungspolitische Konzepte wachsender Unternehmungen integriert werden. Zur Festlegung eines optimalen Wachstumspfades (bzw. Schrumpfungspfades) einer Unternehmung gehört damit ohne Zweifel auch die Festlegung eines zugehörigen optimalen Organisationspfades, der darüber unterrichten muß, wie eine bestehende Organisation bei welchem Wachstumsschub (bzw. Schrumpfungsschub) verändert werden muß, um unter bestimmten Bedingungen der Gestaltungssituation zielkonform zu sein. Derartige Organisationsänderungen werden auch als „Reorganisation" bzw. „Umorganisation" bezeichnet, so daß die soeben herausgestellte Fragestellung des Organisationspfades auch als optimale Reorganisationsstrategie wachsender bzw. schrumpfender Unternehmungen begriffen werden kann. Die Behandlung der Organisationsproblematik als Strukturierungstechnik bzw. als Strukturierungsverfahren erlaubt auch eine Interpretation und Präsentation der Bestimmung optimaler Reorganisationsstrategien als Determination optimaler strukturtechnischer Verfahrenswechsel bei wachsenden bzw. schrumpfenden Unternehmungen. Das zu entwickelnde Modell wird den Zuschnitt des Problems auf die Problematik des Verfahrenswechsels deutlich werden lassen. Darüber hinaus markiert es die ökonomischen Ziele und Bedingungen der Anpassungsfähigkeit und Anpassungsbereitschaft von Unternehmungen. Dieses Modell legt einen Gestaltungsrahmen fest, in welchem die persönlichen und sozialen Determinanten der Anpassungsfähigkeit und Anpassungsbereitschaft ihre Ausprägungen finden können.

Umreißt man das modellmäßig zu erörternde Problem in seinen wichtigsten Komponenten, wobei eine Einschränkung auf wachsende Unternehmungen getroffen werden soll, so läßt es sich wie folgt formulieren:

> Für wachsende Unternehmungen muß eine Vorstellung darüber bestehen, welche *Wachstumsarten* es überhaupt gibt. Dann muß man wissen, wie Unternehmungswachstum zu *messen* ist. Weiter muß man wissen, welche *alternativen Organisationsformen* die sich ausdehnende Unternehmung überhaupt annehmen kann. Anschließend ist zu erforschen, welche *Kosten für einen Organisationswechsel* einmalig und welche laufend in alternativen Wachstumsstufen anfallen. Schließlich muß für alternative Wachstumsstufen und alternative Organisationsformen der Wert von verfolgten *Ergiebigkeitsmaßen* prognostiziert werden.

Nur ein Wissen über diese genannten Größen kann über die bloße Vermutung hinausführen, daß ganz bestimmte Organisationsformen für bestimmte Wachstumsstufen einer Unternehmung günstig und für andere Stufen ungünstig bzw. mehr oder weniger flexibel sind. Welche Organisationsform für eine oder mehrere Wachstumsstufen unter bestimmten Bedingungen schließlich die günstigste ist, kann exakt nur bei Formulierung einer Zielfunktion und deren Kombination mit den bisher genannten Größen zu einem Entscheidungsmodell bestimmt werden. Die Konstruktion eines derartigen Entscheidungsmodells zur Bestimmung optimaler Reorganisationsstrategien soll nachfolgend vorgenommen werden.

II. Zur Messung des Unternehmungswachstums

Unter Unternehmungswachstum ist die positive Veränderung des Leistungspotentials einer Unternehmung zu verstehen. Diese Potentialveränderung ist gewöhnlich eine Erhöhung des technisch maximalen Ausstoßvolumens, die entweder durch Kapazitätserweiterung oder/und Verfahrenswechsel (z. B. Rationalisierungsinvestitionen) erreicht werden kann. Somit bieten sich als Ansatzpunkte für die Messung der Potentialveränderungen einmal die Maßausdrücke der Kapazitäten und zum anderen die Maßausdrücke des Ausstoßes an.

Zu den Maßausdrücken der Kapazitäten sind zu rechnen:

a) auf der Mengenebene: Maschinenlaufstunden, Personenzahlen, Stoffvorräte, u. a.

b) auf der Wertebene: Wert des Anlagevermögens, Unternehmungskapital, Bilanzsumme, u. a.

Zu den Maßausdrücken des Ausstoßes sind zu rechnen:

a) auf der Mengenebene: Produktions- und Absatzmengen

b) auf der Wertebene: Periodenumsätze, Deckungsbeiträge und Wertschöpfungsbeträge.

Die Maßausdrücke der Mengenebene haben gegenüber denjenigen auf der Wertebene den Vorzug, daß sie unabhängig von Preiseinflüssen sind, d. h. sie führen zu geringeren Maßstabsverzerrungen. Verwendet man nur einen einzigen Maßausdruck zur Messung eines Gegenstandes, so spricht man von „eindimensionalem Messen" und in allen Fällen der Verwendung von zwei und mehr Maßausdrücken von „mehrdimensionalem Messen". Das mehrdimensionale Messen ist ein vektorielles Messen, wenn die jeweiligen Maßausdrücke in Vektorform angeordnet werden.

Ein Unternehmungspotential kann beispielsweise durch die drei Maßausdrücke Mitarbeiterzahl (m), Bilanzsumme (b) und Periodenumsatz (u) gemessen werden:

$$\mathfrak{v} = (m, b, u)$$

Für praktische Berechnungen erscheint dieser Maßvektor zu schwerfällig, so daß nach Wegen gesucht wird, ihn dimensional auf eine(n) Maßzahl (Skalar) zu reduzieren, ohne die Wirkung der drei Vektorelemente aufzuheben. Dies geschieht z. B. durch die Definition eines zweiten Vektors $\mathfrak{g}'$, der mit $\mathfrak{v}$ verkettet ist und die Berechnung eines Skalars V als inneres Produkt ermöglicht:

$$V = \mathfrak{g}' \cdot \mathfrak{v}$$

Der Vektor $\mathfrak{g}'$ kann entweder ein Eins-Vektor [$\mathfrak{g}' = (111)$] sein, oder er kann von eins abweichende Gewichtungsfaktoren enthalten, welche die Meßintensität der Elemente m, b und u ausdrücken. Zweckmäßig erscheint die Definition der Elemente in $\mathfrak{g}'$ als (Kehrwert der) Mindestausprägungen der Maßgrößen m, b und u für jeweils zu messende Größenklassen (i) von Unternehmungspotentialen:

$$\mathfrak{g}' = \left(\frac{1}{m_{min}^{(i)}} \quad \frac{1}{b_{min}^{(i)}} \quad \frac{1}{u_{min}^{(i)}} \right)$$

Der Skalar V wird damit als *Rangkoeffizient* der Unternehmungsgröße mit einem Bezug auf Mindestausprägungen von Größenklassen definiert. Das Beispiel von *Zimmermann* zeigt das Messen von Unternehmungsgrößen mit skalaren Rangkoeffizienten:

Unternehmung	Maßzahlen V für die Jahre (absolut)			
	1958	1959	1960	Rangziffer
Siemens-Konzern	16,75	17,47	19,73	1
AEG	6,69	6,76	7,42	2
Karstadt A.G.	3,42	3,85	4,29	3
Kaufhof A.G.	2,64	3,00	3,42	4
Ford-Werke A.G.	2,32	2,60	3,28	5

Beispiel einer Unternehmungsgrößenmessung durch Skalierung gewichteter Vektorelemente

Der Vergleich der Unternehmungsgrößenskalare (Rangkoeffizienten) V pro Unternehmung über die Jahre läßt erkennen, ob und wie eine Unternehmung gewachsen ist. Die Wachstumsrate wird noch deutlicher, wenn man das Jahr 1958 mit 100 % ansetzt:

Unternehmung	Maßzahlen V* für die Jahre (1958 = 100 %)		
	1958	1959	1960
Siemens-Konzern	100	104	118
AEG	100	101	111
Karstadt A.G.	100	113	125
Kaufhof A.G.	100	114	130
Ford-Werke A.G.	100	112	141

Für einfache statistische Zwecke mag ein Messen mit Rangkoeffizienten der beschriebenen Art gerade noch aussagefähig und daher haltbar sein. Dagegen ist diese Meßweise für eine quantitative Deskription im Rahmen optimierender Planungsüberlegungen nicht zweckmäßig, weil einmal die tatsächlichen Relationen zwischen den Elementen des Vektors $\mathfrak{v}$ nicht unmittelbar erkennbar sind und zum anderen über diese Vektorelemente Zielfunktionen bzw. Restriktionen formuliert werden müssen, was einer Reduktion auf Skalare entgegensteht. Aus diesen Überlegungen heraus soll bei der nachfolgenden Modellentwicklung nicht der dimensional reduzierte, skalare Meßansatz verwendet werden, sondern es soll ein vektorieller Meßansatz zur Anwendung gelangen. Bevor dies jedoch geschieht, sind noch einige organisatorische Grundfragen zu erörtern.

III. Organisationsformen wachsender Unternehmungen

Die Beobachtung der Organisation wachsender Unternehmungen zeigt, daß mit zunehmender Unternehmungsgröße die Organisation verändert werden muß, um größenadäquat zu sein. Von welcher Wachstumsstufe an eine Organisationsveränderung vorzunehmen ist, um einem gewählten Entscheidungsziel bestens zu genügen, kann nicht ohne weiteres gesagt werden. In einer

Vorüberlegung kann jedoch herausgestellt werden, welche typisierten Organisationsformen für die jeweilige Unternehmung bei Potentialerweiterung überhaupt in Frage kommen.

Die gefundenen Resultate werden übersichtlich in Tabellenform festgehalten. In Anlehnung an *Dale* und *Baumberger* hat *Berger* eine idealtypische Übersicht erarbeitet, die für die weiteren Überlegungen herangezogen werden soll:

Bereich (Mitarbeiter)	Organisationsform	Kennzeichnung	Typische Organisationsprobleme
I	1	Ein-Personen-Unternehmung	Arbeitseinteilung, Ablauforganisation
	2	Einstufige Unternehmung	Arbeitsteilung von Ausführungsarbeiten
(1— 10)	3	Zweistufige Unternehmung	Kontrollspanne des Unternehmers
II	4	Einfache Ressortabgabe	Verzicht auf Alleinherrschaft
	5	Mehrfache Ressortabgabe	Ausbau der Leitungsorganisation
(10—100)	6	Volle Ressortabgabe	Erneutes Kontrollspannenproblem
III	7	Assistenten und Allgemeine Stäbe	Geeignete Stellenbesetzung
	8	Spezialstäbe	Stellenbesetzung und Koordination
(100—500)	9	Kollegiale Unternehmungsleitung	Kontrollspannen der 1. und 2. Leitungsebene
IV	10	Teilweise Dezentralisierung	Operabilität von Abteilungen
	11	Quasi-Dezentralisierung	Dominanz der Zentrale
(ü. 300)	12	Voll-Dezentralisierung	Zentrale Koordination und Leitungsspannen
V	13	Mehrstufige Dezentralisierung	Leitungskoordination
	14	Mehrstufige Verschachtelung	Organisation von Großverwaltungen
(ü. 500)	15	Zentrale Holding	Leitungskoordination und Beherrschbarkeit

Unter Verwendung dieser Typologie soll folgendes Beispiel einer Analyse unterzogen werden:

> Eine Unternehmung hat 200 Mitarbeiter und ist nach Organisationsform 7 strukturiert. Für die bevorstehenden 3 Jahre plant sie ein Wachstum in drei gleichen Schüben von je 200 Mitarbeitern auf

800 Mitarbeiter. Unter Berücksichtigung branchenmäßiger, betrieblicher und sonstiger Umstände stehen für diese Unternehmung die Organisationsformen 8, 9, 10 und 12 zur Wahl.

Das Problem der Unternehmung sei es, im Planungszeitpunkt eine Reorganisationsstrategie für das geplante Wachstum zu bestimmen, die zum Extremum einer Zielfunktion führt.

Die alternativ möglichen Organisationsformen seien noch ausführlicher beschrieben; sie unterscheiden sich durch unterschiedliche Ausprägungen der typologischen Merkmale:

1. Stabszuordnung
2. Entscheidungsdelegation
3. Umfang der Funktionalisierung bzw. Divisionalisierung

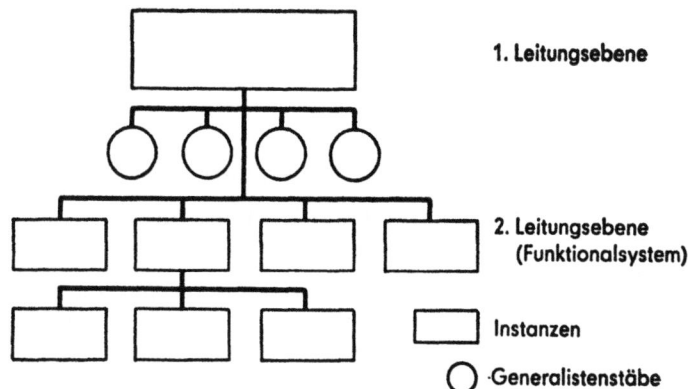

Abbildung 1: Organisationsform 7 (Ausgangssituation)

Organisationsform 7 (Führungsstäbe, Generalisten)

1. Leitungsspitze = Unternehmer bzw. Generaldirektor
2. Beiordnung von Generalistenstäben zur Leitungsspitze
3. Aufgaben der Stäbe:
    a) Information und Beratung in bezug auf Entscheidungsaufgaben
    b) Übernahme von Ausführungsaufgaben
        aa) Organisation, Planung, Kontrolle
        bb) Routineaufgaben
4. Unter Umständen bereits eine Stabsabteilung (Funktionales Weisungsrecht)
5. Tendenz zur Spezialisierung in der Stabsarbeit

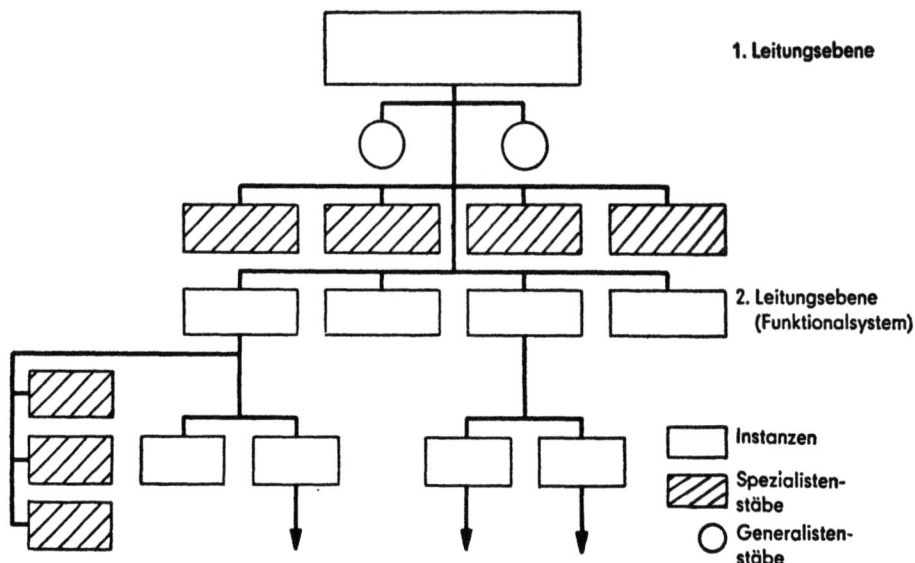

Abbildung 2: Organisationsform 8

Organisationsform 8 (Spezialstäbe)
1. Leitungsspitze = Unternehmer bzw. Generaldirektor
2. Beiordnung von Generalistenstäben zur Leitungsspitze

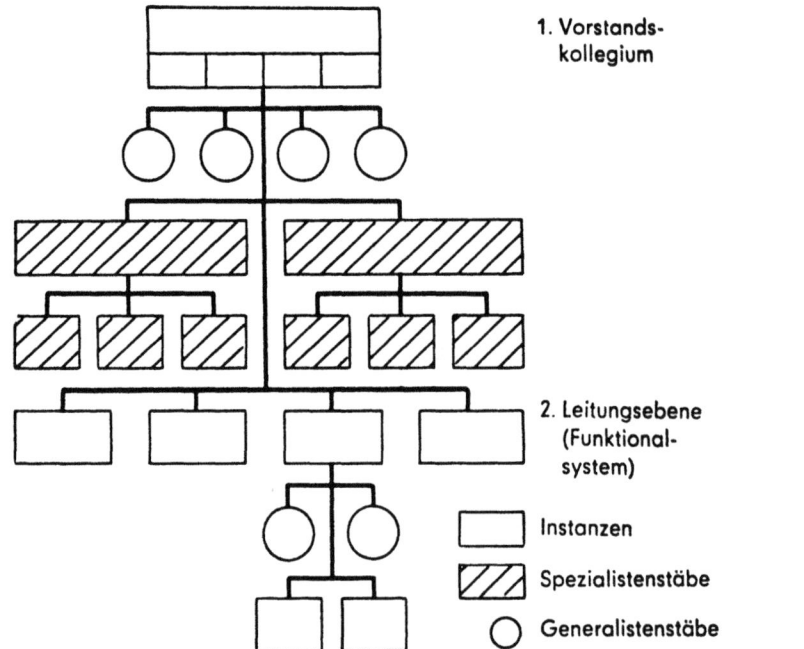

Abbildung 3: Organisationsform 9

3. Spezialstäbe werden ausgebaut und gehen in Stabsabteilungen über
4. Auch die zweite Instanzenebene kann Spezialstäbe bekommen
5. Konzentration von Organisation, Planung und Kontrolle in den Stäben (auch Spezialaufgaben), damit Entlastung der 2. und 3. Instanzenebene

Organisationsform 9 (Kollegiale Unternehmungsleitung)

1. Leitungsspitze = Direktorenkollegium (mit Generaldirektor)
2. Beiordnung von Generalistenstäben zur Leitungsspitze (Schwierige Koordinationsfunktionen)
3. Weiterer Ausbau der Spezialistenstäbe
4. An die Stelle der Spezialstäbe treten u. U. Generalistenstäbe, da die Stabsspezialisten in die weiter oben wachsenden Spezialstäbe übernommen werden
5. Trend zur Verwaltungszentralisation. Die Bedeutung der Abteilungen Kaufmännische Verwaltung und Personalwesen nimmt zu.

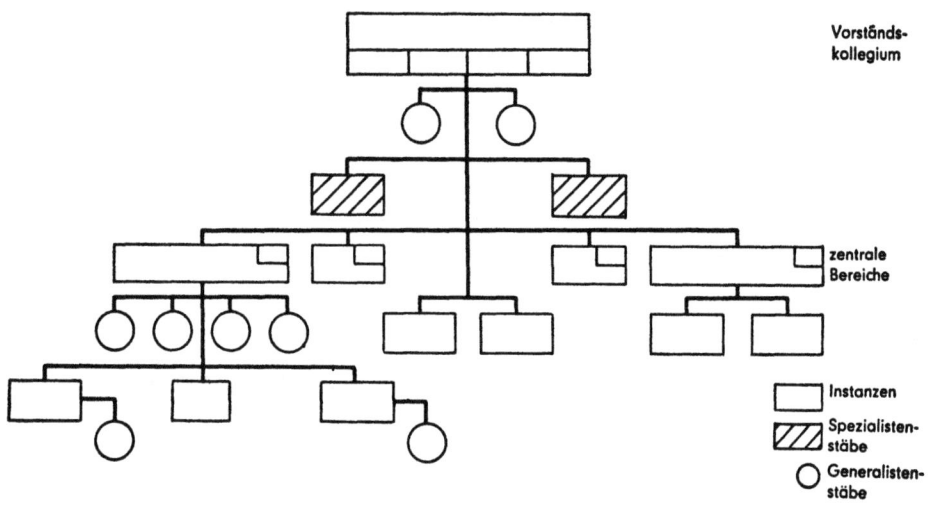

Abbildung 4: Organisationsform 10

Organisationsform 10 (Teilweise Dezentralisierung)

1. Leitungsspitze = Direktorenkollegium (mit Generaldirektor)
2. Beiordnung von Generalistenstäben zur Leitungsspitze
3. Starke Entscheidungskonzentration in der zweiten Leitungsebene

4. Dezentralisation von den Direktorialstellen, den Stabsabteilungen in die Instanzen und Stäbe der 2. Leitungsebene und Divisionen

5. Divisionalisierung in der 3. Leitungsebene (eigener Beschaffungs-, Produktions- und Vertriebsapparat)

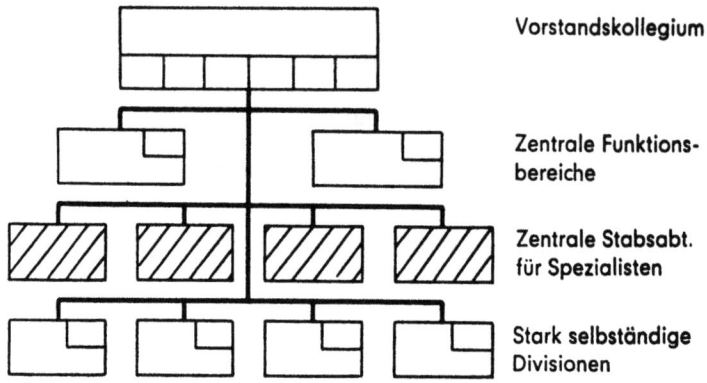

Abbildung 5: Organisationsform 12

Organisationsform 12 (Voll-Dezentralisierung)

1. Leitungsspitze = Erweitertes Direktorenkollegium (mit Generaldirektor)
2. Starke Dezentralisation von Entscheidungsaufgaben in die 2. Leitungsebene. Divisionen rücken in die 2. Leitungsebene
3. Spezialistenstäbe erhalten wegen höherer Dezentralisation bedeutende Koordinationsfunktionen. Sie heißen häufig auch Zentralabteilungen.
4. Weitere Entscheidungsdezentralisierung in die 3. Leitungsebene
5. Weitere Stufung der Divisionen möglich
(Divisionsgruppen — Divisionen)

IV. Modell zur Bestimmung optimaler Reorganisationsstrategien diskret wachsender Unternehmungen

Als Maß eines Wachstumsschubs soll für das nachfolgend entwickelte Modell der Vektor $\mathfrak{v}$ verwendet werden. Seine Elemente sind die Mitarbeiterzahl (m), die Organisationskosten (k) und die Erlöse (e):

$$\mathfrak{v} = (m, k, e)$$

Zu den *Organisationskosten* sollen dabei die anfallenden Kosten der Personalwirtschaft, Informationswirtschaft und Kosten der Organisationsberatung gehören.

Zur Ableitung einer optimalen Reorganisationsstrategie sind zunächst Hypothesen über den Zusammenhang von Beschäftigtenzahl, Organisationskosten und Erlösen erforderlich. Diese Hypothesen sind für jede Wachstumsstufe und für jede alternativ mögliche Organisationsform zu ermitteln. Sie lauten in Satzform:

„Realisiert die Unternehmung einen Wachstumsschub von Stufe i nach Stufe i + 1 bei einem Übergang von Organisationsform j nach Organisationsform j*, so geht der Vektor $\mathfrak{v}$ in den Vektor $\mathfrak{v}^*$ über."

Die Elemente in $\mathfrak{v}$ stehen in keinem besonderen Beziehungszusammenhang. Bezeichnet man mit i die Wachstumsstufen und mit j die Organisationsformen, so ist für jede i-j-Kombination eine Prognose der zugehörigen Größen m, k und e erforderlich. Die Voraussage dieser Zahlen wird in der Praxis sicherlich auf Schwierigkeiten stoßen. Diese sind jedoch keineswegs größer als diejenigen bei der Prognose von Zahlungsströmen für Investitionsrechnungen.

Im Fall des ersten Wachstumsschubes (i = 1) sind für alle zulässigen Organisationsformen j die Größen $\bar{m}_{1j}$, $\bar{k}_{1j}$ und $\bar{e}_{1j}$ zu prognostizieren.

$\bar{m}_{1j}$ = Mitarbeiterzahl bei Wachstumsstufe 1 und Organisationsform j

$\bar{k}_{1j}$ = Organisationskosten bei Wachstumsstufe 1 und Organisationsform j

$\bar{e}_{1j}$ = Erlöse bei Wachstumsstufe 1 und Organisationsform j

Die prognostizierten Werte können entweder *Optimalwerte* eines zugehörigen Entscheidungsmodells oder *satisfizierende Werte* eines integrierten Planungssystems bzw. isolierter Prognosen sein.

Verallgemeinert man diese Überlegungen auf alle zu realisierenden i Wachstumsstufen, so kann man i · j Werte-Tripel $\bar{m}_{ij}$, $\bar{k}_{ij}$ und $\bar{e}_{ij}$ bestimmen.

Die auf diese Weise bestimmten Werte für $\bar{m}_{ij}$, $\bar{k}_{ij}$ und $\bar{e}_{ij}$ lassen sich zu drei getrennten Matrizen $\mathfrak{M}$, $\mathfrak{K}$ und $\mathfrak{E}$ anordnen, deren Zeileneingänge die i Wachstumsstufen und deren Spalteneingänge die j Organisationsformen darstellen (für Organisationsform 8 gilt j = 1 usw.):

$$\mathfrak{K} = (\bar{k}_{ij}) = \begin{pmatrix} \bar{k}_{11} & \bar{k}_{12} & \bar{k}_{13} & \bar{k}_{14} \\ \bar{k}_{21} & \bar{k}_{22} & \bar{k}_{23} & \bar{k}_{24} \\ \bar{k}_{31} & \bar{k}_{32} & \bar{k}_{33} & \bar{k}_{34} \end{pmatrix}$$

$$\mathfrak{E} = (\bar{e}_{ij}) = \begin{pmatrix} \bar{e}_{11} & \bar{e}_{12} & \bar{e}_{13} & \bar{e}_{14} \\ \bar{e}_{21} & \bar{e}_{22} & \bar{e}_{23} & \bar{e}_{24} \\ \bar{e}_{31} & \bar{e}_{32} & \bar{e}_{33} & \bar{e}_{34} \end{pmatrix}$$

$$\mathfrak{M} = (\bar{m}_{ij}) = \begin{pmatrix} \bar{m}_{11} & \bar{m}_{12} & \bar{m}_{13} & \bar{m}_{14} \\ \bar{m}_{21} & \bar{m}_{22} & \bar{m}_{23} & \bar{m}_{24} \\ \bar{m}_{31} & \bar{m}_{32} & \bar{m}_{33} & \bar{m}_{34} \end{pmatrix}$$

i = Wachstumsstufe 1 bis 3

j = Organisationsform 1 bis 4 [bzw. (8) bis (12)]

Die Analyse einer fiktiven Unternehmung mag für diese drei Matrizen zu folgendem Zahleninhalt geführt haben:

$$\mathfrak{K} = (\bar{k}_{ij}) = \begin{pmatrix} 1^* & 2 & 4 & - \\ 3^* & 4 & 5 & 5 \\ 4^* & 5 & 7 & 8 \end{pmatrix}$$

$$\mathfrak{E} = (\bar{e}_{ij}) = \begin{pmatrix} 5 & 6 & \boxed{7} & - \\ 7 & 8 & 11 & \boxed{12} \\ 9 & 10 & 14 & \boxed{16} \end{pmatrix}$$

$$\mathfrak{M} = (\bar{m}_{ij}) = \begin{pmatrix} \widehat{400} & \widehat{400} & 400 & - \\ 600 & 600 & 600 & \widehat{600} \\ 800 & 800 & 800 & \widehat{800} \end{pmatrix}$$

Durch Subtraktion der Matrix $\mathfrak{K}$ von der Matrix $\mathfrak{E}$ berechnet man die Matrix $\mathfrak{D}$, welche die Deckungsbeiträge der Erlöse über die Organisationskosten enthält.

$$\mathfrak{D} = \mathfrak{E} - \mathfrak{K} = (\bar{d}_{ij}) = \begin{pmatrix} \textcircled{4} & \textcircled{4} & 3 & - \\ 4 & 4 & 6 & \textcircled{7} \\ 5 & 5 & 7 & \textcircled{8} \end{pmatrix}$$

Mit diesem Zahlenwerk ist derjenige Informationsstand erreicht, den man benötigt, um das gestellte Problem zu lösen. In Abbildung 6 werden die Zusammenhänge zwischen den Elementen $\bar{k}_{ij}$, $\bar{e}_{ij}$ und $\bar{m}_{ij}$ graphisch dargestellt.

Fragt man nach derjenigen Reorganisationsstrategie, die bei gegebenen Bedingungen über alle drei Wachstumsstufen die Summe der erwirtschaftbaren Deckungsbeiträge maximiert, so bestimmt man in Matrix $\mathfrak{D}$ die Summe der Zeilenmaxima:

$$D_{max} = \sum_i \max_j \bar{d}_{ij}$$

Im besprochenen Fall heißen die ausgewählten Elemente:

$$\bar{d}_{11} \text{ bzw. } \bar{d}_{12} = 4; \bar{d}_{24} = 7; \bar{d}_{34} = 8$$

Sie führen zu einem Gesamtdeckungsbeitrag von 19 Einheiten. Die zweiten Indizes der ausgewählten $\bar{d}_{ij}$ informieren darüber, welche Organisationsform in der jeweiligen Stufe i zu wählen ist, um dieses optimale Resultat zu realisieren: in der ersten Wachtumsstufe ist die Organisationsform eins ($\bar{d}_{11}$) bzw. die Organisationsform zwei ($\bar{d}_{12}$), in der zweiten Wachstumsstufe die Organisationsform vier ($\bar{d}_{24}$) und in der dritten Wachstumsstufe ebenfalls die Organisationsform vier ($\bar{d}_{34}$) zu wählen.

Die Lösung des Problems kann damit wie folgt formuliert werden: Die Unternehmung realisiere ihren ersten Wachstumsschub von 200 auf 400 Mitarbei-

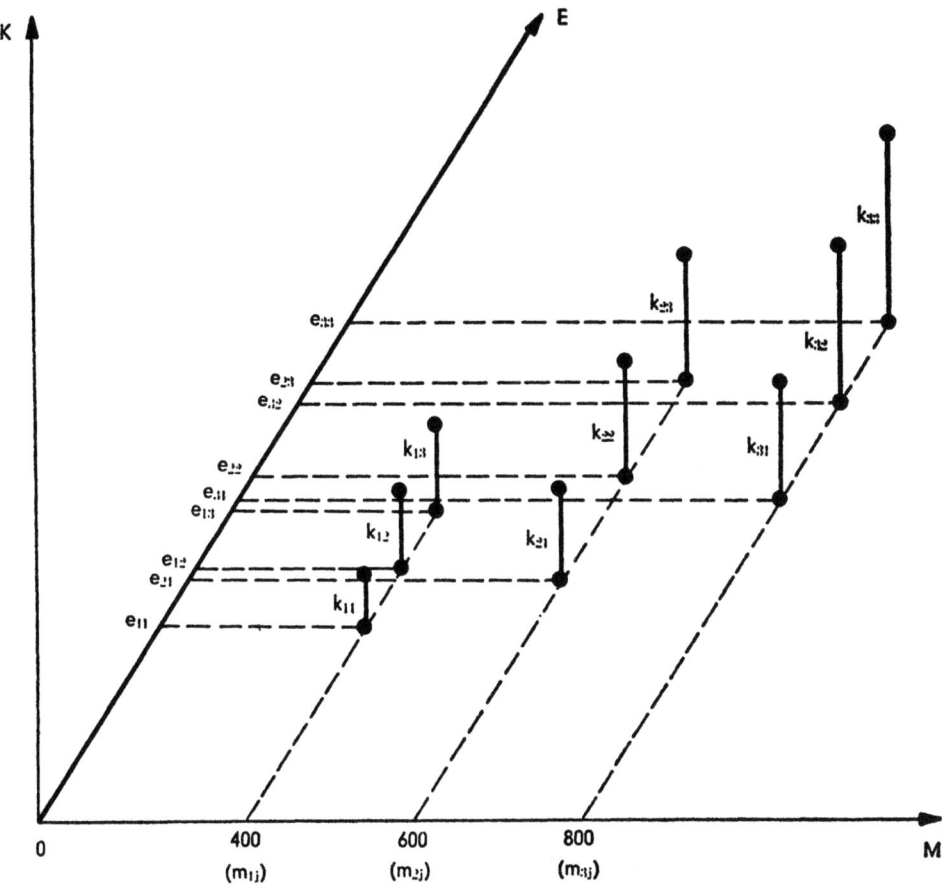

Abbildung 6: Darstellung der Matrizenelemente $\bar{k}_{ij}$, $\bar{e}_{ij}$ und $\bar{m}_{ij}$

ter zu Beginn des ersten Jahres unter Übergang von Organisationsform 7 auf Organisationsform 8 bzw. 9. Im zweiten Wachstumsschub erhöhe sie die Mitarbeiterzahl auf 600 unter gleichzeitigem Übergang auf Organisationsform 12. Schließlich ist im dritten Wachstumsschub die Mitarbeiterzahl auf 800 unter Beibehaltung der Organisationsform 12 zu variieren, um über alle drei Wachstumsstufen hinweg den Gesamtdeckungsbeitrag zu maximieren. Die mit Kreisen markierten Elemente kennzeichnen in den entsprechenden Matrizen diese Lösung.

Verfolgt die betrachtete Unternehmung nicht das Ziel der Deckungsbeitragsmaximierung, sondern setzt sie sich zum Ziel, über alle drei Wachstumsstufen die Gesamterlöse zu maximieren, so ist in Matrix $\mathfrak{E}$ die Summe der Zeilenmaxima zu bestimmen:

$$E_{max} = \sum_i \max_j \bar{e}_{ij}$$

Die ausgewählten Elemente lauten:

$$\bar{e}_{13} = 7; \bar{e}_{24} = 12; \bar{e}_{34} = 16$$

Sie führen zu einem Gesamterlös von 35 Einheiten.

Bei Erlösmaximierung hat die Unternehmung eine andere Reorganisationsstrategie zu wählen als bei Deckungsbeitragsmaximierung: Von Organisationsform 7 sollte sie in der ersten Wachstumsstufe auf Organisationsform 10 übergehen, die sie in der zweiten Wachstumsstufe gegen Organisationsform 12 austauscht, um letztere auch beim dritten Wachstumsschub beizubehalten. Dabei erwirtschaftet sie einen Gesamtdeckungsbeitrag von 18 Einheiten und kann auf 800 Mitarbeiter anwachsen. Die mit Rechtecken markierten Elemente der Matrix $\mathfrak{E}$ kennzeichnen diese Strategie.

Entschließt sich die Unternehmung für die Kostenminimierung als Zielfunktion, so ergibt sich wiederum eine andere Reorganisationsstrategie, die aus der Matrix $\mathfrak{K}$ zu bestimmen ist. Hier ist analog zu den bisherigen Vorgehensweisen in $\mathfrak{K}$ die Summe der Zeilenminima zu ermitteln:

$$K_{min} = \sum_i \min_j \bar{k}_{ij}$$

Die entsprechenden Elemente sind:

$$\bar{k}_{11} = 1; \bar{k}_{21} = 3; \bar{k}_{31} = 4$$

und ergeben einen Kostenbetrag von 8 Einheiten.

Bei Kostenminimierung ergibt sich für die Unternehmung eine dritte Reorganisationsstrategie, die darin besteht, beim ersten Wachstumsschub von Organisationsform 7 auf Organisationsform 8 überzugehen und diese für beide nachfolgenden Wachstumsschübe beizubehalten. In der Organisationsform 8 kann die Unternehmung nur einen Gesamtdeckungsbeitrag von 13 Einheiten erwirtschaften. Die zu dieser Lösung gehörenden Elemente der Matrix $\mathfrak{K}$ sind mit Sternchen markiert.

V. Modellerweiterung I zur Bestimmung optimaler Reorganisationsstrategien diskret wachsender Unternehmungen

Das konstruierte Modell ermöglicht für diskrete Wachstumsschübe, die jeweils am Anfang eines Jahres erfolgen, die Bestimmung einer in bezug auf eine gewählte Zielfunktion optimalen Reorganisationsstrategie. Es kann aber unter zwei Aspekten die Ansprüche eines praktizierenden Organisators nicht erfüllen:

1. Die Anzahl der Nebenbedingungen für das jeweilige Optimierungsproblem ist zu klein; d. h., das entworfene Modell liefert z. B. keine Auskunft über die optimale Reorganisationsstrategie, wenn die Gesamtdeckungs-

beiträge unter der einschränkenden Bedingung maximiert werden sollen, daß für die Finanzierung der Organisation nur ein bestimmtes Organisationskostenbudget von K Einheiten zur Verfügung steht.

2. Die Organisationskosten $\bar{k}_{ij}$ stellen einen undifferenzierten Betrag dar, der nicht erkennen läßt, welcher Teil davon einmalige Übergangskosten und welcher andere Teil laufende Organisationskosten darstellt.

Beiden Ansprüchen kann durch erweiterte und ausführlichere Modellformulierungen voll genügt werden. Als Satzsystem, das die erweiterten Problemstellungen möglichst strukturgleich reproduziert, kann die *dynamische Planungsrechnung* herangezogen werden. Dieser Modelltyp soll zunächst für die erste der zwei genannten Problemerweiterungen besprochen werden.

Nach den bisherigen Überlegungen kann eine *optimale Reorganisationsstrategie* wie folgt definiert werden: Eine optimale Reorganisationsstrategie ist eine geordnete Folge von Organisationsformenwechseln, die eine gewählte Zielfunktion bei geltenden Nebenbedingungen extremiert. Als wichtigste Nebenbedingung mag ein Budget der Organisationskosten K eingeführt werden. Die jeweils zu realisierende Summe der $\bar{k}_{ij}$ darf K nicht überschreiten. Alle realisierbaren $\bar{k}_{ij}$ sowie die zugehörigen $\bar{e}_{ij}$, $\bar{d}_{ij}$ und $\bar{m}_{ij}$ seien positiv. Ist ein $\bar{k}_{ij}$ nicht definiert (z. B. $\bar{k}_{14}$), so sind auch die zugehörigen $\bar{e}_{ij}$, $\bar{d}_{ij}$ und $\bar{m}_{ij}$ nicht definiert. Für den Fall der Erlösmaximierung bei einem gegebenen Kostenbudget K läßt sich das Optimierungsproblem wie folgt symbolisieren:

$$\sum_{i,j} \bar{e}_{ij} x_{ij} = \text{Max!}$$

$$\sum_{i,j} \bar{k}_{ij} x_{ij} \leqq K \qquad \begin{Bmatrix} i = 1 \text{ bis } 3 \\ j = 1 \text{ bis } 4 \end{Bmatrix}$$

$$\sum_{j} x_{ij} = 1$$

$$x_{ij} = x_{ij}^2$$

Diese Satzformulierung ist typisch für ein Aussagensystem der linearen Planungsrechnung bei kombinatorischer Problemstellung. Unter den vorliegenden Umständen bietet sich jedoch als Satzform die dynamische Planungsrechnung an, da sie wegen ihrer Lösungstechnik Vorteile gegenüber der linearen Planungsrechnung aufweist. Die dynamische Planungsrechnung ist eine Rechentechnik stufenweiser Optimierung bei Verwendung einer rekursiven Funktionalgleichung. Dieser Modelltyp entspricht dem zu behandelnden zeitlich mehrstufigen Wachstumsproblem strukturell sehr gut.

Die Überlegungen zur Ableitung der Funktionalgleichung beginnen in der ersten Wachstumsstufe. Betrachtet man die Erlöse als Funktion von K, so läßt sich dafür die Funktion $f_1(K)$ einführen:

$$f_1(K) = \underset{j}{\text{Max}} [\bar{e}_{1j}]$$

$$k_{1j} \leqq K$$

Die Funktion $f_1(K)$ sagt, daß man schrittweise für zunehmende Werte von K jeweils den maximalen Umsatz über alle Spalten j bestimmen muß. Im gewählten Zahlenbeispiel ist $\bar{k}_{11} = 1$ das erste realisierbare Kostenbudget K. Damit können nach Organisationsform 8 fünf Erlöseinheiten erzielt werden. Der mit einer Kosteneinheit maximal zu erwirtschaftende Erlös beträgt also fünf Einheiten. Mit einem Kostenbudget von zwei Einheiten sind entsprechend maximal sechs Einheiten Erlös zu erreichen usw. Die zu allen realisierbaren Wertepaaren gehörende Treppenfunktion $f_1(K)$ gibt Abbildung 7 wieder:

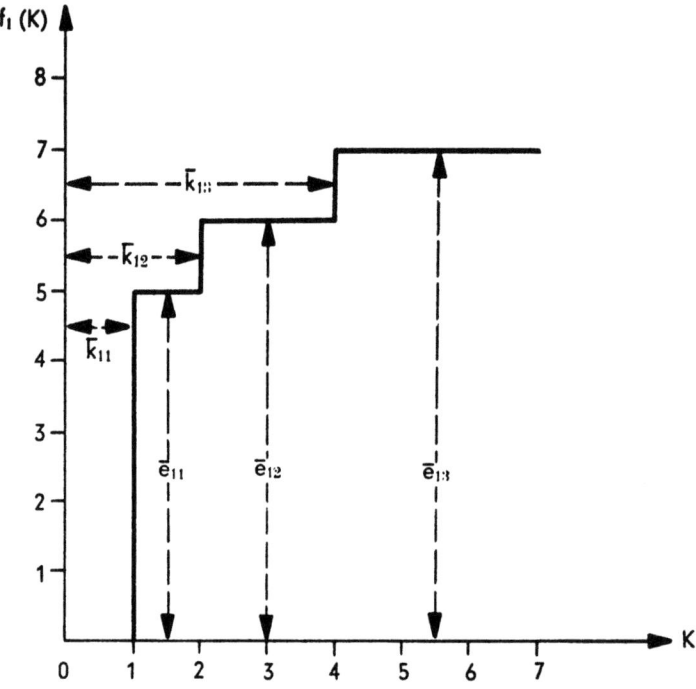

Abbildung 7: Darstellung der Funktion $f_1(K)$

Geht man einen Schritt weiter und bezieht auch die zweite Wachstumsstufe in die Überlegungen mit ein, so ist das jeweilige Kostenbudget auf beide Wachstumsstufen zu verteilen. Zur Bewältigung beider Wachstumsstufen ist ein Mindestkostenbudget von vier Einheiten erforderlich ($\bar{k}_{11} + \bar{k}_{21}$). Bei bekannter Funktion $f_1(K)$ läßt man zunächst noch offen, für welche Organisationsform j man sich in der ersten Wachstumsstufe entscheidet. Wählt man dann in der zweiten Wachtumsstufe ein beliebiges $\bar{k}_{2j}$, so bleibt zur Finanzierung der ersten Wachstumsstufe nur der Differenzbetrag von $K - \bar{k}_{2j}$ übrig. Der zu $K - \bar{k}_{2j}$ gehörende maximale Erlös beträgt $f_1(K - \bar{k}_{2j})$, während der zu $\bar{k}_{2j}$ gehörende Erlös $\bar{e}_{2j}$ lautet. Der Gesamterlös in beiden

Wachstumsstufen beträgt daher $f_1(K-\bar{k}_{2j}) + \bar{e}_{2j}$. Den maximalen Erlös für beide Wachstumsstufen definiert man durch die Funktion:

$$f_2(K) = \underset{j}{\text{Max}} [f_1(K-\bar{k}_{2j}) + \bar{e}_{2j}]$$

$$\sum_{i=1}^{2} \bar{k}_{ij} \leqq K$$

Im nächsten Schritt zum Ableiten der gesuchten Funktionalgleichung schließt man auch die dritte Wachstumsstufe in die Aufteilung des Kostenbudgets ein und formuliert analog:

$$f_3(K) = \underset{j}{\text{Max}} [f_2(K-\bar{k}_{3j}) + \bar{e}_{3j}]$$

$$\sum_{i=1}^{3} \bar{k}_{ij} \leqq K$$

Und allgemein für die n-te Wachstumsstufe:

$$f_n(K) = \underset{j}{\text{Max}} [f_{n-1}(K-\bar{k}_{nj}) + \bar{e}_{nj}]$$

$$\sum_{i=1}^{n} \bar{k}_{ij} \leqq K$$

Für das gewählte Reorganisationsbeispiel wachsender Unternehmungen sind die Funktionen $f_1(K)$, $f_2(K)$, $f_3(K)$ zu berechnen und in Tabellenform anzuschreiben, wobei die K-Werte folgenden Definitionsbereich haben:

Wachstumsstufe 1: $\quad \underset{j}{\min} \bar{k}_{1j} \leqq K \leqq \underset{j}{\max} \bar{k}_{1j}$

Wachstumsstufe 1 + 2: $\quad \sum_{i=1}^{2} \underset{j}{\min} \bar{k}_{ij} \leqq K \leqq \sum_{i=1}^{2} \underset{j}{\max} \bar{k}_{ij}$

Wachstumsstufe 1 + 2 + 3: $\quad \sum_{i=1}^{3} \underset{j}{\min} \bar{k}_{ij} \leqq K \leqq \sum_{i=1}^{3} \underset{j}{\max} \bar{k}_{ij}$

In K-Werten heißen die Definitionsbereiche:

Wachstumsstufe 1: $\quad 1 \leqq K \leqq 4$

Wachstumsstufe 2: $\quad 4 \leqq K \leqq 9$

Wachstumsstufe 3: $\quad 8 \leqq K \leqq 17$

Ein erster Blick auf die Funktionstabelle (Abbildung 8; S. 300) vermittelt folgende Informationen:

1. Um die geplanten drei Wachstumsstufen realisieren zu können, müssen mindestens folgende Organisationskosten verursacht werden:
    a) für die erste Wachstumsstufe → 1 Einheit
    b) für die ersten zwei Wachstumsstufen → 4 Einheiten
    c) für alle drei Wachstumsstufen → 8 Einheiten

2. Der maximal erzielbare Gesamterlös über alle drei Wachstumsstufen hat einen Wert von 35 Einheiten.

3. Der maximal erzielbare Gesamtdeckungsbeitrag über alle drei Wachstumsstufen beträgt 19 Einheiten.

4. Das maximal realisierbare Kostenbudget beträgt 17 Einheiten.

K	1. Wachstumsstufe		2. Wachstumsstufe		3. Wachstumsstufe			
	$\bar{k}_{1j}$	$f_1(K)$	$\bar{k}_{2j}$	$f_2(K)$	$\bar{k}_{3j}$	$f_3(K)$	$f_3(K)-K$	$f_3(K)-K''$
1	$\bar{k}_{11}=1$	5	—	—	—	—	—	—
2	$\bar{k}_{12}=2$	6	—	—	—	—	—	—
3	$\bar{k}_{12}=2$	6	—	—	—	—	—	—
4	$\bar{k}_{13}=4$	7	$\bar{k}_{21}=3$	12	—	—	—	—
5	—	—	$\bar{k}_{21}=3$ $\bar{k}_{22}=4$	13	—	—	—	—
6	—	—	$\bar{k}_{24}=5$	17	—	—	—	—
7	—	—	$\bar{k}_{24}=5$	18	—	—	—	—
8	—	—	$\bar{k}_{24}=5$	18	$\bar{k}_{31}=4$	21	13	12
9	—	—	$\bar{k}_{24}=5$	19	$\bar{k}_{31}=4$ $\bar{k}_{32}=5$	22	13	9
10	—	—	—	—	$\bar{k}_{31}=4$	26	16	—
11	—	—	—	—	$\bar{k}_{31}=4$ $\bar{k}_{32}=5$	27	16	—
12	—	—	—	—	$\bar{k}_{32}=5$ $\bar{k}_{34}=8$	28	16	11
13	—	—	—	—	$\bar{k}_{33}=7$	31	18	—
14	—	—	—	—	$\bar{k}_{34}=8$	33	19	15
15	—	—	—	—	$\bar{k}_{34}=8$	34	19	14
16	—	—	—	—	$\bar{k}_{34}=8$	34	18	13
17	—	—	—	—	$\bar{k}_{34}=8$	35	18	13

Abbildung 8: Funktionstabelle

Darüber hinaus ermöglicht die Funktionstabelle das Bestimmen von Extremalwerten einer Zielfunktion unter Nebenbedingungen. An zwei Beispielen soll dies erläutert werden:

1. Zu bestimmen sei für alle drei Wachstumsstufen diejenige Reorganisationsstrategie, welche bei einem Organisationskostenbudget von 14 Einheiten die Gesamterlöse maximiert.

    — Man geht in die Funktionstabelle in die Zeile K = 14 und stellt in der Spalte $f_3(K)$ fest, daß der zugehörige Maximalerlös 33 Einheiten beträgt. Das Kostenbudget von 14 Einheiten ist auf die drei Wachstumsstufen wie folgt aufzuteilen: Für die dritte Wachstumsstufe sind $\bar{k}_{34} = 8$ Einheiten erforderlich. Demnach verbleiben für die zwei ersten Wachstumsstufen 14 — 8 = 6 Einheiten. In der Zeile K = 6 liest man ab, daß zur Bewältigung der zweiten Wachstumsstufe $\bar{k}_{24} = 5$ Einheiten anfallen, so daß für die erste Wachstumsstufe noch 6 — 5 = 1 Einheit verbleibt. In der Zeile für K = 1 ist der entsprechende Wert mit $\bar{k}_{11} = 1$ abzulesen. Die ausgewählten $\bar{k}_{ij}$-Werte lauten:

    $$\bar{k}_{34} = 8; \bar{k}_{24} = 5; \bar{k}_{11} = 1$$

    Die j-Indizes dieser Elemente determinieren folgende Reorganisationsstrategie:

    1. Wachstumsstufe → Organisationsform 8
    2. Wachstumsstufe → Organisationsform 12
    3. Wachstumsstufe → Organisationsform 12

    Unter Einhaltung eines Kostenbudgets von 14 Einheiten ist ein maximaler Gesamterlös von 33 Einheiten mit der Reorganisationsstrategie von (7), 8, 12, 12 zu erreichen, wobei die Mitarbeiterzahl auf insgesamt 800 ansteigt.

2. Zu bestimmen sei für alle drei Wachstumsstufen diejenige Reorganisationsstrategie, welche bei einem Kostenbudget von 16 Einheiten die Gesamtdeckungsbeiträge (und möglichst auch die Gesamterlöse) maximiert.

    — Man geht in die dritte Wachstumsstufe der Funktionstabelle und liest in der Spalte $f_3(K)$—K den maximalen Deckungsbeitrag mit 19 Einheiten ab. Dieser Wert ist mit einem Erlös von 33 bzw. 34 Einheiten zu erreichen. Der größte der beiden Erlöswerte ist 34, während das zugehörige Organisationsbudget 15 Einheiten ausweist und sich wie folgt auf die drei Wachstumsstufen aufteilt:

    $$\bar{k}_{34} = 8; \bar{k}_{24} = 5; \bar{k}_{12} = 2$$

Die für die drei Wachstumsstufen zu wählenden Organisationsformen sind demnach:

1. Wachstumsstufe → Organisationsform 9
2. Wachstumsstufe → Organisationsform 12
3. Wachstumsstufe → Organisationsform 12

Bei einer Unterschreitung des vorgegebenen Organisationskostenbudgets um eine Einheit ist das Maximum an Gesamtdeckungsbeiträgen mit 19 Einheiten bei gleichzeitiger Steigerung des Gesamterlöses auf 34 Einheiten mit der Reorganisationsstrategie von (7), 9, 12, 12 zu erreichen. Die Mitarbeiterzahl steigt dabei auf insgesamt 800 an.

VI. Modellerweiterung II zur Bestimmung optimaler Reorganisationsstrategien diskret wachsender Unternehmungen

Nachdem die erste Modellerweiterung über die Funktionstabelle dazu führte, gestellte Extremalprobleme unter Nebenbedingungen zufriedenstellend zu lösen, soll nunmehr in der zweiten Modellerweiterung auf eine differenziertere Behandlung der Organisationskosten eingegangen werden. Nach dem bisherigen Vorgehen sind die Organisationskosten $\bar{k}_{ij}$ ein Geldbetrag, der in der Wachstumsstufe i bei der Organisationsform j jährlich für die Personalwirtschaft, die Informationswirtschaft und die Organisationsberatung ausgegeben werden muß. Unbefriedigend an dieser Definition der Elemente $\bar{k}_{ij}$ ist, daß ihre Höhe gleich bleibt, wenn man von verschiedenen Organisationsformen auf eine Form j übergeht. So betragen z. B. die Organisationskosten in der zweiten Wachstumsstufe bei Organisationsform 10 stets $\bar{k}_{23} = 5$ Einheiten und zwar unabhängig davon, ob man von Organisationsform 8 oder von 9 auf sie überwechselt. Der Wert für $\bar{k}_{23}$ ist auch dann gleich 5, wenn man die Organisationsform 10 bereits in der ersten Wachstumsstufe gewählt hat und sie in der zweiten Wachstumsstufe beibehält. Der Grund für die Konstanz der $\bar{k}_{ij}$-Werte liegt darin, daß im gebildeten Reorganisationsmodell nicht einmalige Übergangs- oder Wechselkosten von laufenden Kosten der Organisation getrennt werden. Erschwerend kommt hinzu, daß die auftretenden Wechselkosten nicht nur von den jeweils tangierten Organisationsformen abhängen, sondern zusätzlich von der zu realisierenden Wachstumsstufe.

Unterstellt man, daß die bisher verwendeten Organisationskosten $\bar{k}_{ij}$ die laufenden Kosten der Organisationsform j in der Wachstumsstufe i darstellen, dann lassen sich die jeweils vorzuschaltenden *Wechselkosten* wie folgt definieren:

Unter Wechselkosten $\bar{w}_{ikj}$ ist der Geldbetrag $\bar{w}$ zu verstehen, der in der Wachstumsstufe i für den Übergang von Organisationsform k auf Organisationsform j einmalig aufzuwenden ist.

Für $\overline{w}_{ikj}$ gilt:

$$\overline{w}_{ikj} > 0 \quad \text{für alle } k = j$$
$$\overline{w}_{ikj} = 0 \quad \text{für alle } k = j$$

(i = 1 bis 3)
(k = 0 bis 4)
(j = 1 bis 4)

Außerdem soll angenommen werden, daß eine wachsende Unternehmung auf keine Organisationsform übergehen darf, die sie früher bereits praktiziert oder übersprungen hat. Dann gilt für $\overline{w}_{ikj}$ zusätzlich:

$$\overline{w}_{ikj} = \infty \quad \text{für alle } k > j$$

Alle realisierbaren $\overline{w}_{ikj}$ können in quadratischen Matrizen angeordnet werden, deren Zeileneingänge k die vorangehende Organisationsform und deren Spalteneingänge j die nachfolgende Organisationsform bezeichnen. Für den Übergang von der Ausgangssituation (Organisationsform 7 mit k = 0) in eine der vier zulässigen Organisationsformen 8, 9, 10, 12 schrumpft die $\overline{w}_{ikj}$-Matrix zu einem Zeilenvektor. Zu dem bisher besprochenen Modell mögen folgende $\overline{w}_{ikj}$-Werte gehören:

1. Wachstumsstufe

$$\mathfrak{W}_1 = (\overline{w}_{10j}) = \begin{pmatrix} 1 & 2 & 2 & — \end{pmatrix}$$

2. Wachstumsstufe

$$\mathfrak{W}_2 = (\overline{w}_{2kj}) = \begin{pmatrix} 0 & 2 & 2 & 3 \\ \infty & 0 & 2 & 3 \\ \infty & \infty & 0 & 3 \\ \infty & \infty & \infty & 0 \end{pmatrix}$$

3. Wachstumsstufe

$$\mathfrak{W}_3 = (\overline{w}_{3kj}) = \begin{pmatrix} 0 & 3 & 3 & 4 \\ \infty & 0 & 3 & 4 \\ \infty & \infty & 0 & 4 \\ \infty & \infty & \infty & 0 \end{pmatrix}$$

Die bei einem Organisationsformenwechsel anfallenden Wechselkosten wirken kostenerhöhend bzw. deckungsbeitragsmindernd. Für die Bestimmung aller realisierbaren Lösungen des Problems müßten alle drei Funktionalgleichungen unter Berücksichtigung der Wechselkosten neu hergeleitet werden. Hier soll zur Vereinfachung zunächst der verkürzte Weg über die Korrektur der Werte $f_3(K) - K$ in der Funktionstabelle beschritten werden. Die zur jeweiligen Reorganisationsstrategie gehörenden Organisationskosten einschließlich der Wechselkosten seien mit K* bezeichnet. Alle Deckungsbeiträge $f_3(K) - K$ gehen dann in die korrigierten Deckungsbeiträge $f_3(K) - K^*$ über (Vgl. letzte Spalte der Funktionstabelle):

Für den Fall der Deckungsbeitragsmaximierung soll der zugehörige Rechengang erläutert werden:

Der maximale Gesamtdeckungsbeitrag wird mit 15 Einheiten in der Zeile K = 14 ausgewiesen (ohne Einschluß der Wechselkosten würde der maximale Gesamtdeckungsbeitrag 19 Einheiten lauten).

Diese 15 Einheiten würden realisiert mit laufenden Organisationskosten in Höhe von 14 Einheiten

$$\bar{k}_{34} = 8; \quad \bar{k}_{24} = 5; \quad \bar{k}_{11} = 1$$

und mit einem Gesamterlös $f_3(K)$ von 33 Einheiten bei der Reorganisationsstrategie (7), 8, 12, 12.

Die Wechselkosten dieser Strategie betragen:

1. Für den Übergang $7 \rightarrow 8$ in der 1. Wachstumsstufe $\bar{w}_{101} = 1$
2. Für den Übergang $8 \rightarrow 12$ in der 2. Wachstumsstufe $\bar{w}_{214} = 3$
3. Für den Übergang $12 \rightarrow 12$ in der 3. Wachstumsstufe $\bar{w}_{344} = 0$

Insgesamt fallen für die besprochene Reorganisationsstrategie 4 Einheiten zusätzlich an Wechselkosten an, welche die maximalen Gesamtdeckungsbeiträge von 19 auf 15 Einheiten senken.

Auf diese Weise werden alle übrigen Werte $f_3(K) - K^*$ berechnet und in die Funktionstabelle eingetragen. Unzulässige Reorganisationsstrategien, die gegen eine der aufgestellten Bedingungen für den Organisationswechsel verstoßen, bekommen in der Spalte $f_3(K) - K^*$ keinen Wert und gelten als gesperrt.

Die Übergänge zwischen den einzelnen Organisationsformen lassen sich sehr übersichtlich in einem Entscheidungsbaum darstellen (Abbildung 9). Mit Hilfe der Legende können sowohl einzelne Reorganisationsstrategien als auch deren ökonomische Maßausdrücke der dritten Wachstumsstufe unmittelbar abgelesen werden. Zwischen der Funktionstabelle und dem Entscheidungsbaum besteht jedoch ein Unterschied: der Entscheidungsbaum enthält alle zulässigen Reorganisationsstrategien unabhängig von ihrer Ergiebigkeit, während in der Funktionstabelle nur eine Teilmenge der zulässigen Reorganisationsstrategien und zusätzlich drei (durch Striche gesperrte) unzulässige Strategien erscheinen. Diese Abweichung beruht auf der Struktur der Funktionstabelle, die jedoch sicherstellt, daß die optimalen Lösungen ausgewiesen werden. Damit kann sowohl die Funktionstabelle als auch die Entscheidungsbaumdarstellung zur Bestimmung der jeweils optimalen Reorganisationsstrategie(n) herangezogen werden.

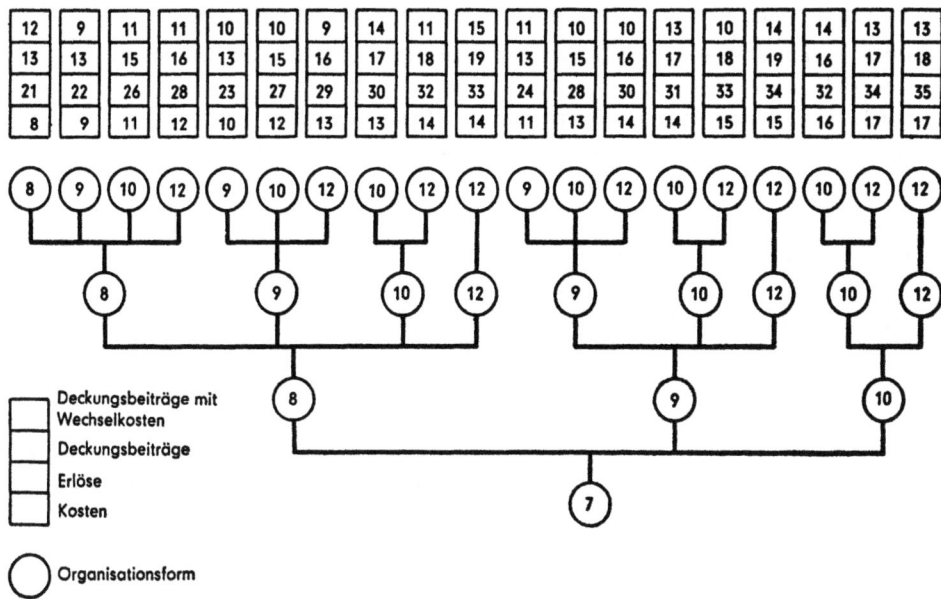

Abbildung 9: Entscheidungsbaum realisierbarer Reorganisationsstrategien

VII. Literaturhinweise

Agthe, Klaus: Unternehmenswachstum und Unternehmensorganisation. TFB-Handbuchreihe. 1. Bd., Organisation. Berlin, Baden-Baden 1961, S. 463—485.

Bakke, E. W., Argyris, Ch.: Organizational Structure and Dynamics. New Haven/Conn. 1954.

Barnes, L. B.: Organizational Change and Field Experiment Methods. In: Methods for Organizational Research. Hrsg. v. V. H. Vroom, Pittsburgh 1967, S. 57—111.

Baumberger, H. U.: Die Entwicklung der Organisations-Struktur in wachsenden Unternehmungen. Bern 1961.

Becker, Claus: Optimale Betriebsgrößen. Köln, Opladen 1969.

Becker, S. W., Wisher, T. L.: The Innovative Organization. A Selective View on Current Theory and Research. In: The Journal of Business 1967, S. 462—469.

Bennis, W. G.: Theory and Method in Applying Behavioral Science to Planned Organizational Change. In: Operational Research and Social Sciences. Hrsg. v. J. R. Lawrence, London, New York 1966, S. 33—76.

Berger, Karl-Heinz: Unternehmensgröße und Leitungsaufbau. Berlin 1968.

Berger, Karl-Heinz: Reorganisation. In: Handwörterbuch der Organisation. Hrsg. v. Erwin Grochla. Stuttgart 1969, Sp. 1454—1458.

Berger, Karl-Heinz: Die Betriebsgröße als kostentheoretisches und als leitungsstrukturelles Problem. In: ZfbF 1972, S. 421—433.

Bleicher, Knut: Zentralisation und Dezentralisation von Aufgaben in der Organisation der Unternehmungen. Berlin 1966.

Brändle, R.: Wachstumsplanung. In: Management Enzyklopädie, Bd. 6, München 1972, S. 317—329.

Busse von Colbe, Walther: Die Planung der Betriebsgröße. Wiesbaden 1964.

Dale, E.: Planning and Developing the Company Organization Structure. 6. Aufl., New York 1959.

Grochla, E.: Automation und Organisation. Wiesbaden 1966.

Haire, M.: Size, Shape and Function in Industrial Organizations. In: Human Organization, Vol. 14, No. 1, 1955, S. 17—22.

Hanssmann, F.: Optimierung der Organisationsstruktur. In: ZfB 1970, S. 17—30.

Hax, K.: Industrielle Entwicklung, gesamtwirtschaftliches Wachstum und Unternehmenswachstum. In: ZfbF 1964, S. 202—209.

Hax, K.: Wachstum und Organisation. In: Handwörterbuch der Organisation. Hrsg. v. Erwin Grochla. Stuttgart 1969, Sp. 1755—1764.

Koch, Helmut: Betriebsgröße. In: Handwörterbuch der Sozialwissenschaften. Bd. 2, Stuttgart, Tübingen, Göttingen 1959, S. 82—91.

Leavitt, H. J.: Applied Organizational Change in Industry: Structural, Technological and Humanistic Approaches. In: Handbook of Organizations. Hrsg. v. J. G. March, Chicago 1965, S. 1144—1170.

Luckan, E.: Grundlagen der betrieblichen Wachstumsplanung. Wiesbaden 1970.

Müller-Hagedorn, L.: Ein Ansatz zur Optimierung der Organisationsstruktur. In: ZfB 1971, S. 705—716.

O'Connell, J. J.: Managing Organizational Innovation. Homewood/Ill. 1968.

Pankoke, W.: Die Anpassung der Führungsorganisation an wachsende Betriebsaufgaben. Zürich 1964.

Penrose, F. T.: The Growth of the Firm. Oxford 1959.

Potthoff, E.: Die funktionale Organisation im wachsenden Industriebetrieb. In: ZfbF 1964, S. 280—297.

Rosner, M.: Economic Determinants of Organizational Innovation. In: Administrative Science Quarterly 1968, S. 614—625.

Schulz, Dietmar: Unternehmungsgröße, Wachstum und Reorganisation. Berlin 1970.

Schwarz, Horst: Unternehmungswachstum. In: Management Enzyklopädie, Bd. 5, München 1971, S. 1064—1077.

Starbuck, W. H.: Organizational Growth and Development. In: Handbook of Organizations. Hrsg. v. J. G. March, Chicago 1965, S. 451—533.

Thompson, J. D., Bates, F. L.: Technology, Organization and Administration. In: Administrative Science Quarterly 1957, S. 325—343.

Wardenberg, J.: Probleme des Unternehmungswachstums unter organisationstheoretischem Aspekt. Diss. Saarbrücken 1963.

Zimmermann, K.: Zur Methode der betriebswirtschaftlichen Messung und Gewichtung der Unternehmensgröße in der Industrie, im Handel, im Banken- und Versicherungsgewerbe. In: Wirtschaftswissenschaftliche Mitteilungen 1962, S. 118—124.

Bericht über die Ergebnisse des Workshop II:

Organisatorische Gestaltung der Unternehmungsplanung

Von

Prof. Dr. Jürgen Wild

in Zusammenarbeit mit

Dipl.-Kfm. Alfred Joepen

Die Thematik der Paper und der Diskussion dieses Workshops war von der Anlage her primär praxeologisch orientiert, so daß letztlich weniger theoretische als vielmehr praktische Probleme der Gestaltung und Organisation der Planung und von Planungssystemen im Vordergrund standen. Allerdings führte die Diskussion immer wieder auf bestimmte Grundsatzfragen zurück. Bei z. T. divergierenden Auffassungen im einzelnen zeigte sich dabei aber eine gewisse Konvergenz der Auffassungen dahingehend, daß bezüglich dieser Fragen zwar einesteils in der Tendenz übereinstimmende Erfahrungen vorliegen, eine breitere wissenschaftliche Fundierung der heute praktizierten Lösungen aber noch aussteht. Darüber hinaus machte der Vergleich der theoretisch begründeten Anforderungen an die Organisationsform und den Systemaufbau der Planung mit dem Entwicklungsstand der Praxis Lücken sichtbar, die Hinweise auf eine mögliche Weiterentwicklung geben. Beides läßt erkennen, welche Aufgaben der Wissenschaft und Praxis heute und in der Zukunft hinsichtlich der Verwirklichung leistungsfähiger Formen der Unternehmungsplanung gestellt sind.

Soviel zum Grundsätzlichen. Im einzelnen lassen sich die Ergebnisse des Workshops in sechs Hauptpunkten zusammenfassen, wobei einige Fragestellungen, wie z. B. die der Kooperation zwischen Management und Planungsspezialisten oder die Mitwirkung einzelner Managementebenen am Planungsprozeß und bei der Implementierung von Planungsmodellen, sich gewissermaßen als Verbindungsglieder quer durch die Diskussion ziehen.

I. Aufbauprinzipien und Funktionsweise von Planungssystemen

Die Diskussion ging explizit oder zumindest implizit davon aus, daß

— der Planungsprozeß in sozialen Organisationen arbeitsteilig erfolgt
— das Management in diesem Prozeß wesentliche Funktionen selbst wahrzunehmen hat, andere Funktionen aber auf Planungsspezialisten und Systemgestalter delegiert
— der Planungsprozeß eine Organisation erfordert, die die Aufgabenverteilung und die Arbeitsabläufe in der Planung regelt und dabei sowohl dem speziellen Charakter dieser Arbeitsprozesse als auch der Integration der Planung in den Managementprozeß Rechnung trägt.

Es wurde dabei durchaus auch der wichtige Zusammenhang zwischen dem Zielsystem der Unternehmung, der Organisationshierarchie der Managementebenen, dem Informations- bzw. Kontrollsystem und dem System der Planung gesehen. Diese vier Teilsysteme sind funktionell sehr eng verknüpft. Außerdem greifen die einzelnen Teilprozesse der Zielbildung, Planung, Plan-durchsetzung und -verwirklichung, der Ergebniskontrolle und der Zielfortschreibung in zeitlicher Folge so ineinander, daß sich ein — periodisch wiederholter — Zyklus der wichtigsten Managementaktivitäten (Managementzyklus) ergibt, in dem die Planung eine zentrale Rolle spielt.

In der Frage der Aufbauprinzipien der Planung gab es kaum Meinungsverschiedenheiten. Wir waren uns dahingehend einig, daß ein Planungssystem in der Regel *mehrstufig aufgebaut* sein sollte, d. h., daß verschiedene Systemebenen zu unterscheiden sind.

Charakteristisch hierfür ist die Trennung in die *strategische, taktische und operative* Planung. Die Probleme der Modellbildung, die konkreten Organisationsformen, die Anwendung finden, aber auch die Rolle der Kreativität und des Computers sind auf diesen Ebenen teilweise verschieden. Dies liegt im wesentlichen wohl daran, daß die strategische Planung z. B. vorwiegend mit unstrukturierten und stark unsicherheitsbehafteten Suchprozessen zu tun hat, während die Planungsprobleme der taktischen und operativen Planung zunehmend wohlstrukturierter und programmierbarer werden und daher eher der Formalisierung durch Modelle und Computereinsatz zugänglich sind.

Nicht so übereinstimmend verlief die Diskussion in der Frage der sogenannten *Hierarchiedynamik (Wild)*. Damit ist vor allem der zeitlich-genetische Ablauf bzw. die Entwicklungsrichtung der Planung über die einzelnen Managementebenen der Organisationshierarchie gemeint. Praktiziert werden heute namentlich drei Prinzipien:

— die retrograde Planung
  (top-to-down-Verfahren)
— die progressive Planung
  (bottom-up-Verfahren)
— das Gegenstrom-Verfahren nach dem Kaskadenprinzip
  (down-up mit iterativen Teilzyklen)

Der eigentliche Unterschied zwischen diesen Verfahrensweisen liegt darin, von wem, wie und wann die übergeordneten Rahmenziele für die Planung festgelegt werden und in welcher Richtung die Konkretisierung und Koordination der Planziele und Pläne erfolgt, so daß am Ende jede Organisationseinheit über bestimmte, von ihr zu realisierende Zielvorstellungen (-vereinbarungen, -setzungen) verfügt.

Wie auch die Diskussion hierzu zeigte, sind dabei zumindest zwei Arten von Zielen zu unterscheiden:

a) *Zielvorstellungen* (als Absichten, Wunschvorstellungen bzw. Ziele *vor* Planung)

b) *Zielsetzungen* (Planziele oder Ziele *nach* Planung), die bereits in der Planung auf Realisierbarkeit geprüft, koordiniert und operationalisiert sind.

Die Frage der Hierarchiedynamik, die nahliegenderweise eng damit zusammenhängt, in welcher Weise die einzelnen Managementebenen an der Zielbildung und Planung mitwirken und welche Aufgabenverteilung zwischen Linie, Planning Department und/oder Projektgruppen vorliegt, wurde im Plenum ausführlicher diskutiert. Ausgangspunkt dazu war der Hinweis, daß es hierfür neuerdings mit dem Prinzip der *„multi-echelon coordination"* einen theoretisch sehr interessanten Ansatz gäbe. Danach würde jede Organisationseinheit auf jeder Führungsebene ihre eigenen Initiativen entwickeln und sie nach oben weitergeben, während die übergeordneten Einheiten versuchen würden, diese geäußerten Wünsche und Absichten zusammenzufügen (*Jantsch*). Dies entspricht jedoch dem Typ der progressiven Planung oder, wenn man so will, dem klassischen *Rätesystem*, das insofern zwar als sehr interessant, aber keineswegs als neu zu bezeichnen ist (*Szyperski*). In dieser multi-echelon coordination oder diesem „Rätesystem" liegen jedoch auch — wie die Demokratisierungsbestrebungen in anderen Institutionen zeigen — Gefahren und Probleme, beispielsweise derart, daß das Unternehmen handlungsunfähig wird, weil es nicht gelingt, ein gemeinsames letztes Ziel bzw. verträgliche übergeordnete Ziele zu finden oder weil die Ziele der unteren Ebenen häufig variieren (*Schweitzer*).

Allerdings ist zu betonen, daß sich sowohl die Praxis wie auch die Organisationslehre (die sich weitgehend noch als hierarchisch orientierte Delegationslehre versteht) damit bei weitem nicht so intensiv wie mit der retrograden (top-to-down) Planung befaßt haben, so daß die darin liegenden Möglichkeiten noch nicht hinreichend durchdacht sind (*Chmielewicz*). In gewissem Sinne wird man u. U. auch nicht umhin können, bei der Planung so vorzugehen, wenn man alles im Unternehmen verfügbare Wissen ohne Rücksicht auf Rang und Führungsebenen mobilisieren will. Die Planung induziert insofern gewissermaßen automatisch einen kooperativen oder partizipativen Führungsstil, den man sozusagen unbewußt einfach anwendet, selbst wenn man überhaupt nicht weiß, daß es so etwas gibt (*Gälweiler*). Schließlich wurde jedoch auch darauf hingewiesen, daß die Frage progressive oder retrograde Planung in dieser Form nicht ganz richtig gestellt sei. Warum weder das eine noch das andere Prinzip ausreiche, läßt sich leicht am Beispiel der relevance trees demonstrieren; hier ist nämlich nach der top-to-down-Entwicklung eine progressive Konfirmierung (bottom-up) durch die roll-back-Analyse erforderlich. Eine Planung von unten nach oben im Sinne des Rätesystems führt jedoch nicht ohne weiteres zu einer Konvergenz der Ziele und zu einem konsistenten Zielsystem. Eine wichtige Funktionsvoraussetzung wäre vielmehr, daß ein solches Zielsystem bereits vorhanden, wohlstrukturiert und zeitstabil ist. Aber genau diese Voraussetzung können wir nicht treffen, weil das Zielsystem erst durch die Planung entwickelt und im Zeitablauf fortgeschrieben wird. Alles spricht daher dafür, beide Prinzipien i. S. des Gegenstromverfahrens zu verbinden, was man im übrigen z. B. im Rahmen der Führung durch Zielvereinbarung (Management by Objectives) in der Praxis teilweise bereits praktiziert (*Wild*).

Ein weiterer, in der Diskussion kurz erörterter Aspekt der Gestaltung von Planungssystemen betraf den *Mechanismus der Ziel- und Planfortschreibung.* Hier herrschte Einigkeit, daß es einen solchen Mechanismus geben sollte, der über Vor- und Rückkopplungen die Ziele, Pläne, Kontrollergebnisse und Umweltzustände verbindet und dafür sorgt, daß die Ziele und Pläne periodisch auf Grund einer Auswertung gemachter Erfahrungen fortgeschrieben werden. Ein typisches Beispiel hierfür ist die gleitend-revolvierende Planung im periodischen Managementzyklus, so wie sie etwa im Rahmen des Management by Objectives angestrebt wird.

Abgesehen von einigen weiteren Gesichtspunkten, die mit den Aufbauprinzipien der Planung zusammenhängen, wurde im Workshop auch die Frage diskutiert, welche Zusammenhänge zwischen der Ausgestaltung bzw. der *Entwicklungsstufe* des Planungssystems und seiner Leistungsfähigkeit bestehen oder zu vermuten sind. Die Diskussion ergab, daß solche Effizienzhypothesen über den Zusammenhang zwischen der Gestaltung des Planungssystems und seiner Leistungsfähigkeit zunächst theoretische Vermutungen sind, die den postulierten Anforderungen zugrundeliegen. Allerdings sind wir uns auch darüber klar gewesen, daß die bisherige Praxis ebenfalls entweder explizit oder implizit von Sollkonzepten ausgeht, denen die Vermutung zugrundeliegt, daß diese oder jene Systemstruktur, Gestaltungsweise, Organisationsform, Formalisierung usw. das Planungssystem besonders leistungsfähig macht. Eine wichtige Aufgabe wissenschaftlicher Forschung wird deshalb darin gesehen, diese Hypothesen über den angesprochenen Zusammenhang empirisch zu überprüfen. Gleichzeitig wird aber die Praxis weiterhin den Weg des Experiments gehen müssen, um weitere Erfahrungen zu gewinnen und sich auf diese Weise an immer bessere Lösungen der Gestaltungsprobleme von Planungssystemen heranzutasten (*Grochla*).

II. Verteilung der Planungsaufgaben als Kernproblem der Aufbauorganisation

Die Diskussion wie die Beiträge zeigten, daß hier einerseits drei Gruppen von Aufgabenträgern zu unterscheiden sind — nämlich Manager (Linienfunktionäre), Planer (Planungsspezialisten) und Systemspezialisten, die die Modelle und Computersysteme planen und implementieren. Zum zweiten erscheint eine Differenzierung der Funktionen zumindest in vier Aufgabenkategorien angebracht, nämlich in

— Managementfunktionen (Zielsetzungs- und Steuerungsaufgaben, managing)
— Aufgaben der inhaltlichen Planung (planning)
— Aufgaben der Modellbildung (model building) und
— der Systementwicklung (system development) als Planung des Planungssystems.

Diese vier Aufgaben sind nach unterschiedlichen Prinzipien zuzuordnen. Wir sind davon ausgegangen, daß die Managementfunktionen wie aber auch die inhaltliche Planung vom Management selbst wahrgenommen werden, die Modellbildung und die Systementwicklung jedoch Planungs-Service-Funktionen für das Management darstellen, die die Planung selbst natürlich nicht ersetzen können (*Mulvaney*). Dabei sollte man dem Grundprinzip folgen — jedenfalls so das Ergebnis der Diskussion —, daß die Planer die Modelle nicht *für*, sondern *mit* den Managern entwickeln. Dies vor allem wegen der Motivations- und Implementierungsprobleme. Auch sollten die Modelle in der Sprache des Managements artikuliert sein, d. h. also den Managern in ihrer eigenen Sprache erläutert werden können. Sie müssen zudem benutzergerecht formuliert sein, und sie müssen auf einer Informationsbasis beruhen, die zugleich dem Management zugänglich und verständlich ist. Wir waren uns darüber klar, daß die Lösung dieser Probleme, also die Verteilung der Aufgabenkategorien sicherlich abhängt von der Größe des Unternehmens, von den Aktivitätsfeldern, in denen das Unternehmen tätig ist, von der Organisationsform (z. B. funktionale oder Spartenorganisation), daß der Managementstil dabei sicherlich eine wesentliche Rolle spielt und auch der Entwicklungsstand oder die bisherigen Vorerfahrungen der Unternehmung auf dem Gebiet der Planung. In der Anfangsphase der Entwicklung eines Planungssystems wird man sicherlich andere organisatorische Konzepte einsetzen als in einer späteren Phase. Außerdem besteht die Aufgabe der Systemplanung praktisch darin, das Planungssystem laufend anzupassen und in Gang zu halten, also darin, was man heute in anderen Bereichen Systems Management nennt.

III. Alternative Organisationsformen

Ein dritter, recht umfangreicher Bereich der Diskussion bezog sich auf die konkreten Organisationsformen, im Rahmen derer die Wahrnehmung der Planungs- und Koordinationsfunktionen im Unternehmen erfolgen kann resp. soll. Gestützt auf die Ausführungen von Herrn Kollegen *Grochla* wurden namentlich zwei Organisationstypen in den Vordergrund gestellt: Einmal das *Planning Department* als ein feststrukturiertes Planungs-Service-Center, das die Systementwicklungsaufgabe wahrnimmt, eine zentrale Koordinationsstelle für die Planung im Unternehmen darstellt und die Modellbildung in Zusammenarbeit mit den Planern übernimmt. Die inhaltliche Planung liegt dagegen weitestgehend in den Händen des Linienmanagement. Der zweite Weg wäre der der *Task Forces*, die, evtl. in Form vermaschter Teams oder als Project Management praktiziert, eine größere Flexibilität aufweisen. Im einzelnen wurde hierzu auch die Auffassung vertreten, daß für die Einführung eines Planungssystems ein Projektteam, für die spätere Inganghaltung ein Planning Department vorzuziehen wäre.

Ein kritischer Hinweis gab jedoch auch zu bedenken, daß die grundlegende Trennung zwischen Planning Department und Task Forces heute nicht mehr ganz aktuell sei, da z. B. in den USA die Entwicklung bereits dahin gegangen sei, einen Ansatz zu praktizieren, den man als „dezentralisierte Initiative und zentralisierte Synthese" bezeichnen kann (*Jantsch*). Hierbei werde versucht, das ganze Unternehmen in den Planungsprozeß zu integrieren.

Weitere Organisationsformen, die sich speziell in diesem Zusammenhang anbieten und in der Praxis auch zu finden sind, bilden die *Matrix-Organisation* und der Einsatz von sogenannten *Planungsbeauftragten* oder spezieller *Koordinationsgruppen*. Ein Beispiel für die gleichzeitige Verwendung verschiedener Organisationsformen auf verschiedenen Ebenen bildet das Vorgehen von Texas Instruments (*Helms*). In einem anderen erwähnten Fall stehen 2 Projektteams, eines für die Erstellung des Planungssystems und das andere für die Schaffung eines geeigneten „climate of the organization" nebeneinander (*Mulvaney*). Jede der möglichen Organisationsformen bietet jedoch Vorzüge und Nachteile, so daß es eine unter allen Umständen und überall sinnvolle Form der „optimalen" Organisation wohl kaum geben wird. Eines ist jedoch immerhin deutlich geworden: Ein wesentliches Problem besteht darin, daß die Organisation des Planungssystems eine sinnvolle Integration der Ziele und Erfahrungen der Manager wie der Systemspezialisten gewährleisten muß. Dies ist nur durch eine enge Kooperation zu bewerkstelligen. Denn der Manager ist letztlich verantwortlich für die inhaltliche Planung, die mit Hilfe des Planungssystems zustande kommt. Er hat aber nicht die Zeit und das know how — wahrscheinlich auch nicht einmal die Motivation — für die Einführung eines Planungssystems. Als Benutzer muß er es jedoch verstehen, akzeptieren und daher auch mitgestalten, um es nachher sinnvoll verwenden zu können. Es wäre sicherlich eine Fehlentwicklung, wenn wir hochkomplizierte Planungssysteme und Modelle entwickeln, die nachher in der Anwendung deshalb scheitern und zu beiderseitigen Frustrationen führen, weil die Voraussetzungen fehlen. Außerdem ist klar geworden, daß die Entwicklung von Planungssystemen oder von Modellen eine sehr intime Kenntnis derjenigen Gegenstände — also der Planungsprobleme und der Prozesse des Management — voraussetzt, für die man die Modelle macht, da Modelle ja nur Abbildungen sind, so daß man also den Gegenstand, den man abbildet, vorher gut kennen muß. Hier fehlt es einerseits bei den Systemspezialisten oft an Kenntnissen über den abzubildenden Planungsprozeß, andererseits beim Management an der Beherrschung der Abbildungsinstrumente und -sprache. Es stellt sich insofern die Frage, ob also das Management mehr Kenntnisse und Erfahrungen über die Systembildung durch entsprechendes Training erlangen sollte oder ob die Systemspezialisten Führungserfahrungen haben sollten. Zweifellos wäre beides zu begrüßen, was letztlich mehr für eine Task-Forces-Lösung spricht.

Abgesehen davon — soviel wurde auch im Plenum deutlich — wäre bei der Einführung der Planungsorganisation zu bedenken, daß sie nicht von „oben herab" durch die Planungs- oder Organisationsabteilung einfach vorgegeben werden sollte. Vielmehr müßten die Planer selbst an der Festlegung der Organisationsform mitwirken und eine Vereinbarung insbesondere über die Regelung der Koordinations- und Kooperationsformen treffen (*Wild*).

IV. Schwierigkeiten bei der Implementierung und Benutzung von Planungssystemen

Die Diskussion der zuletzt angeschnittenen Fragen führte unmittelbar auch zu den Schwierigkeiten, die bei der Einführung und Benutzung formalisierter Planungssysteme auftreten. Sie liegen z. T. darin, daß gewisse psychologische Barrieren zwischen Managern und Systemspezialisten existieren und das Management das Gefühl hat, daß ihm ein System aufgezwängt werden soll, dessen Vorteile so offenkundig nicht sind, weil sie sich u. U. erst nach Jahren der Einarbeitung zeigen. Außerdem werden oft Zweifel gehegt, ob die jeweils andere Gruppe auch genügend Verständnis für die Zusammenhänge und Probleme aufbringen kann (*Lanstein*). Es kommt daher zwar u. a. wesentlich darauf an, wie dem Management die Systementwicklung „verkauft" wird. Wichtiger dürfte jedoch die Frage sein, ob das angebotene Planungssystem den Bedürfnissen und Fähigkeiten des Management tatsächlich entspricht, ob es nicht zu aufwendig ist, auch dem Einzelnen Vorteile bietet, überschaubar und relativ „einfach" ist und inwieweit es den sachlich-prozessualen Verknüpfungen der Managementaktivitäten Rechnung trägt. Der Systemspezialist wird diese Frage letztlich nur beurteilen können, wenn er die Führungsprozesse im Unternehmen gut kennt, gewisse Führungserfahrungen besitzt und an den Prozessen der inhaltlichen Unternehmungsplanung zumindest zeitweise teilnimmt.

Neben den erörterten Fragen wurden in der Diskussion auch jene Schwierigkeiten kurz angesprochen, die bei der Modellbildung und der Verwendung computergestützter Modelle auftreten. Es wurde betont, daß diese Probleme auf den verschiedenen Ebenen des Planungssystems unterschiedlich sind, also in der strategischen, taktischen und der operativen Planung unterschiedliches Gewicht und andere Schwerpunkte haben. Dies hängt offensichtlich mit dem Grad der Strukturiertheit der dort auftretenden inhaltlichen Planungsprobleme und der jeweils verwendeten Informationsbasis zusammen. Allerdings spielt hierbei offenbar auch die Frage eine Rolle, ob es — wie z. B. in der strategischen Planung — mehr um Suchprobleme und die Erweiterung des Aktivitätenfeldes geht oder ob mehr die Problematik der zeitlich-organisatorischen Operationensteuerung wie in der operativen Planung im Vordergrund steht. Während im letzten Fall mehr logisch-rationale Überlegungen dominieren, sind es bei der strategischen Planung eher die kreativen Denkleistungen, die die Qualität der Planungsergebnisse ausmachen.

V. Förderung der Kreativität im Planungsprozeß

Damit ist zugleich ein weiterer Diskussionspunkt angesprochen, der vor allem unter der Fragestellung beleuchtet wurde, wie die Kreativität oder die intuitive bzw. innovative Komponente im Planungsprozeß stärker zur Geltung gebracht werden könne. Hier könnte man zunächst dem Ansatz von *Zipse* folgen, der drei Kategorien von Input-Informationen bzw. Denkleistungen unterscheidet: Memoria (Erfahrung oder faktische Informationsbasis), Logic (rationale Komponente, methodische Regeln), Intuition (kreative Komponente, neue Ideen). Es leuchtet ein, daß alle drei Inputkategorien in der Planung verarbeitet werden, ohne daß konkret gesagt werden könnte, ob und wann die eine oder andere Komponente von der Bedeutung her überwiegt. Bezogen auf die Kreativität wurde jedoch festgestellt, daß sie einen sehr wesentlichen Teil der Planungsleistung vor allem in der strategischen Planung darstellt, daß sie bei der Suche nach Zielen, Problemen und Alternativen eine zentrale Rolle spielt und durch das Prinzip der Teamarbeit gefördert wird. Außer an Teamarbeit wäre hier auch an Methoden des dialectic display, über das *Lanstein* berichtete, oder an Simulationen mit unterschiedlichen Daten zu denken. Ob allerdings die von *Zipse* behauptete Abhängigkeitsbeziehung zwischen der Teamgröße und der Erfolgswahrscheinlichkeit der Gruppe bei der Aufgabenlösung, die er mittels mathematischer Beweisführung belegen wollte, in der Wirklichkeit besteht, wurde mit Hinweis auf die problematischen Prämissen und das größere Gewicht soziopsychologischer Aspekte ernsthaft bestritten.

VI. Planung der Organisation

Abschließend seien kurz noch die Ergebnisse der Diskussion über das von Herrn Kollegen *Schweitzer* vorgelegte Modell referiert. Sein Optimierungsmodell, das sich der dynamischen Programmierung bedient, greift das Problem der optimalen Organisationsform bzw. verschiedener Wachstumsstufen der Unternehmung auf. Im einzelnen diskutiert wurden u. a. der Zusammenhang zwischen der Organisationsform und den Erlösen sowie die Frage der Maß- und Einflußgrößen im Modell. Wenn auch z. T. die Prämissen als nicht ganz wirklichkeitsgerecht angesehen wurden, so herrschte wohl die Auffassung bzw. die Hoffnung vor, daß das Modell ausbaufähig ist und einen möglicherweise fruchtbaren Ansatz zur quantitativen, mathematisch präzisierten Lösung von Organisationsproblemen bietet, die bislang lediglich in vagen qualitativen Kategorien diskutiert worden sind.

VII. Zusammenfassung

Die Diskussion im Workshop wie im Plenum hat gezeigt, daß das Problem der Organisation der Planung, der Gestaltung des Planungssystems und der Planungsprozesse sowie der Bildung und Verwendung von Modellen eine Fragestellung von erheblicher Komplexität darstellt, die sehr verschiedene wissenschaftliche Disziplinen anspricht. Sie kann daher nicht ausschließlich aus betriebswirtschaftlicher Sicht oder seitens der Systemtheorie beantwortet werden. Vielmehr erscheint die Zugrundelegung soziologischer und psychologischer Erkenntnisse wichtig — gerade was die Problematik der Zusammenarbeit zwischen Management und Systemspezialisten betrifft. Erforderlich sind darüber hinaus praktische Experimente in den Unternehmungen, die allerdings in ihren Ergebnissen für die Wissenschaft transparent und zugänglich gemacht werden müssen, indem z. B. darüber stärker als bisher berichtet wird.

Daß die Forschung über Planung — der Ausdruck „Planungstheorie" erscheint hier wohl zu anspruchsvoll — der Praxis nicht mit leeren Händen gegenübertritt, läßt sich — wie immer man diese Leistung auch im einzelnen bewerten möchte — insofern behaupten, als sie zumindest Sollkonzepte über die Gestaltung und Organisation der Planung heute bereits vorlegen kann, an denen man den Entwicklungsstand der tatsächlich praktizierten Planungssysteme messen und Vorstellungen zur weiteren Entwicklung diskutieren kann. Wohin sich diese Entwicklung bewegen dürfte und welche Schwierigkeiten noch zu überwinden sind, hat die Diskussion zu diesem Thema des Symposiums gezeigt.

Sektion B:

Gegenwärtiger Entwicklungsstand modell- und computer-gestützter Unternehmungsplanung

Workshop III:

Erfahrungen mit Modellen für die Unternehmungsplanung

Diskussionsleitung:

Dipl.-Ing. Herbert Tröscher

An Analytical System for Corporate Strategic Planning

Von

William F. Hamilton und Michael A. Moses

Department of Management, Wharton School
University of Pennsylvania
Philadelphia, Pa.

Abstract

The key to effective analytical support of the strategic planning process is not simply a corporate model, but an integrated system of models with appropriate software support. This paper presents a computer-based corporate planning system which combines the analytical power of optimization with simulation capabilities and more specialized planning models in the context of an interactive information management program. The system has been designed to aid both periodic and ad hoc planning decisions in a large multi-national firm and can be implemented in a wide variety of corporate contexts.

I. Introduction

Corporate strategic planning is a field of growing interest and dramatic change. Few areas of management have attracted greater attention in recent years or have received such an infusion of new concepts and methods. Among the most recent developments has been the growth of formal analytical models for corporate planning. According to a survey of planning executives, corporate models are changing both the nature and the practice of strategic planning. In summarizing the survey results, Gershefski [6] noted that more than one hundred companies in a wide range of industries are using or developing corporate planning models. A primary aim of these efforts is the generation of more timely, accurate, and economical planning information. As a result, planners are able to consider a far greater number of alternatives in more detail and with greater confidence than was possible using traditional planning methods.

The potential benefits of corporate modeling are indeed impressive, but a careful review of current applications reveals a substantial gap between the potential and the practice. As with any new development, one can point to a number of needed extensions and improvements. Two will receive particular attention here — the need for optimization capabilities and the need for effective systems support.

Most existing corporate planning models are computer-based financial simulations which are used to evaluate proposed planning alternatives[1]). The Xerox planning model described by Brown [2], for example, computes the financial implications of alternative marketing and production policies under different environmental conditions and generates projected financial statements for each set of inputs. In all but the simplest cases, there are a great many planning alternatives to be considered. This suggests that some form

---

1) See Gershefski [5] and Schreiber [8].

of optimum-seeking capability should be developed to facilitate the selection, rather than just the evaluation, of alternatives. As Dickson, et al. [4] suggest in their analysis of computer-based planning models, a great deal more activity can be expected in the development of optimization models for corporate planning.

Of course, the development of an appropriate corporate planning model is only one step toward its successful application to planning problems. Another is the creation of a supporting information system to allow effective interaction between model and user. Although corporate models can reduce the effort required to evaluate and select plans, many require such extensive input preparation and output analysis that useful results may be difficult to obtain. This can seriously limit the operational effectiveness of the model and preclude consideration of a full range of planning alternatives. Where input/output functions can be relegated to a flexible computer-based information management system, however, model implementation can be greatly improved.

The nature of the interface with corporate planners is also important. Corporate planning is inherently an interactive, investigative process in which intermediate results may indicate the direction for successive analyses. Experience with both batch and interactive modes for periodic and ad hoc planning studies strongly suggests that on-line access to the model and supporting system are necessary to permit most effective use as a creative planning tool.

In this paper we present an integrated system for corporate strategic planning which combines the analytical power of optimization with corporate simulation capabilities and more specialized planning models through an extensive supporting information management system. Explicit provision has been made for interactive use of the system, including on-line input preparation, run initiation, and output generation with a wide range of user options.

This approach provides capabilities consistent with the scope and complexity of corporate-level planning problems and not found in other corporate models[2]). The system has been designed to operate as an integral part of the strategic planning process and is applicable in many corporate contexts. In contrast to other discussions of the applicability of analytical methods in corporate planning, emphasis is placed on providing useful decision-aiding information within the practical limitations of available computational capabilities and established planning practices. Experience to date in a large multi-national corporation has demonstrated not only the potential of the approach, but also that an integrated system is both operationally feasible and desirable.

---

[2]) See, for example, Boulden and Buffa [1], Dickens [3] and Gershefski [5].

The nature of the strategic planning process and its information requirements are reviewed in the following section to establish a framework for the system design. Each of the components of the system is then described in some detail. The paper ends with a brief discussion of system operation and applications.

II. Corporate Planning Requirements

Planning Process

The corporate planning process typically begins with the definition of objectives or mission by the corporate executive in conjunction with the board of directors. The mission is a broad statement, not always quantifiable, of corporate policy. It is often the corporate planning staff, in conjunction with the chief executive, and other executives who translates this mission into a set of quantifiable goals and guidelines for the management of corporate resources over time. The corporate goal might relate to market share, net wealth of the stockholder, return on equity, etc., while corporate restrictions might pertain to financial ratios, legal decrees, use of scarce resources, etc.

Once this framework has been established, at set of alternative internal and external strategies is generated. This entails an internal analysis of the effects on goals and restrictions of each of the existing planning units of the corporation. The planning units may range from wholly owned subsidiaries to business lines within a division. The determining factor is not their size, but whether or not they have defined planning responsibility. Internal alternatives defined by each planning unit can be structured as follows:

Momentum strategies, which reflect continuation of present activities in existing lines of business;

Development strategies, which reflect the incremental effects of all proposed changes in the nature or level of momentum strategies;

Financing strategies, which reflect alternative methods of financing existing and proposed activities at the corporate and operating levels;

Divestment strategies, which reflect the effects of the discontinuation of an existing momentum strategy through its sale to an external agent.

When purely internal opportunities do not achieve corporate objectives, as is often the case, an external search must be made for additional activities which can be incorporated into the firm to help obtain the desired goal. External opportunities can be defined by the subsidiary or divisional planning units but are most often defined by such corporate-level planning units as corporate development and finance. These include:

Acquisition strategies, which reflect alternative ways of incorporating new companies.

Once a set of internal and external alternatives has been generated, a composite plan must be formulated which best mosts the corporate goals while satisfying all corporate restrictions. This must be followed by establishment of a control and analysis procedure to facilitate implementation of the composite corporate plan.

The corporate strategic planning problem defined by the above process is clearly a multidimensional one. The corporate resources and alternatives must be managed so that the goals and restrictions are satisfied over time. Thus the corporate strategic planning problem is to select that set of proposed, momentum, development, acquisition, divestment, and financial strategies which best achieve stated corporate goals within the boundaries of financial, legal and operating restrictions defined by management and the corporate environment.

Planning Information

The basic input to any corporate planning process is information. Information requirements fall into two general categories:

Internal information describing past, present, and expected future corporate and subsidiary activities;

External information describing the planning environment, including general economic conditions and trends, specific industry opportunities and problems, and data on activities of competitors and acquisition candidates.

Design of appropriate information requirements for corporate strategic planning must start with the planning problem and process. From the problem structure outlined above, it should be apparent that detailed short-range financial information on each proposed strategy and funds source is required at a minimum. Less detail and greater scope are more appropriate in the longer range. The best sources of such data inputs are the corporate strategic planning units actually submitting the proposals. Only they have sufficient knowledge of specialized internal activities in a decentralized organization. External information, however, is often best developed by a corporate group which has both the resources and the perspective necessary for gauging important economic trends and opportunities.

The two important characteristics of planning information are validity and timeliness. Any plan is only as good as the information on which it is based. A variety of tests, both subjective and objective, can be applied to check information inputs. For example, arithmetic consistency checks and comparisons of subsidiary expectations with past performance or industry projections are easily conducted. The timeliness of planning is determined relative to the point at which it is required in the planning process and the time horizon for which plans are developed. Formal, systematic, and regular collection and updating of planning information is essential. This can only be accomplished effectively with a computer-based system.

General System Specifications

The key to effective analytical support of the strategic planning process is not a corporate model but an integrated system. Following the strategic planning practice of most organizations, only those planning decisions actually made at the corporate level are considered. The financial orientation and distant planning horizon which characterize corporate strategic planning are reflected in the system. In addition to the capabilities offered by simulation modeling and econometric analysis, some form of optimization or optimum-seeking capability is necessary to assist in selecting strategies and funds sources rather than simply evaluating selected alternatives. Another desirable system feature is direct access to the system via a remote terminal to maximize its value in creative planning. Provision should also be made for alternate input and output options to facilitate use for different studies in both batch and interactive modes. Finally, the system should be flexible enough to analyze a wide variety of planning problems from subsidiary strategy and funds source selection to acquisition/divestment evaluation, portfolio selection, and business mix evaluation.

III. The Strategic Planning Systems

The analytical system which has been developed to support the strategic planning process discussed above is composed of five interrelated subsystems as illustrated in Figure 1.

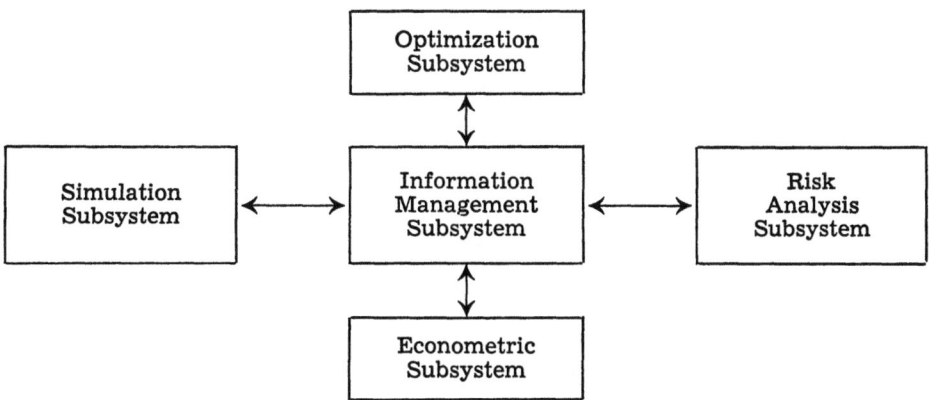

Figure 1: The Strategic Planning System

In concept, this system is a specialized computer-based management information system with extensive analytical capabilities. Its power derives from the integration of diverse, but complementary, planning models with user-oriented information storage and handling features. The major analytical companent is a large mixed integer mathematical programming model which maximizes corporate performance over a multiperiod planning horizon by selecting appropriate operating, acquisition, and financing strategies. A corporate simulation model computes the detailed implications of selected alternatives under specified environmental conditions and generates projected corporate financial statements for each set of inputs. Econometric models supply projections for the national economy, specific industries, and particular companies. Risk analysis models provide insights for evaluating business mix and the implications of various strategic alternatives. The flow of information, maintenance of the planning data base, and interfaces with data sources and users are controlled through the information management subsystem. Use of the system — and each of the subsystems when used independently — may be in either on-line or batch mode. Conversational interaction with the system provides direct access to the data base and analytical models for management personnel as an integral part of the planning process.

Information Management Subsystem

The information management subsystem controls all information flows into, within, and out of the strategic planning system. It includes executive programs, input editors and output generators, data editing routines, and the system data base. The set of executive programs organizes the flow of information within the system and controls the conversational/time-shared operating mode. The conversational input editors accept raw data in card image form from strategic planning units and organizes it on appropriate files in the system data base. Checks are made for arithmetic and format errora, and inputs are analyzed to ensure reasonable subsidiary strategic planning unit performance estimates by comparison with historical data and econometric projections. Each strategic planning unit must submit at least the following data:

Strategic planning unit data: A profit and loss statement, balance sheet, and a statement showing sources and applications of funds must be submitted by each strategic planning unit (SPU), presupposing the acceptance of proposed momentum, development, acquisition and financing strategies.

Strategy data: Each momentum, development and acquisition strategy proposed by an SPU must be documented by abbreviated profit/loss and source/ application of funds information. Financing data must also be submitted for each existing or proposed financing instrument, indicating principal amount, repayment schedule, compensating balance, cost, typs, and restrictions on the use of funds.

The input editor organizes these data in three files: SPU files, strategy files, and financing files. The system data base also contains data files on historical data (corporate and SPU), corporate management data (management estimates on financial ratios, scarce resource availability, etc.), and environmental data (tax rates, prime interest rates, exchange rates, etc.). The conversational output generator prepares all the output reports desired by management. These include complete corporate and strategic planning unit financial statements, results of desired performance measures (earnings, debt/equity ratio, etc.) at both corporate and SPU levels, three options for mathematical programming/post-optimal analysis results, and error message from the data edit and analysis programs.

Consolidation Simulation Subsystem

The consolidation simulation subsystem performs a corporate-level financial simulation on a predesignated combination of strategic funds sources and uses. This component contains a rebuild module, a grouping module, a corporate elimination/consolidation module, and a performance measure module. Initial runs of the consolidation simulation subsystem using the data files previously described and a user-selected set of environmental conditions usually proceed in the following manner. The user submits those particular SPUs and strategies that he would like to consolidate. If he desires to see the effect of accepting all proposed SPU plans, the rebuild module is not used. If, on the other hand, he desires to pick and choose among possible strategies, the rebuild module is used to construct a new SPU from the selected momentum, development, acquisition and financing strategies. This also permits entry of additional SPU financing, corrects any funds flow imbalances, and allows for subgroupings of strategies into business lines. Rebuild also produces a balance sheet and profit and loss statement for each restructured SPU. Once the user has placed all SPUs, either existing or rebuilt, on a temporary data file, the simulation proceeds to the next module, group consolidation. At this stage the user specifies desired SPU grouping (e. g., along functional lines or by business type). The group consolidation module then combines the SPUs into groups and can generate a balance sheet and profit and loss statement for each of the proposed groups. This module also permits conversion to a common currency, and divestment of SPUs as desired. Completition of the corporate consolidation is accomplished using the elimination/consolidation module. This eliminates all existing and new intercompany flows, finances funds deficits from a corporate pool, incorporates all proposed divestments, permits entry of additional parent company financing and accounting entries, and produces consolidated corporate financial statements. The corporate performance measure module can be used to determine the values of corporate performance measures deemed appropriate by management.

Additional runs for alternate combinations of SPUs and strategies require use of the rebuild module only for those SPUs which require change. Similarly, group consolidations are performed only for those groups that have been changed. Most runs usually involve changes to only one or two SPUs and the total consolidation procedure can be completed in less than 30 CPU seconds on a large computer[3]).

Corporate Optimization Subsystem

The corporate strategic planning optimization subsystem maximizes corporate performance over a multiperiod planning horizon by selecting an optimal set of strategic funds sources and uses subject to a complex set of financial, legal and operating limitations imposed at both the corporate and SPU levels. The mixed integer mathematical programming model is the basic element of this subsystem, with operating support provided by a matrix generator, a matrix modification processor and post-optimal analysis routines[4]).

The most operationally effective planning objective found to date is maximization of a linear approximation of earnings per share over the planning horizon. Other performance measures, including discounted measures of return, can also be evaluated by the model. The primary planning variables represent momentum, development, acquisition, divestment and financing strategies. Strategy selection frequently implies decisions of the go/no-go type (e. g., divestments, momentum, strategies, etc.), except where explicit provision is made for partial (e. g., financing, stock acquisition) strategies. Also, it is clear from the definition presented earlier that a development strategy can be selected only if its associated momentum is also selected. Momentum strategies are available for divestment; thus, all momentum strategies must either be accepted or sold.

Financing of selected strategies may be arranged through a variety of funds sources at both the corporate and SPU levels. Stock issues, both common and preferred, treasury repurchases of securities, and short and long-term financing instruments are considered. Long-term debt may be arranged at the corporate level for internal allocation to strategies or it may be contracted at the SPU level for a particular strategy.

Voluntary early retirement of corporate debt is treated as a variable in the model.

Corporate earnings are subject to various financial and operating restrictions, some imposed by management policy and others by external forces. Among those represented explicitly in the optimization model are restrictions on the pattern of earnings per share growth, return on assets and equity, corporate funds flow, common financial ratios (e. g., debt equity and interest coverage ratios), short-term debt and stock transactions.

---

3) Most consolidation runs to date have been performed using a Univac 1108 time-sharing system.

4) For a more complete description of the corporate optimization model, see Hamilton and Moses [7].

A matrix generator draws the appropriate management data files and strategic planning data files from the data base and organizes them in a form consistent with the functional relationships described by the model and the requirements of the solution algorithm[5]). Due to their complex nature, matrix coefficients in the corporate planning model are often functions of a number of basic input parameters and frequently have no real financial or management interpretation. Therefore, to facilitate analysis, a matrix modification processor has been developed to automatically compute the effects of new point estimates or ranges from the strategic planning data files and/or the management data files.

One of the major reasons for developing a corporate strategic planning optimization model was to permit testing of the robustness of proposed solutions and to determine optimal reallocations of corporate resources in response to change in the planning environment. The combined capabilities of a post-optimal analysis routine, the matrix modification processor, and available mathematical programming systems make this possible.

Econometric Subsystem

Effective strategic planning requires some idea of what lies ahead for the economies and industries in which the corporation operates or may plan to operate. The econometric subsystem is designed to provide such insights. Both macro (national level) and sector (industry level) models are desirable. These forecasting models make it possible to test the reasonableness of projections made by SPUs and also to generate information on projected economic conditions which can be used in the formulation of SPU plans. It should be pointed out that the econometric forecasting capabilities currently used in the system were not created for this system but are among the many commercially available forecasting models.

Another part of the econometric subsystem, the acquisition data preparation model, uses computerised financial information available from several Wall Street concerns in conjunction with the econometric forecasting models to generate financial planning data for companies that are being considered for possible acquisition. Of course, the optimization model is the perfect vehicle for testing the desirability of proposed acquisitions. It can easily evaluate hundreds of proposed acquisitions at a time. Only with the capabilities of the Econometric Subsystem, however, can the needed data be obtained on many companies in a short period.

When the optimization subsystem chooses any of the proposed acquisitions, a more detailed study must be undertaken.

---

5) A version of the optimization model currently in use contzins roughly 700 constraints and 1000 variables, including about 250 zero-one variables. This problem runs with no difficulty using available large scale mixed integer programming algorithms (e. g., IBM-MPSK, CDC-OPHELIS, UCC).

Risk Analysis Subsystem

Most planning data come to corporate planning staffs as point estimates or, at best, with high and low estimates as well. The Risk Analysis Subsystem is designed to provide insights into the possible effects of the inherent variability in these estimates. A profitability profile model, used in conjunction with the forecasting models, determines probability distributions of performance for strategic planning units based on historical data and subjective management evaluations of possible future conditions. These distributions can then be used to estimate confidence limits for different profit levels. A worst-case level, called the minimum income level, is derived for every strategy and is incorporated in the optimization analysis.

Also included in the risk analysis subsystem is a model which evaluates the proportion of corporate-assets employed in businesses with different risk characteristics. The business mix evaluation model uses an approach of the portfolio analysis type to determine allocations of corporate assets to different business lines which maximize expected returns for different variance levels.

IV. System Operation and Application

For discussion purposes, we can distinguish two general types of planning studies and their implications for system operation and applications. *Periodic* planning studies are conducted at regular intervals and typically relate to planning decisions encompassing the full scope of corporate activity. For example, the annual planning cycle typically involves development of a new corporate strategic plan for the 5 or 10-year planning horizon and thus requires supporting studies on a regular, periodic basis. *Ad hoc* planning studies, on the other hand, are conducted in response to particular problems or opportunities which arise during the regular planning period and require at least limited analysis prior to the next overall corporate review. The effects of an unexpected change in international exchange rates, for example, might warrant examination in the context of defined corporate investment and financing plans, possibly as a prelude to more extensive review as part of the next planning cycle.

While the distinction between these two types of planning studies is often blurred in practice, it will be helpful in considering the range of system operating options and applications available to the user. In either case, of course, the common planning data base is of primary importance as an input source for each of the system elements. However, the nature and extent of the interactions between elements may vary significantly with the type of study.

Periodic Studies

Figure 2 illustrates a typical application of the strategic planning system in conjunction with the annual planning cycle. Creation and/or updating of the planning data base is a necessary first step. Raw data inputs may come from a variety of sources — including corporate subsidiaries, other internal planning units, financial and corporate planning staffs, and external advisory groups — and must be carefully edited for errors of omission and comission before they are entered into the data base. Much of this can be accomplished automatically using an edit routine. In order to provide some check on overly optimistic or pessimistic internal projections, these are compared in the editing process with simple extrapolations from past experience and with econometric projections generated by the econometric subsystem. Significant variances are referred back to the source groups to be re-evaluated and revised as necessary with the help of the planning staff.

As indicated earlier, the heart of the analytical system is the optimization subsystem. Its inputs are drawn from several sources via the input or matrix generator program. Analysis of projected profitability distributions (profitability profile model) for key industries and companies not only provides reasonable parameter values for certain optimization model relationships, but also provides inputs to the business mix model[6]). This, in turn, generates appropriate limits on investment/divestment programs for the optimization model. Typical results from the optimization and postoptimal analyses indicate those investment and financing strategies which offer the best corporate performance over the defined planning horizon.

An important capability of the optimization model is simultaneous consideration of financing, operating and investment decisions. Too often, financing strategies are selected after operating and investment decisions have been made. Financing alternatives are of major importance and can affect corporate goals as much as major acquisitions or new operating strategies. The question of equity or debt financing, the importance of financial measures, liquidity, interest coverage, etc., can only be comprehended when they are considered simultaneously with the major operating alternatives of the firm. Thus, the financing of an acquisition cannot be determined in isolation but must be evaluated with all other corporate alternatives.

The optimization subsystem is also uniquely equipped to evaluate corporate acquisition and divestment alternatives. Acquisitions are not considered as unique and independent alternatives, but rather the contribution of the acquisition to earnings per share and its implications for corporate constraints are evaluated as part of the total corporate picture. In view of the approximations inherent in most corporate optimization models, of course, these

---

6) See[7]; constraints on minimum income and business mix are incorparated in this mixed integer optimization model to protect against down-side risk and for parameterization purposes.

results must also be considered as only approximate. Nevertheless, they represent desirable, if not optimal, selections from among the vast number of alternatives considered.

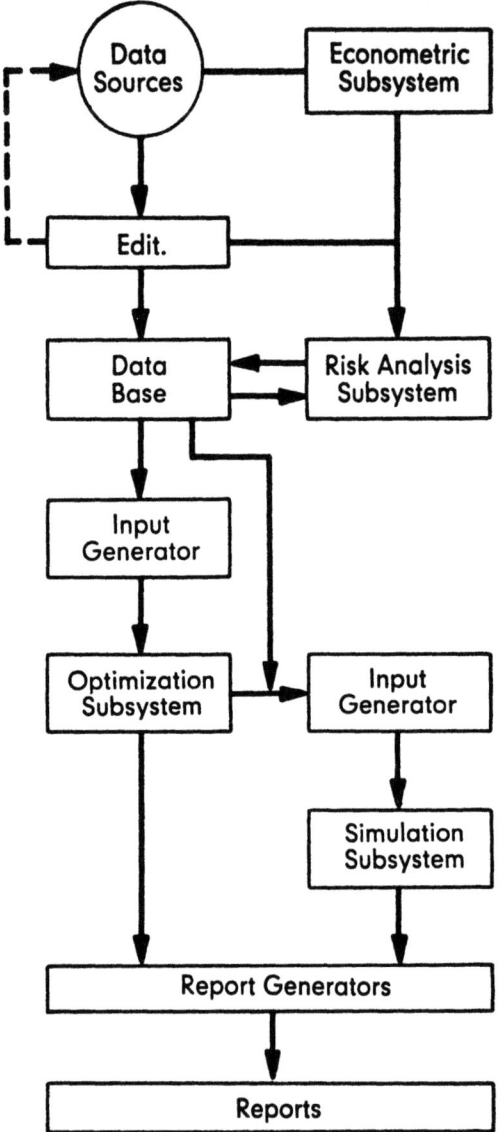

Figure 2: *Illustrative System Flow**) (Periodic Studies)

By way of contrast, the simulation model requires few assumptions and allows detailed examination of selected strategies. Its role in the planning

---

*) All data and results are entered into the system data base between stages in the analysis, but these intermediate flows have been eliminated to simplify the presentation.

system is therefore to validate the optimization results and provide more detailed insights into their implications than is possible using only the optimization model. For example, the simulation model will compute corporate earnings per share quite precisely for any selected set of strategies; the optimization model can only estimate this figure because of the non-linear effects of expansion and contraction in the stock pool.

Results may be generated in a variety of formats using report generator programs designed specifically for the interactive planning system. Both batch and on-line reporting are possible, with several optional levels of detail to facilitate interaction via different terminal devices.

The operating pattern described here for periodic planning studies takes on many different forms in practice. This flexibility is a basic design feature of the planning system. In some cases, additional iterations between models are performed where variances or new insights are found. On other occassions, only parts of the system may be used.

Ad Hoc Studies

Several examples will serve to illustrate the scope of the system operation and application in support of ad hoc planning studies:

Exogenous Events: The impact of unanticipated variations in interest rates, taxes, and foreign exchange rates on existing plans can be quickly evaluated using the simulation model. Where reallocations of certain corporate resources are possible in the short run, optimization studies may also be conducted with strict constraints on decisions already committed in the past planning cycle.

Acquisitions/Divestments: Opportunities to purchase or sell corporate holdings under favorable terms may require prompt analysis at any time during the planning period. Simulation of the new corporate system and analysis of implied changes in business mix are obvious possibilities, with the additional option of an optimization analysis to identify potential gains from responsive adjustments in other financing and investment strategies. Furthermore, where new companies or industries are involved, econometric and profitability profile studies may be required.

Corporate Structure: Differences in borrowing power, funds flow regulations, and tax rates for different strategic planning units and their locations make the analysis of organizational structur a complex task for multi-national corporations. The consolidation process employed by the corporate simulation model permits efficient exploration of structural alternatives in response to changes in both internal and external factors.

Many other ad hoc studies, including direct interrogation of the system data base via the information management system, are easily conducted using various combinations of system capabilities.

V. Concluding Comments

The significance of the approach described here lies in the complementarity of the various analytical tools employed in corporate planning and the need to link these capabilities together in order to realize their maximum contribution to the planning process. Although development of an appropriate supporting analytical system implies a substantial committment, we believe that the required investment in time and resources is consistent with the importance and complexity of corporate strategic planning.

The proposed analytical system is based on a prototype version which is now in actual use. While not all of the information management capabilities are now fully operational, experience to date has been encouraging. Many of the illustrations used have been drawn directly from this experience, and further applications and extensions are being developed on a continuing basis.

References

1. Boulden, James E. and Buffa, Elwood S., "Corporate Models: On-Line, Real Time Systems," *Harvard Business Review*, Vol. 48, No. 4 (July—August 1970), pp. 65—83.

2. Brown. David E., "The Xerox Planning Model," presented to the American Management Association Seminar on Corporate Financial Models and Management Decision Making (December 16—18, 1968).

3. Dickens, Jared H., "Linear Programming in Corporate Simulation," in Albert N. Schrieber (Editor), *Corporate Simulation Models*, University of Washington, Seattle, Washington, 1970, pp. 292—314.

4. Dickson, Gary W., Mauriel, John J. and Anderson, John C., "Computer Assisted Planning Models: A Functional Analysis," in Albert N. Schrieber (Editor), *Corporate Simulation Models*, University of Washington, Seattle, Washington, 1970, pp. 43—70.

5. Gershefski, George W., "Building a Corporate Financial Model," *Harvard Business Review*, Vol. 47, No. 4 (July—August 1969), pp. 61—72.

6. "Corporate Models — The State of the Art," *Management Science*, Vol. 16, No. 6 (February 1970), pp. B303—B312.

7. Hamilton, William F. and Moses, Michael A., "An Optimization Model for Corporate Financial Planning," to appear in *The Journal of The Operations Research Society of America*, Vol. 21, No. 3 (May—June 1973).

8. Schrieber, Albert N. (Editor), *Corporate Simulation Models*, University of Washington, Seattle, Washington, 1970.

Erfahrungen mit computergestützten Planungsmodellen*)

Von

Dr. Peter Stahlknecht

*) Dieser Beitrag erschien bereits als Vorabdruck in Angewandte Informatik, 5/1972, S. 209—212.

Zusammenfassung

Das Referat beschreibt Erfahrungen mit Computer-Modellen zur integrierten Planung und zur Planung von Beschaffung, Produktion und Vertrieb in verschiedenen Industriezweigen. Die Planungsmodelle basieren auf den OR-Techniken Risiko-Analyse, mathematische Optimierung und Simulation. Die Formalisierbarkeit von Planungszyklen, die Anwendungsgebiete von Planungsmodellen, die Organisation der Modellrechnung und die Auswahl der Methoden werden diskutiert.

Summary

The paper describes experiences with computer models for corporate planning and for planning of purchasing, production and distribution in different industries. The planning models are based on the OR-techniques of risk analysis, mathematical programming and simulation. The following questions are discussed: possibilities of standardizing planning, application field of planning models, running and handling of planning models, selection of OR-methods.

Einleitung

Das folgende Referat faßt Erfahrungen zusammen, die in einem Mehrbereichskonzern bei der Entwicklung von Planungsmodellen mit Hilfe von Operations Research und elektronischer Datenverarbeitung gewonnen werden konnten. Diese computergestützten Planungsmodelle werden routinemäßig eingesetzt für

— Planungszyklen unterschiedlicher Länge,
— Divisionen völlig verschiedener Branchen,
— stark voneinander abweichende Fragestellungen.

Die Modelle wurden für folgende Anwendungsgebiete entwickelt:

Anwendungsgebiet 1: Konzern-Ergebnis
(Divisionen und Gesamt)
Planungszyklus: Mittelfristige Planung
Verfahren: Risiko-Analyse (stochastische Simulation)

Anwendungsgebiet 2: Vertrieb Markenartikel
Planungszyklen: Mittelfristige Planung
Jahresplanung mit Unterteilung in Kampagnen gleicher Dauer
Verfahren: Determinierte Simulation

Anwendungsgebiet 3:   Vertrieb/Produktion für Steinkohlenbergwerk

Planungszyklen: Mittelfristige Planung
Jahresplanung
(wahlweise mit monatlicher Unterteilung)

Verfahren: Lineare Optimierung

Anwendungsgebiet 4:   Vorstoffversorgung/Produktion für NE-Metallhütten (einzelne Hütten und Hüttenverbund)

Planungszyklen: Jahresplanung
Kampagnen unterschiedlicher Dauer

Verfahren: Lineare und nichtlineare Optimierung
Determinierte Simulation

Für die einzelnen Anwendungsgebiete wurden zum Teil mehrere Computermodelle aufgestellt.

Die Erfahrungen mit allen genannten Modellen berechtigen, zu folgenden allgemeinen Fragen Stellung zu nehmen:

1. Formalisierbarkeit von Planungszyklen

2. Anwendungsgebiete von Planungsmodellen

3. Organisation der Modellrechnung

4. Auswahl der Methoden

1. Formalisierbarkeit von Planungszyklen

Als Planungszyklen sollen — wie allgemein üblich und inzwischen auch in vielen deutschen Großunternehmen gebräuchlich — unterschieden werden

— langfristige Planung: für etwa 10 Jahre,

— mittelfristige Planung: für etwa 5 Jahre,

— kurzfristige Planung: für etwa 1—2 Jahre.

Die kurzfristige Planung ist noch danach zu unterscheiden, ob sie mit oder ohne quartalsweise, monatliche oder irgendeine andere Unterteilung durchgeführt wird. Bei der mittel- und langfristigen Planung ist eine weitere Unterteilung des Jahres im allgemeinen nicht angebracht.

Die langfristige Planung befaßt sich bekanntlich mit der Frage, welche Struktur und welche Größe das Unternehmen anstreben muß, um langfristig konkurrenzfähig zu bleiben.

— Die Fragestellungen der langfristigen Planung sind so global, daß der Einsatz von computergestützten Planungsmodellen wenig sinnvoll und zu aufwendig erscheint.

Die mittelfristige Planung befaßt sich mit den Zielen, die das Unternehmen mittelfristig erreichen will und mit den Maßnahmen zur Erreichung dieser Ziele. Normalerweise werden die Ziele durch die wichtigsten Größen der Gewinn- und Verlustrechnung sowie der Bilanz und durch daraus abgeleitete Kennziffern festgelegt.

— Die Beantwortung der Fragen der mittelfristigen Planung kann wesentlich durch die Risiko-Analyse unterstützt werden.

Die kurzfristige oder operative Planung befaßt sich mit detaillierten Zielen und Maßnahmen für alle verantwortlichen Bereiche des Unternehmens, in erster Linie für Produktion und Vertrieb.

— Die kurzfristige Planung kann — vorrangig vor allen anderen Planungszyklen — durch mathematische Planungsmodelle (Optimierung/Simulation) wesentlich unterstützt werden.

Der Grund besteht vor allem darin, daß die Bedingungen und Daten, die in solche Planungsmodelle eingehen, relativ genau zu fixieren und einigermaßen zuverlässig sind.

Wird bei der kurzfristigen Planung das Jahr noch weiter unterteilt, etwa in Quartale, Monate oder Kampagnen konstanter bzw. variabler Dauer, können Planungsmodelle echte Dispositionshilfen geben. Kein Planungsmodell befähigt jedoch, täglich entstehende Ad-hoc-Situationen zu lösen. Gerade diese Tatsache wird von Praktikern im Betrieb oft verkannt.

2. Anwendungsgebiete von Planungsmodellen

Die im vorigen Abschnitt aufgezählten Planungsmodelle für vier Anwendungsgebiete sollen nun näher beschrieben werden.

Anwendungsgebiet 1

Bei der integrierten Konzernplanung (Corporate Planning) werden im bearbeiteten Fall sogenannte Zielgrößen festgelegt, und zwar für die einzelnen Divisionen Umsatz, Kosten (unterteilt in die wichtigsten Kostenkategorien) und Gewinnbeitrag sowie das eingesetzte Kapital, für den Konzern das Ergebnis und einige Kennziffern. Für jeden möglichen Wert einer Zielgröße wird die Eintrittswahrscheinlichkeit als Maß für das Risiko, gerade diesen Wert in die Planung einzusetzen, errechnet.

Dazu müssen in allen Divisionen die wichtigsten Einflußgrößen (Absatzmengen, Preise, Kostenarten, Produktionszahlen usw.) herausgefunden und mit Wahrscheinlichkeitsverteilungen quantifiziert werden. Das kann erfolgen durch

— (möglichst getrennte) Befragung kompetenter Mitarbeiter (Delphi-Methode),

— Analyse der Vergangenheitszahlen, möglicherweise unterstützt durch vorhandene Berichts- bzw. Informationssysteme.

Dabei darf nicht verkannt werden, daß die Vergangenheit nicht unbedingt repräsentativ für die Zukunft ist.

Die Erfahrung zeigt, daß maximal fünf Schätzwerte für jede Einflußgröße völlig ausreichen; jede weitere Genauigkeit bringt kaum eine Verbesserung.

Bei der Risiko-Analyse müssen die Einflußgrößen voneinander unabhängig sein. Falls das nicht der Fall ist, d. h. falls Kopplungen bestehen,

— muß man Einflußgrößen rechnerisch eliminieren, wenn die Zusammenhänge analytisch bekannt sind,

— kann man näherungsweise durch Verwendung nur *einer* Zufallszahl gekoppelte Einflußgrößen beliebig miteinander verknüpfen.

Das verwendete Planungsmodell enthält

ca. 1000 Einflußgrößen, davon 55 % stochastisch,

45 % determiniert.

Das zugehörige Computerprogramm ist in FORTRAN IV geschrieben und besteht aus ca. 3000 Befehlen. Die Erzeugung der erforderlichen Zufallszahlen erfolgt durch den im „Scientific Subroutine Package" (SSP) für die Serie IBM/360 enthaltenen Generator.

Der große Vorteil beim Einsatz der Risiko-Analyse für die Planung besteht in der Quantifizierung der Unsicherheit. Typische Fragestellungen, die das Planungsmodell beantwortet, sind z. B.:

— Mit welcher Wahrscheinlichkeit wird ein bestimmter Wert einer Zielgröße erreicht oder übertroffen?

— Welcher Mindestwert einer Zielgröße ist bei einem Risiko von 30 % zu erwarten?

— Mit welcher Sicherheit liegt eine Zielgröße zwischen zwei vorgegebenen Werten?

Die Risiko-Analyse steht und fällt mit

— der Richtigkeit der Verknüpfungen *und*

— der Qualität der Daten.

Als Hauptschwierigkeiten haben sich erwiesen:

— Für erfahrene Praktiker ist der Begriff der Wahrscheinlichkeit im Zusammenhang mit der Planung ungewohnt.

— Die Beschaffung der Einflußgrößen und der zugehörigen Wahrscheinlichkeitsverteilungen ist aufwendig.
— Die Ergebnisse, d. h. die Aussagen für die Zielgrößen, werden oft begrifflich nicht verstanden.

Bei der Verwendung der Risiko-Analyse muß man also
— sowohl bei der Schätzung der Einflußgrößen
— als auch bei der Interpretation der Zielgrößen

einen beträchtlichen Arbeitsaufwand für die Einführung vorsehen und einen gewissen Lernprozeß einkalkulieren. Ein wesentlicher Vorteil ist — wie bei jeder Planung, die durch ein OR-Modell unterstützt wird — die Erkenntnis, daß jedes quantitative Vorgehen notwendigerweise zu einer detaillierten Analyse zwingt.

Anwendungsgebiet 2

Bei der Planung des Vertriebs von Markenartikeln handelt es sich im vorliegenden Fall um einen Multistage-Prozeß mit einer großen Anzahl von Stufen. Die dafür aufgestellten Planungsmodelle ermitteln für zeitlich aufeinanderfolgende Stufen, und zwar Dreiwochen-Kampagnen, die Entwicklung des Umsatzes, der Kosten und des Vertriebsergebnisses unter einer Reihe von Annahmen und Einschränkungen.

Die Modellentwicklung ist zwar noch nicht vollständig abgeschlossen, es hat sich aber bereits eindeutig gezeigt, daß bei einem Multistage-Prozeß mit vielen Stufen die determinierte Simulation für einen ersten Überblick entschieden besser geeignet ist als die Risiko-Analyse, zumindest so lange, wie man

— den Umgang mit Planungsmodellen im Vertriebsbereich erst erlernen muß und
— lediglich einen ersten Überblick über die Entwicklung des Bereichs im Planungszeitraum gewinnen will.

Gegen eine Anwendung der stochastischen Simulation sprechen
— die starke Kopplung der Einflußgrößen,
— die hohe Anzahl von Daten, die Verwirrung stiften und kaum mehr Erkenntnisse bringen würde.

Optimierungsmodelle werden durch die zeitliche Kopplung der Stufen sehr unhandlich und erscheinen daher wenig geeignet.

Die genannten Planungsmodelle sind in FORTRAN IV geschrieben. Eine problembezogene Programmierung ist hier — wie oft in der Praxis — flexibler und erfordert weniger Computeraufwand als ein Standardprogramm.

Anwendungsgebiet 3

Das Modell zur Vertriebs- und Produktionsplanung für ein Steinkohlenbergwerk (mit angeschlossenem eigenen Kraftwerk) ermittelt das optimale Produktionsprogramm unter verschiedenen Planannahmen für Produktions- und Absatzmengen, Verkaufspreise u. a. und wird schon seit mehreren Jahren erfolgreich eingesetzt[1]). Es ist ein Modell der linearen Optimierung (LP-Modell) mit ca. 130 Bedingungen und 270 Variablen bei einem Besetztheitsgrad von 3 %.

Als Vorteile dieses Planungsmodells erscheinen zunächst vordergründig

— die Garantie für eine optimale Lösung,

— die schnelle und fehlerfreie Rechnung.

So hat sich z. B. der Aufwand für eine Planalternative von früher zwei Manntagen manueller Rechnung heute auf wenige Computersekunden reduziert.

Einen wesentlich höheren Wert für die Planung besitzen aber die folgenden Möglichkeiten des Modells:

— Schnelle Beurteilung von Planalternativen, vor allem hinsichtlich Mengen (Sortimentsverschiebung), Preisen und Kosten,

— Bewertung von Produkten (insbesondere von Kohlenmischungen) mit Hilfe der Schattenpreise,

— Sensibilitätsanalysen für technische Veränderungen (z. B. bei den Brechanlagen für Kohle).

Anwendungsgebiet 4

Die verschiedenen Planungsmodelle für die NE-Metallhütten dienen zur Ermittlung der optimalen Mischung (und damit auch Beschaffung) der Vorstoffe (Erze, Konzentrate) und zur Festlegung des optimalen Produktionsprogramms für die jeweils vom Modell erfaßten Hütten.

Es handelt sich hier um mehrere Modelle der linearen Optimierung in der Größenordnung von 130 bis 150 Variablen und ebenso vielen Bedingungen sowie um ein Modell der determinierten Simulation (für eine Zinkelektrolyse), bestehend aus rd. 550 Programmbefehlen in FORTRAN IV. Sowohl in der Zielfunktion als auch in den Nebenbedingungen treten Nichtlinearitäten auf, die in den Optimierungsmodellen linearisiert worden sind.

Bei den Optimierungsmodellen sind wieder einige Nebenresultate fast wichtiger als die optimale Lösung, u. a.

— die Bewertung der angebotenen Vorstoffe mit Hilfe der Schattenpreise,

---

1) s. auch: P. Stahlknecht: Die Kohlen müssen stimmen. Der Volkswirt. Heft 11/1970.

— Sensibilitätsanalysen zur Untersuchung des Einflusses technischer Koeffizienten,

— die Beurteilung von Kapazitätsveränderungen mit Hilfe der parametrischen Optimierung,

— die Analyse des Einflusses von Veränderungen in Dauer und Reihenfolge der Kampagnen.

Grundsätzlich zeigt die Erfahrung bei allen Optimierungsmodellen, daß der Begriff „optimal" nur sehr vorsichtig angewandt werden sollte, zumal die optimale Lösung immer nur das Optimum des Modells darstellt und höchstens in dem Maße genau ist, wie das Modell die Realität widerspiegelt.

Diese generelle Feststellung ist mitentscheidend bei der Beurteilung der Wirtschaftlichkeit von computergestützten Planungsmodellen. Während sich der Aufwand für die Entwicklung, Einführung und laufende Benutzung solcher Modelle im allgemeinen relativ genau angeben läßt, sind Nutzen und Vorteile nicht immer quantifizierbar. An die Stelle einer exakten Wirtschaftlichkeitsrechnung muß eine Bewertung treten, die nur das zuständige Management vornehmen kann.

Diejenigen Führungskräfte, denen das Planungsmodell Entscheidungshilfe gibt, müssen beurteilen, welchen Wert für sie die Möglichkeiten des Modells besitzen, durch Alternativrechnungen z. B.

— die Entwicklung von Teilbereichen,

— die Struktur des gesamten Unternehmens,

— den Einfluß des Marktes,

— die Auswirkung veränderter Technologien

detailliert und exakt zu analysieren. Leider besteht oft noch das — glücklicherweise selten beweisbare — Vorurteil, mit OR und EDV ließe sich am meisten sparen, wenn man beide nicht betreibt.

3. Organisation der Modellrechnung

Die Entwicklung computergestützter Planungsmodelle erfolgt zweckmäßigerweise durch ein Team, in dem Vertreter der Abteilungen Operations Research und Planung zusammenarbeiten, von Fall zu Fall unter Hinzuziehung der zuständigen — und mit möglichst vielen Vollmachten ausgestatteten — Mitarbeiter aus den vom Modell erfaßten Bereichen wie Einkauf, Produktion, Vertrieb usw. Daß sich das obere Management mit den Arbeiten identifizieren muß, ist inzwischen eine Binsenweisheit geworden, die nicht nur für die Aufstellung von Planungsmodellen gilt.

Werden Planungsmodelle routinemäßig, d. h. in periodischen Abständen für die jeweiligen Planungszyklen eingesetzt, sind folgende Voraussetzungen erforderlich:

a) Terminplanung

Alle beteiligten Abteilungen müssen die Termine von Beginn der Vorbereitungsarbeiten bis zur Auswertung der Computerrechnungen exakt aufeinander abstimmen. Gerade die letzten Schritte, d. h. die Durchrechnung auf der EDV-Anlage und die Ergebnis-Interpretation, geraten trotz aller Terminplanung immer wieder in eine kritische Zeitphase.

b) Dokumentation

Eine genaue Dokumentation über

— den Anwendungsbereich und die Möglichkeiten des Planungsmodells,

— die technische Abwicklung der Routineläufe

ist unerläßlich, muß kontinuierlich ergänzt werden und hat allen Beeteiligten ständig zur Verfügung zu stehen.

c) Datenorganisation

Die Sicherheit einer Modellrechnung läßt sich nur gewährleisten, wenn ein Katalog aller Bedingungen und Daten angefertigt wird. Ein solcher Katalog muß laufend auf dem neuesten Stand gehalten werden (technische Koeffizienten, Preise usw.) und allen Beteiligten vorliegen (mit Datumsangabe der letzten Änderung!). Die Benennung eines ständigen Verbindungsmanns zu OR und EDV — zweckmäßigerweise aus der Abteilung Planung selbst — erweist sich als nützlich.

Ablochfähige Belege beschleunigen die Abwicklung.

4. Auswahl der Methoden

Prinzipiell zeigt die Erfahrung, daß die vorhandenen mathematischen Modelle und Methoden zur Lösung von Planungsproblemen völlig ausreichen.

Das Anwendungsgebiet der Risiko-Analyse ist nicht auf Investitionsentscheidungen beschränkt, für die das Verfahren ursprünglich von *Hertz* entwickelt worden ist[2]. Ihr Einsatz bietet sich an, wenn relativ unsichere Einflußgrößen in einfacher Weise miteinander zu verknüpfen sind. Besonderes Augenmerk ist allerdings auf die Unabhängigkeit der Einflußgrößen zu richten. Ehe für die einzelnen Einflußgrößen Wahrscheinlichkeitsverteilungen „aus der Luft gegriffen" werden, sollten sie besser als determinierte Variable in die Rechnung eingesetzt werden.

Will man für komplexe Situationen Planungsmodelle aufstellen, sieht man sich immer wieder vor die Frage gestellt, ob man ein Optimierungs- oder

---

[2] D. B. Hertz: Risiko-Analyse bei Kapitalanlagen. Fortschrittliche Betriebsführung 13, 1964, S. 107—117. Siehe auch: P. Stahlknecht: Operations Research, Verlag Vieweg, Braunschweig 1970. Insbesondere S. 190 ff.

ein Simulationsverfahren benutzen soll. Es hat sich dann als ratsam erwiesen, zunächst für das betreffende Anwendungsgebiet global die Kategorien

— Bedingungen,

— Entscheidungskriterium,

— Daten

zu betrachten und anschließend wie folgt zu verfahren:

— Falls die Bedingungen nicht eindeutig zu formulieren sind, fängt man mit der Entwicklung eines Planungsmodells gar nicht erst an.

— Falls die Bedingungen eindeutig formuliert, das Entscheidungskriterium bekannt und die Daten festgelegt sind, empfiehlt sich auf jeden Fall die Entwicklung eines Optimierungsmodells. Nichtlinearitäten sind im allgemeinen hinreichend genau linearisierbar.

— Falls — ein in der Praxis häufiger Fall — das Entscheidungskriterium noch nicht fixiert und/oder die Daten relativ ungenau sind, greift man zweckmäßigerweise zur Simulation.

Bei Mehrstufen-Prozessen beginnt man am besten von vornherein mit einem Modell der determinierten Simulation. Die dynamische Optimierung — die sich theoretisch hierfür anbietet — ist bei einer großen Anzahl von Variablen praktisch unbrauchbar.

Ein Simulationsmodell besitzt gegenüber einem Optimierungsmodell einige Vorteile, z. B.:

— Es ist

    leicht überschaubar,

    flexibel,

    einfach im Verfahren.

— Es läßt bei der Formulierung alle Typen mathematischer Funktionen zu.

— Die Rechenzeiten auf dem Computer sind unerheblich.

Demgegenüber stehen einige Nachteile, u. a.:

— Man erhält keine „Optimallösung".

— Eine Sensibilitätsanalyse ist nur in sehr beschränktem Rahmen möglich.

Für alle computergestützten Planungsmodelle ist es außerordentlich wichtig, daß sich an die eigentliche mathematische Modellrechnung aussagefähige Ergebnislisten anschließen, die anschaulich und von allen Beteiligten leicht zu verstehen sind. Der Zeitaufwand für die Programmierung solcher Listen ist oft größer als erwartet und wird meistens als lästig empfunden. Gerade die Art der Ergebnisausgabe ist aber häufig entscheidend für die Beurteilung der Planungsmodelle durch das Management.

Schlußfolgerungen

Die Erfahrungen mit Planungsmodellen für verschiedene Anwendungsgebiete haben gezeigt, daß vor allem die mittel- und kurzfristige Planung durch mathematische Modelle wirksam unterstützt werden kann. Als Verfahren lassen sich sowohl die Risiko-Analyse (stochastische Simulation) als auch die determinierte Simulation und die Optimierungsmethoden verwenden.

Bei allen Modellrechnungen kommt es weniger auf die eigentliche Optimierung an. Die Bedeutung von computergestützten Modellen für die Unternehmensplanung besteht vielmehr in der fundierten Analyse eines möglichst breiten Spektrums von Alternativen im Sinn einer echten Entscheidungsvorbereitung.

Corporate Models in the Electric Utility Industry

Von

Allen J. Wood

Introduction

Much has been written concerning the utility corporate model in recent years. It seems appropriate to refer to this body of literature by appropriating the title of an article by Theodore Sturgeon which appeared in the Book Review section of the New York Times, January 9, 1972. That is, this body of literature is "Not science Fiction But 'If' Fiction". The corporate model as used in the utility industry is not a tool for predicting market conditions, capital costs or the requirements for new capital expenditures. Rather, it is a tool for assessing the "if" questions:

- What if...?
- If this goes on...?
- If only...?

It seems that the types of questions which might be posed to be analyzed by one of these models will only depend upon limits of the imagination of the user. Generally, however, these models have been used in the electric utility industry to investigate the following types of questions.

- Financing needs for system growth.
- Evaluation of alternative plans.
- Market studies.
- Studies of expected energy production expenses.

These cover a considerable planning area and involve both strategic and operational or tactical planning problems.

Specific problems may illuminate further the application of corporate and financial models in this industry. Questions which might arise include:

- Which generation plan will be least expensive?
- Which will produce the largest net income?
- If high interest rates continue, what revenue will be required to hold our current level of net income?
- What financial instrument shall we use for our next fund raising?
- If only we could promote this market sector; what would it do to our revenues and income?
- If our labor force continues in its pattern of wage demands, what will be the result on our income?

- If we install larger generating units and if these units continue to experience frequent, long forced outages, what will it cost the company?

The originally stated subtitle "Not Science Fiction But 'If' Fiction" describes these kinds of problems. The corporate model should not be expected to predict the future precisely. What it should be expected to do is to permit the accurate and rapid appraisal of the "if" questions.

"A Corporate Model is ..."

The corporate models in the electric utility area include a new concept since they contain economic, engineering, financial and management models; all simultaneously interacting. The models all contain common characteristics and each must include considerations of the following:

1. Forecasts of the expected volume of business and the corporate revenues.
2. Consideration of the production costs and other operating expenses associated with meeting the product demand.
3. Forecasts or models of the need and expenditures for the increased facilities to serve the product demand expected.
4. A model of the accounting-financial-management policy "system" to provide forecasts of the need for additional financing, compute the financial expenses and income taxes resulting and produce the information required to develop forecasts of conventional financial reports.

A block diagram of what may be considered to be a typical utility corporate model is shown on Figure 1. This form of model is truly a collection of the major sub-system models and may be as simple or complex as the model builder requires. For instance, the first sectors shown in Figure 1 include data, revenues, consideration of plant and the representation of the operating expenses. These sectors may be implemented in various ways in a specific model by the development of statistical time series to forecast the data required or by incorporation of more-or-less complex representation of the processes involved. The central portion of the model must necessarily incorporate considerations of:

- Financial planning
- Accounting and cash flow
- Financing
- Income taxes
- Management policies
- Financial report generation

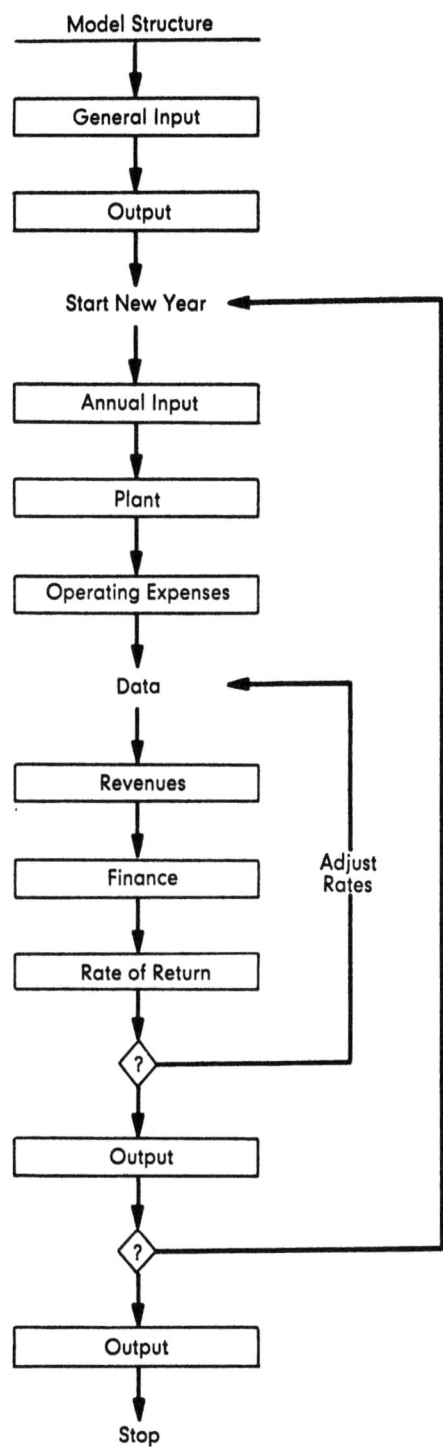

Figure 1: Electric Utility Corporate Model Structure

plus the logic required to control the use of the model for studying specific problem areas. Because of the high degree of investment in facilities, the plant sector for a utility model must include consideration of plant growth, retirements, depreciation, and construction interest.

Models of this type are used for planning and analysis of various financial options for studying the economic and financial effects of alternate physical expansion plans and for studying the effects of possible changes in the technical or business "environment" in which the utility must operate. For some situations, models will facilitate the study of the effects of optimization procedures and for other situations, they allow analysis of the potential effects of management policy changes before they are implemented.

A data Filter

In approaching this area, one must be aware of the necessity to accumulate and appraise relevant consistent and significant data as well as some of the potential difficulties that may be involved in obtaining and understanding these data. The source of much of this information will be in the results, or output, of the corporate accounting system. With a corporate model in operation, it will also be producing information which must be processed by a representation of the accounting system to produce results in a useful and familiar format. This demands that sufficient attention be paid to the accounting system's operation by the model builder in order to understand the data filtering and smoothing that has taken place in the past and to represent this "filtering" action which may be expected in the future.

Accounting models may be of the conventional format or may make use of input-output tables and/or matrix accounting techniques. In any case, an accurate and useful model must keep records of both accounting accurals and cash flows. This can be done by utilizing simpler, annual models and seasonal patterns. In either case, it is necessary to analyze existing data, extract significant patterns and incorporate these in the model, modified to reflect expected future changes in the system.

With these characteristics and the capability of representing the inter-action of all the major aspects of the electric utility, the corporate model offers the prospect of becoming a major tool for both long-range and operational planning.

Measures of value

In any planning situation, whether it is short-range (i. e., directing system operation using rational techniques) or longer range system expansion planning, one of the most important asspects is the selection of appropriate value measures on which to base a decision. Planning is rapidly becoming an accepted function in more conventional engineering, "systems engineering," business and governmental areas. In each of these separate fields, specific, favored value measures have developed; in most all, the common link is via economic considerations. The same is true, of course, in the electric utility where two commonly used measures are:

- the expected present value of the revenues required to support a given plan, and
- the anticipated earnings per share pattern or total annual net income pattern resulting from the selection of a given plan.

Tle first is "economic" and the second is "financial". Both measures would seem to be equally appropriate with the emphasis being a function of frame of reference of the observer.

In truth, it would appear that the multiplicity of value functions is a fundamental part of the overall utility planning problem and should not be ignored. The corporate model offers, in the case of the utility in particular, the chance to analyze and forecast both revenue requirements and the effect on earnings of alternate choices. This posibility becomes apparent when the utility is viewed as a corporate entity in terms of the cash flows associated with its operation.

Figure 2 illustrates the position of the two value measurements.

- Revenues required are at the input and the funds originate with the customers.
- Earnings per share are the dollar flow at the output and go to the owners.

By the proper design a corporate model may be developed to forecast resultant per share earnings for a given set of alternates and fixed revenue patterns, or alternately it may be used to develop the required revenues for a set of plans on the basis of holding a given pattern of earnings or return on net investment. Probably more importantly, the corporate model offers the flexibility to incorporate considertaion of new measures should they develop, and it does not treat the economic and financial aspects as independent.

Financial Models

The heart of the corporate model is the so-called "financial model" which permits the study of alternate financial plans, produces accounting information and computes the income taxes. This model must include:

- consideration of financial plans
- a simulation of the cash flows and cash management policies
- provision to represent the implementation of the financial plans, and to include the effect of the financing costs on the current income tax.

It is the inclusion of these fundamental financial features which differentiates the corporate model approach from the conventional engineering economy methods.

Larger corporate models may include detailed representations of the logical decisions to adequately represent the selection of alternate financial instruments to raise funds. This approach is quite appropriate in some cases, but may require inordinate time delays in the cycle of waiting for initial results, selecting further alternates, making subsequent computations, and final selection of an alternate to implement. Another approach is the use of an inter-active program in which the financial planner may become an integral part of the decision making loop.

Problems

The problems encountered in building and staffing a corporate model seem to fall under the categories of:

- model use
- people
- data.

The area of model use seems to arise most frequently when there is no previously established planning system. It has been an almost insurmountable problem to develop both an adequate model and a planning system simultaneously. One approach is to develop initially what may be an inadequate model and when people have become used to the idea of planning, to develop a more adequate model.

Given an established system for planning, the next natural road block is to define the type of results which would be most beneficial. A single suggestion here seems to turn the tide. This is to plan the model output ignoring, for the moment, the practicality of it all. When this has been done, then, and only then, is it really possible to assess the feasibility of developing the model.

Data is the next stumbling block; at least in the electric utility. A utility model which is to develop forecasts of future financial statements must contain sufficient data to make computations and forecasts in three distinct areas. These are:

- the prediction of corporate net income levels
- the computation of income taxes
- the calculation of the utility's position and performance as seen by the appropriate regulatory commissions.

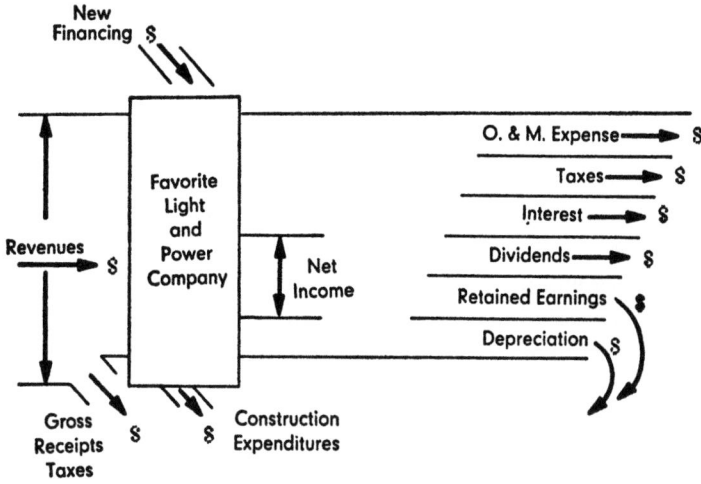

Figure 2: Cash Flow for a Particular Utility

The first is, of course, one of the fundamental purposes of the model and will require considerable data. Corporate profits are computed according to one set of "rules" (i. e., accounting practices) while both income taxes and performance as viewed by the regulatory agency may and are computed by two other sets of rules. All of this results in a complicated and extensive data requirement.

Granted then, that the data base is large and must be kept constantly in a valid state, the objection is frequently raised that the data are "not available". This is not true. If it were, the utility could not operate. What is really meant is usually:

- the data base you require is to expensive to generate easily
- or, the data required by your model are not the same as those the corporation uses in its operations.

In either case, it may be the model builder who is at fault. The data requirements for the model should not be so large and burdensome that they cannot be produced and kept current with a reasonable expenditure of money and effort. If the model requires data not used by the company, then it may very well be the case that the model builder is trying to use a standard, prepackaged model structure which is unsuitable for the company in question. It is, of course, much better to tailor the corporate model to the practices of the individual company.

Finally, the most difficult area, people. In some companies there is an atmosphere which leads to a great reluctance to changes of any sort. The introduction of a corporate model will upset the equilibrium that exists and people may resist rather than assist.

On the more positive side of the people problem is the necessity to have competent people available to assist in the model development and in the subsequent staffing of the model. These should be knowledgable people who are capable of seeing the entire scope of the company's operations. They must be willing to work with people and to assist them in making use of the model. In short, they should have most of the characteristics which could lead to promotion to management positions. There is the heart of the problem in many companies. The people who are capable of developing and staffing a model project are simply "not available". This is a problem to be faced and solved by management in most cases. They must decide if they wish this planning tool sufficiently to elevate the relative position of the project to a level sufficiently high to command the attention of the people needer. In other companies this "people problem" has been self-curing since younger ambitious individuals have seized the opportunity offered by the development of a model to further their knowledge of the company and their personal chances for advancement. People such as this also tend to train their own replacements — which alleviates the continuation of the "people problem".

Trends

In the U. S. electric utility industry there seems to be a trend towards the almost universal adoption of financial models. These are models to produce the required financial plans and reports, but which may not include simulation models of the revenue and non-financial expense areas. These are handled by input data.

Further, the trend seems to be to develop models which are more tailored for the individual company practices rather than to make use of pre-packaged software. This seems natural since the accounting and financial management practices of utilities vary to a considerable extent.

This points out indirectly the need for inter-disciplinary cooperation. Utility corporate models involve considerations in:

- finance
- accounting
- power systems engineering

and
- computer software and systems.

This requirement does not seem to raise any particular problem as long as the required talents can be gathered together in one team.

Software development

In the electric utility model area there is a consistant pattern which can be followed by all the U. S. companies. But, the models are by no means standardized. A large model developed initially for one medium sized company has been adopted by several others ranging from very large to moderate in size. In each instance, the original model served only as a framework. In detail all of the existing software needed to be altered.

This would seem to lend support to the argument that these models must be tailored to individual corporate practices. In personally working with a dozen or so models, it has been found reasonable to transfer ideas and structural concepts from one model to another, but it has not proven worthwhile to develop standard software packages.

Models developed for individual utilities have taken as short as four months to complete. At the other extreme are model projects involving 10 to 15 man-years of effort which may require four or more years to complete.

Actually "completition" is a misnomer since these models are never "complece". In practice the data base must be up-dated yearly at a minimum. The logic in many sections will require frequent up-grading. For instance, the U. S. income tax laws change at least annually. In other areas the model may "grow" as simulations are substituted for input data.

Programs have been constructed which are inter-active in that they allow the planner to insert his own ideas directly into the logic so the calculation proceeds. In most cases, however, the financial models run sufficiently fast that repeated batch runs are quite economical. This is not true with energy production cost models. Some of these may take as long as eight to ten hours on a computer such as the IBM model 360/40.

References

1. "Planning of Large Systems," Public Utilities Fortnightly, by A. J. Wood, Vol. 81, No. 1, January 4, 1968, pp 16—25. Also published in the Proceedings of the IFAC Second Optimal Systems Planning Symposium, Case Institute of Technology, Cleveland, Ohio, June, 1968, pp 154—164.

2. "An Electric Utility Corporate Model," by A. J. Wood, J. F. Carlin, C. D. Galloway, R. H. Lyons, J. R. Mitiguy, E. F. Murphy and M. A. Sager, IEEE Paper 69CP110-PWR. Presented at 1969 IEEE Winter Power Meeting, New York City, January, 1969.

3. "The Corporate Model Program," by A. J. Wood and M. A. Sager, Proceedings of Sixth Power Industry Computer Application (PICA) Meeting, IEEE Publication 69-C1-PWR, 1969, pp. 557—564.

4. "An Application of Corporate Models in Generation Planning" by A. J. Wood, M. L. McNelly and R. L. Thompson, Proceedings of the American Power Conference, Vol. 31, 1969, pp. 458—467.

5. "Corporate Model of an Electric Utility," by A. J. Wood, J. F. Carlin, C. D. Galloway, R. H. Lyons, J. R. Mitiguy, E. F. Murphy and M. A. Sager, IEEE Spectrum, June, 1969, Vol. 6, No. 6, pp. 75—84.

6. "Corporate Models — A New Tool for Planning," by A. J. Wood, Presented at the 1970 Summer Power Meeting, Los Angeles, California, 1970, published in Transactions of IEEE, paper 70TP794-PWR.

7. "A New Generation Production Cost Program to Recognize Forced Outages," A. J. Wood, M. A. Sager and R. J. Ringlee, 1971 PICA Proceedings, also IEEE Transactions, paper T72 159—7.

8. "Generation and Financial Planning in the State Electricity Commission of Victoria," by A. J. Wood, A. A. Cope, I. W. Meldrum, and P. F. Moir, Proceedings of the 8th World Energy Conference.

9. "Corporate Models for Electricity Supply Utility Planning," by A. J. Wood, Electric Review, July 2, 1971, Vol. 189, No. 1, pp. 11—14.

10. "Power System Production Cost Calculations — Sample Studies Recognizing Forced Outages," by A. J. Wood and M. A. Sager, IEEE Transactions, paper T 72 158—9.

Implementation Problems in Model Building for Corporate Planning

Von

Dipl.-Ing. Herbert Tröscher*)

*) The author thanks Mr. Graeme Dillon from the State Electricity Commission of Victoria in Melbourne for his assistance in preparing the paper.

Introduction

In order to get a clear understanding of the subject discussed in the paper it is necessary to start with definitions of corporate and functional planning.

a) Corporate or strategic planning

— is concerned with plans for dealing with external and internal factors which determine the long-range success of a corporation as an integrated whole

— considors to a certain degree of detail all major functions and factors such as:
  + financing
  + marketing and sales
  + engineering
  + production
  + distribution
  + personnel
  + materials

— determines as a result the policies for achieving the corporate goals by use of available resources.

In practice the complexities and the uncertainties inherent in the corporate or strategic planning process do not allow a detailed consideration of all functions and factors involved.

The planning process which deals with individual functions in a highly detailed way is called functional or tactical planning.

b) Functional or tactical planning

— is concerned with plans for dealing with factors which determine in detail the medium or shortrange performance of individual functions

— determines as result the way for achieving the functional goals by use of available resources

In practice corporate and functional planning as it is defined here are not independent of each other, and in reality an iterative process between corporate and functional planning takes place continuously.

The planning process from the strategic via the tactical to the operational level can be considered as a multi-stage feedback process. On the strategic level, decisions are taken which aim at reaching the long term goals of the enterprise. Here the optimum can only be attained if as many as possible of the present and future factors affecting the operating result are taken into account. Some of these factors, however are influenced by the tactical or operational levels. This means that the planning process is not only directed from the upper to the lower level but that there are also retroactions. These retroactions are illustrated in Figure 1 where a three-stage hierarchical feedback control loop symbolises the planning processes in the enterprise.

Planning processes in big companies

As has been shown in Figure 1 the planning process in a big company is going on iteratively in two directions:

1. Corporate management proposes functional goals, consistent with company goals, to functional management.

Functional management checks allocated functional goals and proposes changes in agreement with functional resources or requirements if necessary.

In this case corporate management plays an active role in the planning process.

2. Functional management proposes functional goals, adequate with functional resources or requirements, to corporate management. Corporate management checks functional goals and proposes changes in agreement with company goals if necessary.

In this case functional management plays an active role in the planning process.

Model building for corporate planning in big companies

There are mainly two ways to solve corporate planning problems:

1. The involved functional areas in corporate planning can be considered in a relatively undetailed form in order to keep good servey on the whole corporate planning process. For the solution handle the corporate planning problem as a whole.

2. When faced with a corporate planning problem break it down into parts which can be understood and analysed. For the solution link and coordinate the individual parts.

Thus there are two main options for building models for corporate planning:

1. Overall model approach

Representation of the entire scope of corporate planning procedures up to a certain degree of detail in one model. The corporate planning problem as a whole can be solved by applying analytical or numerical methods.

2. Decomposition approach

Decomposition of the complex corporate planning problem into a number of smaller subproblems and corresponding submodels and then coordinating their solution. By using coordination schemes and rules for the solution of the individual subproblems which correspond with the corporate objectives, the solution to the original problem can be obtained in an iterative process.

The overall model approach for corporate planning raises computational problems especially if an optimal solution has to be found. The existence of an overall model allows centralized planning and the top-to-down direction of the planning process.

The decomposition approach for corporate planning is from the point of view of computation superior to an overall model approach if the number of iterations required to find an optimal solution is small. Decomposition partly allows the decentralisation of corporate planning, if there exists a formalized coordination procedure between decentralized functional management and centralized corporate management. Therefore, the decomposition approach is, from the point of view of organisation, coherent with the hierarchical structure of companies, especially if corporate and functional planning are closely linked. The decomposition approach however, should be based on a coordinating scheme which requires only a few iterations in order to get a solution of the total problem. To find such a coordinating scheme is one of the fundamental problems in complex corporate planning, as well as in closely linked corporate and functional planning processes.

Starting from the hierarchical structure of companies the autho proposes a decomposition approach which may provide a satisfactory coordination scheme:

Decomposition of the complex corporate or the closely linked corporate and functional planning processes into a corporate model which contains all major but less detailed functions and several detailed functional submodels.

The solution of the original problem could be obtained in an iterative process between the corporate model and the functional submodels. The corporate model allows the approximate determination of optimal corporate policies which have to be controlled in detail with respect to functional constraints by using the functional submodels.

The number of iterations depends on the detail of the corporate model and the required accuracy of the results. Despite the fact that this approach makes it difficult to define a generalizable convergence criteria for the iterative solution of the total problem, the author believes that the proposed decomposition into a hierarchy of models represents a useful tool to solve complex corporate planning problems.

For a better understanding of the different approaches to corporate model building and planning it is useful to examine possible company organisational structures. A centralized organisation is one which treats the planning processes on a centralized basis. A decentralized organisation is one in which the planning procedures are delegated to many individuals or groups. Generally, the independent decisions made by this organisation must be coordinated in some way or other. Consequently, the overall model approach is analogous to the centralized organisation structure, whereas decomposition in combination with coordination rules is analogous to the decentralized organisation structure.

The decomposition into a hierarchy of models proposed by the author, provides a practical coordination scheme and represents a compromise between centralization and decentralization.

In the next section an outline of the corporate model rather than of the functional submodels for a big electric utility will be given.

A corporate model for corporate planning in a big electric utility

The large amount of capital involved in strategic plans of big electric utilities and also the significant differences in cost between different alternative investment programs justifies that in a big electric utility priority should be given to the development of a computerized corporate model. In comparison with the detailed functional models the corporate model is designed to be complex but less detailed and will represent the top of the hierarchy of models as illustrated in Figure 1.

Before examining the design of the corporate model of a big utility consideration will be given to the present corporate planning procedures in big electric utilities. Practically, the market demand and the secure and economic supply of electricity are governing the expansion of the generation, transmission and distribution system. The required investment and operation expenses are to be financed by revenue and external capital (Figure 2). If the capital requirements cannot be covered, the investment programs, the market plans or the tariff structure have to be reviewed. The flow chart which symbolizes these procedures is presented in Figure 3. This shows that an iterative planning process, as described above, is taking place in and between the individual functional areas. At present the manual execution of these corporate planning procedures is predominant in the electric utilities in Europe.

Lack of time and manpower made it necessary to limit ourselves to studies for short periods of time of usually five years. These five-years studies serve a useful purpose but show some shortcomings from the long-range planning point of view.

A computerized corporate model represents a useful tool to overcome the prohibitive time and manpower requirements associated with long-range corporate planning.

The design of such a model is based on the assumption that most of the time-consuming routine work in corporate planning can be formalized as computer applications. Independent of the kind of industry, simulation rather than optimization methods are applied in most of the corporate models which are in use today. The reason lies mainly in the difficulties to define a single objective function for the corporate goals of industrial enterprises and in the numerical problems inherent in the determination of a mathematically optimal solution.

In the following the structure and the specifications of the corporate model for a big electric utility will be presented (Figure 4).

This corporate model consists of several parts:
— Market model
— Simulation model for generation expansion
— Simulation model for transmission and distribution expansion
— Production cost model
— Financial model (including investment cost models)

Despite the fact that in some parts optimization methods are used (as for example in the production cost model) the corporate model as a whole is of the simulation type. In practice management more frequently asks the system planner to prepare different alternative investment programs, rather than to present one "optimal" solution. These requests can fe fulfilled by using a simulation model in connection with man-machine-communication in order to find the different alternatives.

The corporate model as shown in Figure 4 is designed to answer questions such as:
+ What are the effects on the balance sheet, the profit and loss statement and the liquidity caused by:
— changes in market plans,
— changes in the tariff structure,
— new contracts with customers,
— different investment programs,
— inflation rate,
— new nuclear reactor generation (fast breeders),
— retirement of plants,
— changes of depreciation method,
— changes of salaries and wages,
— changes of financing rules,
— changes in tax system and rates,

— changes of interest rates,
— financial investment,
— issue of shares or bonds and floating of loans,
— changes in dividend policy,
— changes of load characteristics,
— changes of fuel costs?

+ What are the retroactions of different power plant locations on the transmission system expansion?

+ How are new customers influencing the distribution system expansion?

+ How does the maintenance schedule and the outage probability of power plants influence the generation system expansion?

+ How are changes in load characteristics affecting the loading schedule of individual power plants?

+ Should we install gas turbines or pumped storage stations to meet peak load requirements?

+ Should we improve the capability of isolated operation for parts of the system in order to be able to balance demand and generation?

In order to answer these questions for example the financial model of the corporate model illustrated in Figure 4 should comprise routines to calculate

— liquidity
— profit and loss
— balance sheet items
— financial plans
— minimum revenue requirements
— detailed investment costs
— key financial data.

In the past most of the research work has been concentrated on the development of production cost models and models for generation and transmission or distribution system expansion.

Most frequently these models are based on investment criteria such as:

— percentage return
— payback period
— annual cost
— discounted cash flow
— capitalized cost
— minimum revenue requirement.

However, none of these investment criteria represent the accounting and financing rules in the detail necessary to enable the determination of the results of alternative investment plans in adequate financial terms. The author believes that there is no sense in developing very sophisticated production cost models and expansion models while not paying enough attention to financial aspects and factors such as:

— depreciation rates
— capital structure
— tax rates
— dividend payment
— interest on debt capital

with adequate allowance being made for the inherent uncertainties involved. Therefore in the design of the corporate model for a big electric utility sufficient emphasis will also be placed on the financial model.

The rough flow chart of the financial model is shown in Figure 5. This financial model contains different modules for:

— data input
— checking data for reasonableness
— calculation of revenues
— determination of changes in fixed assets
— calculation of production costs (others than variable fuel costs).
— calculation of other expenses (personnel etc.)
— property accounting
— depreciation calculations
   for book purposes
   for tax purposes
— tax calculations
— calculation of actual value of properties
— calculation of
   accounts receivable
   cash flow
   liabilities
— calculation of financing costs
— determination of minimum revenue requirements
— report output

The individual computer operations in and between these modules are controlled by separate monitor programs.

Other major design features of the financial model are:

— it is designed to be as closely looped as possible, since information passes from one cycle (fiscal year) to the next

— it comprises a 20-year-planning horizon subdivided in 3 monthly time intervals

— it gives answers to more than 100 complex questions

— it allows variation of approximately 1300 parameters.

Some implementation problems in model building for corporate planning

In the previous sections some of the more general analytical and organisational problems which occurred during the design phase of the corporate model have already been mentioned. However, during the development phase of the corporate model implementation problems are expected to arise concerning:

1. Cooperation between management and project team which is developing the corporate model

2. Composition and organisation of project team

3. The degree of detail and accuracy the corporate model should or must reach

4. Data collection by means of manual or computer assisted information systems

5. Analysis of functional behaviour and interrelationships based on deterministic or probability methods.

6. In-door or out-door development of a corporate model

7. Application of the corporate model directly by management or indirectly via corporate planning staff.

The solution of the questions and problems which will be given by the author is influenced by his experience in developing a corporate model for a big electric utility. Despite this fact, the author is convinced that most of his comments can be generalized for the development of corporate models in other industries.

1. Cooperation between management and project team:

The project team should try to establish close links to every management level in order to get management involved in the design and the implementation of the corporate model. However, in practice this aim can only partly be fulfilled because management has difficulty in attaining the skills in Operations Research and EDP required and to reserve enough time in order to be involved in the development of the model.

Therefore, the project team must firstly present a proposal on the design and the implementation of the corporate model to at least the top and middle management. Normally management will ask for changes which are based on their experience in the company's former operation.

Many difficulties can be experienced at this stage since management's experience is very often based on rule of thumb and intuition which can be difficult to formalise using Operations Research Methods. Furthermore, functional management is not usually enthusiastic in assisting the development of a tool for system's planning.

In this situation the project may be cancelled if the project team does not succeed in

— convincingly demonstrating the applicability of OR-Methods on smaller practical examples which can be easily understood by management
— participation of experts across the organisation in the project
— selling the necessity for the system's approach rather than for the subsystem's approach
— finding procedures with which management is able to control the project.

2. Composition and organisation of the project team

The key for a successful performance of the project will be the project leader. He should have at least the following qualifications:

— Experience in the company's operation preferably at management level.
— Good knowledge in OR and EDP
— Trustful, independent in mind but nevertheless cooperative.

The members of the project team must provide professional skills in

— System-Analysis of complex technical and commercial functions
— Operations Research Methods
— Management Science Methods
— Programming
— Data Management

and they should closely cooperate with all the experts across the organisation.

Organizationally the project team should be placed directly under top management or should at least have direct access to top management. However, for the success of the project it is of importance to have also direct access to middle management.

3. The degree of detail and accuracy the corporate model should or must reach

This question indicates another key point in model building. Of course the most obvious answer may be that the corporate model should be as detailed and as accurate as possible or necessary. But during the design phase a model builder is not able to determine exactly what is possible, or necessary. At this development stage too many factors are unknown, for example:

— Availability and consistency of data and information
— Sensitivity of the company's behaviour in response to changes in internal resources and in environmental demand
— Uncertainty of future company operation
— Possibility of formalised or mathematical representation of the company's operation
— Applicability of OR-Methods
— Development costs.

Only during the course of the development phase do we get a better knowledge of these factors. It is most probable that the first design of the corporate model will differ significantly from the final solution. This means that there is much sense in following a trial and error procedure for the development of a corporate model. The errors could be measured against the results of the model and how well they agree with the known former operation of the company.

In order not to spend too much time on the wrong development direction it is also reasonable to start with a less detailed and a less accurate representation of the company in the corporate model.

The final version of the corporate model will then be the result of an adaptive development process. The quality of the final version will mainly depend on:

— Measurement of errors between model and real results of past
— Availability of man-power and time for the development of the corporate model
— Availability of computing facilities

The conclusion drawn from this matter could be that:

— The degree of detail and accuracy a corporate model must reach cannot be determined correctly in the design phase
— In order to build a corporate model we should not spend too much time designing the model but start with a simplified version and bring it to sophistication in an adaptive trial and error procedure.

4. Data collection by means of manual or computer assisted information systems

Consistent and relevant data play an important role in the building and application of a corporate model. Looking from the author's experience it is more diffcult to collect consistent and relevant data than to find adequate mathematical methods. It is necessary to think over carefully which data we need for building and applying the corporate model. Some people argue that it is not possible to develop a corporate model unless a large data base and computer-assisted information systems, which collect data automatically, are not already operational. Other people ask how we can know what data we should collect, and how to collect it, as long as we don't know what data we require. An answer to these questions can only be given when we have made progress in developing and applying the corporate model.

The authors recommends the following procedure

— Begin by designing and developing the corporate model and define data requirements in correspondence with the progress of the project.

— Collect relevant data automatically or manually wherever you can get it in an economically justified manner. If the cost of information is too expensive the detail and accuracy of the data has to be reduced and consequently the sophistication of the corporate model.

— Start to develop information systems which could solve the data collection problem more economically and then improve the sophistication level of the corporate model in an adaptive process.

5. Analysis of functional behaviour and interrelationships based on deterministic or probabilistic methods.

In a corporation there exist functions and processes which are of a deterministic and/or probabilistic nature. Consequently, we should apply deterministic and/or probabilistic methods to enable us to forecast future events as realistically as possible.

We must always put the question: Can we determine the functions, processes and events securely in advance or are there naturally existing uncertainties involved in determining them?

In general, studies of a short term nature in which variables can be specified deterministically favour the application of optimization methods. On the other hand, in longer term studies in which uncertainties must be represented, the probabilistic nature of the processes favours the use of simulation methods.

In model building, probabilistic effects have often been represented as being deterministic in order to enable the use of optimization methods. But it is problematical to do this without checking whether the results are able to describe the former operation of the company correctly. The author believes that especially in a corporate model probabilistic events influencing the operation of the company must be represented adequately by applying simulation rather than optimization methods.

This statement also takes into consideration that management is generally more interested in a tool to enable risk and sensitivity analysis and less in a tool allowing on-line decisions.

6. In-door or out-door development of a corporate model

It is very difficult to give a general answer on this question because the answer always depends on a subjective assessment of the qualifications of the project team in the company and of the experience of the consultant.

In any case the development of a corporate model requires close knowledge on the operation of the company itself. In general an in-door project team will have this know-how more than a consultant. On the other hand from his experience with other companies on out-door consultant may know more about project management, application of OR-methods and programming the building of a corporate model. For the success of the project experience in all these fields is of great importance. Therefore the author feels that:

— The design and the implementation of a corporate model should be done under the responsibility of an in-door project team.

— A competent consultant should be hired for reviewing the design and for developing these parts of the model for which he can use his experience and know-how most profitably for the project.

— For the introduction of the corporate model in the company a consultant with a good reputation may also be of help.

7. Application of the corporate model directly by top management or indirectly via corporate planning staff

In discussions on this question the argument is raised that top management itself should be involved directly in the application of the corporate model. In this connection proposals are made that top management should use display units in a man-machine-communication procedure.

There is no doubt that top management should play an active role in corporate planning but this does not necessarily mean that top management itself has to apply the corporate model. The complexity of the model and its complicated handling in a man-machine-communication process makes the application difficult for those who did not participate in the development of the model.

By development of special teachware the "application gap" could be bridged. Company games could be developed which are based on the corporate model and which will enable management to understand the broad scope of application possibilities of the corporate model.

Another procedure for model-based corporate planning would be for top management to authorize a planning staff to prepare several planning alternatives from which they could select one or optionally ask for more alternatives. The planning staff should be composed at least of some experts who did participate in the development of the model and act as internal consultants rather than decision makers.

Despite the fact that the planning staff is preparing decisions, top management remains completely free in making the decisions, and is able to concentrate on selecting the "optimal" strategy to enable achievement of objectives while minimizing risk and accounting for uncertainties.

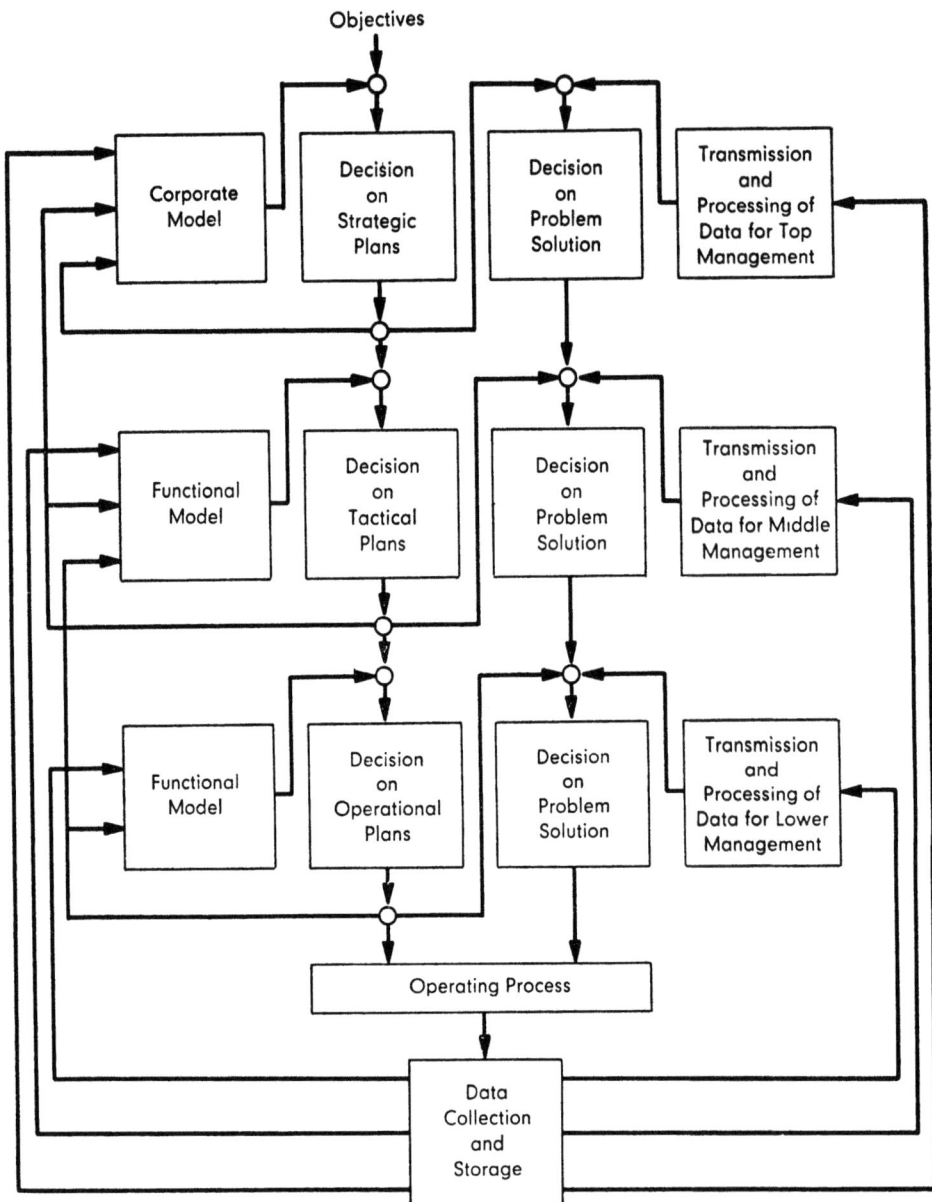

Figure 1: The Multi-Stage Feedback Control Loop in Enterprises

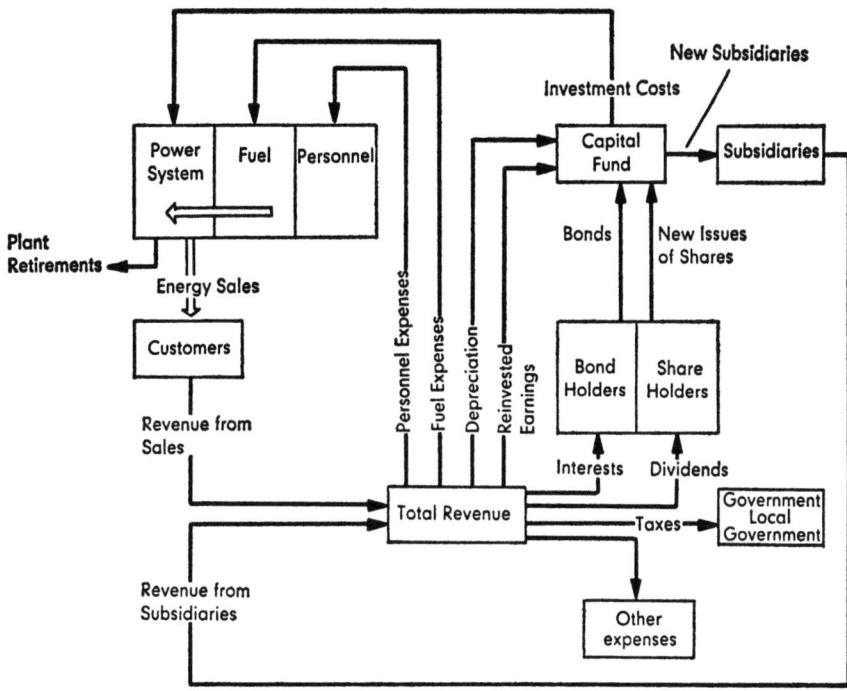

Figure 2: Scheme of the Circulation of Money in an Electric Utility

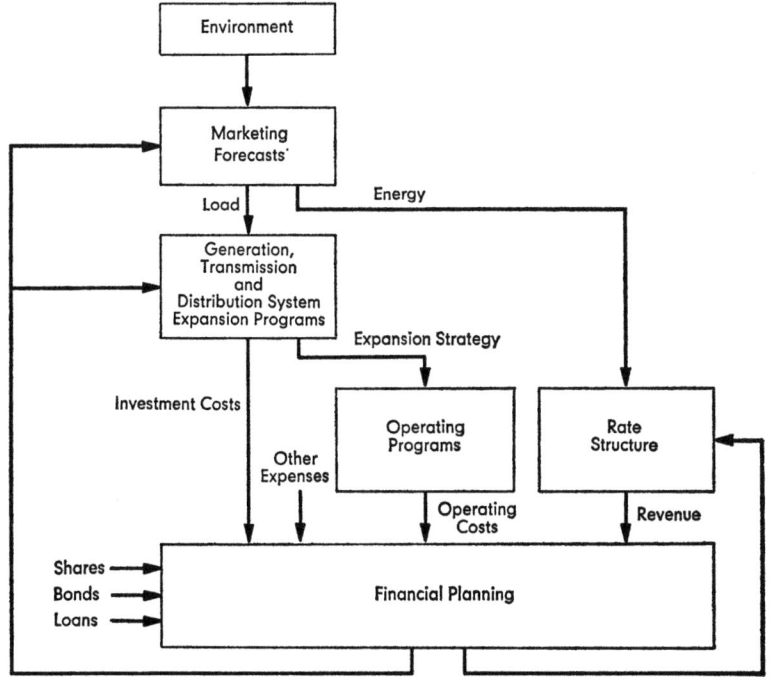

Figure 3: Flow Chart of the Corporate Planning Procedure in a large Electric Utility

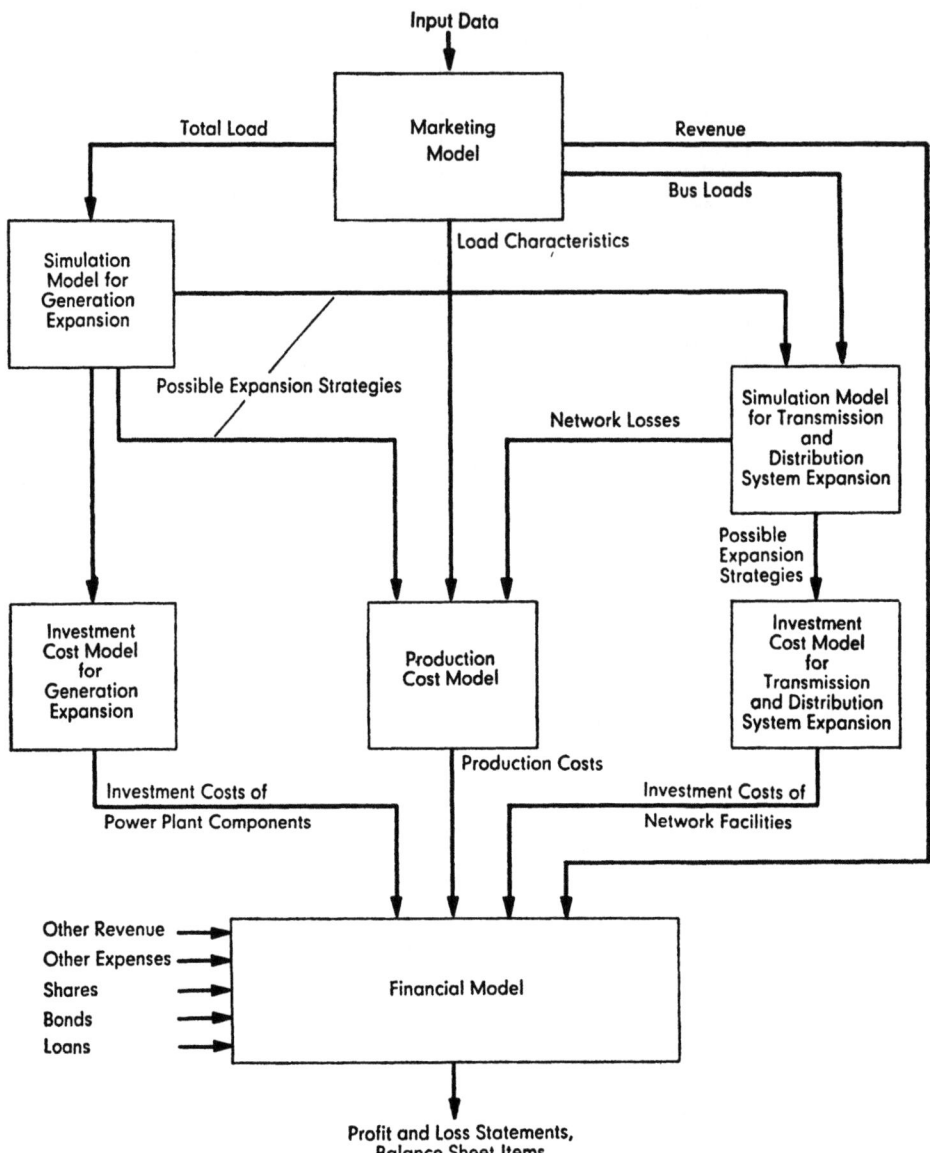

Figure 4: Schematic Representation of Corporate Model of RWE

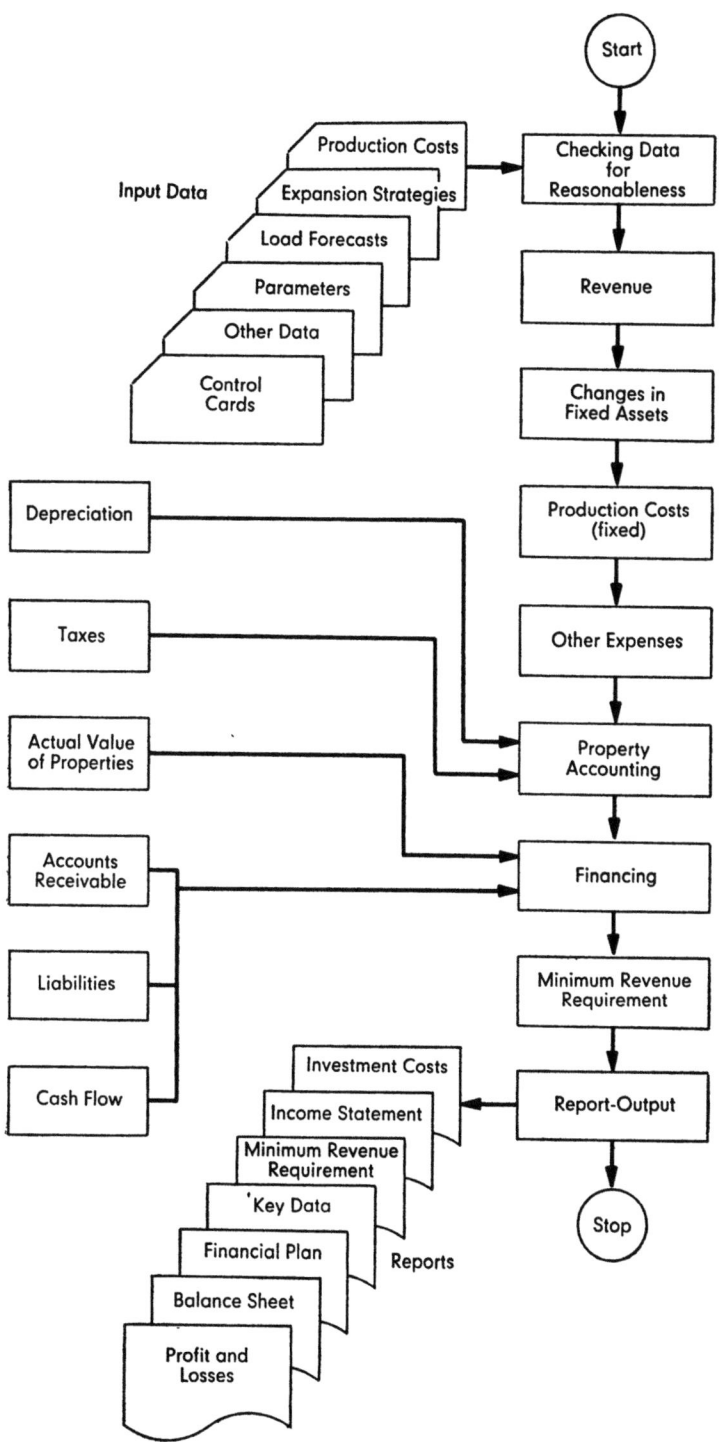

Figure 5: Flow Chart of Financial Model of RWE

PROFORMA — ein computergestütztes System zur Unternehmensplanung

Von

Dr. Manfred Stach

1. Aufgabe des computergestützten Systems PROFORMA bei der Unternehmensplanung

Die Ergebnisplanung nimmt in dem gesamten Prozeß der Unternehmensplanung eine zentrale Stellung ein, da sich in ihr das erwartete Resultat der geplanten Aktivitäten der einzelnen Unternehmensbereiche niederschlägt. Auf Grund der Komplexität der betrieblichen und marktbezogenen Zusammenhänge, der Vielfalt der zu berücksichtigenden Einflußfaktoren sowie der Unsicherheit der Daten kann ein computergestütztes System zur Aufstellung von Ergebnisplanungen eine ausgezeichnete Hilfestellung leisten, da es die Möglichkeit bietet, die sich während des Planungsprozesses ergebenden Alternativen schnell durchzuspielen.

Die Aufgabe eines derartigen computergestützten Systems muß darin bestehen, das zukünftige Ergebnis für jeden Artikel des Sortiments, für Zusammenfassungen von Artikeln zu Artikelgruppen bis hin zum Total des Sortiments eines Unternehmens unter Einbeziehung aller das Ergebnis auf den einzelnen Stufen beeinflussenden erwarteten Kosten-, Mengen- und Preisfaktoren für mehrere Perioden zu errechnen.

Im Unilever-Konzern werden Ergebnisplanungen unterschiedlicher Fristigkeit (Fünf-Jahres-Plan, Annual Estimate, Monatliche Resultatmeldung) und mit einem an dem Zweck der Planung orientierten Detaillierungsgrad zu bestimmten Zeitpunkten durchgeführt. Prinzipiell erfolgen diese Planungen in der Form, daß jährlich rollend je Unternehmen, ausgehend von den Istdaten der Vergangenheit — in einigen Bereichen durch Optimierungsmodelle unterstützt —, die erwarteten Mengen- (z. B. Umsatzmengen, Produktionsmengen), Kosten- (z. B. variable und fixe Herstellkosten) und Erlösdaten (z. B. Preise, Erlösschmälerungen) je Artikel bzw. für Zusammenfassungen von Artikeln für den Zeitraum von fünf Jahren prognostiziert werden. Mit Hilfe dieser Daten werden an Hand eines vorgegebenen Kalkulationsschemas die voraussichtlichen Jahresergebnisse ermittelt. Auf der Basis des erwarteten Resultates für das kommende Jahr erfolgt anschließend die Aufteilung in zwölf Monatsergebnisse unter Berücksichtigung der erwarteten saisonalen Umsatz- bzw. Produktionsentwicklung. Die Resultate dieser zukunftsorientierten Ergebnisrechnungen stellen Vorgaben für die handelnden Instanzen dar. In monatlich durchgeführten Soll-/Istvergleichen werden die Abweichungen zum Monatsergebnis sowie zum kumulierten Jahresergebnis ermittelt und die Ursachen dieser Abweichungen analysiert und begründet.

Um die im Rahmen dieses Planungsprozesses anfallenden Rechnungen schnell durchführen zu können, wurde das computergestützte System PROFORMA (**PROF**it **OR**iented Modular Accounting System) konzipiert, das folgende Ziele realisiert.

1. Durchführung einer periodisierten Ergebnisrechnung für das gesamte Sortiment oder Teile des Sortiments eines Unternehmens und Verdichtung der Artikelergebnisse zu Artikelgruppen-, Bereichs- und Totalergebnissen.
2. Ermittlung von Materialkostensätzen (DM/t-Sätze) für Rohware, Verpackung und Ingredienzien auf Grund vorgegebener Kompositionen, Verpackungs- und Einarbeitungsvorschriften.
3. Möglichkeit der Durchführung alternativer Rechnungen unter Zugrundelegung von Basisdaten.
4. Flexibilität des Systems hinsichtlich des Kalkulationsschemas (Vollkosten oder Teilkostenkalkulation) und der Sortimentshierarchie (Zusammenfassung der Artikel zu Artikelgruppen, der Artikelgruppen zu Produkten usw.).
5. Erweiterungs- und Anschlußmöglichkeiten für die Datenübernahme aus anderen Planungsbereichen.

2. Aufbau und Wirkungsweise des computergestützten Systems PROFORMA

2.1. Aufbau des Systems

Das gesamte PROFORMA-System ist modular aufgebaut, so daß je nach der Art und dem Detaillierungsgrad der Ergebnisrechnung bestimmte Programmkomplexe zusammengestellt werden können. Der prinzipielle Aufbau des Systems wird durch folgendes Schaubild verdeutlicht:

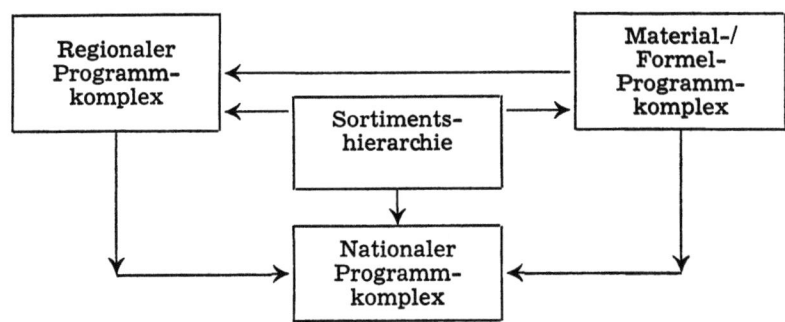

Sortimentshierarchie	— Steuerkomplex des Systems auf der Basis einer hierarchischen Zusammenfassung des Sortiments
Nationaler Programmkomplex	— Komplex zur Errechnung von Ergebnissen auf Grund eines vorgegebenen Kalkulationsschemas und nationaler Daten
Regionaler Programmkomplex	— Komplex zur Erfassung und Verdichtung regionaler (werks- und verkaufsbezogener) zu nationalen Daten
Material- / Formel-Programmkomplex	— Komplex zur Errechnung von Materialkostensätzen auf regionaler oder nationaler Basis

Abb. 1: Aufbau des Systems

2.1.1. Sortimentshierarchie

Die Sortimentshierarchie stellt eine nach verkaufs- und/oder kostenbezogenen Gesichtspunkten ausgerichtete Zusammenfassung des gesamten Sortiments eines Unternehmens dar; d. h. die Zusammenfassung von Artikeln zu Artikelgruppen, Artikelgruppen zu Produktgruppen, Produktgruppen zu Warengruppen usw. (vgl. Abb. 2).

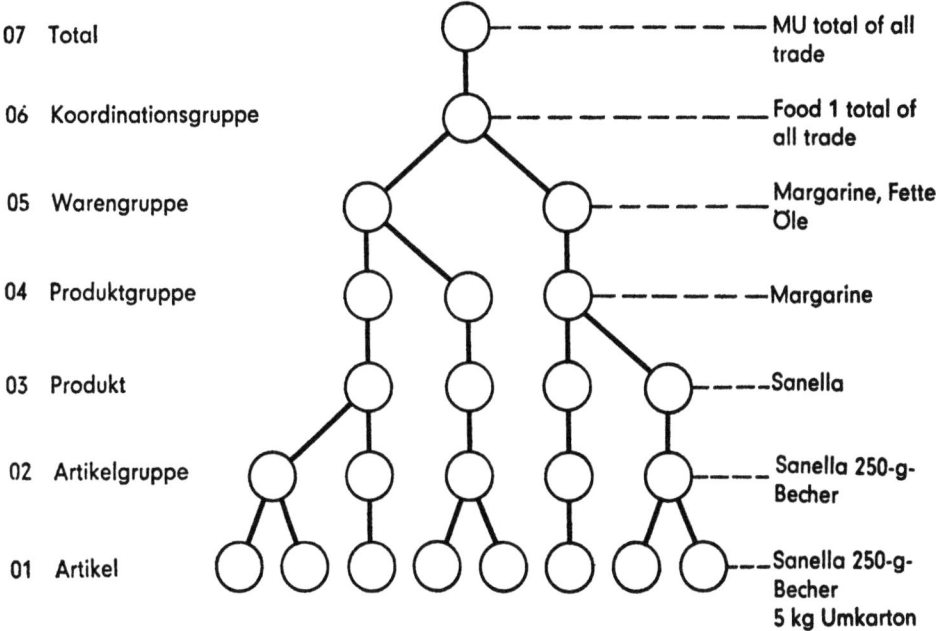

Abb. 2: Sortimentshierarchie

Mit Hilfe der Sortimentshierarchie wird die Steuerung des gesamten Systems durchgeführt, insbesondere die Errechnung und Verdichtung (Zusammenfassung) von Ergebnissen sowie der hierarchische Ausdruck der Ergebnisrechnungen. Zum Zwecke der vereinfachten Durchführung von Alternativen bietet die Hierarchie die Möglichkeit, Prozentsätze auf einer höheren Stufe einzugeben, um bestimmte Daten auf der untersten Stufe zu verändern (z. B. + 10 % Umsatzänderung auf Level 04 erhöht alle Artikel dieser Produktgruppe im Umsatz um 10 %, vgl. Abb. 2).

Entsprechend den Anforderungen der Planungsträger erlaubt das System über die Sortimentshierarchie, daß nur bestimmte Teile des Sortiments gerechnet und ausgedruckt werden, oder daß zwar alles gerechnet, aber nur einzelne Stufen der Hierarchie im Ausdruck sichtbar werden.

Beim Aufbau der Hierarchie erlaubt das System maximal 24 Stufen und 3600 Knotenpunkte. Innerhalb dieses Rahmens ist jede nur denkbare Hierarchie zulässig, solange sie die in der Abb. 2 angegebene formale Struktur aufweist. Änderungen an einer bestehenden Hierarchie in Form von Streichungen bzw. Hinzufügungen einzelner Elemente (= Artikel) und/oder von Zweigen (= Zusammenfassungen von Artikeln) können über Arbeitskennzeichen durchgeführt werden.

Die Festlegung der einzelnen Elemente innerhalb der Hierarchie erfolgt analog dem Verkettungsprinzip beim Stücklistenproblem. Jedes Element wird durch drei Adressen eindeutig definiert, und zwar:

— durch das nächst höhere Element in der Hierarchie

— durch das linke untere Element, falls dieses existiert

— durch das Element rechts neben dem zu definierenden Element, falls dieses existiert.

2.1.2. Nationaler Programmkomplex

Ausgangspunkt einer jeden Ergebnisrechnung, die vom System im Rahmen des Nationalen Programmkomplexes durchgeführt wird, ist die Fixierung eines bestimmten Kalkulationsschemas. Das System bietet die Möglichkeit, unter maximal 140 unterschiedlichen Kalkulationsschemapositionen Daten einzugeben und in Verbindung mit weiteren 110 möglichen zusammenfassenden Positionen in jeder gewünschten Weise rechnerisch zu verknüpfen. Dadurch kann jedes beliebige Kalkulationsschema vorgegeben werden, unabhängig davon, ob sie sich nur von der Anzahl und Detaillierung der Kalkulationsschemapositionen her oder im logischen Aufbau der Errechnung des Ergebnisses voneinander unterscheiden.

Das von einem Unternehmen des Unilever-Konzerns nach Ablösung des Systems der Vollkostenrechnung praktizierte Ergebnisplanungssystem basiert auf dem Prinzip der Deckungsbeitragsrechnung mit stufenweiser Fixkostenzurechnung. Es ist vom Schema her wie folgt aufgebaut:

```
  Großhandelspreis
∕. Erlösschmälerungen              Netto-Erlös (NSV)
  ─────────────────
  Rohwaren
+ Ingredienzien
+ Verpackungsmaterial
+ Variable Kosten der Fertigung
+ Zukaufkosten
+ Variable Vertriebskosten
± Bestandsveränderung aus       ∕. Total variable Kosten
  variablen Kosten
  ─────────────────────────────────────────────────────
                                 = Umsatz-Beitrag
                                   (Fluctuating Margin)
```

Klassische Werbung + Zeitweilige Preisermäßigungen + Kosten für Promotion	∕. Werbung (Marketing Appropr.)
	= Ergebnis vor fixen Kosten
Fixe Kosten Herstellung + Fixe Kosten Vertrieb + Fixe Kosten Mark./Verkauf + Fixe Kosten Allgemein	∕. Direkt zurechenbare fixe Kosten ± Bestandsveränderung aus fixen Kosten
	= Geschäfts-Beitrag (Trading Contribution) ∕. Nicht direkt zurechenbare fixe Kosten (Corporate Costs)
	= Handelsresultat (Trading Profit)

Neben den im Rahmen dieses Kalkulationsschemas durchgeführten Operationen wird über das System auch noch die mengen- und wertmäßige Errechnung des Endbestandes sowie der Bestandsveränderungen aus variablen und fixen Kosten vorgenommen.

Es bestehen folgende Möglichkeiten der Datenersteingabe:

Mengen in t	— z. B. für Produktions- und Umsatzmengen
DM/t-Sätze	— z. B. für Erlöse und variable Kosten
%-Sätze	— z. B. für Erlösschmälerungen, die in relativer Abhängigkeit vom Preis eingegeben werden
Absolutbeträge in TDM	— z. B. für Kosten der Werbung und Fixkosten

Die Errechnung von Erlösen und Kosten durch Multiplikation von Mengen mit DM/t-Sätzen und durch Prozentuierung auf Basis von bereits errechneten oder eingegebenen Absolutbeträgen anderer Kalkulationsschemapositionen wird jeweils auf der untersten Stufe der Sortimentshierarchie durchgeführt. Die auf dieser Stufe errechneten Beträge werden entsprechend dem hierarchischen Aufbau der Sortimentshierarchie je Kalkulationsschemaposition an den entsprechenden Knotenpunkt der nächsten Stufe weitergereicht und zu einer neuen Summe addiert. Die Errechnung der zusammenfassenden Positionen, wie z. B. Netto-Erlös, Umsatz-Beitrag usw., wird auf jeder Stufe der Sortimentshierarchie neu vorgenommen.

Kalkulationsschemapositionen, die als Absolutbeträge in TDM eingegeben werden sollen (wie z. B. Kosten der Werbung und fixe Kosten), können nicht nur auf der untersten Stufe, sondern auf allen Stufen für jeden beliebigen Knotenpunkt der Sortimentshierarchie eingegeben werden. Die Summe der Fixkosten, die auf den Knotenpunkt einer höheren Hierarchiestufe entfallen, setzt sich dann zusammen aus den addierten Beträgen aller unter diesem

Knotenpunkt liegenden Elemente und aus dem für diesen Knotenpunkt selbst eingegebenen Betrag.

Alle Eingabedaten können periodisiert sein, wobei maximal 12 Inputperioden zulässig sind. Hierbei ist es möglich, jede Periode zeitlich unterschiedlich zu definieren. Zum Beispiel kann eine Periode sowohl einen Monat, ein Quartal, ein Jahr oder jeden anderen sinnvollen Zeitraum umfassen.

Im Rahmen der jährlich stattfindenden Ergebnisplanungen ist es erforderlich, eine bestimmte Anzahl von alternativen Ergebnisrechnungen durchzuführen. Das System ermöglicht hier eine schnelle und relativ einfache Vorgehensweise derart, daß für einen alternativen Lauf lediglich die sich ändernden Daten neu eingegeben werden müssen. Der ursprüngliche Datenbestand kann dadurch endgültig verändert werden oder wahlweise unverändert bestehenbleiben, um gegebenenfalls in der einen oder anderen Form als Basis für weitere Alternativen zu dienen.

Der Input der Änderungsdaten kann wie bei der Ersteingabe als Menge in t, DM/t-Satz, %-Satz oder Absolutbetrag in TDM erfolgen. Eine weitere den Änderungsinput stark vermindernde Eingabemöglichkeit besteht darin, mit Hilfe der Sortimentshierarchie prozentuale Veränderungen bestimmter Daten durch Eingabe auf höherer Stufe der Sortimentshierarchie zu veranlassen. In diesem Falle werden die Prozentveränderungen auf alle in der Sortimentshierarchie darunterliegenden Elemente der untersten Stufe für die bestimmte Kalkulationsschemaposition in der bestimmten Periode weitergereicht. Auf der untersten Stufe wird das Basisdatum um den gewünschten %-Satz verändert und ein neues Ergebnis errechnet.

Die Form der Ergebnisliste kann anforderungsgemäß gesteuert werden, indem z. B. eine Periodenzusammenfassung zu Quartalsergebnissen oder eine Auswahl auszudruckender Kalkulationsschemapositionen aufgegeben wird (vgl. Abb. 3).

2.1.3. Regionaler Programmkomplex

Neben der Eingabe nationaler Daten bietet das System auch die Möglichkeit, je Element der Sortimentshierarchie regional unterschiedliche Daten einzugeben, die im Rahmen des regionalen Programmkomplexes zu nationalen Daten verdichtet werden.

Unter regionalen Daten sind solche Größen zu verstehen, die je Artikel von verschiedenen Produktionsstätten, von unterschiedlichen Verkaufsbezirken (regionale Vertriebsorganisationen) oder für Zukaufware von verschiedenen Lieferanten vorgegeben werden.

MARGARINE-EXEKUTIVE

Art der Arbeit: Kalkulationsliste
Stufe: 05 Elementnummer: 05-00032-1-0
Datum: 8. 9. 1971 Seite: 69
Name: Edible Fats Total TDM

Zeitraum	Periode: 1 Januar 1972			Periode: 2 Februar 1972			Periode: 3 März 1972			Periode: 4 April 1972		
Kalkulationsschemapos.	TDM	DM/ME	%	TDM	DM/ME	%	TDM	DM/ME	%	TDM	DM/ME	%
Initial Stocks Menge	50			370			690			1010		
Production Menge	1671			1671			1671			1671		
Purchases F.P. Menge	50			50			50			50		
Sales Volume Menge	1401			1401			1401			1401		
Final Stocks Menge	370			690			1010			1330		
Initial Stocks Var. C.	1	26		832	2249		1527	2213		2222	2200	
Initial Stocks Fixed C.												
Final Stocks Var. C.	832	2249		1527	2213		2222	2200		2918	2194	
Final Stocks Fixed C.												
Wholesale Price	3444	2458	100.0	3444	2458	100.0	3444	2458	100.0	3444	2458	100.0
Sales Allowances	9	6	.3	9	6	.3	9	6	.3	9	6	.3
* Normal Sales Value	3435	2452	100.0	3435	2452	100.0	3435	2452	100.0	3435	2452	100.0
Raw Material Costs	3101	1802		3101	1802		3101	1802		3101	1802	
Ex Factory Price F.P.												
Ingredients	6	3		6	3		6	3		6	3	
Packaging Material	59	34		59	34		59	34		59	34	
Var. Fact. Oper. Costs	3	2		3	2		3	2		3	2	
Var. Fact. Op. Costs Ref.	3	2		3	2		3	2		3	2	
Var. Fact. OP. Costs F.P.	1			1			1			1		
Diff. Stocks Var. Fact. C.	—817	—161		—683	—66		—683	—66		—683	—66	
* Total Var. Ex Fact. C.	2356	1682	68.6	2490	1777	72.5	2490	1777	72.5	2490	1777	72.5

Var. Distr. C. (Freights)	24				24			24			24	
Var. Distrib. C. (Depots)	2	14			2	14		2	14		2	14	
Diff. Stock Var. Distr. C.	−14	1			−12	1		−12	1		−12	1	
Loss on Returns	2	−6			4	−6		4	−6		4	−6	
* Total Var. Distr. C.	14	1			17	3		17	3		17	3	
		10				12			12			12	
* Total Variable Costs		1692	2370	69.0		1789	2508	73.0		1789	2508	73.0	
** Fluctuating Margin		760	1065	31.0		663	927	27.0		663	927	27.0	
TPR	20	14			20	14		20	14		20	14	
Advertising	50	36			50	36		50	36		50	36	
Promotional Expenses	10	7			10	7		10	7		10	7	
* Tot. Market Appropr.	80	57		2.3	80	57		2.3	80	57		2.3	
** Profit bef. Fixed C.		703	985	28.7		606	847	24.7		606	847	24.7	
Fixed Factory Expenses	15	11			15	11		15	11		15	11	
Fixed Distrib. Expenses	5	4			5	4		5	4		5	4	
Fix. Market./Sell. Exp.	12	9			12	9		12	9		12	9	
Fixed General Expenses	15	11			15	11		15	11		15	11	
Profitcentre Central C.	8	6			8	6		8	6		8	6	
* Total Fixed Expenses	55	41			55	41		55	41		55	41	
Diff. in Stocks/Fix. C.	3	2			3	2		3	2		3	2	
Directly Allocat. OTI													
** Trading Contribut.		660	927	27.0		563	789	23.0		563	789	23.0	
Non Alloc. Fix. Exp/OTI		6	5			6	5			6	5		
** Trading Profit		655	921	26.8		558	783	22.8		558	783	22.8	

Abb. 3: *Ergebnisliste*

Die Möglichkeiten der Dateneingabe entsprechen denen des Nationalen Programmkomplexes. Die Verdichtung der regionalen zu nationalen Daten wird je Element und Kalkulationsschemaposition wie folgt durchgeführt:

1. Bei der Eingabe in Form von DM/t-Sätzen und %-Sätzen werden diese Daten über die dazu in Relation stehenden regionalen Mengen gewichtet und ein gewichteter durchschnittlicher DM/t-Satz oder %-Satz in die Stammdatei des Nationalen Programmkomplexes übertragen.

2. Handelt es sich bei den regionalen Daten um Mengen oder Absolutbeträge in TDM, so erfolgt die Verdichtung in Form einer einfachen Addition zu nationalen Daten, die ebenfalls in die nationale Stammdatei geschrieben werden.

2.1.4. Material- und Formelprogrammkomplex

Im Rahmen der Material- und Formelprogramme werden Kostensätze für Rohware, Ingredienzien und Verpackungsmaterial errechnet und als Inputdaten zur weiteren Verarbeitung in den Regionalen bzw. Nationalen Programmkomplex übernommen.

Ausgangspunkt für die maschinelle Errechnung eines Materialkostensatzes ist der Aufbau und die Eingabe einer Formel, d. h. einer Komposition, Einarbeitungs- oder Verpackungsvorschrift, die alle für die Herstellung eines Artikels oder eines Produktes erforderlichen Materialien mit ihrem Nominalverbrauch umfaßt, wobei je Materialklasse (Rohware, Ingredienzien, Verpackungsmaterial) eine Formel für sich eingegeben wird. Außerdem enthält die Formel den Ausbeuteprozentsatz, der das Verhältnis zwischen Ausbringungsmenge und Einbringungsmenge — auf die jeweilige Formel bezogen — zum Ausdruck bringt.

Alle Formeln werden artikel- und werksneutral aufgebaut, weil

— bestimmte Artikel in mehreren Werken mit der gleichen Formel hergestellt werden,

— auch unterschiedliche Artikel mit der gleichen Formel hergestellt werden können.

Zusätzlich zu den Formeln wird eine Materialstammdatei angelegt, die alle in den Formeln enthaltenen Einzelmaterialien umfaßt. In diese Datei werden werksweise oder national die entsprechenden Materialpreise und außerdem noch Materialverlust-Prozentsätze eingegeben. Die Materialverlustsätze stellen den Standardverlust dar, der sich erfahrungsgemäß bei der Lagerung und Verarbeitung der Materialien durch Schwund, Materialfehler usw. ergibt. Je Material kann der Verlustsatz in unterschiedlicher Höhe spezifiziert werden.

Mit der Eingabe der Zuordnung Artikel-Werk-Formel wird schließlich festgelegt, für welchen Artikel in welchem Werk mit welcher Formel ein

Materialkostensatz errechnet werden soll. Sowohl die Materialpreise und -verluste als auch die Artikel-Werk-Formel-Zuordnung können periodisiert vorgegeben werden.

Die Errechnung der Materialkostensätze geschieht in folgender Weise:

$$\frac{(\text{Nominalverbräuche} + \text{Materialverlust}) \cdot \text{Preis}}{\text{Ausbeuteprozentsatz}} = \frac{\text{Einzelmaterialkosten}}{\text{Tonne Fertigware}}$$

Die Einzelmaterialkosten werden zu einem Materialkostensatz je Materialart (Rohwaren, Ingredienzien, Verpackungsmaterialien) für jeden Artikel je Werk addiert. Aus den für die einzelnen Werke errechneten Materialkostensätzen wird über die Gewichtung mit den werksindividuellen Produktionsmengen ein durchschnittlicher Materialkostensatz über alle Werke, in denen der Artikel produziert wird, ermittelt. Durch die Multiplikation dieses Kostensatzes mit den geplanten nationalen Produktionsmengen des Artikels werden Rohmaterial-, Ingredienzien- und Verpackungsmaterialkosten berechnet.

Neben der maschinellen Errechnung ist es auch möglich, Materialkosten als manuell ermittelte DM/t-Sätze in das Programm einzugeben.

2.2. Abwicklung des Systems

Das PROFORMA-System ist in COBOL programmiert und besteht aus 40 Einzelprogrammen, die in den vier Programmkomplexen: Sortimentshierarchie, Regionale Programme, Nationale Programme und Material- und Formelprogramme zusammengefaßt sind.

Als Mindestkonfiguration kommt eine Datenverarbeitungsanlage IBM 360/40 mit 128 KBytes Kernspeichergröße, 2 Platten und 2 Bändern in Frage, wobei die Programme für das OS-Betriebssystem konzipiert sind. Da einige Unileverfirmen nicht über einen Rechner dieser Größenordnung verfügen, wird zur Zeit eine reduzierte Version des PROFORMA-Systems entwickelt, die für Anlagen mit nur 48 KBytes Kernspeichergröße und dem Betriebssystem DOS geeignet ist.

Die Rechnerzeit für die Durchführung eines Laufes ist abhängig vom Datenumfang, der Art ihrer Eingabe (manuell eingegebene oder maschinell errechnete Materialkostensätze), von der Größe des Sortiments und der Anzahl der Zusammenfassungen auf den einzelnen Stufen sowie vom Umfang des Ausdrucks.

Zum Beispiel wurden für einen Basislauf bei einer Company des Unilever-Konzerns 6000 Datenkarten eingegeben, davon 4000 mit regionalen und 2000 mit nationalen Daten. Das Kalkulationsschema enthielt 50 Positionen. Die Sortimentshierarchie umfaßte 1200 Knotenpunkte (400 Artikel, 11 Stufen). Davon wurden nach der Errechnung der Ergebnisse 300 Knotenpunkte ausgedruckt. Die Laufzeit (CPU- und WAIT time) betrug 60 min auf einer IBM 360/50-Anlage in einer 110 K Partition im Multiprogramming. Im Falle von Alternativen reduziert sich die Rechnerzeit.

2.3. Erweiterungsmöglichkeiten des Systems

Die zukünftige Entwicklung des PROFORMA-Systems wird dahin gehen, eine automatische Übernahme der Inputdaten aus anderen Planungssystemen zu erreichen und damit die manuelle Eingabe von Daten zu reduzieren. Zur Zeit werden bei einem Unternehmen des Unilever-Konzerns bereits die DM/ t-Sätze für Rohware aus einem Optimierungsmodell übernommen. Außerdem besteht die Absicht, aus einem weiteren linearen Planungsmodell, das die kostenminimale Produktionsaufteilung auf die einzelnen Werke vornimmt, Produktionsmengen zu übernehmen.

Des weiteren wird ein Ausbau des Soll-/Ist-Vergleichs als Planungskontrollinstrument angestrebt, in der Weise, daß automatisch eine sehr differenzierte Abweichungsanalyse erstellt wird.

3. Zusammenfassung

Das PROFORMA-System stellt ein computergestütztes Abrechnungsverfahren zur Durchführung von periodisierten Ergebnisplanungen für das gesamte Sortiment einer Firma auf der Basis von Erlös- und Kostensätzen dar. Es erlaubt die Verdichtung der Produktergebnisse zu Gruppen-, Bereichs- und Totalergebnissen, wobei analog dem Prinzip der Deckungsbeitragsrechnung auf den einzelnen Stufen zurechenbare Kosten berücksichtigt werden können.

Durch die Reduzierung des zeitlichen Aufwandes für die Ergebniskalkulation wird die Durchführung von Alternativrechnungen unter Zugrundelegung von Basisdaten ermöglicht. Solche Simulationsmodelle für die Errechnung von Auswirkungen dispositiver Maßnahmen in Teilbereichen werden angesichts der immer komplexer werdenden Entscheidungssituation in der Unternehmung zunehmend dringlicher.

**Entwicklung eines Rechensystems für die Jahresplanung
in einem Unternehmen der Stahlrohrfertigung**

Von

Dr. N. N. Georg Thaler

1. Vorwort

Dieser Bericht will Erfahrungen wiedergeben, die sich beim Aufbau und z. T. schon bei Einsatz eines LP-Modells für die Produktionszuteilung im Rahmen eines Rechensystems zur Jahres- und Monatsplanung eines Unternehmens der Stahlrohrherstellung einstellten.

Im Hinblick auf eine gemeinsame Diskussionsbasis des Workshop III sollen hieraus Stellungnahmen zu besonderen Fragen für die praktische Durchführung der Unternehmensplanung abgeleitet werden.

2. Problemstellung für das Rechensystem

Ein Planungsablauf für die Jahresplanung umfaßt beim betreffenden Unternehmen folgende Abschnitte:

a) Die Ermittlung der verkaufbaren Absatzmengen und der erwarteten Erlöse (= „Absatzvorausschau"),

b) die Entwicklung von Produktionsplänen, aus denen hervorgeht, welche Produkte in welchen Mengen an welchen Anlagen gefertigt werden sollen,

c) die Ableitung des Verkaufsplanes aus den Produktionsplänen,

d) die Errechnung des Vormaterialbedarfes aus den Produktionsplänen,

e) die Aufstellung von Personalplänen, aus denen die erforderliche Belegschaftsstärke für die einzelnen Betriebe ersichtlich wird,

f) die Erstellung von Kosten- und Ergebnisplänen.

Diese Planungsunterlagen werden regelmäßig für ein Kalenderjahr mit dreimaligen Berichtigungen nach Ablauf jeweils eines Quartales zusammengestellt (= „Jahresplanung"). Sie stellen die wesentlichen Unterlagen für kurz- und mittelfristige Dispositionen des Unternehmens dar.

3. Maßnahmen zur Entwicklung eines zweckmäßigeren Planungssystems

Die manuelle Abwicklung des in Punkt 2 und Anlage 1 skizzierten Planungsablaufes kann nicht mehr voll befriedigen und soll bis zur Jahresplanung 1973 durch ein maschinell ausführbares Programmsystem abgelöst werden, das sich auch für die Mehrjahresplanung einsetzen läßt. Zu diesem Zweck wurde innerhalb der Hauptabteilung Gesamtplanung eine dreiköpfige Arbeitsgruppe ins Leben gerufen, der zunächst zwei Mitarbeiter der Abteilung Plankoordinierung und ein Herr einer konzerneigenen Datenverarbeitungs GmbH angehörten. Bei der Realisierung des Projektes erweiterte sich der Kreis der Mitwirkenden wegen der erforderlichen Datenermittlungen und Programmierungsarbeiten.

4. Beschreibung des bisher entwickelten Systems

Vom Gesamtvorhaben ist derzeit ein Programmsystem zur Ableitung der monatlichen und jährlichen Produktions- und Verkaufspläne in Arbeit bzw. teilweise realisiert. Dadurch sollte im Planungsablauf bereits eine deutliche Vereinfachung möglich werden (siehe Anlagen 2 und 3).

4.1. Zusammenstellung der Absatzvorausschau

Die vom Konzern absetzbaren Verkaufsmengen an Rohrprodukten und die dafür erzielbaren Erlöse werden von den zuständigen Verkaufsbereichen in Ablochformulare für Inland und Export eingetragen. Die an sich stark differenzierte Produktionspalette ist dabei zu etwa 200 Sorten grob zusammengefaßt. Innerhalb einer Sorte kann noch weiter in Abmessungsgruppen unterteilt sein.

Da Tochtergesellschaften einen rechtlichen Anspruch auf Zuteilung bestimmter Anteile am Verkaufsvolumen haben, müssen bei bestimmten Positionen der Absatzvorausschau die vereinbarten Quoten für die Tochtergesellschaften errechnet werden. Durch Abzug dieser Quoten von den Absatzmengen der Absatzvorausschau erhält man die innerhalb des eigenen Unternehmens zu produzierenden Mengen.

4.2. Erstellung von Produktionsplänen

Für die vorausgeschätzten maximalen Absatzmengen muß nach Abzug der Quoten geprüft werden

a) ob und über welche Produktionswege deren Erzeugung wirtschaftlich ist,

b) ob für deren Erzeugung alle betrieblichen Voraussetzungen gegeben sind (z. B. ausreichende Kapazität).

Zur simultanen Klärung dieses Zuteilungsproblems werden bekanntlich Standardprogramme zur linearen Programmierung bereits mit Erfolg angewendet (z. B. MPS). Außerdem hat die konzerneigene Datenverarbeitungs-GmbH ein Standardprogramm entwickelt, welches aus den zur optimalen Produktionszuteilung erforderlichen Daten einen durch das MPS verarbeitbaren linearen Ansatz bildet („Matrix-Generator").

Im aufgebauten Gleichungssystem wurden im wesentlichen folgende Beziehungen bzw. Restriktionen formuliert:

a) Input-Output-Beziehungen

Für die prognostizierten Absatzmengen müssen die in Betracht zu ziehenden Produktionswege als Input-Output-Beziehungen dargestellt werden (siehe Beispiel in Anlage 4). Um eine eindeutige Zuweisbarkeit zu den vorhandenen Anlagen zu erreichen, müssen die Produkte — vor allem hinsichtlich der Abmessungsgruppierung — stärker unterteilt werden, als es für die Absatzprognosen erforderlich oder möglich ist (siehe Anlage 5). Diese Unterteilung folgt dem Verhältnis laut Versandstatistik für einen repräsentativen Zeitraum aus der Vergangenheit. Die Berechnung des Vormaterialbedarfes erfolgt mit betriebs- und produktbezogenen Verbrauchsziffern.

b) Absatzrestriktionen

Die in der Absatzvorausschau genannten Versandziffern stellen im LP-System Maximalwerte dar. Durch gesonderte Eingabe kann eine von Null verschiedene Mindestabsatzmenge gewährleistet werden.

c) Kapazitätsrestriktionen

Die Kapazitätsgrenzen werden entweder in Tonnen je Monat oder in Betriebsstunden je Monat eingegeben. Dementsprechend wird der Kapazität entweder die Gesamtproduktion oder der Gesamtstundenaufwand auf Grund von angegebenen Leistungsziffern gegenübergestellt. Bis zu einem definierten Grade können dabei auch Überstunden verplant werden.

Oftmals müssen Engpässe, die nur für bestimmte Produkte auftreten können, als zusätzliche Restriktionen formuliert sein („Teilkapazitäten").

d) Lieferbeschränkungen

Zur Sicherstellung von getroffenen Liefervereinbarungen müssen Restriktionen zur Regulierung des Vormaterialbezuges aufgestellt werden.

e) Zielfunktion

Als optimal wird jener Produktionsplan betrachtet, der den höchsten Gesamtdeckungsbeitrag verspricht. Dieser errechnet sich durch Bewertung des Mengengerüstes mit den entsprechenden Vormaterialpreisen, proportionalen Umwandlungskosten, ggf. Transportkosten und Erlösen, sowie der Überstunden mit den zusätzlichen Überstundenkosten. Das aufgebaute LP-System hat z. Z. folgende Auslegung:

2900 Restriktionen,
9000 Variable,
39 000 Elemente,
0,14 % Dichte,
z. Z. 25 Minuten CPU-Zeit für 1 Periode (MPS-X, IBM-360/65).

5. Besondere Probleme beim Aufbau des Rechensystems

Zwischen der Idealkonzeption und dem in der Praxis realisierbaren Planungsmodell bestehen Differenzen, die z. T. zu beheben sind, z. T. aber auch offen bleiben werden. Einige dieser Probleme werden im folgenden aufgezeigt, weil sie für den Aufbau von praktisch anzuwendenden Modellen symptomatisch zu sein scheinen.

5.1. Unterschiedliche Datentiefe

Da in den betroffenen Unternehmensbereichen die Verbesserung der Planung nicht im Gleichschritt erfolgt, haben die Plandaten je nach Quelle unterschiedliche Tiefengliederung und Genauigkeit.

5.1.1. Unterschiedliche Begrenzung der Planungsperioden

Die Benennung von voraussichtlichen Absatzmengen kann im allgemeinen nur über ein Quartal erfolgen. Höchstens fallweise — und dann nur für die jeweils nächsten drei Monate — können monatliche Schätzungen abgegeben werden. Demgegenüber sind Kapazitätsangaben durchweg nur für die einzelnen Monate sinnvoll.

Die Optimierung muß im Hinblick auf die von Monat zu Monat starken Kapazitätsunterschiede und darüber hinaus wegen des beabsichtigten Einsatzes für die gleitende Drei-Monatsplanung auf Monatswerte ausgerichtet werden. Deshalb müssen monatlich Absatzschranken aus den angegebenen Quartalswerten durch Dreiteilung behelfsweise abgeleitet werden. Die für ein Quartal geltenden Durchschnittserlöse werden für die betreffenden Monate unverändert übernommen.

5.1.2. Unterschiedliche Produktabgrenzungen

Auch die Tiefenschärfe in der Gliederung des Produktionsprogrammes unterscheidet sich je nach Erfaßbarkeit und Aussagekraft der benötigten Daten. Beispielsweise ist die Unterteilung der Erzeugnisse nach Abmessungen für die Abgabe von Absatzprognosen gröber als für eine Zuweisbarkeit dieser Absatzmengen zu den bestehenden Anlagen erforderlich. Die Produktionsbereiche decken sich nämlich — wie schon erwähnt — nicht mit den Abmessungsbereichen der Absatzplanung (siehe Beispiel in Anlage 5).

Auf der anderen Seite werden die zur Bestimmung der Kapazitätsbelegung erforderlichen Leistungsziffern für Einzelabmessungen erfaßt und angegeben.

Im LP-System muß aber für alle Daten einheitliche Produkt- bzw. Abmessungsbegrenzung gegeben sein. Diese muß mindestens so tief gehen, wie die Untergliederung in der Absatzplanung und wie die Abmessungsbereiche der Produktionsanlagen. Sie ergibt sich deshalb durch Überlagerung beider Kriterien (siehe Anlage 5).

Allerdings muß zu den Eingabedaten mit anderer Tiefengliederung eine Brücke geschaffen werden. Diese wurde in der Versandstatistik gefunden, die für Einzelabmessungen die Versandzahlen vergangener Zeiträume ausweist. Man kann unterstellen, daß das Verhältnis der Versandzahlen für die gebildeten Abmessungsbereiche sich im Laufe der Zeit nicht allzu stark ändert. Deshalb darf man die Absatzmengen nach einer repräsentativen Struktur laut Versandstatistik in eine systemgerechte Untergliederung aufteilen. Es wird im aufgebauten System sichergestellt, daß dieses mengenmäßige Verhältnis der einzelnen Abmessungsuntergruppen erhalten bleibt. Behelfsweise werden sie allerdings mit ein und demselben Erlös bewertet.

Auf der anderen Seite muß man, um für die im System betrachteten Abmessungsbereiche geeignete mittlere Leistungsziffern einsetzen zu können, mit Hilfe der Versandstatistik die für die Einzelabmessungen angegebenen Leistungsziffern wichten. Derartige Brückenschläge können nicht nur für die hier etwas näher beleuchtete unterschiedliche Abmessungsgliederung erforderlich sein, sondern erweisen sich auch bei Überschneidungen in der Abgrenzung der Stahlqualitäten und Produktionsverfahren als notwendig.

Ein derartiges Überführen unterschiedlich gegliederter Daten zur Deckungsgleichheit erfordert natürlich einen beträchtlichen Umfang an Zusatzprogrammen und an Rechenaufwand.

5.2. Vereinfachungen des Rechenmodells

In der bisherigen Auslegung können mit dem aufgebauten Ansatz nicht sämtliche bei der Jahresplanung auftretenden Fragen unmittelbar gelöst werden. So war ursprünglich ins Auge gefaßt, auch die Produktionsdauer und Lagerbewegungen im Rechenmodell systematisch zu berücksichtigen:

a) Die Verfolgung der Produktionsdauer ist vor allem bei jenen Produkten von Bedeutung, die mehrere Betriebsstufen durchlaufen und auf Grund einer langen Bearbeitungsdauer oder Verweilzeit zwischen den Bearbeitungen in verschiedenen Planungsperioden Anlagen belegen. Bei dem entwickelten Ansatz werden aber formell die in einer bestimmten Planungsperiode verkaufbaren Absatzmengen den Kapazitätsrestriktionen aller zu durchlaufenden Betriebe für die gleiche Planungsperiode gegenübergestellt.

Ein erheblicher Fehler würde durch diese Vorgehensweise nur bei wenigen Produkten mit langer Durchlaufzeit und mit deutlich schwankenden Absatzprognosen entstehen. Der zur exakten Berücksichtigung der Durchlaufzeiten erforderliche Mehraufwand ist deshalb nicht angebracht.

b) Besonderes Augenmerk verdient die Planung der Bevorratung. Gesteuerte Lagerbewegungen zwecks Überbrückung von zeitweiligen Produktionsengpässen oder zur gleichmäßigeren Anlagenauslastung werden im Rechensystem für bestimmte Fälle berücksichtigt. Die beabsichtigte Lagerbewegung muß aber eingegeben werden. Wenn hingegen in einer Planungsperiode nicht das gesamte Absatzvolumen einplanbar ist, wird per Programm grundsätzlich versucht, diejenigen Absatzmengen, die nicht in der LP-Lösung erscheinen, in vorausgehenden Planungsperioden unterzubringen. Die dadurch entstehenden Läger an Fertigprodukten stellen ebenfalls einen zeitlichen Ausgleich zwischen den Planungsperioden mit hoher und niedriger Auslastung dar. Diese aus der Optimierungsrechnung sich ergebenden Lagerbewegungen werden gesondert ausgewiesen.

Sofern jedoch Läger als Bindeglied zwischen verschiedenen Fertigungsstufen fungieren, z. B. zum Ausgleich unterschiedlicher Produktionsrythmen oder Losgrößen, hängt der Lagerbestand unmittelbar mit dem Produktionsvolumen zusammen. Eine simultane Berücksichtigung von Lagerbewegungen und Fertigung bei der Bildung von Produktionsplänen ist dann entbehrlich. Die Sollbestände können in einem eigenen Rechenschritt aus den Produktionsziffern abgeleitet werden. Auf dieser Weise bleibt die Frage der zweckmäßigsten Lagerbewegungen bei der Erstellung von Produktionsplänen mehr oder weniger ausgeklammert.

5.3. Änderungsdienst

Als ein für die Terminplanung des Programmaufbaues beträchtliches Problem stellten sich die bereits im Zuge der Programmentwicklung und -einführung erforderlichen Änderungen heraus:

a) Diese erweisen sich dort als notwendig, wo unvorhergesehene Abwandlungen des Problems vom vorgesehenen Programmabschnitt nicht mehr verarbeitet werden. Derartige Umstände können sowohl zur Verallgemeinerung des Programmablaufes als auch zu dessen Spezialisierung führen, veranlassen aber jedenfalls einen entsprechenden Programmpflegedienst.

b) Daneben können die in Testläufen erkannten Rechenkosten zu Vereinfachungen zwingen. Dies hat in der Regel Abstriche in der ursprünglich beabsichtigten Genauigkeit und Aussagekraft der Pläne zur Folge.

c) Für das Einbeziehen neuer Produkte und deren Streichung oder bei der Inbetriebnahme oder Stillegung von Anlagen, sowie für die Abwandlung sämtlicher übriger variabler Größen muß ein ständiger Änderungsdienst vorgesehen werden.

6. Weiterer Ausbau des Rechensystems

Nach der bevorstehenden Fertigstellung des Rechensystems zur Ableitung von Produktions- und Verkaufsplänen wird sich die Stufe 2 des Gesamtvorhabens anschließen. Dabei sollen aus den Daten der Produktions- und Verkaufspläne, sowie ggf. aus zusätzlichen Einflußgrößen Personal-, Kosten- und Ergebnispläne mit Hilfe von Rechenprogrammen entwickelt werden. Man darf dadurch für die Durchführung der Jahresplanung eine weitere Vereinfachung und Beschleunigung erwarten (siehe Anlage 6).

Wenn die Erwartungen an das beschriebene Rechensystem erfüllt werden, liegt es nahe, dieses Programmsystem unter Einbeziehung von Tochtergesellschaften mit ähnlichem Produktionsprogramm und von konzerneigenen Vormateriallieferanten zu erweitern.

7. Grundsätzliche Erfahrungen beim Aufbau des Rechensystems

Im Hinblick auf eine gemeinsame Diskussionsbasis für den Workshop III sollen vereinbarungsgemäß die beim Modellaufbau gesammelten Erfahrungen zu einigen grundsätzlichen Problemen mitgeteilt werden:

a) *Zusammenarbeit zwischen Management und Projektteam*

Ob das Management außer bei der Zielformulierung und der Übertragung von Kompetenzen auch beim Aufbau von Modellen beteiligt sein soll, hängt davon ab, wieweit das Rechensystem zur wiederholten Behandlung transparenter Routineaufgaben aufgestellt werden soll (wie hier) oder die Beantwortung besonderer Fragestellungen seitens des Managements bezweckt.

In jedem Fall sollte aber das Projektteam im Hinblick auf die zweckmäßige Auslegung und rechtzeitige Aktualisierung des Systems an allen Überlegungen des Managements, die das zugrundeliegende Problem betreffen, teilhaben.

b) *Zusammensetzung von Projektteams*

Die in Punkt 3 skizzierte Besetzung der Projektteams durch die betroffenen Abteilungen unter Federführung der Abteilung „Gesamtplanung" hat sich im großen und ganzen bewährt. Besonders bei stark ausgeprägter hierarchischer Organisationsstruktur ist der zügige Aufbau von Programmsystemen durch Projektteams, die aus verschiedenen Abteilungen besetzt werden, nur bei Übertragung erforderlicher Kompetenzen möglich.

c) *Genauigkeitsgrad von Modellen*

Wieweit ein Modell detailliert werden soll, hängt generell vom Informationsbedarf, von der vorhandenen Datenbasis und nicht zuletzt vom Rechenaufwand ab. Beim Aufbau des beschriebenen Zuteilungsmodells ging die Problemanalyse zunächst sehr ins Detail. Zwecks rascher Realisierung und Begrenzung der Rechenkosten wurde das Programmsystem knapper ausgelegt. Nach der ersten Testphase wurde das Modell an manchen Stellen mit Rücksicht auf eine bessere Aussagekraft der Ergebnisse verfeinert.

d) *Datensammlung durch manuelle oder computergestützte Informationssysteme*

Die bereits etablierte elektromagnetische Speicherung zahlreicher Datenbestände und der enorme Aufwand bei der manuellen Datenbeschaffung

— insbesondere bei der immer häufigeren Anwendung von Standardprogrammen — führt zwangsläufig zu computergestützten Informationssystemen. Beim beschriebenen Rechensystem werden z. Z. bereits zahlreiche Daten aus solchen Systemen übernommen. Wo allerdings die computergestützte Datenbeschaffung Risiken mit sich bringt, können alternativ im Notfall Daten auch aus manuellen Informationssystemen übernommen werden.

e) Deterministische oder stochastische Modelle

Aus der Sicht des beschriebenen Zuteilungsmodells kann nur gesagt werden, daß es — wie fast alle in der Praxis angewendeten Modelle — ein deterministisches ist und bis jetzt keine Veranlassung besteht, Wahrscheinlichkeitsmethoden bei der Beschreibung von Einflußgrößen oder Zusammenhängen in Ansatz zu bringen.

f) In-door oder Out-door Entwicklung des Modells

Zur Lösung einer gut abgrenzbaren Aufgabe kann sich die Einstellung von fremden Unternehmungen zur Beratung, besonders aber zur Programmbereitstellung als sinnvoll erweisen.

Interesse dürfte in diesem Zusammenhang die Entwicklung bei der betreffenden Unternehmensgruppe finden, wo derartige „out-door-Dienste" — wie z. B. im Falle des beschriebenen Systems — soweit als möglich von einer konzerneigenen Datenverarbeitungs GmbH übernommen werden, die ihrerseits auch Kunden außerhalb des Konzernbereichs betreut.

g) Anwendung des Modells durch das Top-Management

Da es sich beim aufgebauten Planungssystem um ein routinemäßig abzuwickelndes System handelt, besteht keine Frage, daß die Anwendung an einen entsprechenden Planungsstab delegiert wird. Im übrigen erscheint zweifelhaft, ob die direkte Anwendung von meist komplexen Modellen durch das Top-Management gegenüber der prinzipiellen Delegierung Vorteile bietet.

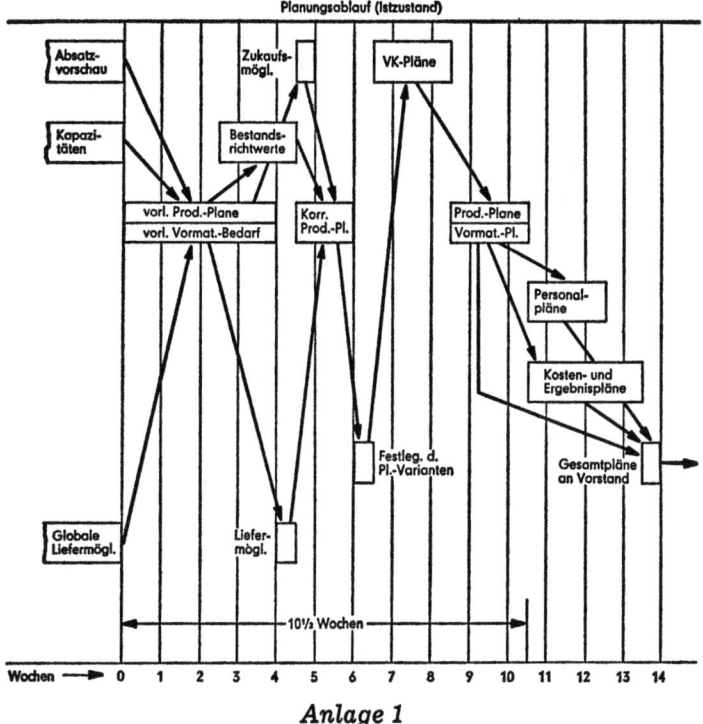

Anlage 1

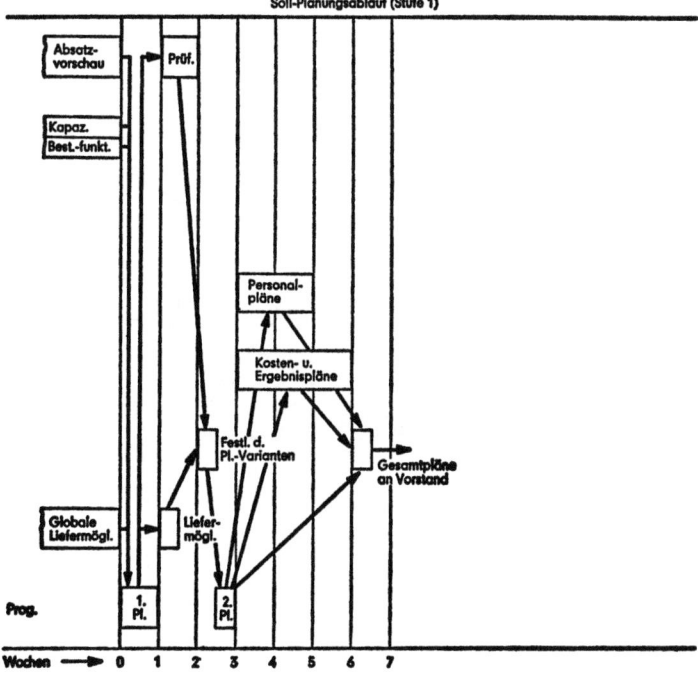

Anlage 2

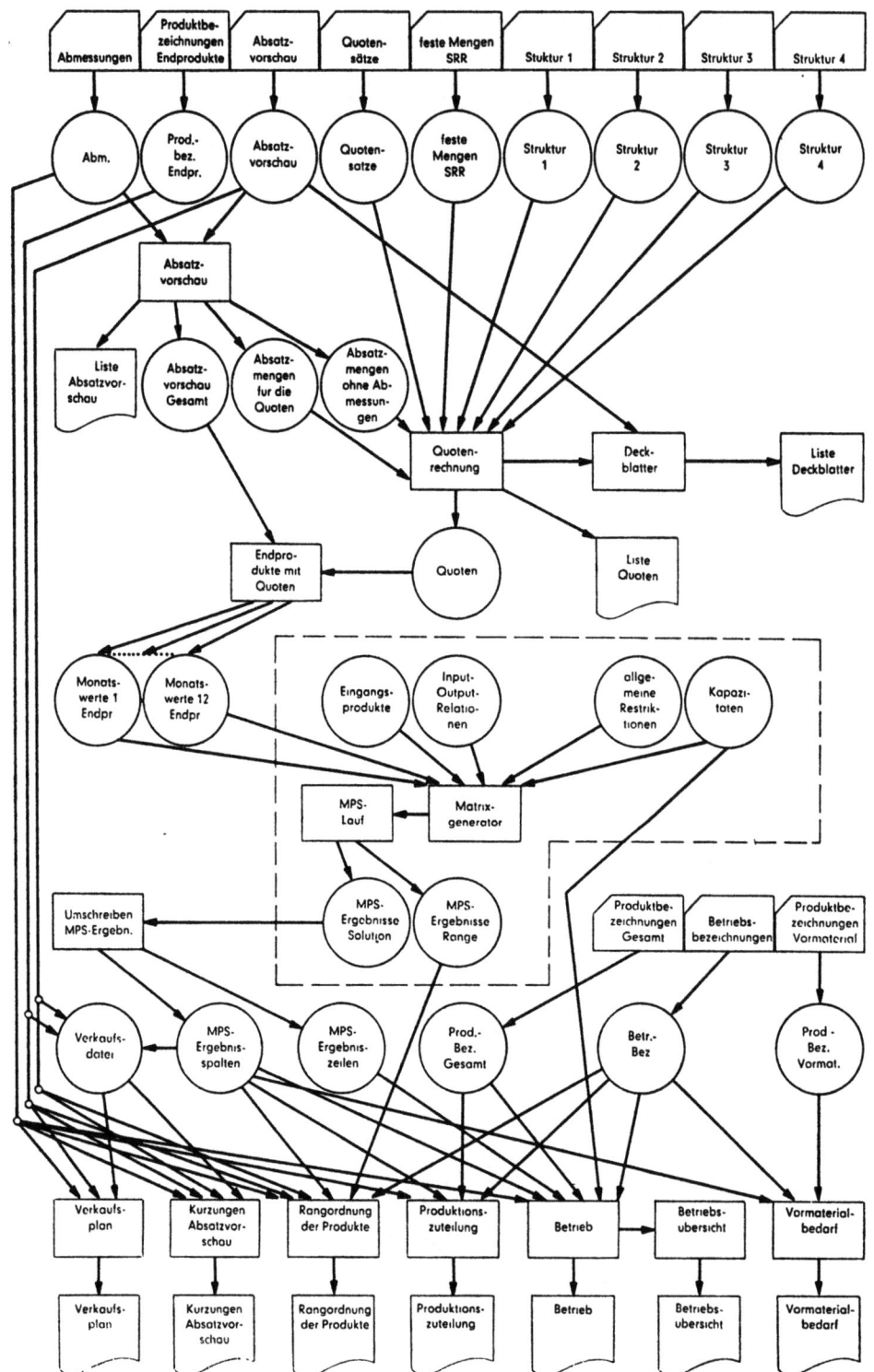

Anlage 3

Anlage 4

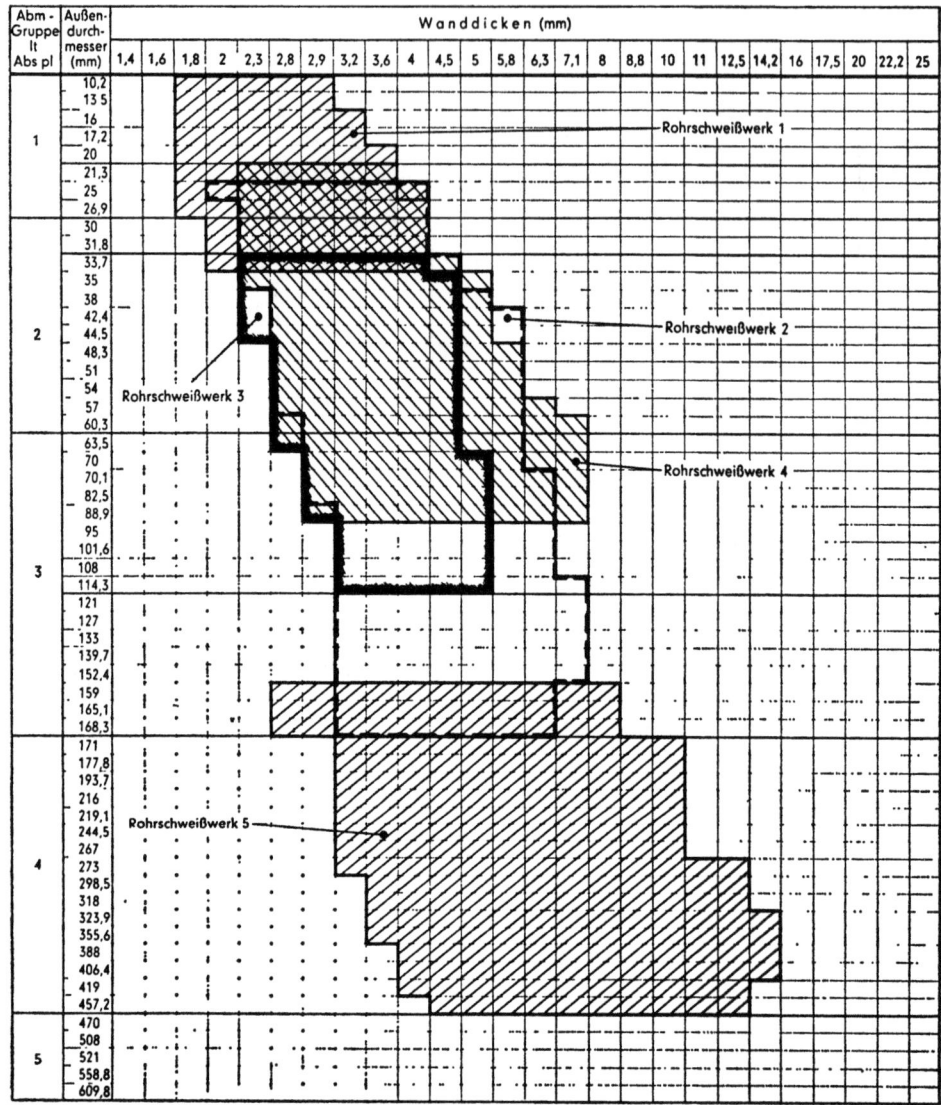

Anlage 5

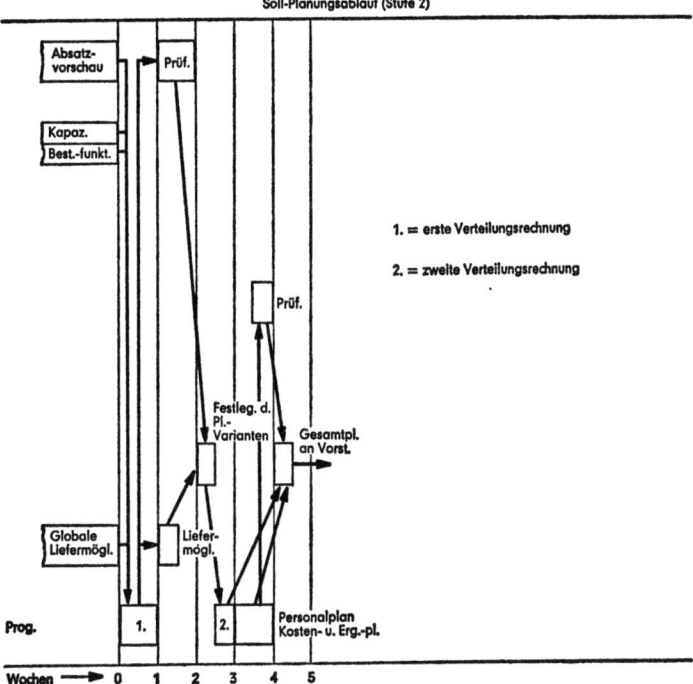

Anlage 6

Bericht über die Ergebnisse des Workshop III:

**Erfahrungen mit Modellen für
die Unternehmungsplanung**

Von

Dipl.-Ing. Herbert Tröscher

in Zusammenarbeit mit

Dipl.-Ing., Dipl.-Wirtsch.-Ing. Klaus Höring

I. Kurzfassung der Referate

1. Michael A. Moses und William F. Hamilton präsentieren in ihrem Paper ein Modell-System zur computerunterstützten strategischen Unternehmensplanung. Das vorgestellte Modell-System entspricht einem integrierten System von Optimierungs- und Simulationsmodellen in Verbindung mit spezieller benutzerorientierter Datenverwaltungs-Software für die Speicherung, Übertragung, Verarbeitung und Darstellung der Informationen. Dieses zur Zeit im Entwicklungsstadium befindliche komplexe Modell-System ist auf den Erfahrungen eines bereits in der Praxis eingesetzten vereinfachten Modellsystems aufgebaut worden. Es ist so konzipiert, daß es sowohl für die Lösung periodisch wiederkehrender als auch weniger häufig auftretender Problemstellungen bei der strategischen Unternehmensplanung eingesetzt werden kann.

2. Peter Stahlknecht beschreibt Erfahrungen mit Computer-Modellen zur integrierten Unternehmungsplanung und zur Planung von Einkauf, Produktion und Vertrieb in verschiedenen Industriezweigen: Bergbau, Metallhütten und Energieerzeugung. Die Planungsmodelle basieren auf den OR-Techniken Risiko-Analyse, Mathematische Programmierung und Simulation (stochastisch und deterministisch). Die Formalisierbarkeit von Planungszyklen, die Anwendungsgebiete von Planungsmodellen, die Organisation der Modellrechnung und die Auswahl der Methoden werden diskutiert. Der Autor vertritt dabei die Ansicht, daß sich für die Fragestellungen der langfristigen Planung computerunterstützte Modelle weniger eignen als für die mittel- und kurzfristige Planung.

3. Allen J. Wood stellt einen Typ von Corporate Models für Energieversorgungsbetriebe vor, der bereits mehrfach mit Erfolg angewandt wurde. Die Modelle dienen zur Analyse der Konsequenzen möglicher alternativer Strategien oder zwangsläufiger externer Ereignisse im Rahmen der Investitions- und Finanzplanung, der Markt- oder Gesamtergebnisplanung. Als deterministische Simulationsmodelle bilden sie den Markt-, Produktions- und Finanzbereich einschließlich des Rechnungswesens in mehreren Hundert mathematischen Gleichungen ab. Durch Eingabe und Variation zahlreicher Parameter können zahlreiche Fragen des Typs „Was passiert, wenn ..." durch entsprechende Auflösung des Gleichungssystems beantwortet werden.

4. H. Tröscher beschreibt in seinem Referat die Natur der Planungsprozesse und die möglichen methodischen Ansätze beim Bau von Modellen für die Unternehmensplanung in großen Unternehmen. Danach wird ein computerunterstütztes Modell-System zur strategischen

Unternehmensplanung für ein großes Energieversorgungsunternehmen vorgestellt, das aus einem Markt-, Erzeugungsausbau-, Netzausbau-, Produktionskosten- und Finanzmodell besteht. In den einzelnen Modellen werden sowohl die Verfahren der Simulation (stochastisch und deterministisch) als auch der Optimierung (deterministisch) eingesetzt.

Das Modell-System ist so konzipiert, daß es alle relevanten Fragestellungen im Zusammenhang mit der strategischen Ausbau- und Finanzplanung beim Neubau von Kraftwerks- und Netzanlagen sowie mit dem Energiebedarf und der Energiepreisgestaltung beantworten kann.

Die bei der Entwicklung von Unternehmensmodellen auftretenden Schwierigkeiten werden in dem Referat ausführlich behandelt und es versucht eine Reihe von damit zusammenhängenden Fragen aus der Erfahrung des Verfassers zu beantworten.

5. Siegfried Höhn stellt in seinem Beitrag die gegenwärtigen Probleme der Gestaltung und Anwendung von Planungsmodellen dar. Ausgehend von den Anforderungen an ein Planungssystem beschreibt es die Konzeption einer Grob- und einer Feinplanung. Danach werden die Möglichkeiten des Einsatzes der EDV bei der Unternehmensplanung erläutert und die Probleme bei der Gestaltung und Anwendung von Planungsmodellen bezüglich Zielfestlegung, Planungsmethodik, Informationsbereitstellung, Prognosefehlern und Planungskoordination behandelt. Die Ausführungen dazu geben im wesentlichen den Stand der Problemanalyse in einem Automobilbetrieb wieder.

6. Helmut Hohlweg legt ein Modell für Planbilanzen und Bilanzanalysen dar. Im Sinne der Schmalenbachschen „Dynamischen Bilanz" entwickelte er die Planbilanzen durch Gegenüberstellung der Aufwendungen mit den Ausgaben und der Erträge mit den Einnahmen. Dazu werden die Beziehungen herangezogen zwischen der Aufwands- und Ertragsrechnung, der Ausgabe- und Einnahmerechnung und den Überleitungen von den Aufwendungen zu den Ausgaben bzw. den Überleitungen von den Erträgen zu den Einnahmen. Ferner werden die Beziehungen betrachtet zwischen der Anfangsbilanz, der Schlußbilanz und den Überleitungen von der Anfangsbilanz zu der Schlußbilanz bzw. der Übersicht über die Verwendung und Beschaffung der Mittel.

Die zur Entwicklung der Planbilanzen und der Bilanzanalysen notwendigen Programmsysteme wurden erstellt und sind in der IBM-Fachbibliothek unter dem Titel „Planbilanzen mit dem Computer" veröffentlicht.

7. Manfred Stach stellt das Programmsystem PROFORMA zur langfristigen Unternehmensplanung bei *Unilever* vor. PROFORMA entspricht einem computerunterstützten Abrechnungsverfahren zur Durchführung von periodischen Ergebnisplanungen für das gesamte Sortiment einer Firma

auf der Basis von Erlös- und Kostensätzen. Es ermöglicht die Aggregation der Ergebnisse zu Gruppen-, Bereichs- und Totalergebnissen, wobei auf den einzelnen Aggregationsstufen die zurechenbaren Kosten berücksichtigt werden.

Durch die Anwendung des Programmsystems PROFORMA wird der zeitliche Aufwand bei der Durchführung von Alternativrechnungen wesentlich reduziert. Diese Alternativrechnungen zur Untersuchung der Auswirkungen dispositiver Maßnahmen in Teilbereichen werden von dem Autor im Hinblick auf die komplexer werdenden Entscheidungssituationen als dringend erforderlich herausgestellt.

8. Reiner Michel stellt in seinem Referat das System SIFESP als ein Hilfsmittel für die Unternehmensplanung vor. SIFESP entspricht einem Planungssystem zur simultanen Lösung des Integrationsproblems bei der Finanz-, Ergebnis- und Steuerplanung. Daneben kann SIFESP auch als Simulationsmodell zur Beantwortung verschiedener Fragestellungen bei der Unternehmensplanung zur Optimierung der Finanzpläne, zur Wirtschaftlichkeitsanalyse verschiedener Investitionsvorhaben und zur Berechnung informativer Kennziffern eingesetzt werden. Die wichtigsten Bestimmungsgleichungen des Grundmodells von SIFESP werden beschrieben und auf die in Buchform erschienene umfassende Darstellung des Verfassers verwiesen.

9. Georg Thaler stellt ein Rechensystem für die Jahresplanung bei der Mannesmann-Röhrenwerke AG als Grundlage für die mittel- und langfristige Unternehmensplanung vor. Das Rechensystem soll die Planungsabläufe im Bereich des Verkaufs, der Produktion, der Materialwirtschaft und des Personalwesens maschinell durchführen. Die bisher realisierten Teilsysteme im Bereich der monatlichen und jährlichen Produktions- und Verkaufsplanung werden beschrieben und die zukünftigen Entwicklungsabsichten auf Konzernebene umrissen.

10. Dieter Hellmanns befaßt sich in seinem Beitrag insbesondere mit den organisatorischen Fragen bei den regelmäßig wiederkehrenden Planungsaufgaben im Mineralölbereich der Gelsenberg AG. Neben dem Mineralölbereich existieren noch die Bereiche Chemie, Kernenergie, Strom und Handel. In jedem der vier Geschäftsbereiche existieren jeweils zwei Abteilungen welche die Planungskoordination wahrnehmen, wobei die eine die kurzfristige Jahres-Ergebnisplanung und die andere die Mengenplanung sowie die mittel- und langfristige Investitions- und Ergebnisplanung koordiniert. Die Koordination unter Konzerngesichtspunkten geschieht zum Teil im Vorstandsressort Finanzen und zum Teil in der zentralen Planungsabteilung im Ressort des Vorstandsvorsitzenden. Für die Erstellung des Mengenplanes im Mineralölbereich wird ein LP-Modell eingesetzt. Es ist vorgesehen, ein grobes Simulationsmodell für die langfristige Ergebnisplanung zu entwickeln.

II. Zusammenfassung der Kurzvorträge

Der Grad der Komplexität der vorgestellten Systeme für die Unternehmensplanung war sehr unterschiedlich. Ein Teil der Planungsmodelle wurde konzipiert zur Beantwortung von Fragestellungen strategischer Art bezogen auf die Unternehmensplanung und ein anderer Teil zur Beantwortung von Fragen taktischer bzw. operativer Art.

Die vorgestellten Modelle für die Zwecke der strategischen Planung lassen sich wiederum unterteilen in solche, bei denen in erster Linie die Vorgänge im Bereich des Rechnungs- und Finanzwesens (GuV, Bilanz, Finanzplanung) abgebildet wurden und in solche, bei denen dem Modell des Rechnungs- und Finanzwesens die Modelle z. B. aus den Bereichen

— Verkauf

— Produktion

— Distribution

vorgelagert sind. Dabei werden insbesondere beim Marktmodell die volks- und weltwirtschaftlichen Einflußgrößen auf das Verkaufsergebnis des abgebildeten Unternehmens mehr oder weniger korrekt berücksichtigt. Die vorgestellten Modelle wurden zum einen für die Lösung von Planungsproblemen bei Einzelunternehmen, zum anderen für die Lösung von Planungsproblemen bei Konzernunternehmen konzipiert und angewandt. In den Modellen wurden sowohl Simulations- als auch Optimierungsmethoden bzw. eine Kombination aus beiden eingesetzt.

Keines der vorgestellten Modelle kann für sich beanspruchen als ein umfassendes und in sich geschlossenes Modell für die Unternehmensplanung angesehen zu werden.

Aus Gründen der Übersichtlichkeit und zur Vereinfachung der Lösung komplexer Planungsprobleme wurden verschiedene Rückkopplungseffekte in Geradeaus-Prozesse aufgelöst und insbesondere bei Optimierungsmodellen nur ein Teil der möglichen Entscheidungs- und Aktionsvariablen zur Optimierung freigegeben.

III. Zusammenfassung der Diskussion

In der Diskussion wurde mit Recht große Bedeutung der Frage beigemessen, ob und wie sich die in den Modellen getroffenen Vereinfachungen auf das Ergebnis auswirken können. Es konnte daraus der Schluß gezogen werden, daß bereits bei der Konzipierung der Modelle beachtet werden muß, welchen Einfluß die getroffenen Vernachlässigungen haben können, jedoch läßt sich diese Frage endgültig erst nach Vergleich der wirklichen Ergebnisse mit den Modellergebnissen beantworten.

Die Diskussion läßt noch eine weitere allgemeingültige Aussage zu: Der Entwurf und die Gestaltung eines Modells für die Unternehmensplanung hängt entscheidend davon ab, welchem Zweck das Modell dienen und welche Fragen damit beantwortet werden sollen.

Zu der Frage, welchen wirtschaftlichen Nutzen die vorgestellten Modelle für die Unternehmensplanung haben, konnten keine quantitativen Angaben gemacht werden. Präzisere Zahlen wurden über den Aufwand für die Entwicklung der Unternehmensmodelle angegeben. Demnach liegt der Aufwand oberhalb 250 000 $ (einschließlich Rechenzeit) und kann sich bis auf ca. 23 Mannjahre zuzüglich Rechenzeit erstrecken (Moses).

Eine interessante Diskussion entbrannte über die Frage, welche Bedeutung der Datenbasis bei einem Modell für die Unternehmensplanung generell und speziell im Hinblick auf die Regressions- und Korrelationsanalyse für Prognosezwecke zukommt. Obwohl zu diesem Problem einige gegensätzliche Ansichten vertreten wurden, läßt sich folgende Schlußfolgerung herausfiltern: Für die Ermittlung der zielkonformen und möglichen Strategien in der Unternehmensplanung spielt die Datenbasis oft nicht die entscheidende Rolle (Roberts). Stellt sich dabei aber heraus, daß bereits kleinere Änderungen einiger Entscheidungs- und Aktionsvariablen einen merklichen Einfluß auf die Ergebnisse beim Vergleich der konkurrierenden Strategien nehmen, so müssen mehr und genauere Daten bzw. Informationen zusammengetragen werden (Tröscher). Das gilt auch für die Datenbasis, die zur Regressions- und Korrelationsanalyse für Prognosezwecke benötigt wird. In jedem Falle aber sollten die Kosten zur Gewinnung von mehr und besseren Informationen in Relation zu dem erreichbaren Nutzen stehen.

Über die Anwendbarkeit von Prognosesystemen läßt sich feststellen, daß sie nicht dazu benutzt werden sollen Unvorhersehbares zu prognostizieren (Gälweiler). Prognosesysteme sind überall dort sinnvoll anzuwenden, wo einzelne Größen prognostiziert werden sollen, die einschließlich ihrer Einflußfaktoren einen kontinuierlichen Übergang aus der Vergangenheit über die Gegenwart in die Zukunft aufweisen (Szyperski, Wild). Der Einsatz von Prognosesystemen ist aber dann nicht sinnvoll, wenn sich einzelne Ziele fixieren lassen, die nicht mit Vorgängen in der Vergangenheit und Gegenwart in direktem oder indirektem Zusammenhang stehen. In diesem Falle handelt es sich weniger um ein Prognoseproblem, sondern mehr um ein Durchsetzungsproblem (Chmielewicz).

Die Aussagefähigkeit der GuV und Bilanz als Schema für die Bewertung von strategischen Alternativplänen wurde von verschiedenen Diskussionsteilnehmern als gering bezeichnet. Die Diskussion erbrachte jedoch kein Ergebnis, welche anderen Kriterien dafür ersatzweise besser geeignet sind.

Die Diskussion erbrachte eine weitere wesentliche Feststellung, wonach die Modelle für die Unternehmensplanung Schritt für Schritt entwickelt werden sollen (Tröscher). Ausgehend von relativ einfachen Abbildungen des Unternehmens und mit weniger umfangreichen Datenmengen sollten je nach Bedarf die Abbildungen detaillierter gestaltet und zwangsläufig die Datenbasen entsprechend erweitert werden (Roberts).

Je mehr die Modelle in den Anwendungsbereich der taktischen bzw. operativen Planung übergehen, um so mehr müssen die Modelle verfeinert werden und die Datenbasen an Umfang und Genauigkeit zunehmen (Bedford).

Die Ansichten über die Anwendbarkeit von computerunterstützten Unternehmensmodellen zur strategischen Planung sind nicht einheitlich. Von den einen wurde der Einsatz von computerunterstützten Modellen zur strategischen Planung befürwortet von anderen wiederum abgelehnt. Die ablehnende Haltung erstreckte sich jedoch nicht auf die strategische Planung an sich, sondern lediglich auf das computerunterstützte Modell als Hilfsmittel (Stahlknecht).

Der Einsatz von computerunterstützten Modellen im taktischen und operativen Bereich wird jedoch von allen befürwortet, vor allem wenn es sich um routinemäßig wiederkehrende Planungsvorgänge handelt.

Die unterschiedlichen Auffassungen über den Nutzen von computergestützten Modellen für die strategische Planung dürfte jedoch auf die unterschiedlichen Planungsprobleme bei den einzelnen Unternehmen zurückzuführen sein. Daraus kann ganz allgemein die Schlußfolgerung gezogen werden, daß sowohl bei der Entwicklung als auch bei der Anwendung von computergestützten Modellen in den verschiedenen Unternehmen eine differenzierte Vorgehensweise angemessen ist, bei der aus dem verfügbaren Repertoire an Methoden die zur Lösung des individuellen Problems zweckmäßigsten Verfahren ausgewählt werden.

Zu Beginn der Diskussion wurden folgende sieben Fragen an die Referenten gestellt (Tröscher), auf die jeder nach Möglichkeit eine Antwort geben sollte; aus den Stellungnahmen der Referenten lassen sich die nachfolgenden Antworten zusammenfassen:

1. Wie soll die Zusammenarbeit zwischen dem Management und der Entwicklungsgruppe gestaltet werden?

    Das Management muß auf jeden Fall bei der Formulierung der Ziele und Werte mitwirken und bei der Darstellung der Probleme mithelfen. Je mehr es sich dabei um ein programmierbares Problem handelt, um so mehr kann der Systemanalytiker die Modellentwicklung selbständig durchführen (Moses).

    Das Management benötigt dabei keine detaillierten Kenntnisse in OR und EDV. In jedem Falle aber müssen die OR- und EDV-Spezialisten in der Lage sein, dem Management die Problemlösung an Hand von Beispielen anschaulich illustrieren zu können. Gleichzeitig müssen Prozeduren gefunden werden, die es dem Management erlauben, den Fortgang der Entwicklungsarbeiten kontrollieren zu können.

2. Wie soll sich die Entwicklungsgruppe zusammensetzen und wie soll sie organisatorisch eingeordnet werden?

Bei der Zusammensetzung der Entwicklungsgruppe muß darauf geachtet werden, daß nicht nur OR- und EDV-Spezialisten, sondern Experten aus allen Bereichen des Unternehmens mitwirken. Die Entwicklungsgruppe muß organisatorisch so eingeordnet werden, daß sie direkten Zutritt zum Top und Middle Management erhält. Sie darf sich nicht am Spiel um die Macht beteiligen.

3. Welchen Detaillierungs- und Genauigkeitsgrad sollte oder müßte ein Unternehmensmodell erreichen?

Die Entwicklung der Modelle sollte so einfach wie möglich beginnen und in einem adaptiven Prozeß schrittweise vervollkommnet werden. Der Detaillierungs- und Genauigkeitsgrad muß sich dabei den Erfordernissen der Problemlösung anpassen (Tröscher).

4. Soll die Datensammlung manuell oder automatisch durch ein computerunterstütztes Informationssystem erfolgen?

Bei der Anwendung der Modelle für die strategische Planung werden nicht nur interne, sondern auch externe Daten benötigt. Die Sammlung und Aufbereitung der externen Daten entzieht sich in der Regel dem Einflußbereich des einzelnen Unternehmens. Deshalb kann sich die Beantwortung der Frage nur auf die internen Daten beziehen.

Die Existenz eines computerunterstützten Informationssystems ist zwar wünschenswert, stellt aber keine notwendige Voraussetzung für die Entwicklung eines Unternehmensmodells zur strategischen Planung dar. Je mehr die Modelle aber im Bereich der taktischen und operativen Planung Anwendung finden, um so stärker nimmt die Bedeutung der computerunterstützten Informationssysteme zu.

5. Soll die Analyse der Unternehmensfunktionen und deren Zusammenhänge auf der Basis deterministischer oder probabilistischer Methoden erfolgen?

Die Antwort lautet sowohl als auch: Vorgänge, die ihrer Natur nach nicht deterministische, sondern probabilistische Eigenschaften haben, sollten auch mit Hilfe von probabilistischen Methoden abgebildet werden (Stahlknecht). Ersatzweise können auch deterministische Verfahren angewandt werden, bei denen durch Sensitivitätsanalysen festgestellt wird, wie sich wahrscheinliche Änderungen einzelner Größen und Faktoren auf das Ergebnis auswirken (Wood).

6. Soll das Unternehmensmodell firmenintern oder -extern entwickelt werden?

Die Erfahrung hat gezeigt, daß bei der Entwicklung von Unternehmensmodellen die Unterstützung einer firmeninternen Entwicklungsgruppe durch externe Berater sehr nützlich sein kann. Voraussetzung ist natürlich, daß der Berater über praktische Erfahrungen in der Entwicklung von Unternehmensmodellen verfügt. Spezielle Branchenkenntnisse des Beraters sind dabei zwar wertvoll, werden aber nicht unbedingt benötigt.

7. Soll das Unternehmensmodell vom Management direkt oder indirekt über eine Planungsgruppe mit Stabsfunktion angewandt werden?

Die häufig gestellte Forderung, daß das Management das Unternehmensmodell selbst anwenden soll, läßt sich bei einem komplexen Modell kaum praktisch realisieren. Denn bereits für die Handhabung des Modells sind detaillierte Kenntnisse über Aufbau des Modells und Aktualität der Daten erforderlich, über die in der Regel nur die Entwicklungsgruppe ausreichend Bescheid weiß. Es empfiehlt sich daher eine Planungsgruppe zu schaffen, die sich zumindest teilweise aus den Mitgliedern der Entwicklungsgruppe zusammensetzt und die dem Management mit Hilfe des Unternehmensmodells die Entscheidungsgrundlagen erarbeitet.

Workshop IV:

Software für die Unternehmungsplanung

Diskussionsleitung:

Prof. Dr. Franz Steffens

The Planning Language and The Planning Model

Von

Dr. Jack M. Gillette

Introduction

You are at the beginning point in an effort to develop a planning model. The question naturally arises: "Should you use a planning language?" I believe you should.

In this talk, I intend to explain what a planning language is. Then I will show why you should use one. Finally I will review how you would go about selecting the proper language.

Programming Languages

The computer circuitry is designed to understand and execute numeric instructions. Programming at this level is extremely difficult and time consuming. Computer vendors provide the users with "programming systems" which greatly ease the burden of programming. The programming system consists of two elements; a language and a program which can interpret the language and translate it into machine instructions. Many programming systems can be classed into one of three major categories: machine level, general purpose compiler, or special purpose compiler. The machine level system is usually called an Assembler. The most common general purpose compilers are COBOL, FORTRAN and PL 1. There are many special purpose compilers, but I will limit this discussion to one type I call the Planning Language (PL).

These systems are used by particular classes of people. Assembler is used by the professional programmer who is concerned primarily with the mechanics of making the computer work. The general purpose compilers are used by a more general class of programmers. COBOL is for the business programmer, FORTRAN for the scientific programmer, and PL 1 for the programmer with the combination scientific-business application. The PL is designed specifically for the planning/budgeting analyst.

A technical comparison of languages would be rather tedious. Yet some basic understanding is needed to decide which language to use. I hope the following analogy will help.

Suppose you have a job to do; given the general ledger accounts balances, you must develop a profit and loss (P & L) statement.

1. Assembler: You have pencil, paper and a desk calculator. You must understand the accounting principles and also the operation of the desk calculator. You need to program yourself to make each step in the total calculation. That program must be done at the level of the proper sequencing of reading num-

bers, depressing keys on the calculator, and recording the answers. You are working at the level of the Assembler language.

2. General-Purpose Compiler: You have a clerk who knows how to operate the desk calculator, but knows nothing about the accounting principles. You must "program" the clerk in some detail, but you need not be concerned with the mechanism of operating the desk calculator. You program the clerk by explaining exactly how the numbers in the general ledger accounts should be combined to make the entries in the P & L statement. You are working at the general purpose compiler level.

3. The Planning Language: You have a bookkeeper who understands the principles of accounting and knows how to operate the desk calculator. You program the bookkeeper at a fairly high level, i. e., you explain your general ledger coding structure and he knows how to combine the values for the P & L statement. You are working at the PL level.

Figure 1 compares programming languages in general terms.

Comparisons

Manpower: With either the Assembler or the general purpose compiler, two men will be involved in developing a computer model. First, the planning analyst must define the model and explain his design to a programmer. The programmer then writes a program to execute the model. With a PL, only the planning analyst is needed. He develops the design of the model directly in the planning language and the PL system handles the execution.

Skills: The Assembler should be used only by the professional programmers because the efficiency of the completed program will depend directly upon the skills of the programmer. You can see this from the analogy. If you have no facility with the desk calculator, you will take much longer than if you were well trained and efficient.

The Compiler needs programming skills. However, it is less sensitive to the methods of the programmer and even amateur programmers can use Compilers. In the analogy, you can see that if you explain an involved method for combining data from the general ledger, you could slow down your clerk. However, you will have little effect on his efficiency with the desk calculator.

Most PLs can be used by personnel with no programming experience. You need to understand your problem, but can master the PL relatively easily. Again, if we look at the analogy, you can see that you can do very little to alter the methods of the accountant. Either he is efficient or he is not.

Scope: The Assembler is designed for use by the programmer who is concerned with making the computer perform a task. The general purpose compiler is designed for the programmer who needs to perform a task with a computer, but is less interested in the way the computer does that task. The

PL is designed for the analyst who wants to use a computer but does not wish to be involved in the details of the computer. The PL is designed to handle a very specific type of problem; preparation of plans or budgets. The PL should be limited to that application. Even though it might be used for other data processing jobs, it probably would not be completely satisfactory. Thus, the PL is limited in scope, the general purpose compiled is less limited, and Assembler is not limited at all.

The programming language for any computer application should be selected on the basis of three major criteria (figure 2):

A. Manpower and elapsed time to complete the initial program.

B. Manpower needed to maintain the program in normal use.

C. Computer time and costs for normal operation of the program.

The importance of the criteria varies depending upon the type of program and its expected usage.

● If the program is to be used only once, the criteria would be ranked in the order of A, C, B (from high to low).

● If the program is to be used monthly or less frequently, the criteria would be ranked in the order A, B, C.

● If the program is to be used daily, the criteria would be ranked in the order C, B, A.

One would expect a planning model to be used frequently during the preparation and revision of plans, but not much in between these periods. In the long run, the usage should average to about once a month. Thus, development costs are more critical than maintenance costs which are more critical than operating costs.

In general, one would expect the Assembler to result in higher development and maintenance costs, but lower operating costs. The PL would result in lower development and maintenance costs, but higher operating costs. The Compiler would fall somewhere in between the other two. I will develop this picture in a more quantitative way. However, I do not think it is necessary to try in this talk to judge between the Assembler and the Compiler. That judgement must be based on many detailed considerations. We can simply reduce our decision set to two choices; the PL versus the Compiler/Assembler.

Planning Model

I am going to work through a planning model project to develop the comparative costs of the PL project versus the "scratch" project. The scratch project does not use a PL and all programming is done by the project team. First, a brief description of the model itself is in order. We are a headquarters department and our job is to consolidate and publish the long-range (five year) plan. Any model can be described completely by defining three basic elements:

Output — The desired answer(s):

The output from our model will be a number of reports such as Profit and Loss Statement and Balance Sheet for the company, analyses of assets, incomes and expenses for each of the units, analysis of financing needs, measures of effectiveness and a number of reports displaying operational aspects. All of the reports will cover the time span of the plan and two years of history for comparison purposes.

Input — The basic data needed to develop the answers:

Our input will come from operating units (the projections) and accounting (the history). The level of detail in the input depends upon the level to be displayed in the output and the computation to be built into the model. One example will illustrate the point. Suppose our management want to see Bad Debts as an item on the expense analysis. We could ask the units to estimate bad debts and simply use their estimates. Alternatively, we could decide that bad debts will vary in proportion to accounts receivable.

Our model could examine the history and calculate bad debt to accounts receivable ratios. The units would estimate Accounts Receivable and the model would compute bad debts.

Processing — Actions to transform input into output:

This is the mathematical and logical portion of the model. A series of decision points and algebraic expressions are developed. The bad debt calculation above is one example. Financing is an example of combining decisions and equations. If the balance sheet in any year of the plan is not in balance some action must be taken by the model. If assets exceed liabilities, the model would assume long-term borrowing. If liabilities exceed assets, the model would assume investment in, say, new plants. In both paths from that decision point, a number of expressions would be written to cause the model to handle all effects from the decision.

A Planning Model Project

To see the effects of the PL more clearly, let us work through the steps of a planning model project with and without the aid of a PL. Figure 3 outlines the project tasks for each case. In the following, I will discuss the tasks briefly highlighting the differences.

1. Acquire and Learn Language:

In the scratch project, there should be no learning. If your programmers do not already know how to program, your effort may well be committed to failure. You will have to learn the PL. That should be a small effort (the normal training session for our PL is two days) for the basic training. As you go along with the model, you will pick up efficiency in using it. Remember, the PL is generally not sensitive to your methods, so you need only to gain efficiency in writing rather than in learning the tricks of the trade.

Figure 4 shows comparative costs for this step. For the scratch project, the costs are zero since I assume that you already have the Compiler/Assembler and trained programmers. The PL costs are high due to purchase and training in a new system. Of course, you could rent a PL to reduce this initial cost, but to simplify the discussion, I assume purchase.

In drawing up this comparison, I used data from a number of projects. However, the figures do not explain the units of costs. That is intentional since I am trying to make a comparison rather than develop actual costs. You could simply consider the costs in terms of your currency.

2. Design Model:

A model is an abstract representation of a real situation. Design involves the definition of the three basic elements (output, input, processing) that I described earlier. The design actions differ in the two projects as follows:

Output: The financial analyst starts by developing a list of reports. In the scratch project, he uses computer-printer-lay-out forms to "mock up" or format the reports. These show how the various items will be arranged on the page and indicate the information content of each report. The magnitude of the job depends on the uniformity of your planning reports. If the Expenses Statements for all units will have the same form and information content, only one lay-out is needed and the programs will handle the duplication. However, if each is unique, a lay-out would be needed for each.

The PL project effort is somewhat greater here due to the need to be more careful in completing the PL forms. Since the PL forms will be read by a computer they must be more carefully completed than the forms which are to be read by a programmer.

Input: The effort here involves describing all elements of input and devising a coding structure. The coding structure serves as a means of identification (a kind of short-hand) and also as a mechanism for relating input data to mathematics, logic and output of the model.

The two projects will require about the same effort from the financial analyst. The difference again is that of completing forms to read by a computer or by another man.

Processing: The first step is usually to draw a flow chart; a diagram depicting decisions and equations and their sequencing. It should be done in both projects.

In the scratch project, the financial analyst's work is now done except for consultations with the programmer. In the PL, he must transcribe his flow chart into the PL input forms. His work is definitely greater here. One could argue that a flow chart is not really needed in the PL project; many models are developed without flow charting. I will not use that argument because that would be saying, you do not need to follow good practices to get the job done. If you investigate programming practices, you will find many professional do not "bother" to flow chart. But you will also find that the well-run computer department requires all programmers to flow chart. The man who develops a program will not stay with it forever. Bringing a new man in is very expensive unless flow charting is done.

A significant difference could occur here. The PL is designed to simplify some aspects of the planning model formulation but most have some restrictions on what can be done. Thus, the PL project may very well take a different approach to model logic and arithmetic; perhaps better but perhaps not. It really depends on what you want to do whether one approach is better than the other. However, PL's are being used widely today, and most models can be formulated in a PL. Even when extra work on the part of the financial analyst is needed, that extra work is more than offset by savings in the next step.

The costs for this step are shown in Figure 5. To summarize, the financial analyst will have more work to do in the PL project than in the scratch project. The financial analyst must complete keypunch forms carefully and concisely. In contrast, in the scratch project, he completes forms in order to communicate with a programmer. The job can be done in a more general way; perhaps even in outline form. Since the programmer has intelligence (the PL does not), he can interpret an outline and even overcome deficiencies in the financial analyst's work. However, if the financial analyst does a complete and thorough job, the programmer is much more likely to develop the desired program.

3. Programming:

This step adds cost to the scratch project only (Figure 6) since the PL programming has already been done by the vendor and the model "programming" has been done by the financial analyst during design.

I think you all know what is involved in programming so I will not discuss this step in any detail. There is one point that needs comment. The programmer must be very careful to recognize parameters that should be specified when the model is run compared to those built into the program. Suppose the financial analyst specifies an equation

$$RAA = 0.03 * RETAIL\ SALES$$

which means, Returns and Allowance equal 3 % of Retail Sales. The equation is written in the program, but the financial analyst must be able to change the 3 % factor when he runs the model.

Otherwise he must call the programmer back each time he wants to change the factor.

4. Testing:

Testing (Figure 7) is a two-step effort involving two men in the scratch project and a one-man effort in the PL project. Your scratch programs must be tested before the model can be tested, but the PL programs will have been tested already.

5. Running:

There are no fundamental differences in the two models that would result in one model being cheaper to use than the other. There could be differences in the computer time needed to obtain a solution. The PL is generalized to be able to handle any model, but some models do not need that generalization. In these cases, the PL will have "overhead" costs that could be avoided in the scratch project. However, it is not correct to say that the PL model will always be slower than a scratch model. The efficiency of a computer program depends upon the skill of the programmers. The PL is written by highly trained skilled programmers. The scratch project programmers may or may not be as well trained and highly skilled. In other words, the overhead costs of the PL could be more than offset by poor programming in the scratch project.

In Figure 8, I assumed the scratch project will have skilled programmers and the PL costs will be 20 % higher than the scratch costs.

6. Maintenance:

The final element of the project is a continuing effort. The planning process is ever changing and the model must evolve so as to meet the changing demands.

Maintenance can be separated into program and model maintenance. The PL system is maintained by the vendor; at least, it should be. The scratch system must be maintained by your programmers. Depending upon the size and complexity of your programs, maintenance will require between one-half time and full-time for a programmer. The PL saves most of this man time. It does not save all of it because the financial analyst will have to maintain his PL input. Model maintenance should be about the same in both projects.

However, these generalizations overlook the important interaction between model and programs. Model alterations can involve either simple or extensive program changes. Unfortunately, even simple model changes can require inordinate amounts of work on the programs. The PL really stands out here since it was designed to accommodate changes.

Remember, the PL system is a packaged program. A package is a program controlled by data cards. Thus, the financial analyst's program is contained in his data cards rather than in the programmer's program. The PL model can be altered by changing data cards. In this case, the work involved will be roughly equal to the desired change.

I worked with a large company who had put their 10 year plan on the computer. It was great the first year, and worked reasonably well the second and third times. The financial analyst became adept at "fooling" the programs; that is, he would alter his input to obtain the desired output. But the programs could not be used the fourth time around. The management had instituted a new organization of the planning process and the final reports.

At that point, the company adopted a planning language which has survived still another reorganization.

These considerations led me to estimate maintenance costs (Figure 9) for the scratch project at three times the costs of the PL project.

Summary of cost Comparisons

Each of the figures 4 through 9 show the accumulated costs in the column on the right. Figure 9 shows the total cost of the scratch project is 50 units compared to 40 units for the PL project. The cost comparison becomes even more favorable for the PL if more than one model is to be developed since the purchase costs would not be repeated. In contrast, the programming costs of Step 3 could be repeated entirely in all projects depending upon similarity of the models.

Many users of the Bonner & Moore System FP/70 made costs/benefits studies before they purchased our PL. The consensus of these studies is that FP/70 would reduce their development efforts by 30 to 50 %. One other major item from these studies (which is not demonstrated in my comparisons) is that elapsed time to complete the planning model is in the order of months with FP/70 and would be in the order of years for the scratch development.

> In summary, it is safe to say:
>
> if a PL meets your technical needs, there is no cheaper way to automate your planning system.

Computer Operating Mode

One consideration in selecting a language will be the mode of operation for your model. Basically, there are three modes in which you can use a computer. Of course, combinations are possible, but if we limit this discussion to the basic three, we can finish in a short period of time. These modes can be described under the headings: Batch Processing (BP), Remote Job Entry (RJE), and Interactive Time Sharing (ITS). First I will describe each briefly so you will know what I mean by the terms.

Batch Processing: This is the most common way for the computer to be used. You begin by completing keypunch forms from which punched cards are made. The set of cards comprising your run is turned into the computer operator. When the machine is ready, he feeds the cards into the card reader and the computer performs its job and puts the output on to a line printer. The paper is taken from the printer and given back to you. Your run is now completed. Actually, the operator may collect jobs until he has a "batch" and then run them at the one time — hence the name batch processing. Today most computers can handle several jobs at one time. In this case, the batching is done inside of the computer. The cards are still put into the card reader, but the operating system transfers them into an internal queue. When the computer is ready to run the job, the cards are taken form the queue and the output is put on into an output queue. The output is held in this queue until a printer is available and then the printing is done.

It makes no difference how sophisticated your computer system is, the key to BP mode is that you submit a job and then wait some time to get the results back. The time taken to get your results back is known as „turnaround time".

Remote Job Entry: RJE is a form of BP. The difference lies in the location of the input reader and output printer. Normally, the reader and printer are in the room with the computer and connected via electric cables to the computer. In the RJE operation, the reader and printer are located in your offices and connected to the computer via telephone.

In the RJE operation, you call the computer center on the telephone and the operator connects your reader and printer (i. e., your terminal) to the computer. When the cards have been transmitted, you hang up and wait for a call back. When your output is in the output queue, the operator will call you and reconnect your terminal. Your output is then sent to your terminal. The RJE terminal gives you the service and feeling of having a computer in your offices, but at much less expense.

In many cases, the terminal is handled on a higher priority than local work. In these cases, the turnaround time for the RJE will be better than for BP.

Interactive Time Sharing: ITS is an entirely different mode of operation. You have in your office a terminal connected to the computer via telephone lines. The terminal usually is a teletype machine or a combination typewriter and cathode-ray tube (television) screen.

As in RJE, you call the computer center on the telephone and get connected to the computer. The similarity stops here. The RJE is connected only to the input or output queue, whereas the ITS terminal is connected directly to the computer. In effect, you talk with the central computer. You type an instruction into your keyboard and almost immediately the computer returns an answer.

The fact is the computer can handle your instructions much faster than your terminal and the telephone lines can handle the messages to and form. That permits the computer to handle a number of terminals at one time; all users are sharing time on the computer, hence the name "time sharing".

RJE is a form of time sharing operation since several RJE terminals can be handled at one time. In fact, an ITS terminal can be used in the RJE mode. There is an important distinction between RJE and ITS and I will use an analogy to try to make the point clear. Suppose that you need to work with a colleague in another city to be able to complete the profit and loss statement. You can work with him on a RJE or ITS basis. Here is how each would work:

> In the ITS mode — you call the colleague on the telephone and talk with him directly.

> In the RJE mode — you would write a message and send it via telex to your colleague who would reply in the same fashion.

In general terms, the ITS will be faster than either of the other modes. However, it will not always be the most satisfactory. When you are talking with your colleague in the ITS mode, his response will be fast only when he has the material needed directly at hand. If he must stop and go to his files for each question, you can spend a lot of time waiting for answers — which adds to the cost of the operation. Also, it would be very tedious to try to obtain a large number of tables in the ITS mode simply because transmission is rather slow and usually limited by the terminal device.

The point I wish to make is simply this: — the ITS mode allows you to solve a problem more rapidly than either RJE or BP, providing your problem can be reduced to manageable size. With a large problem, RJE or BP modes will most often be better than ITS (Figure 10).

In most cases, the Accounting and Budgeting models will be too large to be handled well and economically with ITS. The Planning model is an entirely different story. Whether or not it can be handled in ITS mode depends upon the way your company does planning. Let me describe two extremes in long-range planning systems from the several companies where I have personal and direct experience.

In one case, planning is done by the Planners and in the other, planning is done by operating management. The planners have done a lot of work reducing the company operations and financial parameters to a small set of equations.

Based on external factors such as gross national product and spendable income, the planners could predict the market into the long-term future. Once the market is predicted (forecasted) they simply solve the equations and produce Pro Forma Profit and Loss Statements and Balance Sheets for the company. This group really enjoys the ITS mode of operation. They can sit at the console and play the "what if" game to try out all sorts of variations on the theme. In the end they can tell the managers what should happen under various circumstances.

In the other case, the operating managers begin the planning process. Marketing makes a forecast of the product sales, and manufacturing and transportation determine what they must do to respond to this forecast. Finally, the financial officer determines whether or not the cash will be available to support the plans. If not, the cycle begins over again with each manager making modifications as needed to his plans. This cycling process continues until an acceptable plan is found. In the course of this cycling, several alternatives are developed and studied carefully. The operating managers have a very good idea of what they will do if things turn out as planned, and (perhaps more importantly) what they must do if things don't turn out as planned.

As you well know, the second case is the more successful. Please understand I do not mean to suggest that the first method of planning has no place in business. It certainly does, but it should not be the only form of planning. The best situation would be to combine the two operations. I know of at least one company which does just that. Two ten-year plans are developed; one by the planners ad one by the managers. The planner's plan is used to assess the practicality of the manager's plan.

If your company already has a computer and that computer can be used for your model, this discussion of operating modes may be academic. However, even in this case, you may want to consider using a different computer for your planning models. There are two major reasons why many planners use service bureau computers. One reason is turnaround time. Frequently the data processing computer is overloaded, particularly when the books are being closed, and cannot provide the planner with the service he needs. The second reason is machine capacity. The in-house computer may be small and putting the planning model on a small computer could mean lots of extra work and delay for the planner. In either case, it would make sense to examine the merits of the service bureau relative to the company computer.

Let me suppose that you are just starting in the modeling business and have no company computer. The first step should be a conceptual design study to determine the long-term needs for your model. You cannot do everything at one time so the normal method is to start small and grow into the full-blown system. Before deciding on the computer to use, you need to understand what the total requirements will be — that is one of the objectives of the conceptual design study. Your start should be made using a service bureau computer in the batch processing mode. That permits you to get started with the smallest commitment.

As your model applications increase, the service bureau will begin to cause you some inconveniences. The turnaround time becomes long, especially if any amount of traveling is involved. Carrying all that information to and from begins to be difficult and you begin to worry about the security. With small models, it is easy to take everything home again after your runs; but the larger the models get, the more difficult that becomes. At this point, you should think about installing a terminal. Whether you install an ITS or RJE terminal will depend upon the relative costs and conveniences of the service.

Some companies find their work load growing to the point where it becomes economical to install their own computers. In other cases, the load never gets that large.

Here are some general considerations to think about in selecting the terminal. If you are building an accounting or budgeting model, how large will it become when fully operational? Will it eventually overload the ITS terminal capabilities? If so, you should start with a RJE terminal, even though you may think that is not as convenient for development work.

Selecting a Planning Language

I hope I have demonstrated the case for using a PL. Now, the question becomes; which planning language?

To answer this question, you obviously need to obtain the facts about the packages available on the market today. Many people feel they should defer any considerations of packages until after they have decided the exact form and content of their model. I believe this approach is short sighted and could lead to a wrong conclusion. The different packages offer assistance in different ways. Your model will take a different form if it were to be run manually than if it were to be run on a computer. Similarly, it could take a different form with and without a planning language. In fact, the form could be influenced by the planning language itself. Thus, my advice is to investigate the planning languages during the design and thinking stages of your project. As you investigate the packages, you will have opportunity to learn what other companies are doing and that knowledge will certainly not hurt your efforts.

Here are some suggested steps for investigating packages.

1. Obtain the vendors literature and form a preliminary opinion.

2. Meet with the vendor and discuss both your project and his package. These discussions should be open and in detail. You want to find out if there would be any problems associated with the use of the package. For instance, are there some things you want to do that would be difficult or impossible with the package?

3. Check credentials of the vendor. You will want to have continuing support from the vendor and you should want to assure yourself that he can provide it.

4. Talk with users of the package. How is the package being used and what problems did other companies encounter? You may find that many of your problems have been solved by other companies and you can take advantage of their work. When you visit another company, you should be prepared to discuss the planning process in your company. The user will be more willing to take time to discuss the package with you if he feels that he could get something in exchange from you.

5. See the system in operation. This may mean a test problem set up by you and run with the package. It could be, however, that you will see enough when you visit the user companies. Most vendors are happy to make test runs, but they do cost money and time (both yours and vendors').

6. Finally, you should look at economics of the packages. I put this consideration last, since I feel it is secondary. The most important item is feasibility; can the package be used for your model? If several packages can be used, then the price can be used as the final criterion.

I would like to make one final point about packages. Suppose, you find that no package has exactly what you want. Should you then conclude that you must develop your own system? Does a package come close to having what you want? If so, will the vendor modify his package to include what you want? In most cases, it will be cheaper and faster to modify a proven package than to develop a new one.

Programming Languages

	Manpower	Skills	Scope
Assembler	2	High	Hardware
Compiler	2	Med.	Few
Planning Language	1	Low	Application

Figure 1

Language Evaluation Criteria
Rank

	One Time	Monthly	Daily
A. Development	1	1	3
B. Maintenance	3	2	2
C. Operation	2	3	1

Figure 2

Long-Range Planning Model
Project Phases

Phase	Description
1	Acquire and Learn Language
2	Design Model Output Input Processing
3	Delevop Programs
4	Test Programs Model
5	Operate
6	Maintain

Figure 3

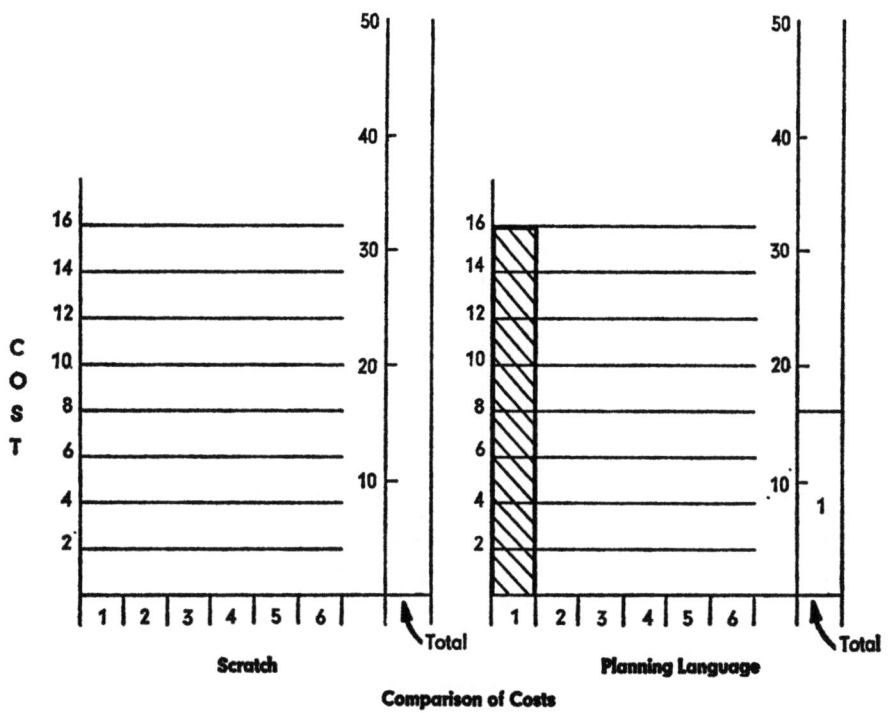

Figure 4

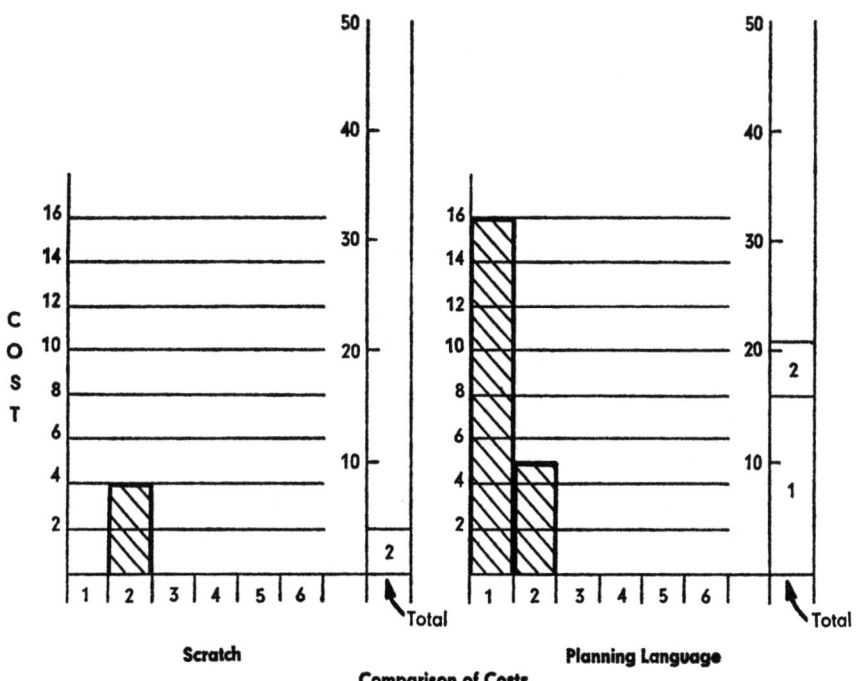

Figure 5

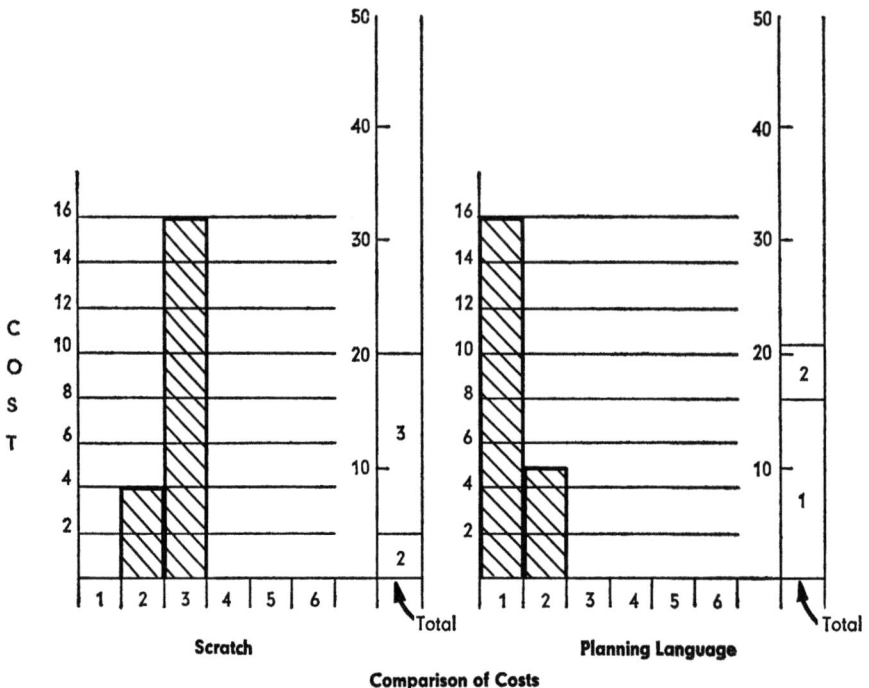

Figure 6

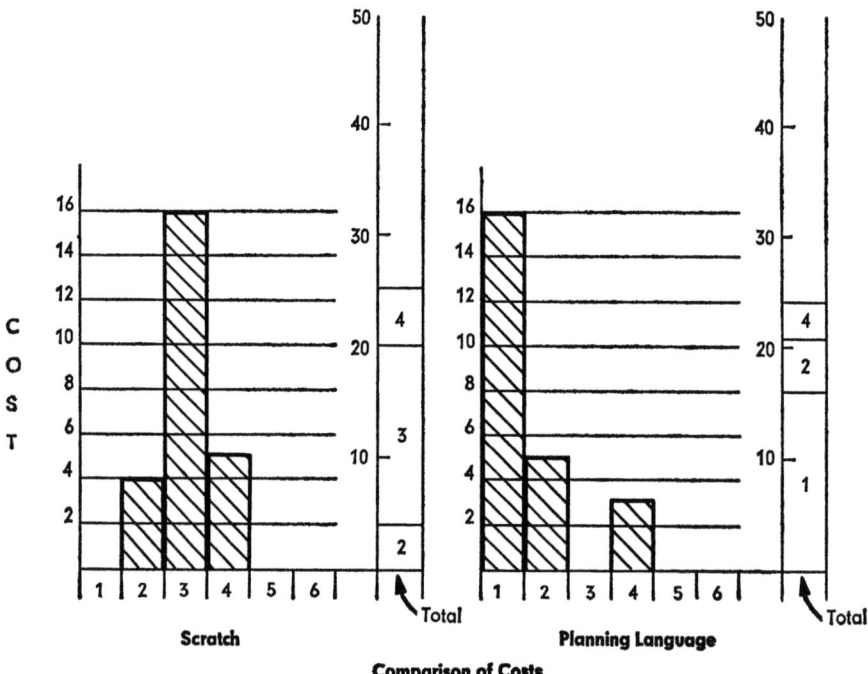

Figure 7

The Planning Language and The Planning Model 443

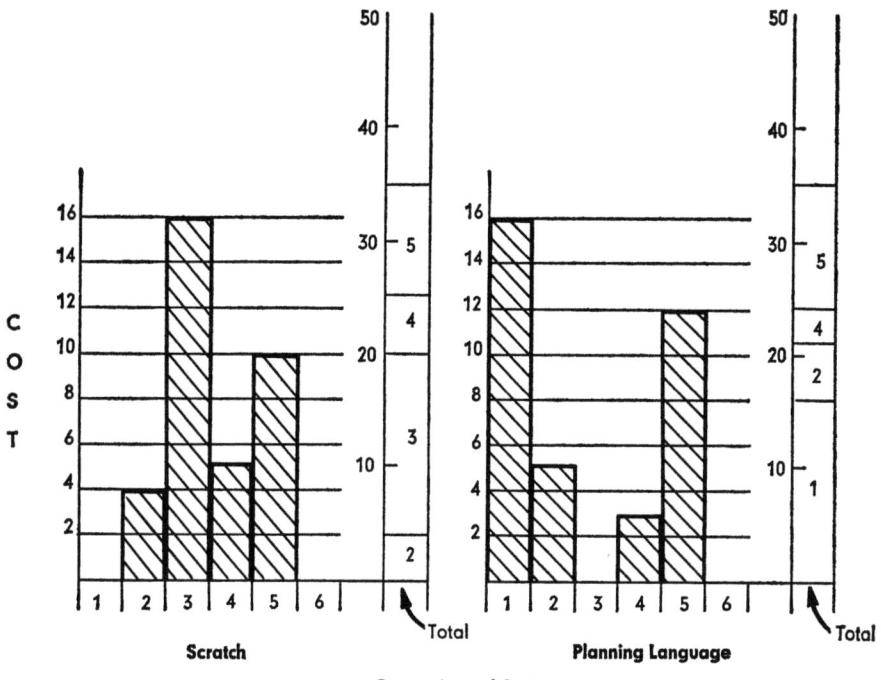

Comparison of Costs

Figure 8

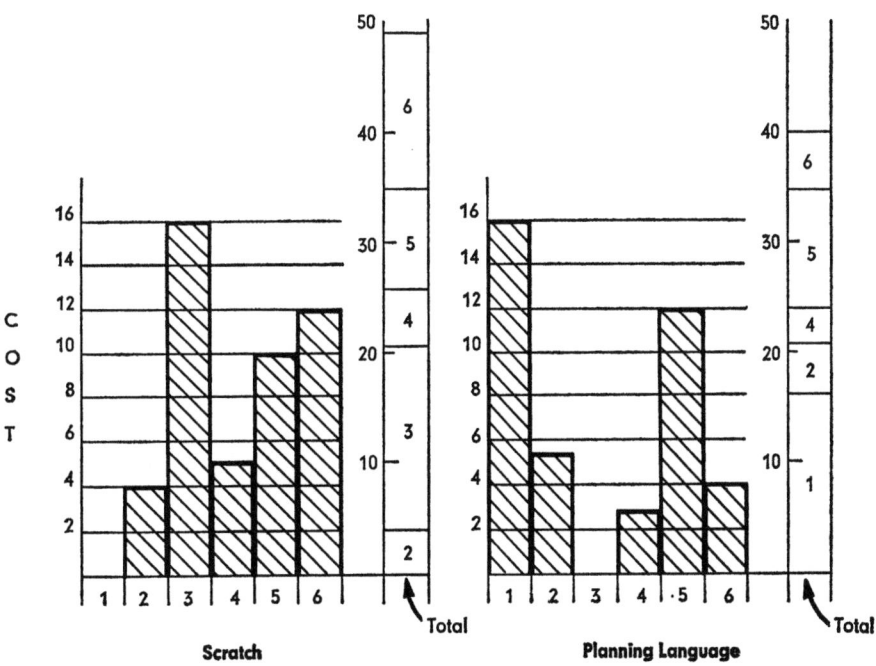

Comparison of Costs

Figure 9

Operating Mode
Rank

	Accounting	Budgeting	Planning	Playing
Batch Processing	1	1	2	3
Remote Job Entry	2	2	1	2
Interactive Time Sharing	—	—	3	1

Figure 10

Der Aufbau von Planungs- und Kommunikationssystemen mit der problemorientierten Sprache PS1

Von

Dr. Horst Burwick

Der Planungsprozeß als Bestandteil des Managementsystems eines Unternehmens

Die Entwicklung von Computer-Programmen, welche den Planungsprozeß eines Unternehmens unterstützen sollen, muß sich an der Definition der Planung orientieren. Die meisten großen Unternehmen, die seit Jahren einen formalen Planungsprozeß in der Praxis durchführen, haben sich ebenfalls bemüht darzustellen, was der Planungsprozeß an sich ist und was durch die formale Planung erreicht werden soll.

Diese Darstellungen zeigen, daß Unternehmensplanung nicht in erster Linie eine Ansammlung mathematischer Methoden zur Bewältigung von Vorhersageproblemen ist, sondern ein Prozeß, der Bestandteil des Managementsystems des Unternehmens ist. Sehr deutlich wird z. B. innerhalb der IBM das Anliegen der Planung in diesem Sinne definiert:

„Die Planung soll es ermöglichen, auf einem logischen Wege die Unternehmensziele zu erreichen. Die formale Planung in einem Unternehmen führt alle Ebenen des Managements dazu, sich mit der Zukunft zu beschäftigen und eine Vorstellung zu entwickeln, was in der Zukunft erreicht werden soll und mit welchen Mitteln und auf welchem Wege die Ziele zu erreichen sind.

Folgende Liste von Funktionen hat die Unternehmensplanung zu erfüllen:

1. **Beteiligung**

    Alle Manager werden einbezogen in die Erstellung der Pläne, welche sie dann als Richtschnur und Kompaß ihrer zukünftigen Aktivitäten benutzen.

2. **Kommunikation**

    Planung ist ein formales Hilfsmittel, um anderen mitzuteilen, was man in der Planperiode zu erreichen glaubt. Sie sorgt dafür, daß alle unterrichtet sind und vermeidet Mißverständnisse.

3. **Koordinierung**

    Pläne weisen darauf hin, was andere Funktionen und Stellen zu unternehmen haben, wenn eine methodische Entwicklung erreicht werden soll.

4. **Terminplanung**

    Pläne setzen eine Reihenfolge der notwendigen Aktionen, um eine Reihe von Zielen zu einer bestimmten Zeit zu erreichen.

5. **Vorwarnung**

    Pläne offenbaren Schwierigkeiten, die entstehen könnten, so daß korrigierende Aktionen lange im voraus durchgeführt werden können.

6. Entscheidungen

Planung erlaubt die Wahl zwischen alternativen Abläufen der Aktionen. Sie ist ein Mittel, den besten Weg zu wählen.

7. Delegation

Planung sorgt dafür, daß Autorität und Verantwortung innerhalb der Grenzen genehmigter Pläne sowie anderer Steuerungsverfahren delegiert werden können.

8. Steuerung

Pläne schaffen die Basis für Vergleiche mit Ist-Ergebnissen und die Einleitung korrigierter Maßnahmen, wenn Abweichungen vom Plan auftreten."

Die Beteiligung der Linienmanager an der Erstellung der Pläne ist eine wesentliche Voraussetzung eines wirksamen Planungssystems. Nur wenn die ausführenden Instanzen eines Unternehmens bei der Aufstellung der Pläne beteiligt waren, werden sie die Pläne akzeptieren und sich verpflichtet fühlen, alle Anstrengungen zu unternehmen, um diese Pläne einzuhalten. Die Stäbe unterstützen die Linie bei der Erstellung der Pläne durch das Sammeln und Ordnen von Informationen, doch die letzte Verantwortung für den Plan übernimmt die Linie. Bei der Erstellung der Pläne sind nach Möglichkeit auch alle Ebenen des Managements zu beteiligen; nur so ist gewährleistet, daß die Willensbildung, die sich in den Plänen spiegelt, realistisch ist und alle Führungskräfte des Unternehmens das gleiche Ziel ansteuern.

Je größer ein Unternehmen ist, um so schwieriger wird es, ein wirkungsvolles Berichtswesen zu organisieren. Die Fülle der Informationen so zu komprimieren, daß der Vorstand eines in vielen Branchen tätigen Konzerns einen Überblick über die Aktionen der einzelnen Unternehmen gewinnt, ist eines der Hauptprobleme. Die Einführung eines formalen Planungssystems ist ein gutes Hilfsmittel bei der Lösung dieser Aufgabe. Nicht nur, daß die verschiedenen Unternehmen soweit wie möglich in einheitlicher Form dargestellt werden, sondern auch die Probleme werden nach einheitlichen Denkschemata erfaßt und zwar im Hinblick auf die Bereiche Finanzen, Markt und Personal und auch bezüglich ihres zeitlichen Charakters, aktuell, mittelfristig oder langfristig.

Die Abhängigkeiten einzelner Teile des Unternehmens richtig zu erfassen und die Aktionen der verschiedenen Funktionen und Bereiche aufeinander abzustimmen, ist ebenfalls eine nicht zu unterschätzende Aufgabe der formalen Planung.

Bei der Einführung eines solchen Systems in einem großen Konzern zeigte es sich in der Planung eines Stahlbauunternehmens und seiner Tochtergesellschaften, daß das Mutterunternehmen bei der Planung davon ausgegangen war, die Aufträge eines bestimmten Typs in Zukunft selber auszuführen, die Tochtergesellschaft aber hatte ihre Planung darauf ausgerichtet, künftig in verstärktem Umfang solche Aufträge von der Muttergesellschaft übertragen zu bekommen. Der formale Ausweis der Planungen deckte rasch diesen Fehler auf und vermied Fehlinvestitionen, die ohne ein solches System kaum als solche erkannt worden wären. Die immer notwendige Abstimmung zwischen Produktion und Verkauf wird selbstverständlich durch die formale und integrierte Absatz- und Produktionsplanung erheblich erleichtert.

Einer der elementaren Managementfehler besteht darin, Ziele anzugeben und nicht den Termin festzusetzen, wann dieses Ziel erreicht sein soll. Die formale Planung schließt diesen Fehler weitgehend aus, da genau festgelegt wird, in welcher Periode was zu erreichen ist. Durch die zeitliche Disposition der Zielvorstellungen wird ebenfalls eine Bestimmung der Prioritäten erzielt.

Die formale Planung ist in gewissem Umfang eine Simulation des zukünftigen Geschehens. Es ist selbstverständlich, daß sich bei diesen Planspielen Schwierigkeiten, die in Zukunft auftreten müßten, offenbaren werden. Da diese Schwierigkeiten jedoch nicht eingetreten sind, wird im allgemeinen noch die Zeit ausreichen, um Maßnahmen einzuleiten, welche den drohenden Problemen entgegenwirken. Diese Maßnahmen können im einzelnen genauso vielgestaltig sein wie die Probleme, mit denen ein Unternehmen konfrontiert werden kann: Verstärkte Entwicklung neuer Produkte, da die vorhandenen Produkte nicht mehr Träger der zukünftigen Umsatzausweitung sein können; Erhöhung der Gehälter und Verbesserung des Führungsstils, um einer anwachsenden Fluktuation entgegenzuwirken; Erschließung neuer Märkte, um Überkapazitäten auszulasten; Investitionen, um Produktionsengpässe abzubauen; die Einstellung und Ausbildung qualifizierter Führungskräfte, um im wachsenden Konkurrenzkampf bestehen zu können. Die Aufzählung von Problemen und möglichen Gegenmaßnahmen kann beliebig erweitert werden.

Bekanntlich führen viele Wege nach Rom. Auch in der Unternehmerpraxis gibt es stets eine Vielzahl von Möglichkeiten, die gesteckten Ziele zu erreichen. Die Aufstellung von Alternativplänen ermöglicht es, die Bewertung der verschiedenen Wege vorzunehmen und auf Grund dieser Bewertung eine Entscheidung zu treffen. Damit ist die formale Planung auch ein wesentliches Instrument des Managements, wenn es darum geht, Entscheidungen zu treffen, welche die große Linie der Aktionen bestimmen.

Die Delegation von Verantwortung und Autorität ist nicht gleichzusetzen mit Abdankung. Wenn die Ziele vorgegeben sind und in Plänen der Weg und die Mittel festgelegt sind, dann kann das Management der nächst niedrigeren Führungsebene vollverantwortlich die Pläne durchführen. Ein solches Vorgehen entlastet die Führungskräfte der höheren Ebenen, ohne daß sie das Gefühl haben müssen, die Operationen des Unternehmens verliefen in einer anderen Weise als es beabsichtigt ist. Zusätzlich erhöht es noch die Arbeitsfreude und Einsatzbereitschaft der mittleren und unteren Ebenen des Managements, da diese nun selbständige Aufgaben und Arbeiten bewältigen können, ohne die ständige und direkte Einwirkung durch Vorgesetzte. Dieses ist das ganze Geheimnis des erfolgreichen „management by objectives", Führung durch Vorgabe von Zielen.

Pläne sind ein Instrument zur Steuerung des Unternehmens. Abweichungen der Ist-Ergebnisse von den Planzahlen signalisieren einen unerwünschten Zustand. Es sind Gegenmaßnahmen einzuleiten, die das Unternehmen wieder auf den richtigen Kurs führen. Hierbei ist immer zu bedenken, daß Unternehmenspläne kein Evangelium sind. Nicht immer kann man die gesteckten Ziele erreichen; veränderte Umweltbedingungen können von Zeit zu Zeit eine Anpassung und damit Änderung der Pläne notwendig machen. Doch sollte dieses nie leichtfertig und ohne ausreichende Begründung geschehen. Lenken heißt, den Wagen auf der Straße halten, und nicht, den Dreck, in den der Karren gefahren ist, als Weg bezeichnen. Die Änderung von Plänen sollte in einem guten Planungssystem ebenso verankert sein wie die genaue Gegenüberstellung von Plan- und Ist-Zahlen. Sieht ein Manager, daß er nicht in der Lage ist, seinen Plan auf Grund besonderer Umstände zu erfüllen, so hat er das Recht und die Pflicht, dieses seinem Vorgesetzten zu melden. Die Ausnahmesituation rechtfertigt das Eingreifen höherer Führungsinstanzen; das ist das Prinzip vom „management by exception". Dieses Prinzip ist ein wesentlicher Bestandteil eines wirkungsvollen Controllings.

Diese Ausführungen zeigen sehr deutlich, daß das zentrale Anliegen eines funktionierenden Planungssystems eine reibungslose Kommunikation zwischen allen Funktionen und Führungsebenen des Unternehmens ist.

Probleme komplexer Datenverarbeitungsprojekte

Die folgenden Überlegungen gehen auf Erfahrungen zurück, die der Verfasser als Leiter des PLATO-Projektes gemacht hat. Dieses Projekt sollte durch den verstärkten Einsatz des Computers zu einer rationelleren Abwicklung der Planung innerhalb der IBM und zur Verbesserung der Planungsmethoden führen.

Zunächst stellen sich einem solchen Projekt eine Reihe von Schwierigkeiten entgegen, mit denen jedes EDV-Projekt konfrontiert wird. Zwei Probleme möchte ich herausstellen. Um bestimmte Abläufe auf den Computer zu übertragen, ist es notwendig, daß diese Abläufe von dem Systemanalytiker oder Programmierer bis ins Detail verstanden werden.

Ein bisher üblicher Weg der Problemerfassung besteht darin, den Benutzer des zukünftigen Systems zu fragen, welche Bearbeitungsprozesse er automatisiert haben möchte, und ihn ferner zu bitten, die notwendigen Dateneingaben, -ausgaben und -verknüpfungen so präzise zu formulieren, daß eine sofortige Programmierung erfolgen kann.

Dieser Weg scheint bei der Planung insofern nicht ganz sinnvoll zu sein, als man durch die EDV-Unterstützung der Planung eine Verbesserung der

Methoden herbeiführen will, d. h. aber gerade, zu neuen, dem Benutzer noch unbekannten Methoden übergehen möchte. Der Benutzer selber hat aber anfangs noch keine Vorstellung darüber, welchen Service der Computer ihm bei seinen Überlegungen bieten kann.

Auch der zweite sonst in ähnlichen Situationen übliche Weg, der darin besteht, daß der Systemanalytiker sich in die Problemstellung des späteren Benutzers einarbeitet, um Verbesserungsvorschläge zu machen, ist in diesem Falle in Anbetracht der Komplexität eines fortgeschrittenen Planungssystems nicht sehr erfolgversprechend. Man denke nur daran, daß der Systemanalytiker sich ja nicht nur in die Begriffswelt der Unternehmensplanung einarbeiten muß, sondern zusätzlich noch Fachstudien für die Bereiche Marketing, Finanzen, Produktion und Personal zu treiben hat. Wird dennoch dieser Versuch unternommen, so zeigt sich schnell das Problem Nummer 1, das ich mit „Communication Gap" benennen möchte: Der EDV-Spezialist und der Fachbereichsspezialist sprechen verschiedene Fachsprachen, und eine Verständigung ist zeitraubend und wegen häufiger Mißverständnisse mit großen psychologischen Spannungen belastet.

Jede Software-Entwicklung benötigt Zeit. Die traditionellen Programmkonzeptionen gehen davon aus, daß der Programmierer vom ersten Augenblick des Design an die vollständige Aufgabe im Detail vorliegen hat. Geringfügige Änderungen, die zu einem späteren Zeitpunkt die Aufgabe modifizieren, führen nicht selten dazu, daß das Projekt wieder am Nullpunkt startet. Das ständige Berücksichtigen späterer Anforderungen an ein Programm ist häufig die Ursache des Scheiterns großer Organisationsprojekte. Bei der Entwicklung eines Planungssystems darf man annehmen, daß sich die Anforderungen an das System sehr viel rascher ändern, als die Realisierung erster Konzeptionen möglich ist.

Dieses ist das Problem Nummer 2: Die Anforderungen an das System ändern sich stets vor dem Abschluß der Entwicklung des Systems.

Diese Problematik, die bei der Entwicklung komplexer Datenverarbeitungssysteme, wie sie Informationssysteme, Kommunikationssysteme und Planungssysteme darstellen, entsteht, wurde von dem Verfasser in einer Studie für das Bundesministerium für wirtschaftliche Zusammenarbeit über die Konzeption eines Informationssystems für die Deutsche Entwicklungshilfe untersucht und ihre Lösung durch problemorientierte Sprachen vorgeschlagen. Im folgenden Abschnitt zitieren wir diese Ausführungen.

Die EDV-Problematik und ihre Lösung durch problemorientierte Sprachen

Auf einer internationalen Konferenz, die kürzlich in Amerika stattfand und an der kompetente Vertreter der größten Computerherstellerfirmen teilnahmen, wurden Probleme der Entwicklung von Informationssystemen diskutiert. Vier Hauptschwierigkeiten in der Design-Phase wurden hierbei herausgestellt:

— Die Anforderungen an das System sind unbekannt.

— Die endgültigen Möglichkeiten der Hard- und Software liegen nicht fest. (Die stürmische Entwicklung auf dem Computersektor sorgt noch während der Entwicklungsphase des Informationssystems für wesentliche Software- und Hardwareänderungen).

— Es ist sicher, daß Umstellungsprobleme auftreten werden. Entweder sind neue Informationsansätze zu realisieren oder technische Neuerungen zu berücksichtigen.

— Die Umgebung des Systems ändert sich und damit ändern sich die Anforderungen an das System schneller als das System entwickelt werden kann.

Wie wir später noch zeigen werden, ist der von uns verfolgte methodische Ansatz eine Möglichkeit, alle vorstehend genannten Schwierigkeiten in ihrer Tragweite zu mildern. Während wir zu den Kosten eines solchen Projektes vorstehend schon einige Überlegungen angestellt haben, möchten wir uns jetzt auf den zweiten wesentlichen Faktor des Projektes konzentrieren, nämlich auf die Entwicklungszeit. Grob vereinfachend kann man ein EDV-Projekt in zwei Phasen unterteilen.

— Die erste Phase enthält die Bedarfsermittlung und die Transformation des Informationsbedarfs in programmierbare Algorithmen.

— Die zweite Phase besteht nun daraus, diese Algorithmen zu programmieren und auf einer Computeranlage in bezug auf ihre Funktionsfähigkeit auszutesten.

Für beide Phasen darf man für Organisationen einer mittleren Komplexität ohne zu übertreiben einen Zeitraum von jeweils 2 bis 3 Jahren ansetzen.

Bisher ist es weitverbreitet, in der Datenverarbeitung diese beiden Phasen streng voneinander zu trennen und nacheinander ablaufen zu lassen. Die Entwicklungszeit des Informationssystems liegt damit in der Größenordnung von 5 Jahren und man muß dieser Zeit bestimmt noch 2 bis 3 Jahre für die wirkungsvolle Integration des Systems in die Organisation hinzufügen.

Aus diesen Überlegungen heraus, scheint es nur wirtschaftlich zu sein, solche Informationskategorien in die Systematisierung einzubeziehen, die für Zeiträume von 10 und mehr Jahren stabil sind.

Wir glauben, daß ein solcher traditioneller Ansatz für die Einführung eines Informationssystems nicht angebracht ist und möchten im folgenden einen Weg aufzeigen wie es möglich ist, die Entwicklungszeit eines komplexen Systems erheblich zu reduzieren. Vielleicht sogar ist der von uns aufgezeigte

Weg der einzig mögliche, um zur Realisierung komplexer EDV-Systeme zu kommen.

Auf Verständigungsschwierigkeiten, die zwischen dem zukünftigen Benutzer des Systems und den EDV-Experten auftreten können, haben wir bereits hingewiesen. Diese Kommunikationsprobleme bestimmen im wesentlichen den Zeitrahmen der ersten Phase. Kommunikationsprobleme zwischen dem Programmierer und dem Computer bestimmen den Zeitaufwand für die zweite Phase.

Um dieses verständlich zu machen, wollen wir kurz darlegen, in welcher Form man dem Computer die Durchführung von Aufgaben übertragen kann. Die Basis jeder Verständigung ist eine Sprache. Die einfachste Sprache, welche ein Computer versteht, ist der sogenannte spezifische Interncode. Die Programmierung in dieser Sprache ist sehr aufwendig, ebenso ist das Testen dieser Programme sehr zeitraubend. Die nächste Sprachebene, in der Computerprogramme entwickelt werden können, ist die Gruppe der Assemblersprachen. Das Programmieren und Testen in dieser Sprache ist bereits um ein Vielfaches leichter. Die nächste Gruppe von Sprachen sind allgemeine Sprachen, die für die Lösung kommerzieller oder technischer Probleme entwickelt wurden. Hierzu gehören COBOL, FORTRAN und die im deutschen Universitätsbereich forcierte Sprache ALGOL sowie die fortgeschrittenste Sprache dieser Stufe PL/1.

Über diesen allgemeinen problemorientierten Sprachen gibt es nun noch die Sprachebene der speziellen problemorientierten Sprachen, d. h. solcher Sprachen, die für bestimmte Teilgebiete eines Anwendungsbereiches entwickelt worden sind. Zu dieser Gruppe von Sprachen gehören auf dem technischen Bereich z. B. MATLAN, eine Sprache zur Bearbeitung elastizitätstheoretischer Probleme mit Hilfe der Matrizenrechnung oder FORMAC, eine Sprache zur Behandlung von formalen Rechenproblemen der Technik. Aus dem kommerziellen Bereich seien erwähnt PSG, eine einfache auf FORTRAN basierende Sprache zur Generierung von Planungssystemen oder der Report Processor des PMS-Systems, eine Sprache zur Analyse großer Netzplansysteme. Der Vorteil der Anwendung solcher speziellen problemorientierten Sprachen liegt zunächst einmal darin, daß die Entwicklungszeit von Programmen um mehr als das 10-fache reduziert werden kann. Vorausgesetzt natürlich, daß entsprechende Computerprogramme (Prozessoren, Compiler, etc.) existieren, welche die in der problemorientierten Sprache geschriebenen Programme in ein ausführbares Computerprogramm überträgt. Ein weiterer und vielleicht der wesentlichste Vorteil solcher Sprachen aber liegt darin, daß sie so problemorientiert aufgebaut sein können, daß ein Fachmann dieses Problemkreises, die Sprache ebenso gut oder sogar besser anwenden kann als ein professioneller Programmierer. Ein typisches Beispiel hierfür ist der im Rahmen des internen IBM-Projektes PLATO entwickelte Report Processor. Mit Hilfe dieser Berichtssprache ist es den Spezialisten aus

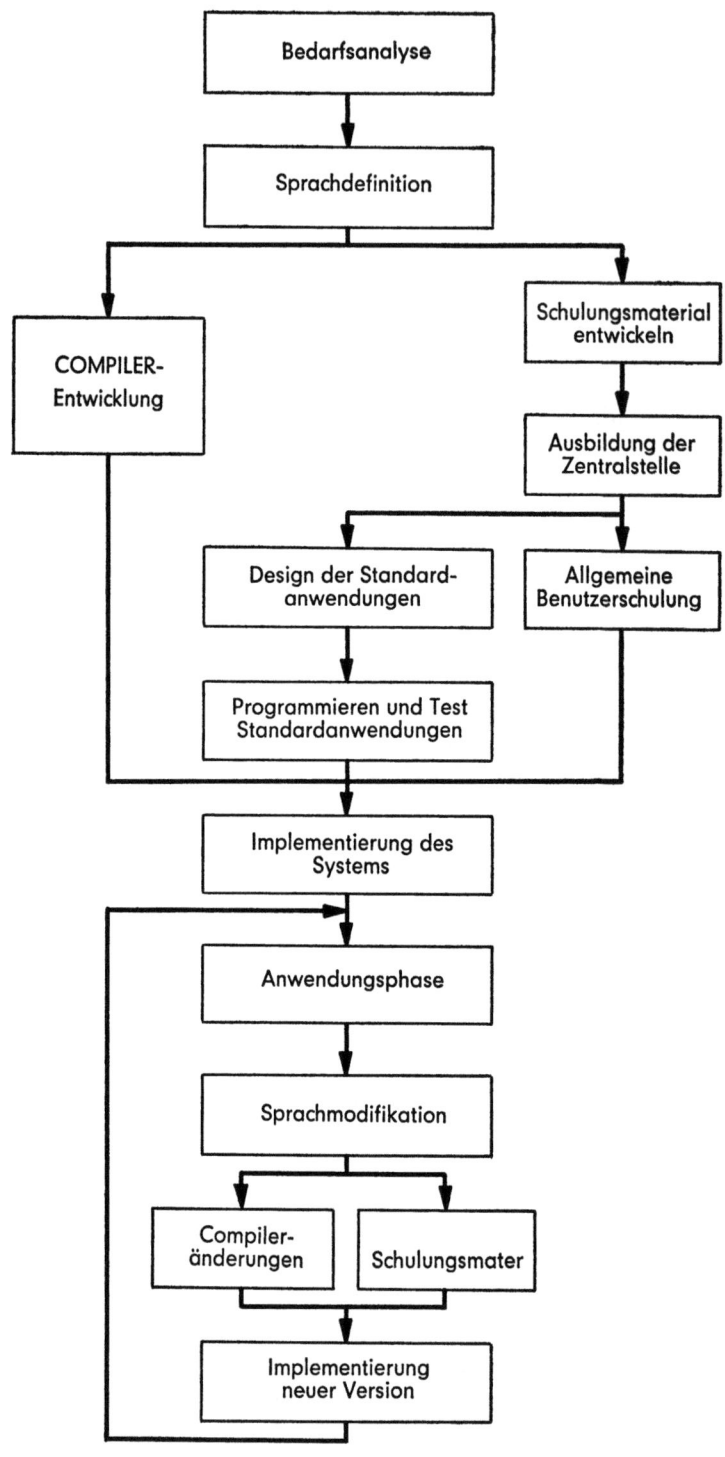

Abb. 1: Ablaufdiagramm für die Entwicklung und Einführung einer problemorientierten Sprache

Budget- und Planungsabteilungen möglich, komplexe Planungssysteme aufzubauen ohne Spezialisten der Datenverarbeitung einschalten zu müssen.

Aus diesen Tatsachen wird deutlich, daß die Verwendung spezieller problemorientierter Sprachen nicht nur die Entwicklungszeit erheblich reduziert, sondern auch zur Überwindung von Kommunikationsschwierigkeiten die eigentliche Basis bietet. Der Ansatz Verständigungsschwierigkeiten durch eine Sprache zu überwinden, die von allen beteiligten Gesprächspartnern verstanden wird, ist so plausibel, daß man sich darüber wundern muß, daß dieser Ansatz nicht häufiger verfolgt wird.

Die Einführung benutzerfreundlicher problemorientierter Sprachen ist ein Kernstück des Informationssystems. Das abgebildete Strukturdiagramm zeigt im Groben, welche Schritte erforderlich sind, um eine problemorientierte Sprache zu entwickeln und in einer Organisation einzuführen. Bei der Verwendung einer problemorientierten Sprache in einem Informationssystem sind alle Benutzer im Wesentlichen frei in bezug auf die Benutzung dieses Systems. Sie können selber Anwendungen definieren und in ihre Arbeit einbeziehen. Neben diesen freien Anwendungen des Systems sollte es jedoch eine Gruppe von Standardanwendungen geben, die für alle verbindlich sind. Hierzu gehört insbesondere die Berichterstattung zwischen den einzelnen Führungsebenen.

Typisch für problemorientierte Sprachen ist, daß sie zwar die EDV dem Benutzer in der modernsten Form verfügbar machen, daß die Sprache aber selbst so wenig wie möglich EDV-spezifische Sprachelemente enthält. Zum Beispiel enthält die von uns entwickelte Planungssprache keinerlei Elemente über das Anlegen, Öffnen und Schließen von Files, obwohl sie eine sehr komplexe Datenbankorganisation von Berichtsschemata, Statistiken und Tabellen handhaben kann.

Die aggregierte Information als Informationselement

Die Bilanz und die GuV sind numerische Berichte, die aus der Aggregierung vieler einzelner Buchungsvorgänge hervorgehen. Numerische Berichte dieses Typs spielen im Kommunikationssystem der Unternehmensplanung eine entscheidende Rolle. Bei Planungsüberlegungen interessieren nicht die einzelnen Dinge und ihre Eigenschaften, mit denen sich ein Unternehmen zu beschäftigen hat, sondern Aussagen über Gruppen von Personen oder Gegenständen, z. B. Führungskräfte, Angestellte, Arbeiter, Kunden, Lieferanten oder Maschinen, Fahrzeuge, Häuser usw. Handelt es sich um aggregierte Ist-Zahlen, so lassen sich diese Zahlen auflösen in Einzelbeträge, z. B. die Gehälter aller Angestellten, oder alle Verkäufe an einen bestimmten Kunden. Handelt es sich aber um aggregierte Zahlen von zukünftigen Zeitperioden, so ist ihre Auflösung in Einzelbeträge nicht immer sinnvoll. Man weiß nicht genau, welche Mitarbeiter im nächsten Jahr dem Unternehmen angehören und welche Kunden im nächsten Jahr den Umsatz des Unternehmens verursachen.

Innerhalb des Planungsprozesses ist das elementare Informationselement nicht etwa die Einzelinformation, sondern die aggregierte numerische Information. Die Software-Pakete, die für den Aufbau von Informationssystemen angeboten werden, konzentrieren sich auf die Bewältigung von Einzelinformationen und deren Verknüpfungen, sowie auf die Gewinnung aggregierter Aussagen über diese Informationsmenge. Manipulationen mit aggregierten Aussagen selbst, wie sie der Planungsprozeß fordert, werden zumeist von diesen Systemen nicht sonderlich unterstützt.

Das hier dargestellte Software-Paket beginnt genau an diesem Punkt. Es erlaubt den Aufbau, die Veränderung, die Verknüpfung und den Austausch von numerischen Berichten, die wir nun zunächst einmal definieren wollen:

„Ein numerischer Bericht besteht aus einer Zahlenmatrix und drei Textteilen. Die Textteile sind die Überschrift, die Bezeichnungen der Spalten und die Bezeichnungen der Zeilen."

Die Dateien, welche impliziter Bestandteil der Sprache sind, sind aus dieser Vorstellung heraus abgeleitet worden. Jeder Benutzer des Systems hat genau zwei Dateien:

— Eine Datei zur Speicherung von Matrizen und
— eine Datei zur Speicherung von logischen Lochkartenpaketen.

Die logischen Lochkartenpakete können einen der drei Formattypen für die Ausgabe von Matrizen darstellen, Programme oder beliebige Daten.

Die Befehle

Der Befehlsvorrat von PS1 besteht aus syntaktisch einfachen Instruktionen, die die Verwaltung dieser Dateien betreffen, und einigen Programmsteuerkommandos, sowie einer vollständigen Matrix-Arithmetik, die durch die Verwendung der später noch begrifflich zu erläuternden Indexmenge, anstelle von Doloops eine hohe Flexibilität und Transparenz aufweist.

Auf der Basis dieser Arithmetik lassen sich syntaktisch einfachere Befehle einführen, die den Strukturen der Berichtsschemata eines Unternehmens angepaßt sind. Hierdurch kann eine extreme Benutzerfreundlichkeit des Systems herbeigeführt werden. Eine weitere wesentliche Erleichterung für den Benutzer liegt in der Möglichkeit, Ausgabeformate modular im „picture format" aufzubauen. Hierdurch wird es erreicht, daß auch ungeübte Benutzer komplizierte Ausgabeschemata auf Anhieb richtig programmieren können.

Schon eine flüchtige Betrachtung von Finanz- und Planungsberichten zeigt, daß die in diesen Berichten vorhandenen arithmetischen Operationen sich in Strukturen abspielen, die sehr leicht durch die Angabe von Indexmengen,

d. h. Mengen von Spaltennummern und Mengen von Zeilennummern, angegeben werden können.

Die Sprache ist so einfach, daß wir es dem Leser an dieser Stelle ohne weitere Erläuterungen zumuten können, ein Programmbeispiel, welches in dem abgebildeten Bericht prozentuale Wachstumswerte berechnet, zu lesen; an Hand dieses Beispiels läßt sich das Verständnis des vorher Gesagten vertiefen.

    MENGE JW $< 1\ \ 3\ \ 7 >$
    MENGE WW $< 5\ \ 9 >$
    MENGE Z $<(1\ \ 8)>$
    WACHSTUM   JW WW Z

Die Worte MENGE und WACHSTUM sind Schlüsselworte. Durch die ersten drei Befehle werden die Namen JW und WW und Z als Namen für Indexmengen eingeführt.

JW enthält die Spaltennummern der Spalten, in denen die Jahreswerte stehen.

WW enthält die Spaltennummern der Spalten, in denen die Wachstumswerte erscheinen.

Z enthält die Nummern der Zeilen, in denen die Rechenoperationen ausgeführt werden. Die runden Klammern in diesem Befehl bedeuten, daß alle natürlichen Zahlen von 1 bis 8 in der Indexmenge enthalten sind.

Durch den vierten Befehl werden die folgenden Rechenoperationen ausgelöst:

Das prozentuale Wachstum der Zahlen in den Spalten 3 und 7, gemessen an den Zahlen in der Spalte 1 bzw. 3, wird berechnet.

Die Ergebnisse werden in den Spalten 5 und 9 eingetragen.

Die Rechnung wird in den Zeilen 1 bis 8 durchgeführt.

Das in der obigen Befehlsfolge vorkommende Schlüsselwort Wachstum ist ein sekundäres Schlüsselwort, d. h., es wurde mit Hilfe von Matrixgleichungen dem Befehlsvorrat der Sprache hinzugefügt. Die folgende Befehlsfolge zeigt, wie eine solche Erweiterung der Sprache vorgenommen wird. Diese Befehle geben auch dem Leser einen ersten Einblick in die Matrixarithmetik der Sprache.

    BEFEHL   WACHSTUM
    PARAMETER A B C
    M   (C, B) = M (C, 'A) — M (C, A') / M (C, A') * 100
    ENDE

In der ersten Zeile erscheint hinter dem Schlüsselwort Befehl das neue Schlüsselwort Wachstum, welches eingeführt werden soll.

In der zweiten Zeile erscheinen hinter dem Schlüsselwort Parameter einige Namensvariablen für die Parameter, die im Zusammenhang mit dem Schlüsselwort Wachstum verwendet werden müssen. Man beachte, daß die Reihenfolge dieser Parameter eine Rolle spielt. A, B, C symbolisieren hier Namen für Indexmengen oder einzelne Indizes.

Division X

Plan 1971

		1970		1971			1971	1972			1972
		Ist	An-teil	Plan	An-teil	Wachs-tum	An-stieg	Plan	An-teil	Wachs-tum	An-stieg
		01	02	03	04	05	06	07	08	09	10
01	Umsatz	2000		2200		10,0		2500		13,6	
02	Herstellaufwand	400		440		10,0		500		13,6	
03	Rohertrag	1600		1760		10,0		2000		13,6	
04	Vertrieb	250		280		12,0		320		14,3	
05	Werbung	100		120		20,0		140		16,7	
06	Verwaltung	200		200		0,0		210		5,0	
07	Absatzaufwand	550		600		9,1		670		11,7	
08	Betriebsergebnis	1050		1160		10,5		1330		14,7	

Die dritte Zeile ist eine Matrixgleichung, in der nur die Arbeitsmatrix M vorkommt. Auf den Indexpositionen dieser Gleichung stehen die Namen von Indexmengen. Hierbei bedeutet 'A, die Indexmenge, die aus der Indexmenge A gebildet wird durch Fortlassen des ersten Elements und die Indexmenge A' ist die Indexmenge, die aus A durch Fortlassen des letzten Elements gebildet wird. Die arithmetischen Operationen der rechten Seite der Gleichung werden fortlaufend von links nach rechts ausgeführt. In der Definition eines Befehls können selbstverständlich mehrere Matrixgleichungen vorkommen. In diesem Beispiel genügt jedoch eine Gleichung und somit schließt das Schlüsselwort ENDE die Befehlsdefinition ab.

M ist das Symbol für die im Kernspeicher vorhandene Arbeitsmatrix. Will man Verknüpfungen mit anderen Matrizen herbeiführen, die in der Datei gespeichert sind, oder will man die Arbeitsmatrix in die Datei der Matrizen einführen, so kann dieses mit Hilfe der Matrixtrithmetik geschehen.

Man beachte, daß für den Benutzer der gesamte I/0-Transfer der Matrizen sich hinter einfachen arithmetischen Operationen verbirgt. Auch für den Aufbau und das Verändern von logischen Kartenpaketen enthält die Sprache eine Reihe von leistungsstarken Befehlen, auf die wir aber im Rahmen dieser Ausführungen nicht eingehen wollen.

Die Integration des Planungssystems mit bestehenden Datenfiles

Ausgangspunkt vieler Planungsüberlegungen ist selbstverständlich der Ist-Zustand des Unternehmens, der sich je nach dem Organisationsstand des Unternehmens aus den Datenbeständen des eigenen Rechenzentrums herauslesen läßt. Ein Anliegen bei der Einführung eines Planungssystems ist darin zu sehen, eine Integration der Planungsprogramme mit diesen Datenbeständen herbeizuführen. Gehen wir davon aus, daß es nicht die Aufgabe eines Planungssystems ist, in die Systematik dieser Datenbestände einzugreifen und etwa eine einheitliche Datenbankkonzeption einzuführen, so müssen wir die Möglichkeit schaffen, die System-Dateien mit Informationen aus allen nur irgendwie gearteten Datenbeständen zu füllen. Selbstverständlich kann dieses Problem nicht allgemein gelöst werden, sondern es können nur gewisse Vorbereitungen getroffen werden, welche das Übernehmen solcher Datenbestände erleichtern.

Mit dem Processor zusammen wird deshalb ein Satz von Unterprogrammen in einer höheren Programmiersprache geliefert, die den Umgang mit den System-Dateien erlauben, ohne daß der Programmierer hierzu den Aufbau dieser Dateien im einzelnen kennen muß. Will man das System zunächst noch nicht in der mit den Datenbeständen des Unternehmens integrierten Form benutzen, so kann man auf die sehr einfachen Lesebefehle der Sprache für das Übernehmen von Basiszahlen zurückgreifen.

Das Kommunikationssystem

Während man beim Aufbau von allgemeinen Informationssystemen zur Vermeidung der Mehrfachspeicherung von Informationen zu dem Konzept „shared files" greift, empfiehlt es sich, beim Aufbau eines Planungssystems den einzelnen an der Planung beteiligten Abteilungen eine größere Eigenständigkeit zuzugestehen, d. h. zu einer Konzeption von „notshared files" überzugehen. Jede in dem Planungssystem beteiligte Abteilung erhält ihren nur für sie zugänglichen Satz von Matrizen und Paketen. Das Password einer Abteilung gestattet es, zu diesen Informationen zuzugreifen. Es gibt keine übergeordneten Zugriffsberechtigungen. Ich halte diesen Punkt für besonders wichtig. Sollten übergeordnete Abteilungen das Zugriffsrecht zu den Dateien einer Abteilung erhalten, so kann man mit Sicherheit davon ausgehen, daß alternative Planüberlegungen nicht mit dem Computer, sondern weiterhin mit Papier und Bleistift durchgeführt werden.

Um trotzdem den Austausch von Informationen zwischen verschiedenen Abteilungen zu ermöglichen, wurde ein Postsystem eingeführt. Jede Abteilung kann Matrizen oder Pakete an beliebige andere Abteilungen versenden, d. h. innerhalb des Computers in einen Briefkastenfile des Empfängers. Diese Sendungen sind, um in der Terminologie des Postwesens zu bleiben, Einschreibebriefe. Jeder Benutzer hat ein sogenanntes Eingangs-/Ausgangsjournal, in dem alle seine Postaktivitäten, d. h. von ihm ausgehende Sendungen und bei ihm eintreffende Sendungen mit Absender, Empfänger, Datum und genauer Uhrzeit versehen, aufgeschrieben werden.

Die Marketing-Abteilung kann auf diese Weise z. B. den Absatzplan an die Fertigungsabteilungen versenden zur Aufstellung des Produktionsplanes, an die Personalabteilungen als Basis für die Einstellungspläne und an die Budget-Abteilungen zur Erstellung der finanziellen Bewertung des Absatzplans.

Eine natürliche Anwendung des Post-Systems liegt darin, daß die selbständig planenden dezentralen Stellen die fertiggestellten Pläne an eine zentrale Stelle versenden, welche diese Pläne konsolidiert. Sollten bei diesen Verfahren einige der dezentralen Stellen später noch Änderungswünsche äußern, so ist dieses rechentechnisch sehr einfach, wie wir im nächsten Abschnitt eingehender erläutern werden.

Simulationsmodelle

Wir wollen nun auf die Möglichkeiten kurz eingehen, innerhalb eines Systems von arithmetisch verknüpften Berichten, Werte zu ändern und die sich hieraus ergebenden Konsequenzen neu zu berechnen.

Angenommen, es liege ein System von n Berichten vor:

$B_1, B_2, \ldots, B_n$

(B_i bezeichne hier die i-te Matrix des Berichtssystems). Eine minimale Menge von unabhängigen Matrixelementen der B_i, aus denen sich alle übrigen Elemente der Matrizen berechnen lassen, nennen wir eine Basis des Berichtssystems.

Im Normalfall wählt man zu einem Berichtssystem eine Standardbasis aus (die Inputzahlen) und schreibt zu dieser Basis ein Programm, welches die übrigen Zahlen des Berichtssystems errechnet.

Existiert ein solches Programm und trägt es den Namen Arithmetik, dann kann man in der Basis in einfacher Form einen Wert ändern und das gesamte Berichtssystem in Bezug auf diese Änderung korrigieren. Soll das Basiselement, welches in der Matrix B_i in der Zeile Z und der Spalte S steht, den neuen Wert X erhalten, so bewerkstelligen die folgenden zwei Befehle diese Korrektur und alle notwendigen Folgekorrekturen des Gesamtsystems:

    UPDATE B_i Z S X
    RUFE ARITHMETIK

In einem Berichtssystem sind mehrere Basiszahlen-Mengen vorhanden. Angenommen, ein Berichtssystem bestehe im wesentlichen aus drei Zahlenkategorien und zwar aus Mengenwerten, Strukturprozentzahlen und Wachstumsprozentzahlen, so kann man zu jeder dieser drei Zahlengruppen eine Basis definieren, die im wesentlichen aus den Zahlen dieser Gruppe besteht. Entwickelt man zu jeder Basismenge ein Programm, welches die übrigen Zahlen errechnet, so ist es klar, daß man bei diesem Berichtssystem mit verschiedenen Inputmengen operieren kann. Als Menge der Inputzahlen kann nämlich jeweils die Basismenge herangezogen werden.

Eine besondere Eigenschaft des Systems gestattet es, beliebige Teilmengen solcher Basismengen miteinander zu einer neuen Basis zu kombinieren, ohne hierfür neue Programme zu entwickeln. Der tiefere Grund hierfür liegt darin, daß der übliche Zahlenbereich um ein Element, nämlich „undefiniert", erweitert wurde, und über diesen Bereich eine besondere Arithmetik, die sogenannte Skiparithmetik, definiert worden ist. Im Rahmen dieser Ausführungen möchte ich auf diese Arithmetik nicht näher eingehen. Die Vorteile dieser Möglichkeit für den Benutzer liegen auf der Hand, wenn man daran denkt, daß man bei der Entwicklung von Plänen an kein festes Schema von Eingabewerten gebunden ist, sondern wahlweise Beträge, Kennzahlen, Struktur- und Wachstumsprozentzahlen angeben kann.

Durch diese Arithmetik wird auch das bekannte Verfahren vermieden, für noch nicht geplante Werte eine Null einzusetzen, was bei der Konsolidierung von vielen Einzelplänen häufig zu Fehlinterpretationen führt. Sind in einzelnen Plänen Werte noch nicht definiert, so erscheinen auch im konsolidierten Plan die entsprechenden Werte als undefiniert.

Die Einführung der Sprache in einem Unternehmen

In allen Abteilungen, in denen die Arbeitsergebnisse im wesentlichen in Form von numerischen Berichten dargestellt werden, kann die Sprache eingeführt werden. Hierzu gehören z. B. Abteilungen wie Unternehmensplanung, Budget, Marktforschung, Rechnungswesen, Betriebsanalyse. Der Vorgang der Einführung des Systems in die Organisation ist von der Einführung eines Programmes verschieden. Die Ausbildung der beteiligten Mitarbeiter spielt bei der Einführung einer Sprache eine größere Rolle.

Das System bietet nicht nur Hilfen bei dem Aufbau von Planungssystemen, sondern insbesondere auch bei der Handhabung solcher Systeme; deshalb beginnt man am besten damit, die wesentlichen Teile des mit der Planung verknüpften offiziellen Berichtswesens zu realisieren.

An Hand dieses Berichtssystems schult man dann jeweils zwei bis drei Vertreter der wichtigsten planenden Abteilungen in der Handhabung des Systems und in der Technik, individuelle Arbeitsblätter zu formulieren und mit dem offiziellen Berichtssystem zu verknüpfen. Die Erfahrung zeigt, daß Vertreter obiger Abteilungen, die zuvor noch keine EDV-Erfahrung hatten, in einem dreitägigen Seminar die Fähigkeit erwerben können, Programme für die Behandlung von Berichten und Berichtssystemen selbständig zu erstellen. Das ist der wesentliche Vorteil. Der minimale Lernaufwand erlaubt es, einen großen Benutzerkreis für die selbständige Erarbeitung von Planungsprogrammen zu aktivieren. Hierdurch ergibt sich eine starke Entlastung der Programmierkapazität des Unternehmens. Die Qualität der Programme liegt über dem Durchschnitt, da der Benutzer keine Möglichkeit hat, schlechte Methoden der Dateiverwaltung zu programmieren. Automatisch werden immer optimale Referenz- und Transferalgorithmen angezogen. Dieses garantiert, daß die Programme eine gleichmäßig gute Performance aufweisen.

Etwa zwei bis drei Monate nach dem ersten Seminar sollte eine weitere zwei- bis dreitägige Schulung stattfinden, um die speziellen Möglichkeiten, wie z. B. das Einführen neuer Befehle, die Skiparithmetik, die Manipulation von Paketen, den Aufbau von Simulationsmodellen und ähnlichen fortschrittlichen Anwendungen zu besprechen.

Bei einer guten Planung der Einführung des Systems ist es möglich, das Planungssystem eines Großunternehmens in wenigen Wochen umzustellen und in einem Jahr alle Abteilungen, die am Planungsprozeß maßgebend beteiligt sind, soweit zu schulen, daß alle Planungsüberlegungen und die gesamte Planungskommunikation vom Computer unterstützt werden können.

Überlegungen zu Software für die strategische Planung

Von

Dr. Heinz G. Schild

1. Unternehmensmodellarten

Alle Planungen in der Unternehmung lassen sich mehr oder weniger pressionsarm in ein Planungssystem einbetten, welches, beginnend mit der Zielefindung, über die Strategieausarbeitung zur Durchführungsplanung reicht. Dabei überwiegt bei der Durchführungsplanung die periodenbezogene Betrachtungsweise und bei der Strategieplanung die problemorientierte. Planungsvorgänge basieren auf Modellen ihrer Planungsobjekte. Ob diese Modelle explizit und formalisiert benutzt werden, wird weniger durch den Planungsgegenstand als durch die Planungsträger determiniert. Generell ist aber eine Zunahme der Extensität und Intensität des Einsatzes von formalisierten und rechnerorientierten Modellen zu bemerken[1].

Diese Entwicklung wird nur dann schnell genug die erwarteten Früchte tragen, wenn zur Unterstützung des Umgangs mit solchen Modellen entsprechende DV-Techniken verfügbar werden. Bei der Auslegung dieser Techniken kommt es entschieden darauf an, ob die damit aufzubauenden Modelle für wiederholte Einsätze bestimmt sind, bei denen jeweils nur Parameter verändert werden und geringfügige Korrekturen an der Modellstruktur zur Adaption ausreichen, oder ob jede Planung den Entwurf und die Implementierung eines speziellen Modells benötigt. Wir stellen in der Regel fest, daß bei der periodenbezogenen Durchführungsplanung wohl eher mit einer mehrmaligen Benutzung des nämlichen Modells zu rechnen ist, als bei der Strategieplanung.

Die Durchführungsplanung, deren Resultate üblicherweise Wirtschaftspläne oder Budgets heißen, ist weiter gekennzeichnet durch Modelle, die sich auf die Abbildung des Berichts- und Rechnungswesens der Unternehmung beschränken. Das Berichts- und Rechnungswesen zeichnet sich durch eine relativ einfache mathematische Struktur aus. Beide Umstände, nämlich die mehrmalige Benutzung solcher Modelle und die Möglichkeit mit einfachen Formalmitteln zurecht zu kommen, rechtfertigen und gestatten die Entwicklung von Softwaresystemen, welche sehr speziell und daher außerordentlich anwenderfreundlich sein können. Man nennt diese Pakete etwas forsch „Planungssprachen".

Entschieden anders liegt der Fall bei den Unternehmensmodellen für die Strategieplanung. Der Modellgegenstand ist hier nicht die Abbildung der Unternehmung im Rechnungs- und Berichtswesen, sondern die Unternehmensorganisation in ihrer Komplexität und das Verhalten ihrer Elemente mit ihren Varietäten sowie die relevante, sicher stochastische Umwelt. Wir

---

[1] Schrieber, A. (Hrsg.): Corporate Simulation Models, University of Washington, Printing Plant, Seattle, 1970.

haben es also mit einem Objekt zu tun, das einen durchaus nicht-numerischen Charakter zeigt und daher für seine Bewältigung die Verwendung komplizierterer formaler Techniken benötigt.

Der hier im Gegensatz zur periodenbezogenen Planung ganz anders gelagerten Situation wird man mit der üblichen Planungssoftware nicht gerecht. Hier kommt es nicht auf eine Benutzerfreundlichkeit im üblichen Sinne, also maximalen Ein- und Ausgabekomfort und minimalen Aufwand zur Fixierung der formalisierbaren Zusammenhänge an, sondern auf Hilfen

— die geeignet sind, den Planungsgegenstand in formale Strukturen und Prozeduren zu überführen (Formalisierung), sowie

— diese ohne wesentlichen zusätzlichen Aufwand für das Erlernen und Ausprobieren spezieller Programmiersprachen in Programme zu übersetzen (Programmierung).

Zur Formalisierung ist zu bemerken, daß hierzu die Erkenntnisse der Systemtheorie und die Methoden von Operations Research die Grundlagen liefern und die Simulationstechnik in der Regel wohl den einzig gangbaren Weg darstellt. Zur Nachbildung der Stochastizität der Umweltgrößen und der Varietät der endogenen Elemente bei unseren dynamischen, offenen, großteils hyperkomplexen Modellen scheint die Monte Carlo-Methode der direkten Simulation überlegen zu sein. Das gilt ganz besonders, wenn der Modellgegenstand ereignisorientiert ist und sowohl die next event- als auch die fixed-time-step-Technik verlangt[2]). Die weiteren Überlegungen konzentrieren sich auf Software, welche Modelle der Art einfach zu codieren gestattet, also auf Software für die strategische Planung.

2. Auslegung des DV-Instrumentariums

2.1 Möglichkeiten und Auswahlmethodik

Die Softwareproduktion ist über ihre kunsthandwerkliche Phase hinaus und in einen Zustand, den man mit gewerblich oder vorindustriell bezeichnen könnte, eingetreten. Bevor man ein neues System entwirft, pflegt man sich daher heute zu überlegen, ob und wieweit bereits bestehende Systeme oder Teile davon verwendbar sind und wie der voraussichtliche Einsatz aussehen wird. Weiter kommt es vor allem darauf an, zwischen den Extremen „absolute Allgemeingültigkeit" und „totale Spezialisierung" (übrigens jeweils mit sehr hohem Entwicklungsaufwand verbunden) eine Position zu finden, bei der das Verhältnis aus Entwicklungsaufwand und Einschränkungen der Anwendung ein Minimum wird.

Welche Alternativen bietet die Datenverarbeitung heute, um eine ereignisorientierte Monte Carlo-Simulation durchzuführen?

---

[2]) Schild, Heinz G.: Elemente eines Modells des Elektrizitätsversorgungsunternehmens, ÖZE, 22. Jg., Heft 11, 1969.

Da sind einmal die bekannten Simulationssprachen, und zwar[3]) SIMSCRIPT als Muster für eine sogenannte statementorientierte und GPSS oder SIAS[4]) — wie die Siemens-Version heißt — als Muster für die blockorientierte.

Die anderen Simulationssprachen können wegen der kaum verfügbaren Compiler hier außer acht bleiben. Es gibt ein Simulationssystem, welches ausschließlich die Möglichkeiten von FORTRAN benutzt, nämlich GASP[5]). Natürlich besteht immer die Möglichkeit, jedes Modell, auch unser Unternehmensmodell, in einer höheren Programmiersprache, wie FORTRAN, COBOL, ALGOL oder PL/1 zu codieren. Untersuchungen, welche in letzter Zeit abgeschlossen wurden, zeigen, daß mit Hilfe von FORTRAN-orientierten Spezialsystemen für Aufgabenstellungen, wie wir sie hier zu lösen haben, sich sehr wirksame Hilfen schaffen lassen. Die letzte der zu prüfenden Alternativen wäre eine neu zu schaffende Unternehmensmodellsprache.

Die Beurteilung dieser Möglichkeiten muß versuchen, die nur subjektiv erfaßbaren Vor- und Nachteile zu quantifizieren. Dies erfordert zuerst die Aufstellung eines für den Problemkreis relevanten Präferenzsystems.

Als Präferenzgrößen seien verwendet die

— Integrierbarkeit:
 Die mit Hilfe des bereitzustellenden DV-Instrumentariums zu entwerfenden Unternehmensmodelle müssen zum einen möglichst viele der bereits verfügbaren Programme oder Unterprogramme (z. B. FORTRAN-Unterprogrammsammlungen für Operations Research) integrieren können. Zum anderen sollen Modellteile oder ganze Modelle einfach zu verknüpfen sein und die Benutzung von Teilen oder Unternehmensmodellen, welche für andere Planungsaufgaben implementiert wurden, möglich werden.

— Anlagenfreundlichkeit:
 Um auch mittelgroßen Unternehmen, Unternehmenssparten oder Planungsbüros, welche naturgemäß nur über eine bescheidene Hardwareausstattung verfügen, die Nutzung zu ermöglichen, soll das System mit geringem Kernspeicheraufwand auskommen. Große Sondercompiler verbieten sich. Außerdem sollen besondere Betriebsformen, wie „Conversational Remote Batch" möglich und die Umstellung auf zukünftige Betriebssysteme, womöglich auch auf Time-Sharing, ohne Neuprogrammierung realisierbar sein.

---

[3]) Kampe, G.: Simscript, Friedr. Vieweg & Sohn, Braunschweig 1971.
[4]) Siemens Bereich Datenverarbeitung: SIAS - Siemens Ablaufsimulator Beschreibung, 3. Auflage, 15. 11. 71, Siemens System 4004.
[5]) Pritsker, A. A. B., P. J. Kiviat: Simulation with GASP II, Prentice-Hall, Inc., Englewood Cliffs, N. J., 1969.

— Benutzerfreundlichkeit:

Die Anwender solcher Systeme sind in der Regel keine DV-Spezialisten und nicht bereit, mehr als eine höhere Programmiersprache sich anzueignen. Zusätzlicher Lernaufwand, ganz besonders dann, wenn er sich nicht durch häufiges Anwenden „amortisiert", ist unerwünscht. Man hat sich vor Augen zu halten, daß die Benutzer solcher Systeme Spezialisten auf ihren Sachgebieten sind und die Datenverarbeitung nur als Instrument und vielleicht als Kommunikationsbasis benutzen. Erwartet wird weiter die Möglichkeit, die Modelleinheiten blockweise zu entwerfen, zu programmieren und auszutesten.

— Machbarkeit:

Die Erstellung der Standard-Teile des DV-Instrumentariums für die Unternehmensmodelltechnik soll einfach sein und sie darf keine Datenverarbeitungskenntnisse verlangen, welche über das, was ein Operations Research-Fachmann sich üblicherweise aneignen kann, hinausgehen. Eingriffe in Betriebssysteme dürfen nicht nötig werden. Außerdem muß eine additive, an den Erfordernissen der Planungspraxis orientierte, dezentrale Ausweitung und Verbesserung des Instrumentariums durch die Benutzer möglich sein.

Die Liste der Präferenzgrößen ist weder vollständig und ausgewogen, noch wahrscheinlich widerspruchsfrei. Um mit ihr zu einer Bewertung der Alternativen zu gelangen, empfiehlt sich die Einführung einer Metrik. Diese kann durch Gewichtung die subjektiv angenommenen, unterschiedlichen Bedeutungen der Präferenzgrößen widerspiegeln und durch Überzeichnung Ungereimtheiten in den Details der Präferenzgrößen beseitigen.

Sie soll weiter die Einordnung der Alternativen entsprechend subjektiven Abschätzungen zulassen. Die hier benutzte Punktmetrik sieht für jede Präferenzgröße eine andere maximale Punktezahl vor. So soll die maximale Punktezahl für die Präferenzgröße „Integrierbarkeit" 10, für „Anlagenfreundlichkeit" 8, für „Benutzerfreundlichkeit" 6 und für „Machbarkeit" 4 betragen. Die minimale Punktezahl sei stets 1.

2.2 Bewertung der Alternativen

SIMSCRIPT ist eine echte Sprache, die sich durch die Fähigkeit auszeichnet, Subsets mit unterschiedlicher Mächtigkeit zu benutzen. Die Syntax ist der von FORTRAN sehr ähnlich, jedoch empfinden viele Anwender den Deklarationsteil als aufwendig. Wie jede Sprache benötigt sie zu ihrer Benutzung einen eigenen Compiler. Bei Programmen, wie sie für Unternehmensmodelle entstehen, ist ein Arbeitsspeicher von mindestens 131 kB nötig. Das Koppeln von SIMSCRIPT mit Programmen und Unterprogrammen anderer Sprachen ist schwierig, wenn nicht unmöglich. Demnach soll die „Integrierbarkeit" mit 3 Punkten, die „Anlagenfreundlichkeit" mit 4, die „Benutzerfreundlichkeit" mit 4, und weil verfügbar, die „Machbarkeit" ebenfalls mit 4 Punkten bewertet werden.

GPSS oder SIAS ist keine Sprache sondern ein Programm. Der Benutzer schreibt seine Anweisungen in einer einfachen, jedoch von FORTRAN unterschiedlichen Syntax. Dieses System eignet sich besonders zur Nachbildung von Modellen, in denen Zeitverzögerungen und Warteschlangen dominieren. Die Möglichkeiten der Beschreibung komplizierter, algebraischer Ausdrücke ist beschränkt. Die Ergebnisse werden weitgehend vorformatiert abgeliefert. Eine echte Integrierbarkeit in unserem Sinne ist auch durch die bei neueren GPSS-Versionen vorgesehene Möglichkeit, mit Hilfe von Help-Blöcken FORTRAN-Unterprogramme einzubinden, nicht gegeben. Der Kernspeicheraufwand hängt sehr von der Modellgröße ab, wird aber bei Unternehmensmodellen sicher stets bei 131 kB als Untergrenze liegen.

Als Bewertung sei somit für die „Integrierbarkeit" 2 Punkte, für die „Anlagenfreundlichkeit" 4 Punkte, für die „Benutzerfreundlichkeit" 3 und, weil ebenfalls verfügbar, für die „Machbarkeit" 4 Punkte gegeben.

Das Simulationssystem GASP verlangt vom Benutzer FORTRAN-Kenntnisse und einigen zusätzlichen Lernaufwand, um sich mit den für das System festgelegten Konventionen vertraut zu machen. Es unterstützt nur die next event-Technik. Bei der Notwendigkeit, fixed time step-Teile nachzubilden, wird ein unverhältnismäßig großer Kernspeicher- und Rechenaufwand nötig. Die schrittweise Realisierung und Austestung bereitet keine Probleme. Die Standard-Ein- und Ausgaben sind in FORTRAN geschrieben und können daher einfach abgewandelt werden. Die Bewertungspunkte lauten demnach für „Integrierbarkeit" 9, „Anlagenfreundlichkeit" 6, „Benutzerfreundlichkeit" 3 und „Machbarkeit" 4 Punkte.

Als Beispiel für die höheren Programmiersprachen sei hier FORTRAN herangezogen. Daß diese Sprache alle für die Unternehmensmodelltechnik nötigen mathematischen Operationen bewältigen kann, ist klar; sie hat eine beträchtliche Verbreitung gefunden und ist als ausgereift zu bezeichnen. Leider unterstützt ihr Sprachumfang die für die ereignisorientierte Simulation nötige dynamische Steuerung von Ereignissen und die Verwaltung von Ereignis- und Zustandssätzen nicht. Wenig routinierte Anwender hätten damit beachtliche Schwierigkeiten. Ein in FORTRAN geschriebens Unternehmensmodell kann über Standardbefehle mit Programmen aller anderen Programmiersprachen gekoppelt werden. FORTRAN-Compiler stehen meist in verschiedenen Versionen und Größen für die Rechner zur Verfügung. Außerdem existieren große, einschlägige Unterprogrammsammlungen. Diese Fakten führen dazu, die „Integrierbarkeit" mit 10 Punkten, die „Anlagenfreundlichkeit" mit 7, die „Benutzerfreundlichkeit" mit 1 und die „Machbarkeit" mit 4 Punkten zu bewerten.

Ein FORTRAN-orientiertes Spezialsystem für Unternehmensmodelle kann die Vorteile von FORTRAN und GASP benützen, darüber hinaus ganz gezielt auf die Erfordernisse der Unternehmensmodelle für die strategische Planung eingehen. Es würde auf der Grundlage der strengen Unterprogrammtechnik alle jene Verwaltungs- und Steuerungsvorgänge, die standardisierbar sind, vorweg ein für allemal realisieren, zudem dem Benutzer empfehlen, wie er die fallspezifischen Unterprogramme und das umfangende Hauptprogramm zu schreiben hat. Der Benutzer könnte sich darauf konzentrieren, die zur Fixierung der Prozeduren nötigen Algorithmen der Modelleinheiten als Unterprogramme zu formulieren. Außerdem könnte bereits mit einer nur wenige Standard-Unterprogramme umfassenden Version begonnen werden und der Ausbau den Benutzern entsprechend den Erfordernissen der Praxis überlassen bleiben. Als Bewertungspunkte ergeben sich für die „Integrierbarkeit" 10, die „Anlagenfreundlichkeit" 7, die „Benutzerfreundlichkeit" 5 und die „Machbarkeit" 3 Punkte.

Als letzte Alternative ist die Schaffung einer speziellen Unternehmensmodellsprache zu diskutieren. Dabei stellt sich sofort die Frage, ob für die so breit gestreuten Aufgaben, welche nun einmal für die problemorientierte, strategische Planung charakteristisch sind, eine spezielle Sprache nicht ein Widerspruch in sich wäre, was besagen will: müßte diese spezielle Sprache nicht so allgemein gültig sein, daß sie damit die Vorteile durch die Spezialisierung wiederum verlieren würde? Auf alle Fälle wäre dazu ein eigener Compiler nötig. Aber um den Entwicklungsaufwand in Grenzen zu halten, muß damit gerechnet werden, daß dieser weder die hohe Integrierbarkeit von FORTRAN erzielt, noch wegen der nötigen Allgemeingültigkeit mit gutem Speicher- und Rechenaufwand zu Rande kommt. Die dezentrale und modulare Realisierung ließe sich ebenfalls nicht verwirklichen. In das Bewertungsschema übertragen, würde dies für die „Integrierbarkeit" 5, die „Anlagenfreundlichkeit" 4, die „Benutzerfreundlichkeit" 5 und die „Machbarkeit" 1 Punkt bedeuten.

Die Bewertung in einer Tabelle zusammengetragen, liefert folgendes Bild:

Kriterien	Integrierbarkeit	Anlagenfreundlichkeit	Benutzerfreundlichkeit	Machbarkeit	Summe
maximale Punkteanzahl	10	8	6	4	
SIMSCRIPT	3	4	4	4	15
SIAS	2	4	3	4	13
GASP	9	6	3	4	22
FORTRAN	10	7	1	4	22
FORTRAN-orientiertes Spezialsystem	10	7	5	3	25
Unternehmensmodellsprache	5	4	5	1	15

Diese Bewertung zeigt, auch wenn sie nur subjektiv sein kann, daß die bekannten Simulationssprachen SIMSCRIPT und GPSS, aber auch eine spezielle Unternehmensmodellsprache schlecht wegkommen. Sie reichen nicht an FORTRAN und das FORTRAN-orientierte GASP heran. Vieles spricht aber dafür, ein FORTRAN-orientiertes Spezialsystem als für diesen Zweck vorteilhaft anzusehen. Dies deckt sich mit Erfahrungen, die man im Zuge der Computer-Science-Ausbildung in den USA machte. Auch dort steht nicht mehr der Aufbau von Sprachen für speziellere Problemkomplexe im Vordergrund, sondern der Entwurf und die Implementierung von Programmiersystemen auf der Grundlage von dem Aufgabenkomplex verwandten allgemeinen Programmiersprachen.

Es scheint daher durchaus gerechtfertigt, das DV-Instrumentarium für die Unternehmensmodelltechnik als FORTRAN-System auszulegen, oder sich bei der Beurteilung von angebotenen Softwarepaketen auf so strukturierte Systeme zu konzentrieren.

PLATO

Das IBM-interne Planungssystem mit EDV

Von

Dr. Günter Tillinger

Aufgabenstellung und Zielsetzungen

Innerhalb eines multinationalen Unternehmens ist die Planung von hervorragender Bedeutung, da in einem solchen Unternehmen ein Aspekt der Planung besondere Berücksichtigung finden muß, nämlich der der gegenseitigen Abstimmung von Entwicklung, Produktion und Vertrieb. Diese Abstimmung hat zwischen Schwester- bzw. Tochtergesellschaften und über Ländergrenzen hinweg zu erfolgen, wobei Sprachunterschiede und große Entfernungen die Kommunikation erschweren. Ein multinationales Unternehmen bedient sich deshalb in hohem Ausmaß eines formalisierten Planungssystems und Planungsberichtswesens und schafft sich dadurch den Rahmen, der die Erstellung von Konsolidierungen und Ländervergleichen vereinfacht.

Innerhalb der IBM Deutschland wurde im Spätherbst 1968 ein Team gebildet, dem die Aufgabe übertragen wurde, den Planungsprozeß unter dem Gesichtspunkt des ökonomischen Prinzips durch verstärkten Einsatz der EDV zu rationalisieren. Ein hoher Rationalisierungserfolg war vor allem bei den Arbeiten zur Erstellung des kurz- (bis 1 Jahr) und mittelfristigen (bis 3 Jahre) Planes zu erwarten, weit weniger im Bereich der langfristigen Planung. Die Arbeiten bei der langfristigen Planung nehmen quantitativ nicht denselben Umfang an und sind auch durch den vergrößerten Spielraum für Handlungsalternativen viel weniger formalisierbar. Ein besonderer Schwerpunkt sollte auf die Mechanisierung der Aufwands- und Ertragsplanung gelegt werden. Auf diesem Arbeitsgebiet ist eine Anzahl von Sachbearbeitern tätig, die sich bis dahin für ihre tägliche Arbeit fast ausschließlich der Tischrechenmaschine bedient hatten.

Die ins Auge gefaßte Mechanisierung sollte für die bestehende Organisation adäquat sein; die IBM Deutschland ist sehr streng nach dem Spartenprinzip gegliedert. Jede Sparte besitzt ihre eigene Planungs-, Budgetierungs- und Kostensteuerungsabteilung. Die Koordination der Spartenziele und damit die Koordination der Pläne und die Verteilung von knappen gemeinsamen Ressourcen liegt bei einer zentralen Abteilung im Controllerbereich. Dort werden auch jene für das Gesamtunternehmen verbindlichen Pläne (z. B. Gehaltspolitik) entwickelt.

Bei der Analyse der Ist-Situation konnte das Team feststellen, daß das Planungssystem als Ganzes und besonders die Plandokumentation aus den o. g. Gründen bereits stark formalisiert waren. Das war eine günstige Ausgangsbedingung für die Mechanisierungsbemühungen. Außerdem zeigte sich, daß es für einzelne Aufgabenstellungen bereits Computerprogramme gab; besonders dann, wenn große Datenmengen die Ausgangsbasis für Planungsrechnungen waren.

Es stellte sich die Frage, in welcher Weise die Mechanisierung am zweckmäßigsten vorangetrieben werden kann. Zunächst wurde überprüft, ob die isoliert dastehenden Partialrechnungen sinnvoll miteinander verknüpft werden können. Das kam aber aus mehreren Gründen nicht in Frage, waren doch diese Partialrechnungen in den unterschiedlichsten Programmiersprachen für Computer verschiedener Generationen abgefaßt und auch modellmäßig kaum verknüpfbar. Aber auch der Gedanke, ein Globalmodell zu erstellen, wurde nicht in die Tat umgesetzt, denn dann wäre in reiner Stabsarbeit ein neues System entwickelt worden, der ursprünglichen Zielsetzung aber, den Planungsprozeß zu rationalisieren, wäre nicht Genüge geleistet worden. Diese Voruntersuchungen halfen die Kriterien zu bestimmen, denen das neu zu entwickelnde System genügen sollte.

Folgende drei Hauptkriterien wurden zur wesentlichsten Zielsetzung für die Entwicklung des Systems:

1. Trotz der Selbständigkeit der Planungsabteilungen der einzelnen Sparten besteht — wegen der Planung innerbetrieblicher Leistungen für andere Sparten und wegen der Erfordernisse der Konsolidierung — ein intensiver Datenaustausch zwischen den Abteilungen untereinander und mit der Zentrale. Dieser horizontale Datenaustausch sollte möglichst automatisch vor sich gehen können, ohne dabei jedoch in die Eigenständigkeit der einzelnen Sparten einzugreifen. Gleiches gilt für den vertikalen Datenfluß zwischen der Mengen- und Finanzplanung.

2. Am IBM-Planungsgeschehen sind mittelbar oder unmittelbar alle Führungskräfte beteiligt, da das Unternehmen sehr konsequent das Prinzip des „Management by Objectives" anwendet. Jede Mechanisierung ist daher auf die Mitwirkung der Führungskräfte, im besonderen der Führungskräfte der Finanzplanungsabteilungen, angewiesen.

3. Da sich die Planung und mit ihr auch die Planungsverfahren sehr rasch veränderten Bedingungen und neuen Zielsetzungen anzupassen haben, wurde eine hohe Flexibilität für das System gefordert.

Um den gestellten Anforderungen zu genügen, entschied sich das Team zur Entwicklung von benutzerorientierten Sprachen[1]). Diese Sprachen sollten den gesamten Problemkreis von programmierbaren Planungsrechnungen abdecken. Bei der Entwicklung dieser Sprachen wurde den gestellten Zielsetzungen durch folgende Systemcharakteristika entsprochen:

1. Die Sprachen legen einen einheitlichen Dateiaufbau fest, der eine einfache Datenübertragung ermöglicht.

---

1) Nach einer Untersuchung von Gershefski 1969 in den USA wurde diese Vorgehensweise, nämlich die Entwicklung einfacher Programmiersprachen, von 16 % der befragten Firmen, die sich um die Computerunterstützung ihrer Planung bemühen, gewählt. Siehe Gershefski, G. W.: Corporate Models — The State of the Art; in: Schrieber, A. N. (ed): Corporate Simulation Models, Seattle, 1970, S. 39.

2. Durch die starke Planungsbezogenheit und Benutzerorientierung wird die Programmierung von den Fachkräften der Planungsabteilungen selbst durchgeführt. Diese entwickeln die entsprechenden Planungshilfen aus der unmittelbaren Kenntnis der täglich anfallenden Planungsaufgaben, weshalb ein effizienter Einsatz dieses Hilfsmittels gewährleistet ist. Außerdem konnte dadurch eine Erkenntnis der Motivationstheorie angewandt werden, nämlich, daß man sich mit einer Eigenentwicklung sehr stark identifiziert und diese mit viel größerem Engagement benutzt.

3. Die hohe Sprachstufe sollte eine möglichst wartungsfreundliche Programmierung bzw. ein schnelles Neuprogrammieren ermöglichen. Die Programme sollten möglichst weitgehend selbstdokumentierend sein.

Diesem System an Planungssprachen wurde der Name PLATO (PLAnning TOols) gegeben.

PLATO-System

Das vollständige PLATO-System besteht aus 4 Programmiersprachen. Diese Sprachen werden durch PL/1-Programme, Prozessoren genannt, interpretiert. Es sind dies

    Planning Processor (PLAP)
    Finance Processor (FIP)
    Report Processor (REP)
    Control Processor (COP)

Bevor eine eingehendere Schilderung der einzelnen Planungssprachen gegeben wird, soll eine kurze Darstellung zeigen, für welche Aufgabenstellung innerhalb des Planungsprozesses welche Sprache eingesetzt wird.

Beim Beginn des Planungsprozesses müssen verschiedene Eingangsdaten bekannt sein. Ein Teil dieser Daten ist bereits im Unternehmen verfügbar und auf EDV organisiert (z. B. über Personal, Kunden, Anlagen). Die Daten werden in Planungsrechnungen verarbeitet. Dieser Aufgabenkomplex wird durch die Planning-Processor-Sprache abgedeckt. Die Ergebnisse der Planungsrechnung sind Mengen- bzw. Finanzdaten. Die Finanzdaten sollen, entsprechend den Ist-Zahlen, in einem verdichteten Kontenrahmen geordnet werden. Das wird durch Programme in der Finance-Processor-Sprache abgedeckt. Sowohl über die Mengen- als auch über die Finanzzahlen werden Planberichte erstellt. Das ist der Aufgabenkomplex für die Report-Processor-Sprache. Die Aufeinanderfolge voneinander abhängiger Planungs-Programme wird durch Programme, die in der Control-Processor-Sprache geschrieben sind, gesteuert.

Planning Processor

In der Planung lassen sich Mengen- und Finanzdaten unterscheiden. Die Finanzdaten resultieren aus einer finanziellen Bewertung der Mengendaten.

Sowohl bei den Mengendaten als auch bei den Finanzdaten lassen sich Bestände und Bewegungen unterscheiden (z. B. Personalbestand und Personalbewegungen, das sind Ein- und Austritte bzw. Kassenbestand und Ein- und Auszahlungen). Bestände und zugehörige Bewegungen ergeben einen Neubestand. Jeder Bestand bzw. jede Bewegung setzt sich aus Individuen zusammen. Diese Individuen besitzen Merkmale (z. B. Alter, Tarifgruppe eines Mitarbeiters oder Bonität, Fälligkeit der einzelnen Forderung im Forderungsbestand). Die Individuen werden nach den für die einzelne Planungsrechnung relevanten Merkmalen zu Gruppen zusammengefaßt. Je mehr relevante Merkmale bestehen, um so mehr Gruppen entstehen. Die Gruppen werden mit Bewertungsfaktoren multiplikativ verknüpft. Die Bewertungsfaktoren müssen in der gleichen Gliederung verfügbar sein wie die gruppierten Daten. Ist das zunächst nicht der Fall, dann müssen entweder die gruppierten Daten oder die Bewertungsfaktoren auf das Niveau der jeweils höheren Aggregationsstufe angehoben werden. Das geschieht durch Verdichtung bei den gruppierten Daten bzw. durch gewogene Durchschnittsbildung oder Auswahl eines Repräsentativwertes bei den Bewertungsfaktoren.

Der Planning Processor versucht, in optimaler Weise jene Sprachelemente zur Verfügung zu stellen, die eine möglichst einfache Programmierung der oben skizzierten Problemstellung ermöglichen. Der Planning Processor verarbeitet daher u. a. die folgenden Sprachelemente:

1. Die wichtigsten generell gültigen Sprachelemente allgemeiner Programmiersprachen, wie arithmetische Operationen mit reellen Zahlen, bedingte und unbedingte Sprünge, Schleifen.

2. Einfache Definition von ein- und mehrdimensionalen Bereichen (arrays), wobei zwei Arten unterschieden werden, nämlich

— permanente, das sind Bereiche, die für mehrere Programmläufe vorhanden sind

— temporäre, das sind solche, die nur während eines Programmlaufs vorhanden sind.

3. Indexmengen zum Selektieren von Daten und Rechenoperationen.

4. Sprachelemente, die die Gruppenbildung unterstützen.

   a) Es besteht die Möglichkeit, Bereiche dynamisch (ohne Angabe der höchsten Indexposition für jede Dimension) zu definieren, diese abzuschließen und wieder zu öffnen. Daher ist es nicht notwendig, die maximale Anzahl der sich später ergebenden Gruppen bereits im voraus zu wissen.

b) Ein Befehl CLASS dient dazu, den Index eines Klassenintervalls, in das ein zu gruppierender Wert einzuordnen ist, zu bestimmen. Die Intervalle sind durch ihre Grenzen zuvor definiert.

5. Eine Verallgemeinerung des PL/1 * Operators zur Durchrechnung von Gruppen.

6. Einen speziellen Verdichtungsoperator für Zusammenfassungen von Gruppen.

7. Elemente, die das Ergänzen von Gruppen erleichtern.

8. Elemente zum Abgleich von Datenbeständen und Aufzeigen von Planungslücken; z. B. für einen Abgleich zwischen den gruppierten Daten und den zugehörigen Bewertungsfaktoren.

9. Verkettung zwischen Texten und den zugehörigen Datenbereichen bei lexikographischem Sortieren und bei der Reihung nach der Größenordnung.

10. Outputinstrument ist der Report Processor. Es können zwei- und dreidimensionale Bereiche zur Ausgabe an den REP übergeben werden. Zweidimensionale Bereiche werden als einzelner Bericht gedruckt, dreidimensionale als mehrere Seiten umfassendes Berichtssystem.

Die Sprachentwicklung für den Planning Processor ist noch nicht endgültig abgeschlossen. Es besteht die Absicht, kräftige Sprachelemente für folgende Problemkreise ergänzend zur Verfügung zu stellen. Das war bis jetzt nicht möglich, da das Generelle dieser Problemkreise noch nicht ausreichend bekannt ist. In der Ausbaustufe sollen sprachliche Hilfsmittel für die Gruppierung des Neubestandes geschaffen werden. Das Problem besteht dabei darin, daß durch Änderungen von Merkmalen von Individuen sowie durch Zu- und Abgänge Bewegungen zwischen den Gruppen stattfinden. Aus Gründen der Wirtschaftlichkeit der Planung verbietet sich aber eine Planung der Bewegung von einer Gruppe zu jeder anderen Gruppe. Daher müssen für die Neugruppierung statistische Methoden herangezogen werden. Ein weiterer Problemkreis ist die Ermittlung der in der Zukunft liegenden Bewertungsfaktoren. Dafür sollen Prognose-Methoden zur Verfügung gestellt werden. Wegen der Ausrichtung auf die Finanzplanung gibt es zunächst keine spezielle sprachliche Unterstützung bei der Planung von Bestandsveränderungen — dem Hauptgebiet der Mengenplanung. Auch das ist für eine weitere Ausbaustufe vorgesehen.

Finance Processor

Die Aufgabe des Finance Processors besteht darin, die finanziellen Daten des Planungsprozesses in einer der Buchhaltung analogen Form aufzubereiten. Der Finance Processor ist noch nicht detailliert entworfen, jedoch lassen sich seine wichtigsten Funktionen schon heute beschreiben. Das sind:

1. Einfache Definition eines Plankontenrahmens.

2. Hilfsmittel, die das Arbeiten mit Abbildungstabellen möglichst leicht machen. Abbildungstabellen bzw. -funktionen sollen es ermöglichen, die Rechenergebnisse der Programme der Planning-Processor-Sprache in einfacher Weise in die Konten des Plankontenrahmens zu übertragen.

3. Hilfsmittel zum Übergang und zur Abstimmung der Aufwands-/Ertragsplanung, Bewegungsbilanz und Bilanzplanung.

4. Konsolidierung von Plankonten.

5. Einfache Errechnung des Abschlusses und Durchführung der Abschlußbuchungen bei GuV und Bilanz.

Report Processor

Der Report Processor ist das Ausgabeinstrument des PLATO-Systems. Er ermöglicht das einfache Erstellen von Berichten und Berichtssystemen. Er besitzt die folgenden Charakteristika:

1. Ein Bericht im REP besteht aus 3 Textteilen und 1 Zahlenteil. Die Textteile sind der Berichtskopf, die Spaltenüberschriften und die Zeilenbezeichnungen. Diese Textteile werden fast ausschließlich durch 1:1-Abbildungen des späteren Druckbilds definiert. Jeder Textteil wird für sich als Einheit angesehen. Zur Abspeicherung wird ihm ein Name mitgegeben.

2. Das Zahlenfeld ist mit 70 Zeilen und 30 Spalten standardisiert. Es ist Arbeitsspeicher und Rechenfeld. Werden für einen Bericht nicht alle Zeilen und Spalten benutzt, dann wird nur ein Teilbereich (meist das linke obere Feld) der Zahlenmatrix belegt.

3. Die Referenz zu Zeilen und Spalten geschieht durch Indizes bzw. Indexmengen. Deren Zahl bzw. dessen Name dient als Parameter für die REP-Befehle.

4. Der Report Processor kennt eine Grundarithmetik, durch die Konstante oder der Inhalt von Zeilen bzw. Spalten durch Addieren, Subtrahieren, Multiplizieren oder Dividieren miteinander verknüpft werden können.

5. Für die Evaluierung und Aufbereitung von Planberichten stehen spezielle Befehle zur Verfügung. Diese dienen z. B. dazu, Strukturprozentsätze und Wachstumsraten zu ermitteln.

6. Für den Übergang von Jahreszahlen aus den Finanzplänen zu Monatszahlen der Budgetierung stehen spezielle Befehle zur Verfügung. Beispielsweise wird das Verteilen eines Gesamtbetrags nach vorgegebenen Verhältniszahlen oder die Errechnung von Jahresstichtagswerten aus Monatswerten durch jeweils einen Befehl ermöglicht.

7. Berichte werden mit PUT und Beigabe eines Namens in der Reportdatei abgestellt, durch GET wieder in den Arbeitsspeicher zurückübertragen. Dadurch ist der Aufbau von Berichtssystemen und Konsolidierungen ermöglicht. Auch für die Konsolidierung stehen spezielle Befehle zur Verfügung. Diese ermöglichen ein Hinzuaddieren von Berichten oder Berichtsteilen auf andere Berichte bzw. die Zusammenfassung von Zeilen (bzw. Spalten) eines Unterberichts zu einer Zeile (Spalte) im Hauptbericht.

8. Zum Ausdrucken werden 3 Textteile mit der Zahlenmatrix, die sich gerade im Arbeitsspeicher befindet, kombiniert. Die 3 Textteile werden als voneinander unabhängig angesehen, es können also beim Ausdruck z. B. dem gleichen Kopf andere Zeilen und Spalten zugeordnet werden. Mit der Definition der Zeilen und Spalten wird auch gleichzeitig die Auswahl aus der gespeicherten Zahlenmatrix für das Drucken getroffen.

9. Für die Handhabung der Texte zum Ausdrucken von Berichtssystemen sind Befehle vorhanden, durch die sich einzelne Informationen in den Textteilen in einfacher Weise abändern, löschen oder ergänzen lassen.

10. Um beliebig formatierte Daten einlesen bzw. ausgeben zu können existiert ein formatierter READ/WRITE-Befehl.

11. Besonders hervorzuheben ist die Fähigkeit des Report Processors, mit einer nicht vollständig definierten Menge an Ausgangszahlen arbeiten zu können. In diesem Fall werden die nicht ausführbaren Rechenoperationen übersprungen. Dadurch können Berichte, für die noch nicht alle Zahlen vorliegen, mit dem gleichen Programm vorab soweit wie möglich durchgerechnet werden.

12. Zum horizontalen Datenaustausch zwischen Systembenutzern, die jeder eine eigene Datei besitzen und daher voneinander unabhängig arbeiten können, dienen Befehle, die das Absenden und Empfangen von Berichten und Texten ermöglichen.

13. Bei der Kommunikation zwischen Report Processor und Planning Processor ist der Report Processor der passive Teil.

Control Processor

Der Control Processor soll die richtige Aufeinanderfolge der einzelnen Planungsprogramme nach einem Netzplan steuern. Bei Alternativplanungen sollen nur jene Programme erneut abgefahren werden, die von der Veränderung betroffen sind. Diese Sprache soll daher beinhalten:

1. Einfacher Aufbau und Modifikation von Netzplänen für die Planung

2. Steuerung von Alternativplanungen

3. Protokollführung über gelaufene Programme

Implementierung des PLATO-Systems

Bei der Entwicklung der Sprachen und ihrer Prozessoren wurde so vorgegangen, daß nach dem Entwurf der Sprache und der Programmierung des Processors zunächst eine oder mehrere komplexere Anwendungen vom PLATO-Team selbst programmiert wurden. Die dabei gewonnenen Erfahrungen wurden für eine erste Abrundung der betroffenen Programmiersprache verwendet. Erst dann wurden Mitarbeiter der Budget- und Planungsabteilungen in einwöchigen Lehrgängen geschult. Deren Erfahrung wurde noch für Ergänzungen und Adaptionen berücksichtigt, bevor ein Processor auch Schwestergesellschaften zur Verfügung gestellt wurde.

Als erstes Instrument des PLATO-Systems wurde der Report Processor eingeführt. Hier ließ sich zu Recht eine bedeutende Rationalisierung erwarten, wurden doch bisher die Pläne in berichtsähnlichen Schemata erarbeitet und dokumentiert. Es sollte daher nicht besonders schwierig sein, gewisse Teile der Planungsaufgaben auf die Maschine zu übertragen. Außerdem war es für die Schulung ein Vorteil, daß die Denkweise für die Programmierung in der REP-Sprache ganz den Arbeitsgewohnheiten des Planungsalltags entsprach. Um eine weitestgehende Benutzung zu erzielen, wurde besonders das Arbeiten mit Teleprocessing (das PLATO-System wird unter CRJE gefahren) forciert. Die Erwartungen haben sich voll erfüllt, wenn auch anfänglich einzelne Mitarbeiter ohne besonderes Interesse mittaten. Es gab jedoch auch entgegengesetzte Erfahrungen, daß Mitarbeiter die Kenntnis und die Arbeit mit der EDV als Erweiterung und Bereicherung ihres Aufgabengebietes ansahen. Als zweites Instrument wurde der Planning Processor eingeführt. Danach ergibt sich eine natürliche Zäsur, da FIP und COP erst bei recht weitgehender Mechanisierung wirtschaftlich eingesetzt werden können. Erst wenn sehr viele Finanzzahlen maschinell ermittelt worden sind, lohnt sich deren maschinelle Organisation, und erst wenn eine ganze Kette voneinander abhängiger Planungsprogramme mechanisiert sein wird, lohnt sich eine maschinelle Steuerung des Ablaufs. Für die Zwischenzeit mag es sich als zweckmäßig herausstellen, Teile des FIP im REP oder PLAP zu realisieren. Dafür müßte die maschinelle Unterstützung entsprechender Sortierungen nach einem Plankontenrahmen geschaffen werden. Durch gleichzeitiges Sortieren und Aufbereiten der Texte wäre auch das Drucken entsprechend vorbereitet.

Nach der Gründung des PLATO-Teams im Herbst 1968 wurde zum Jahresbeginn 1970 der Report Processor fertiggestellt. Bereits im Sommer des gleichen Jahres wurde als komplexe Erstanwendung das offizielle Planungsberichtswesen für den mittelfristigen Plan der IBM Deutschland für die Muttergesellschaft im REP programmiert. Im gleichen Jahr wurden die Mitarbeiter der Planungsabteilungen in der Benutzung der REP-Sprache geschult. 1971 wurden die Programmierarbeiten am Planning Processor abgeschlossen, die Schulung und Verbreitung findet 1972 statt.

Der große Erfolg des Report Processors innerhalb der IBM Deutschland fand international Beachtung. Bei einer Arbeitstagung mit IBM-Schwestergesellschaften im Sommer 1970 wurde die Übernahme des PLATO-Systems von den anwesenden Teilnehmern beschlossen, so daß 1971 der Report Processor in fast allen Ländern Europas und den bedeutendsten Ländern in Asien, Nord- und Südamerika, Afrika und Australien implementiert werden konnte. Eine ähnliche Verbreitung ist für den Planning Processor vorgesehen.

Bericht über die Ergebnisse des Workshop IV:

Software für die Unternehmungsplanung

Von

Prof. Dr. Franz Steffens

in Zusammenarbeit mit

Dipl.-Ing., Dipl.-Wirtsch.-Ing. Thilo Tilemann

I. Schwerpunkte des Workshop

Die Aufgaben der Unternehmungsplanung und die Anforderungen an Software für die Unternehmungsplanung bildeten die zentrale Thematik des Workshop. Unter diesem Leitthema wurden

1. aus der gegenwärtigen Sicht grundsätzliche Anforderungen, die an einschlägige Software zu stellen sind, und allgemeine Kriterien für die Bewertung von Softwarelösungen zusammengestellt,

2. aus Erfahrungen der Vergangenheit über Entwicklung und Einsatz von Planungssprachen und Simulationsmodellen für die Unternehmungsplanung berichtet und

3. in Erwartung für die Zukunft Möglichkeiten und Grenzen einer umfassenden, integrierten Softwarelösung für die Unternehmungsplanung auf der Grundlage von Datenbanksystemen diskutiert.

Die Vortragsrunde wurde mit dem Referat von Jack M. Gillette eröffnet, das gefolgt von Dr. James B. Bouldens Beitrag (vorgetragen von Herrn Hoffmann) eine breite Basis für die Diskussion des ersten Schwerpunktes legte. Im Zusammenhang mit dem zweiten Schwerpunkt stehen die Referate von Dr. Heinz G. Schild, Dr. Günter Tillinger und Dr. Horst Burwick. Auf den dritten Schwerpunkt konzentrierte sich die Abschlußdiskussion des Workshop.

II. Inhalt der Referate

Unter dem Thema „The Planning Language and the Planning Model" behandelt Jack M. Gillette die Auswahl von Programmiersprachen für Planungszwecke unter den Gesichtspunkten der Kosten für Entwicklung, Wartung und Ausführung. Für die computerunterstützte Lösung der Planungsaufgaben bieten sich als Alternativen die Eigenentwicklung oder der Kauf einer Planungssprache an. Der Verfasser untersucht die Kosten, die mit diesen Alternativen verbunden sind, und gelangt zu dem Resultat, daß in der Regel der Kauf von Planungssprachen kostengünstiger ist.

Außerdem werden drei Betriebsarten einer EDV-Anlage, im einzelnen "batch processing", "remote job entry" und "interactive time sharing", beschrieben, ihre Eignung für unterschiedliche Planungsarbeiten diskutiert.

Der Beitrag, den Dr. James B. Boulden über „Instant Modelling — A Progress Report" vorlegt, nimmt sehr weitgehend Bezug auf eine Arbeit, die der

Autor 1970 veröffentlicht hat. Die in dieser Veröffentlichung entwickelte Konzeption für interaktive Planungsmodelle ist inzwischen verwirklicht worden. Der Verfasser berichtet in dem vorliegenden Beitrag über Erfahrungen, die bei Realisierungen der Modellkonzeptionen gewonnen werden konnten.

„Entwurfsaspekte von Simulationssystemen für Unternehmensmodelle" heißt das Referat, mit dem Dr. Heinz G. Schild einen Überblick über die Eignung von Simulationssprachen für die Entwicklung taktischer und strategischer Unternehmungsmodelle bringt. Der Verfasser entwickelt Bewertungskriterien und ein Präferenzschema für die Auswahl einer Simulationssprache. Die Untersuchung zeigt, daß unter den getroffenen Annahmen ein FORTRAN-orientiertes Spezialsystem die besten Voraussetzungen für die Entwicklung von Simulationsmodellen der Unternehmung bietet.

Die Darstellungen von Planungssprachen, die in der Praxis bereits erprobt sind, wurden mit dem Beitrag von Dr. Günter Tillinger über „PLATO — Das IBM interne Planungssystem mit EDV" eröffnet. PLATO besteht aus einer Gruppe von Programmiersprachen, die von den Sachbearbeitern der Planungsabteilungen benutzt werden, um gewisse Arbeitsabläufe des Planungsprozesses mit Hilfe der EDV zu rationalisieren. Im Sprachenteil PLAP (planning processor) werden Plandaten aufbereitet, bewertet und verdichtet. Im Sprachenteil FIP (finance processor) werden die finanziellen Planungsdaten in einer der Ist-Buchhaltung analogen Form aufbereitet. Im Sprachenteil REP (report processor) werden standardisierte Berichte und Berichtssysteme definiert.

In einem unmittelbaren Zusammenhang mit dem Beitrag von Dr. Tillinger steht das Referat, das Dr. Horst Burwick über „Der Aufbau von Planungs- und Kommunikationssystemen mit der problemorientierten Sprache PS1" vorgetragen hat. Im ersten Teil des Vortrags werden die Planungsaufgaben einer Unternehmung dargestellt und die Probleme erörtert, die bei Entwicklung von komplexen, computerunterstützten Informationssystemen auftreten. Der Verfasser kommt hier zu der Schlußfolgerung, daß die Konzeption der speziellen Planungssprachen eine brauchbare Alternative gegenüber den bisher beschrittenen Wegen bei der Entwicklung von Informationssystemen darstellt.

Im zweiten Teil wird die problemorientierte Sprache PS1 beschrieben und ihre Einsatzmöglichkeiten an Hand von Beispielen erläutert.

Die von J. I. Morgan vorgelegte Untersuchung über „A problem oriented language for corporate planning models" gelangte zwar nicht zum Vortrag, wurde aber in der Diskussion ausgewertet. Das vorliegende Referat zeigt die Anwendungsvorteile einer speziellen problemorientierten Sprache für die Planung. Der Autor beschreibt im Detail die Syntax einer Planungssprache, die von Dow Chemical entwickelt und eingesetzt wird. Zur Vertiefung des Verständnisses wird die Formulierung eines bestimmten Planungsproblems in dieser Sprache beispielhaft vorgenommen.

III. Diskussionsergebnisse

Im Diskussionsverlauf haben sich drei Fragenkomplexe herauskristallisiert, deren Klärung in erster Linie das Interesse der Workshopteilnehmer galt:

1. Welche Arbeiten des Planungsprozesses sollen mit Hilfe des Computers automatisiert werden und welche Ziele werden durch die Automatisierung von Planungsaufgaben verfolgt?
2. Welche Anforderungen muß die Software für Unternehmungsplanung, insbesondere eine Planungs- oder Simulationssprache, erfüllen?
3. Welche Kriterien sind für die Auswahl einer geeigneten Software für Unternehmungsplanung von Bedeutung, und nach welchen Prinzipien sollen Bewertungsschemata für Software angelegt werden?

Zu 1:

Die Erfahrungen, die mit Planungssoftware gemacht wurden, haben gezeigt, daß es vor allem zwei Typen von Planungsaufgaben sind, die bisher mit gewissen Erfolgen automatisiert werden konnten.

Hierbei handelt es sich erstens um kurz- und mittelfristige Planungsaufgaben zum Beispiel auf den Gebieten der Personal- und Gehaltsplanung sowie der Budget- und Finanzplanung bzw. -disposition, bei denen Planaktualisierung oder -fortschreibung im Zeitablauf und die Planabstimmung zwischen Unternehmensbereichen im Vordergrund stehen. Für die Automatisierung dieser Aufgaben werden in erster Linie sogenannte Planungssprachen eingesetzt.

Zweitens handelt es sich um mittel- und langfristige Planungsaufgaben, die im Rahmen von taktischen oder strategischen Planungen für die Unternehmungsleitung Entscheidungsalternativen und ihre Implikationen ausarbeiten sollen. Der Automatisierung der zuletzt genannten Aufgaben dienen vor allem Simulationssprachen.

Wie sehr auch diese Schwerpunktbildung bei der Automatisierung von Planungsaufgaben durch praktische Erfahrungen vieler Diskussionsteilnehmer belegt werden konnte, blieb doch die Behauptung des wirtschaftlichen Erfolges solcher Automatisierungsbemühungen nicht unwidersprochen. Es wurden kritische Stimmen laut, die davor warnten, die Automatisierung von Planungsaufgaben allein den Softwarespezialisten zu überlassen. Es wurde zu bedenken gegeben, daß die Entscheidungsprozesse der Unternehmungsleitungen und der daraus resultierende Informationsbedarf des Managements noch weitgehend unerforscht sind.

Aus dieser, von einigen Teilnehmern vorgebrachten Meinung wurde gefolgert, daß die erfolgreiche Entwicklung einschlägiger Software vor allem von den Ergebnissen der Grundlagenforschung auf dem Gebiet der Entscheidungsprozesse und des Informationsbedarfs des Managements abhängig ist.

Im Zusammenhang damit wurde darauf verwiesen, daß die heute in vielen Unternehmungen vorhandenen Dateien in der Regel die für langfristige strategische Planungen erforderlichen Daten entweder überhaupt nicht oder in nicht geeigneter Form enthalten. Wie sich dieses Problem bei jenen Unternehmungen stellt, die bereits über ein Datenbanksystem verfügen, darüber wurde allerdings kein Erfahrungsbericht im Diskussionsverlauf bekannt.

Die Frage, welche Ziele mit der Automatisierung von Planungsaufgaben verfolgt werden, wurde während der Diskussion immer wieder angeschnitten. Als Hauptziele wurden die Verbesserung der Entscheidungen des Managements sowie die Rationalisierung der Planungsarbeiten genannt.

Verbesserungen von Managemententscheidungen, so wurde argumentiert, lassen sich vor allem durch rechtzeitige, sachgerechte und funktionsgerechte Information aller am Planungsprozeß beteiligten Instanzen der Leitungshierarchie erreichen. Unter dem Gesichtspunkt der Rechtzeitigkeit von Informationen wurden Fragen der Aktualität von Daten und der Antwortzeiten von Anfragen an Datenbestände behandelt. Die Garantie für eine sachgerechte Information wurde vor allem in Abhängigkeit von der Ableitung des Informationsbedarfs aus den Planungsaufgaben gesehen. Im Zusammenhang mit der Gewährleistung einer funktionsgerechten Information wurden die Abstimmungs- und Kommunikationsprobleme hervorgehoben, die in arbeitsteiligen Planungsprozessen auftreten.

Während die Möglichkeiten, die Entscheidungen des Managements durch computergestützte Planung zu verbessern, im allgemeinen positiv beurteilt wurden, standen einige Diskussionsteilnehmer der Erwartung von Rationalisierungseffekten durch Automatisierung von Planungsarbeiten skeptisch gegenüber.

Dagegen wurden die Rationalisierungsmöglichkeiten, die durch Verwendung von speziellen Planungssprachen anstelle der bekannten höheren Programmiersprachen zu erzielen sind, im allgemeinen positiv beurteilt. Generell läßt sich sagen, daß ein Übergang vom Einsatz höherer Programmiersprachen zur Verwendung spezieller Planungssprachen eine Änderung der Verhältnisse zwischen Kosten, Kostenarten, Ausbildung, Entwurf, Programmierung, Test, Betrieb und Wartung zur Folge hat. Darüber hinaus zeigen die bisher gemachten Erfahrungen, daß beim Übergang auf spezielle Planungssprachen im allgemeinen mit einer Senkung der Planungskosten gerechnet werden kann.

Zu 2:

Die Softwarelösungen, die im Workshop IV vorgestellt wurden, lassen sich im weiteren Sinne als spezielle Sprachen auffassen. Ein Unterschied, der zwischen diesen Sprachen besteht, liegt darin, daß sie teilweise auf speziellen Compilern und teilweise auf einem „Interpreter" basieren. Diese Unterschiede, die für den Benutzer weniger in Erscheinung treten, wurden im

Workshop zwar andiskutiert, aber nicht im Detail behandelt. In zwei Referaten wurde auf die Syntax von Planungssprachen teilweise näher eingegangen. Die Probleme der Syntax wurden in der Diskussion indessen nicht wieder aufgegriffen.

Die Fragen, welche Anforderungen an Softwarelösungen zu stellen seien, konzentrierten sich eingangs der Diskussion auf Kompatibilitätsprobleme. In diesem Zusammenhang wurde von Jack M. Gillette berichtet, daß die Planungssprache, mit der er Erfahrungen sammeln konnte, ohne besondere Schwierigkeiten an EDV-Anlagen der verschiedensten Hersteller angepaßt werden kann. Hinsichtlich der Anpassung dieser Sprache an eine neue Computergeneration wurde ebenfalls eine optimistische Meinung vertreten. „If the going to the next generation computer is as going from IBM/360 to IBM/370 then the user sees no additional costs" (Gillette).

Die Betriebsart, unter der Anwendungsprogramme der Planungsfachleute ausgeführt werden sollen, muß auf die besonderen Arbeitsbedingungen der Benutzer abgestimmt sein. Dieser Gesichtspunkt wurde in den Referaten von Jack M. Gillette und Dr. James B. Boulden behandelt. Die vor allem von Gillette entwickelten Grundsätze, nach denen die Eignung einer Betriebsart, speziell die Eignung des „batch processing", „remote job entry" und „interactive time sharing", oder einer Kombination von Betriebsarten zu beurteilen ist, fanden in der Diskussion Zustimmung.

Als eine weitere, allgemeine Anforderung, die an Planungssoftware zu stellen sei, wurde die Integrierbarkeit genannt. Dieses Schlagwort rief erwartungsgemäß Widerspruch und Forderung nach Präzisierung hervor. Im Diskussionsverlauf zeigte sich, daß Dr. Heinz G. Schild für die von ihm dargestellten Simulationssysteme die Integrierbarkeit als Verknüpfbarkeit einzelner, in der Simulationssprache geschriebener Programme durch leichte und übersichtliche Schnittstellen (interfaces) verstanden wissen wollte. Demgegenüber betonten die Referenten Dr. Horst Burwick und Dr. Günter Tillinger für die von ihnen dargestellten Planungssprachen PS1 bzw. PLATO die Bedeutung der Verknüpfbarkeit von Programmen, die in einer Planungssprache geschrieben sind, mit existierenden Datenbeständen und anderen existierenden Programmen.

Die Diskussion verlagerte sich rasch vom Begriff der Integrierbarkeit auf die Problematik der bridge-Technik, die vor allem von der IBM-internen Planungssprache PLATO und der konzeptionell vergleichbaren Sprachentwicklung der Gesellschaft für elektronische Informationsverarbeitung, Walheim, benutzt wird. Durch bridge-Programme werden Daten, die von den in der Planungssprache geschriebenen Programmen benötigt werden, aus vorhandenen Dateien extrahiert und aufbereitet. Kritische Stimmen fragten nach dem Ausmaß der zusätzlichen Kosten, die durch die bridge-Technik entstehen. In diesem Zusammenhang wurde über Erfahrungen der IBM-Deutschland berichtet, die bei der Entwicklung eines „sales planning model" im Rahmen von PLATO gewonnen wurden. Dabei betrug der reine Programmieraufwand für die bridge-Programme circa 10 Prozent des reinen Programmieraufwandes für das „sales planning model". Durch die Diskussion wurde geklärt, daß im Falle „des sales planning" die auszuwertenden Datenstrukturen verhältnismäßig einfach sind, dagegen in zahlreichen anderen Anwendungen mit weit komplexeren Auswertungen von Daten und daher auch mit weit höheren Aufwendungen für bridge-Programme zu rechnen ist.

Als weitere Anforderungen, die an Planungssoftware zu stellen seien, wurden die Datensicherheit (security) und Geheimhaltung (privacy) genannt. Hier wurde schließlich die Frage aufgeworfen, ob es allgemein und speziell im Fall PLATO nicht vorteilhaft sei, die Planungssprache durch ein Datenbanksystem zu unterstützen. In diesem Fall, so wurde argumentiert, würden nicht nur die aufwendigen bridge-Programme überflüssig sondern es könnten darüber hinaus alle Vorzüge eines Datenbanksystems, wie zum Beispiel die Möglichkeiten der Datensicherheit und der Geheimhaltung genutzt werden. Die Frage, welche Bedeutung hier den Datenbanksystemen beizumessen sei, blieb in der Diskussion offen.

Zu 3:

Kriterien für die Auswahl einer geeigneten Software für Unternehmungsplanung sind ausführlich in den Referaten von Jack M. Gillette und Dr. Heinz G. Schild entwickelt worden. Die Darstellungen beider Referenten fanden die Zustimmung der Workshopteilnehmer. Die Versuche, ein Schema für die Bewertung und Auswahl von Software, speziell von Simulationssprachen zu entwickeln, fanden ein lebhaftes Echo. Die Diskussion zeigte jedoch in diesem Zusammenhang, daß solche Bewertungsschemata nur bedingt aussagefähig sind.

Der Workshop IV „Software für die Unternehmungsplanung" endete mit Resümees, die von den einzelnen Referenten gezogen wurden. Aus diesen Schlußworten seien im folgenden Auszüge zitiert.

Jack M. Gillette:

This conference, in three days I suspect, will not reach a consensus on what is planning, on what is a planning process. I submit therefore it cannot reach a consensus of what is an alternate in a planning language. There must be several developments because there must be many questions being asked and many difficulties to be solved.

Herr Hoffmann:

Ich möchte mich dem anschließen, was Mr. Gillette gerade sagte. Es ist noch viel zu früh, um zu erkennen, welche Planungssprache und welches Datenbanksystem für den Planungsprozeß die ideale Lösung sein wird. Ich glaube, daß die Beantwortung dieser Frage sehr stark von den praktischen Erfolgen mit den bisher entwickelten Systemen beeinflußt werden wird. Ich möchte indessen zum Abschluß noch einmal eine Fragestellung hervorheben, die nach meiner Meinung noch nicht befriedigend beantwortet werden konnte. Das ist die Frage: Welche Vorteile soll der Computer für die Planung eigentlich bringen? Soll er die Planungsarbeiten rationalisieren, oder soll er nicht vielmehr dazu beitragen, den Entscheidungsprozeß in der Unternehmung zu verbessern? Verbessern in dem Sinne, daß die Planungslogik durchsichtiger wird, die Planungsarbeiten schneller abgewickelt werden, aktuelle und vollständige Daten für die Planung bereitgestellt werden und ein umfassenderes Spektrum an Planungsalternativen dem Management unterbreitet wird. Das ist die zentrale Frage, die im Zusammenhang mit computerunterstützter Planung zu stellen ist.

Dr. Heinz G. Schild:

Ich möchte die Gedanken von Herrn Hoffmann weiterführen und auf weitere Fragen hinweisen, die meines Erachtens für die Automatisierung des Planungsprozesses von zentraler Bedeutung sind. Die Verwirklichung computerunterstützter strategischer Unternehmungsplanung setzt nicht allein eine geeignete Software voraus. Darüber hinaus muß eine intensive Schulung betrieben werden, um die Planungsfachleute mit der Konstruktion von Planungsmodellen vertrauter zu machen. Im Hinblick auf die Datenverarbeitung scheint mir heute sehr viel dafür zu sprechen, daß der Blick nicht so sehr auf neue Planungssprachen und Datenbanksysteme, sondern vor allem auf die Modelle selbst zu richten ist.

Dr. Günter Tillinger:

Wir wissen, daß die Planungsprozesse, die sich auf den verschiedenen Ebenen des Managements vollziehen, sehr unterschiedlich sind, wie zum Beispiel auch die Zielsetzungen der einzelnen Unternehmungsinstanzen und die für ihre Planungen relevanten internen und externen Daten Unterschiede aufweisen. Das führt im Unternehmen zu einer Hierarchie von Planungsmodellen, die wesentliche Unterschiede besitzen. Ich bin der Ansicht, daß für dieses weite Spektrum von Planungsaufgaben und Planungsmodellen nicht eine einzige Planungssprache und ein System ausreichen, sondern ganz verschiedene Sprachen oder Systeme notwendig sind.

Dr. Horst Burwick:

Zwei Thesen möchte ich zum Abschluß des Workshops hervorheben: Ich halte es nicht für sinnvoll, daß man alle Planungsprobleme der Unternehmung mit einer Planungssprache lösen will. Eine Sprache soll ja zu einem Problemkreis ein Instrumentarium liefern, mit dem gerade die speziellen Probleme dieses Problemkreises sehr elegant formuliert werden können. Wollte man die recht unterschiedlichen Planungsaufgaben einer Unternehmung mit einer allgemeinen Planungssprache behandeln, würde man gerade dieses Vorteils spezieller Sprachen verlustig gehen. Außerdem bin ich der Ansicht, daß Datenbanksysteme in Zukunft eine wichtige und notwendige Voraussetzung für den Planungsprozeß in Unternehmungen bilden.

Sektion C:

Konzeptionen und weitere Entwicklung der modell- und computer-gestützten Unternehmungsplanung

Workshop V:
Konzeptionen für Modelle der Unternehmungsplanung

Diskussionsleitung:

Prof. Dr. Peter Mevert

Portfolio Aspects of Strategic Planning*)

Von

Prof. Dr. E. Eugene Carter

und

Prof. Dr. Kalman J. Cohen

*) Dieser Beitrag erschien bereits als Vorabdruck im Journal of Business Policy, Vol. 2, No. 4 (Summer, 1972), pp. 8—30.

Abstract

The relationships between strategic planning and financial planning are explored in the paper. Some of the management science models formulated to aid in these activities are also reviewed. It appears that one way of approaching the top-level strategic planning process in a firm would be to utilize a portfolio framework made operational with the aid of a man-machine interactive computer simulation model. This new approach would be a higher level extension of the process by which management science models have already contributed to improved planning and decision making in such functional areas as finance, marketing and production. We believe this approach should prove to be of considerable benefit in corporate strategy formulation.

Introduction

This paper is concerned with strategic planning in the modern corporation. Although there are many critical elements of the strategic planning process, this paper focuses upon one important component of the planning process: the selection of the *portfolio* of projects[1]) to which the firm will commit resources.

The first part of the paper discusses the background of corporate strategy. A limited survey of empirical evidence in decision making is presented. The second part briefly outlines the status of models in long-range corporate and financial planning, indicates their usefulness and suggests future developments. The third part presents a model (consisting of four different phases) which emphasizes the portfolio selection aspect of the strategic planning process. Some important factors relevant to successful implementation of the model are considered in the fourth part of the paper. Finally, the paper concludes with a brief discussion of why the proposed model should provide a framework which will help rationalize and improve the strategic planning process.

---

1) We use the term "project" to refer to the basic decision variables which ultimately enter into the strategic planning process. Most projects pertain to specific activities that might be undertaken by the various divisions and departments comprising a corporation. Examples of possible projects would be the adoption of a given pricing strategy for a specific product, the formulation of a specific marketing strategy for a group of products, the generation of a new product idea, the decision to enter a particular new market area where the company does not yet do business, a decision to build a new plant, etc. Although some particular projects that are considered in the strategic planning process may be initiated by a staff corporate planning group, most potential projects in a large corporation are initially generated by its various operating departments and divisions.

A firm's "portfolio" of strategic projects is the entire set of strategic projects to which the firm is committed. Although many people tend to think of portfolios as consisting of only financial assets (e. g., a portfolio of bonds and common stocks), we find it useful to use the term "portfolio" in connection with corporate strategy in order to focus attention on the importance of explicitly considering the interrelationships that exist among strategic projects.

I. Strategic Planning in the Firm

A central premise in this paper is the importance of strategic planning. Essentially, planning involves *selecting* and *achieving* a desired firm *profile* on one or more *criteria* as of one or more *horizon points*. Typically, strategic planning involves multiple criteria such as sales growth, return on investment, manpower employed, operating in particular geographic areas, etc. We contend that the vital *nature* of strategy makes it critical for managers not to react impetuously in periods of corporate or national recession by truncating strategic dollars and effort. All too often, these *strategic* dollars are seen by executives as perfect substitutes for *operating* dollars. We believe that strategic expenditures are often more important than operating expenditures, and consequently, that strategic planning is a central aspect of the firm's existence[2]).

Although, in the short run, a business may be heavily dependent upon its current products, distribution systems, etc., its long-run economic viability depends upon its response to questions of corporate strategy. To quote Hertz (1969):

> Business strategic planning is "Top-down," long-range corporate planning that challenges the basic goals and directions that have guided the enterprise in the past. More technically stated, it should be prospective decision making, done after the systematic evaluation of all reasonable alternative courses of action and under whatever conditions of uncertainty exist in the long-term economic environment.

The expanded interest of executives and scholars in this topic has provided both *descriptive* accounts of how firms behave as well as *prescriptive* analyses on how they ought to manage strategic planning. For example, Ansoff (1965) segments the corporate decision process into three categories: *operating, administrative* and *strategic*. Operating decisions are those which deal with day-to-day decisions; administrative decisions concern those problems which are related to the organization structure. Strategic decisions, on the other hand, are choices involving the existing and desired product-market posture of the firm. Ansoff suggests that the current strategic planning process of many firms is to respond to those opportunities which randomly occur: as alternatives and options appear, the firm reacts. Thus, the process is a highly passive one insofar as *search* for alternatives is concerned. In contrast, Ansoff advocates a planning process in which managers actively seek alternatives depending upon the needs of the firm, its desired profile at some horizon date and the expected matching of that profile with no change in current operations.

---

[2]) Of course, as some recent spectacular bankruptcy proceedings have emphasized, a firm must survive in the short run in order to grow over the long run!

Specification of Goals

To develop a desired profile for the firm at some future date, it is first necessary to specify the goals which the firm is viewed as pursuing. A key fact of life that must be incorporated in any useful approach to strategic planning is the multiple, diverse and often conflicting nature of corporate goals. Some of these goals will be financially oriented, such as earnings per share, rate of return on capital, market price of common stock, etc. In addition to financial goals, senior executives may also be concerned with growth rates for sales or total assets, market share, geographic diversity, public responsibility, scientific leadership, and so forth.

Some corporate goals can be readily quantified, but others cannot be directly quantified in an objective manner on the basis of present knowledge. Non-quantifiable goals may be of fundamental importance, but they are often largely ignored when strategic planning is done on an intuitive basis. Furthermore, non-quantifiable goals *cannot* be explicitly incorporated in any of the management science models that we suggest be used as components of a strategic planning system.

Rather than ignoring those non-quantifiable goals which executives feel are important, we suggest an operational procedure by which they can be utilized. By definition, goals are non-quantifiable when it is impossible, by objective procedures, to reduce them to numerical measures. For such goals, we suggest that knowledgeable individuals be asked to provide subjective, judgmental ratings on the extent to which the various non-operationally measured dimensions of corporate goals are being met. Subjective judgments are more susceptible to error than are objective numbers (e. g., those produced by the corporate accounting system). It seems better, however, to make a sensible attempt at measuring the extent to which the firm is progressing toward achievement of the less well-quantified aspects of the corporate goal structure, than to ignore such aspects altogether.

In summary, it is essential to note that a firm pursues many different goals in the strategic planning process rather than just a single, well-defined goal. Some of these goals are readily quantifiable. Others are more qualitative in nature, but, to the extent possible, should be quantified by utilizing the subjective judgments of relevant experts. Those intangible goals which cannot be quantified even on a subjective judgment basis are, we contend, going to be ignored in the traditional intuitive approaches to strategic planning as well as in the interactive computer simulation approach which we are advocating in this paper. Hence, the only functions that truly non-quantifiable goals can serve are to provide propaganda and to build morale for the corporation in its relationships both with its employees and the world around it. Truly non-quantifiable goals cannot serve as part of the pertinent criteria used in determining whether one strategic portfolio is superior, equal or inferior to an alternative strategic portfolio.

The Strategic Search Process

There is evidence that the formal concern of most business executives with planning is not substantial [Carter (1971), Cyert and March (1963), Warren (1966), among others]. In addition, executives who *do* worry about strategic planning generally neglect the *portfolio* (or *interdependent*) aspects of their plans. We would submit that the portfolio aspects are indeed critical. That is, the anticipated performance of the *entire firm*, regardless of what criteria are used, is generally *not* the same as the sum of the anticipated performance from *each project* into which the firm commits resources.

We believe there are several reasons for the lack of emphasis most firms apply to the portfolio aspects of strategic projects. First, there is a tendency to search only in connection with short-run fire-fighting activities [Cyert and March (1963)]. Thus, long-range planning is driven out by short-run operating crises, a phenomenon known as "Gresham's law of planning." Second, executives tend to accept and reject projects *individually*. The portfolio then is a *de facto* creation by default. That is *not* to say that projects are accepted in complete isolation. Rather, the comparison of projects tends to be vis-a-vis only a few other projects on the basis of only a few standards, rather than vis-a-vis the *entire set* of potential projects on the basis of all relevant standards. A bird reason portfolio aspects tend to be slighted in the strategic planning process is the *degree* of search (how long, how much and where one seeks alternatives). Executives tend to accept the first *feasible* alternative from an acknowledged universe of opportunities. For example, Olivetti chose to expand from typewriters into office equipment. There may well have been a decision that the *immediate* area of search should be in the somewhat related field of office equipment rather than in the wider field of small highly mechanical/technical/electrical devices, or even (say) into such a different field as farm machinery. Similarly, Xerox chose to expand from copiers to computers, since there were (presumably) commonalities in terms of the markets, technology and distribution systems. On the other hand, Chrysler Corporation is involved in such wide-ranging ventures as plant location, real estate, insurance and commercial credit. If this diversity represents a conscious strategy, then presumably the search procedures were somehow deliberately structured such that these projects (among others) were studied.

Some major questions about a firm's strategic planning process, then, would seem to be:

1. How wide is the area of search for alternatives?
2. On what criteria are the alternatives to be evaluated?
3. How are the joint effects among alternatives evaluated?
4. What horizon(s) is (are) used in the planning process?
5. What are the flows of information and decisions through the organization?

II. The Use of Models in Planning

Many writers [e. g., Cannon (1968), Hertz (1969), Mathieson (1969), Smalter and Ruggles (1966)] have discussed models and strategic planning. In addition, financial and long-range planning models used at such diverse companies as Xerox [Brown (1968), (1970)], Standard Oil of New Jersey [Abe (1970)], Corning Glass [Chambers, et al. (1970)], New York Life Insurance [Fraser (1970)], Dow Chemical [Morgan et al. (1970)] and Sun Oil [Gershefski (1969)] have been outlined by some of their designers[3]. In terms of the general use of planning models today, Gershefski (1970) found that of the 323 companies which responded to his survey:

32 % of the firms used a discounting system to appraise the value of capital investments,

21 % had corporate models in use,

95 % of the models were "pro forma" type models; only 5 % used mathematical programming or optimization techniques per se, and

88 % of the models were deterministic (i. e., did *not* explicitly use probabilities as inputs to the model).

From 40 respondents to a questionnaire mailed in 1968—69, Miller (1971) presented the following results:

43 % of the firms used models to assist them in their strategic planning, with a median "first year of use" being 1966.

47 % of the firms employed regression analysis, input/output analysis, or other econometric tools in some form in their strategic planning, primarily in forecasting sales,

55 % of the companies reported they used simulation, with 19 specifically using risk analysis simulation,

15 % used general statistical decision-making procedures, and

22 % used decison trees.

Miller did restrict his initial survey, however, to those firms expected to be engaged in more formal approaches to planning. There was a wide range of industries represented among Miller's respondents, with sales from $ 55 million to $ 5 billion. In most cases, his respondents indicated higher percentages of users of the various analytical techniques in the firm; the above percentages indicate usage in *strategic planning*. The figures form these two studies indicate (1) the practical application of planning models, and (2) the potential for use of a variety of "quantitative" techniques as part of these models.

---

[3] Many other specific company examples can be found in two AMA studies, Lipperman (1968) and Miller (1971).

One might be tempted to employ models that have been developed for capital budgeting in this field of strategic planning. One limitation of this approach is that the formal methods of capital budgeting seem best suited for evaluating projects in the firm's current business. In strategic planning, as noted earlier, one is often concerned with moving the firm into different markets or products. In addition, the corporate strategy area encompasses more than financial considerations such as cash flows, profits or earnings per share. In corporate strategy, one is concerned with some goals which, per force, are beyond the perview of finance in vacuuo: social responsibility, serving other publics to which the firm feels accountable, keeping talented executives content, etc.

Beyond the level of *financial* planning, *strategic* planning is concerned with survival and growth, not just profitability; with the trade-offs between long-term and short-term returns of projects; and with resource allocation between expansion of current lines and the developmennt of new products or markets. Strategy must take account of the *economic, behavioral, informational* and *political* realities of the environment. One can suggest that the main weakness of most previously attempted management science applications to the field of strategy has been repeated (a) unadaptability to the values, goals, and risk preferences of key managers, and (b) inability to coexist with the wishes of the managers in order to permeate the organization with their values and operating styles. This weakness, coupled with the mathematical orientation of many management scientists who tend to ignore one or more of the organizational facts of life noted above, has seriously limited the impact of management science in this field. While the approach we present may be faulted on similar grounds, we believe that (1) the expansion of management scientists into operating roles, (2) the steadily decreasing costs of time-shared computer facilities and (3) the continued expansion of information systems (creation, processing and presentation of large amounts of quantitative and qualitative data), all suggest the plausibility of such a system, a proposed here, for the coming decade. In addition, we suggest the usefulness of this approach for *analyzing* the problem, even though a firm may stop short of actual implementation.

Models can help executives determine where trade-offs should be made. The essential problem of corporate strategy is closely related to Simon's (1957) concept of bounded rationality. Thus, to take into account all externalities, one needs a global or universal analysis. Yet, limitation of *human* mental abilities means that the number of goals and alternatives that can be analyzed is severely limited. The option one faces, then, is losing sight of externalities by having a tractable problem which humans intuitively can analyze versus considering more factors in a formal model which is so complex that a computer must be used to help humans perform the analysis. For corporate strategy, the implications of bounded rationality are that, with intuitive procedures, the quality of the results depends critically upon (a) the areas toward which search is directed, (b) the criteria used to evaluate alternatives, and (c) the standards used to accept alternatives. Using informal approaches it is virtually impossible to consider all conceivable proposals and to evaluate their contributions toward all possible goals.

We suggest that a critical element for most firms is the *interdependency* of strategic projects. This factor is crucial because the whole may be better or worse than the sum of the parts. Unless these joint effects are taken into account, the final performance of the entire firm will likely be mis-assessed. Empirical evidence of such an approach can be found in Mao and Helliwell (1969); they present a case study with solid theoretical justification for using a portfolio approach in corporate investment decisions.

Perhaps the most spectacular example of the differences that result from using independent rather than interdependent evaluation schema for appraising projects is the Department of Defense (DOD). If the budget were divided among the military divisions without regard to how it is spent *within* a service, duplication and non-equity of various resource uses at the margin may well occur. If each service is given its budget in terms of so many billion dollars, one division of resources will occur; in contrast, if the administrative leaders of the Department commit themselves to X billions for retaliatory forces, Y billions for second-line defenses, and so forth, then a totally different array of services is likely to be created [see Hitch (1967)].

To chronicle the DOD example, extensive use of models has been made in the Department of Defense beginning in the early 1960's. Variously called "systems analysis" and "planning-programming-budgeting" (PPB), the approach was introduced in the DOD to aid in appraising alternative weapon systems. As described by Hitch (1967), the process involved multi-year acquisition planning for forces with subsequent monthly updating by computer. Weapon systems were appraised on their ability to meet one or more of nine major task items.

These ranged from "strategic retaliatory forces" to "retired pay" to "research and development." "Systems analysis at the national level . . . involves a continuous cycling of defining military objectives, designing alternative systems to achieve these objectives, evaluating these alternatives in terms of their effectiveness and cost, questioning the objectives, . . . and so on indefinitely" [Hitch (1967), page 52]. In the Hitch framework, the goal was to obtain the maximum defense capability for a given budget or the minimum cost for a given capability. Not only to proposed projects need to be evaluated in relation to each other and to existing operations, but there should be integration of long-term planning with yearly budgeting. This point is lucidly discussed in context of both industrial corporations and the Department of Defense by Smalter and Ruggles (1966)[4]. Using strategic planning models in business, Ansoff (1965) suggests a system which parallels that advocated by Hitch for the military: define objectives, discover the gap between current operations and the objectives, develop alternative strategies and evaluate them.

To review a hypothetical (but realistic) example which demonstrates the use of models in planning, consider Hertz (1969). He discusses a firm with two essential problems. One problem is forecasting and coping with an uncertain economic environment. The second task is selecting from alternative courses of action. In this example, the firm faces decisions regarding where to locate new plants and what products to offer.

In coping with the uncertain economic environment, Hertz has the firm study four major variables: the growth in the population, the impact of substitute products, the price levels of products and the level of competition. These variables are assigned "low," "expected" und "high" values in the case of population growth and product prices and "expected" and "high" outcomes in the case of substitute products and intensity of competition. Management picked eight of the most probable combinations of thirty-six possible combinations of the four attributes. Computer simulation was employed to demonstrate the effect on sales, profits, cash flow, net present value and other important standards which management wished to review. A base case (expected values for the four variables of the environment with no change in corporate policy) was first run on a computer. The other options then could be compared to this base case and the relative desirability assessed.

Thus, management had (1) an idea of the effect on the balance sheets, income statements, etc., from selecting various courses of action; (2) a rough judgment of the *likelihood* of the occurrence of a particular outcome; and (3) standards for comparing the relative *desirability* of alternative courses of action. In this way, management was able not only to make a more informed decision on which alternative to select, but also was prepared for the financing possibilities which might be required depending on the possible outcome from a chosen alternative course of action.

This example carefully shows judicious use of the computer as a tool. Dr. Henry F. Lande (1968), Manager of Planning Systems Development for IBM, suggests:

> Don't use the computer as a thinking machine (in the sense of doing the thinking for you). Use the computer as a machine to help you organize your thinking. Then, when you file matters, you are ready to act with more confidence in doing something about the future.

---

[4]) Apropos our earlier comment on the difficulties of applying management science techniques to corporate problems, note the failure of PPB in the domestic areas of the federal government according to Moynihan (1970). In addition to the lack of personnel and the resistance of the entrenched bureaucracies, he cites "the insensitivity of PPBS analysis to the actual complexities of social interventions." We feel, however, that a proper approach to the use of formal models would be successful in helping executives solve difficult and complex problems both in the corporate world and in the sphere of domestic governmental considerations.

Lande (1968) also offers ground rules for using computer models in planning:

1. The objective is Business Planning; don't get enamored of the computer.
2. The target is usefulness, as a function of time available, not perfection.
3. Start with the design of output displays to management.
4. Arrange for supporting source data by stages of detail.
5. Insist on the use of the common language.

Intimately involved with what is proposed subsequently is the idea of time-shared computer terminals and a large scale data base to form a major component of a modern corporate information system. As Chrysler Corporation's president, Lynn A. Townsend (1965), has noted, the benefits to business of such a system accrue for several reasons. First, executives can spend less time searching for information and more time planning. Second the profit and cash flow impact of alternative courses of action can be readily assessed. Third, there can be centralization of control of even widely diversified firms. The current use of *time-shared* models in corporations has been related by others[5]).

A major problem with strategic portfolio evaluation is the rapid increase in the complexities of information processing and data base requirements. Suitable models and computer-based information systems can aid in this evaluation. Our advocacy of the efficacy of models in decision making must not be construed as a suggestion that models should "make" the decisions. Again, to quote Hitch (1967):

> I am the last to believe that an optimal strategy can be calculated on slide rules or even high-speed computers. Nothing could be further from the truth. Systems analysis is simply a method to get before the decision-maker the relevant data, organized in the way most useful to him. It is no substitute for sound and experienced military judgment, and it is but one of the many kinds of information needed by the decision-maker.

---

5) Boulden and Buffa (1970), Brady (1967), Kotler (1970), Lipperman (1968) and Raymond (1966). The practical advantages that graphical display terminals add to the effective managerial use of time-shared computer systems are discussed in Miller (1969), Scott-Morton (1971) and Jones (1970). The relationships between the management information system and the strategic planning process are considered in Emery (1969). Early outlines of the construction of a report-generating and planning system can be found in Williams and Bartram (1967) and Vorhaus and Wills (1967). One major psychological/organizational factor which (we believe) will favor the expansion of time-shared usage is that it enables a top manager, by using a remote terminal device, to gain a feeling of control which is too often severed as large numbers of staff computer and operations research personnel increasingly isolate him from the computations. For example, consider Thompson (1961), pp. 158—159. "Finally, the source of insecurity which is becoming th most significant in modern organizations is the growing gap between the rights of authority (to review, to veto, to affirm) and the specialized ability or skill required to solve most organizational problems. ... Thus, persons in hierarchical positions are ... dependent increasingly upon subordinate and nonsubordinate specialists for the achievement of organizational (or unit) goals. An executive must live with increasing insecurity and anxiety."

Similarly, Lande (1963) states:

> This *is* management's job of planning the business and I don't believe this is a job that can or should be mechanized. Some computopians feel that in the long run, management might be replaced by a random number generator in the super-systems of the future. But I'd rather see computerized planning data systems making managers again out of many de-humanized random number generators.

One approach to using formal models in the strategic planning process would be to extend the Rapoport and Drews (1962) intertemporal linear programming model. To some extent, this goal has been accomplished since we are aware that some international petroleum companies currently are using mathematical programming models to look at selected aspects of strategic planning. Our approach, however, is to back away from sole reliance on a mathematical programming formulation and instead to use a variety of programming, computer and analytical approaches in parallel and in series to aid the executive at various points of his decision cycle[6]).

III. The Proposed Interactive Simulation Model[7])

Preceding parts of this paper have discussed strategic planning, noted some of the inherent problems, and examined its relationship to financial planning. We have briefly reviewed some of the formal management science models formulated to aid in the processes of strategic and financial planning. We are now ready to present the core proposal of our paper: a useful approach to the top-level strategic planning process is a portfolio framework made operational by a man-machine interactive computer simulation model. This new approach would represent a higher-level extension of the process by which management science models have contributed to improved planning and decision making in such functional areas as finance, marketing and production. In each of these functional areas, there are significant problems for which mathematical models have been flexibly applied to help executives do more effective jobs of planning and decision making. We believe that this same type of imaginative approach to using management science models could prove to be of considerable help at the level of top corporate strategy formulation.

Our proposed interactive computer simulation approach to strategic planning deals with possible strategic projects as elementary decision alter-

---

6) As an example of a proposed linear programming model for long-range corporate planning with heavy financial emphasis, note Carleton (1969). The problems with that approach are the massive specification of variables and parameters and the ultimate question of whether managers would indeed find such a model operationally beneficial.

7) The interactive simulation approach to strategic planning that is presented in this paper was initially advocated for the area of financial planning in Carter (1971 a). While these two papers are considerably different, they do have some elements in common, a fact which is explained by their overlapping authorship. See also Kennedy (1968) for a similar approach to capital budgeting.

natives. We must stress, however, that one cannot automatically assume that all relevant and potentially desirable projects would be available for examination in this system. In practice, only a small subset of possible projects would be generated for explicit evaluation in the strategic planning process. In principle it would, of course, be desirable to avoid "wasting" time examining alternatives that prove to be rejected at a later stage. In practice, however, it is more likely that projects which in fact would prove acceptable are never even considered, rather than that too many unacceptable projects are generated for explicit consideration. Hence, the usefulness of any formal system of strategic planning (including the one we are proposing) would depend largely upon the success the corporation has in generating relevant strategic projects for further consideration.

Levels in the Organizational Hierarchy

In the firm, alternatives are generated primarily in response to unsolved problems [Ansoff (1965), Carter (1971, Cyert and March (1963), March and Simon (1958)]. Hence, one advantage of a formal planning program is that its existence creates some problems that executives in the organization find difficult to solve; these unsolved problems then induce strategic search behavior. One reason for decentralizing the process of corporate planning is that the active involvement of various relevant executives in the process serves to focus their attention on the importance of strategic considerations. The operating units of a corporation have many immediate problems they must solve. Hence, often plant managers, sales managers, etc., spend most of their time on "firefighting" activities unless some type of formal planning system makes them step back to think seriously about long-term aspects of strategy in their own operating units.

As part of the formal planning process, corporations often set specific goals or targets which they would like the various divisions, departments and operating units to meet. For maximum effectiveness in the strategic search process, the targets imposed on the operating units should be realistic, i. e., there should be some conceivable way of planning to meet them. On the other hand, the targets should also be challenging, so that they are not easily met by mere extrapolation of present activities. A great deal of behavioral and organizational research is needed to find improved ways of generating creative types of strategic search efforts at all relevant levels in a decentralized corporation.

As indicated, the strategic planning process in a large modern corporation generally involves several different levels in the organization's hierarchy. The interactive computer simulation approach to strategic planning that we are advocating is especially designed to be used in a multi-level organization. Solely for expository convenience, we assume there are three relevant levels of hierarchy in the corporation [this framework is borrowed from Carter (1971 a)]:

(1) The *project sponsor* is the executive (generally in an operating unit) who initially conceives a possible project and develops the initial relevant projections to substantiate its merits;

(2) A *middle manager* must determine whether the proposed project should be tentatively accepted for consideration in relation to other projects that are proposed in his division;

(3) The *top management* must decide what specific set of projects will be accepted for the corporation as a whole.

In practice, there often are several different levels of middle managers in a corporation. The essential elements inherent in our proposed interactive computer simulation approach to strategic planning can be adequately explained in terms of the three levels of organizational hierarchy that we have specified. No conceptual difficulties result from introducing several levels of middle managers in the strategic planning process, although considerably more computational work and information flow would be required[8]).

The Project Sponsor. As the first step in that part of the strategic planning process we are discussing, an individual executive conceives a project and becomes its sponsor in the corporation. In practice, there may be many individuals with different goals involved in the initial conceptualization of a project and the preparation of relevant underlying forecasts, as Berg (1963) and Bower (1970) indicate. For expository simplicity, however, we suppose that a single executive is the initial project sponsor.

Under many traditional approaches to capital budgeting (but not so commonly in connection with strategic planning), the sponsor of a project is asked to produce specific forecasts over some relevant time horizon of the anticipated stream of future values that will result for sales, operating costs, cash flows, profits, etc., if this project were accepted. To permit a strategic portfolio analysis based on simulation of joint returns eventually to be conducted, it is not sufficient for the project sponsor to present in the documentation intended to justify the merits of a potential project only conventional "point forecasts" for these various quantitative factors. Instead, it is necessary for the project sponsor, with the aid of management science analysts who must be available to assist him, to specify for each project a structural model indicating the the underlying factors which determine the values of sales, operating costs, cash flows, profits, etc., that will result in each period if the project were adopted.

---

8) This is not to suggest that only three levels of hierarchy should exist in an organization. There are many reasons why additional levels may be needed. In general, the larger a corporation is and the more diversified are its activities, the more layers of middle management will be required. It is beyond the scope of this paper, however, to discuss in detail the factors determining an optimal organizational design in terms of how many hierarchical levels of management should exist.

In effect, the information that is required as documentation for the project is very similar to the information that is needed in order to conduct a risk analysis simulation of the project, as detailed in Hertz (1964).

For a concrete example, consider a project that consists of the introduction of an existing product into a new marketing area. A structural model must be developed which explains how the cash flows and profit flows associated with that project will depend upon such intervening variables as the future history of sales in the new market; the costs of labor, raw materials, transportation, etc.; the reactions of competitors; etc. The structural model must then also indicate the relationship between the various intervening variables and the ultimate underlying factors such as GNP, the level of unemployment in the marketing area, etc.

It is next necessary to specify a joint probability distribution over the underlying factors. (Sometimes, this can most conveniently be done by first specifying separate distributions for each underlying factor and then specifying the interrelationships among the various factors.) Regardless of how this joint probability distribution is determined, its functional forms, as well as its parameter values, may be modeled to change over time; the model might specify that these changes depend upon the values assumed by specific random variables (perhaps including the values of some of the underlying factors themselves) during the same or earlier periods. The required structural models and joint probability distributions of underlying factors must be stated in sufficient detail so that relevant interrelationships can be derived. In the example cited above, a project which involves the introduction of an existing product into a new market, components of the structural model and the joint probability distribution of the underlying factors could include such relations as: (a) the cost of labor is a function of the actual value of current production; and (b) the expected value of the distribution of current sales is proportional to the actual sales realized during the previous period, the factor of proportionality being the expected growth rate.

It is important that the underlying structural model which is developed for any project under consideration be complete enough to indicate the net contribution that acceptance of that project will make toward each of the quantifiable multiple goals of importance to the company. As we have indicated, some management scientists will need to assist the project sponsor in analyzing the implications of that project for each relevant dimension of the company's goals. This can be accomplished by conducting a risk analysis simulation after the underlying structural model and the required joint probability distribution have been specified for the project. This risk analysis simulation probably would be done on a batch-processing basis, producing hard copy output, parts of which could be in graphical form for convenient further analysis.

The project sponsor and his management science analysts should carefully examine the results of the initial risk analysis simulation. These results might suggest some further recycling in the definition of the project, in the formulation of its underlying structural model and joint probability distribution, and in the estimates of relevant parameters. Consequently, the project sponsor and his management scientists might make appropriate modifications in the project, alter the underlying structural model to make it more realistic, verify the projections, check basic assumptions and undertake those resimulation trials or sensitivity studies that seem useful.

At this stage, many of the suggested projects will appear to be so undesirable and have such little chance of success that the project sponsor will decide to do nothing further with them. Those projects which appear to their sponsor to be more desirable, however, will be sent by the sponsor to his superior in "middle management" for further consideration.

The Middle Manager. In practice, the role of middle manager varies widely from firm to firm. Because of this lack of standardization, there are various possible suggestions to make regarding his behavior. If he has only a small number of subordinates and relatively limited strategic project alternatives, his role will be relatively simple. In particular, the middle manager, in this case, would be primarily responsible for verifying the reasonableness of the project sponsor's general ideas for strategic projects and whether the assumptions made in formulating the structural models for these projects are reasonable. The middle manager might also resimulate one or more of the proposed projects in conjunction with other projects his division is studying. In general, he will filter the submitted projects so as to reject the least suitable ones and forward the more promising ones for further consideration by his own superiors at the top level of the corporation.

In more complex organizations, however, there may be several layers of "middle managers" through which a project must pass on its journey from its original project sponsor to acceptance by senior executives of the corporation. Each successively higher level of middle manager in the corporation will have an increasing responsibility over a broader range of possible strategic projects. Hence, he will also find it progressively more difficult to consider the systems-wide interactions in a portfolio context of the various possible combinations of strategic projects. In such situations, it would seem plausible that the middle managers at the higher levels of the corporation would find that the interactive approach, described below, for use by senior executives would also be appropriate at their levels of middle management[9].

---

[9] The research reported in Berg (1971) reveals that the extent to which some major functions are undertaken at the corporate rather than the divisional level systematically differs between two different types of large, highly diversified companies. Hence, it is likely that the role played by middle managers in strategic planning will differ depending upon whether the company is a "diversified major firm" or a "conglomerate firm," in the terminology of Berg. Our proposed interactive simulation approach should be useful in both types of firms, although the particular manner in which it would be utilized would vary from firm to firm.

The Senior Executives. Determining the portfolio of strategic projects which will be undertaken by the corporation is the ultimate responsibility of the senior executives. The interactive simulation approach to strategic planning that we are advocating is particularly designed to help a firm's top management group fulfill this responsibility. The manner in which the proposed new approach can be utilized for this purpose is considered in the next section.

Phases of the Model

It is useful to trace the role of various executives in the strategic planning process through four different phases of the interactive computer simulation approach. First, we consider how the individual project simulations from lower levels should be analyzed by the senior executives. Second, we describe how joint simulations of all the strategic projects can be performed in order to produce a variance-covariance matrix for any number of elements of strategy[10]). Third, we describe how senior executives might select portfolios of strategic projects based upon the individual and joint simulations, the variance-covariance matrices, heuristic decision rules and management's own preferences. Fourth, and finally, from the rough sketches of portfolio outcomes generated in the third stage, executives may choose to resimulate a subset of portfolios to allow for more accurate consideration of the risk and returns associated with specific portfolios, as well as financing and other relevant resource limitations.

Phase I: Individual Simulations. As a strategic project is considered at higher levels of the organizational hierarchy, there will necessarily be less detail associated with it. The sponsor of an individual project clearly will have the most detailed information concerning it. In addition to his direct and largely qualitative knowledge, he will also have available the detailed specification of the underlying structural model generating the cash flows and profit flows associated with the project, sales and market share data, etc. These quantitative data associated with the project will result in various types of hard copy output. Only a partial subset of this material would be transmitted from the project sponsor to the middle manager. In turn, an even smaller body of material associated with individual projects would be transmitted from middle management to the senior executives.

The senior executives, however, should have available a suitable summary of the quantitative factors associated with each strategic project. In addition, a short summary of the more qualitative aspects of the project should be prepared to aid the top manager in his analysis of projects in a portfolio context. Most importantly, however, the full details of the underlying struc-

---

10) The pioneering study which stressed the importance of the variance-covariance matrix in portfolio analysis, together with the related notion of an "efficient frontier" of portfolios, is Markowitz (1959).

tural models associated with each project will be part of the interactive computer simulation system which the senior executives will be utilizing, as indicated in the following subsection.

Phase II: Joint Simulation of Projects. In this stage of the strategic planning process, all of the strategic projects under consideration will be simulated on a joint basis. For this purpose, it is necessary to utilize the underlying structural models that the sponsors (aided by their management science advisors) of each potential project have already formulated. In addition, a structural simulation model for the firm as a whole (constructed on the assumption that no additional strategic projects are undertaken) is also required. This structural model for the existing firm will enable us to produce period-by-period projections of the firm's sales, costs, earnings, etc., by relating these variables in a logical manner to relevant underlying economic factors, such as GNP, aggregate industrial production, etc.

Given the underlying structural models for the existing firm and for each proposed strategic project, we are now ready to perform a simulation of joint outcomes. Such a joint simulation is required in order to obtain the variance-covariance matrices which are needed for later phases in the analysis. Note that all of these structural models will be formulated in terms of some underlying factors for which we also need to have a joint probability distribution.

To provide a specific example for expository purposes, suppose the firm is interested in four different goal dimensions over a five-year planning horizon. Assume that these goal dimensions are: (a) the growth rate for overall company sales during the five years (expressed in per cent per annum terms), (b) the present value of earnings per share over the five-year horizon (where the present value is computed on the basis of management's subjective time rates of preference for earnings per share across various time periods), (c) total assets of the firm at the end of five years and (d) the percentage of overall company sales generated by the company's international operations at the end of five years. The underlying structural models for each project, as well as the structural model for the firm as a whole, must allow for performance to be evaluated along each of these four different goal dimensions.

Given all of the relevant structural models and the joint probability distributions for the independent underlying factors, an extensive joint simulation can be run on the computer, in the manner suggested by Cohen and Elton (1967). The output from this joint simulation would indicate every project's contribution to each separate goal dimension during all simulation runs. From such data, it is straightforward to compute the expected value and the variance of the outcome for each project on every criterion. Similarly, covariances for all possible pairs of projects on each criterion can be computed.

As a result of conducting this joint simulation of returns, the firm has developed expected values, variances and covariances of all projects (including as a base project a ficticious "project zero" defined as the existing firm assuming no additional projects are undertaken) along all relevant quantifiable dimensions. Given the availability of these data, it is now possible for the senior executives to use graphical cathode ray tube (CRT) terminals in an interactive computer mode to consider the effects of adopting alternative portfolios, as described in the following subsection.

Phase III. Portfolio Selection. The data utilized by executives in this phase of the strategic portfolio planning process are the expected values, variances and covariances for all potential projects and all goal dimensions; these have been generated in Phase II. These results are assumed to be stored in a suitable random access form e. g., magnetic disc or bulk core storage), and to be accessible both to the executives through their CRT terminals and to the various component models in the interactive computer system.

Note that any strategic portfolio consists of a complete specification of the particular projects to be adopted by the firm. For any possible strategic portfolio, the computer can calculate the expected returns, variances and covariances for returns defined on all of the relevant goal dimensions. On the basis of the expected returns and variances and the assumption of normality, approximate statements can also be made about various percentiles of the returns distributions. It should be recognized that percentile estimates made in this stage are only crude estimates of the risk that is involved in any portfolio. More accurate computations of risk will be undertaken in Phase IV. Since these more detailed calculations require substantial amounts of computer time (and in some cases, executive time), we suggest that they be performed for a smaller subset of portfolios than those which would be initially considered during Phase III.

At one specific stage in Phase III, the senior executives and their management science analysts can rapidly determine the effects on the expected returns and variances in return along various goal dimensions of adding or deleting particular projects to the specific portfolio under consideration. Graphical CRT terminals, as described in Miller (1969), could be utilized for this purpose to provide rapid responses primarily as a means of saving executives' time and stimulating their thought processes rather than because real-time decisions are being made. There would, of course, need to be some method for quickly preparing selective hard copy output from the CRT displays for future reference.

Let us now comment on the manner in which various portfolios can be brought to the executives' attention for investigation during Phase III. As indicated below, various optimizing techniques and heuristic methods, as well as common sense intuition, could be used for this purpose. The suggested optimizing models should themselves be regarded as heuristic devices for generating what we hope will be reasonably promising portfolios. Because each of these models optimizes only along one or two relevant dimensions, rather than along the whole gamut of multiple goals of relevance to the corporation, it is at best only a *sub*optimizing rather than a truly optimizing model.

The first optimization technique that we suggest is the generation of "efficient frontiers" by an intertemporal quadratic programming model analogous to Cohen and Elton (1967). This procedure would use the variance-covariance matrices and the expected return vectors generated in Phase II, in conjunction with an integer quadratic programming algorithm, to generate "efficient frontiers" of strategic portfolios. The efficient frontier is defined as the set of portfolios which have maximum return for a given level of risk (as measured by variance in return) or, equivalently, minimum risk for a given expected return. In this connection, the "return" could be defined along any specific goal dimension of relevance to the corporation, e. g., the subjectively discounted present value of earnings per share over the planning horizon. Of course, any particular goal dimension that was identified as relevant to the corporation could be employed as *the* definiton of return in utilizing this quadratic programming algorithm. To some extent, alternative goal dimensions can be considered by imposing constraints upon the minimum expected returns and the maximum variances in return along these other dimensions that would be permitted.

Since integer quadratic programming algorithms are time consuming in operation, we suggest that this procedure be utilized off-line in a batch-processing model. This typically would be done before Phase III of the process is initiated. If during the Phase III activities, it appears desirable to reformulate the quadratic programming model in order to change the specification of the criterion function and/or the constraints, this task would probably be most effectively done off-line in a batch mode of computation during some natural pause in the executives' involvement in Phase III (e. g., at the end of the working day, during the luncheon break, etc.). Let us, again, stress that this intertemporal integer quadratic programming model is not producing truly optimal results, since it is primarily determining the risk-return trade-offs for a given criterion and for a definition of risk (variance in return) which lacks some managerial relevance. Hence, executives should regard the efficient frontier portfolios generated by this model as promising candidates for their consideration and possible modification, rather than as the optimal set of portfolios from which they must choose.

A second type of optimizing procedure for generating strategic portfolios for further consideration is based upon an intertemporal linear programming model, e. g., a generalization of the model presented in Rapoport and Drews (1962). This would ignore the variances and covariances (i. e., risk components) of the various strategic projects, and instead concentrate upon their expected returns along the various goal dimensions.

A third possible optimizing technique that appears even more appropriate than a conventional intertemporal linear programming model would be an intertemporal goal programming model [a prototype version of which is sketched in Ijiri (1965), pp. 132—137]. This would permit the multiple goal aspects of the strategic planning problem be to explicitly incorporated in the criterion function. The various strategic portfolios developed as solutions to such a goal programming model should then be analyzed by the computer to determine their variances and covariances across the various goal dimensions. These would provide additional sets of initial portfolios which the executives can then modify, using their CRT terminals to add or to delete various projects from specific portfolios.

Some heuristics that could be utilized would be various ranking procedures based upon expected returns, variances or covariances along particular goal dimensions. The ranks of projects along each goal dimension in terms of expected returns, variances in returns or average covariances with other projects should provide managers with some useful guidelines as to which projects might be promising candidates to delete from tentative portfolios. The rankings based on the average covariances of a project with all other projects already in a portfolio across various goal dimensions might be especially useful as a guide. Depending upon the dimension under consideration, the executives might try to choose high covariance or low covariance projects.

Phase IV: Detailed Analysis of Selcted Portfolios. At the end of Phase III, the executives and their management science analysts should have developed a relatively small number of alternative strategic portfolios that they wish to analyze in a more accurate fashion. In Phase IV, a detailed simulation of each of these portfolios is undertaken in order to specify their risk profiles in meaningful fashion. During the Phase III calculations, variance was used as a measure of risk. Phase IV, however, conducts further simulations of specific strategic portfolios so that more meaningful measures of risk can be computed, such as the probability of negative profits for more than two quarters in a row, the probability of going bankrupt or becoming insolvent, the semi-variance of earnings per share lower than some minimal aspiration level, etc.[11]: Measures of risk based on losses or negative rates of return were not incorporated in the procedures used to generate promising initial portfolios in Phase III because of computational considerations.

Another manner in which the Phase IV portfolio simulation differs from the calculations made in Phase III is that during Phase IV we must pay specific attention to the procedures to be utilized for financing any strategic program. The Phase III portfolio evaluation, based upon the outputs provided during the Phase II joint simulation, has essentially been conducted on the assumption that any required financing will be available to the corporation on some standard terms. In Phase IV, we re-evaluate specific portfolios on the basis

---

[11] See Markowitz (1959), Chapter 13, for a discussion of the underlying utility implications of various possible measures of risk.

of the actual amount of funds required by each of the proposed project alternatives, the special financing factors which may result from the interrelationships among several investments in the projects under consideration in that particular portfolio and the specific pattern of cash flows resulting from the various financing alternatives available to the firm. Detailed financing models must be utilized as part of the Phase IV simulations in order to determine feasible means of generating the financial resources required by any specific strategic portfolio under consideration. In addition to more detailed financing considerations, other particular resource limitations that may be particularly crucial can also be examined during Phase IV. It may well be that manpower considerations, especially executive talent, could be critical. These latter considerations also can be analyzed by incorporating relevant models (similar to those suggested above with respect to financing alternatives) in the simulation. Analogous considerations apply to other potential bottleneck factors[12]).

In summary, Phase IV of the interactive computer simulation approach allows executives and their management scientists to examine detailed risk estimates of various strategic programs, where the strategic programs are defined to include the necessary steps to obtain financial, personnel and other needed resources. In this phase, the computer system can also generate pro forma balance sheets and income statements for each particular strategic portfolio receiving detailed consideration. As a result of examining a few specific portfolios in Phase IV and making modifications in them, the senior executives may be ready to adopt a specific strategic program. Alternatively, they may wish to return to earlier stages, as we shall indicate in the following section.

Recycling to Earlier Phases

There are at least three different time perspectives over which feedback aspects of the interactive simulation approach to strategic planning can be considered. On a long-term basis, there is year-to-year feedback; this should be a formal part of any strategic planning system regardless of the extent to which quantitative and computer-based approaches are utilized. On an intermediate-term basis, it would be desirable to develop a performance monitor-

---

[12]) An alternative approach would be to incorporate financing, personnel and other resource considerations into the models that are utilized during Phase III. In particular, when a mathematical programming algorithm is used to suggest initial portfolios, only those which are feasible in terms of all relevant resource limitations will be generated. This means that procedures for acquiring new financing, personnel and other needed resources must be included among the possible strategic alternatives. Some of these "projects" (such as financing alternatives) would, in practice, be generated by the finance function rather than by the operating departments and divisions. When specific projects are added or deleted from a tentative portfolio by executives at the CRT terminals, the computer system should also indicate the feasibility or non-feasibility of each resulting portfolio with respect to the various resource limitations. If this were done, then Phase IV would focus on a more accurate treatment of the risk profiles of portfolios rather than also including detailed consideration of alternatives for obtaining various required resources.

ing and measurement system to provide feedback within the course of the yearly planning cycle. Both of these feedback systems could be used (1) for *control* of the firm and (2) as stimulus and input for *future* strategic planning sessions. In this paper, we shall explicitly discuss only a short-term type of feedback that may sometimes occur when the interactive computer simulation approach to strategic planning is utilized.

In particular, following Phase IV of the interactive simulation approach, executives may not feel comfortable in selecting any of the portfolios of strategic alternatives that they have carefully examined. Therefore, they may decide to return to earlier stages of the planning process. At one extreme, they may try to generate new potential projects both at the corporate level and in the operating divisions and departments. With each suggested new set of strategic projects, Phase I of the analysis will be repeated. It is possible that they may instead decide to return to Phase II of the project, to utilize some different goal dimensions or different underlying structural models. Finally, they may decide simply to return to Phase III of the analysis in order to examine different sets of initial portfolios to which they then might make various additions or deletions of projects.

We have already suggested that all of the normally qualitative aspects of goal criteria which can be quantified on a subjective basis should be explicitly included in the interactive simulation model. It is possible, however, that there are additional qualitative aspects of corporate strategy which executives are unwilling to quantify even on a judgmental basis but about which they are willing to speculate. A knowledgeable committee of executives presumably could examine the output of Phase IV for such qualitative considerations. It is hoped that when utilizing the output produced by the computer system, qualitative and quantitative factors could be judiciously blended.

IV. Implementation Considerations[13])

We will now discuss some of the relevant factors involved in implementing our proposed interactive computer simulation approach to strategic planning. Clearly, it will not be trivial to formulate and program such a system and to persuade senior executives to utilize it in their strategic planning process. We feel, however, that a successful implementation of this entire system can feasibly occur wthin a few years in any large corporation which seriously sets about to develop it.

There are five specific aspects of the implementation process which we consider in subsequent sections. First, we discuss the types of relationships which must develop between senior executives and technical specialists in order for

---

13) Some of the material in this part of the paper has been adapted from Cohen (1969) and from Carter (1971 a).

such a system to be developed. Second, we consider what is involved in developing meaningful structural models for various strategic projects and for the company as a whole. Third, characteristics of the computer system on which the proposed planning system should be implemented are discussed. Fourth, we discuss the manner in which meaningful input data are provided. Fifth, consideration of the manner in which the relevant output from the system will actually be utilized in the strategic planning process concludes this part of the paper.

Human Interactions Required for Developing the System

For the proposed interactive simulation approach to strategic planning to be developed, a great deal more interaction among senior executives, management scientists and computer specialists will be required than typically occurs in large corporations. The component models that are necessary for the strategic planning process are considerably more complex than most of the management science models that have been developed for various functional areas of business. Since large-scale formal modeling efforts often fail to result in any practical improvements in the planning and decision-making processes because of lack of successful implementation, skeptics may feel that our proposed approach to the strategic planning process is so overly ambitious that it is doomed to failure. Since we do not think so, let us explain why we are optimistic in this regard.

The major reason that some management science modeling efforts fail to improve managerial problem solving in many corporations is that from the outset these projects are organized in the wrong way. In typical corporations, the company executives are so busy making important business decisions "on the firing line" that they seldom find time to talk to their management science analysts. In these circumstances, the management scientists become nothing but "the boys in the back room." It is difficult for them to learn enough about the real business problems that corporate executives face to permit relevant models to be built. If the "back-room" management scientists turn out to be successful in formulating a model that they feel could be relevant, this is usually communicated to the corporate executives by means of a written memorandum. All too often the executives merely file this memorandum in a desk drawer (or perhaps in a waste basket), usually without understanding it and certainly without acting upon its recommendations. In this manner, the so-called "implementation problem" arises, which is the problem of how to induce executives to utilize management science models to improve their planning and decision-making activities. As already suggested, the implementation problem connected with the proposed interactive computer simulation approach to strategic planning might be so large as to doom the effort to failure at the outset.

We would agree that if development of the interactive simulation model were undertaken in the wrong manner, then the implementation problem would, in fact, not be solved. We feel, however, that it is possible to organize the necessary management science activities in such a way that the implementation problem would not arise.

To begin with, highly technical and *mathematically oriented* management scientists should *not* have primary responsibility for developing the interactive simulation model. Instead, *management-oriented* management science analysts, i. e., people who have the ability and the motivation to become senior corporate officers some day, should be given this responsibility. These people must have personality skills that permit them to interact effectively with older, conventionally trained senior executives and to establish effective two-way communication. This communication will generally take place, of course, in the ordinary language of the executives rather than in the technical jargon and mathematical symbols that management scientists often utilize as a shorthand language when communicating among themselves.

It is essential that the management-oriented management science analysts be invited to attend all meetings at which senior executives attempt to grapple with the difficult problems involved in the strategic planning process. In this way, the management scientists will obtain a proper appreciation of what senior excutives seem to understand when they are making strategic plans. With this knowledge as a starting point, the management scientists then will be ready to consider how quantitative tools and a computer-based information system can help the senior executives formulate more rational and comprehensive strategic plans.

The management science analysts will initially be silent observers in the management meetings involved with strategic planning. Gradually, however, the management scientists will find that they are asked questions by the senior executives, at first during coffee breaks or after the meetings, but subsequently, during the meetings themselves. Eventually, the management scientists will find that they are being brought into the decision-making process. This development should be encouraged, for it leads to mutual understanding and effective communication between the more conventionally trained senior corporate executives and the younger management scientists. This will enable the executives and management scientists to interact effectively in the process of developing the new interactive simulation approach to strategic planning. Furthermore, when the model has been developed in this type of environment, there will not be great difficulty in getting the executives to understand and utilize it. In the process of building this model, the executives and management scientists will be involved in numerous discussions of goals, constraints and alternative courses of action. Such discussions will change the manner in which the executives think about the strategic planning process. In the course of these discussions and their participation in the strategic planning meetings, the management scientists themselves are beginning to become effective managers.

We must stress that for successful implementation of this new approach to strategic planning, enthusiasm of and cooperation from senior executives are essential. Traditionally trained executives should realize that the growing use of management science tools need not necessarily cause them to be insecure in their jobs and that they are not likely to be replaced by computers or by mathematicians. It may be, however, that some particular subset of present-day executives, those who refuse to learn and adapt to new and improved ways of doing things, will be replaced by other executives who are more willing and able to keep up with the times and to utilize new and improved methods for planning and decision making.

Formulating the Structural Models

Some people may be appalled by the amount of knowledge and effort required to formulate structural models for the corporation as a whole and for specific proposed strategic projects. Careful reflection should indicate, however, that the amount of effort involved may not be excessively great relative to the enormous payoffs that should result from a more rational and effective approach to corporate strategy. The considerations with which executives deal in strategic planning have important consequences on the future success or failure of a corporation. Modest improvements in the degree of rationality with which strategic planning is conducted can prove to be enormously beneficial to the future performance of a firm.

Even when strategic planning is conducted on an intuitive basis, it is worthwhile for executives to obtain a clear specification of the various types of goals of interest to the company. While it may truly involve a great deal of soul searching for senior executives, in conjunction with their management scientists, to obtain a clear specification of the various dimensions of corporate goals in which they should be interested, the uses to which such information could be placed are self-evident regardless of whether strategic planning is done entirely intuitively or with the aid of formal models.

It clearly is the case that when strategic planning is done in an intuitive manner, no structural models are formulated to indicate how the adoption of any specific strategic project will affect the firm. Sometimes, no real attempts are even made to forecast in a quantitative manner the expected impact of undertaking various strategic projects. Nonetheless, as we have reviewed in Part II above, there is a growing body of literature indicating that important components of strategic planning are being modeled.

Although it undeniably will be a considerable amount of work to develop structural models capable of explaining the future streams of sales, cash flows, profits, etc., associated with a strategic project, the attempt to do so will force the project sponsor, other executives in the corporation and relevant management science analysts to obtain an enhanced understanding of the project itself and its potential interactions with other aspects of corporate operations. The logical discipline inherent in attempts to formulate such models inevitably causes people to think more explicitly and rationally than they will do when an accepted mode of behavior is to pound the table and say, "Such and such a project is essential to the future well-being of this company." The risk analysis simulation that is conducted for a project will help the project sponsor and others in the company obtain an understanding of the risk-return trade-offs associated with the project along various relevant dimensions of corporate goals. Because the inputs to the structural models will take the form of joint probability distributions of the relevant underlying factors, the possible pitfalls that sometimes occur when decision makers place false reliance upon input data for which certainty is implicitly assumed are likely to be avoided when our proposed approach is utilized.

Computer System Considerations

A major implementation question concerns the availability and cost of the computer facilities required in the interactive computer simulation approach to strategic planning. In past years, computers have been most commonly utilized in industry on a batch-processing basis. Increasingly, however, interactive time-sharing systems are becoming available. Numerous time-sharing systems are in commercial operation on a "computer-utility" basis, and various "in-house" time-sharing systems are currently marketed. Although most time-sharing systems now operate with only electric typewriters or teletypes as terminal devices for input and output, a reasonable number are offering alphanumeric CRT's as terminal options, and a few can operate with graphical CRT terminals (with keyboards and light pens) which will increase in availability and decrease in cost over the next few years [see Miller (1969)]. Thus, the computer system capabilities required for the proposed interactive simulation approach to strategic planning are, in fact, available now, and the costs involved should decrease substantially in the foreseeable future. The present economic feasibility of some types of interactive planning systems has, in part, been demonstrated by their implementation in at least two major American corporations: Potlatch Forests and Inland Steel[14]).

Let us indicate why we suggest that on-line terminals in an interactive computer system be utilized as part of the strategic planning process. Stated simply, the increased costs associated with interactive computer systems are justified in the latter phases of the strategic planning process because of considerations of human efficiency in the problem-solving process. Certainly, a conceivable alternative to the use of remote terminals and an interactive

---

14) Information about the on-line interactive planning systems utilized at Potlatch Forests and Inland Steel is presented in Boulden and Buffa (1970). Our proposed interactive simulation approach goes beyond the systems described there in that we are primarily concerned with strategic planning in a portfolio context, rather than with the financial and operating planning for the present product-market missions of a company as discussed in the Boulden-Buffa article.

time-sharing system would be the utilization of batch-processed computers and hard-copy output at all stages of the strategic planning process. A major problem with this alternative is the associated inefficiency in human problem solving. The actual decisions that executives would reach when using the batch-processed system probably will be very different from those made by executives using the interactive system. The amount of printed data likely to be produced with batch processing is substantial. An executive burdened with masses of computer output, especially when the output was produced over a period of days, is likely to make a different decision than his counterpart who selects projects in a short time span using the terminal. Of course, we do not wish to imply that careful consideration and reflective thinking are not valuable. Our argument is that careful pre- and post-analysis, *coupled with* the capability to make rapid changes in assumptions and to see results quickly along a set of multiple goal dimensions, will lead to a better solution than sole reliance on hard copy output produced by batch processing after many time delays. Although this argument seems both plausible and persuasive, its proof rests on future research[15]).

An important related question concerns the capability of executives for using our proposed system. Thus, is the potential available for managers to work in the manner described and, given the potential, can managers be trained economically to use the system? As an answer to the former question, the use of risk analysis simulation, pro forma cash flow analysis and the widespread use of forecasting by managers indicate that executives do have interest and some capability in the field. The actual use of on-line terminals seems to pose only a limited problem. Probably the most effective initiation would involve company-sponsored workshops in which management scientists show executives how to use the consoles. Using teletypes in a manner analogous to typewriters seems to demand little incremental talent of managers beyond what they already possess. The use of CRT's with keyboards and light pens would seem to be even easier for managers to undertake. An alternative approach would be for the managers to have management scientist aides who push keys, etc., at the consoles in response to the executives. This approach frees

---

[15]) Hedberg (1970) reviews the relevant previous research that has been done by others and presents new research results concerning the effects on problem solving of having human beings interact with computers in a batch-processed mode using hard copy versus an interactive mode using terminals. Hedberg conducted man-computer laboratory experiments utilizing a complex bank management simulation exercise as the research environment. The subjects in some experimental sessions were bank executives, while in other sessions the subjects were business administration students. Some teams of subjects played the bank management simulation in a batch-processed mode, utilizing hard copy for input to and output from the computer. The remaining teams of subjects played the bank management simulation in an interactive mode, utilizing alphanumeric CRT's for input to and output from the computer. Some of the CRT teams were also able to utilize various analytical models in an interactive mode. The results of Hedberg's experiments clearly indicate that the nature of the decision-making process and the group interactions which occur are profoundly affected by the type of computer interface utilized. The experimental design did not, however, permit any conclusions to be drawn regarding how, if at all, the comparative quality of the resulting decisions depends upon the type of computer interface.

the managers to concentrate on the console's presentations of results without the annoyance of "pushing buttons."

As time passes, we would expect the managers of the future who are currently enrolled in school to have greater familiarity and facility with computer techniques than current senior executives. Since one initial drawback of our proposed system, vis-a-vis other approaches to strategic planning, involves the necessity of interacting with computers, the type of training that future managers are now receiving seems to lessen the problems that currently exist. Hence, the increasing general sophistication of executives regarding computers seems to reinforce the argument that the interactive simulation approach offers a useful and practical approach to strategic planning.

Obtaining Meaningful Input Data

We have already noted that our proposed interactive computer simulation approach to strategic planning does not utilize single-valued forecasts of input data which are assumed to be 100 % accurate. Instead, the relevant input data generally consist of joint probability distributions of the underlying structural parameters. The problem arises, of course, of how to obtain reliable estimates of these probability distributions.

Various suggestions in the literature [Alderson and Green (1964), Morrison (1967), Schlaifer (1961) and Smith (1967)] have illustrated some approaches to obtaining meaningful estimates of probability distributions from executives. The particular approach used depends on the statistical sophistication of the manager; a knowledge of basic statistics would allow the manager to readily draw a distribution of sales, earnings, production or any other relevant factor. With that task accomplished, the management scientist interviewer could move to a discussion of the link between sales and earnings, etc. If, however, one is confronted with a manager who is not particularly familiar with distribution patterns, then the evoked response could be chaotic. Consider a situation in which the interviewer is attempting to ascertain the form of the underlying distribution of some factor which an executive considers important in determining a project's outcome. Regardless of how the interviewing is conducted, it is important to facilitate open-ended comments being made by the manager. Thus, the manager might preface a remark with, "Well, that depends on the preceding year, since I suspect sales should be about 15 % higher that year (give or take 5 %) if sales were at least $ 200 000 the year before. If they were not, I suspect they'll be flat; and if we had less than $ 100 000, I suspect they would drop more." From such a broad response to a bsic question, the interviewer can readily move to a discussion of the likelihood of various deviations around the figures mentioned.

There is also the question of accuracy and consistency among the various forecasts elicited from several managers who are involved in a given project. A first subproblem stems from the fact that each may be operating from different assumptions. This problem may be reduced in consequence both by requiring the managers to give open-ended answers as noted before (these can be readily obtained by a skilled interviewer) and also by telling one manager the assumptions made by another manager. The latter can be effectively done through use of the Delphi technique[16]).

A second subproblem develops from conscious or subconscious bias. That is, managers may "overshoot" (to gain a project's acceptance) or "undershoot" (to appear commendable later when the project performs better than expected) [see Carter (1971)]. This problem can be reduced partly by a careful note that the forecasts made by managers when seeking project acceptance are the same forecasts which will later be used for *control* and *evaluation* of the project (and the managers). Furthermore, decentralized operations can require the division manager to forge a common forecast from his subordinates since he knows by command responsibility that he will be evaluated, in part, by the accuracy of his subordinates' forecasts.

Utilizing the Relevant Output

Phases III and IV of the proposed interactive computer simulation approach to strategic planning were specifically designed for evaluating strategic projects in an overall portfolio context. There may be occasions when so few strategic alternatives are actively considered that a portfolio approach might seem to be irrelevant. We believe, however, that in most large corporations there will be so many relevant strategic alternatives that a portfolio approach by means of a system-wide model will lead to much better strategic decisions than a piece-meal approach would produce. Once the general set of models and the accompanying computer-based information system that we have proposed have been formulated, it is possible to utilize this apparatus to help analyze even one proposed strategic project for which a quick decision is required. It would be necessary to have management scientists work with relevant executives to develop the underlying structural model for this project. This model would be analyzed through Phase I of the simulation system in order to determine its overall consequences with respect to expected return and variance in return along the various important dimensions of corporate goals. Assuming that the project by itself looks attractive, it would then be useful to simulate the existing portfolio of previously accepted strategic projects to which the one project in question would be added in order to determine whether the proposed project looks so good that it should

---

16) A detailed description of the Delphi technique, together with a discussion of how it has been applied at TRW, Inc. in the sphere of technological forecasting (which often will be required in developing inputs to the risk analysis simulations of proposed strategic projects), is presented in North and Pyke (1969).

be accepted as an additional element of the firm's strategic portfolio. If the new project is itself very attractive but resource limitations make it unfeasible to add to the existing portfolio of previously accepted projects, then Phases III and IV of our proposed system would be useful to determine which existing project(s) (if any) should be dropped in order to make it feasible to accept the new project.

Most of the time, however, we would expect overall strategic portfolio analyses to be conducted at a prescribed interval (ranging from every quarter to every year according to the circumstances of the firm). At each such date, there would be new strategic projects to analyze which have been proposed since the last portfolio simulation was conducted. In addition, there would always be some strategic projects that were not conclusively accepted or rejected at the previous simulation, but which have been carried over for later consideration.

Thus, at each periodic portfolio planning session there would be a mixture of some new and some old proposals available for analysis. It is also possible to add some plausible hypothetical projects to the portfolio planning exercise in order to gain an idea of what patterns of sales, profits, cash flows, etc., future projects should ideally possess. This information could prove valuable in directing future strategic search efforts so that *genuine* project opportunities might be discovered which have some of the desired properties.

In practice, of course, time constraints and other restrictions may mean that not all strategic projects can be analyzed in conjunction with a rich set of alternative projects. As already indicated, however, once our proposed system has been implemented, we can always at least usefully determine the effect of adding any specific proposed project to the existing strategic portfolio that is the current official policy in the corporation.

V. Summary and Conclusion

Our proposed interactive computer simulation approach to strategic planning is a framework within which some existing and some still-to-be-developed management science models could be effectively brought to bear on the formulation of corporate strategy. The relevant, quantifiable dimensions of corporate goals would be considered by this collective set of models. Structural models, indicating how each potential strategic project would affect the various relevant future streams of sales, cash flows, profits, etc., of the company, should be incorporated in the computer system.

The system that we envision would utilize graphical CRT terminals to facilitate man-machine interaction. It would be accompanied by an extensive computer-based information system containing not only historical data, but also some subjective information that now exists only in vague form inside the heads of senior executives. Procedures need to be developed for obtaining this information without introducting significant distortions in the process of making it explicit.

The set of structural models in the computer system would be used to predict in detail what consequences along the relevant dimensions would result if a particular set of strategic projects were adopted. The senior executives would present to this interactive computer system the full set of possible strategies which are now typically considered only in an intuitive manner. Additional possible strategic projects could be generated and evaluated by the formal models contained in the system. Many more possible combinations of strategic projects than would normally now be considered on an intuitive basis could be analyzed by the computer system, because of its great speed. The computer system would display (in a form which is fully understandable to senior executives) the implications along each relevant dimension of any proposed set of **strategy choices.**

Let us emphasize again that the proposed system would not „make" strategic decisions. This new approach would, however, change the process of strategic planning so that it would become more rational and provide more comprehensive consideration of the relevant factors. At present, there are many questions that occur to senior executives in strategic planning sessions which are never raised because there is no apprarent way of obtaining answers. One of the most useful features of the proposed man-machine interactive simulation approach to strategic planning is that it could be used to provide answers to these types of questions. Because of this capability, our proposed new approach to strategic planning would encourage executives to explore "what if" types of questions: e. g., "What would happen if our prediction that a recession will occur within two years turns out to be wrong?"

The type of man-machine interactive computer simulation model for strategic planning that we have outlined does not yet exist. Nonetheless, we feel it could be developed within a few years. As already indicated, this achievement would require *management-oriented* management science analysts to become involved in the strategic planning process. By doing so, they would learn the approach of senior executives. The analysts should then pause to consider how available quantitative techniques, management science models and computer-based information systems could be made relevant to the actual problems with which top executives are concerned in strategic planning. There are many aspects of the strategic planning process for which more than just hunch, intuition and bright ideas should be relevant. There is no doubt that traditional approaches to strategic planning could be improved upon, and we feel that the new approach suggested above is the right direction in which to proceed.

Bibliography

Abe, Donald K., "Corporate Model System," in Corporate Simulation Models, Albert N. Schrieber, editor, pp. 71—91, University of Washington Printing Plant, Seattle, 1970.

Alderson, W. and P. E. Green, Planning and Problem Solving in Marketing, Richard D. Irwin, Inc., Homewood, Illinois, 1964.

Ansoff, H. I., Corporate Strategy, McGraw-Hill, New York, 1965.

Berg, Norman A., The Allocation of Strategic Funds in a Large, Diversified Industrial Company, unpublished doctoral dissertation, Graduate School of Business Administration, Harvard University, Boston, Massachusetts, 1963.

Berg, Norman, Corporate Role and Diversified Companies, Working Paper HBS 71—2, Graduate School of Business Administration, Harvard University, 1971.

Boulden, James B. and Elwood S. Buffa, "Corporate Models: On-line, Real-time Systems," Harvard Business Review, Vol. 48, No. 4 (July-August, 1970), pp. 65—83.

Bower, J. L., Managing the Resource Allocation Process, Division of Research, Harvard Business School, Boston, 1970.

Brady, Rodney H., "Computers in Top-level Decision Making," Harvard Business Review, Vol. 45, No. 4 (July—August, 1967), pp. 67—76.

Brown, Ravid E., "Stages in the Cycle of a Corporate Planning Model," in Corporate Simulation Models, Albert N. Schrieber, editor, pp. 92—116, University of Washington Printing Plant, Seattle, 1970.

Brown, David E., "The Xerox Planning Model," American Management Association Seminar on Corporate Financial Models, New York, December, 1968.

Cannon, J. Thomas, Business Strategy and Policy, Harcourt, Brace & World, Inc., New York, 1968.

Carleton, Willard T., "Linear Programming and Capital Budgeting Models: A New Interpretation," The Journal of Finance, (December, 1969), pp. 825—833.

Carter, E. Eugene, "The Behavioral Theory of the Firm and Top-Level Corporate Decisions," Administrative Science Quarterly, Vol. 16, No. 4 (December, 1971), pp. 413—428.

Carter, E. Eugene, "A Simulation Approach to Investment Decision," California Management Review, Vol. 13, No. 4 (Summer, 1971 a), pp. 18—26.

Chambers, John C., Satinder K., Mullick, and Donald D. Smith, "The Use of Simulation Models at Corning Glass Works" in Corporate Simulation Models, Albert N. Schrieber, editor, pp. 138—162, University of Washington Printing Plant, Seattle, 1970.

Cohen, Kalman J., "A Realistic Approach to Implementing Management Science," The Magazine of Bank Administration, Vol. 45, No. 9 (September, 1969), pp. 28—31 and 64.

Cohen, Kalman J. and Edwin J. Elton, "Inter-Temporal Portfolio Analysis Based on Simulation of Joint Returns," Management Science, Theory Series, Vol. 14, No. 1 (September, 1967), pp. 5—18.

Cyert, Richard M. and J. G. March, A Behavioral Theory of the Firm, Prentice-Hall, Inc., Englewood Cliffs, New Jersey, 1963.

Emery, J. C., "Management Information Systems," Ch. 13, Vol. III, in Progress in Operations Research, J. S. Aronofsky, editor, John Wiley & Sons, Inc., New York, 1969.

Fraser, John C., "A Corporate Model of a Large Mutual Life Insurance Company," in Corporate Simulation Models, Albert N. Schrieber, editor, pp. 345—373, University of Washington Printing Plant, Seattle, 1970.

Gershefski, George W., "Building a Corporate Financial Model," Harvard Business Review, Vol. 47, No. 4 (July—August, 1969), pp. 61—72.

Gershefski, George W., "Corporate Models — The State of the Art," Management Science, Vol. 16, No. 6 (February, 1970), pp. B 303—B 312.

Hedberg, Bo, On Man-Computer Interaction in Organizational Decision Making: A Behavioral Approach, Studies in Business Administration No. 6, Gothenburg, Sweden, 1970.

Hertz, David B., "Risk Analysis in Capital Investment," Harvard Business Review, Vol. 42, No. 1 (January—February, 1964), pp. 95—106.

Hertz, David B., New Power for Management, McGraw-Hill Book Company, New York, 1969.

Hitch, C. J., Decision Making for Defense, University of California Press, Berkeley and Los Angeles, 1967.

Ijiri, Yuji, Management Goals and Accounting for Control, Rand McNally & Company, Chicago, 1965.

Jones, Curtis H., "At Last: Real Computer Power for Decision Makers," Harvard Business Review, (September—October, 1970), pp. 75—89.

Kennedy, Miles, "Risk in Capital Budgeting: An Interactive Sensitivity Approach," Industrial Management Review, Spring, 1968, pp. 121—140.

Kotler, Philip, "Corporate Models: Better Marketing Plans," Harvard Business Review, Vol. 48, No. 4 (July—August, 1970), pp. 135—149, 168 and 171—172.

Lande, Henry F., "The Use of Computers in Strategic Planning," speech to National Society for Corporate Planning, April 18, 1968.

Lipperman, Lawrence L., Advanced Business Systems, AMA Research Study No. 86, American Management Association, Inc., New York, 1968.

Mao, James C. T. and John F. Helliwell, "Investment Decision Under Uncertainty: Theory and Practice," Journal of Finance (May, 1969), pp. 323—338.

March, James G. and Herbert A. Simon, Organizations, John Wiley & Sons, Inc., New York, 1958.

Markowitz, Harry M., Portfolio Selection: Efficient Diversification of Investments, Cowles Foundation Monograph No. 16, John Wiley & Sons, Inc., New York, 1959.

Mathieson, Robert H., "The Planning Function and Input-Output Analysis," presented at the Seminar on Input-Output Analysis, Bucharest, Rumania, September, 1969. (Published in Long Range Planning [December, 1972], pp. 73—77.)

McKenney, J. L., "A Cognitive Approach to Decision Making as a Basis for Designing Man-Machine Decision Systems," unpublished working paper, Graduate School of Business Administration, Harvard University, 1971.

Miller, Ernest C., Advanced Techniques for Strategic Planning, AMA Research Study 104, American Management Association, Inc., New York, 1971.

Miller, I. M., "Computer Graphics for Decision Making," Harvard Business Review, Vol. 47, No. 6 (November—December, 1969), pp. 121—132.

Morgan, James I., Robert M. Lawless and Eugene C. Yehle, "The Dow Chemical Corporate Financial Planning Model," in Corporate Simulation Models, Albert N. Schrieber, editor, pp. 374—395, University of Washington Printing Plant, Seattle, 1970.

Morrison, Donald G., "Critique of: 'Ranking Procedures and Subjective Probability Distribution'," Management Science (December, 1967), pp. B 253—B 254.

Moynihan, Daniel P., "Policy vs. Program in the '70's," The Public Interest, No. 20 (Summer, 1970), pp. 90—100.

North, H. Q., and D. L. Pyke, "'Probes' of the Technological Future," Harvard Business Review, Vol. 47, No. 3 (May—June, 1969), pp. 68—82.

Rapoport, Leo A. and William P. Drews, "Mathematical Approach to Long-Range Planning," Harvard Business Review, Vol. 40, No. 3 (May—June, 1962), pp. 75—87.

Raymond, R. C., "Use of the Time-Sharing Computer in Business Planning and Budgeting," Management Science, Vol. 12, No. 8 (April, 1966), pp. B 363—B 381.

Schlaifer, Robert, Introduction to Statistics for Business Decisions, McGraw-Hill, Inc., New York, 1961.

Schrieber, Albert N., ed., Corporate Simulation Models, University of Washington Printing Plant, Seattle, 1970.

Scott-Morton, Michael S., Management Decision Systems, Division of Research, Graduate School of Business Administration, Harvard University, Boston, Massachusetts, 1971.

Simon, Herbert A., Models of Man, John Wiley & Sons, New York, 1957.

Smalter, D. J. and R. L. Ruggles, Jr., „Six Business Lessons from the Pentagon," Harvard Business Review, Vol. 44, No. 2 (March—April, 1966), pp. 64—75.

Smith, Lee H., "Ranking Procedures and Subjective Probability Distributions," Management Science, Vol. 14, No. 4 (December, 1967), pp. B 236—B 249.

Thompson, V. A., Modern Organization, Alfred Knopff, New York, 1961.

Townsend, L. A., "Growth Through the Automobile Industry," Financial Executive, March, 1965.

Vorhaus, A. H. and R. D. Willis, "The Time-Shared Data Management System: A New Approach to Data Management," System Development Corporation, Santa Monica, California, SP—2747, February, 1967.

Warren, E. Kirby, Long-Range Planning: The Executive Viewpoint, Prentice-Hall, Inc., Englewood Cliffs, New Jersey, 1966.

Williams, W. D. and P. Bartram, "Compose/Produce: A User-Oriented Report Generator Capability within the SDA Time-Shared Data Management System," System Development Corporation, Santa Monica, California, SP—2634, February, 1967.

Computer-gesteuerte Operations Planning in einem Körperpflegemittelunternehmen

Von

Dipl.-Volksw. Dieter Kollmannsperger

1. Aufbau der Company Planning

1.1. Entstehung

Das hier beschriebene Unternehmen der Körperpflegemittelindustrie hatte in den fünfziger und Anfang der sechziger Jahre ein starkes Wachstum erlebt, so daß das Unternehmen in eine Größenordnung hineinwuchs, die es notwendig machte, der Geschäftsleitung ein unmittelbares Instrumentarium zur Planungs- und Entscheidungsvorbereitung an die Hand zu geben, das aus der Linienarbeit deutlich herausgehoben war.

Bis dahin hatte jeder Geschäftsbereich — und auch dort an unterschiedlichen Stellen — seine Planung unabhängig von denen der anderen Bereiche durchgeführt. Die gegenseitige Information und die Koordinierung der Planungsaktivitäten war unzureichend. Deshalb sollte ein Führungsinstrument geschaffen werden, das der Koordinationsnotwendigkeit der Planungsaktivitäten und dem Informationsbedürfnis der Geschäftsleitung entsprechen mußte. Die zu gründende Planungs- und Informationsstelle sollte die Planungsaktivität aller Bereiche koordinieren, den jeweiligen Stand aller Planungen aufzeigen und die Planungsdurchführung überwachen und steuern, damit Reibungsverluste vermieden wurden.

1.2. Aufbau

Um zu gewährleisten, daß die Company Planning nicht ein „Eigenleben" führt — was die Koordinationsaufgabe zwischen den Bereichen in Frage stellen würde — wird aus jedem Geschäftsbereich (Marketing, Verkauf, Technik und kommerzieller Bereich) ein Fachmann delegiert und so ein Planungsteam geschaffen, das von einem Leiter koordiniert wird. Der Kontakt zwischen Geschäftsbereich und Planer wird dadurch besonders eng gestaltet, daß der Planer dem jeweiligen Geschäftsführer disziplinarisch untersteht, während der Leiter der Company Planning dem Vorsitzenden der Geschäftsleitung unterstellt ist. Der Leiter der Company Planning hat die fachliche Führung des Planungsteams inne. So ist das Engagement aller Geschäftsbereiche in die Company Planning sichergestellt.

1.3. Arbeitsweise

1.3.1. Leiter der Company Planning

Der Leiter vertritt die Company Planning gegenüber der Gesamt-Geschäftsleitung. Er koordiniert die Planungsarbeiten im Sinne der Gesamt-Zielsetzung des Unternehmens. Er gleicht Interessenkonflikte der einzelnen

Bereiche innerhalb des Planungsteams aus. Außerdem hält er den Kontakt zum Linienmanagement, um die Planungsarbeit möglichst für alle Bereiche transparent zu machen und die reibungslose Plandurchführung sicherzustellen.

1.3.2. Corporate Planer (Marketing Planer)

Der Corporate Planer ist für die Vorbereitung der strategischen Entscheidungen der Geschäftsleitung verantwortlich, er koordiniert somit die langfristige Planung, entwickelt Alternativ-Pläne und stellt den nahtlosen Übergang zwischen mittel- und langfristiger Planung sicher.

1.3.3. Verkaufsplaner

Der Verkaufsplaner erarbeitet unter Beteiligung des Produktmanagements die kurz- und mittelfristige Absatzplanung. Er macht Vorschläge für die Verkaufstaktik und die regionalen Verkaufsziele der Verkaufsorganisation.

1.3.4. Produktionsplaner

Auf Basis der kurz- und mittelfristigen Absatzplanung erstellt der Produktionsplaner in Zusammenarbeit mit den kommerziellen Planern die Produktionspläne und, daraus resultierend, die Personalbedarfspläne für die Werke. Er überwacht die Fabrikplanung und die Produktionssteuerung. In der langfristigen Planung erstellt er Kapazitäts- und Investitionspläne.

1.3.5. Kommerzieller Planer

Der kommerzielle Planer ist verantwortlich für die Sicherstellung der Warenversorgung sowie für die Steuerung des Umlaufvermögens im Rahmen der finanziellen Zielsetzung. Er erstellt Finanz- und Investitionspläne und führt Rentabilitätsberechnungen für Marketing-Projekte durch und koordiniert von Seiten der Company Planning die Entwicklung von EDV-Modellen.

1.4. Entwicklungstendenzen

Obwohl sich die Company Planning als funktionales Planungsteam hervorragend bewährt hat, zeichnet sich allmählich eine neue Gliederung ab.

Die zunehmende Unternehmensgröße hat es notwendig gemacht, daß die Company Planning auf Grund wachsender Aufgaben personell ausgedehnt werden mußte, so daß aus den ursprünglichen Planern Planungsgruppen entstanden sind. Um seinen übrigen Aufgaben gerecht zu werden, kann sich der Leiter der Company Planning immer weniger um die Koordinierung des Planungsteams kümmern. Es schält sich deshalb für die zukünftige Entwicklung der Company Planning eine Teilung in zwei Bereiche unterhalb des Leiters der Company Planning heraus:

— Corporate Planning oder strategische Planung mit der disziplinarischen Zuordnung zum Geschäftsführer Marketing
— Operations Planning mit der disziplinarischen Unterstellung unter den kommerziellen Geschäftsführer.

Bei entsprechender Unternehmensgröße ist es denkbar, daß beide Planungsgruppen die alte Gliederung nach Geschäftsbereichen beibehalten, wobei die Planer des Operations Planning u. U. dem oberen Linienmanagement disziplinarisch unterstellt würden (Produktionsplaner unter den Werksleiter, Verkaufsplaner unter den Generalsalesmanager), während die Teammitglieder der Corporate-Planning-Gruppe den Geschäftsführern unterstellt würden.

Die einheitliche Koordinierung der Planungsaktivitäten bleibt durch die Unterstellung unter den Leiter der Company Planning gewahrt.

2. Modellbildung im Operations Planning

2.1. Begriffsbestimmung

Unter Operations Planning ist hier die kurz- und mittelfristige Planung und Plandurchführung zu verstehen. Es basiert auf der mittelfristigen Planung der Verkaufsaktivitäten (Rundenplanung) und der kurzfristigen Schätzung der Verkaufsmenge je Runde. An Hand der geschätzten Verkaufsmengen je Zeiteinheit wird dann — unter Berücksichtigung des vorhandenen Fertigwarenbestandes je Artikel — der Bedarf zur Sicherstellung der Lagerversorgung ermittelt. Dieser Bedarf ist Grundlage der Produktions- und der Materialplanung. Schließlich wird die produzierte Fertigware entsprechend dem erwarteten Absatz auf die Läger verteilt. Die finanziellen Daten des Operations Planning sind im Rahmen des mittelfristigen Finanzplanes zu steuern.

Wegen der großen Unsicherheit der Verkaufserwartung und der extremen Schwankungen der Ist-Verkäufe ist eine laufende Plankontrolle und Plankorrektur notwendig, die nur durch eine sehr hohe Flexibilität des gesamten Operations-Planning-Systems erreicht werden kann.

2.2. Unsicherheit des Absatzes

Der Körperpflegemittel-Markt in der Bundesrepublik ist gekennzeichnet durch eine große Zahl von kleineren und mittleren Unternehmen auf der Angebotsseite. Die Marktanteile der einzelnen Unternehmen sind klein, es herrscht ein starker Verdrängungs-Wettbewerb. Auf den meisten Teilmärkten überwiegt der Markenartikel, aber die Markentreue des Verbrauchers ist bis auf einige bekannte Ausnahmen (Nivea, 4711) recht gering. Die Produkte der einzelnen Hersteller unterscheiden sich auch nur geringfügig, so daß die Substituierbarkeit eigener Marken durch Produkte der Mitwettbewerber leicht ist. Um Umsatzeinbußen bzw. Marktanteilsverluste zu vermeiden, muß die Lieferfähigkeit annähernd 100 % betragen.

Auf der Nachfrageseite (Handel) ist ein Strukturwandel im Gange. Der früher dominierende Fachhandel wird immer weiter zurückgedrängt durch die zunehmende Konzentration bei den Kaufhäusern, Filialen, C u. C- und Verbrauchermärkten sowie den großen Einkaufsgenossenschaften und Ketten.

Der traditionelle Handel (Fach- und Lebensmittelhandel) ist in seinen Bestellmengen sehr konditionsabhängig — oft über das wirtschaftlich vertretbare Maß hinaus. In Schwerpunktaktionen können große Mengen abgesetzt werden, wenn

a) Mitwettbewerber nicht gleichzeitig ähnliche Aktionen fahren,

b) der Handel nicht bereits hohe Bestände hat.

Der preisaktive Handel (Verbraucher- und C u. C-Märkte) kann wegen seiner starken Marktposition die Termine seiner Verkaufsaktivitäten — unabhängig von den Herstelleraktionen — selbst bestimmen und ruft kurzfristig große Mengen ab, die die Lagerversorgung des Herstellers der betroffenen regionalen Läger vor schwere Probleme stellen.

Wegen des irrationalen Einkaufsverhaltens des traditionellen Handels und der schwer in den Griff zu bekommenden Bestellmengen des preisaktiven Handels ist die Absatzplanung mit überdurchschnittlich hoher Unsicherheit behaftet. Die kurzfristigen Abweichungen der Verkaufsmengen vom Jahrestrend können mehr als 100 % nach beiden Seiten betragen.

Um trotz dieses hohen Absatzrisikos die Lieferfähigkeit aufrechtzuerhalten, ist es Aufgabe des Operations Planning

— die geplanten Aktivitäten des eigenen Unternehmens für einen festen Zeitraum im Voraus (mindestens 3 und höchstens 6 Monate) verbindlich festzulegen und kurzfristige Korrekturen nur bei wesentlichen Planabweichungen oder Marktveränderungen zuzulassen;

— Sicherheitsbestände im Rahmen des mittelfristigen Finanzbudgets in Abhängigkeit von der Absatzplanung zu steuern (auf- und abbauen);

— in der Plandurchführung (Produktions- und Materialplanung) ein Höchstmaß an Flexibilität zu erreichen.

2.3. Sicherheitsreserven bei den Fertigwarenbeständen

Wegen der kurzfristigen Absatzschwankungen werden für jede Runde die Sicherheitsbestände je Artikel festgelegt. Nach jeder Schwerpunktrunde müssen die zusätzlich aufgebauten Bestände wieder auf den Normalbestand reduziert werden. Eine generelle Anhebung der Bestände auf ein höheres Niveau verbietet sich aus Kostengründen und weil die schnelle Reaktion auf Marktveränderungen durch den vorherigen Abbau der aufgebauten Sicherheitsbestände behindert würde.

Die Obergrenze im kurzfristigen Aufbau von Sicherheitsbeständen ist diese als notwendig erachtete Reaktion auf Marktveränderungen. Der Bestand soll eine 3-Monats-Deckung nicht überschreiten, denn bei 50 %iger Erreichung der Verkaufszielsetzung beträgt die Deckung bereits 6 Monate.

Der Fertigwarenbestand muß also auf dem schmalen Grad zwischen Vermeidung von Überbeständen und von Lieferengpässen gesteuert werden.

2.4. Produktion

Wegen der geringen Marktanteile der einzelnen Produkte, des harten Wettbewerbs und der Differenziertheit der Verbraucherwünsche ist das Angebot durch Sorten- und Packungsgrößen in kleinste Einzelprodukte aufgeteilt. Entsprechend klein ist der Mengenbedarf je Produktionszeitraum. Daher muß die Produktion versuchen, möglichst kleine Losgrößen zu fahren.

Um trotz einer Vielzahl von Artikeln mit kleinen Mengen noch wirtschaftlich produzieren zu können, ist der Maschinenpark auf Flexibilität ausgerichtet. Auf jeder Produktionsanlage werden mehrere Produkte gefahren.

Die Aufgabe der Produktionsplanung besteht also darin:

— eine annähernd optimale Reihenfolge der zu produzierenden Artikel je Anlage aufzustellen (hohe, aber von Artikel zu Artikel unterschiedliche Umrüstzeiten und -kosten);

— wirtschaftliche Losgrößen zu erreichen, bei denen die Gesamtkosten (Produktion-, Lager- und Kapitalkosten) möglichst gering sind;

— eine Flexibilität des Produktionsprogramms sicherzustellen, die eine Produktionsumstellung innerhalb von 4 Wochen ermöglicht.

2.5. Materialeinkauf

Die gleichen Probleme, die die Produktion wegen kleiner Losgrößen hat, treten noch verstärkt beim Materialeinkauf ein, denn trotz großem Einkaufsvolumen ist die Verhandlungsposition wegen der Zersplitterung des Sortiments in kleinste Produkte den Lieferanten gegenüber schwach.

Wegen des Zwangs der laufenden Markt- und Wettbewerbsanpassung können keine größeren Mengen auf Lager eingekauft werden, weil schon bei der nächsten Produktion andere Preise, Design- oder sonstige Packungsänderungen möglich sein können. Die Lieferzeiten von kritischen Roh- und Packstoffen werden mit immer stärkerer Zersplitterung des Sortiments zum Kriterium, in welcher Zeit die kurzfristige Planung auf Planabweichungen oder Planänderungen reagieren kann.

2.6. Ursprüngliches Planungsmodell

Das ursprüngliche Planungskonzept war auf der graphischen Planung mit manuellen Hilfsmitteln aufgebaut. Die Planungsdaten wurden auf große Charts mit einer Mengen- und einer Zeitachse für den jeweiligen Planungszeitraum (6 Monate) aufgetragen. Die Ist-Daten wurden wöchentlich sofort nach Erhalt ebenfalls eingetragen, so daß die Charts den jeweils neuesten Soll-Ist-Stand widergaben. Der Vorteil dieser graphischen Planungsmethoden ist:

— Für alle Planungsteam-Mitglieder und auch für Dritte besteht eine einheitliche Planungs- und Informationsbasis im sofortigen Zugriff;

— Planänderungen können sofort, für alle erkennbar, vorgenommen werden — Trendentwicklungen lassen sich sofort erkennen.

Dieses Planungs- und Informationsmittel war deshalb beim Aufbau der Company Planning und, solange das Unternehmen eine bestimmte Größe nicht überschritt, ein ausgezeichnetes Instrumentarium zur Erfüllung der Aufgaben der Company Planning.

Inzwischen ist das Unternehmen aber stark gewachsen, das Sortiment hat sich überproportional ausgedehnt und der Wettbewerb ist härter geworden. Durch die Änderung der Personalstruktur — unterhalb der Geschäftsleitung wurde unter der ersten eine zweite Managementebene aufgebaut — sind die Informationskontakte und der Personenkreis, der von den Arbeiten des Operations Planning betroffen werden, komplexer geworden.

Um der Aufgabe der Company Planning im Bereich Operations Planning noch gerecht zu werden, nämlich ein Entscheidungs- und Führungsinstrument der Geschäftsleitung zu sein, mußten neue Methoden gefunden werden, um

— das Informationsbedürfnis der Geschäftsleitung und des Linienmanagements über die kurzfristige Geschäftsentwicklung jederzeit gezielt befriedigen zu können;

— bei Änderung der Verkaufsmengen sofort reagieren zu können und nicht durch lange Rechen- und Dispositionsprozesse wegen der Vielzahl der Artikel aufgehalten zu werden;

— die Zielkonflikte in der Produktions-, der Bestands- und der Materialplanung durch Optimierungsrechnung zu lösen;

— schließlich den Aufbau der Company Planning als relativ kleines Planungsteam nicht durch den steigenden Personalbedarf ändern zu müssen, denn der überproportional steigende Datenanfall hätte sonst durch zusätzliches Personal bewältigt werden müssen.

Es wurde deshalb entschieden, das bisherige Planungsteam durch EDV-Anwendungen unterstützen zu lassen.

3. Erster Lösungsversuch: Entwicklung von Teilmodellen

3.1. Fertigwarendispositionen

Als erstes Projekt zur Entwicklung eines EDV-Modells bot sich die Fertigwarenversorgung der Außenläger an. Die Abgänge an Fertigware je Lager schwanken von Zeiteinheit zu Zeiteinheit noch wesentlich stärker als die nationale Verkaufsmenge. Der Absatzanteil des einzelnen Lagers schwankt deshalb sehr stark, so daß mit konventionellen Mitteln kein langfristiger Absatzanteil für jedes Lager ermittelt werden konnte. Die Warenversorgung wurde durch sehr hohe Warenbestände je Lager und durch kurzfristige Mengenverschiebungen von einem zum anderen Lager gesichert.

Hier wurde es nötig, mit Hilfe einer maschinellen Methode die Lageranteile zu ermitteln und dann dem gewählten Liefergrad entsprechende Sicherheitsbestände aufzubauen.

Den Absatzanteil je Lager und Artikel wird ein EDV-Modell durch exponentielle Glättung der wöchentlichen Ist-Lageranteile ermitteln. Der Zeitraum, inwieweit zurück die Ist-Verkäufe zur exponentiellen Glättung berücksichtigt werden (Gewichtung der einzelnen Vergangenheitswerte), ist über einen Faktor je Artikel variierbar. Die Lageranteilsberechnung kann also jeweils kurzfristigen Rundenzyklen oder längerfristigen Verkaufstrends angepaßt werden. Zusätzlich zur reinen Soll-Verkaufsmenge pro Lager wird ein Sicherheitsbestand ermittelt. Dieser ergibt sich aus

— dem gewählten Lieferservicegrad (Sicherheitsgrad der Verteilung),
— der mittleren Abweichung zwischen nationalen Soll- und Ist-Verkäufen pro Zeiteinheit,
— einem vorgegebenem Transportrisiko je Lager,
— einem absoluten Sicherheitsbestand, der aus geschäftspolitischen oder sonstigen Gründen pro Lager festgelegt wird.

Bei der maschinellen Zusammensetzung der Lieferungen vom Zentrallager auf die Außenläger wird die Frachtstaffel entsprechend der Tonnage berücksichtigt. Durch Kumulation des Bedarfs je Lager zum nationalen Total steht der Warenbedarf für die folgenden Perioden fest. Damit ist die Basis für die Material- und die Produktionsplanung gegeben.

3.2. Produktionsplanung

Das Modell geht von 2 gleichen Produktionsanlagen aus, auf denen die Produkte alternativ gefahren werden können. Von den beiden Optimierungsproblemen (optimale Produktionsreihenfolge und optimale Gesamtkosten) konnten nur die Gesamtkosten optimiert werden. Die Reihenfolge wird annähernd optimal vorgegeben.

Die wesentlichen Eingabedaten sind:

— Verkaufsbedarf, der von Zeiteinheit zu Zeiteinheit schwanken kann, eine wesentliche Voraussetzung für die Anwendbarkeit des Modells,

— Anfangsbestände je Artikel,

— Anzahl der zu fahrenden Schichten und die maximal gewünschte Kapazitätsauslastung.

Das Modell errechnet dann die zu produzierende Menge in Schichten und Stück je Zeiteinheit, die Kapazitätsauslastung und die Gesamtkosten.

Wegen der kurzfristigen Gültigkeit der Verkaufsschätzung ist die Produktionsplanung nur so lange optimal, wie die Basisdaten gelten. Deshalb muß die Zeitspanne für die Verbindlichkeit der einmal errechneten Produktionsprogramme möglichst kurz gehalten werden. Der Produktions- und Steuerzyklus wird im Normalfall auf einen Monat festgelegt. Jeden Monat werden dem Modell neue Bedarfsdaten eingegeben, und es errechnet dann jeweils ein neues Produktionsprogramm für die nächsten sechs Monate, das aber nur für den folgenden Monat verbindlich ist.

3.3. Materialeinkaufsplanung

Basis für die Materialplanung sind die monatlichen Produktionspläne des Planungszeitraumes (6 Monate). An Hand der Produktionsprogramme werden die Anfangsbestände, die wöchentlichen Zugänge und die Abgänge, die Deckung bzw. Unterdeckung je Monatsende und die jeweilige Kontraktrestmenge für jeden Roh- und Packstoff pro Fertigwarenartikel ausgewiesen. Bei den kritischen Roh- und Packstoffen (vgl. S. 8) wird die Bestellmenge optimiert aus:

— den Staffelpreisen in Abhängigkeit von den Abnahmemengen,

— den Kapital- und Lagerkosten für die überschüssigen Bestellmengen,

— einem Risikofaktor z. B. wegen möglicher Vernichtung der Packstoffe.

Dieses relativ einfache Programm ist notwendig, weil die Arbeit sowohl mengenmäßig als auch zeitlich manuell nicht zu bewältigen ist. Es ist als Teil des Produktionsprogrammes zu sehen.

3.4. Verkaufsschätzungsmodell

Basis des ersten Modellansatzes ist die geplante Jahresverkaufsmenge pro Artikel. Die Aufteilung auf Runden erfolgt manuell durch Gewichtung der Runden nach den Schwerpunkten und Erfahrenswerten. Jeder Artikel besteht aber aus verschiedenen Packungsgrößen und einige Artikel noch zusätzlich aus mehreren Sorten je Packungsgröße. Die Aufteilung der nationalen Verkaufsmenge auf die Sorten und Packungsgrößen erfolgt mit Hilfe von exponentieller Glättung der Vergangenheitswerte, um die Trendentwicklung innerhalb der Sorten- und Packungsgrößen zu berücksichtigen. Es wird also nicht der Trend der einzelnen Sorten und Packungsgrößen mittelfristig fortgeschrieben, sondern eine Gesamtzahl pro Runde ermittelt und diese dann auf Sorten und Packungsgrößen aufgeteilt.

Dieser erste Ansatz kann nicht befriedigen, da die Absatzplanung nach wie vor von der manuell errechneten Eingabe des Absatzes pro Verkaufsrunde abhängt.

Ein weiterer Ansatz besteht in der Ermittlung der Verkaufsmenge je Großkunde bzw. Kundenklasse durch Trendberechnung. Die Gewichtung der einzelnen Runden erfolgt über Aktionsmerkmale. Aber auch bei diesem Ansatz sind die kurzfristigen Absatzschwankungen noch nicht zufriedenstellend berücksichtigt.

Auf dem Gebiet der kurzfristigen Absatzplanung ist es bisher nicht gelungen, einen befriedigenden Ansatz zur Entwicklung einer computergesteuerten Absatzschätzung zu finden. Hier müssen noch neue Methoden entwickelt werden.

3.5. Jahres-Ergebnis-Planung

Einmal jährlich wird die Zielsetzung für das folgende Jahr festgelegt. Basis des Jahreszieles ist das geplante finanzielle Ergebnis, an dem sich alle Aktivitäten orientieren. Dazu muß das Ergebnis jedes Artikels kalkuliert werden. Die Artikel werden zu Produkten, zu Produktgruppen und zum Gesamtergebnis verdichtet. Für viele Artikel werden Alternativrechnungen bzw. unterschiedliche Kalkulationsansätze (Vollkosten- oder Teilkostenrechnung) durchgeführt.

Dieser enorme Rechenaufwand führt dazu, daß die Jahresplanung schon zu einem sehr frühen Zeitpunkt beginnen muß, damit alle Kalkulationen und Alternativen termingerecht abgeschlossen werden können. Neue Markt- und Aktionsdaten, die im Laufe des Planungszeitraumes entstehen, können bei einer manuellen Kalkulation meistens nicht mehr berücksichtigt werden.

Im Zuge der Sortimentsverbreiterung und -differenzierung war eine manuelle Kalkulation des geplanten Jahresergebnisses nicht mehr möglich unter der Prämisse, daß die Jahresplanung bei Abschluß auf dem neuesten Stand sein sollte.

Deshalb wurde ein computerisiertes Ergebnis-Rechnungsmodell entwickelt, das

— je Referenz-Nr. und verschiedenen Verdichtungsstufen Ergebnis-Rechnungen durchführt;
— den zeitlichen und personellen Aufwand erheblich reduziert, so daß der Beginn der Planungs-Rechnungen, bei gleichem Ablieferungstermin, auf einen wesentlich späteren Beginn als bisher verschoben werden konnte;
— alternative Kostenrechnung durchführt, wobei sowohl die Ausgangsmengen wie auch die Kostensätze variiert werden können;
— verschiedene Kalkulationsmethoden berücksichtigen kann.

Durch die Verkürzung der Kalkulationszeiten kann die Jahres-Ergebnis-Rechnung bei wesentlichen Datenänderungen neu durchgerechnet werden, so daß die Auswirkungen von Planabweichungen auf das Jahresergebnis kurzfristig ermittelt werden kann.

4. Integration zu einem Gesamtmodell

4.1. Operations-Planning-Modell

Die Entwicklung von Teilmodellen für die Produktions-, Material-, Bestands- und Absatzplanung kann nur ein erster Schritt zur Entwicklung eines integrierten Operations-Planning-Modells sein, denn die Teilmodelle sind interdependent. So bestimmt der Produktionsplan z. B. die Höhe der Materialbestellung, während der dadurch bestimmte Liefertermin wieder den Zeitpunkt der Produktion festlegt. Entsprechendes gilt für Fertigwarendisposition und Produktionsplanung.

Außerdem ist die Straffung der Programme zu dieser Einheit notwendig, um die Durchlaufzeiten zu verkürzen. Das Operations-Planning-Modell muß so wirtschaftlich sein, daß ein Programmdurchlauf auch bei kleineren Planabweichungen noch rentabel ist.

Der nächste Schritt im Operations Planning wird deshalb sein, neben der Neuentwicklung eines Absatzplanes ein integriertes Modell für Produktions-, Material- und Fertigwarenplanung aus den bestehenden Ansätzen zu entwickeln. Von der Entwicklung eines neuen Absatzplanungsmodells wird es abhängen, ob die Eingliederung dieses Teils in das Operations-Planning-Modell erfolgt oder ob die kurzfristige Absatzplanung weiterhin separat erstellt und damit aus dem Operations Planning ausgegliedert wird.

4.2. Verbindung zur Jahresplanung

Als übernächster Schritt soll eine engere Verbindung zwischen kurz (1 bis 6 Monate) und mittelfristiger Planung (6 Monate bis 2 Jahre) hergestellt werden. Der erste Schritt dazu ist die Ergebnis-Planung, die bei Planabweichungen die Auswirkungen auf das Jahresergebnis aufzeigt. Die Verbindung zum Operations Planning soll in der Weise erfolgen, daß bei allen Planabweichungen über eine bestimmte Größenordnung die Auswirkung auf das Jahresergebnis automatisch und sofort ermittelt wird.

Um rechtzeitig alle Alternativen aufzuzeigen, soll eine rollende 12-Monatsplanung entwickelt werden, die die äußersten Entscheidungszeitpunkte für alle Aktivitäten bzw. noch mögliche Plankorrekturen festlegen soll. Mit dieser Art rollendem „Netzplan" soll ein Optimum an Flexibilität und Planungskontinuität erreicht werden.

Mit dem Anschluß sowohl des Operations-Planning-Systems als auch der längerfristigen Modelle an eine Datenbank ist das Kernstück eines Mangementsinformationssystems geschaffen.

A Systemic Credit Model

Von

Prof. Dr. John W. Buckley

Introduction

A critical facet of information systems design and management is the interrelationship of models. While we often tend to think of models in discrete terms, the empirical fact is that most models interact with other models. C. West Churchman has described this interdependency quite vividly in his recent book *The Systems Approach*[1]).

While there are ample descriptive statements of the systemic relationship among models, there are few practical examples. This paper is an attempt to provide such an example. The credit problem is the case in point. The appropriate solution to this problem requires simultaneous consideration of three interactive models: (1) a marketing model, (2) a statistical model, and (3) an accounting model.

While credit-scoring and similar issues are raised, the intent of the paper is not to address those topics *per se*. The literature has attended to those problems in some detail[2]).

This paper has a dual purpose: (1) to propose a method for developing credit models, and (2) to show how a systemic approach can resolve problems of this type. The model presented here, as the term "systemic" suggests, is a product-mix of three disciplines — marketing, statistics, and accounting — with traces of measurement, information and decision theories. This paper illustrates why an interdisciplinary effort is needed to tackle complex problems.

The Marketing Model[3])

The function of the marketing model is to differentiate credit risks in quantitative terms. Immediately we face the problem of measuring subjective matters such as "character" and "capacity"[4]). We turn to measurement

---

1) C. West Churchman, The Systems Approach, (New York: Dell Publishing Company., Inc., 1968).

2) See, for example, James H. Myers and Edward W. Forgy, "The Development of Numerical Credit Evaluation Systems," Journal of the American Statistical Association, (September, 1963), pp. 799—806, which is also contained in Kalman J. Cohen and Frederick S. Hammer, (Ed.), Analytical Methods in Banking, (Homewood, Illinois: Richard D. Irwin, Inc., 1966), pp. 118—134. Also, Carl C. Greer, "Measuring the Value of Information in Consumer Credit Screening." Management Services, (May—June 1967), pp. 44—54, and Robert A. Morris, "Credit Analysis: An Or Approach," Management Services, (March—April, 1966), p. 52.

3) This paper is based on a marketing model for individuals but a similar process would be used for firms.

4) "Character" (the intent to pay promptly) and "capacity" (the ability to pay promptly) should be viewed somewhat independently, as one quality does not presume the other. Some persons with great capacity are poor credit risks because they lack the will to pay, while other persons of best intentions are poor credit risks because they lack the means to pay.

Data assembled by the National Credit Bureaus Inc., (see Appendix A) suggest a strong relationship between occupation and character. Data analysis of this type leads to the selection of better surrogates.

theory for an answer. We find that complex principals such as character and capacity cannot be measured directly. Instead surrogates or representative measures are used for this purpose[5]. Most complex principals call for several surrogates, and each one should be capable of objective measurement.

Our search for surrogates is guided by information and decision theories. Our inquiry is inductive[6]. By studying information flows which have led to good (or bad) credit decisions in a sufficient number of cases, we begin to generalize as to an optimum decision structure.

Assume, for example, that the following surrogates are cited for character and capacity:

Exhibit 1: Illustrative Surrogates for Character and Capacity

Character[7]	*Capacity*
Occupation	Earnings
Specific credit record[8]	Dependents
General credit record	Debt load
Stability { Age	Savings
Personal references	Equity (wealth)
Length of residence	
Length of employment	
Marital status	

Next, these surrogates must be ranked in order of their importance, as they are unlikely to be of equal value. For example, *earnings* may be a much more significant surrogate for capacity than is *savings*. Again, these weights are derived inductively.

---

[5] For a more extensive treatment of principals and surrogates see Yuji Ijiri, The Foundations of Accounting Measurement, (Englewood Cliffs, N. J.: Prentice-Hall, Inc.), 1967, pp. 3—31, and S. I. Hayakawa, Language in Thought and Action, (New York: Harcourt, Brace & World, Inc.), Second Edition, 1964.

[6] Inductive inquiry begins with systematic observations in the real world. Patterns of consistency in these observations lead to the development of theories. Deductive inquiry, on the other hand, begins with theories which may or may not be supportable. These theories are then tested in the real world to determine their validity.

[7] Race, creed, etc., although they may bear on credit character, must be omitted for legal reasons.

[8] A specific credit record is distinguished from a general credit record in that most persons have their own debt-paying priorities. Some will pay a mortgage or utility bill before a department store account. Others may reverse this order. It is important then to look to the person's credit performance in those areas most closely related to the creditor's line of business.

Exhibit 2: Weighted Surrogates

Character	%	Capacity	%
Occupation	40	Earnings	50
Specific credit record	20	Dependents	15
General credit record	10	Debt load	15
Age	10	Savings	10
Personal of references (Stability)	5	Equity (wealth)	10
Length of residence (Stability)	5		
Length of employment (Stability)	5		
Marital status (Stability)	5		
	100		100

Weighting makes it apparent that we need not exhaust the universe of surrogates. Once we have accounted for a high percentage of our measure, additional data adds little to the decision structure. For example, we can reduce the number of character surrogates to four without losing much statistical significance (Exhibit 3). The same could be done for capacity.

Exhibit 3: Significant Character Surrogates

Original Weights %		Revised Weights %
40	Occupation	50
20	Specific credit record	25
10	General credit record	12½
10	Age	12½
20	Others	—
100		100

We shall see presently that some firms need more credit information than others. The ability to expand or contract the number of surrogates enables us to have a more or less *sensitive* model as the situation requires.

The marketing model is used to accept or reject a credit risk, and to minimize accepted risks. The latter objective is met in part by assigning persons to *credit risk groups* in which the credit limit per person decreases in relation to increased risk.

Credit risk groups can be identified by a factor which expresses the ratio of incremental cots to sales. Hence the designation "10 % credit risk group" means that the cost of extending credit equals 10 % of the sales to that group.

The credit risk factor is a composite of three types of cost, or:

$$F = \Sigma\, r, n, e$$

where
- F = credit risk factor
- r = cost of capital
- n = normal credit costs
- e = extraordinary credit costs

Let us examine the nature of these costs in more detail.

1. *Cost of Capital:* This is the cost of carrying receivables. The firm's internal rate of return or some opportunity cost of capital can be used as an index. The cost of capital increases in relation to added risk in that capital is outstanding for longer periods in the event of tardy payments. Thus, while the cost of capital index is itself a constant, the total cost of capital will vary among credit risk groups in relation to collection periods.

2. *Normal Credit Costs:* These are the normal costs of supporting a credit function, such as credit department costs. These costs will increase slightly in relation to risk, e. g., several reminders are required with lower credit groups.

3. *Extraordinary Credit Costs:* This category includes legal, collection agency and other expenses of settling overdue accounts, as well as uncollectible amounts ("bad debts"). Extraordinary credit costs rise sharply in relation to increased risk.

As stated, the credit risk factor is a complex index comprising three subordinate factors, as illustrated in *Exhibit 4*

Exhibit 4: Composition of the Credit Risk Factor

Cost of Capital %	+	Normal Credit Costs %	+	Extraordinary Credit Costs %	=	Credit Risk Factor %
5		2		3		10
6		3		6		15
7		4		9		20
8		5		12		25
.		.		.		.
.		.		.		.
.		.		.		.

The credit risk factor can be depicted graphically as a cost function which increases as a percentage of credit sales in relation to increased risk (Exhibit 5).

Exhibit 5: The Marketing Model

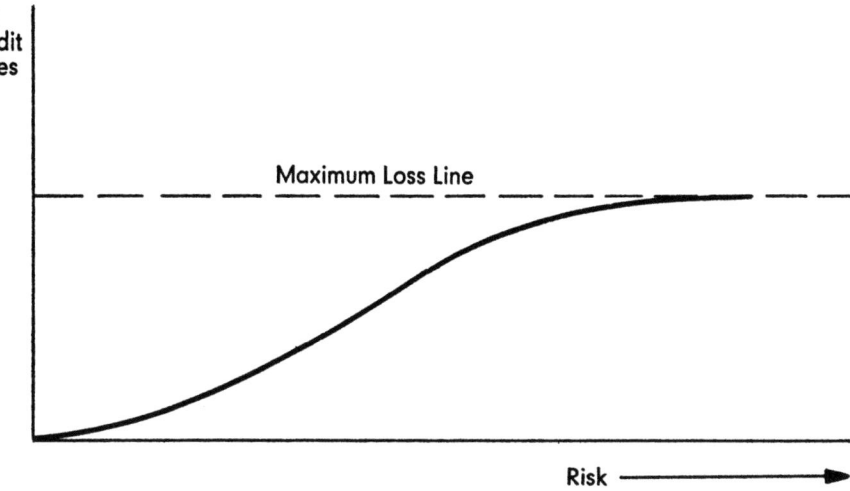

Numbers obtained from credit application forms can now be used to classify risks into credit groups. Let us examine this process. Our surrogates in *Exhibit 2* are the bases for developing the application form and scoring procedure shown in *Exhibit 6*[9]). The maximum score in our example is 200 points. Assume that the application is for a major department store credit card. Our applicant — a hypothetical college professor — scores 159.

The scoring process utilizes decision theory. In most cases *decision rules* (referred to as "scoring procedures" in our example) are explicit. But as illustrated by items # 2 and # 3, subjective judgment is desirable to some extent. While it is possible to specify decision rules for items # 2 and # 3, it is important from a behavioral point of view to leave room for the exercise of judgment to prevent making the process entirely mechanical and hence void of human interest.

By means of our marketing model we recognize the need for credit risk groups and are able to quantify the attributes of credit risk in terms of numerical scores. However,to close the link between scores and credit risk groups we need a statistical model.

---

9) Appendix B contains a credit scoring form used by a national general purpose credit card company, Appendix C illustrates a proposed scoring form for business, as opposed to personal, credit.

Note that we are using bank and savings and loan references for general credit record purposes. Item 3 on the application form combines the character general credit record factor having a maximum of 10 points, with the capacity savings factor also with a maximum of 10 points, making a 20-point total for item # 3. This demonstrates that it is possible to combine a character and capacity factor through the use of one source of information.

Exhibit 6: Application Form & Scoring Procedure

Application Form	Scoring Procedure		Score	
	Verify*)	Compute Score	Sub-total	Total
1. State your occupation: college professor	1	Multiply the percentage in *Appendix* A by 40 in each case. The college professor rates. $87 \times 40 =$		35
2. List the department store credit cards you have at present: Sears	1	0 for none 5 to 10 for one depending on record 10 to 20 for two or more depending on record (maximum of 20 points)		10
3. Do you have the following accounts? With whom? Checking [X] Wells Fargo Savings [X] Home S & L Loan [ ] _____	1 1 1	*Checking account* 0 to 10 based on average balance & number of overdrafts *Savings account* 5 to 20 based on average balance & withdrawal record *Loan account* —10 to 0 based on amount, duration, and purpose (such as refinancing) (Maximum of 20 point)	10 5 0	15
4. Age: Over 65 [ ] 61—65 [ ] 36—60 [X] 25—35 [ ] Under 25 [ ]	3	4 8 10 6 2		10
5. Personal references: John Flash Rudy Might	2	Lists two = 5 Lists one = 3 Leaves blank = 2 States "none" = 0		5

*) Verification index: 1 = verification is standard procedure.

2 = verify only in cases where total score is at the upper or lower credit risk group limits.

3 = do not verify except in most unusual cases.

6. Length in residence:
 	
              Less than 1—2 Over
              1 year years 2 years
Present [ ] [ ] [X]
Former [ ] [ ] [X]
	2
	3
		Less tan 1—2 Over
		1 year years 2 years
		| 1 | 3 | 5 |
		| 1 | 2 | 4 |
		(maximum of 5 points)
			5
			4
				5

7. Length of employment:
 	
              Less than 1—5 Over
              1 year years 5 years
Present [ ] [ ] [X]
Former [ ] [ ] [X]
	1
	2
		Less than 1—5 Over
		1 year years 2 years
		| 1 | 3 | 5 |
		| 0 | 2 | 4 |
		(maximum of 5 points)
			5
			4
				5

8. Marital status: Married [X] Single or widowed [ ] Divorced or separated [ ]	3	[5] [3] [1]		5
9. Gross earnings per annum of head of household: $ 17,000	1	Over $ 20,000 [50] $ 15,000 to $ 20,000 [40] $ 10,000 to $ 14,999 [30] $ 7,200 to $ 9,999 [20] Under $ 7,200 [10]		40
10. Number of dependents, excluding self 1 ____ 2 ____ 3 X 4 ____ 5 ____ Over 5 ____	3	[15] [12] [9] [6] [3] [0]		9
11. Debt load: House payment/rent is $ 300 per month Total monthly instalment debt is $ 300	2 3	Total debt load as a percentage of gross income Under 25 % = 15 26 to 50 % = 10 61 to 75 % = 0 Over 75 % = —10 Minus 10 points if house payments (rent) exeed 25 % of earnings	o. k.	10
12. Equity Do you own rent your home?	3	own = 10, rent = 0		10
		Total		159

The Statistical Model

The statistical model furnishes us with knowledge (or assumptions) as to the attributes of a population. We need this information to extend our credit model. Actually we should refer to statistical models as many are available[10]. Only three of these are pertinent to our credit model — the *uniform*[11], *Gaussian*, and *Poisson* distributions.

The uniform model should be used with large populations whose atributes are known. The Gaussian model should be used with large populations whose attributes are not known but where they are presumed to conform to a normal distribution. The Poisson model should be used to screen relatively small groups of low credit risk. We proceed in terms of large populations whose attributes are known. Because we are seeking to classify our population into groups, the *uniform* distribution expressed as a histogram is appropriate. We assume that the population consists of 11 credit risk groups, identified A thru K, *(Exhibit 7)*

Exhibit 7: Histogram of a Uniform Distribution of Credit Risks

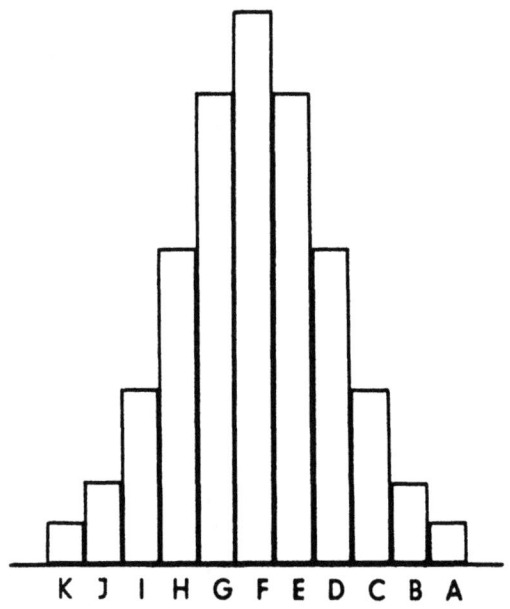

---

10) Statistical distribution models can be classified into three groups: (1) distributions of a discrete variable: uniform, binomial, multinomial, hypergeometric, Poisson and geometric; (2) distributions of a continuous variable: uniform, normal, beta, gamma, exponential, lognormal and Weibull; and (3) distributions which express relationships among other distributions: Chi-square, F, and t distributions.

11) The uniform distribution derives from an analysis of population attributes. Its properties are not known mathematically. Where population attributes are not known, the Gaussian model should be used.

"A" customers can be defined as *cash* customers, in which event there are no credit costs. "K" customers are deemed to have credit risk factors of 100 %. The other credit risk groups, B thru J, range between these values as shown in *Exhibit 8*.

Exhibit 8: Properties of our Assumed Credit Risk Groups

Score	Credit Risk Factor	Credit Risk Group	Potential Number of Persons	Average Sales[12]) Per Person (Limit)	Total Potential Sales
None	0 %	A	1,000	$ 100	$ 100,000
180—200	10	B	2,000	900	1,800 000
160—179	20	C	3,000	800	2,400,000
140—159	30	D	4,000	700	2,800,000
120—139	40	E	5,000	600	3,000,000
100—119	50	F	6,000	500	3,000,000
80— 99	60	G	5,000	400	2,000,000
60— 79	70	H	4,000	300	1,200,000
40— 59	80	I	3,000	200	600,000
20— 39	90	J	2,000	100	200,000
0— 19	100	K	1,000	0	0

Exhibit 8 prescribes the information which is needed to complete the statistical model. We need to know how many potential customers are in each credit risk group, as well as their purchasing or credit power. From this data we derive total potential sales. The score column relates application data to credit risk groups. In our example we assign scores to the full range of credit risk. In practice, of course, it is not necessary to differentiate risks below a *cutoff* point. For example, if we declined all risks under group E, we would not need to relate scores to credit risk groups below that level, *(Exhibit 9)*.

Exhibit 9: Cutoff of Credit Risks

	Score	Credit Risk Factor	Credit Risk Group
	None	%	
		0	A
	180—200	10	B
Accept	160—179	20	C
	140—159	30	D
	120—139	40	E
Reject	Below 120		

---

12) (a) In practical terms the limit may be different from average sales, but we are assuming these expressions to be equal in our example.
(b) A point to be stressed is that credit risk factors assume a distribution of risk, e. g., if all of the sales in group B are to a very few persons the 10 % factor would no longer be applicable. Geographical dispersion and enforcing credit limits are two ways in which to assure a distribution of risk.
(c) The limit of $ 100 in the case of group A is a purchasing power rather than a credit limit.

Our college professor, with a score of 159, falls into group D. But as he is at the upper limit of D, some secondary verification as mentioned in footnote 9 and/or review of the subjective analysis in items # 2 and # 3 of the application can be employed to see if he should be placed in group C. This action is only of consequence to the professor in the event that he wishes to have his credit limit raised from $ 700 to $ 800. However, a change in category is more important to the firm as it affects the accept-reject decision as well as sales forecasts and credit controls.

The statistical model enables us to segment a population into credit risk groups. It also furnishes us with sales forecast data and allows us to disperse risk through the medium of the credit limit. While our systemic credit model is greatly refined through the application of statistics, it is still incomplete. The remaining question relates to *cutoff*. But this is an important question for it deals with (1) which risks to accept or reject, and (2) the extent to which we need credit information. For these answers we turn to an accounting model.

The statistical model can also be represented graphically, as in *Exhibit 10*. It shows that on a cumulative basis the more risk a company is willing to accept the higher its cumulative sales potential will be. The sales slope will peak out partly, (because as *Exhibit 8* shows), the higher risk groups have progressively less purchasing power, and partly because there is a limited where the granting of credit ceases to be a sales inducement.

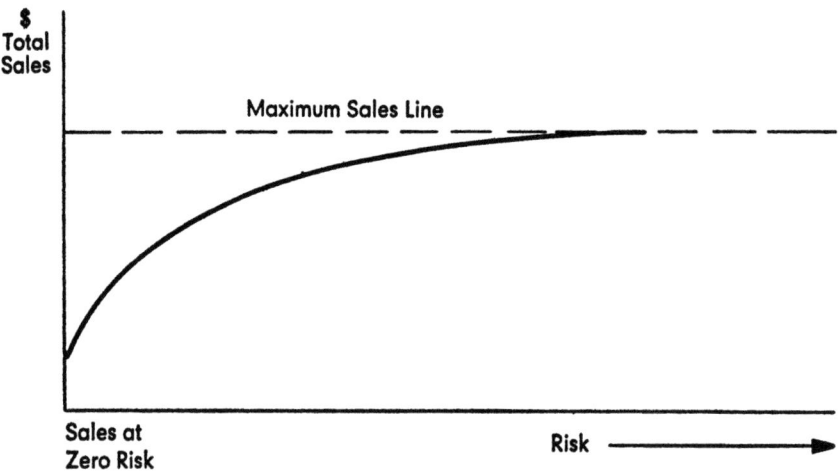

Exhibit 10: The Statistical Model

The Accounting Model

The *cost-volume-profit* (CVP) model in accounting is applicable to this problem. Underlying the CVP model is the observed fact that some costs, such as rents and salaries, relate to time periods and are *fixed* in terms of volume. That is, fixed costs do not vary in relation to changes in activity level. For example, rents and property taxes do not vary as a function of sales. Other costs do vary in relation to volume, such as production costs, the cost of acquiring goods and services, or sales commissions. These *variable* costs are responsive to changes in activity level. For example, a sales commission of 5 % is paid out of every sales dollar, hence this cost item will always be 5 % of sales, whereas a fixed salary will not change in relation to sales volume. We will not dwell on this elemental concept of cost behavior as it is present in every standard textbook in management and/or cost accounting.

The CVP model is readily depicted by conventional break-even graphs, *(Exhibit 11)*.

Exhibit 11: Break-Even Graphs Illustrate Cost-Volume-Profit Relationships

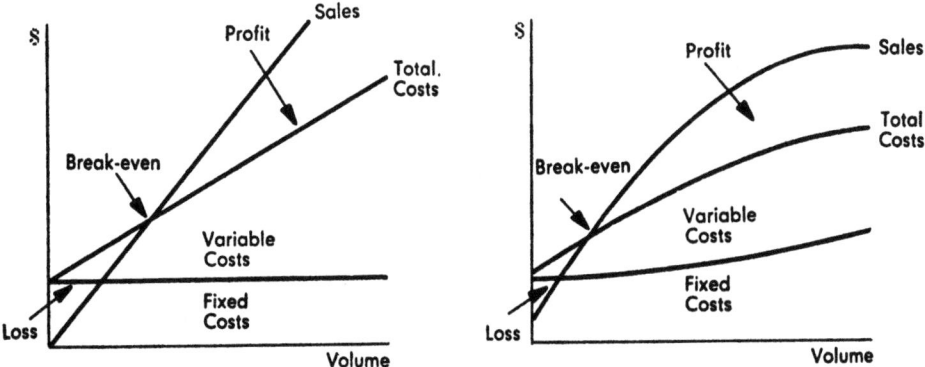

We will limit our discussion to linear CVP functions in which case fixed costs do not vary *at all* in relation to volume, and variable costs change in *direct proportion* to changes in volume. By reversing the position of fixed and variable costs we have what is called a *marginal income* break-even graph, *(Exhibit 12)*.

Exhibit 12: Marginal Income Break-Even Graph of Linear Functions

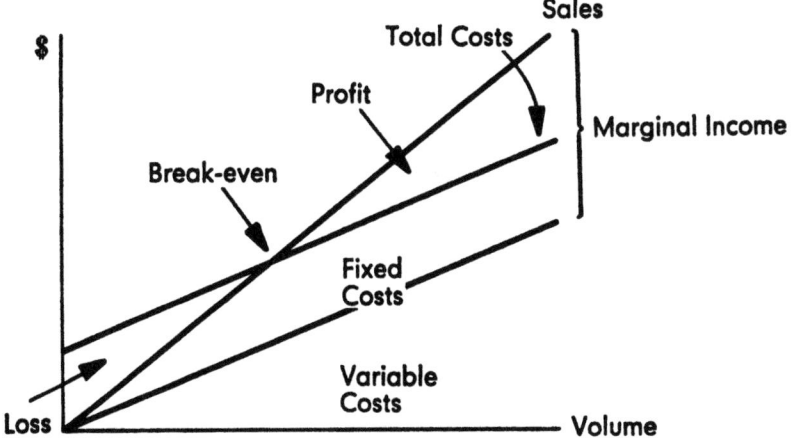

This graph is of interest to us in that it readily shows that marginal income + variable costs = sales, and that marginal income = fixed costs + profit (or — loss). This leads to the *marginal income statement* which has this structure:

Exhibit 13: Marginal Income Statement

$$\begin{array}{l} \text{Sales} \\ - \text{ Variable Costs} \\ = \text{ Marginal Income} \\ - \text{ Fixed Costs} \\ = \text{ Profit} \end{array}$$

The distinction between *marginal income* and *profit* is crucial. In a linear CVP model, both variable costs and marginal income are fixed percentages of sales regardless of volume, given a fixed relationship between two factors: (1) selling price, and (2) variable cost rate. A change in these factors leads to the following consequences where volume is held constant:

Exhibit 14: Effect of Changes in Selling Price or Variable Cost Rate

	Basic	Change in Selling Price		Change in Variable Cost Rate	
		Increase (10 %)	Decrease (10 %)	Increase (10 %)	Decrease (10 %)
Sales	$ 10,000	$ 11,000	$ 9,000	$ 10,000	$ 10,000
Variable Costs	$ 6,000	$ 6,000	$ 6,000	$ 6,600	$ 5,400
Marginal Income	$ 4,000	$ 5,000	$ 3,000	$ 3,400	$ 4,600
Fixed Costs	$ 3,000	$ 3,000	$ 3,000	$ 3,000	$ 3,000
Profit	$ 1,000	$ 2,000	$ 0	$ 400	$ 1,600

This feature of the CVP model means that once fixed costs are covered, additions to marginal income are a direct increase to profit, *(Exhibit 15)*:

Exhibit 15: Increases in Marginal Income, after Recovery of Fixed Costs Results in Direct Increases to Profit
(Volume Increases 20 %)

	Old Volume		Increase		New Volume	
	$	%	$	%	$	%
Sales	10,000	100	2,000	100	12,000	100
Variable Costs	6,000	60	1,200	60	7,200	60
Marginal Income	4,000	40	800	40	4,800	40
Fixed Costs	3,000	30	—		3,000	25
Profit	1,000	10	800	40	1,800	15

Because marginal income is a constant ratio of sales, (while profit is not), and because of the difficulties in attempting to apportion fixed costs, it is useful to analyze projects in terms of their "contribution to margin" rather than their contribution to profit. Conditions being equal, the project with a higher marginal income ratio would be selected.

Let us return to the credit model. Credit risk factors are variable costs. These variable costs must be added to the basic variable costs, as previously defined, to reach total variable costs. The basic CVP behavior of the firm can be viewed best in terms of a cash structure in which there are no variable credit costs. Suppose that the basic cash structure is:

		%
Sales	$ 10,000	100
Variable Costs	$ 6,000	60
Marginal Income	$ 4,000	40
Fixed Costs	$ 3,000	30
Profit	$ 1,000	10

The basic variable costs in our example are 60 % of sales. Using the credit risk factors in *Exhibit 8*, the total variable costs for each credit risk group would be as follows, *(Exhibit 16)*:

Exhibit 16: Total Variable Costs of Credit Risk Groups

Group	Basic Variable Rate %	Credit Risk Factor %	Total Variable Rate %
A	60		60
B	60	10	70
C	60	20	80
D	60	30	90
E	60	40	100
F	60	50	110
G	60	60	120
H	60	70	130
I	60	80	140
J	60	90	150
K	60	100	160

The cutoff problem is now clarified. If we decide on a minimum contribution to margin of 10 %, credit would only be extended to groups A through D. Given our basic structure, suppose that potential sales to each credit group is $10,000. Pro forma income statements would appear as follows, (Exhibit 17):

Exhibit 17: Pro Forma Income Statements on a Marginal Basis

	Group A	Group B	Group C	Group D	Total
Sales	$10,000	$10,000	$10,000	$10,000	$40,000
Vaiable Costs	6,000 (60%)	7,000 (70%)	8,000 (80%)	9,000 (90%)	30,000
Marginal Icome	4,000	3,000	2,000	1,000	10,000
Fixed Costs	—	—	—	—	3,000
Profit	—	—	—	—	$ 7,000

Pro Forma Income Statements on a Cumulative Basis

Sales	$ 10,000	$ 20,000	$ 30,000	$ 40,000
Variable Costs	$ 6,000	$ 13,000	$ 21,000	$ 30,000
Marginal Income	$ 4,000	$ 7,000	$ 9,000	$ 10,000
Fixed Costs	—	—	—	$ 3,000
Profit				$ 7,000

It is clear that the contribution to margin decreases with lower credit groups. The determinant of cutoff is not the greatest contribution to margin ratio (as this would restrict us to cash customers only), but rather to some minimum rate such as 10 %. Given the fact that group A recovers the fixed cost of $ 3,000, the marginal income of each of the other groups contributes directly to increases in profit. Extending credit to group E would be a break-even proposition, while the inclusion of groups F through K would result in increasing reductions to profit.

The CVP model provides the key to cutoff, as mentioned before. We can dramatize this point by using two extreme "basic" structures, (Exhibit 18).

Exhibit 18: Different CVP Struktures

	Structure X (High Variable Costs)		Structure Y (High Fixed Costs)	
	$	%	$	%
Sales	10,000	100	10,000	100
Variable Costs	8,000	80	1,000	10
Marginal Income	2,000	20	9,000	90
Fixed Costs	1,000	10	8,000	80
Profit	1,000	10	1,000	10

While the basic profit ratio is the same, X and Y are radically different organizations insofar as credit management is concerned. Given a minimum 10 % contribution to margin in both cases, note the difference in cutoff.

Exhibit 19: Difference in Cutoff Based on CVP Structures

Credit Groups	Total Variable Cost Ratios	
	Structure X	Structure Y
A	80	10
B	90 ── cutoff	20
C	100	30
D	110	40
E	120	50
F	130	60
G	140	70
H	150	80
I	160	90 ── cutoff
J	170	100
K	180	110

The nature of the credit problem can be viewed as a continuum with respect to CVP structures, *(Exhibit 20)*.

Exhibit 20: The CVP-Credit Continuum

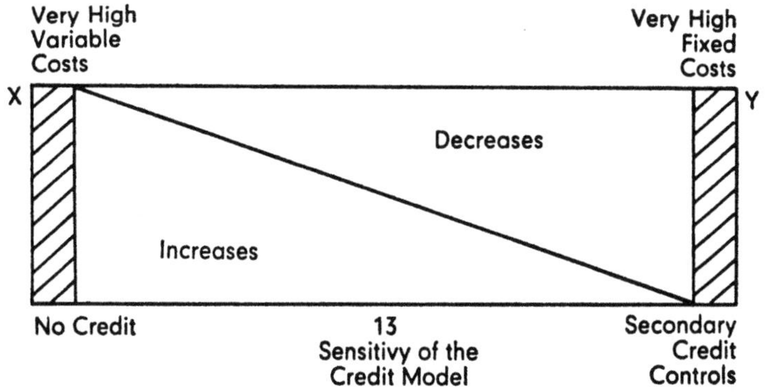

No credit problem exists at the extreme of X. In industries such as retail food, margins are so low that the credit function is essentially ruled out. Below the extreme, very sensitive models are needed, as we are screening

---

13) We mentioned earlier that a model could be made more or less sensitive by changing the number of surrogates, i. e., by requiring more or less information.

for a rather small number of low credit risks from a very large population. National, general-purpose credit card companies tend toward high-X. As we move down the continuum, less sensitive credit models are required. At the extreme of Y we need no credit screening mechanism. Our CVP structure is such that we assume the distribution of credit risks inherent in the population as a whole[14]).

Instead of screening we rely on secondary controls such as terminating service if payments are not made on time. Most utilities follow this approach.

In general terms, capital intensive industries tend toward Y, while personal service and retail organizations tend toward X. Given the enormous investment in plant and equipment, for example, what does it cost a utility or telephone company to service one additional customer? Magazine publication is another example which tends toward extreme Y. If the circulation of the TV Guide in the United States is 8,500,000 annually, (1970 figure), what is the risk of extending credit to the TV population as a whole, given that mailing of the Guide can cease after one or two issues in the event of non-payment?

Financing automobiles, building homes, or repairing automobiles, are examples which tend toward high-X. The variable costs of providing these services is a high percentage of sales. Firms engaged in these activities require sensitive credit models.

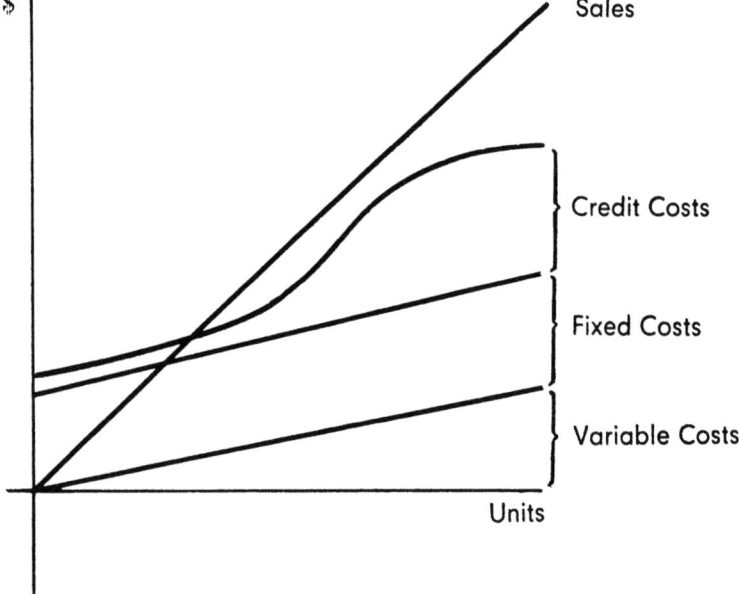

Exhibit 21: The Accounting Model with Credit Costs Added

---

14) The distribution of credit risks in the total population of the United States, within the definition of legal age, is probably Gaussian in nature. This means that there are just as few poor risks as there are very good risks.

The accounting model completes the loop. It provides the elements which are needed to complete our systemic credit model, i.e., (1) where to make the cutoff, and (2) how sensitive a credit model is required.

The basic CVP model in accounting, with credit costs added, appears as follows, *(Exhibit 21)*.

Summary

We have taken a complex problem, (credit management), and illustrated why a systems approach is necessary to its solution. In this case marketing, statistical and accounting models were integrated to achieve what we have called a *systemic credit model,* as depicted graphically in *Exhibit 22.*

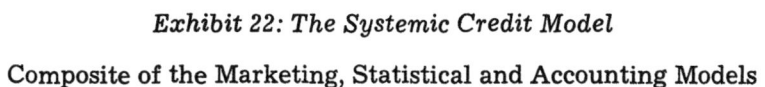

Composite of the Marketing, Statistical and Accounting Models

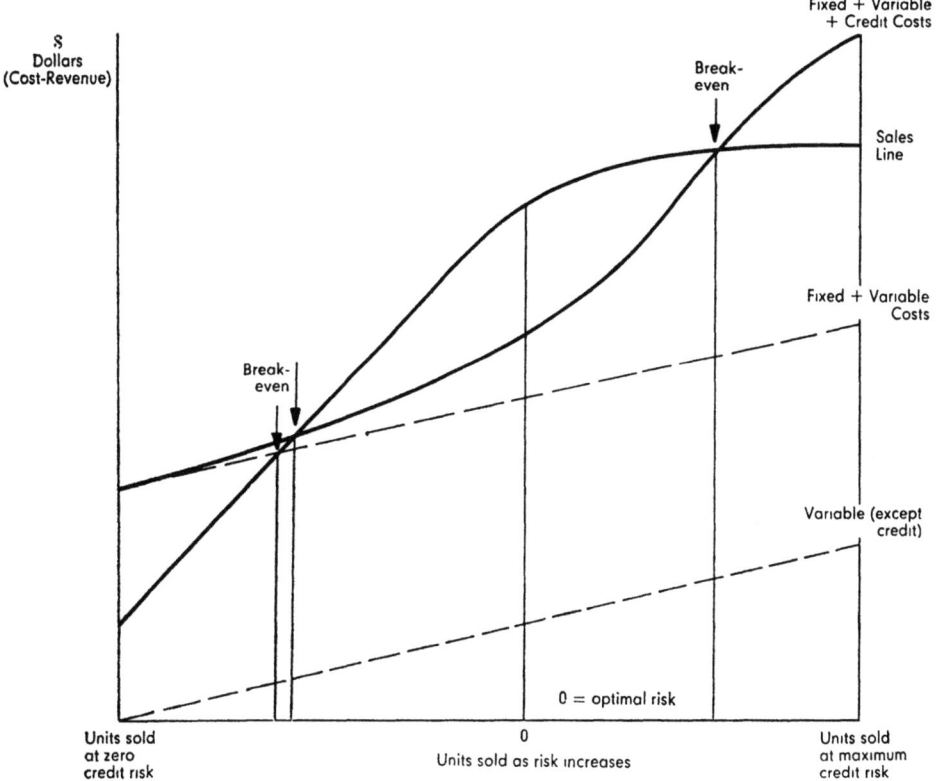

The marketing model converts subjective information into quantitative data which is used to identify classes of credit risk. The statistical model deals with population attributes, and yields estimates as to the number of persons

in each credit group and an estimation of their purchasing power. Statistics also leads us to distribute risk through the use of credit limits and geographic dispersion. The accounting model (CVP) scrutinizes the basic financial structure of the firm and indicates where cutoff should occur, and how sensitive a credit model is required given the nature of the business. The CVP-credit continuum in *Exhibit 20* illustrates that no credit is possible at high-X, that the sensitivity of the credit model decreases as we move toward Y, and that secondary controls are preferable to credit applications and screening at high-Y.

While we have shown the progress of the Systemic model as moving from marketing to accounting, (Exhibit 23),

the nature of these complex problems is such that these variables must be considered simultaneously rather than in sequence, *(Exhibit 23)*.

Exhibit 23:

Marketing → Statistics → Accounting → Systemic Credit Model

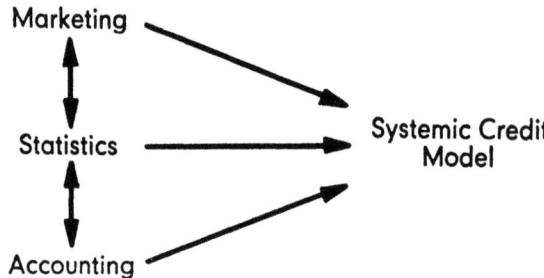

This exercise points to the need for close cooperation between various specialists in solving complex problems. In addition, the systemic credit model which is developed in this paper should have practical value to those **who face the problem of designing or managing credit functions.**

Appendix A

National statistics on paying habits of various occupations

		% of Prompt Payment
1.	Business executives	91
2.	Accountants & auditors	90
3.	Store managers	89
4.	Physicians & dentists	89
5.	Engineers	89
6.	Farmers & ranchers (owners)	88
7.	Commissioned officers	87
8.	Office workers	87
9.	College professors	87
10.	Railroad clerks	86
11.	Post office employees	85
12.	Hotel & cafe managers	84
13.	School teachers	83
14.	Preachers	82
15.	Nurses	82
16.	Public officials	82
17.	Sales people	81
18.	Printers	80
19.	Lawyers & judges	78
20.	Traveling salesmen	77
21.	Plumbers	76
22.	Policemen & firemen	76
23.	Carpenters	74
24.	Farmers & ranchers (tenants)	73
25.	Truck & bus drivers	71
26.	Enlisted personnel	71
27.	Janitors	70
28.	Plasterers	69
29.	Barbers	68
30.	Bartenders	63
31.	Musicians	63
32.	Painters	61
33.	Laborers	60
34.	Cooks	60
35.	Waitresses	59
36.	Laundry workers	58
37.	Housekeepers	58
38.	Models	58
39.	Actors	54
40.	Singers	53
41.	Loggers	52

Source: Committee on Education & Research, U.S. Credit Bureaus, Inc., 1970.

Appendix B

Credit Scoring Forms for a National, General-Purpose Credit Card Company

Martial Status	Score
Married	0
Single or Widowed	—1
Divorced or Separated	—2

Age	
36 to 60	1
25 to 35	0
61 to 65	0
Under 25 or over 65	—3

Residence	
Own	2
Rent	0

Time at Residence	
6 years or longer	2
2 to 5 years	0
Under 2 years	—1

Time Previous Residence (If Pres. Under 2 years)	
4 years or longer	1
2 and 3 years	0
1 year or less	—2

Occupation (Note # 1)	
Professional and Executive	5
Managerial	3
Technical	1
Owners, Partners & Others	0
Questionable	—1

Length of Employment	
Under 2 years	—1
2 to 5 years	0
6 years or longer	2

Company rating	Score
D + and above	1
F thru D	0
Not Listed	0
G and Under	—5

Annual Income	
Over $ 20,000	2
$ 10,000 to $ 20,000	1
$ 7,200 to $ 9,999	0
Under $ 7,200	—1

No. of Dependents (if income under $ 10,000)	
2 or less	0
3 to 5	—2
6 or more	—3

Bank	
Checking Account	0
Checking and Loan	1

Other All-Purpose Cards	
Yes	1
No	0

Credit References	
Left blank	0
States "none"	—1

Loan Company Reference	
No	0
Yes	—2

Independent judgment

Scores may range from + 1 to — 3

Note # 1: "Professional" includes physicians, surgeons, dentists, CPA's, architects, actuaries, etc.

Appendix C
Proposed Credit Scoring Guide for Commercial Loans

Age of business	Under 1 year 1	1—3 years 7	4—7 years 19	7—12 years 36	13—21 years 49	Over 21 years 67
Years of present management	Under 1 year 1	1—3 years 6	4—7 years 17	8—12 years 32	13—21 years 45	Over 21 years 50
Successive years of increased profit	Loss —10	2—3 years 5	4—5 years 12	6—8 years 30	9—12 years 47	Over 12 years 62
Number of days inventory	Over 210 1	150—209 4	90—149 10	60—89 22	30—59 53	Under 30 72
Number of days receivables	Over 210 1	150—209 4	90—149 11	60—89 28	30—59 57	Under 30 70
Debt to net worth	Over 10:1 1	9:1 to 5:1 4	4:1 to 2:1 20	1:1 35	1:2 52	1:3 or better 70
Trade reports	Suits & judgments 1	All slow 2	Mixed slow & satisfactory 5	All satisfactory 20	Pays prompt & takes all discounts 40	—
Industry groups*)	I 1	II 5	III 10	IV 15	V 19	VI 24
Audit	Own audit 1	Qualified audit 20	Unqualified audit by unknown CPA firm 40	Unqualified audit by known CPA firm 60	—	—

*) Banks could set up industrial groupings to reflect their preferences in the granting of credit. If, for example, a bank has had very poor experience with a particular industry, the industry could be categorized as "Group I" and given a correspondingly low score. Conversely, industries with good past records would be categorized by a group receiving a high score.

Source: W. T. Maloan, "What Bankers are Now Looking for In Financial Statements", The Practical Accountant, January—February, 1970, pp. 40—46.

References

Ackoff, Russell L., A Concept of Corporate Planning, (New York: John Wiley & Sons, Inc.), 1970.

Amstuz, A. E., Computer Simulation of Competitive Marketing Response, (Cambridge, Mass.: MIT Press), 1967.

Britt, S. H. and H. W. Boyd, Jr., Marketing Management and Administrative Action, (New York: McGraw-Hill Book Company, Inc.), 1963.

Churchman, C. West, The Systems Approach, (New York: Dell Publishing Company, Inc.), 1968.

Clark, W. A. and D. E. Saxton, Jr., Marketing and Management Science: A Synergism, (Homewood, Illinois: Richard D. Irwin, Inc.), 1970.

Cohen, Kalman J. and Frederick S. Hammer (Eds.), Analytical Methods in Banking, (Homewood, Illinois: Richard D. Irwin, Inc.), 1966.

Cooley, William W. and Paul R. Lohnes, Multivariate Procedures for the Behavioral Sciences, (New York: John Wiley & Sons, Inc.), 1962.

Donelly, J. H. Jr., and J. M. Ivancevich, Analysis for Marketing Decision, (Homewood, Illinois: Richard D. Irwin, Inc.), 1970.

Durand, David, Risk Elements in Consumer Installment Financing, Study No. 8, (New York: National Bureau of Economic Research, 1941).

Greer, Carl C., „Measuring the Value of Information in Consumer Credit Screening", Management Services, (May—June, 1967), pp. 44—54.

Ijiri, Yuji, The Foundations of Accounting Measurement, (Englewood Cliffs, N.J.: Prentice-Hall, Inc.), 1967.

Horngren, Charles T., Cost Accounting: A Managerial Approach, (Englewood Cliffs, N.J.: Pretice-Hall, Inc.), 1967 edition.

McGrath, James J., „Improving Credit Evaluation with a Weighted Application Blank", Journal of Applied Psychology, (Vol. 44, 1960), pp. 325—328.

Montgomery, D. B. and G. L. Urban, (Eds.), Applications of Management Science in Accounting, (Englewood Cliffs, N.J.: Prentice-Hall, Inc.), 1970.

Neuwirth, Sidney I. and Michael Shegda, „Discriminant Analysis", Management Services, (April, 1964), pp. 28 ff.

Myers, James H. and Warren Cordner, „Increase Credit Operations Profit", Credit World, (February, 1957), pp. 12—13.

Myers, James H. and Edward W. Forgy, „The Development of Numerical Evaluation Systems", Journal of the American Statistical Association, (September, 1963), pp. 799—806.

Smith, Paul F., „Measuring Risk on Instalment Credit", Management Science, (November, 1964), pp. 327—340.

Williams, E. J., Regression Analysis, (New York: John Wiley & Sons, Inc.), 1959.

Grundzüge einer integrierten Finanz- und Erfolgsplanung

Von

Prof. Dr. Klaus Chmielewicz

(1) Gegenstand der Abhandlung ist eine Integration von Kosten-, Finanzierungs- und Bilanzfragen untereinander und mit der mengenmäßigen Produktionsplanung, angewendet als Planungssystem. Der integrierte Finanz- und Erfolgsplan erscheint als Resultat eines ökonomischen Gesamtplanungsmodells des Betriebes. Im folgenden werden einzelne Thesen schrittweise abgeleitet, unterstützt durch Abbildungen.

A. Die Unternehmung als Lenkungssystem

(2) Jede Lenkung erfordert Lenkungsobjekte, Lenkungsinstrumente und Lenkungsziele.

(3) Im Betrieb erscheint als Lenkungsobjekt das Gütersystem, als Lenkungsziel das Zielsystem, als Lenkungsinstrument neben der Produktionslenkung (z. B. Arbeitsvorbereitung, Terminsteuerung) insbesondere das Rechnungswesen (vgl. Abb. 1).

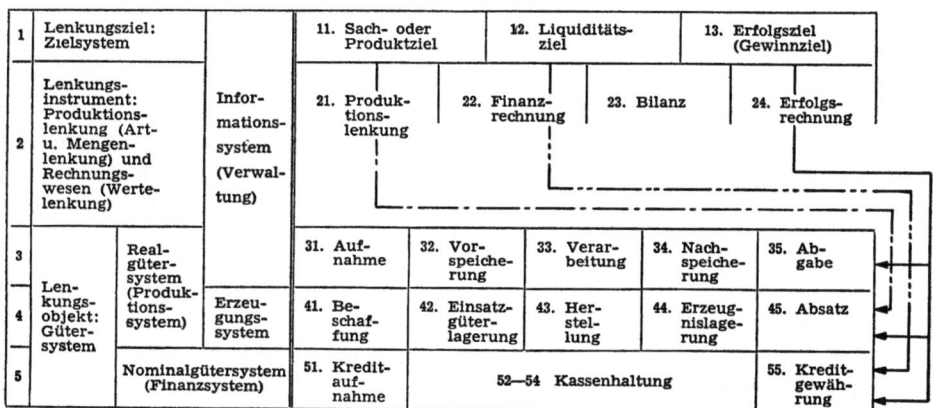

Abb. 1: *Der Produktionsbetrieb als Güter- und Lenkungssystem*

(4) Das Gütersystem weist drei Schichten auf (Zeile 3—5 von Abb. 1): Das Finanzsystem, das Erzeugungs- oder Fabrikationssystem und die Produktionsprozesse der Verwaltung. Das Informationssystem (Zeile 1—3) besteht ebenfalls aus drei Schichten: dem Zielsystem, Produktionslenkung und Rechnungswesen sowie den Produktionsprozessen der Verwaltung.

(5) Zum Zielsystem gehören in Zeile 1 drei Grundziele: neben dem Sach- oder Produktziel (Gegenstand der Unternehmung), das Liquiditätsziel sowie das Erfolgs- oder Gewinnziel.

(6) Die Produktionslenkung 21 dient der Lenkung des Erzeugungssystems (Zeile 4) im Hinblick auf das Produktziel 11 (vgl. die Pfeile in Abb. 1).

(7) Die Erfolgsrechnung dient der Lenkung des gesamten Gütersystems im Hinblick auf das Erfolgsziel, daneben der Lenkung des Erzeugungssystems im Hinblick auf das — in Abb. 1 nicht dargestellte — Umsatz-Wachstumsziel.

$$\begin{aligned} \text{Periodengewinn} &= \text{Periodenleistung} - \text{Periodenkosten} \\ G &= L - K \\ &= \Sigma\, mp - \Sigma\, xr \\ &= \Sigma\, mp - \Sigma\Sigma\, m\, \frac{x}{m}\, r \\ &= \Sigma\, m\, (p - \Sigma\, \frac{x}{m}\, r) \end{aligned}$$

Eine höhere Absatzmenge m führt nur dann zu einem höheren Gewinn, wenn (1) der Absatzpreis p nicht überproportional sinkt, (2) die Verbrauchskoeffizienten x:m nicht überproportional steigen *und* (3) die Beschaffungspreise r nicht überproportional steigen. Die Summe aller drei gewinnmindernden Effekte muß kleiner als der gewinnmehrende Effekt von m sein. Zur Erreichung des Wachstumsziels — gemessen an Umsatz gleich Leistung $L = \Sigma\, m \cdot p$ — braucht dagegen *nur* Bedingung (1) erfüllt zu sein. Sind alle 3 Bedingungen erfüllt, so führen höhere Absatzmengen zu Gewinnerhöhung *und* Umsatz-Wachstum.

(8) Die Finanzrechnung dient der Lenkung des Finanzsystems im Hinblick auf das Liquiditätsziel. Die Finanzrechnung muß ebenso wie die Erfolgsrechnung final so konzipiert werden, daß eine bestmögliche Zielüberwachung möglich ist (vgl. Abb. 1).

(9) Der dargestellte Zusammenhang von Abb. 1 gilt für jeden Betrieb, d. h. für die private und öffentliche Unternehmung ebenso wie für die private Haushaltung und die öffentliche Verwaltung. Abb. 1 stellt ein vom Wirtschaftssystem unabhängiges Lenkungsmodell mit Baukastencharakter dar, in dem einzelne Baukastenelemente allerdings entweder ganz entfallen oder in anderer Form auftreten können (z. B. beim Erfolgsziel 13 als Kostendeckungs- statt Gewinnmaximierungsziel).

(10) Die Erfolgsrechnung erlaubt eine detaillierte Erfolgslenkung und zeigt nicht nur die Erfolgshöhe, sondern auch die Quellen (Komponenten) des Erfolges. Analog erlaubt die Finanzrechnung eine detaillierte Liquiditätslenkung und zeigt nicht nur die Höhe des Liquiditätssaldos, sondern auch die Finanzierungsquellen als dessen Komponenten. Es handelt sich somit um zwei Spezialinstrumente zur Überwachung je eines Betriebszieles (vgl. Abb. 2).

1	Name des Rechnungssystems:	Finanzrechnung (F)				Bilanz (B)		Erfolgsrechnung (E)	
2	Komponenten und Salden des Rechnungssystems:	Perioden-Einnahmen (einschl. Anfangsbestand)	Perioden-Ausgaben	Vermögen (ohne Zahlungsmittelbestand)		Schulden		Perioden-Aufwand/ Kosten	Perioden-Ertrag/ Leistung
		Zahlungsmittelbestand = Liquiditätsreserve				Gewinn			
3	Zielsystem	Liquiditätsziel:	detailliert		global			—	
4		Erfolgsziel:	—		global			detailliert	

Abb. 2: *Betriebliches Ziel- und Rechnungssystem*

(11) Für die Lenkung des Betriebes ist die Bilanz uninteressant. Es gibt kein Ziel, für das die Bilanz alleine oder besser als andere Lenkungsinstrumente geeignet ist. Die Bilanz erlaubt nur eine globale Erfolgs- und Liquiditätslenkung, aber im Hinblick auf beide Ziele. Sie ist somit ein Mehrzweckinstrument mit geringerer Leistungsfähigkeit (vgl. Abb. 2).

(12) Die Bilanz ist eine Zweisaldenrechnung und nimmt die Salden beider Stromgrößenrechnungen auf (vgl. Abb. 2).

(13) Finanz- und Erfolgsrechnung werden hier als gleichwertige und sehr geeignete Lenkungsinstrumente betrachtet, sie dominieren beide gegenüber der Bilanz.

B. Die Finanzrechnung (Einnahmen/Ausgaben-Rechnung)

I. Aufbau der Finanzrechnung

(14) Als Komponenten der Finanzrechnung erscheinen tatsächliche Zahlungen (Einnahmen und Ausgaben) ohne Aufrechnung. Die Zahlungen sind gemäß Abb. 3 untergliedert in erfolgswirksame Erfolgszahlungen und erfolgsunwirksame (nur finanzwirksame) Finanzzahlungen. Als Saldo erscheint rechts unten das Geldvermögen als Liquiditätsreserve.

(15) Finanzzahlungen sind der finanzwirtschaftliche Ausdruck des Kreditprozesses und dominieren umfangsmäßig bei Banken. Erfolgszahlungen sind der finanzwirtschaftliche Ausdruck des Produktionsprozesses und dominieren bei Industrie und Dienstgewerbe. Erfolgseinnahmen rühren bei Industrie und Dienstgewerbe aus Markteinnahmen, bei der öffentlichen Verwaltung dagegen aus Steuer- bzw. Subventionseinnahmen.

(16) Beim Liquiditäts- als zugehörigem Lenkungsziel ist (a) ein Zielmerkmal festzulegen und (b) eine angestrebte Zielausprägung (vgl. Abb. 6). Als Zielmerkmal erscheint der Liquiditätssaldo rechts unten in Abb. 3.

Einnahmen (E)	**Finanzrechnung (F)**	Ausgaben (A)
I. Erfolgsunwirksame Einnahmen = Finanzeinnahmen		I. Erfolgsunwirksame Ausgaben = Finanzausgaben
1. Darlehensaufnahme 2. Beteiligungsaufnahme 3. Darlehenstilgung oder -veräußerung 4. Beteiligungstilgung oder -veräußerung		1. Darlehenstilgung 2. Beteiligungstilgung 3. Darlehensgewährung 4. Beteiligungsgewährung
II. Erfolgswirksame Einnahmen = Erfolgseinnahmen		II. Erfolgswirksame Ausgaben = Erfolgsausgaben
5. (Sachprodukt-) Verkaufseinnahmen 6. Materialeinnahmen 7. Betriebsmitteleinnahmen 8. Vermieteinnahmen 9. Energieeinnahmen 10. Personaleinnahmen 11. Rechteeinnahmen 12. Diensteinnahmen 13. Informationseinnahmen 14. Steuereinnahmen 15. Subventionseinnahmen 16. Zinseinnahmen 17. Dividendeneinnahmen		5. (Sachprodukt-)Fremdbezugsausgaben 6. Materialausgaben 7. Betriebsmittelausgaben 8. Anmietausgaben 9. Energieausgaben 10. Personalausgaben 11. Rechteausgaben 12. Dienstausgaben 13. Informationsausgaben 14. Steuerausgaben 15. Subventionsausgaben 16. Zinsausgaben 17. Dividendenausgaben
III. Zahlungsmittel- 18. Anfangsbestand		III. Liquiditätssaldo = 18. Zahlungsmittel-Endbestand

Abb. 3: Aufbau der Finanzrechnung

II. Die Finanzrechnung als Lenkungsinstrument

(17) Die Finanzrechnung ist das beste finanzwirtschaftliche Lenkungsinstrument. Alle Probleme der Finanzierung und Liquidität sind zweckmäßig von der Finanzrechnung statt Bilanz her zu beurteilen. Damit wird die Überbetonung der Kostenrechnung zu Lasten der Liquiditätsanalyse vermieden und Liquiditätskrisen sind besser rechnerisch überwachbar, damit besser lenkbar.

(18) Die Finanzrechnung läßt wie die Bilanz die Höhe des Liquiditätssaldos erkennen, aber über die Bilanz hinaus auch die Quellen, aus denen der Saldo entstanden ist (vgl. Abb. 2,3).

(19) Der Erfolgszahlungssaldo = Erfolgseinnahmen E II — Erfolgsausgaben A II als finanzwirtschaftliche Seite des Produktionsprozesses muß mindestens mittel- bis langfristig im Gleichgewicht sein (E II — A II $\geq$ 0). Anderenfalls erstickt der Betrieb an Tilgungs- und Zinszahlungen aus

der sonst nötigen Kreditaufnahme, besonders bei Wachstumsprozessen. Statt von Erfolgszahlungsgleichgewicht kann man auch von Innenfinanzierungsgleichgewicht reden.

(20) Wie die Erfolgsrechnung die Kosten- und Leistungsstruktur des Betriebes zeigt, so läßt die Finanzrechnung die Ausgaben- und Einnahmenstruktur erkennen.

(21) Die Finanzrechnung gemäß Abb. 3 zeigt alle üblichen Finanzierungsformen und noch einige mehr (vgl. auch Abb. 15).

(22) Klammert man den Zahlungsmittelanfangsbestand (links unten in Abb. 3) aus, so zeigt die Finanzrechnung auch die Perioden-Liquidität (Periodeneinnahmen - Periodenausgaben).

(23) Bei entsprechender Untergliederung der Finanzrechnung läßt sie außerdem zweckbezogene und neutrale Zahlungen getrennt sichtbar werden.

(24) Die Finanzrechnung zeigt, daß die Liquidität ein Gesamtphänomen ist, das heißt *alle* Einnahmen müssen *alle* Ausgaben decken, nicht etwa Verkaufseinnahmen die Investitionsausgaben.

III. Kritik an der finanzwirtschaftlichen Aussagekraft von Bilanz und Erfolgsrechnung

(25) Die Beständebilanz zeigt anders als die Finanzrechnung die Liquiditätslage nur global, zeigt ferner nur einen Teil der Finanzierungsquellen.

(26) Die Veränderungsbilanz (üblich genannt: Bewegungsbilanz) zeigt nicht die eigentlichen Finanzbewegungen, sondern nur die Bestandsveränderungen. Sie erfaßt außerdem nicht *alle* finanzwirtschaftlichen Vorgänge (z. B. Lohn-, Pensions-, Forschungsausgaben).

(27) Beim Cash-flow ist die Zielsetzung ebenso unklar wie der Aufbau. Der Cash-flow kann ein verbesserter Erfolgssaldo oder eine Maßgröße der Innenfinanzierung sein. Er ist abgeleitet aus der Erfolgsrechnung und meistens wie folgt aufgebaut: Gewinn + Abschreibungen + Zuweisung zu Pensionsrückstellungen = Cash-flow.

(28) Der Cash-flow erscheint als verbesserter Erfolgssaldo kaum diskutabel, weil (a) in der Einzelperiode nur die *Überhöhung* der Abschreibung zum Gewinn geschlagen werden dürfte, außerdem (b) in der Totalperiode sich überhöhte und zu geringe Abschreibungen kompensieren.

(29) Als Maßgröße der Innenfinanzierung erscheint der Cash-flow ebenfalls ungeeignet. Er liefert eine richtige Innenfinanzierungs-Aussage nur, wenn (a) die Erträge gleich den Erfolgseinnahmen sind, (b) alle Aufwände mit Ausnahme der drei in (27) genannten Posten gleich den Erfolgsausgaben sind *und* (c) die drei Posten von (27) entweder (c1) zu keinen Ausgaben führen oder (c2) doch dafür anfallende Ausgaben als

Verwendung des Cash-flow interpretiert werden. Er ist (I) theoretisch fragwürdig, weil aus der Erfolgsrechnung keine Aussage über die Finanzierung ableitbar ist (vgl. Abb. 2). Er enthält (II) wegen der theoretischen Mängel praktisch große Fehler; diese verschwinden nur, wenn keine Zahlungsziele und Lagerfristen auftreten, wenn somit keine Bilanz erforderlich ist. Er ist (III) überflüssig, weil die gewünschte und wichtige Aussage über die Innenfinanzierung theoretisch einwandfrei und praktisch im Rahmen der Prognosemöglichkeiten genau aus dem Erfolgszahlungssaldo der Finanzrechnung folgt.

(30) Eine Finanzierung ist weder aus dem Cash-flow noch aus Gewinn oder Abschreibungen möglich, sondern nur aus Einnahmen und Ausgaben (-Verringerungen).

(31) Für die Kapitalflußrechnung gilt sinngemäß das zur Veränderungsbilanz und zum Cash-flow gesagte. Wird eine Finanzrechnung betrieben, so braucht man keine Kapitalflußrechnung.

(32) Alle hier genannten Ansätze bemühen sich zwar um eine bessere Liquiditätsaussage, knüpfen aber an die dafür ungeeignete Bilanz oder Erfolgsrechnung an (vgl. Abb. 2).

C. Die Integration von Finanz- und Erfolgsrechnung

I. Finanz- und Erfolgsrechnung sowie Bilanz als dreiteiliges System

(33) Die Gütertransaktionen gemäß Zeilengliederung von Abb. 4 werden im Rechnungswesen wie rechts danebenstehend erfaßt (+ = Zugang, — = Abgang). Die Integration der Finanzrechnung mit der Bilanz und Erfolgsrechnung erfolgt buchhalterisch in der Weise, daß alle Zahlungsvorgänge in der Finanzrechnung statt wie üblich im Bargeldkonto der Bilanz erfaßt werden.

(34) Das Kassenkonto in der Bilanz wird dann erst am Periodenende berührt.

(35) Die Integration der Finanzrechnung mit Bilanz und Erfolgsrechnung erfolgt mit rein buchhalterischen Mitteln. Die doppelte Buchung bringt einmal den Finanz-, zum anderen den Erfolgseffekt zum Ausdruck. Die Zahl der Buchungen ist — abgesehen von den wenigen Abschlußbuchungen der Finanzrechnung — unverändert.

(36) Der Produktionsprozeß (Beschaffung und Absatz) wird gemäß Abb. 4 erfolgswirtschaftlich in der Erfolgsrechnung erfaßt, finanzwirtschaftlich dagegen im Erfolgszahlungssaldo der Finanzrechnung. Erfolgseinnahmen und Ertrag sind in der Totalperiode gleich hoch, fallen aber z. T. in verschiedenen Zeitpunkten an; das gleiche gilt für Erfolgsausgaben und Aufwand, sofern man die Dividende auch als Aufwand betrachtet. Sind Erfolgsrechnungssaldo und Erfolgszahlungssaldo der Finanzrechnung beide im Gleichgewicht, so bedeutet das, daß sich der

Produktionsprozeß selbst trägt. In der Totalperiode sind beide Salden gleich hoch, sofern die Dividenden nicht nur Ausgaben, sondern auch Aufwand darstellen. Maximierung der Gewinneinbehaltung bedeutet deshalb in der Totalperiode zugleich Maximierung des Erfolgszahlungssaldos. Eine Maximierung des Liquiditätssaldos ist dagegen nicht sinnvoll.

Gütertransaktionen			Rechnungssystem	Finanzrechnung				Bilanz						Erfolgsrechnung	
				FE	EE	FA	EA	RF	NF	BG	AV	RS	NS	A/K	E/L
				Finanzeinnahmen	Erfolgseinnahmen	Finanzausgaben	Erfolgsausgaben	Realforderungen	Nominalforderungen	Bargeld-Vermögen	Absolutes Vermögen	Realschulden	Nominalschulden	Aufwand/Kosten	Ertrag/Leistung
(A) Absatz (Verkauf)	I. Bar-	1		+											+
	II. Ziel-	2							+						+
		3		+					−						
	III. Anzahlungs-	4		+							+				
		5									−				+
(B) Beschaffung (Einkauf)	I. Bar-	6				+					+			+	
		7									−				
	II. Ziel-	8									+			+	
		9				+								−	
		10												+	
	III. Anzahlungs-	11				+		+							
		12						−			+				
		13												−	
(C) Selbständige Nominalkredite	I. Gewährung	14				+			+						
		15		+					−						
	II. Aufnahme	16		+									+		
		17				+							−		

Abb. 4: Gütertransaktionen und Rechnungszweige

(37) Abb. 4 zeigt die Interdependenz von Liquidität und Erfolg. Die als Finanzplan übliche *isolierte* Finanzrechnung zerschneidet dagegen diese Interdependenzen.

(38) Die Bilanz ist das Zwischenglied zwischen Finanz- und Erfolgsrechnung, sie greift ein zur Überbrückung bei Zahlungs-, Lager- und Kreditfristen. Sind diese Fristen Null, so gibt es keine Bilanz.

(39) Der skizzierte Ansatz erscheint nach Kenntnis des Verfassers nur bei M. R. Lehmann (1925). Er hat aber eine andere Frage gestellt (Eignung der Finanzrechnung für die Erfolgs- statt Liquiditätsüberwachung) und sie außerdem noch falsch beantwortet (ja statt nein).

II. Vereinfachungen des dreiteiligen Systems

(40) Aus Abb. 4 läßt sich folgern, daß außer Finanz- und Erfolgsrechnung noch weitere Stromgrößenrechnungen möglich sind, z. B. eine Investitionsrechnung, die links Investitions-Zugänge, rechts Investitions-Abgänge aufweist, eine Produktrechnung, die links Produkt-Zugänge, rechts Produkt-Abgänge zeigt, oder eine Schuldenrechnung, die links Schulden-Abgänge, rechts Schulden-Zugänge enthält. Die Bilanz nimmt auch den Saldo dieser Stromgrößenrechnungen auf.

(41) Andererseits kann das dreiteilige System gemäß Abb. 4 vereinfacht werden, indem

(a) alle Zahlungsvorgänge auf das Kassenkonto der Bilanz statt in die Finanzrechnung gebucht werden, dann entfällt die Finanzrechnung,

(b) alle Erfolgsvorgänge auf das Gewinnkonto der Bilanz statt in die Erfolgsrechnung gebucht werden, dann entfällt die Erfolgsrechnung,

(c) alle beiden Maßnahmen gemäß (a) und (b) erfolgen. Den entstehenden Verlust an Aussagekraft zeigt Abb. 2.

(42) Insofern kann die Bilanz oder Erfolgsrechnung durch die Finanzrechnung nicht wie in der Literatur vorgeschlagen *ersetzt*, sondern nur *ergänzt* werden. Anderenfalls wäre überhaupt keine Erfolgsüberwachung mehr möglich (vgl. Abb. 2).

D. Finanz- und Erfolgsrechnung als integriertes Planungssystem

I. Grundprobleme der Planungsrechnung

(43) Eine Lenkung ist stets auf die Zukunft gerichtet, deshalb ist das dreiteilige System gemäß Abb. 4 als Planungssystem nötig.

(44) Jede Planung verlangt wie in Abb. 5 eine Kontrolle, Auswertung und Rückkoppelung, sonst ist das planende Sozialsystem nicht überlebensfähig. Ferner ist außer dem rechts angeordneten Planungsprozeß auch der links stehende Zielsetzungsprozeß nötig. Beide Teilprozesse sind durch eine Zielvorgabe bzw. Zielrevision miteinander verbunden.

(45) Bei fehlender Zielerreichung erfolgt eine Rückkoppelung von der Auswertungsstufe 12,13 zum Zielsystem (als Zielrevision) oder über die Gestaltungsstufe 15 zur Mengen- und Preiserfassung 9,10. Durch wiederholte Rückkoppelung entsteht eine mehrstufige schrittweise Verbesserung der Zielerreichung (Simulation). Die schrittweise Zielverbesserung garantiert aber kein Optimum, ist dafür praktikabel.

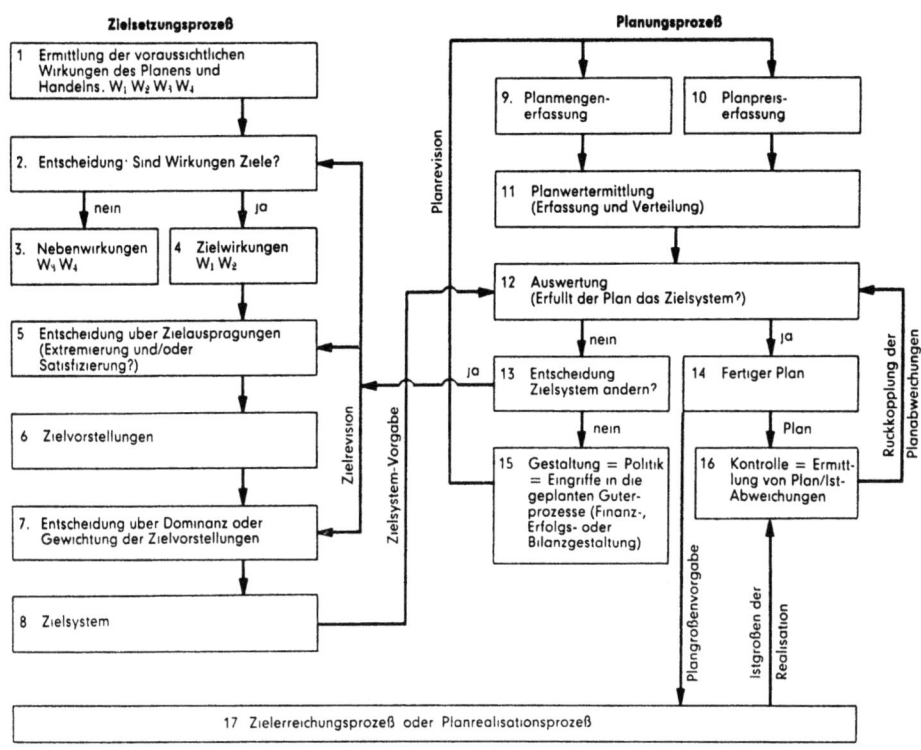

Abb. 5: *Zielsetzung, Planung und Gestaltung*

(46) In Abb. 6 erscheint auf der Abszisse das Liquiditätsziel, auf der Ordinate das Erfolgsziel. Der Mindestgewinn (Gewinnuntergrenze) soll möglichst überschritten werden (Suchrichtung entspr. der Pfeilrichtung nach oben). Analog soll die Mindestliquidität möglichst erreicht werden, um Illiquidität und außerdem aus Sicherheitsgründen Unterliquidität zu vermeiden. Überliquidität soll dagegen aus Erfolgsgründen abgebaut werden (Suchrichtung entspr. Pfeilrichtung nach links, bis hin zur Mindestliquidität).

(47) In den Quadranten V, VI und VII liegt bei jeder Unternehmung Konkurs wegen Illiquidität vor. In den Quadranten VII und IX liegt ferner nur für Kapitalgesellschaften Konkurs wegen Überschuldung vor. Im Quadranten VIII sind die Verluste ohne Konkurs solange ertragbar, bis sie die Höhe des Eigenkapitals erreichen. Auch in den positiven Quadranten I, III und IV liegen wegen fehlender Erreichung der Untergrenzen immer noch unzulässige Lösungen vor. In allen genannten Fällen ist in Abb. 5 stets eine Gestaltung 15 mit anschließender Planrevision 9,10 nötig oder eine Zielrevision 2,5,7.

(48) Nur im schraffierten Quadranten II liegt ein zulässiger Plan vor. Trotzdem erfolgt entsprechend der Pfeilrichtung ein Suchprozeß nach links oben.

(49) Eine Grenze ergibt sich für diesen Suchprozeß, wenn (a) keine Zeit für weitere Planrevisionen besteht oder (b) eine Rückkoppelung und Gestaltung höhere Kosten verursacht als die daraus resultierende Gewinnverbesserung.

(50) Abb. 6 erklärt, warum bei Gewinnrückgängen und niedrigen Gewinnen größere Anstrengungen zur Gewinnerhöhung erfolgen als bei hohen Gewinnen.

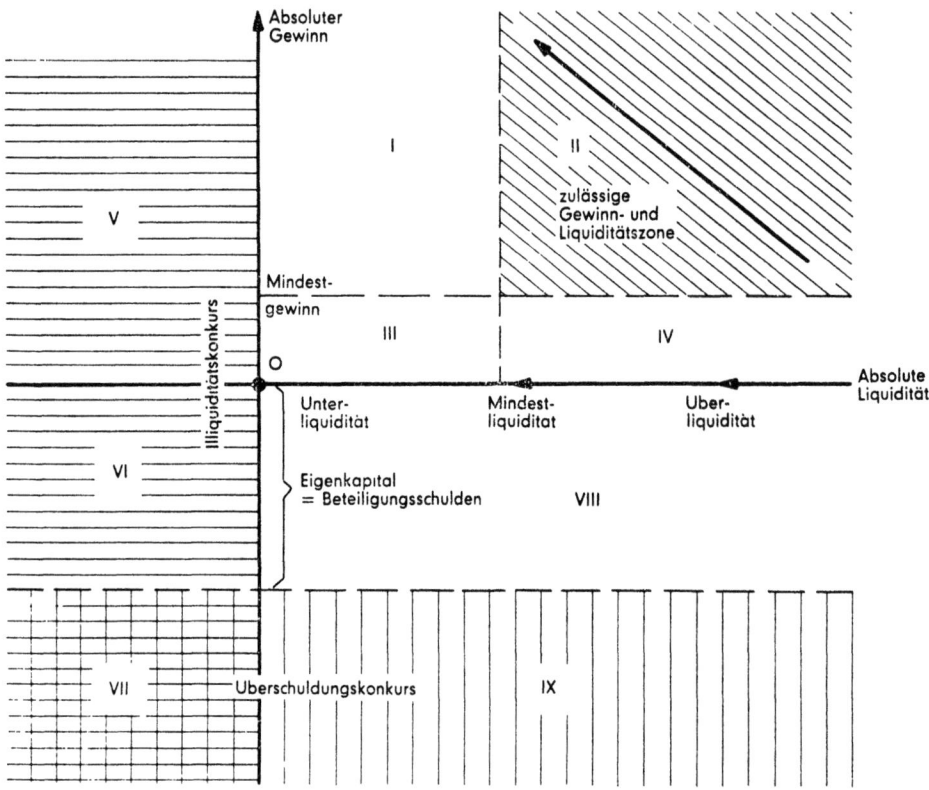

Abb. 6: *Liquiditäts- und Erfolgsziel*

II. Der Zusammenhang von Mengen- und Wertplanung

(51) Abb. 7 zeigt unter Berücksichtigung vieler Einflußgrößen den Zusammenhang der Produktionsplanung als Mengengrundlage mit der wertmäßigen Planungsrechnung. Auf der ersten Seite erscheint unter AI die Planung der Produktprogramme. Auf der zweiten Seite werden unter AII1 aus den Produktmengen, ergänzt durch beliebige restliche Einflußgrößen, die Einsatzgüterverbräuche ermittelt. Daran schließt sich unter AII2—5 eine gesonderte Bestandsrechnung für Werkstoffe, Personal und Maschinen an, die mit dem Ausweis der nötigen Zugänge

Mengenplanung		Finanzrechnung		Bilanz		Erfolgsrechnung	
		Einnahmen (E)	Ausgaben (A)	Vermögen (V)	Schulden (S)	Aufwand/Kosten (K)	Ertrag/Leistung (L)
A. Produktionsplanung							
I. Produktprogramme							
1. Verkaufsabgang	PK	Verkaufs-einnahmen E 5, 9, 12					Verkaufs-leistung L 1, 6, 9
+ Genutzter Vermiet-Endbestand	PMN	Vermiet-einnahmen E 8		Vermiet-produkt-bestand V 14	Wert-berichti-gung S 15	Abschrei-bungs-kosten K 4	Vermiet-leistung L 5
+ Leer-Vermiet-Endbestand	PML						
− Vermiet-Anfangsbestand	PMB			− Vermiet-produkt-bestand V 14	− Wert-berichti-gung S 15		
+ Anfangsbestandsabhängiger Vermiet-Abgang	PMAB						
+ Zugangsabhängiger Vermiet-Abgang	PMAZ						
2. = Vermietzugang	PMZ			Vermiet-produkt-bestand V 14	Wert-berichti-gung S 15		Aktivierte Einsatz-leistung L 3
+ Genutzter Einsatzprodukt-Endbestand	PEN			Mecha-nismen V 11	Wert-berichti-gung S 15	Abschrei-bungs-kosten K 4	
+ Leer-Einsatzprodukt-Endbestand	PEL						
− Einsatzprodukt-Anfangsbestand	PEB			− Mecha-nismen V 11	− Wert-berichti-gung S 15		
+ Anfangsbestandsabhängiger Einsatzprodukt-Abgang	PEAB						
+ Zugangsabhängiger Einsatzprodukt-Abgang	PEAZ						
3. = Einsatzprodukt-Zugang	PEZ			Mecha-nismen V 11			Aktivierte Einsatz-leistung L 3
4. + Einsatzprodukt-Verbrauch	PE						
5. + Endbestandsabhängige	PVS						
6. + Zugangsabhängige Verlust-mengen	PVZ						

Abb. 7: Zusammenhang von Mengen- und Wertplanung

Mengenplanung		Finanzrechnung		Bilanz		Erfolgsrechnung	
		Einnahmen (E)	Ausgaben (A)	Vermögen (V)	Schulden (S)	Aufwand/ Kosten (K)	Ertrag/ Leistung (L)
7. − Anfangsbestand	PB			Produkt-bestand V 13			
8. + Vorläufiger Endbestand	PSV						
9. + Endbestands-Korrektur	PSK						
= − Produkt-Bestands-verringerung	PÄ			− Produkt-bestand V 13		Bestands-verringe-rung K 3	
10. − Produkt-Fremdbezüge	PF		Fremd-bezugs-ausgaben A 5			Fremd-bezugs-kosten K 1	
11. = Herstell-Direktmengen	PH_d V_{DP}						
× Produkt-Verflechtungsmatrix							
12. = Herstell-Gesamtmengen	PH_g						
II. Einsatzgüter-(Produk-tor-)Programme							
1. Einflußgrößenmatrix bestehend aus: Herstell-Gesamtmengen Restlichen Einflußgrößen Eins-Vektor × Input-(Produktor-) Verflechtungsmatrix	O/OT PH_g RE 1 V_{ol}/VT_{ol}						
= Einsatzgüter-(Produktor-) Verbrauch bestehend aus: Werkstoffverbrauch Arbeitsverbrauch Mechanismennutzung Energieverbrauch	JW/JWT WW/WWT AW/AWT NW/NWT FW/FWT						
2. Werkstoffverbrauch	WW/WWT	Material-einnahmen E 6		− Material V 12		Material-kosten K 2	Material-leistung L 2
+ Werkstoffverlust	WV						
+ Werkstoffverkauf	WK						

Abb. 7: *Zusammenhang von Mengen- und Wertplanung*

Mengenplanung		Finanzrechnung		Bilanz		Erfolgsrechnung	
		Einnahmen (E)	Ausgaben (A)	Vermögen (V)	Schulden (S)	Aufwand/Kosten (K)	Ertrag/Leistung (L)
+ Vorläufiger Werkstoff-Endbestand	WSV						
+ Endbestands-Korrektur	WSK						
− Werkstoff-Anfangsbestand	WB						
= Werkstoff-Zugang	WZ		Materialausgaben A 6	Material V 12			
3. Anfangsbestand unfertiger Teile	UTB			Material V 12			
+ Zugang unfertiger Teile	WWT			Produktbestand V 13		−Bestandsverringerung K 3	
− Abgang unfertiger Teile	WW			Produktbestand V 13			
= Endbestand unfertiger Teile	UTS						
4. Arbeitsverbrauch	AW/AWT						
× Kapazitätsmatrix	V_{ab}						
= Einflußgrößenabhängige genutzte Personal-Endbestände	BNO						
+ Sonstige genutzte Personal-Endbestände	BNS						
= Genutzter Personal-Endbestand	BN	Personaleinnahmen E 10	Personalausgaben A 10			Personalkosten K 7	Personalleistung L 7
+ Personal-Leer-Endbestand	BL						
+ Vermieteter Personal-Endbestand	BM						
− Personal-Anfangsbestand	BB						
+ Anfangsbestandsabhängiger Personal-Abgang	BAB						
+ Zugangsabhängiger Personal-Abgang	BAZ						
= Personal-Zugang (Einstellungen)	BZ						

Abb. 7: Zusammenhang von Mengen- und Wertplanung

Mengenplanung		Finanzrechnung		Bilanz		Erfolgsrechnung	
		Einnahmen (E)	Ausgaben (A)	Vermögen (V)	Schulden (S)	Aufwand/ Kosten (K)	Ertrag/ Leistung (L)
5. Mechanismennutzung × Kapazitätsmatrix	NW/NWT V_{nm}						
= Einflußgrößenabhängige genutzte Mechanismen-Endbestände	MNO						
+ Sonstige genutzte Mechanismen-Endbestände	MNS						
= Genutzter Mechanismen-Endbestand	MN			Mecha-nismen V 11	1. Wert-berichti-gungen S 15	1. Ab-schrei-bungs-kosten K 4	
+ Mechanismen-Leer-Endbestand	ML						
+ Vermieteter Mechanismen-Endbestand	MM	Vermiet-einnahmen E 8	2. Anmiet-ausgaben A 8			2. Anmiet-kosten K 5	Vermiet-leistung L 5
− Mechanismen-Anfangsbestand	MB			− Mecha-nismen V 11	− Wert-berichti-gungen S 15		
+ Anfangsbestandsabhängiger Mechanismen-Abgang	MAB						
+ Zugangsabhängiger Mechanismen-Abgang	MAZ			Mecha-nismen V 11			Zuschrei-bungs-leistung L 4
+ Mechanismen-Verkaufs-abgang	MK						
= Mechanismen-Zugänge (Investitionen)	MZ						
6. Einflußgrößenabhängiger Energieverbrauch	FW/FWT		Betriebs-mittel-ausgaben A 7				
+ Sonstiger Energieverbrauch	FWS	Betriebs-mittel-einnahmen E 7					
= Gesamter Energieverbrauch	FWG		Energie-ausgaben A 9			Energie-kosten K 6	

Abb. 7: Zusammenhang von Mengen- und Wertplanung

Mengenplanung	Finanzplanung		Bilanz		Erfolgsplanung	
	Einnahmen (E)	Ausgaben (A)	Vermögen (V)	Schulden (S)	Aufwand/Kosten (K)	Ertrag/Leistung (L)
B. Kreditplanung						
I. Kreditgewährung						
1. Beteiligungskreditgewährung						
Anfangsbestand			Beteiligungsforderung V 5			
+ Neugewährung		Beteiligungsgewährung A 4	+ Beteiligungsforderung V 5			
− Rückzahlung o. Veräußerung	Beteiligungstilgung E 4 Dividendeneinnahme E 17		− Beteiligungsforderung V 5			Dividendenleistung L 15
= Endbestand						
2. Darlehenskreditgewährung						
Anfangsbestand			Darlehensforderung V 6			
+ Neugewährung		Darlehensgewährung A 3	+ Darlehensforderung V 6			
− Rückzahlung o. Veräußerung	Darlehenstilgung E 3 Zinseinnahme E 16		− Darlehensforderung V 6			Zinsleistung L 14
= Endbestand						
II. Kreditaufnahme						
1. Beteiligungskreditaufnahme						
Anfangsbestand				Beteiligungsschuld S 4		
+ Neuaufnahme	Beteiligungsaufnahme E 2			+ Beteiligungsschuld S 4		
− Rückzahlung		Beteiligungstilgung A 2 Dividendenausgabe A 17		− Beteiligungsschuld S 4	Dividende K 15	
= Endbestand						
2. Darlehenskreditaufnahme						
Anfangsbestand				Darlehensschuld S 6		
+ Neuaufnahme	Darlehensaufnahme E 1			+ Darlehensschuld S 6		
− Rückzahlung		Darlehenstilgung A 1 Zinsausgabe A 16		− Darlehensschuld S 6	Zinskosten K 14	
= Endbestand						
	Einnahmensumme	Ausgabensumme	Vermögenssumme	Schuldensumme	Kostensumme	Leistungssumme
		+ Liquiditätssaldo		+ Erfolgssaldo		

Abb. 7: Zusammenhang von Mengen- und Wertplanung

endet (Werkstoffzugänge, Einstellungen, Investitionszugänge). Abb. 7 zeigt nur die Grundform der Produktionsplanung und ist zu ergänzen u. a. durch Steuern und Zahlungsziele. Ferner zeigt Abb. 7 unter B die Kreditplanung als Aufnahme oder Gewährung von Darlehens- oder Beteiligungskrediten einschließlich zugehöriger Kredittilgung.

(52) Erfüllen die Plansalden am Ende von Abb. 7 nicht das Zielsystem, müssen gemäß Abb. 5 Änderungen des Mengen- und Wertgerüsts vorgesehen werden. Dabei gelten die formellen Bedingungen, daß (1) nach Vornahme aller Änderungen das Mengengerüst vertikal widerspruchsfrei ist, (2) dieses Mengengerüst nach Preismultiplikation die rechts stehenden Werte liefert, (3) diese Werte addiert den unten stehenden Liquiditäts- und Gewinnsaldo liefern; hinzu kommt die materielle Bedingung, daß (4) diese Salden dem Zielsystem genügen, also eine ausreichende Zielerreichung liefern müssen.

(53) Der folgende Ansatz gilt direkt für die zusammensetzende Industrie, läßt sich aber auf beliebige andere Branchen übertragen, indem in der Regel nur Vereinfachungen erfolgen (außer bei Kuppelproduktion).

(54) Die Produktionsplanung gemäß Abb. 7 ist möglich als Einperiodenplanung, vorzuziehen aber als gleitende Mehrperiodenplanung. Diese ist gemäß Abb. 8 als Matrixplanung möglich. Abb. 8 zeigt zunächst die übliche Rechnung und danach deren Übersetzung in den Matrixkalkül. Zu- und Abgänge erscheinen in der Matrix als Effektivzahlen. Als Anfangsbestand erscheint nur der Bestand der ersten Planperiode, sonst 0. Der effektive Endbestand erscheint nur in der ersten Periode, während die folgenden Perioden Endbestandsveränderungen zeigen, die erst nach Kumulation zu den effektiven Endbeständen führen.

	Anfangs-bestand (B)	+ Zugang (Z)	— Abgang (A)	= End-bestand (S)
Periode 1	10	+ 15	— 20	= 5
Periode 2	5	+ 18	— 17	= 6
Periode 3	6	+ 20	— 23	= 3
	b_e	+ z_e	— a_e	= s_v
	$\begin{pmatrix} 10 \\ 0 \\ 0 \end{pmatrix}$	+ $\begin{pmatrix} 15 \\ 18 \\ 20 \end{pmatrix}$	— $\begin{pmatrix} 20 \\ 17 \\ 23 \end{pmatrix}$	= $\begin{pmatrix} 5 \\ 1 \\ -3 \end{pmatrix}$

Abb. 8: Gleitende Mehrperiodenplanung als Matrixplanung

(55) Ein solches System der gleitenden Mehrperiodenplanung zeigt die mittel- bis langfristigen Auswirkungen betrieblicher Entscheidungen auf Liquidität und Erfolg. Insbesondere sind ökonomische Schwingungen (Wachstum, Schrumpfung) klar erkennbar.

(56) Für die gleitende Mehrperiodenplanung ist (a) der Planzeitraum und (b) die Länge der einzelnen Planperiode zu bestimmen. Daraus ergibt

sich als dritte Größe die Planperiodenzahl (Planzeitraum = Planperiodenlänge × Planperiodenanzahl). Der Rechenaufwand steigt proportional zur Planperiodenanzahl.

$$\mathbf{P} = \begin{array}{c|ccc:cc:c:c:ccc} & T_1 & T_2 & T_3 & G1_1 & G1_2 & G2_1 & G3_1 & E_1 & E_2 & E_3 \\ \hline 1 & & & & & & & & & & \\ & & \mathbf{T} & & & \mathbf{G1} & \mathbf{G2} & \mathbf{G3} & & \mathbf{E} & \\ n & & & & & & & & & & \end{array}$$

$$\mathbf{PK_{ed}} = \begin{array}{c|ccc:cc:c:c:ccc} & T_1 & T_2 & T_3 & G1_1 & G1_2 & G2_1 & G3_1 & E_1 & E_2 & E_3 \\ \hline 1 & 50 & 200 & 20 & 30 & 50 & 10 & 0 & 100 & 300 & 0 \\ 2 & 50 & 200 & 20 & 30 & 50 & 10 & 0 & 80 & 450 & 0 \\ 3 & 50 & 200 & 20 & 30 & 50 & 10 & 0 & 0 & 600 & 100 \\ 4 & 50 & 200 & 30 & 40 & 50 & 20 & 40 & 0 & 450 & 50 \\ 5 & 100 & 300 & 30 & 30 & 100 & 0 & 30 & 0 & 500 & 100 \\ 6 & 100 & 300 & 30 & 40 & 50 & 50 & 100 & 10 & 700 & 200 \end{array}$$

$$= (\mathbf{TK_{ed}} \quad \mathbf{G1K_{ed}} \quad \mathbf{G2K_{ed}} \quad \mathbf{G3K_{ed}} \quad \mathbf{EK_{ed}})$$

Abb. 9: Aufbau der Produktmatrix

(57) Die Produktmatrizen (Fall A I von Abb. 7) enthalten gemäß Abb. 9 Produktmengen (Erzeugnismengen E, Teilegruppenmengen G, Einzelteilmengen T). Die Produktmengen sind zeilenweise nach Perioden, spaltenweise nach Produktarten geordnet. Es handelt sich um die Mengen m aus (7).

$$\mathbf{V_{pp}} = (\mathbf{J} - \mathbf{S})^{-1} = \begin{array}{c|ccc:cc:c:c:ccc} & T_1 & T_2 & T_3 & G1_1 & G1_2 & G2_1 & G3_1 & E_1 & E_2 & E_3 \\ \hline T_1 & 1 & & & & & & & & & \\ T_2 & 0 & 1 & & & & & & & & \\ T_3 & 0 & 0 & 1 & & & & & & & \\ G1_1 & 2 & 6 & 0 & 1 & & & & & & \\ G1_2 & 3 & 12 & 0 & 0 & 1 & & & & & \\ G2_1 & 4 & 18 & 0 & 2 & 0 & 1 & & & & \\ G3_1 & 7 & 36 & 0 & 2 & 1 & 1 & 1 & & & \\ E_1 & 12 & 69 & 1 & 6 & 0 & 3 & 0 & 1 & & \\ E_2 & 15 & 87 & 1 & 3 & 3 & 0 & 0 & 0 & 1 & \\ E_3 & 28 & 164 & 1 & 8 & 4 & 4 & 4 & 0 & 0 & 1 \end{array}$$

Abb. 10: Aufbau der Produkt-Verflechtungsmatrix

(58) Durch die Produkt-Verflechtungsmatrix gemäß Abb. 10 werden die bestelltechnisch üblichen Direkt- in Gesamtmengen (einschl. Einzelteilbedarf für Erzeugnisse) überführt. Die Verflechtungsmatrix Abb. 10 entsteht als sog. Leontief-Matrix aus der Stücklistenmatrix als Zusammenstellung der üblichen Stücklisten aller Produkte (= Fall A I 11,12 von Abb. 7).

$$V_{oi} = \begin{pmatrix} V_{pi} \\ V_{li} \\ V_{ki} \end{pmatrix}$$

	W_1	W_2	W_3	A_1	A_2	A_3	N_1	N_2	N_3	F_1	F_2	F_3
T_1	4	0	0	100	80	0	100	40	0	50	80	0
T_2	0	0	2	60	20	0	60	10	0	30	20	0
T_3	0	24	0	80	120	0	80	60	0	40	120	0
$G1_1$					50			30		0	30	60
$G1_2$		0		0	100		0	60		0	60	120
$G2_1$					50			30		0	30	60
$G3_1$					50			30		0	30	60
E_1					150			90		0	90	180
E_2		0		0	300		0	180		0	180	360
E_3					200			120		0	120	240
T_1				300	400	0	400	200	0			
T_2				200	100	0	300	100	0		0	
T_3				400	300	0	300	200	0			
$G1_1$					100			100		0	100	200
$G1_2$					200			100		0	100	200
$G2_1$		0		0	100		0	100		0	100	200
$G3_1$					100			100		0	100	200
E_1					300			300		0	300	600
E_2					600			500		0	500	1 000
E_3					400			300		0	300	600
K	0	0	0	100 000	50 000	5000	100 000	25 000	3000	60 000	60 000	15 000

$= (V_{ow} \quad V_{oa} \quad V_{on} \quad V_{of})$

Abb. 11: Aufbau der Input-Verflechtungsmatrix

(59) Gemäß A II 1 von Abb. 7 sind die dann vorliegenden Herstell-Gesamtmengen der Produkte durch eine Matrix der restlichen Einflußgrößen zu einer allgemeinen Einflußgrößenmatrix für den Einsatzgüterbedarf zu ergänzen.

(60) Die Input-Verflechtungsmatrix gemäß A II 1 bzw. Abb. 11 zeigt den mengenmäßigen Einsatzgüterverbrauch je Produkteinheit bzw. je restliche Einflußgrößen-Einheit. Sie ist spaltenweise gegliedert in Werkstoffe W, Arbeitsarten A, Maschinennutzungsarten N und Energiearten F. In Abb. 11 erscheinen die Verbrauchskoeffizienten x:m aus (7).

$$JW_e = 0_e \; V_{oi} = (PH_{eg} \quad PH_{eg} \, V_{pl} \; 1_e) \; V_{oi}$$

		W_1	W_2	W_3	A_1	A_2	A_3	N_1	N_2	N_3	F_1	F_2	F_3
	1	1,4	0	13,6	544	215	286	544	107	173	282	394	354
	2	31,6	0	91,1	3625	1595	369	3627	798	223	1821	1823	455
$= 10^3$	3	82,8	7,2	225,6	8972	4006	981	8973	2005	591	4491	4596	1192
	4	30,8	7,2	91,6	3647	1622	407	3648	811	246	1831	1871	501
	5	46,8	19,2	130,0	5244	2390	576	5244	1197	347	2627	2736	703
	6	120,2	39,6	338,1	13403	6052	1388	13405	3029	837	6700	6877	1683

$= (WW_e \quad AW_e \quad NW_e \quad FW_e)$

Abb. 12: Aufbau der Input-Verbrauchsmatrix

(61) Die Input-Verflechtungsmatrix Abb. 11 kann auch dynamisiert werden und berücksichtigt dann den zeitlichen Vorlauf der Produktion.

(62) Die Einflußgrößenmatrix kann mit der Input-Verflechtungsmatrix multipliziert werden und ergibt dann gemäß Abb. 12 den Einsatzgüter-Mengenverbrauch.

(63) Von diesem Einsatzgüterverbrauch aus erfolgt gemäß Abb. 7 noch eine gesonderte Bestandsrechnung für jedes lagerfähige Einsatzgut, die in die jeweils nötige Zugangsmenge einmündet.

(64) Das dargestellte System der Produktionsplanung erscheint in höherem Maße praktikabel als die übliche Produktionstheorie. Insbesondere sind viele wichtige Einflußgrößen nicht nur verbal erwähnt, sondern auch rechnerisch erfaßt. Zusammen mit der darauf aufbauenden integrierten Finanz- und Erfolgsplanung liegt ein praktikables Management-Informationssystem vor.

	Pagatorische Posten		Nichtpagatorische Posten	
	Zweck	Neutral	Zweck	Neutral
	1. (Zweckaufwand)	2. (Neutraler Aufwand)	3. (Zusatzkosten)	4.
Periode 1	80	20	50	0
Periode 2				
Periode :				
Periode m				

Abb. 13: Aufbau der Wertmatrix

(65) Die genannten Mengenmatrizen sind durch Bewertung in Wertmatrizen zu überführen. Die Wertmatrix gemäß Abb. 13 weist als Koeffizienten Wertgrößen auf. Die Zeilenordnung erfolgt wie bei den Mengenmatrizen nach Planperioden. Die Spalten sind in pagatorische und nichtpagatorische Posten gegliedert sowie in betriebszweckbezogene und betriebsneutrale Vorgänge. Durch spaltenweise Zusammenfassung entsteht z. B. in der Erfolgsrechnung wahlweise der Aufwand (Spalte 1 und 2) bzw. die Kosten (Spalte 1 + 3).

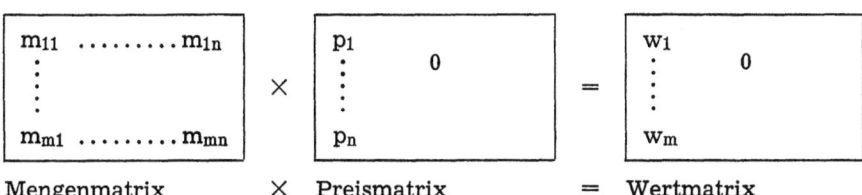

Abb. 14: Überführung der Mengen- in Wertmatrizen

(66) Die dargestellten Mengenmatrizen werden gemäß Abb. 14 in Wertmatrizen überführt. Den sachlichen Zusammenhang von Mengen- und Wertmatrizen zeigt Abb. 7. Jede Wertgröße aus Abb. 7 stellt eine Wertmatrix gemäß Abb. 13, 14 dar. Das Planungssystem als ganzes erscheint dann als Planungstensor 4. Ordnung. Als Preise erscheinen die Absatzpreise p bzw. Beschaffungspreise r aus (7).

(67) Die u. a. entstehenden Plankosten unterscheiden sich von der üblichen Plankostenrechnung wie folgt:

übliche Plankostenrechnung	*hier entstehende Plankostenrechnung*
statisch	dynamisch
Einperioden	Mehrperioden
Einprodukt	Mehrprodukt
eine Einflußgröße	mehrere Einflußgrößen

(68) Diese Plankostenrechnung wird ergänzt durch eine gleichrangige Planleistungsrechnung nach gleichen Prinzipien.

(69) Die Plankosten- und Planleistungsrechnung werden ergänzt durch einen integrierten Finanzplan. Als Verbindungsglied erscheint eine Planbilanz. Alle drei Rechnungssysteme erscheinen als Mehrperiodenplanung und erlauben eine detaillierte Überwachung sowohl des Liquiditäts- als auch Erfolgs- und Wachstumsziels.

(70) Das dargestellte integrierte Planungssystem ist zu ergänzen durch ein noch zu entwickelndes Planabweichungs- und Kontrollsystem. Die Planabweichungen müssen mehr Einflußgrößen als in der Plankostenrechnung üblich, erfassen. Ferner erscheinen nicht nur Kostenabweichungen, sondern auch Leistungs-, Einnahmen- und Ausgabenabweichungen sowie auch Vermögens- und Schuldenabweichungen.

III. Finanzgestaltung (Finanzierungspolitik)

(71) Ein Finanzplan kann als Saldo Illiquidität, Unter- oder Überliquidität liefern (vgl. Abb. 3, 6). Der Finanzplan wird dann ergänzt durch eine Finanzgestaltung (Feld 15 von Abb. 5). Bei Illiquidität und Unterliquidität *muß* der Liquiditätssaldo des Finanzplans erhöht, bei Überliquidität *kann* er verringert werden.

(72) Diese Finanzgestaltung kann erfolgen (vgl. Abb. 15):

    a) Zur Saldenerhöhung oder -verringerung (im letzteren Falle gelten die eckigen Klammern in der Kopfzeile von Abb. 15),

    b) durch Einnahmen- oder Ausgabenänderung (Spalte 1,2 bzw. 3,4),

	Einnahmengestaltung		Ausgabengestaltung	
	1. Einnahmen-Erhöhung [-Verringerung]	2. Einnahmen-Vorverschiebung [-Nachverschiebung]	3. Ausgaben-Verringerung [-Erhöhung]	4. Ausgaben-Nachverschiebung [-Vorverschiebung]
1. Finanzzahlung (Außenfinanzierung)	11.1 Darlehensaufnahme E1 .2 Beteiligungsaufnahme E2	12.1 Darlehensaufnahme E1 .2 Beteiligungsaufnahme E2 .3 Darlehenstilgung oder -veräußerung E3 .4 Beteiligungstilgung oder -veräußerung E4	13.1 Darlehensgewährung A3 .2 Beteiligungsgewährung A4	14.1 Darlehensgewährung A3 .2 Beteiligungsgewährung A4 .3 Darlehenstilgung A1 .4 Beteiligungstilgung A2
2. Erfolgszahlung (Innenfinanzierung)	21.1 Laufende Erfolgseinnahme EII .2 Offene Subventionen E15 .3 Dividenden E17 .4 Veräußerung von Material oder Betriebsmitteln E6,7 .5 Vermietung überzähliger Betriebsmittel E7 oder Beschäftigter E10	22.1 Variation des Veräußerungszeitpunktes .2 Variation des Zahlungszeitpunktes .3 Factoring als Sonderfall von Punkt .2 .4 Wechsel zwischen Verkauf E5 und Vermietung E8	23.1 Variation determinierter Ausgaben AII (Material, Energie, Lohn) .2 Variation disponibler Ausgaben AII (Betriebsmittel A7, Werbung, Forschung) .3 Versteckte Subventionen AII .4 Dividenden A17	24.1 Variation des Beschaffungszeitpunktes .2 Variation des Zahlungszeitpunktes .3 Pensionslöhne A10 .4 Wechsel zwischen Kauf A7 und Anmietung A8 .5 Steuerstundung A14

Abb. 15: Finanzgestaltung zur Erhöhung [Verringerung] des Liquiditätssaldos

c) durch Betragsänderung oder bloße zeitliche Verschiebung der Einnahmen/Ausgaben (Spalte 1,3 bzw. 2,4),

d) durch Finanzzahlungen (Außenfinanzierung) oder Erfolgszahlungen (Innenfinanzierung).

(73) Die zeitliche Verschiebung (Spalte 2,4 von Abb. 15) genügt bei vorübergehender Illiquidität, Unter- oder Überliquidität. Bei dauerhafter Illiquidität, Unter- oder Überliquidität ist dagegen eine Betragsänderung erforderlich (Spalte 1,3 von Abb. 15).

(74) Die Finanzierungsformen gemäß Abb. 15 sind untereinander zu vergleichen in bezug auf Liquidität (sofortige und Folgewirkungen), Gewinn, Risiko und Imageeffekte. Liegt im Einzelfall nur eine Finanzierungsalternative vor, muß die gewählt werden. Bei längerfristiger Finanzplanung besteht aber Zeit, mehrere Finanzierungalternativen zu suchen, desto besser ist dann das Zielsystem erreichbar.

(75) Die in der klassischen Finanzierungslehre genannten Finanzierungsformen stellen nur Einnahmenerhöhungen gemäß Spalte 1 von Abb. 15 dar. Unter 11.2 erscheint die Eigenfinanzierung, unter 11.1 die Fremdfinanzierung, unter 21.1 die sog. Selbstfinanzierung.

(76) Damit wird in der klassischen Finanzierungslehre nur ein Teil der Finanzgestaltung erfaßt. Berücksichtigt ist nur die dauerhafte Illiquidität und Unterliquidität; selbst dafür ist noch der Rest von Spalte 1 sowie Spalte 3 als weitere Finanzierungsformen zu ergänzen. Hier werden einerseits zusätzliche Finanzierungsformen genannt, andererseits die sog. Selbstfinanzierung und Finanzierung aus Abschreibungen nicht genannt (vgl. These (30)).

(77) Die Finanzierung aus Erfolgseinnahmen-Überschüssen 21.1 (sog. Selbstfinanzierung) und die Subventionsfinanzierung 21.2 mindern weder Liquidität noch Gewinn, erfüllen das Zielsystem des Betriebes besser und werden deshalb vom Kreditnehmer vorgezogen.

(78) Die Fremd- oder Darlehensfinanzierung 11.1 und die Eigen- oder Beteiligungsfinanzierung 11.2 werden nur soweit betrieben wie danach noch nötig. Sie belasten die Liquidität mit Tilgung und Zinsen bzw. Dividenden, den Gewinn mit Zinsen bzw. Dividenden (soweit man die Dividenden als Aufwand statt Gewinn betrachtet), sie sind weniger diskret praktizierbar und nur bei guter Wirtschaftslage des Kreditnehmers erhältlich (wenn sie nicht gebraucht werden), sind überhaupt nicht erhältlich bei fehlendem Kreditwillen oder fehlender Kreditvergabemöglichkeit des Kreditgebers.

(79) Verbleibt nach Ausschöpfung aller Selbst- und Subventions-Finanzierungsmöglichkeiten noch eine Liquiditätslücke, so erfolgt für diesen Restbetrag eine Wahl zwischen Darlehens- und Beteiligungsfinanzierung. Die Wahl fällt verschieden aus je nach Erhältlichkeit (Verschuldungs-Obergrenze für Darlehen, begrenzte Beteiligungskreditmöglichkeit für öffentliche Unternehmungen, Personen- und Familiengesellschaften), nach Höhe, Abbaufähigkeit und steuerlicher Abzugsfähigkeit von Zinsen bzw. Dividenden, Kreditbeschaffungs- und Tilgungsfristen, Einflußmöglichkeit des Kreditgebers, Inflationstendenz.

(80) Modernere Finanzierungsformen (z. B. Leasing, Factoring), beruhen primär auf Zahlungsverschiebungen, gelten also nur bei vorübergehenden Finanzengpässen und sind dann mit anderen Posten aus Spalte 2,4 von Abb. 15 in bezug auf Liquidität, Gewinn und Risiko zu vergleichen.

Quelle: Chmielewicz, Klaus: Integrierte Finanz- und Erfolgsplanung, Stuttgart 1972.

Zur Anwendung mathematischer Modelle bei der strategischen Planung

Von

Dr. Erich Zahn

1. Situation der Planung

Planen — verstanden als kontinuierlicher Informations-Entscheidungs-Steuerungsprozeß — ist erst seit nicht allzu langer Zeit Gegenstand einer systematischen wissenschaftlichen Durchdringung. Dies trifft vor allem für die „geistige Vorwegnahme jenes zukünftigen Geschehens" zu, das weit über den normalen, kurzfristig orientierten Aktionshorizont der Unternehmen hinausreicht.

Noch vor 15 Jahren konnte Peter Drucker [9, S. 118] behaupten, daß die Wirtschaftswissenschaften so gut wie keinen Beitrag zu dieser langfristigen Planung geleistet hätten. Er wies an gleicher Stelle darauf hin, daß Management Science aber einmal danach beurteilt werden würde, wie es ihr gelingt, dasjenige Wissen zu vermitteln und dasjenige Denken zu entwickeln, das notwendig ist, langfristiges Planen möglich, einfach und effektiv zu machen.

Seit dieser Zeit konnten eine Reihe wissenschaftlicher Anstrengungen auf dem gesamten Gebiet der Planung — mit wechselnden Schwerpunkten — sowie eine ständig steigende Zahl von Unternehmen, die sich formaler Pläne bedienen, beobachtet werden. Das folgende, stark vereinfachende Schema illustriert in etwa die gegenwärtigen Anwendungsbereiche der computer- und modellgestützten Planung. Dabei sind die Inhalte der Planung nach ihrer Zugehörigkeit zu den Bereichen taktische, administrative und strategische Planung[1]) und nach dem Strukturierungsgrad der Entscheidungsprobleme[2]) aufgegliedert.

Trotz seiner Unvollkommenheit und damit auch seiner begrenzten Aussagefähigkeit ist dieses Schema doch hinreichend für eine grobe Situationsbeurteilung der modell- und computergestützten Planung geeignet. In der Praxis dürften heute mathematische Planungsmodelle tendenziell nur für solche Aufgabenbereiche zur Anwendung kommen, die oberhalb der Trennspalte (Tabelle) liegen. Dabei fällt auf, daß der überwiegende Anteil von operablen Planungsmodellen sich auf Probleme bezieht, die gut strukturiert und deshalb relativ einfach zu definieren sind. Es handelt sich hier vorwiegend um häufig wiederkehrende Probleme, so wie sie für die taktische Planung typisch sind. Beispiele sind etwa die Planung der Lagerhaltung und der Auftragsabwicklung.

---

1) Die Einteilung der Planungsbereiche, deren Grenzen sich nicht scharf ziehen lassen, erfolgt in Anlehnung an Ansoff [2] und Anthony [4].
2) Die Klassifizierung von Entscheidungsproblemen nach dem Grad ihrer Strukturiertheit geht auf Simon [18, S. 6] zurück.

Strukturierungsgrad \ Planungsbereiche	taktische Planung	administrative Planung	strategische Planung
strukturiert	Lagerhaltung Auftragsabwicklung	Ressourcenallokation	Standortplanung Vertriebssystem (z. B. Ölindustrie)
teilstrukturiert	Terminplanung	kurzfristige Prognosen	
nicht strukturiert	kurzfristige Finanzplanung PERT / Cost-Analyse	Absatzplanung Budgetplanung	Planung neuer Produkte F+E-Planung Fusionen

Tabelle: Planungsbereiche und ihre Probleminhalte

Bei der administrativen Planung, die sicherstellen soll, daß die Produktionsfaktoren entsprechend den Zielen des Unternehmens möglichst effizient genutzt werden, existieren im Bereich der gut strukturierten Probleme vornehmlich Modelle zur Allokation von Ressourcen. Nur wenige gut strukturierte Entscheidungsprobleme gibt es bei der strategischen Planung. Dementsprechend selten werden auch mathematische Modelle in praxi angewandt. Als Beispiele können hier die bei den großen Ölkonzernen gebräuchlichen LP-Modelle zur Planung von Vertriebssystemen genannt werden.

Für die Planungsaufgaben unterhalb der trennenden Spalte, die durch teilweise oder schlecht strukturierte Entscheidungsprobleme gekennzeichnet sind, konnten die bisher existierenden Modellansätze nur vereinzelt über das Stadium der theoretischen Überlegungen hinausgelangen. Die hier zu überwindenden Schwierigkeiten sind wegen der nicht einfachen Bestimmbarkeit von Ursache-Wirkungsbeziehungen und den Problemen ihrer Quantifizierung natürlich im Bereich der strategischen Planung am größten.

Die Ergebnisse der laufenden Bemühungen auf dem Gebiet der Planungsforschung weisen aber tendenziell auf eine Erweiterung der Anwendungsbereiche von mathematischen Planungsmodellen (also auf eine Verschiebung der Trennspalte nach unten) hin. Dies trifft auch für die strategische Planung zu, für die inzwischen eine Reihe von erfolgversprechenden Ansätzen konzipiert werden konnten. Auf sie soll im folgenden noch eingegangen werden.

2. Inhalt der strategischen Planung

Erkenntnisobjekt der strategischen Planung sind die Interaktionen zwischen Unternehmen und Umwelt. Die strategische Planung stellt quasi das Bindeglied zwischen den durch Umweltänderungen verursachten Chancen und Gefahren auf der einen Seite und den zukünftigen Entwicklungsmöglichkeiten des Unternehmens auf der anderen Seite dar [21, S. 43]. Diese systematische Kombination von sorgfältig bewerteten Stärken und Schwächen des Unternehmens und systematisch antizipierten Umweltveränderungen ist eine Grundvoraussetzung für die Realisierung des Überlebenszieles, das heute — mehr denn je — durch die zeitlich immer schneller erfolgenden Veränderungen in der (technischen, ökonomischen, sozialen und ökologischen) Umwelt gefährdet ist.

Aus dem Aktions-Reaktionsgefüge zwischen Unternehmen und Umwelt entstehen zwei entgegengesetzte, auf das Unternehmen einwirkende Kräfte, die in einem vernünftigen Verhältnis zueinander gehalten werden müssen. Dies sind einerseits die systemstabilisierenden Kräfte mit ihrer Tendenz zum Gleichgewicht und andererseits die Kräfte, die vom Gleichgewicht wegführen. Sie implizieren eine teils offensive und teils defensive Verhaltensweise. Gewisse Anstrengungen, einen einmal erreichten „Status Quo" zu halten, sind notwendig, wenn die bestehenden Ziele des Unternehmens erreicht und die komplexen Beziehungen in der Führungsstruktur und zur Umwelt aufrecht erhalten werden sollen. Zur gleichen Zeit aber muß eine gewisse Bereitschaft aufgebracht werden, mit bestehenden Ordnungen und Beziehungen zu brechen, damit die notwendigen Anpassungen an unvermeidbare Umweltänderungen erfolgen, aber auch damit neue Entwicklungsmöglichkeiten aufgetan und genutzt werden können. Die zur Koordinierung dieser konträren aber doch einander bedingenden Kräfte erforderlichen Entscheidungen sind Inhalt der strategischen Unternehmensplanung.

Die im Rahmen dieser Planung getroffenen Entscheidungen sind deshalb auch als strategisch zu bezeichnen. Sie stehen in einer engen zeitabhängigen Beziehung zu den routinemäßigen und repetitiven taktischen Entscheidungen[3]). Die taktischen Entscheidungen in der Gegenwart gehen aus strategischen Entscheidungen in der Vergangenheit hervor und münden in strategische Entscheidungen in der Zukunft ein, die wiederum Leitlinie für zukünftige taktische Entscheidungen sind usw. Diese zeitliche Verkettung von strategischen und taktischen Entscheidungen ist Ausdruck der Managementprozesse[4]), die die logistischen Prozesse des dynamischen Systems

---

3) Zwischen taktischen und strategischen Entscheidungen besteht auch eine hierarchische Beziehung; dementsprechend vertikal integriert sind auch die taktische, die administrative und die strategische Planung.

4) In jeder Unternehmung lassen sich grundsätzlich zwei Prozeßebenen erkennen: die Ebene der logistischen oder physischen Prozesse und die Ebene der Management- oder Entscheidungsprozesse. Die logistischen Prozesse umfassen alle materiellen Produktionsvorgänge, d. h. die Transformation von materiellem Input (Produktionsfaktoren) in materiellen Output

Unternehmen steuern und die die für sein Überleben und Wachsen so wichtigen Anpassungsprozesse auslösen.

Von ihrem Wesen her gesehen unterscheiden sich strategische und taktische Entscheidungen erheblich. Im Gegensatz zu den letztgenannten sind die Probleme der erstgenannten novativ, unstrukturiert und komplex. Strategische Entscheidungen, wie etwa zur Produktdiversifikation oder zur Fusion kommen nicht häufig oder nur in großen Abständen vor; sie sind einmalig hinsichtlich ihrer Problemstruktur. Der komplexe Entscheidungs- oder Problemlöseprozeß ist in der Regel in allen seinen Phasen nicht strukturiert; d. h. statuierte Entscheidungsregeln und Algorithmen, die es erlauben, ein Problem operational zu definieren, dafür Lösungen zu finden und schließlich die beste Lösung auszuwählen, sind wegen der Besonderheit des zugrundeliegenden Problems nicht anwendbar[5]). Definieren und Lösen von Problemen stellen innovative Prozesse dar.

Die Informationen, auf denen diese — meist irreversiblen — Entscheidungen basieren, sind in hohem Grade ungewiß; sie entstammen in der Regel externen Quellen, sind vage definiert und besitzen einen hohen Aggregationsgrad. Die Entscheidungskonsequenzen liegen weit in der Zukunft; ihre Vorhersage ist schwierig, da die geplanten Ereignisse nicht zur Klasse jener Ereignisse gehören, auf die die Gesetze der großen Zahlen anwendbar sind.

Inhalt dieser Entscheidungen sind das Suchen und Selektieren von langfristigen Zielen des Unternehmens und das Auswählen von Mitteln zur Erreichung dieser Ziele. Deshalb und wegen ihrer spezifischen Charakteristika liegen sie im Verantwortungsbereich des Top-Management.

Bedeutsam für den Aspekt der Planung ist, daß strategische Entscheidungen gleichsam einen Glauben an die Macht, die Zukunft kontrollieren zu können — sie also mehr als vorausschaubar zu machen — implizieren [8, S. 34]. Gegenwärtig getroffene strategische Entscheidungen beeinflussen danach die in der Zukunft zu treffenden nicht nur über die laufenden taktischen und administrativen Entscheidungen, sondern auch auf dem Wege über die Umweltbeeinflussung, wie die folgende Skizze illustriert (Figur 1).

Von Unternehmen in der Gegenwart getroffene Entscheidungen wirken auf die Umwelt, und deren Veränderungen determinieren wiederum — über das Interaktionsgefüge von Unternehmen und Umwelt — zukünftige Entscheidungen [21, S. 89].

(Leistungen). Gegenstand der Managementprozesse sind Informationen und ihre Transformation in Aktionen. Die Informationen resultieren entweder aus Beobachtungen der physischen Prozesse im Unternehmen oder der Vorgänge in der Umwelt und werden in Aktionsanweisungen für die logistischen Prozesse umgewandelt [2].

5) In die Entscheidungsakte der einzelnen Phasen gehen in starkem Maße subjektive Werte — z. B. über die Zielerwartungen — ein.

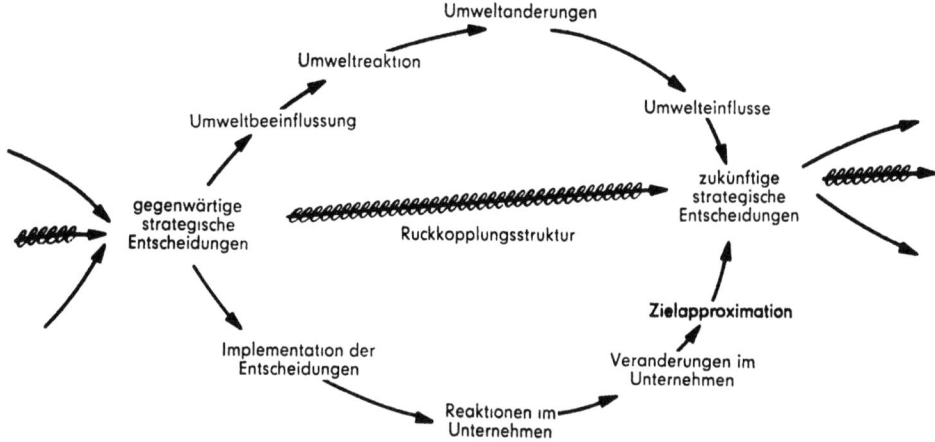

Figur 1: Ein Paradigma über das Formulieren strategischer Entscheidungen (in Anlehnung an [10]).

Für Unternehmen von einer bestimmten Größenordnung und mit einer bestimmten Marktmacht ist diese Kontrollhypothese sicher nicht unrealistisch. Der komplexe durch Rück- und Vorwärtskopplung gekennzeichnete Charakter der strategischen Planung läßt sich aus dem skizzierten Sachverhalt allgemein ableiten.

3. Anforderungen an die modellgestützte strategische Planung

Der Inhalt der strategischen Planung macht deutlich, daß diese kein statisches Phänomen sein kann. Sie ist vielmehr ein kontinuierlicher Prozeß, bei dem die Ziele des Unternehmens auf lange Sicht festgelegt und über die Verhaltensweisen zur Beschaffung, Nutzung und Disposition von Ressourcen, die der Realisierung der Ziele dienen, entscheiden wird[6]. Dieser Prozeß wird durch eine Problemdiagnose ausgelöst und beginnt mit dem Formulieren der Ziele, dem sich die Analyse und Auswahl der Maßnahmen anschließen. Weiterhin umfaßt er die Implementierung der Entscheidungen, das Beobachten der aus den Aktionen resultierenden Leistungen und Umweltreaktionen sowie die Rückkopplung der so gewonnenen Informationen in einem neuen Planungszyklus.

Der Planungsprozeß — wie in Figur 2 verdeutlicht — ist weitgehend kontinuierlich. Daran ändert auch nicht die Tatsache, daß das Auftreten von Problemen und Gelegenheiten im allgemeinen diskret erfolgen und demnach das „Timing" der einzelnen Entscheidungen unregelmäßig sein kann.

---

[6] Diese Definition deckt sich mit dem üblichen Planungsbegriff, so wie er etwa von Ackoff [1, S. 5], Anthony [4, S. 16] und Steiner [20, S. 34] vertreten wird.

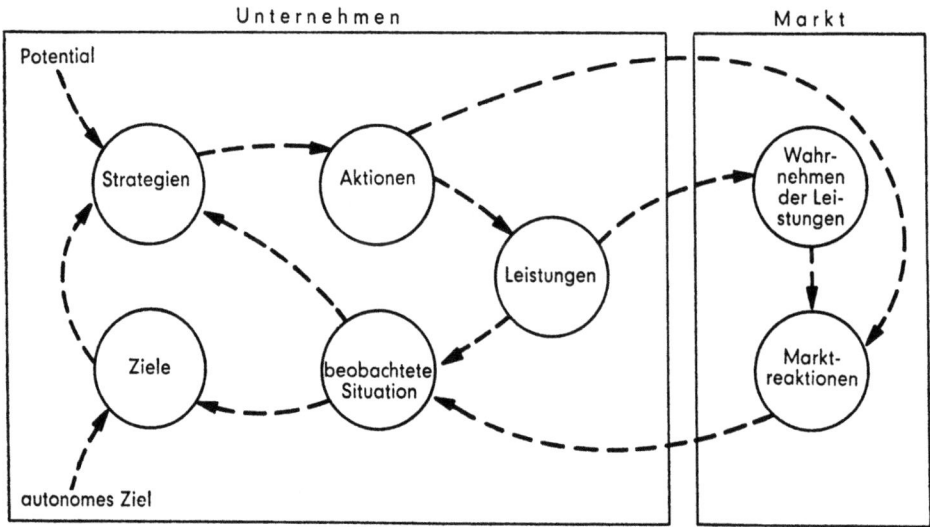

Figur 2: Der Prozeß der strategischen Planung, dargestellt an den Interaktionen zwischen Unternehmen und Markt [21, S. 90].

Strategische Planung ist nur sinnvoll bei einer dynamischen, aggressiven Unternehmenspolitik. Diese ist gekennzeichnet durch gezielte Aktionen oder antizipierende Reaktionen; beide beruhen auf einem permanenten Suchen nach signifikanten Umweltänderungen und Wachstumsgelegenheiten. Dieses mehr offensive Verhalten ist im Gegensatz zu den rein defensiven „Lag Responses", bei denen die Reaktionen erst nach beträchtlichen und bereits eingetretenen Veränderungen erfolgen, ein durch mehr Kontinuität gekennzeichneter Vorgang.

Die strategische Planung ist umfassend, d. h. sie erstreckt sich auf das Unternehmen als Ganzes. Das bedeutet nicht, daß das Unternehmen in einem dafür konzipierten Planungsmodell in sämtlichen Details abgebildet sein muß. Wichtig ist nur, daß alle für eine erfolgreiche Steuerung des Unternehmens relevanten Aspekte Berücksichtigung finden. Gegenstand der strategischen Planung ist weniger das Aufstellen von Prognosen und das Beschreiben von Totalsituationen, sondern vielmehr das Lösen von unternehmenspolitischen Problemen. Die Modelle zur Lösung dieser Probleme müssen darauf abgestellt sein.

Aus den Ansprüchen nach Komplexität und Kontinuität der strategischen Planung läßt sich eine weitere wesentliche Anforderung an die diese Planung zu unterstützenden Modelle ableiten: die Planungsmodelle müssen, sollen sie sinnvolle Aussagen liefern, auf einem systemanalytischen Konzept basieren, einem Konzept, das der Dynamik des Problems und damit auch seinen ihm innewohnenden Interdependenzen Rechnung trägt.

Die strategische Planung erfordert gewöhnlich eine Vielzahl von Daten, die sich auf das Unternehmen selbst und seine Umwelt beziehen. In der Regel sind diese Daten nicht, unvollständig und/oder in einer anderen als in der benötigten Form vorhanden. Sie müssen deshalb für die Zwecke der Planung beschafft und aufbereitet werden. Dabei kommt es nicht so sehr darauf an, neue Informationen zu gewinnen, als vielmehr aus den vorhandenen die irrelevanten Informationen zu eliminieren[7]). Die Fülle der unzureichend strukturierten Informationen erschwert eine Problemidentifikation und damit eine Modellkonzipierung im allgemeinen erheblich. Aus dieser Tatsache erwächst an das Planungsmodell — ebenso wie an das Informationssystem des Unternehmens — die Anforderung nach Selektierung und Berücksichtigung aller relevanten Problemaspekte. Dieser Forderung, die zu sehr komplizierten Modellen tendiert, steht der Wunsch nach Einfachheit entgegen, denn der Benutzer verlangt leicht durchschaubare Modelle, zu denen er eher Zugang und damit Vertrauen als verläßliche Informationsquelle gewinnen kann. Die Modelle müssen deshalb so umfangreich und so disaggregiert wie nötig und so umfangmäßig begrenzt und so aggregiert wie möglich sein. Ihr Umfang und ihr Aggregationsniveau müssen so gewählt sein, daß alle zur Erklärung und Lösung eines strategischen Problems erforderlichen Faktoren explizit in ihnen enthalten sind.

Eine wesentliche Voraussetzung für das Benutzen quantitativer Modelle ist deshalb auch die eingehende Kenntnis der Entscheidungsprozesse, die sich im Unternehmen vollziehen. Dies verlangt ein erhebliches Maß an empirischem und multidisziplinärem Wissen vom Modellbauer, aber noch mehr die Fähigkeit zur Aufnahme von Informationen und ihrer kritischen Analyse.

Hinzu kommt schließlich noch die Forderung nach Validierbarkeit und Wirtschaftlichkeit, die ebenfalls auf Praktikabilität abzielt. Die Ergebnisse der Modelle dürfen für den Benutzer nicht mystisch, sondern müssen für ihn verständlich und akzeptierbar sein.

4. Ansätze zur modellgestützten strategischen Planung

Modelle sind Abstraktionen oder Substitute realer Phänomene. Sie können — gleichgültig, ob sie mathematisch, verbal oder auch nur mental sind — wirkliche Sachverhalte mit unterschiedlicher Genauigkeit wiedergeben. Modelle sind eine wesentliche Begleiterscheinung des Denkens überhaupt, das auf Abstraktionen, also auf Modellen beruht. Modelldenken in diesem erweiterten Sinne ist damit auch für die Planung nichts Neues. Der Mensch hat bei seinen rationalen Wahlhandlungen nur immer ein mehr oder weniger komprimiertes Abbild einer Realsituation vor Augen. Diese geistigen Modelle werden zu mathematischen, wenn die Regeln und Beziehungen, die

---

[7]) Ein systemorientierter Ansatz kann hier helfen, die Frage nach den zu beschaffenden Daten besser zu beantworten und den Nutzen der verfügbaren Daten effektiver zu machen, als dies mit einem traditionellen additiv-isolierenden Vorgehen möglich wäre.

ein reales Sein sonst gedanklich repräsentieren würden, in einer algebraischen oder logischen Schreibweise ausgedrückt werden. Das Entscheidungsproblem kann daher nicht lauten: Benutzen oder Ignorieren von Modellen, sondern nur Wählen zwischen alternativen Modellen.

Je anspruchsvoller ein Modellansatz ist, eine desto größere Skepsis wird ihm im allgemeinen auch von seinen potentiellen Verwendern entgegengebracht. Das liegt wohl vor allem darin begründet, daß diese Modellansätze optimistische Werkzeuge darstellen, in dem Sinne, daß sie eine Lösung anstreben, wohingegen die menschlichen Vorstellungen über eine Problembewältigung mit zunehmender Kompliziertheit des Problems normalerweise zu einer pessimistischen Beurteilung tendieren. Hinzu kommt die weitverbreitete und wohl auch nicht ganz unbegründete Ansicht, daß mathematische Modelle im Bereich der Sozialwissenschaften wenig zu leisten vermögen. Es wird im allgemeinen behauptet, daß mathematische Modelle von sozialen Phänomenen genau definierte Variable verlangten, die häufig kein entsprechendes Gegenstück in der realen Welt hätten, daß in sozialen Systemen keine kontrollierten Experimente durchgeführt werden könnten, daß die Probleme zu komplex seien, als daß sie noch sinnvoll abgebildet werden könnten, daß menschliches Verhalten unvorhersehbar sei und daß der nach einer Problemlösung suchende Mensch mit dem Realsystem interagiere. Diese Einwände bestehen zu Recht; sie sind jedoch nicht ausreichend genug, um exakte wissenschaftliche Methoden bei der Suche nach Problemlösungen auszuschließen. In den Naturwissenschaften, die oft bei diesen Behauptungen zum Vergleich herangezogen werden, sah man sich einst vor gleichgelagerte Probleme gestellt.

Daß mathematische Modelle in den Sozialwissenschaften eine ähnlich wichtige Rolle spielen können wie in den Naturwissenschaften, deuten die in jüngerer Zeit erzielten Erfolge an.

Auch bei der strategischen Planung kann eine Abnahme der Ressentiments gegen quantitative Methoden beobachtet werden, nachdem die Modellansätze nun aus dem Bereich der theoretischen Überlegungen herauszuwachsen beginnen.

Hier sind es vor allem drei Arten von Modellen, die für die Zwecke der strategischen Planung geeignet erscheinen. Dies sind die rein „konzeptionellen" Modelle, wie sie etwa von Anthony [4], Gilmore & Brandenberg [14] und Steiner [20] entwickelt wurden, die „quasi-analytischen" Modelle (z. B. Ansoff [2]) und die „Simulationsmodelle", die hier vor allem interessieren sollen. Die drei Modellkategorien unterscheiden sich vor allem im Grad ihrer Konkretisierung. Während die erstgenannten Modelle lediglich eine Konzeptionalisierung von Realität darstellen (Erkennen und Festhalten der Kausalstruktur eines Problems) gehen die letztgenannten einen Schritt weiter, indem sie diese Konzepte über die Wirklichkeit in formalen Modellen repräsentieren.

Die im Bereich der taktischen Planung gebräuchlichen analytischen Verfahren sind für die strategische Planung wegen der spezifischen Natur ihrer Probleme nicht anwendbar. Auf der Suche nach neuen Ansätzen kam man u. a. zu experimentellen Methoden und hier vor allem zu den systemorientierten Simulationsmodellen.

Simulationsstudien sind eine Kombination aus Experiment und Modell; die Experimente werden dabei nicht an einem Realsystem, sondern mit einem Modell — in der Regel unter Zuhilfenahme eines Computers — ausgeführt. Quasibeobachtungen treten dann an die Stelle von aktuellen Beobachtungen. Die Computersimulation zeigt sich besonders dann brauchbar, wenn keine Realexperimente möglich sind und die Problemstruktur komplex und durch nichtlineare Beziehungen gekennzeichnet ist. Dies ist bei sozialen Systemen — wie etwa den Unternehmen — der Fall. Für die Zwecke der strategischen Planung können hier Simulationsmodelle dazu dienen, das Verhalten des Unternehmens über einen längeren Zeitraum quasi abzubilden, Reaktionen des Unternehmens auf spezifische Strategien und Umweltänderungen zu untersuchen und Zielkonflikte zu analysieren.

Auf der Systemtheorie aufbauende Modelle kommen hier nicht etwa in Frage, weil die strategische Planung auf das Unternehmen als Ganzes gerichtet ist, sondern vielmehr deshalb, weil die strategischen Entscheidungen Aktionen auslösen, die auf dem Wege der Rückkopplung während des langen Planungshorizontes neue Aktionen induzieren können; mit anderen Worten, die meisten das Langzeitverhalten des Unternehmens determinierende Entscheidungsgrößen sind systemendogene Variablen i. w. S. Die Prozesse der Transformation von Information in Aktion sind deshalb nicht als „open loop" Prozesse, sondern als „closed loop" Prozesse darzustellen. Dementsprechend lassen sich die jeweiligen strategischen Realphänomene als komplexe, dynamische Systeme auffassen, auf die die Logik von Feedbackkontrollprozessen angewandt werden kann.

Zu den hier angesprochenen Modellen gehören auch die Modelle vom Typ „System Dynamics", einem systemorientierten, computergestützten Problemlösungsansatz, der am M. I. T. unter Jay W. Forrester in über 15jähriger intensiver Forschungsarbeit entwickelt wurde und wegen seiner Allgemeingültigkeit inzwischen ein weites Anwendungsfeld gefunden hat.

Nachdem Wissenschaftler, vor allem am M. I. T. [11] und am SRI [6] nachweisen konnten, daß die Simulation des Verhaltens von Unternehmen grundsätzlich möglich ist, wurden inzwischen auch von Firmen, wie Anheuser-Busch [5], IBM, Pillsbury [17] und Xerox [7] eigene computergestützte Planungsmodelle entwickelt[8]). Es handelt sich hier weitgehend um hypothetische Modelle, die wegen ihres geringen empirischen Gehaltes mehr dem allgemeinen Problemverständnis und weniger als Informationsquelle bei der Lösung aktueller Entscheidungsprobleme dienen.

---

[8]) Es soll nicht Zweck dieses Aufsatzes sein, auf die einzelnen Modelle einzugehen. Gute Übersichten hierzu werden von Naylor [15] und Schrieber [17] gegeben.

Für die Konstruktion von Modellen zur Unterstützung der strategischen Planung werden im allgemeinen zwei Alternativen diskutiert: Totalmodelle oder Problemlösungsmodelle. Vom Standpunkt der Operationalität und der Zielsetzung („Problemlösung") aus betrachtet ist diese Wahlmöglichkeit jedoch nur eine scheinbare.

Alle Versuche zur Konzipierung allgemeiner, möglichst alle Teile eines Unternehmens und seiner detaillierten Problemstrukturen erfassende Planungsmodelle dürfen im allgemeinen als unrealistisch und unfruchtbar angesehen werden. Modelle sind dazu da, um die komplexe Realität durchschaubarer zu machen. Sie werden unverständlich und sind deshalb nutzlos, wenn sie so komplex wie die Realität selbst sind.

Dies ist gleichermaßen ein Argument gegen zu umfangreiche und zu detaillierte Modelle, gegen die — selbst wenn die Probleme der Realitätsabbildung überwunden werden können — eine Reihe von gewichtigen Gründen sprechen:

1. sie sind wenig transparent und deshalb für den Benutzer nicht attraktiv;
2. sie sind wesentlich schwieriger zu analysieren als kleinere oder besser gesagt als stärker aggregierte Modelle;
3. sie erfordern einen großen Arbeitsaufwand und sind deshalb sehr teuer (nach Gershefski ca. 3,5 Mannjahre);
4. die mit ihnen gewonnenen Informationen kommen in der Regel zu spät.

Totalmodelle haben nur einen deskriptiven Wert. Sie mögen zwar für die Abbildung von interessanten Situationen geeignet sein, für die Lösung von aktuellen Entscheidungsproblemen können sie jedoch wenig beitragen.

Diese Kritik berührt andererseits nicht das Bemühen um generelle strategische Planungskonzepte, in die einzelne strategische Probleme eingeordnet und zueinander in Beziehung gebracht werden können. Ihre Notwendigkeit ist unbestritten.

Für den Manager, der von Planungsmodellen die Bereitstellung der notwendigen Informationen für anstehende langfristige Entscheidungen erwartet, erscheinen deshalb nur Problemlösungsmodelle, wo verschiedene strategische Probleme jeweils mit verschiedenen spezifischen Modellen angegangen werden, brauchbar. Diese Modelle gelten dann auch nur immer für ein bestimmtes Problem. Ihre Lebensdauer ist dementsprechend kurz und endet mit der Lösung des jeweiligen Problems. Durch geeignete, die fundamentale Kausalstruktur eines Problems erfassende Komplexitätsreduzierung und auf unnötige Detailaspekte verzichtend können sie dem Benutzer schnellen Zugriff gewähren. Ihr Umfang und ihr Aggregationsgrad sollten derart sein, daß der Benutzer in ihrer inneren logischen Struktur ein adäquates Abbild der Wirklichkeit erkennen und ihr Verhalten leicht verstehen kann.

Zur Befriedigung eines allgemeinen Informationsbedürfnisses können diese Problemlösungsmodelle so konzipiert werden, daß ihr Informationsoutput leicht als Input für gleichgeordnete Modelle benutzt oder in höhergeordnete Modelle integriert werden kann. Im letzteren Fall handelt es sich um hochaggregierte Generalmodelle[9], die zu einer gewissen Formalisierung der allgemeinen strategischen Planungskonzepte beitragen können. Auf diese Weise kann die Transparenz von Haupt- und Submodellen gleichermaßen gewahrt werden. Eine Forderung, die sicher jeder Benutzer an ein Planungsmodell stellt.

5. Modellbeispiel für ein strategisches Problem

Auf den Arbeiten der M. I. T.-Gruppe um Jay W. Forrester[10] aufbauend hat der Verfasser dieses Aufsatzes ein komplexes Simulationsmodell für ein „wachsendes Unternehmen" konzipiert [21].

Der „System Dynamics-Ansatz" wurde gewählt, da er sich für die Probleme und Zwecke der langfristigen Planung besonders eignet. Die auf dieser Methode basierenden Modelle sind auf Systeme mit nichtlinearen Differenzengleichungen und komplexen Verzögerungsstrukturen zugeschnitten. Sie eignen sich für die Prediktion des Systemverhaltens und damit für die Antizipation von Systemreaktionen auf Veränderungen der Strategien, der Organisationsstruktur und der Umwelt.

Entsprechend der „System Dynamics-Konzeption" werden in dem erwähnten Simulationsmodell [21] das Unternehmen und seine Märkte als ein komplexes dynamisches System betrachtet, auf das die Logik der Feedbackkontrollsysteme anwendbar ist. Dies impliziert die Grundvorstellung von einer Systemstruktur, die durch ein vermaschtes Netz von Rückkopplungsschleifen charakterisiert ist. Diese Schleifen — definiert als geschlossene Kausalketten — sind entweder durch Mit- oder Gegenkopplung gekennzeichnet und haben auf das Systemverhalten dominanten Einfluß. Jeder Kontroll- oder Entscheidungspunkt im System ist durch eine solche Schleife mit seiner Quasi-Umwelt verbunden. Der Begriff der Entscheidung wird dabei sehr weit gefaßt und als Transformation von Information in Aktion verstanden. Der Entscheidungsprozeß selbst wird als regenerativ und kontinuierlich gesehen. Seine Steuerelemente — Standardwert, Maß für die tatsächliche oder beobachtete Leistung, Abweichungskriterium und korrigierende Aktion — sind explizit oder implizit in jedem Regelkreis enthalten.

Ziel der Modellstudie ist es, die Dynamik mikroökonomischer Wachstumsprozesse aufzuzeigen, die Wirkungen von strategischen Entscheidungen zu analysieren und effizientere Verhaltensweisen zu planen. Der Modellkonzeption ist dabei die Idee inhärent, Wachstum als einen regenerativen, posi-

---

9) Diese Modelle können jedoch nur der Erklärung von Problemkomplexen und nicht der Lösung von Problemen dienen.

10) Zu einer ausführlichen Literaturübersicht siehe den jährlich erscheinenden „System Dynamics Newsletter", Eds., System Dynamics Group, Alfred P. Sloan School of Management (M.I.T.), Cambridge, Mass. 02139.

tiven Feedbackprozeß zu sehen. Weiter wird von der Annahme ausgegangen, daß Änderungen der Umwelt bis zu einem gewissen Grad das Ergebnis der Pläne und Aktionen des Unternehmens sind; daß Unternehmen also Umweltänderungen induzieren können[11]).

Das Modell beschreibt ein forschungsintensives Unternehmen, dessen Produktsortiment sich aus technologisch neuen und alten Produkten zusammensetzt. Die dem Unternehmen gegenüberstehende Nachfrage wird vor allem durch Produktinnovationen und durch Marketingaktivitäten — wie der Marktdurchdringung und -entwicklung — verursacht. Die Expansion der Kapazitäten wird aus internen Mitteln finanziert.

Das Unternehmen wird durch die Subsysteme Absatz, Produktion, Produktionsanlagen, Personal, F + E und Finanzen repräsentiert (Figur 4). Das Vorhandensein einer Wettbewerbssituation ist in einem Grundmodell zunächst implizit durch bestimmte Annahmen über die Preis- und Qualitätsstruktur der Konkurrenzprodukte und durch ein von der Lieferbereitschaft sowie vom Preis und der Qualität abhängigem Käuferverhalten berücksichtigt. In einer erweiterten Modellversion wird ein Konkurrenzsektor explizit eingeführt (siehe Anhang).

Eine der Kardinalhypothesen des Modells geht von der Annahme einer strengen Kausalität zwischen Umsatz, F + E-Tätigkeit und Markterfolg aus (Figur 3).

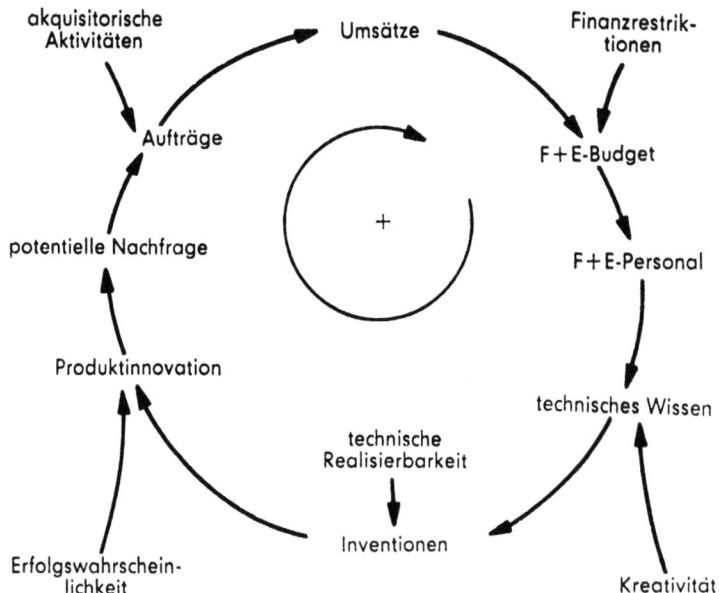

Figur 3: F + E-Feedback

---

[11]) Dieser Zusammenhang ist durch Figur 2 skizziert und in Figur 5 (Anhang) detaillierter dargestellt.

Neben diesem enthält das System noch weitere 15 miteinander vermaschte Regelkreise, die in Figur 5 (Anhang) grob skizziert sind. Das Langzeitverhalten des Systems wird primär von diesen Regelkreisen, die durch negative und positive Polarität gekennzeichnet sind und deren Dominanz mit der Zeit variieren kann, bestimmt. Das in Dynamo [16] geschriebene Gleichungssystem enthält ungefähr 270 Gleichungen.

Das Verhalten dieses Systems wurde auf einer IBM 70/94 simuliert, seine Sensibilität den Zielsetzungen des Modells entsprechend getestet und nach wachstumsstimulierenden, -begrenzenden sowie krisenauslösenden Faktoren untersucht. Neben der Frage nach günstigen Wachstumsstrategien — ihrer Kombination, ihrem Timing und ihren finanziellen Wirkungen — stand dabei das Problem der Ressourcenallokation im Mittelpunkt.

Die mit dem Modell ausgeführten Simulationsläufe liefern Informationen über die Sensibilität der endogenen Variablen und damit über den Reaktionsmechanismus des repräsentierten Systems (siehe dazu Anhang, Figur 6 und 7). Dieses Wissen erleichtert es, die Implikationen von strategischen Entscheidungen, von bestimmten Systembedingungen und von Ereignissen in der Umwelt durchsichtiger zu machen. Auf den realen Fall übertragen, erlauben die so gewonnenen Einsichten in die komplexen Zusammenhänge des Systems u. a. eine bessere Antizipation von Engpässen und damit auch ein besseres Auswählen und Timing von korrigierenden Maßnahmen.

6. Probleme der modellgestützten strategischen Planung

Die eingehende Analyse spezifischer Simulationsmodelle kann dem Top-Management eines Unternehmens als wertvolles Instrument der Informations- und Erkenntnisgewinnung und damit als eine Hilfe für langfristiges Planen dienen.

Bei allen Vorteilen, die diese Modellexperimente bei der Untersuchung komplexer Realphänomene bieten, können ihre Grenzen jedoch nicht übersehen werden. Die wichtigste Einschränkung ergibt sich aus der Tatsache, daß die von Modellen experimentell abgeleiteten Erkenntnisse den emprischen Prüfwert von Realexperimenten nicht ersetzen können [18]. Ihre Funktion als Erkenntnisinstrument und damit ihre Aussagefähigkeit für ein praktisches Problem ist um so geringer einzuschätzen, je weniger sich das zu untersuchende Realproblem strukturieren läßt, mit anderen Worten, je weniger das Problem einer Quantifizierung zugänglich ist. In diesem Fall ergeben sich Schwierigkeiten in allen Phasen der Modellkonzipierung.

Die erste und wohl auch schwierigste Aufgabe stellt sich mit der präzisen Identifikation des zu untersuchenden Problems und der Formulierung seines Begründungszusammenhangs. Aus den beobachteten Symptomen eines Realphänomens lassen sich Ursachen und Wirkungen nicht ohne weiteres ableiten, zumal es hierfür noch keine verläßlichen wissenschaftlichen Methoden gibt. Es ist daher auch schwierig, kritische Faktoren im Realsystem überhaupt zu erkennen und diese, wenn sie einmal gefunden sind, im Modell richtig als Status- und Flußvariable oder Parameter zu plazieren. Diese Probleme können nur sinnvoll angegangen werden, wenn die mit dem Modell zu beantwortenden Fragen oder die mit dem Modell zu testenden Hypothesen zuvor explizit spezifiziert wurden.

Bei der Formulierung des mathematischen Modells als der nächstfolgenden Phase treten die Probleme der Bestimmung der Systemgrenze und des Aggregationsniveaus auf. Die hier entstehende Frage, ob eine Variable Teil eines signifikanten Regelkreises und damit als endogen oder exogen zu betrachten ist, läßt sich bei großen und komplexen Systemen nicht einfach ex ante entscheiden. Ihre Klärung ist aber sehr wichtig, hängen doch hiervon die Simulationsergebnisse entscheidend ab. Theoretisch läßt sich die Frage nach der adäquaten Systemgrenze ebenso wie die Frage nach dem geeigneten Aggregationsniveau nur mit der dynamischen Relevanz der entsprechenden Größe und der zwischen den Systemvariablen bestehenden Beziehungen beantworten. Danach ist etwa der optimale Aggregationsgrad erreicht, wenn ein weiteres Aufspalten von Elementen keinen Informationsgewinn zum untersuchten Problem mehr bringt oder mit anderen Worten, die Dynamik des Systems davon nicht beeinfußt wird. Ein praktisches, allgemein anwendbares Rezept gibt es hier nicht. Die Lösung hängt in erster Linie vom jeweiligen Problem, das von Fall zu Fall anders ist, ab; sie wird wesentlich von den verfügbaren Daten und Prüfkriterien beeinflußt.

Ähnlich sind die Probleme bei der Detailstrukturierung des Modells. Hier werden z. T. hohe Anforderungen an die Qualität der vorhandenen Informationen gestellt, u. a. deshalb, weil es in sozialen Systemen eine Reihe von Variablen und Beziehungen gibt, die für strategische Planungsmodelle sehr wichtig sind, deren Quantifizierung aber erhebliche Schwierigkeiten bereitet.

Die genannten Probleme machen deutlich, daß bei Modellen zur strategischen Planung die Voraussetzungen für die Anwendung standardisierter Strukturen selten gegeben sein werden. Erst recht ungeeignet sind dann *nicht maßgeschneiderte* Modelle. Gegen das letztere spricht auch der geringe Generalisierungsgrad dieser Modelle.

Die wesentlichste Einschränkung für die Anwendung von Simulationsmodellen als Grundlage praktischer Entscheidungen ergibt sich aus der Möglichkeit ihrer Validierung, d. h. des Nachweises ihres Wahrheitsgehaltes oder besser ihrer Bewährung. Dieser Nachweis kann nur geführt werden, wenn Kriterien vorhanden sind, an Hand derer festgestellt werden kann, ob die Aussagen eines Modells im Hinblick auf einen bestimmten Zweck brauchbar oder nicht brauchbar sind. Dabei ist — entsprechend dem Gegenstand der Validierung — zwischen den Beurteilungskriterien für die Struktur und das Verhalten von Modellen zu unterscheiden.

Zur Beantwortung der Frage nach der adäquaten Struktur des repräsentierten Systems ist die auf Strukturgleichheit zwischen Modell und Realität abzielende Isomorphie i. w. S. als Maßstab völlig ungeeignet. Diese Bedingung ist zu streng, da sie sich bei komplexen Systemen nicht erreichen läßt; logisch schwächer aber doch zweckmäßiger, weil praktikabler, ist die Bedingung der Merkmalsgleichheit. Sie verlangt, daß im Modell die wesentlichen Strukturbestandteile (Elemente und Beziehungen) des korrespondierenden Wirklichkeitsbereiches erfaßt, aber auch alle Variablen und Parameter sowie alle Beziehungen in einem Modell in der realen Welt identifizierbar sind. Für diesen Validitätsnachweis sollten alle verfügbaren empirischen Daten und statistischen Methoden zu Hilfe genommen werden. Wo die Datenbasis schwach ist, sollten zusätzliche Informationen durch Sensibilitätsanalysen gewonnen werden. Mit solchen Sensibilitätstests läßt sich überprüfen, wie ungenau Daten oder wie falsch Annahmen sein dürfen, damit die aus dem Modell gezogenen Schlußfolgerungen noch Gültigkeit besitzen können.

Als Beurteilungskriterium für die sinnvoll erfaßte Dynamik eines Systems gilt die Verhaltensgleichheit. Sie ist nicht im Sinne von Zeitreihenidentität, sondern von Reaktionsähnlichkeit zu verstehen. Eine genaue Übereinstimmung zwischen realem Zeitverhalten und Modellverhalten läßt sich wegen der für Modelle notwendigen Komplexitätsreduzierung ohne Einbau zusätzlicher Größen, die keinen Gegenpart in der Realität haben, nicht erzielen. Deshalb sind reine Outputvergleiche auch nur bedingt brauchbar. Verhaltensgleichheit in diesem Sinne ist auch nicht notwendig. Wichtig ist dagegen, daß ein Modell in der Lage ist, die richtigen Verhaltenscharakteristika zu produzieren. Hierzu gehört, daß ein Modell durch entsprechende Eingriffe ähnliche Verhaltensreaktionen generiert, wie sie in der realen Welt nach dem Eintritt bestimmter Ereignisse zu beobachten waren.

Für den Informationsgehalt eines Modells ist aber nicht nur der Nachweis einer solchen Verhaltensähnlichkeit zwischen Modell und historischer Entwicklung des Realsystems von Bedeutung, sondern noch vielmehr der Fähigkeitsnachweis des Modells zu prospektiven Projektionen, d. h. zur Vorhersage von Verhaltensreaktionen.

Die Modelle müssen den Vertrauensnachweis erbringen, daß solche Prognosen sinnvoll sind. Ihre Brauchbarkeit wird zweifellos um so größer sein, je weniger negative Beweise für die Übereinstimmung von Modell und Realität existieren.

Wer mit komplexen Modellen arbeitet, stellt immer wieder fest, daß die intuitiven Vorstellungen von einer Problemsituation und die Modellergebnisse sich oft nicht entsprechen, ja häufig sogar widersprechen und dies, obwohl keine logischen Fehler im Modellkonzept feststellbar sind. Die Ursachen für solche Diskrepanzen sind in der Regel in der Komplexität des jeweiligen Realphänomens und dem Unvermögen des Menschen, dieses mit allen seinen Implikationen zu erfassen, zu suchen. Es ist dann die Aufgabe des Modellbauers, einfache und plausible Erklärungen für solche kontraintuitiven Ergebnisse zu finden.

Wo die empirische Überprüfung nicht oder nur unvollkommen möglich ist, muß der Bewährungsnachweis der Simulationsmodelle allein an Hand von Ergebnissen alternativer Modelle — im Sinne des Theorienpluralismus — geführt werden.

Anzumerken bleibt noch, daß sich die Ergebnisse von solchen Simulationsmodellen nicht generalisieren lassen. Ihre Beurteilung kann daher immer nur aus der Sicht der spezifischen Untersuchungsgegenstände erfolgen.

Trotz dieser bestehenden Probleme können komplexe Simulationsmodelle wertvolle Informations- und Erkenntnisquellen für langfristiges Planen sein. Ihre Eignung nicht nur als Denk- sondern auch als Entscheidungsstütze kann gewiß noch erheblich verbessert werden, vor allem dann, wenn es gelingt, bessere Verfahren für das Erkennen von kritischen Variablen zu entwickeln und mehr Nachweise für ihre Bewährung zu erbringen.

Es läßt sich aber heute schon sagen, daß Computermodelle — auch im Bereich der strategischen Planung — die intellektuellen Fähigkeiten des Menschen beträchtlich erweitern können, wenn die Stärken des menschlichen Geistes und des Computers in der richtigen Weise kombiniert werden.

So gesehen dürfen Computermodelle zunehmend als ein wesentlicher und notwendiger integrierter Bestandteil der Planung angesehen werden.

Literatur

[1] Ackoff, Russel L.: A Concept of Corporate Planning, John Wiley & Sons Inc., New York 1970.

[2] Ansoff, Igor H.: Corporate Strategy, McGraw-Hill, New York 1965.

[3] Ansoff, Igor H.: Toward a Strategic Theory of the Firm, in: Business Strategy, ed. by Ansoff, Igor H., Penguin Modern Management Readings, p. 11 ff., 1970.

[4] Anthony, Robert N.: Planning and Control Systems — A Framework for Analysis, Boston 1965.

[5] Beracha, Harry H.: Strategic Planning Systems, Paper presented at the American Management Association Seminar on Corporate Financial Models, New York, Dec. 16—18, 1968.

[6] Bonini, Charles P.: Simulation of Information and Decision Systems in the Firm, Prentice-Hall, N. J., 1963.

[7] Brown, David E.: The XEROX Planning Model, Paper presented at the American Management Association Seminar on Corporate Financial Models, New York, Dec. 16—18, 1968.

[8] Chamberlain, Neil W.: Enterprise and Environment, The Firm in Time and Place, McGraw-Hill, New York 1968.

[9] Drucker, Peter F.: Long-Range Planing: Challenge to Management Science, in: Management Science, V, April 1959, pp. 238 ff.

[10] Ericson, Richard F.: Impact of Cybernetic Information Technology on Management Value Systems, in: Management Science, Vol. 16, Nr. 2, 1969, B 40 ff.

[11] Forrester, Jay W.: Industrial Dynamics, Cambridge, M.I.T. Press, 1961.

[12] Forrester, Jay W.: Principles of Systems, Cambridge, Wright-Allen Press 1968, deutsche Übers.: Grundzüge einer Systemtheorie, Dr. Th. Gabler-Verlag, Wiesbaden 1972.

[13] Forrester, Jay W.: Urban Dynamics, Cambridge, M.I.T.Press, 1969.

[14] Gilmore, Frank, and R. G. Brandenberg: Anatomy of Corporate Planning, in: Harvard Business Review, Vol. 40, Nov.-Dec. 1962, pp. 61 ff.

[15] Naylor, Thomas H.: Computer Simulation Experiments with Models of Economic Systems, John Wiley & Sons, Inc., New York, 1971.

[16] Pugh, Alexander L. III: DYNAMO II User's Manual, Cambridge, M.I.T. Press, 1970.

[17] Schrieber, Albert N.: Corporate Simulation Modells, Seattle, Washington University 1970.

[18] Simon, Norbert A.: The New Science of Management Decision, Harper and Rowe, 1960.

[19] Spinner, Helmut F.: Modelle und Experimente, in: Handwörterbuch der Organisation, Hrsg. Erwin Grochla, Stuttgart 1969, Sp. 1000 ff.

[20] Steiner, George A.: Top Management Planning, MacMillan Company, London 1969.

[21] Zahn, Erich K.: Das Wachstum industrieller Unternehmen — Versuch seiner Erklärung mit Hilfe eines komplexen dynamischen Modells, Dr. Th. Gabler-Verlag, Wiesbaden 1971.

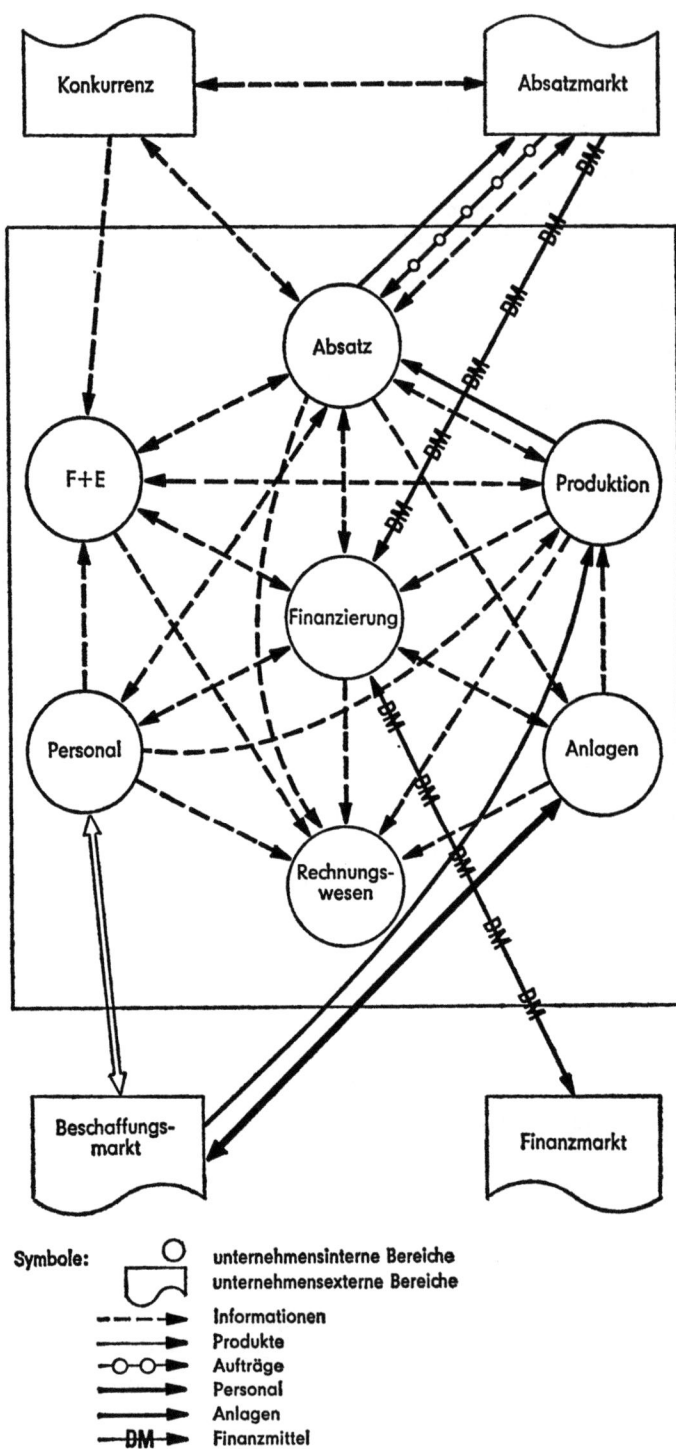

Figur 4: Bestandteile des Modells

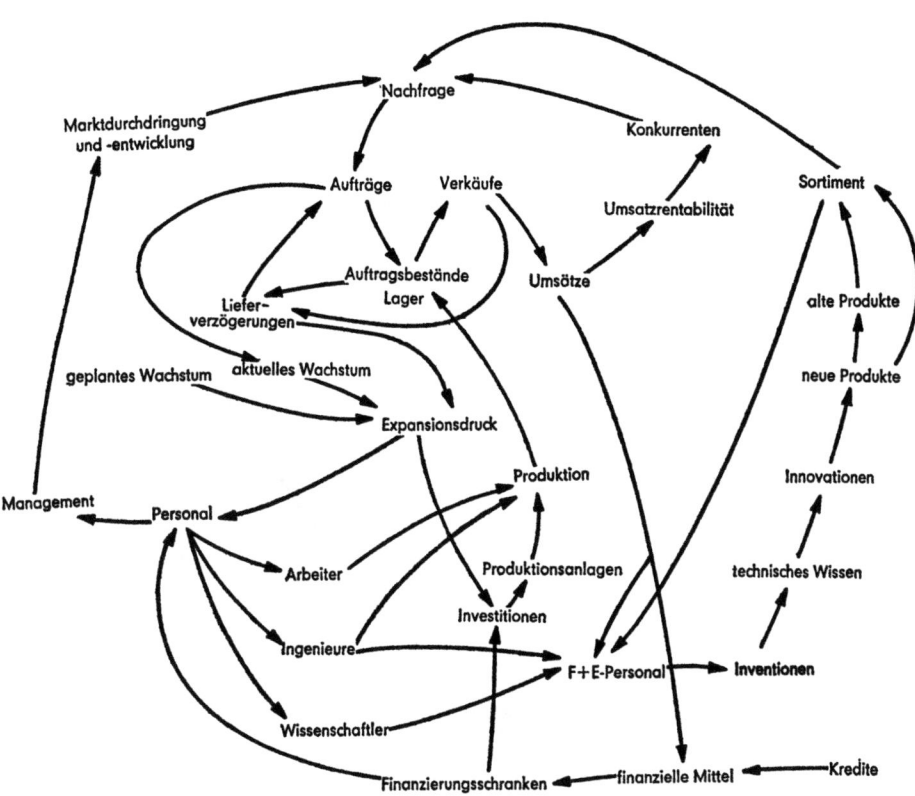

Figur 5: Kausaldiagramm des Unternehmenssystems

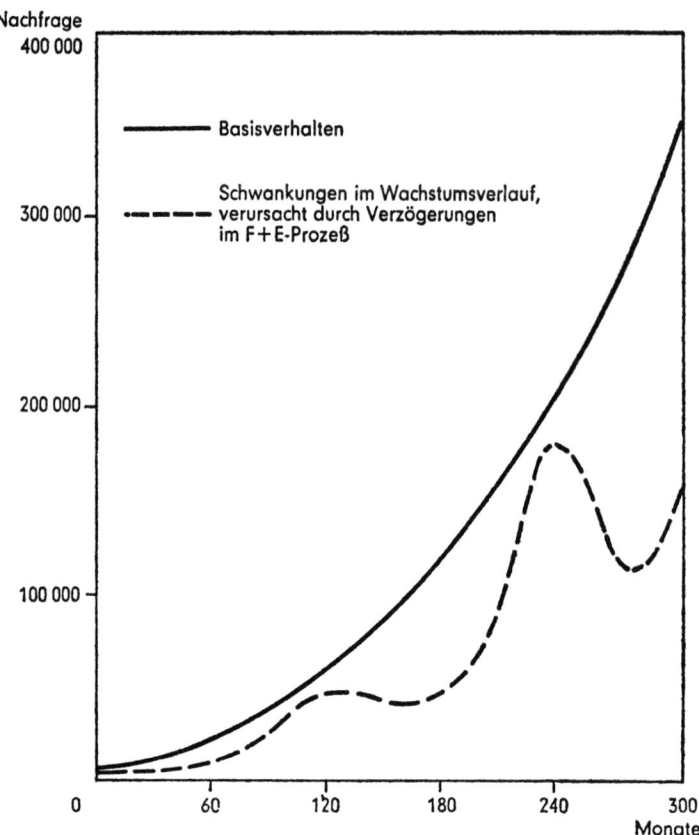

Figur 6: Systemverhalten

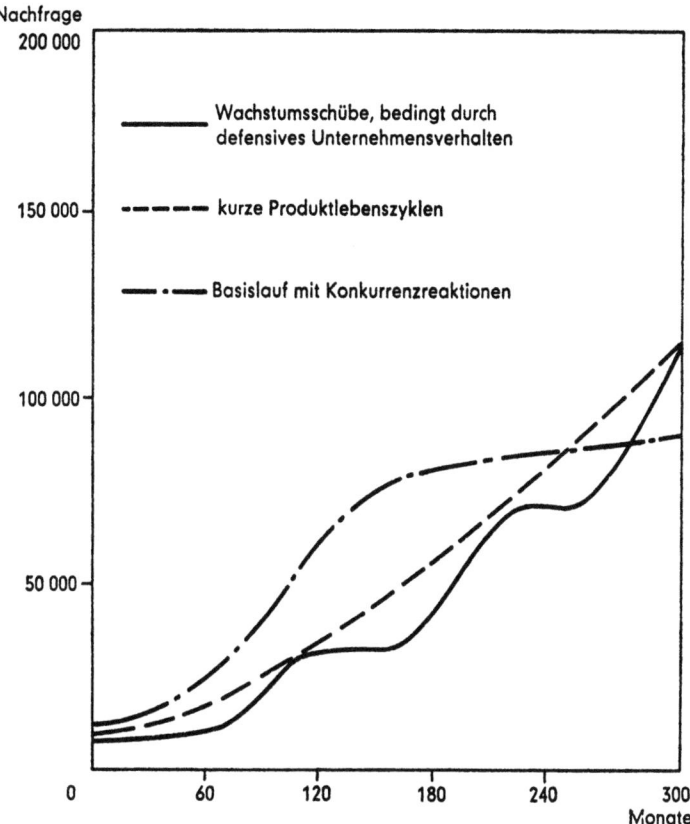

Figur 7: Systemverhalten

Short — Term Planning: An Interactive Modeling Approach

Von

Prof. Dr. Peter Mevert und Prof. G. W. Dickson

Short-Term Planning: An Interactive Modeling Approach

During the past decade computer based mathematical models have become a popular tool for use in long-range or strategic planning in industry. Studies have shown that to a large extent, the models developed to date tend to treat the firm's planning process in an aggregate fashion [10,5]. In other words, the outputs from the model are in most cases pro forma financial plans or, less frequently, aggregate production plans. (See for example, Brown [4], and Boulden and Buffa [3]).

It is the latter area that appears to currently be receiving the attention of the builders of planning models. Reported in the recent literature are examples of this concentration [7]. Still, these models have as their output aggregate production plans at the plant level and incorporate rather long planning periods, e. g., a month. As with financially oriented models, the implemented production planning models usually are static in their nature and do not provide the planner with interactive capability[1]).

In our opinion, there is an area of planning that has not yet received as much attention as it deserves. This is the area of short-term planning at the operations control level. (We are using Anthony's [1] definition of the term operations control). Recent conversations with operations research personnel at several large firms suggest, however, that a feeling exists by many model builders that the development of short-term operations planning models offer a vast potential for improved management decision making[2]). Furthermore, because of the structure of short-term operations management decisions, it is anticipated that these models will involve some optimization and will be interactive.

Despite the interest in short-term operations planning models there appears to be a relatively small number of successful applications despite increasing research in this area. A literature search will reveal, for example, an abundance of scientific papers on production and inventory control, scheduling, or sequencing problems but very few systems have actually been implemented [8,12]. The purpose of this paper is to present a formulation of a specific short-term operations planning model and to comment upon a program being undertaken to test both the technical and operational feasibility of the model[3]).

---

1) We are here referring to static optimizing models as used for planning in the Petrochemical Industry. Although the survey made by Dickson, et. al., [5] indicated that most planning models did not provide interactive capability, evidence ist now building which suggests that more emphasis is currently being devoted to models of an interactive nature (See Boulden and Buffa [8] and Jones [11]).
2) These firms include: Westinghouse, Inc., The Pillsbury Co., and the Weyerhauser Co.
3) We are using McKinsey & Co.'s [15, pp 15—16] definition of these terms.

Our procedure in this paper is first to discuss the general nature of short-term operations planning decisions and to offer some observations concerning the difficulties encountered when attempting to develop models to aid these decisions. We then will, by use of a specific example, demonstrate the construct of a model of the type about which we are speaking. (The mathematical formulation of the model is given in the Appendix). Finally we will describe the steps being undertaken to test the "goodness" of the model in both the technical and operational senses.

Before going on to discuss short-term planning decisions, we want to make explicit our emphasis on the development of a model that will be operationally feasible. We have observed that many long-term planning models that have been developed have fallen into disuse. These models though „correct" and useful in the technical sense are not being used by the persons for whom they were developed. Recognizing this condition, a good deal of our emphasis in the development of a short-term planning model is to design the model so that it will be used and used effectively. Thus, the research effort is divided into two parts: (1) the algorithmic or technical construction of the model, and (2) the determination of ways of capturing input data and feeding back output to a foreman or operations manager in a manner which will facilitate the model being used effectively. The importance of the latter point will become apparent as we describe the nature of the short-term operations planning process and the modeling procedure we suggest to facilitate this process.

Short-term Operations Planning

The typical problems encountered in operational planning involve the sequencing and scheduling of jobs, which utilize resources such as machines and workers. Naturally, each resource has a rate at which it can perform the job (some resources, of course, cannot perform some jobs) and the resources are limited in their capacities. The common job shop is a good example of this sort of situation. The goal of the manager of such a shop is to allocate the resources under his control to meet the forecasted demand at a minimum cost. The allocation process involves deciding which products to make, in what amounts, and scheduling the machines and workers to produce the target amounts. The description of the specific situation described below gives some appreciation of the magnitude of the problem in a „real world" situation.

> The Fabrication Shop ... consists of five interacting sections: Machine Shop, Sheet Metal Shop, Processing (Plating, Heat Treating, etc.), Waveguide Manufacturing, and Tool Manufacturing. Approximately 1,000 machines and work stations and 400 to 500 men are required for the fabrication operation. From 100 to 150 shop orders are processed per day with approximately 1,800 to 2,500 orders in process at any one time.
>
> The basic problem of job operation in the aerospace/electronic industries is one of balancing the costs of carrying in-process inventory, having idle machine or labor capacity, and meeting specified order completion dates.

> To achieve a high degree of labor and machine utilization we would need much work waiting so that no machine or operator was ever idle. This would tend to result in higher inventory carrying costs and poor schedule performance if the orders have specified due dates. To meet completion dates we would need enough machine and labor capacity so that orders could be processed without delay. This, in turn, would result in lower machine and labor utilization.
>
> ... the operating characteristics of the Fab shop contribute to many problems. Each order must be planned and controlled so that specified completion dates can be met. A large amount of shop interaction exists because of the high variety of orders, variable processing times, machine breakdown, and the expediting of special orders. This interaction causes certain work centers to become bottlenecks. Orders that are held up at one point affect future work centers through which they must pass. Therefore, orders must be scheduled with an allowance for waiting, and they must be dispatched in such a way that the schedules will tend to be met. Because of the high degree of interaction, the amount of time to allow as wait time for any *one* oder at any *one* work center is practically impossible to predict. This uncertainty affects the accuracy of the scheduling procedure, and, hence, the entire Fab shop operation [14, pp281—282].

The manager of the Fabrication Shop states his management problems as:

> Obviously, the degree of complexity in a job shop rises very rapidly as the machines and men available, and orders in process and/or processed increase. Theoretically, I suppose, any sequence of operations from one work center to another is possible. Practically, this is seldom the case. My shop is characterized by a few machine groups where initial operations occur, a considerable number of machine groups which perform intermediate operations, many where both intermediate and final operations alone occur. What really makes this machine group network highly complex is the large number of orders in process following different routings. The problems are compounded by the number of changes, additions, or deletions that occur daily. These changes are usually the result of engineering design changes, material shortages, tool or jig failures, or changes in delivery schedules ...
>
> What my foremen need to know each morning is: (1) *What* specific orders can I expect to get, especially „hot" orders? (2) *When* can I expect these orders? (3) *How* do I sequence these new orders with the orders I already have? [14, pp288—289].

This example demonstrates the complexity of the short-term operations planning problem. To date, other than the attempts as those referenced above, little has been done to assist the operations manager with his problems. There are, of course, some compelling reasons for our apparent failure to provide a useful tool for day-to-day planning. These include:

— The typical problem of operations planning involves the sequencing of activities or jobs resulting in a large combinatorial problem which is, in general, very difficult to solve. A great deal of research effort is presently spent, however, to develop more efficient algorithms for solving such problems.

— The operational environment is by its very nature subject to frequent and fast changes. Daily changes of input data, however, may present formidable problems of data collection and input file maintenance making it all but mandatory to design a supporting information system for automatic updating of the data base. Moreover, changes in input data may necessitate changes to the operational plan or rather frequent reruns of the entire system. Thus, only planning systems which can respond quickly to changes in the environment are generally useful for operational planning. The statements by the manager in the example concerning changes in engineering design, material shortages, tool or jig failure, or changes in delivery schedules reflect this problem. Machine breakdown and labor absence also are problems of this sort.

— For computational reasons it is generally desirable to keep the size of the model as small as possible. But even the most complex model could hardly reflect all operational constraints which exist in practice and which the planner must take into consideration. The „optimal" solution of the model, however, is usually quite inflexible and the planner has little freedom in modifying the solution for implementation. When forced to „take it or leave it" the planner frequently has no choice but to leave it. What is needed is a system that allows for easy modification of any given solution. The planner should have the capability to change parameters and decision variables and to compare the resulting solution with the optimal solution in terms of the objective function.

An ongoing research effort at the University of Minnesota is directed towards interactive planning systems that can be used to overcome some of these difficulties. In particular we are interested in the following questions:

(1) How should an interactive system be designed to allow for on-line changes of parameters and/or decision variables and what are suitable formats for such changes?

(2) How can the experience of the planner be utilized to improve the efficiency of a mathematical algorithm used by the model? For example, the planner may provide the system with a good initial solution; or he may provide information on priorities for node selection in a branch and bound algorithm.

(3) Can a large problem be partitioned into one in which one part can be solved by the planner, and another part solved by a system. For example, the routing part of a complex truck routing problem subject to various constraints can be quickly solved by a planner using a graphical display. The system then can provide feasibility checks and feedback information on possible improvements to the original solution.

In essence the approach being undertaken is to attempt to develop a man-machine system in which the human decision maker undertakes that part of the job he does best (exercising judgment) and the machine undertakes that part of the job where it has the comparative advantage (rapid computation according to a well-defined algorithm). The objective is to create a synergistic system of the type proposed by Yntema and Torgerson [17] and more recently demonstrated by Jones [11] and Morton [16]. These ideas can best be illustrated with the help of a realistic example.

An Assembly Line Example

Consider a single assembly line which is used to produce a number of different electrical appliances. Whenever a different product is assembled, the line has to be set up for the new product. Set-ups are expensive and are carried out during the night shift only; product assembly takes place only during the day shift. A different number of man-hours is required for the assembly of each product and the available manpower is limited. To reduce the number of set-ups, it is desirable to have long production runs but the savings are offset by a high inventory cost. In addition, the inventory space is limited. The biggest problem, however, is encountered by highly fluctuating demand and stringent shipping schedules which allow no backlog. Although demand is known for at least two weeks ahead, last minute changes are not uncommon.

The planner is thus faced with a highly dynamic, fast changing situation and scheduling becomes a very difficult task. Known methods to determine optimal production cycles and lot sizes, e. g., [6,13] fail because of the highly fluctuating demand. Our solution to the problem is formulated as a mixed integer programming problem. The exact formulation is given in the Appendix. The problem can be partitioned into two parts, a production-inventory problem and a set-up scheduling problem which are solved iteratively.

The first part of the problem is the production and inventory segment. For a given set-up schedule, this becomes a straightforward linear programming problem, which can be solved very efficiently by computerized algorithms. The second part is the set-up scheduling problem which is a pure integer programming problem. Although the essence of this part is a seemingly very simple sequence of set-ups, it requires an elaborate mathematical effort. Known enumerative methods to solve this problem lack efficiency. We are, therefore, interested in determining the feasibility of using the planner's experience to solve the set-up scheduling part of the problem. A „good guess" may often be close to the optimum or can at least be easily improved if the planner has some information on the "goodness" of his guess and on the cost or benefits of possible changes to his solution.

The system presently being developed at the University of Minnesota iterates between these two problems. First, the system calculates cumulative demand requirements for each product and a lower bound on the total cost. These are output on a cathode ray tube (CRT) screen. The planner uses this information to determine an initial set-up schedule, consisting simply of a sequence of product code numbers, one for each day of the planning horizon, e. g., 3, 3, 1, 4, 4, 2, 2, 1, 3. In this example 5 set-ups would be required (if the assembly line was initially set up for product 3). These numbers are keyed into the system. Keeping the initial set-up schedule fixed, the system then solves the production-inventory problem with the help of a linear programming algorithm. This process yields an upper bound for the overall solution. In addition, a constraint for the set-up schedule is generated and retained by the system. Bounds on the effects of set-up changes are calculated. This information is again output on the CRT.

The planner now attempts to improve the set-up schedule. Theoretically, a very large number of possible combinations exist. In practice, however, the number of meaningful set-up schedules is much more limited. The planner may input several alternative schedules which are very quickly evaluated by the system and checked against previously generated constraints. The best schedule is passed on to the production-inventory problem which is now re-solved. This constitutes one cycle of the iterative process.

If the planner fails to improve the set-up schedule, a branch and bound algorithm may be invoked to solve the integer problem. At this point, because of the existence of good upper bounds on the solution, the algorithm becomes more efficient. The optimal solution of the integer problem constitutes an improved lower bound on the overall solution. If upper and lower bounds are sufficiently close, the process can be terminated. Otherwise, the production-inventory problem is re-solved yielding an improved upper bound etc. If desired, the planner can obtain a complete report on some or all variables after each iteration. Also, to allow for improved operational flexibility, certain parameters such as demand, labor availability or ending inventory requirements can be changed on-line.

Concluding Remarks

The man-machine approach to the short-term operations planning problem offers several advantages over a static, but total optimizing model. Included are:

— Computational efficiency by utilizing the planner's judgment.

— Complete control of each iterative step and the possibility to terminate the search whenever the upper and lower bounds of the solution are sufficiently close.

— Operational flexibility by allowing the planner to change parameters and to modify a solution.

— A fast response time allowing the planner to react quickly to the frequent changes of the planning environment.

At present, our actual computational experience in implementing the interactive modeling approach is severely limited. Still, the approach appears to be technically feasible, at least for small and medium-scale problems. Our research effort is presently being devoted to two directions, the first technical in nature and the second aimed at operational concerns. In the first area, we are working on the development of an interactive branch and bound procedure for solving the integer part for larger problems.

Operationally, a number of tests are planned to evaluate the effectiveness of the information exchange between the operations planner and the machine system. A series of experiments are planned in which various ways of capturing planning input and feeding back performance results are compared to the decision effectiveness obtained by using the system.

Appendix

Model

Products are denoted by the index $j = 1, \ldots J$

Time periods (days) by the index $t = 1, \ldots T$

If product j is to be assembled in period t and a *different* product was assembled in the preceding period t—1 then a set-up must take place during the night shift preceding period t. Thus, the set-up variable s_{jt} is assigned a value of 1.

Once the line is set up for product j it stays j-oriented (i. e., product j can be assembled) or $o_{jt} = 1$ until a set -up occurs at a later period for a different product.

If the assembly line is run for h_{jt} hours in period t then a total of $p_j h_{jt}$ units of product j are assembled in period t.

The inventory level of product j at the end of period t is v_{jt} and is equal to the inventory level at the end of the previous period plus production minus demand D_{jt}.

$$o_{jt} \rightarrow \boxed{h_{jt}} \xrightarrow{p_j h_{jt}} \boxed{v_{jt}} \rightarrow D_{jt}$$

assembly line → inventory

0—1 Variables

$$s_{jt} = \begin{cases} 1 \text{ if line is set up for product j at beginning of period t} \\ 0 \text{ else} \end{cases}$$

$$o_{jt} = \begin{cases} 1 \text{ if line is j-oriented during period t} \\ 0 \text{ else} \end{cases}$$

Continuous variables

h_{jt} = number of hours product j is produced during period t
v_{jt} = inventory level of product j at end of period t

Input data

H_t = number of hours the line is available during period t
M_t = number of man-hours available during period t
L_{jo} = initial inventory level of product j
0_{jo} = initial orientation of line
D_{jt} = demand for product j during period t

Constants

η_j = number of workers needed to produce product j
p_j = production rate of product j (units per hour)
a_j = space requirement of product j
σ = inventory space available

Costs

c_{1j} = set-up cost for product j
c_{2j} = production cost per hour of product j
c_{3j} = inventory cost per unit and period

Objective function

$$\text{Min} \sum_{t=1}^{T} \sum_{j=1}^{J} (c_{1j}s_{jt} + c_{2j}h_{jt} + c_{3j}v_{jt})$$

subject to the following constraints

(1) *Set-up orientation precedence*

$$-s_{jt} + o_{jt} - o_{jt-1} \leq 0 \qquad \text{for } j = 1, \ldots J \quad t = 1, \ldots T$$

$$o_{jo} = 0_{jo} \qquad \text{for } j = 1, \ldots J$$

(2) *One product per period*

$$\sum_{j=1}^{J} o_{jt} = 1 \qquad \text{for } t = 1, \ldots T$$

(3) *Line availability*

$$-o_{jt} \cdot H_t + h_{jt} \leq 0 \qquad \text{for } j = 1, \ldots J \quad t = 1, \ldots T$$

(4) *Labor availability*

$$\sum_{j=1}^{J} \eta_j h_{jt} \leq M_t \qquad \text{for } t = 1, \ldots T$$

(5) *Inventory balance*

$$p_j h_{jt} + v_{jt-1} - v_{jt} = D_{jt} \qquad \text{for } j = 1, \ldots J \quad t = 1, \ldots T$$
$$v_{jo} = L_{jo} \qquad \text{for } j = 1, \ldots J$$

(6) *Inventory space*

$$\sum_{j=1}^{J} v_{jt} \cdot \alpha_j \leq \beta \qquad \text{for } t = 1, \ldots T$$

Introducing matrix and vector notation the problem can be shown to have the following structure:

$$
\begin{aligned}
\min \quad & c_1 s + c_2 h + c_3 v = z & (1.1) \\
\text{s. t.} \quad & Is + No \geq 0 \\
& Ko = b_1 \Big\} & (1.2) \\
& -Do + Ih \leq 0 & (1.3) \\
& Mh \leq b_2 \\
& Ph + Nv = b_3 \Big\} & (1.4) \\
& Rv \leq b_4 \\
& s, o = 0,1 \quad h, v \geq 0 & (1.5)
\end{aligned}
$$

where s is the vector of set-up variables (s_{jt})

o is the vector of orientation variables (o_{jt})

h is the vector of production variables (h_{jt})

v is the vector of inventory variables (v_{jt})

The set of constraints (1.2) expresses the condition that an orientation must be preceded by a set-up and that only one orientation is possible per period. The constraints (1.3) state that a product can only be assembled if the assembly line is properly oriented. The set of constraints (1.4) represents labor, production and inventory constraints.

We partition the problem into a pure integer part, containing the variables s and o, and into a continuous part containing the variables h and v. We will call the integer part the set-up scheduling problem and the continuous part the production-inventory problem. The basic idea is as follows [2]:

For a given value of o the production-inventory problem becomes:

$$
\begin{aligned}
\min \quad & c_2 h + c_3 v + m a_1 + m a_2 + m a_3 = z_1 \\
& I h \quad\quad\quad - I a_1 \quad\quad\quad\quad\quad \leq D o \\
& M h \quad\quad\quad\quad\quad\; - I a_2 \quad\quad\;\; \leq b_2 \\
& P h + N v \quad\quad\quad\quad\quad\quad\quad\; = b_3 \\
& \quad\quad R v \quad\quad\quad\quad\quad - I a_3 \leq b_4 \\
& h, v, a_i \geq 0
\end{aligned}
\quad (2)
$$

where we have added artificial variables a_i with an associated high cost m to avoid problems of infeasibility.

Let z_1^* be the optimal solution of (2). Then obviously $z_1^* = z_1(o)$ is a function of o.

Thus the original problem (1) can be rewritten as:

$$
\begin{aligned}
\min \quad & c_1 s + z_1(o) = z \\
\text{s. t.} \quad & I s + N o \geq 0 \\
& K o = b_1 \\
& s, o = 0, 1
\end{aligned}
\quad (3)
$$

Now $z_1(o)$ can best be expressed in terms of the dual of (2)

$$
\begin{aligned}
\max \quad & -y_1 D o - y_2 b_2 + y_3 b_3 - y_4 b_4 = w_1 \\
& -y_1 I \; - y_2 M + y_3 P \quad\quad\quad\; \leq c_2 \\
& \quad\quad\quad\quad\quad y_3 N - y_4 R \leq c_3 \\
& 0 \leq y_1, y_2, y_3, y_4 \leq m
\end{aligned}
\quad (4)
$$

The maximum w_1^* occurs at an extreme point of (4). Let $y^k = (y_1^k, y_2^k, y_3^k, y_4^k)$ be an extreme point of (4) and let

$$K = \{k \mid y^k \text{ is an extreme point of (4)}\}$$

be the index set of all extreme points. Note that (4) is closed and bounded and K is finite but possibly very large. By the duality theorem we have $w_1^* = z_1^*$. Thus,

$$
\begin{aligned}
z_1(o) &= \max_{k \in K} \{-y_1^k D o - y_2^k b_2 + y_3^k b_3 - y_4^k b_4\} \\
&= \max_{k \in K} \{-y_1^k D o + c^k\}
\end{aligned}
$$

where $c^k = -y_2^k b_2 + y_3^k b_3 - y_4^k b_4$ is constant for a given extreme point.

Thus, (3) becomes:

$$\min \quad c_1 s + \max_{k \in K} \{-y_1^k D o + c^k\} = z$$
$$\text{s. t.} \quad I s + N o \geq 0$$
$$K o = b_1$$
$$s, o = 0, 1$$

which is equivalent to

$$\min \quad z$$
$$\text{s. t.} \quad z \geq c_1 s - y_1^k D o + c^k \text{ for all } k \in K \qquad (5.1)$$
$$\left. \begin{array}{l} I s + N o \geq 0 \\ K o = b_1 \\ s, o = 0, 1 \end{array} \right\} \qquad (5.2)$$

Problem (5) is now a pure integer program where the extreme points y^k are assumed to be known. The problem lies with the vast number of extreme points and thus constraints of the type (5.1). The answer is to relax the constraints (5.1) and to generate them only as needed, using (4). See [9] for details. This gives rise to the following iterative algorithm which successively adds constraints to problem (5).

Step 1: Initially no constraints of the type (5.1) are present. Set $k = 1$. Determine an initial set-up schedule (s^1, o^1).

Step 2: Solve problem (2) or (4), whichever is easier to solve, with $o = o^1$. Use the optimal dual variables y^1 to generate a constraint of the type (5.1).

Step 3: Set $k = k + 1$

Solve problem (5) with all previously generated constraints (5.1). The solution z^k is a lower bound for the overall optimum of the original problem (1). The present set-up schedule is (s^k, o^k). If no solution exists, then the original problem (1) has no solution.

Step 4: Solve problem (2) or (4) with $o = o^k$, yielding the solution z_1^k and dual variables y^k. If $z_1^k + c_1 s^k = z^k$, then the present solution is optimal, stop. Otherwise $z_1^k + c_1 s^k$ is an upper bound for the overall optimum. Use y^k to generate another constraint (5.1). Go to Step 3.

The process can be shown to converge towards the optimum in a finite number of steps [2]. The attractive features of this method are the existence of upper and lower bounds and the primal feasibility throughout, allowing the process to be terminated at each step. Also the successive optimizations of problem (2) or (4) can be accomplished very efficiently, often in a small number of simplex iterations, without resolving the entire problem.

In our approach the following modifications are made to obtain an interactive system.

1. Each step is initiated by the planner and he can terminate the process at any time.

2. The initial set-up schedule of Step 1 is supplied by the planner.

3. In Step 3, instead of invoking an algorithm to solve the integer problem, the planner may submit several alternative set-up schedules from which the system selects the best one. In this case, however, the solution will not represent a lower bound.

Bibliography

1. Anthony, P. N., *Planning Control Systems: A Framework for Analysis*, Boston, Mass., Division of Research, Graduate School of Business Administration, Harvard, University, 1965.

2. Benders, J. F., "Partitioning Procedures for Solving Mixed Variables Programming Problems," *Numerische Mathematik*, 4, 1962, pp 238—252.

3. Boulden, J. B. and Buffa, E. S., "Corporate Models: On-line, Real-time Systems," *Harvard Business Review*, Vol. 48, 4, July—August, 1970, pp 65—83.

4. Brown, D. B. "Stages in the Cycle of a Corporate Planning Model," in Schrieber, A. N. (ed.), *Corporate Simulation Models*, Seattle, Washington: Office of Publications, Graduate School of Business Administration, University of Washington, 1970, pp 92—116.

5. Dickson, G. W., Mauriel, J. J., and Anderson, J. C., "Computer Assisted Planning Models: A Functional Analysis," in Schrieber, A. N. (ed), *Corporate Simulation Models*, Seattle, Washington: Office of Publications, Graduate School of Business Administration, University of Washington, 1970, pp 43—70.

6. Eilon, S., *Elements of Production Planning and Control*, New York, MacMillan, 1962.

7. Fisher, J. L., "Decision Systems for Planning and Control," *Proceedings of the Foundier's Conference*, Minneapolis, Minnesota: Society for Management Information Systems, 1970.

8. Florian, M., Trepant, P., an McMahon, G., "An Implicit Enumeration Algorithm for the Machine Sequencing Problem," *Management Science*, Vol. 17, No. 12, (August 1971), pp 782—792.

9. Geoffrion, A. M., "Elements of Large-Scale Mathematical Programming," *Management Science*, Vol. 16, No. 11, (July 1970), pp 652—691.

10. Gershevski, G. B., "Corporate Models — The State of the Art," in Schrieber, A. N., (ed), *Corporate Simulation Models*, Seattle, Washington: Office of Publications, Graduate School of Business Administration, University of Washington, 1970, pp 26—42.

11. Jones, C. H., "At Last: Real Computer Power for Decision Makers," *Harvard Business Review*, Vol. 48, No. 5, (Sept.—Oct., 1970), pp 75—89.

12. Lasdon, L. S., und Terjung, E. G., "An Efficient Algorithm for Multi-Item Scheduling and Operations Research," Vol. 19, No. 4 (July—August 1971), pp 946—969.

13. Madigan, J. G., "Scheduling a Multi-Product Single Machine System for an Infinite Planning Period," Management Science, Vol. 14, No. 11, (July 1968), pp 713—719.

14. McKenny, J. L., and Rosenbloom, R. S., "Hughes Aircraft Company," in *Cases in Operations Management*, New York: John Wiley and Sons, 1969, pp 278—289.

15. McKinsey and Company, Inc., *Unlocking the Computer's Profit Potential*, New York: 1968.

16. Morton, M. S., *Management Decision Systems: Computer Based Support for Decision Making*, Boston, Mass.: Division of Research, Graduate School of Business, Harvard University, 1971.

17. Yntema, D. B., and Torgerson, W. S., "Man-Computer Cooperation in Decisions Requiring Common Sense," IRE Transactions, Human Factors-Electronics, HFE-2, 1961, pp 20—26.

Bericht über die Ergebnisse des Workshop V:

Konzeptionen für Modelle
der Unternehmungsplanung

Von

Prof. Dr. Peter Mevert

in Zusammenarbeit mit

Dipl.-Math. Wilhelm Emde

Im Workshop V wurden insgesamt 7 Vorträge zum Thema „Konzeptionen für Modelle der Unternehmungsplanung" gehalten.

J. W. Buckley stellt ein Modell vor, welches zur Entscheidungsvorbereitung bei der Annahme oder Ablehnung von Krediten dient. Es besteht aus folgenden drei Untermodellen:

(1) Ein Marketing-Modell, mit dessen Hilfe ein Kreditnehmer auf Grund bestimmter Merkmale einer Risiko-Gruppe zugeordnet werden kann.

(2) Ein statistisches Modell, welches es erlaubt, die Grundgesamtheit aller potentiellen Kreditnehmer in Risiko-Gruppen zu zerlegen.

(3) Ein Kostenmodell, welches die gesamten variablen Kosten je Risiko-Gruppe in Abhängigkeit vom Kreditvolumen darstellt. Risiko-Gruppen, deren Deckungsbeiträge einen festgelegten Mindestanteil nicht erreichen, sind auszusondern. Die Schärfe des erforderlichen Testverfahrens hängt daher von der Kostenstruktur des kreditgewährenden Unternehmens ab. Bei geringem Fixkostenanteil, wie z. B. im Baugewerbe, liegen viele Risiko-Gruppen unterhalb der Schwelle; es ist deshalb ein empfindliches Testverfahren notwendig. Bei hohem Fixkostenanteil, wie z. B. in Zeitschriftenverlagen, genügt eine grobe und entsprechend billigere Überprüfung.

Der Vortrag von K. Chmielewicz behandelt die Integration von Finanz- und Erfolgsrechnung zum Planungssystem. Die Bilanz erscheint als Lenkungsinstrument ungeeignet, weil sie zu global ist. Stattdessen zeigt die Erfolgsrechnung die Kosten- und Leistungsstruktur des Betriebes und erlaubt eine detaillierte Lenkung des Gütersystems. Ebenso zeigt die Finanzrechnung die Ausgaben- und Einnahmenstruktur und erlaubt eine detaillierte Liquiditätslenkung. Finanzrechnung, Erfolgsrechnung und Bilanz werden deshalb zu einem 3-teiligen Rechnungssystem integriert und zum integrierten Planungssystem erweitert. Der Zusammenhang zwischen Produktionsplanung und wertmäßiger Planungsrechnung wird mit Hilfe eines Beispiels im Detail erläutert.

Das Referat von E. E. Carter und K. J. Cohen beschäftigt sich mit dem Problem der optimalen Projektauswahl im Rahmen der langfristigen Planung. Unter Projekten sind hier alle strategischen Entscheidungen der Unternehmensleitung verstanden, wie Preis- und Absatzpolitik, Investitionsentscheidungen u. a. Obwohl in der Praxis derartige Projekte i. a. auf individueller Basis angenommen oder abgelehnt werden, besteht eine enge Verknüpfung zwischen den einzelnen Projekten. Carter und Cohen schlagen deshalb ein interaktives Simulationsmodell vor, um derartige Abhängigkeiten in die strategische Planung einzubeziehen. Projekte entstehen zunächst auf den unteren Führungsebenen. Der Projektplaner soll darüber hinaus mit Hilfe von Wirtschaftswissenschaftlern ein Modell entwickeln, mit welchem die Auswirkungen auf die verschiedenen Zielfunktionen des Unternehmens untersucht werden können. Erfolgversprechende Projekte werden nun im Rahmen eines Gesamtmodells simuliert, um gegenseitige Abhängigkeiten quantitativ zu bestimmen. Mit Hilfe eines interaktiven Programms können die Gesamtwirkungen alternativer Projektkombinationen bestimmt werden. Schließlich werden aussichtsreiche Kombinationen als Ganzes simuliert und einer detaillierten Risikoanalyse unterworfen.

D. Kollmannsperger beschreibt in seinem Vortrag den Aufbau und Ablauf der operativen Planung in einem Unternehmen für Körperpflegemittel. Die bisher unabhängige Planung innerhalb jedes Geschäftsbereiches wurde durch eine zentrale Planungsstelle ergänzt, welche die Planungsdurchführung koordiniert, überwacht und steuert. Die operative Planung basiert auf der mittelfristigen Verkaufsplanung und der kurzfristigen Verkaufsschätzung. Der ermittelte Bedarf ist Grundlage der Produktions-, Bestands- und Materialplanung. Wegen starker kurzfristiger Schwankungen des Absatzes ist eine laufende Plankontrolle und Plankorrektur notwendig. An das operative Planungssystem werden daher hohe Anforderungen gestellt: Flexibilität, schnelle Reaktion auf häufige und kurzfristige Änderungen sowie Optimierung der Zielkonflikte in Produktions-, Bestands- und Materialplanung. Dies konnte teilweise durch Umstellung von manueller Planung auf computerunterstützte Planung erreicht werden. Für die Fertigwarendisposition, Produktionsplanung, Materialeinkaufsplanung und Verkaufsschätzung wurden Teilmodelle zur Unterstützung des Planungsteams entwickelt. Für die Zukunft ist vorgesehen, aus den bestehenden Ansätzen ein integriertes Gesamtmodell zur operativen Planung zu entwickeln und schließlich eine enge Verbindung zwischen kurz- und mittelfristiger Planung zu schaffen.

Der Beitrag von P. Mevert und G. W. Dickson behandelt Probleme der Wechselwirkung zwischen Mensch und Rechner bei der operativen Planung. Die operative (kurzfristige) Planung stellt besondere Anforderungen an ein Planungssystem:

(1) Das System muß unmittelbar auf kurzfristige Planabweichungen reagieren.

(2) Es sind häufig mathematisch besonders schwierige Optimierungsprobleme (z. B. Reihenfolgeprobleme in der Produktionsplanung) zu lösen.

(3) Die am Modell gewonnene Optimallösung muß praktisch durchführbar sein; daraus folgt, daß der Planer Lösungsvorschläge häufig abändern muß, wobei die Auswirkung auf die Zielfunktion bekannt sein soll. Diese Forderungen können mit Hilfe eines interaktiven Systems erfüllt werden, bei welchem der Planer die Möglichkeit hat, den Lösungsalgorithmus zu beeinflussen. An einem Beispiel wird gezeigt, wie ein umfangreiches Produktionsplanungsmodell in 2 Teile zerlegt werden kann. Ein Teil ist vom Planer zu

lösen, der andere Teil vom Rechner. Der Algorithmus iteriert zwischen Planer und Rechner bis eine annehmbare Lösung gefunden ist, deren Entfernung vom Optimum sich abschätzen läßt.

F. Steffens untersucht die Anwendungsmöglichkeit der Input-Output-Analyse für die Produktionsplanung. Es zeigt sich, daß die zur eindeutigen Lösung notwendige Annahme homogen linearer Faktorfunktionen nur in bestimmten Produktionsbetrieben erfüllt ist. In der Mehrzahl der bekannten Betriebstypen sind dagegen nichtlineare oder bestenfalls stückweise lineare Faktorfunktionen gegeben. Um auch für diese Betriebe die Input-Output-Analyse anwenden zu können, werden hier die theoretischen Voraussetzungen der Existenz einer Lösung im Falle stückweise linearer Faktorfunktionen untersucht. Ferner wird ein Verfahren zur Bestimmung der Lösung angegeben.

Der Beitrag von E. Zahn beschäftigt sich mit der Anwendbarkeit mathematischer Methoden auf die strategische Unternehmensplanung. Er kommt zu dem Schluß, daß analytische Verfahren, wie sie in der taktischen Planung gebräuchlich sind, hier ungeeignet sind. Gut brauchbar erscheinen dagegen Simulationsmodelle, besonders wenn keine Realexperimente möglich sind und die Problemstruktur komplex ist. Der Verfasser beschreibt dann ein von ihm entwickeltes Simulationsmodell eines forschungsintensiven Unternehmens als komplexes dynamisches System. Das Modell baut auf dem System Dynamics-Ansatz von Forrester auf und besteht aus den eng verknüpften Untersystemen Absatz, Produktion, Produktionsanlagen, Personal, Forschung und Entwicklung und Finanzen. Das Modell gestattet, die Dynamik mikroökonomischer Wachstumsprozesse aufzuzeigen, die Wirkung strategischer Entscheidungen zu analysieren und effizientere Verhaltensweisen zu planen.

In der abschließenden Diskussion zum Workshop V werden noch einmal die Voraussetzungen diskutiert, welche erfüllt sein müssen, um Computermodelle erfolgreich für die Unternehmensplanung einsetzen zu können. Die wichtigste Voraussetzung ist, nach Ansicht der Teilnehmer, das Vorhandensein eines wohldefinierten Planungsrahmens. Das Modell muß Teil eines genau festgelegten Planungsablaufs sein. Isolierte Modelle haben dagegen oft nur eine sehr kurze Lebensdauer. Eine weitere Voraussetzung ist die Entwicklung eines leistungsfähigen Informationssystems, welches die vom Modell benötigten Daten liefert. Ein wichtiger Bestandteil des Erfolges liegt ferner in der Flexibilität des Modells. Starre Optimallösungen werden aus praktischen Gründen oft verworfen. Der Planer muß die Möglichkeit haben, Lösungen zu modifizieren, wobei das Modell die entsprechende Änderung des Wertes der Zielfunktion erkennen lassen muß. Ebenso muß der Einfluß von Planabweichungen erkennbar sein.

Workshop VI:

Organisatorische Implementierung und Schaffung der notwendigen Datenbasis

Diskussionsleitung:

Dr. Harald Rölle

Theory and Rudiments of Participatory Online Planning

Von

Dr. Harold Sackman

1. Toward a Theory of Planning

1.1 The Vacuum in Planning Theory

Advanced research in online planning presupposes a theoretical framework for planning. One looks in vain for a substantive planning theory in the literature. For example, Branch (1966) speaks about a "comprehensive planning process", but not a planning theory. Ayres (1969) discusses the "epistemology of forecasting", but does not come up with any theory of planning. Emery (1965) describes a "formalization of the planning process", but does not venture into planning theory. The record of the Commission on the Year 2000 (Daedalus, Summer 1967) does not lead to any planning theories among its numerous articles.

LeBreton and Henning (1961) wrote a book entitled "Planning Theory". Their "theory" turns out to be an amalgam of activities and disciplines that contribute to the planning process, consisting of seven subtheories: theory of need determination, theory of choice, theory of data collection and processing, testing theory, theory of organizing for planning, communication theory in planning, and persuasion theory. What LeBreton and Henning put forth is not a theory, but a description of planning, arguing that all and any disciplines that contribute to such activities are part of planning theory. Their effort at theorizing is valuable in highlighting the eclectic and pluralistic nature of planning.

In an extensive and thoughtful compendium on management planning, Steiner (1969) puts forth fundamental requirements for a theory of planning.

"This is an aggregate body of theory that has a number of characteristics. First, it should have a set of principles and laws with broad applicability. Second, these should have predictive value. Third, the detailed theories should be tested and found to be valid. Fourth, the theory must explain and describe the phenomenon of planning in total and in its parts. Fifth, it must be useful in actual practice. Sixth, the theory must organize effectively and classify properly the relevant knowledge and experience. Finally, it should give direction to research and teaching of the subject."

In his assessment of the status of planning, Steiner asserts that planning theory is rapidly approaching maturity, but has not yet arrived. He bases his overall conclusion on several generalizations: a variety of planning models have been tested and found to be usefully valid; description and classification of planning are advanced in important areas (e. g., the system development cycle is well understood); prescriptive statements — such as the proposition that top-management involvement and support is essential for successful planning — have been generally validated, even though such statements are scientifically imprecise; and quantitative methods and tools in planning reflect a high degree of precision, sophistication, and diversification.

Steiner has demonstrated, by and large, that an eclectic methodology has been recruited from many disciplines and has been pressed into service for planning, and that fragmented findings are scattered unevenly in the planning arena. His assertion that planning theory is approaching maturity may itself be criticized as premature. Although, like Branch, Steiner speaks of comprehensive planning as a framework for planning theory, nowhere can a theory of comprehensive planning be found in his book in the sense and spirit of his own criteria quoted above. Much as all of us would like to wish otherwise, planning theory is not premature, it is immature.

The planning literature presents a problematic pyramidal structure. At the bottom is a vast literature on planning applications for almost every endeavor known to man. The massive five-year plans of the USSR are a case in point. In the middle is a much smaller and limited literature on planning methodology (e. g., the 25 books on planning techniques produced in the 1960's, as mentioned by Mockler, 1970). At the apex is the virtual nonexistence of any substantive literature on planning theory. What are some of the reasons for this state of affairs?

Some have already been discussed. Planning is in a fast-moving predisciplinary stage. Planning is everywhere at individual, group, national and international levels. Planning begs, borrows and steals from all disciplines and is applied to virtually every social endeavor. In its broadest sense, planning is almost coextensive with human behavior which invariably contains an anticipatory element. Planning is like a vast, amorphous inkblot into which one can project any type of human or social behavior that can be linked to some aspect of the future. If planning is to be a fruitful concept, it needs to be defined in a scientifically useful manner, and embedded in a constructive theoretical context.

1.2 Current definitions of planning

The definitions of planning are legion. Illustrative examples are shown, leading toward a definition suitable for a scientific discipline of planning.

At a general level, Meyerson and Banfield (1955) define *planning* as "a method for delineating goals and ways of achieving them"; and they define a *plan* as "a course of action which can be carried into effect, which can be expected to lead to the attainment of ends sought, and which someone intends to carry into effect."

At the individual level, Miller, Galanter and Pribram (1960) define a plan as "any hierarchical process in the organism that can control the order in which a sequence of operations is to be performed."

Branch (1966) defines comprehensive planning as "the ultimate in man's endeavor to perform a major achievement, shape his environment or affect the future ... What we are concerned with in comprehensive planning is the spectrum of human awareness, knowledge, and capacity to consider and act."

Steiner (1969) defines planning as a process coextensive with management in its broad sense. "Planning is a process which begins with objectives; defines strategies, policies, and detailed plans to achieve them; which establishes an organization to implement decisions; and includes a review of performance and feedback to introduce a new planning cycle."

In economics, Clay (1950) defines planning as "the opposite of reliance on a market economy." In a more positive vein, Florence (1953) defines national planning as the "intention to promote the public interests by the more or less visible hand of the state."

For Mannheim (1940) planning is "a mode of thought which not only changes individual links in the causal chain and adds new ones, but also tries to grasp the whole complex of events from the *key position* which exists in every situation."

In another attempt to reach at the essence of planning, Millett (1947) says "the job of planning, reduced perhaps to its most elementary aspect, is the constant task of defining and sharpening the objectives."

Along similar lines, Bell (1964) emphasizes that "The true function of the planning process is not to designate the most appropriate means for given ends, but to predict the possible consequences to explicate the values of a society and make people aware of the costs of achieving these." In the same paper, Bell also states that "the function of prediction is not, as often stated, to aid social control, but to widen the spheres of moral choice."

Ayres (1969) does not offer any general definition of planning, but distinguishes between three main types: policy planning, strategic planning and tactical planning.

- *Policy Planning:* Formulation of alternative goal patterns or functional objectives for the future — based on alternative future environments or scenarios — in a (continuous) comparison, selection, and feedback process.

- *Strategic Planning:* Formulation of a set of alternative routes or options for achieving the chosen set of goals, together with a procedure for systematic comparison and assessment.

- *Tactical Planning:* Delineating the sequence of actions necessary to implement a particular strategy. The technological aspects of tactical planning would be concerned with reaching well-defined technological (as opposed to functional) objectives generally in terms of specified systems or subsystems.

In anticipation of the definition of planning linked to scientific method that is developed later, note the approach of Nadel (1951) which points to the analogy between means and ends in relation to cause and effect. "... we can readily visualize the double relationship of means-and-ends and cause-and-effect as a gradual process in which, step by step, one becomes adjusted to the other; that is, an end is anticipated, however vaguely; causal effects are observed which suggest a suitable means, until the means has been fully tested and fitted to the desired end."

The above definitions underscore the diffuse, predisciplinary status of planning, and the need for a rigorous approach more amenable to scientific method. The following approach to planning is offered as an initial step toward a scientific theory of planning. The proposed approach is an outgrowth of ideas on experimentally regulated system development found in the author's book (1967).

1.3 Prolegomena to a theory of planning

The foundation stone is disarmingly simple, but crucial: plans may be conceived as hypotheses, subject to empirical test and evaluation in a scientific manner. Given certain conditions, hypotheses predict consequences in accordance with specified relations among operationally defined variables. Why shouldn't we construct plans in the form of hypotheses so that we can rigorously test plans and the planning process?

Hypotheses are embedded in the context of an overarching theory. How can theory be linked with plans? The necessary step is to embed plans in the context of an object system such that the system serves as an operational definition of a plan in a concrete working context. Thus, plans could be working hypotheses concerning system performance subject to continual test and evaluation throughout the life-cycle of the object system. The plan is essentially a blueprint of evolving hypotheses concerning system performance, and system development is the embodiment or actualization of the plan, which permits empirical measurement of the validity and internal reliability of the plan. An overriding advantage of the proposed approach is that the real-world system serves as the source of its own planning hypotheses, and also provides the means for testing such hypotheses.

The scientific confrontation between general abstractions and concrete systems is a new version of the age-old controversy of pure versus applied science. This controversy is taking on a significant new twist with the advent of formally planned systems, particularly with computer-aided systems. In the past, scientific man-machine experimentation was conducted in a laboratory setting in which dependent and independent variables in object system behaviors were relatively isolated, while other factors were controlled or held constant, in an idealized and simplified model or representation of the system. This approach may be described as experimental idealism. At present, particularly in computer-serviced systems, it is becoming increasingly possible to tap real-world and real-time system behaviors in a credible test setting involving an adequately representative complex of the elements of the object system and its environment, with results that have useful predictive value in extrapolating and assessing system performance. This approach may be described as experimental realism in contrast to experimental idealism. To state the case bluntly, why test abstract surrogates when we can test the real thing? Why play with laboratory esoterica when we can go where the action is?

The philosophy that can only be briefly summarized here is, in essence, the extension of experimental method to real-world planning — the extension of system test and evaluation to total system planning and associated system development. The basic starting point is that system plans and derived system design can be viewed as a set of evolving hypotheses concerning system performance — hypotheses that are continually subject to system test, evaluation and reformulation in the light of new findings and changing conditions. This means that planning objectives, planning requirements, system design and system specifications should be conceived and written as operationally defined procedures subject to empirical testing. It also means that resources and facilities for system test and evaluation have to be anticipated in early planning at the system definition phase.

Planned system development, viewed as a scientific activity, implies a number of far-reaching differences from traditional scientific endeavor. One of the most striking differences is that there are as many applied sciences as there are concrete systems. The planned system spells out its own framework of hypotheses concerning its own development and its own performance, with respect to its own resources and objectives. As plans for systems are plastic creations of men and are virtually unlimited in the imagination of men, so is the domain of planned system sciences also unlimited. Whereas traditional sciences tend to be compartmentalized into classical Aristotelian subject areas, such as the mathematical, physical, biological and social sciences, planned system sciences, in contrast, are freely interdisciplinary as required for the accomplishment of system goals.

Traditional science has as many competitive sets of theories for a given subject area as there are recognized experts in the field who can attract a following. In the proposed approach to scientific planned systems, there is usually just one set of authorized, official plans and system specifications that describe the system and its leading performance hypotheses. In traditional science, the logical classification of subject matter is relatively abstract whereas in systems, the detailed plans, including the men, machines and communications of an object system provide a tangible, coherent framework for operational performance hypotheses that does not exist in generalized scientific domains. In particular, real-world experimentation lends itself naturally to a concrete systems setting, whereas generalized scientific models are designed to be temporally and situationally invariant.

There are basic behavioral differences between conventional science and planned systems science in the proposed approach. In the systems approach, those significantly involved in system development and operations — such as planners, managers, designers, analysts, users, operators, and technicians — constitute the potential planning community of the object system. The associated technical literature, including evolving system plans, design specifications, and published test findings, can serve as the equivalent of a public forum for this community, open to criticism from peers and subject to continual reformulation in response to changing conditions. The system community can thus provide many of the checks and balances on method and findings in system planning that are provided by the scientific community in its own specialties in scientific matters.

In this view, experimental method is not restricted to the scientific elite who have been professionally trained in a specialized subject area. It is widely dispersed to all who can participate and contribute significantly to system planning and associated system development, with experimental techniques and aids designed specifically for the role and skill level of the user. With this approach, experimental method could evolve into more humanized and approachable forms that would facilitate user planning and user self-service from grassroots to managerial levels.

If planned systems are conceived as forms of applied science, each unique to the object system, what sort of science will this constitute? Systematic eclecticism, a term suggested by Allport (1963) in another context, seems well suited to characterize, at the same time, the diversity and unity of the proposed approach. As plastic human plans, each system extracts what is useful from available science and technology. Planning is eclectic and justification is pragmatic — will the planned pieces fit together and to the job? This kind of planned electecism is not arbitrary or capricious; it must prove its worth in succesful system operations.

The proposed philosophy of scientifically planned system development is admittedly sketchy and incomplete. The limitations stem from the youthful satus of planning and system science. Fundamentally, this philosophy is an appeal for excellence in system planning through the extension of experimental method in system development.

1.4 Definition of planning

In accordance with the above philosophy of planning, the following definition of planning is offered.

Planning refers to plastic evolving hypotheses concerning system objectives and system performance in specified environments, including embedding ecosystems, to achieve desired levels of operationally defined effectiveness, within stated resources, throughout the life-cycle of the object system and successor systems.

The above definition is not easy to digest when swallowed for the first time. But a closer examination will reveal that it meets key criteria for the philosophy of planning outlined above.

- It states that plans are hypotheses.

- It places planning in an evolutionary system context.

- It requires that plans be operationally defined so that they can be tested in the system setting.

- The environment of the object system also includes the ecosystem in which it is embedded.

- It emphasizes that plans are plastic human creations of desired features within time and resource constraints.

- Plans are placed squarely in the middle of the real world.

- The definition underscores the fallibility of the "best laid plans of mice and men" by insisting on the need for accountability through continual testing in an uncertain world.

Other definitions of planning have anticipated various aspects of the proposed definition, as indicated earlier, but apparently none have encompassed all of the above attributes in a single definition that uncompromisingly weds planning to scientific method.

There are further implications of the above definition of planning, the proposed theory of planning, and the intersection of the above approach to planning with online problem solving. These are treated next in working toward a specific recommendation for research in online planning.

2. Participatory online planning

In this section, previous considerations on planning are joined with the desiderata of online problem-solving, and with various additional considerations and constraints not mentioned earlier — culminating in an initial proposal for research in online planning. The first step is to take a closer look at where the greatest research potential for planning lies.

2.1 Planning techniques and planning research

As an aid to determine where research needs in planning are greatest, Figure 1 portrays the planning techniques mentioned earlier. The context incorporates planning stages (x-axis) and system development (y-axis). Planning stages, from earliest to final stages, as shown in Figure 1, are: normative, strategic, tactical and operational. The system development steps are self-explanatory. Both scales show a time dimension from the present as the origin reference point, to the future, in rank-order of stages in planning and system development. The planning/system development space has a significant property, probably not obvious at first glance. In essence, it indicates that all levels of planning occur at all points throughout the system development process. That is, normative, strategic, tactical and operational planning occur not only when the system is still a gleam in someone's eye, but also throughout the definition, design, operation, and obsolescence of the system. This portrayal thus emphasizes both the gestalt nature of planning and its evolutionary thrust. It also provides a backdrop for scientific test and evaluation of planning in a systems context.

Note that planning techniques are distributed in the system development/planning stage space in Figure 1 in six groups. Starting from earliest plan-

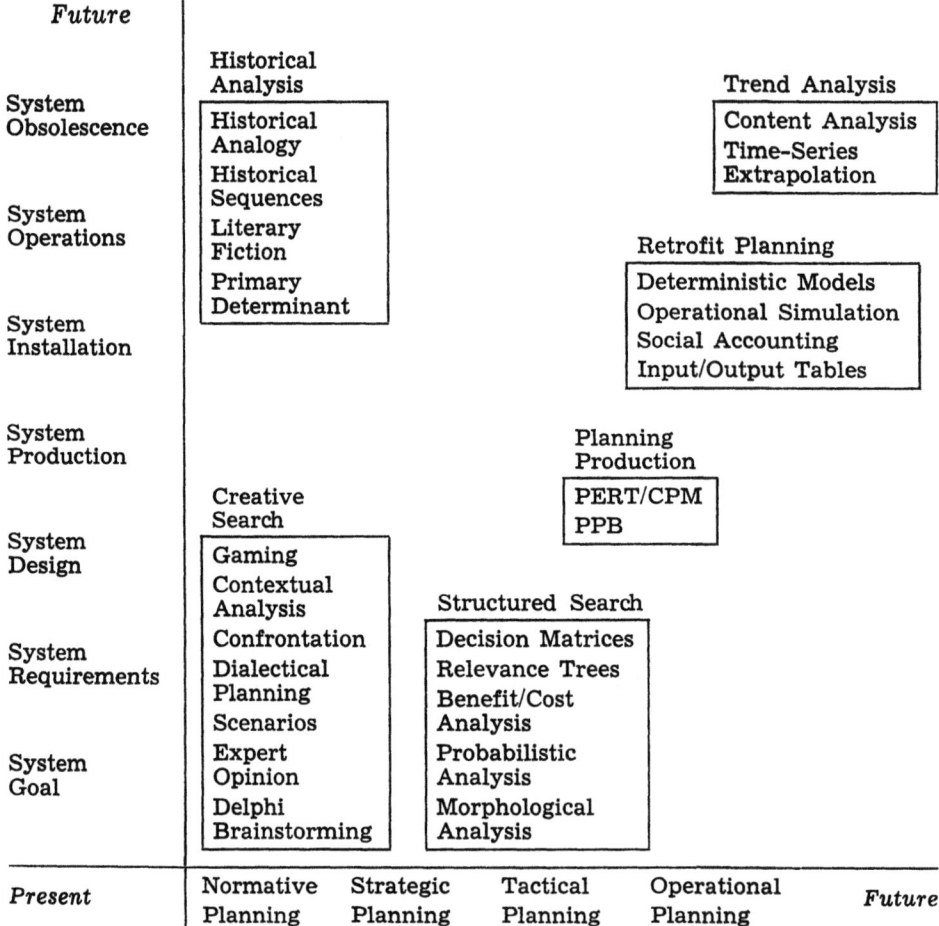

Figure 1: *Temporal Distribution of Planning Techniques in System Planning and System Development*

ning and earliest system development stages, the first group of techniques consists of brainstorming, Delphi, expert opinion, scenarios, dialectical planning, confrontation, gaming and contextual analysis. This group of techniques represents the earliest, most creative, most controversial, and most open-end aspects of planning and system development; they may be characterized as creative search techniques. These techniques represent the more formative aspects of planning where, probably, the least research has been accomplished, the greatest need exists, and the greatest research breakthroughs might be expected to occur.

The "Structured Search" grouping in Figure 1 includes decision matrices, relevance trees, benefit/cost analysis, probabilistic analysis, and morphological analysis. These techniques are characteristically employed further down the line in planning and system development — in early system design and at the junction of strategic and tactical planning where the end in view is well structured and where the problem is to determine the most effective means to achieve the desired ends. Although this area is fairly well researched, there are still many leads open for planning development.

Closely related to the "Structured Search" techniques are the two listed "Planning Production" methods, PPB and PERT/CPM. Although these techniques cut across the entire planning cycle, they generally focus on system implementation, when the planning problem is well-structured and when most of the searching for alternative means has been completed. Detailed budgeting and scheduling at this level are indicative of the planning production process. This area has been fairly extensively researched.

The next category, "Retrofit Planning", refers to ongoing evolutionary modifications of relatively well-established plans based on feedback from deterministic models, operational simulation, social accounting, and input/output tables. These techniques typically occur further down the planning and system development pipeline. Although much research has been done in some of these areas, a vast area is opening up in newer applications such as social accounting.

The "Trend Analysis" techniques occur last in the planning/system development cycle since they require historical perspective to demonstrate trends, as in content analysis and time-series extrapolation. This area has been heavily researched; significant improvements could occur in the development of more accurate and more powerful techniques for data collection and analysis leading to more effective trend determination.

The last category is designated as historical analysis. In this category we find historical analogy, historical sequence, literary fiction, and primary determinant approaches to planning. Note that these techniques are located at the normative stage of planning and at the obsolescence point in system development in Figure 1. The reason for this juxtaposition is that historical techniques provide one of the most powerful methods available for evaluating the normative assumptions in planning. Historical perspective is probably the broadest perspective of all, but under current conditions, it suffers from entering into planning too late with too little. What is needed is a real time acceleration of historical data collection and analysis so that credible historical evaluations can be more timely and more relevant. The discipline of the history of science and technology is still very new; we still do not know how to design useful data collection and reduction techniques for effective historical analyses in the fast-moving technological arena. There are many unprecedented opportunities for planning research in this area that have hardly been tapped.

2.2 Rudiments of a mutual expectation theory of planning

Earlier discussion of a theory of planning was primarily concerned with the application of scientific method to planning. The emphasis in this context is more on an interpretation of the problem-solving process in planning. An early statement of a mutual expectation theory of planning is presented at this point to identify a crucial research area in planning and to provide additional theoretical support for the proposal for online planning that follows in the next section.

Planning may be viewed as the institutionalization of concurred social change for individuals and groups. As such, planning is the vehicle for directed social change. The accelerating tempo of contemporary change, and the growing complexity and ecological interdependence of social problems — and this assertion is central to the proposed theory — require an increasingly broader social consensus, qualitatively and quantitatively, to create a working mandate for viable plans. That is, plans effectively undergo a process of birth contingent upon a prior mandate from cognizant social interests. The political process and the corporate process, to cite only two examples, have well-established channels for the institutionalization of change in the form of authorized plans. Accordingly, plans are the overt embodiment of the mutual expectations of concerned individuals and groups. The genetic structure of embryonic plans are embedded in such mutual expectations.

The general hypothesis put forth is that the planning process — viewed as authorized and directed social change — is initially triggered and sustained by an effective consensus in the concerned community which is shaped by mutual expectations concerning social values, goals, resources, alternative courses of action, and priorities. This hypothesis further states that such consensus is increasingly reaching into more diverse levels of society and to more individuals as social problems grow in size, scope, and urgency, leading to increasing need for participatory planning in all walks of life.

The proposed mutual expectation theory of planning holds that the initial stage of planning — normative consensus — is undergoing a profound process of democratization, by evolutionary and revolutionary methods of social participation throughout the world. Perhaps the most crucial challenge to research in planning lies in systematic and rational extension of participatory planning, particularly in the earliest stages of planning.

The mutual expectation theory of planning does not maintain the untenable position that everyone and his brother could or should participate in all stages of planning; this would undermine the rational division of labor in planning and lead to chaos. The proposed theory applies primarily to the germination stage of planning, the point at which social sanction occurs in some form of consensus. As such, it is put forth as a partial rather than a comprehensive theory of planning. Subsequent to the initial mandate, the design and implementation of a plan follows the characteristic division of labor in the system development process. The planning mandate, which is the point at which a plan is overtly institutionalized, involves a broader set of individuals than those engaged in the immediate design and implementation of the plan, a consensus set that might be called a planning community or a planning public. It is this planning community that is the object population in the proposed mutual expectation theory.

Expectation theory is not something new under the sun. Stogdill (1959) provided a useful, early review of group expectation theory. Although still a loosely aggregated body of theory and experimentation, expectation concepts have a long and fairly extensive history in the social sciences (e. g., Mead, 1934; Barnard, 1948; Mayo, 1933; and Roethlisberger and Dickson, 1941). These authors have posited expectation as a basic dimension of group behavior and they have variously suggested that: stable expectations render predictable behavior; socialized individuals are those who act in accordance with the expectations of others; and systematic changes in expectations are correlated with systematic changes in group performance. Learning theorists such as Tolman (1932), Mowrer (1950), MacCorquodale and Meehl (1953), and Rotter (1954), have accumulated substantial experimental data demonstrating systematic relationships between the reinforcement of expectations and the rate of learning. Kelly (1955) based his theory of personality on the fundamental premise that "a person's processes are psychologically channelized by the ways in which he anticipates events."

Stogdill (1959) believes that expectation theory is the most promising avenue in learning theory to unravel the problems of social learning. He develops expectation theory as one of the keystones of his theory of group achievement. Expectation is defined is "... readiness for reinforcement, a function of drive, the estimated probability of occurrence of a possible outcome, and the estimated desirability of the outsome." It remains to be demonstrated that this nexus of psychological elements in expectation is intrinsic to the human dynamics of planning.

Although an extensive review of expectation research is beyond the scope of this paper, a few illustrative findings may help to suggest the value of expectation theory for understanding the dynamics of planning. As a starter,

Stogdill puts forth the general hypothesis that much of what is known of reinforcement theory in learning can be transferred to the reinforcement of expectation.

● Some studies have shown that prediction of social events may be strongly influenced by the desirability of alternative outcomes, and that attitudes toward events tend to dominate predictions when little information is available on such events.

● Unrealistic expectations tend to be more highly generalized in predicting events than realistic expectations; that is, unrealistic expectations exhibit a more extensive "halo effect" in predictions of related classes of events.

● Individuals tend to shift their expectations to conform with overt group norms, particularly in cohesive groups.

● Expectations are systematically linked to individual value systems in a manner that tends toward selective perception to reinforce well-established values.

● Deviant individuals tend to demonstrate greater certainty in their value systems and greater rigidity in their expectations.

● Group and individual expectations vary with the perceived effectiveness of the group.

● Individuals with similar expectations tend to seek each other out and to reinforce mutual values.

● Public expression of expectations tends to be more powerful in changing expectations than private expression.

● Under certain conditions, anonymous feedback of individual expectations is more accurate and more efficient than face-to-face confrontation.

As mentioned in the title of this section, only the rudiments of a mutual expectation theory of planning are presented. Some of the methodological and research implications of this theory of planning are worked out in the proposal for research in online planning in the concluding section, in which various advantages and disadvantages to be proposed approach are cited. Beyond this introductory and cursory treatment, the reader is left to his own devices in assessing the value of the proposed mutual expectation framework for planning.

2.3 Inital framework for participatory online planning

Participatory planning refers to mutual expectations in social creation of a plan — the attitudes, beliefs, values, goals, priorities, judgments and supporting rationalizations that enter into social consensus for defining and initiating an authorized plan. Research in participatory online planning (POP) refers to systematic experimentation in the creation of plans as expressed in planning consensus in an online computing environment.

What do these general statements imply for a program of research in participatory online planning? First, the emphasis is not evenly distributed over the entire planning process from the gleam in someone's eye to the completed final plan. The focus is primarily on the early normative stage of planning — the creation of a concurred and accepted mandate for planning in a specified planning community. Thus, the planning techniques for the earliest stages of planning (normative planning) and the earliest stages of system development (system goals), as shown earlier in Figure 5, are the starting point for participatory online planning. It was previously seen that these earlier and more creative stages in planning were most in need of research and development and probably represented the best possibilities for planning breakthroughs. They include gaming, brainstorming, dialectical planning, Delphi, expert opinion, scenarios, contextual analysis and confrontation techniques. This proposal does not necessarily exclude other techniques. Nor does this proposal exclude later stages of planning. In principle, POP can be applied wherever human evalutation is invoked, and wherever there is a difference of opinion on explicit issues, which can occur at any point throughout the entire planning cycle.

Not all planning techniques are suitable or desirable for online implementation. A subset of a few of these techniques or improved variations should be selected. Criteria for such selection include:

- Ease and objectivity in formalization for online implementation.
- Amenability to quantification and experimental investigation.
- Capitalization on the leading advantages of online problem solving.
- Flexible application to a wide variety of planning problems.
- Amenability to available natural language and natural I/O techniques.
- Rapid and valid experimentation on significant hypotheses in participatory planning.
- Feasibility within available resources and timetables.
- Ease and utility of supporting user languages and data bases.
- Ease of manual and offline experimentation while online computerized tools are being designed and developed.
- Research potential for making original and substantive contributions to the theory and methodology of planning.

With the above criteria in mind, gaming, Delphi, scenarios, expert opinion and contextual analysis are probably more fruitful techniques for initial work in participatory online planning. It is not recommended that one or more of these techniques be grafted onto an online system. The issue in point is to develop a new generation of online planning capability, using the best characteristics of manual and offline precursors and rearranging them in an improved online configuration for the initial version of participatory online planning — POP — which is father to this generation.

The heart of the required evolutionary mutation to an online configuration lies in adaptive generalization in man-computer communication and in the interactive data base. Adaptive generalization refers to an evolutionary advance that enables the organism to cope with and adapt to a wider range of problems and situations. The human brain is the ultimate example of adaptive generalization. In this context, the four major evolutionary steps are the advent of natural I/0, the development of adversary information systems, the inclusion of educational features, and the application of teleconference procedures for remote planning.

Natural I/0 refers to the use of natural languages as it is spontaneously written, spoken or otherwise expressively used in man-to-man communication, transferred to an online setting as in typewriter, voice, graphic, pointing, or pushbutton input. The advantages of natural I/0 are obvious, and significant breakthroughs in this area would lead toward adaptive generalization.

The adversary information system is a newer and less well understood concept. Adversary information system refer to the organization of information on opposing sides of contested issues such that reasons for and against each position are solicited, stored, and tracked in a realtime transaction that converges toward an operationally defined resolution. Statistical hypothesis-testing is one objective form of simple adversary decision in the sense that a hypothesis, such as the null hypothesis on the significance of the difference between two means, is accepted or rejected by a precise quantitative test.

The proposed concept of adversary information systems goes further than isolated hypothesis testing in also including reasons for and against the position taken on contested issues. In matters of opinion, the proposed adversary information system would not only poll participants, but would also record and organize the reasonst put forth for the positions taken. This process of querying participants generates a dialectical data base. As the dialectical data base grows and changes in real time in an online context, an adversary dialogue develops in which participants can exchange views, take sides and follow the course of consensus, deadlock, or polarization.

The adversary information system has several notable properties not found in conventional information systems and data bases. The conventional data base is comprehensively organized *a priori* to encompass all queries of users in the data domain. It is encyclopedic and deductive and may be described as Aristotelian. The dialectical data base, after the originator of dialectics, is organized along Socratic lines. There is always a point or issue that is being contested. Statements are oriented for or against specified positions. The dialectical data base virtually starts from scratch, develops inductively as the argument progresses, and is completed when the argument is terminated by some specified criterion or reaches a point of diminishing returns.

Dialectical data bases need to be tied to natural language to encourage active participation, credibility and high motivation on the part of the user. They should be concise and highly relevant data bases that can be easily generated and easily disposed as the overriding inquiry takes new turns. The ideal dialectical data base is a boiled-down, agreed-upon list of key reasons for and against a contested issue with such reasons ranked in order of importance. Throwaway data bases, or easy-come/easy-go data bases, are needed to permit the adversary information system to adapt in real time to online users.

The proposed adversary information system combines available advances of natural I/0 with the requirements of searching mutual expectations in initial planning. Primitive forms of adversary information systems are possible now within the current state of the art, such as online opinion polling, accompanied by one-word or one-phrase reasons or justifications in English. The aim of such systems would be interactive convergence toward rationalized consensus in planning.

The third evolutionary feature of POP may be described as online education. Among other characteristics, planning is, in large part, an educational experience. The planner emerges from the planning process better informed and hopefully wiser in the trials and tribulations of his planning problem and in planning skills. If planning is in fact a type of learning experience, it should be explicitly supported and designed as an educational tool. Since POP is an online planning system, it should have available an online facility to support interactive construction of plans, selective presentation of textual material, tutorial support, and real-time tracking and measurement of planning performance against specified criteria. The educational aspects of planning should be systematically exploited to improve planning skills and the quality of end-item plans.

An interactive educational computer language such as PLANIT (Feingold, 1967) would meet the above general requirements. PLANIT (Programing Language for Interaction and Teaching), or an equivalent tool, could be used for the design of any instructional, quesionnaire, or itemized planning sequence that can be broken down into frames, for rating or classifying user responses, for tracking the course of consensus, for tutorial branching, and for measurement of man-computer performance.

There has been no tradition in the planning literature to define, measure, and track the proficiency of planners in the performance of their task. An educational vehicle for POP could make such experimentation possible, and open up a new area of study in real-time planning effectiveness.

The fourth evolutionary feature of POP is to work with planning communities in which individuals and groups are physically remote from each other.

Since more and more planning problems require more diverse skills and more extensive opinions, it becomes virtually impossible to get all concerned individuals together to work out a common approach for a planning mandate. In public issues large numbers of people may be involved. The wide-ranging problems of large organizations, such as DOD, often involve many people and require a great variety of experts from different disciplines. Computer networks — such as the ARPA prototype with approximately 20 "host" computers throughout the United States — are needed to distribute such issues to "planning publics", to collect and organize responses, and to mediate rationalized consensus in planning. Thus, POP is advocated as a plausible approach to dispersed community participation in developing rationalized consensus for planning.

Computerization of planning consensus, as embolied in POP, offers several fundamental advantages for online planning. First, POP is an ideal way to very rapidly collect and disseminate diverse opinions and the rationale behind such opinions to and from individuals in different locations. Second, there is a case to be made for greater efficiency in arriving at group consensus in a distributed arrangement of participants as opposed to face-to-face groups which become unwieldly in large numbers. Helmer (1964) and Dalkey (1969) have presented extensive experimental evidence in connection with Delphi studies to the effect that more accurate and more useful consensus can often be achieved in distributed groups, under certain conditions, as compared to face-to-face groups for many types of problems. In fact, POP can pick up where Delphi and related techniques have left off. Third, work with POP *now* will permit an extensively tested technique for polling, adversary presentation, and consensus to be available for use *later* when extensive computer networks and mass information utilities become commonplace. Fourth, adversary information systems, as sketched for POP, represent a powerful vehicle for exploiting the vast potential of natural-language I/0 for natural solutions to a virtually unlimited number of decision-making applications. Fifth, the relatively simple and straightforward requirements of polling and examining both sides of a contested issue in natural language make a technique like POP an eminently painless and attractive way to introduce a vast user audience (the silent majority) to online information services — a popularizing breakthrough that no computer service or application has achieved to date. Finally, POP could exploit the great educational potential of planning, objectively testing for improved planning skills and better plans.

The fundamental problem is a basic problem in society; face-to-face communication is inadequate to resolve numerous wide-ranging issues involving dispersed individuals and groups. The computer can help in catalyzing man-to-man communication to clarify issues and resolve differences to the point where working consensus may be reached, or at least to the point where polarizing issues are explicitly identified and understood. Planning can be designed to catalyze consensus via computers.

Bibliography

1. Adams, Jeanne and Leonard Cohen, "Time-Sharing Vs. Instant Batch Processing," Computers and Automation, March 1969, pp. 30—34.
2. Allport, Gordon W., "The Fruits of Electicism — Bitter or Sweet?" Proceedings of the XVIIth International Congress of Psychology, August 20—26, 1963, Washington, D. C., North Holland Publishing Company, Amsterdam, 1964.
3. Ayres, Robert U., Technological Forecasting and Long-Range Planning, McGraw-Hill, Book Company, New York, 1969.
4. Barnard, D. J., Organization and Management, Harvard University Press, Cambridge, 1948.
5. Bell, Daniel, "Twelve Modes of Prediction — A Preliminary Sorting of Approaches in the Social Sciences," Daedalus, Summer 1964, pp. 845—880.
6. Berger, R. M., J. P. Guilford, and P. R. Christensen, "A Factor-Analytic Study of Planning," Psychological Monogr., 71, No. 6, 1957.
7. Bernstein, M. I., "The Design for an Interactive Flowchart Programming System," Proceedings of the Third Hawaii International Conference on System Sciences, Part 2, 1970, pp. 894—897.
8. Branch, Melville C., Planning: Aspects and Applications, John Wiley & Sons, Inc., New York, 1966.
9. Bryan, D. G., "JOSS: 20,000 Hours at a Console — A Statistical Summary," AFIPS Conference Proceedings, Vol. 31, 1967 Fall Joint Computer Conference, pp. 769—777.
10. Bureau of the Budget, Planning-Programming-Budgeting, Bulletin No. 66-3, Washington, October 12, 1965.
11. Clay, Sir Henry, Planning and Market Economy, American Economics Review, Vol. XL, 1950.
12. Dalkey, Norman D., The Delphi Method: An Experimental Study of Group Opinion, AD-60-498, The RAND Corporation, Santa Monica, California, June 1969.
13. Dewey, John, Logic: The Theory of Inquiry, Holt, Rinehart and Winston, New York, 1938.
14. De Jouvenel, Bertrand, The Art of Conjecture, Basic Books, Inc., New York, 1967.
15. De Jouvenel, Bertrand, "Utopia for Practical Purposes," Daedalus, Vol. 95, No. 2, Spring 1965, pp. 437—453.
16. Einstein, Albert, and Leopold Infeld, The Evolution of Physics, Simon & Schuster, New York, 1938.
17. Emery, James, The Planning Process and Its Formalization in Computer Models, Proceedings of the 2nd Congress of Information System Science, 1964.
18. Erikson, W. J., A Pilot Study of Interactive Versus Noninteractive Debugging, TM-3296, System Development Corporation, Santa Monica, California, December 1966.
19. Feingold, Samuel L., "PLANIT — A Flexible Language Designed for Computer Human Interaction," Proceedings of the Fall Joint Computer Conference, 1967.
20. Florence, P. S., The Logic of British and American Industry, Routledge & Kegan Paul, London, 1953.

21. Frye, Charles H., and Elbert C. Pack, "A Comparison of Three Computer Operating Modes for High School Problem-Solving," TM-4356/001/00, System Development Corporation, Santa Monica, California, 1969.
22. Gold, M., Methodology for Evaluating Time-Shared Computer Usage, Doctoral Dissertation, Massachusetts Institute of Technology, Alfred P. Sloan School of Management, 1967.
23. Grant, E. E., and H. Sackman, "An Exploratory Investigation of Programer Performance Under On-Line and Off-Line Conditions," IEEE Transactions on Human Factors in Electronics, HFE-8, (1), March 1967, pp. 33—48.
24. Guilford, J. P., The Nature of Human Intelligence, McGraw-Hill, New York, 1967.
25. Haefele, John W., Creativity and Innovation, Reinhold Publishing Corp., New York, 1962.
26. Helmer, Olaf, Social Technology, Basic Books, Inc., New York, 1966.
27. Helmer, Olaf, "Systematic Use of Export Opinions," P-3721, The RAND Corporation, Santa Monica, California, November 1967.
28. Helmholtz, H. L. F., von, Vorträge and Reden, 1896.
29. Jungk, R., "Forecasting as an Instrument of Social and Political Power," Third International Conference on Science and Society, Herceg-Novi, Yugoslavia, 1969.
30. Kahn, Herman and Anthony J. Wiener, The Year 2000, The Macmillan Company, New York, 1967.
31. Karush, A. D., "Project Plan for Regenerative Recording," N-24317/002/00*, System Development Corporation, Santa Monica, California, 1969.
32. Kellogg, C., and J. Burger, "Progress in Natural Language Data Management," Proceedings of the Third Hawaii International Conference on System Sciences, Part 2, 1970, pp. 846—849.
33. Kelly, G. A., The Psychology of Personal Constructs, Norton, New York, 1955.
34. LeBreton, Preston P., and Dale A. Henning, Planning Theory, Prentice-Hall, Englewood Cliffs, New Jersey, 1961.
35. Lickhalter, R. A., "Display 70 — An Interactive Data Analysis System for Management Decision," SP-3457, System Development Corporation, Santa Monica, California, 1969.
36. MacCorquodale, K., and P. E. Meehl, "Preliminary Suggestions as to Formalization of Expectancy Theory," Psychological Review, 60, 1953, pp. 55—63.
37. Mackworth, Norman H., "Orginality," American Psychologist, Vol. 20, January 1965.
38. Mannheim, K., Man and Society in an Age of Reconstruction, Kegan Paul, Trench, Trubner, London, 1940.
39. Mason, Richard O., "A Dialectical Approach to Strategic Planning," Management Science, Vol. 15, No. 8, April 1969, pp. B-403—414.
40. Mayo, E., The Human Problems of an Industrial Civilization, Macmillan, New York, 1933.
41. McIsaac, Paul V., Job Descriptions and Scheduling in the SDC Q-32 Time-Sharing System, TM-2996, System Development Corporation, Santa Monica, California, June 1966.
42. Mead, G. H., Mind, Self and Society, University of Chicago Press, Chicago, 1934.

43. Millett, J., The Process and Organization of Government Planning, Columbia University Press, New York, 1947.
44. Miller, George A., Eugene Galanter and Karl H. Pribram, Plans and the Structure of Behavior, Holt, Rinehart and Winston, Inc., New York, 1960.
45. Mockler, Robert J., "Theory and Practice of Planning," Harvard Business Review, March-April 1970, pp. 148—159.
46. Mowrer, O. H., Learning Theory and Personality Dynamics, Ronald Press, New York, 1950.
47. Myerson, M., and E. C. Banfield, Politics, Planning and the Public Interest, The Free Press, Glencoe, Illinois, 1955.
48. Nadel, S. F., Foundations of Social Anthropology, Cohen & West, London, 1951, pp. 286—287.
49. Novick, David (ed.) Program Budgeting, Harvard University Press, Cambridge, Massachusetts, 1965.
50. Osborn, Alex, Applied Imagination, Charles Scribner's Sons, New York, 1957.
51. Platt, John, "What We Must Do," Science, Vol. 166, 1969, pp. 1115—1121.
52. Raynaud, Thierry G., Operational Analysis of a Computer Center, Technical Report No. 32, Operations Research Center, Massachusetts Institute of Technology, July 1967.
53. Roethlisberger, F. J., and W. J. Dickson, Management and the Worker, Harvard University Press, Cambridge, 1941.
54. Rosove, Perry E., The Use of Contextual Mapping to Support Long-Range Educational Policy Making, SP-3026, System Development Corporation, Santa Monica, California, December 1967.
55. Rossman, Joseph, The Psychology of the Inventor, Inventor's Publishing Company, Washington, 1931.
56. Rotter, J. B., Social Learning and Clinical Psychology, Prentice-Hall, New York, 1954.
57. Sackman, H., Computers, System Science, and Evolving Society, John Wiley & Sons, Inc., New York, 1967.
58. Sackman, H., Experimental Evaluation of Time-Sharing and Batch Processing in Teaching Computer Science, SP-3411, System Development Corporation, Santa Monica, California, October 1969.
59. Sackman, H. Man-Computer Problem Solving, Auerbach, Philadelphia, 1970.
60. Schatzoff, M., R. Tsao and R. Wiig, "An Experimental Comparison of Time Sharing and Batch Processing," Communications of the ACM, Vol. 10, No. 5, May 1967, pp. 261—265.
61. Scherr, Allan L., Analysis of Time-Shared Computer Systems, Research Monograph No. 36, The M.I.T. Press, Cambridge, Massachusetts, 1967.
62. Shaw, J. W., "JOSS: Experience With an Experimental Computing Service for Users at Remote Typewriter Consoles," P-3149, The RAND Corporation, Santa Monica, California, May 1965.
63. Steiner, George A., Top Management Planning, The Macmillan Company, London, 1969.
64. Stogdill, Ralph M., Individual Behavior and Group Achievement, Oxford University Press, New York, 1959.

65. Tolman, E. C., Purposive Behavior in Animals and Men, Appleton-Century, New York, 1932.
66. Totschek, Robert A., An Emperical Investigation into the Behavior of the SDC Time-Sharing System, SP-2191, System Development Corporation, Santa Monica, California, Juli 1966.
67. Toward the Year 2000: Work in Progress, Daedalus, Summer 1967.
68. Wallas, Graham, Art of Thought, Harcourt, Brace, New York, 1926.
69. Willmorth, N. E., System Programming Management, TM-L-222*, System Development Corporation, Santa Monica, California, 1965.
70. Woodworth, Robert S., and Harold Schlosberg, Experimental Psychology, Holt, Rinehart and Winston, New York, 1954.
71. Young, J. W., Technique for Producing Ideas, Advertising Publications, Inc., Chicago, 1940.

---

* This document is an internal, unpublished SDC communication and is not appropriate for release outside the Corporation.

Ein formales Planungssystem als Grundlage computer-gestützter Planungsprozesse

Von

Dr. Harald Rölle

Ein formales Planungssystem ist Voraussetzung jeglicher Überlegung zur Automatisierung von Planungsprozessen, da der Computer nur bestimmte Teile einer Planungsaufgabe unterstützen kann.

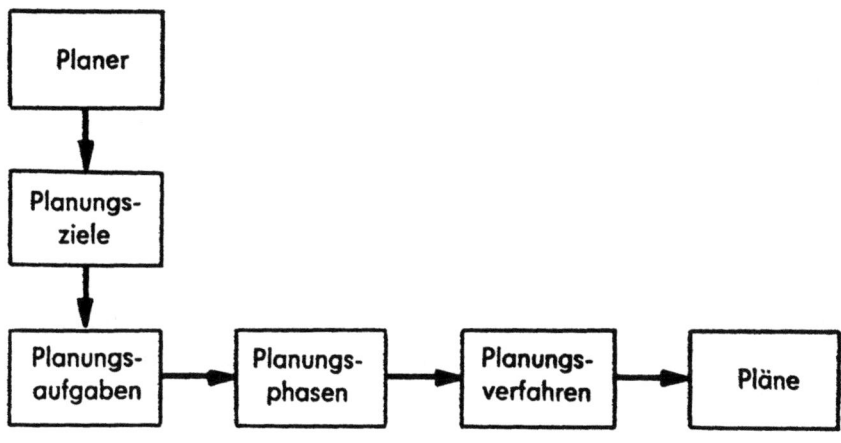

Abb. 1: Planungsverfahren

1. Planungsziele

Planung ist die Zusammenführung von jetzt gesetzten Zielen und prognostizierten Umweltbedingungen mit Maßnahmen und Ressourcenanforderungen zur Erreichung dieser Ziele. Der Planungsprozeß setzt sich aus einem Informationssammelprozeß über zukünftige Bedingungen und Ressourcenverfügbarkeiten und aus einem Entscheidungsprozeß über die Verbindung von Zielen und Fähigkeiten mit Ressourcenanforderungen zusammen.

Für diesen Prozeß sind verschiedene Informationsarten erforderlich, die sich wie folgt charakterisieren lassen:

1. Ziele

2. Zukünftige Bedingungskonstellationen → Prognosen;

3. Verfügbarkeit von Ressourcen, arten- und mengenmäßig → Prognosen;

4. Regeln, nach denen Ressourcen disponiert werden sollen.

Als Hauptzwecke der Planung sind anzusehen:

— Identifikation und Definition unternehmerischer Gelegenheiten und Probleme (Zielfindung);

— Koordination aller Einzelaktivitäten;

— Entwicklung eines Standards zur Messung der Qualität der Leistungen.

Entsprechend dieser Planungsdefinition ergeben sich die Bestandteile eines formalen Planungssystems:

(1) Planungsziele

(2) Planungsaufgaben

(3) Planungsphasen

(4) Planungsverfahren

(5) Planungsträger

Es soll hier der Meinung entgegengewirkt werden, daß Pläne ausschließlich Budgetzahlen sind. Der Hauptteil des Planungsprozesses ist Identifikation und Formulierung von Zielen, Alternativen und Maßnahmenprogrammen auf der Grundlage von Hypothesen der Planer.

2. Planungsaufgaben

Es werden in der Praxis allgemein operative/dispositive und strategische Planungsaufgaben unterschieden.

Operative Tätigkeiten beziehen sich auf das heutige Geschäft ohne eine beabsichtigte Veränderung des gegenwärtigen Produktniveaus, der Kapazität oder des Mengengerüstes, ohne strategische Veränderungen im Produktmix, in den Dienstleistungen, in der Art der Durchführung oder im Geschäftsvolumen. Operative/dispositive Planungsaufgaben befassen sich mit dem effizienten Management des bestehenden Geschäfts und strategische Planungsaufgaben mit zukünftigen Aktivitäten. Es besteht für die Unternehmung stets eine Gefahr, wenn ein Ungleichgewicht zwischen der Erfüllung operativer/dispositiver und strategischer Planungsaufgaben besteht.

2.1 Strategische Pläne

Sie bestehen aus der Erstellung mengenmäßiger und wertmäßiger längerfristiger Periodenpläne (Bereichspläne) für das bestehende Geschäft und aus darauf gesetzten Projektplänen für neue Geschäfte[1]. Je nach Branche und Unternehmung bestehen die Periodenpläne aus verlängerten Budgetrechnungen für einen Zeitraum von 5—10 Jahren, die jährlich revidiert werden.

---

1) Vgl. Sauer, Manfred: Planung, langfristige. In: Management Enzyklopädie, Bd. 4, S. 1130 ff., München 1971.

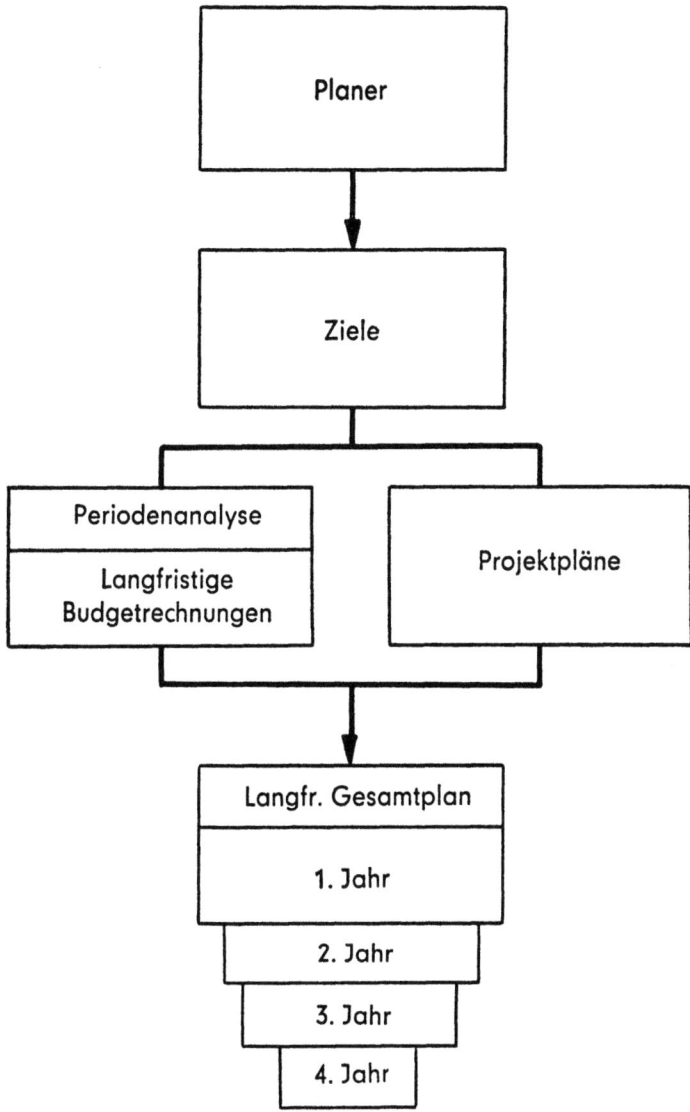

Abb. 2: *Zusammenhang von Perioden- und Projektplänen*

Die Periodenpläne enthalten die Entwicklung wichtiger funktioneller Leistungs- bzw. Verantwortungsbereiche (Geschäftsbereiche) innerhalb einheitlicher Zeiträume (Jahre).

Zeitlicher Horizont und Detaillierungsgrad der Periodenpläne richten sich nach den Bedürfnissen und Möglichkeiten des Unternehmens. Der zeitliche Horizont der projektbezogenen Pläne ergibt sich aus der Beschaffenheit des jeweiligen Problems.

2.11 Langfristige Periodenpläne

Der einfachste Typ eines Periodenplanes ist die Vorausschätzung der Ergebnisse (Umsätze, Kosten), aus denen dann Gewinngrößen und Finanzbedürfnisse resultieren. Bei diesem Vorgehen handelt es sich nur um eine Formalplanung, bei der die materiellen Sachpläne und Maßnahmen, auf denen die Planansätze beruhen, nicht weiter analysiert werden.

Eine weitere Entwicklung ist, wenn auch die zugrundeliegenden Maßnahmen in den verschiedenen Bereichen Marketing, Produktion, Beschaffung selbst formalisiert und geplant werden. Je größer das Risiko bei nicht verläßlichen, vorhersehbaren Reaktionen des Marktes und des Wettbewerbers auf Veränderungen von Preis, Qualität, Wertung, desto eher ergibt sich die Notwendigkeit von alternativen Periodenplänen mit entsprechender Berücksichtigung der Fehlermöglichkeiten, Risiken und Sensitivitäten.

Die Periodenpläne werden in separaten Dokumenten zusammengefaßt (je einer für den Geschäftsbereich und für die Unternehmung).

Den sachlichen Ablauf der periodenbezogenen Planung löst derjenige Geschäftsbereich aus, der die kritischste Funktion des Unternehmens darstellt. Meist ist dies der Absatz und das Marketing. Zwischen den durch die Geschäftsleitung gesetzten Planungszielen und den Ergebnissen der Periodenpläne werden sich Lücken ergeben (Wachstumslücken). Diese sind meist Anlaß zu projektbezogenen Plänen.

Der Unterschied zwischen kurzfristigen operativen Plänen und langfristigen Periodenplänen ist lediglich der, daß bei letzteren die Daten immer unsicherer werden und der Alternativcharakter der Pläne immer mehr in den Vordergrund tritt.

2.12 Projektbezogene Pläne

Strategische Entscheidungspakete bestehen aus einem Bündel von Projekten, die in sich geschlossen sind.

Das strategische Investitionspaket hat immer Grenznutzencharakter, der sich als Zusatz zum normalen Geschäft ergibt (periodenbezogener Plan). Um die Vorteile strategischer Investitionspakete abwägen zu können, ist es immer notwendig, vom Grundgeschäft auszugehen, auf das strategische Aktivitäten aufgesetzt werden (evolutorisches Verfahren). Die Notwendigkeit neuer strategischer Investitionen ergibt sich aus einer Analyse des bestehenden Geschäfts angesichts bestehender geschäftspolitischer Ziele.

Hier ist folgende Checkliste zur Prüfung zu verwenden:

— Bestehende geschäftspolitische Ziele nach Umsatzrendite und Eigenkapitalrendite
— Marktlage

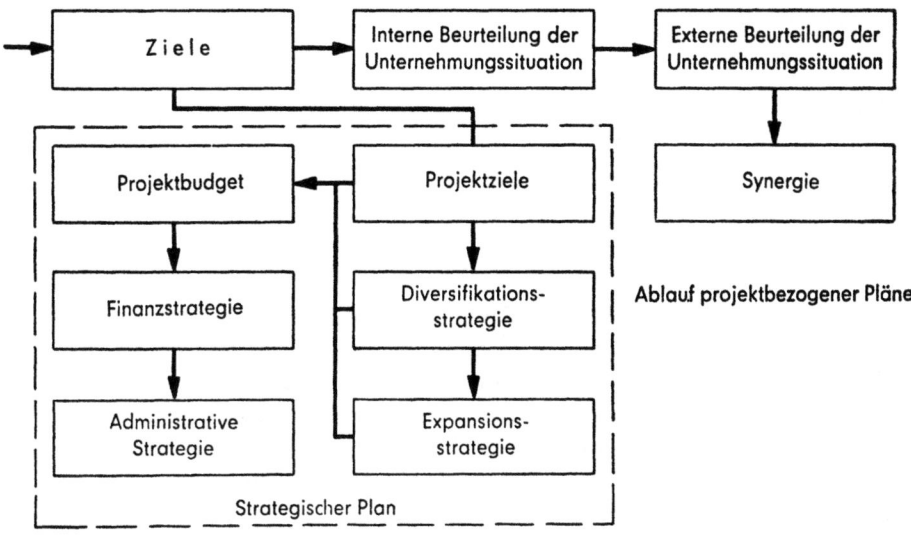

Abb. 3: *Ablauf projektbezogener Pläne*

— Technologische Entwicklung
— Konkurrenzanalyse
— Schwachstellen im Wachstum,
  Marktanteil
  Organisationsstruktur
  Gründe für Mißerfolge
— Langfristige sachliche Schwerpunktziele nach Alternativen für bestehende Märkte und Produkte
— Bewertung von Ergebnis- und Umsatzchancen, Personal- und Kapitalbedarf, Risiken
— Alternative Vorgehensweisen
— Welche Investition oder Entwicklung soll strategische Ziele sichern?

Aus der Einschätzung der internen und externen Unternehmungssituation muß dann eine

— Modifikation der bestehenden Unternehmungsziele
— Diversifikationsstrategie
— Expansionsstrategie
— Finanzstrategie
— Administrative Strategie und ein
— strategisches Budget

abgeleitet werden.

Es können im allgemeinen nur

— wissenschaftliche

— technologische

— wirtschaftliche

— soziale

Ziele unterschieden werden.

Zur Verfolgung wirtschaftlicher Ziele sind zunächst wissenschaftliche und technologische Ziele notwendig, die meist durch Forschung und Entwicklung in Zusammenarbeit mit anderen Funktionsbereichen festgelegt werden. Ein strategisches wissenschaftliches und strategisches technologisches Ziel ist z. B. das Erreichen einer Führerschaft in der Radiofernübertragung[2]). Aus diesen strategischen Unternehmenszielen werden bestimmte Programmgebiete für die Forschung und Entwicklung abgeleitet, die z. B. die

- Kommunikationstechnologie

- Instrumententechnologie

- Mikroelektronik

darstellen könnten.

Durch technologische und wirtschaftliche Zeitschriften bekommt der Planer z. B. in der Forschung und Entwicklung Anregungen für mögliche Unternehmungsziele.

In jährlichen Planungsrichtlinien würde der Verantwortliche für Forschung und Entwicklung drei mögliche Budgetansätze für das kommende Jahr einsetzen

- den wahrscheinlichsten,

- den maximalen Wert und

- den minimalen Wert.

Jedes Programmgebiet würde der Intuition des Planers entsprechend dahin beurteilt, ob

neue Programmziele N

formuliert werden müßten oder ob die

alten Programmziele P

noch gültig sind.

---

[2]) Vgl. Roberts, Richard und Schmitt, Roland: Creativity versus Planning, You can have both. In: Innovation, No. 13, 1971, S. 52—59.

Jedes Programmgebiet wird dahin codiert, ob nach Meinung des Planers die Anstrengungen

>erhöht +
>gesenkt — oder
>beibehalten 0

werden sollten.

Dieses Planungsdokument des Generalisten geht an die Spezialisten innerhalb der Forschung und Entwicklung und sieht in etwa so aus:

Erwartete Veränderungen in Gesamtbudget:

wahrscheinlich + 10 %, maximum + 20 %, minimum — 5 %

Programmgebiet: Kommunikationstechnologie	
Optische Kommunikation	P/+
Satellitenkommunikation	P/o
Terminalausrüstung	N/o
Signalverarbeitung und -übertragung	P/—

Programmgebiet: Instrumententechnologie	
Instrumentendisplays	N/+
Biomedizinische Instrumente	P/o

Programmgebiet: Mikroelektronik	
Mikrowellen Schaltkreise	N/o
Computergestützte Schaltkreisentwicklung	P/o

Abb. 4

Anschließend werden von jedem Bereich der Forschung und Entwicklung Programmbudgetansätze entwickelt, die z. B. folgende Elemente aufweisen können:

— das formale strategische Ziel des Bereichs mit seinem technischen Inhalt
— Meilensteine und Termine jedes Programmpunktes
— empfohlenes Budget für jedes Programm
— Konsequenzen bei Budgetveränderungen in positiver und negativer Richtung
— Ergebnis und Bedeutung der Arbeit im laufenden Jahr
— Programmziele taktisch, wenn empfohlenes Budget genehmigt wird.

Projektbezog Plan \ Projektbez. Plane	Langfr Gesamtplan	Langfr. Budget	Marketing	Beschaffung	Produktion	Forschung	Personal	Verwaltung
Strategie	X		X					
Handlungsalternativen	X		X		X	X		
Markt	X		X					
Produktentwicklung	X		X	X	X	X		
Investition	X	X			X			
Absatzmenge	X		X	X	X			
Umsatz	X	X	X					
Material	X	X		X	X			
Lohne	X	X			X		X	
Distribution	X	X						X
Vertriebskosten	X	X	X					
Werbefixe Kosten	X	X			X		X	
Verwaltg GK	X	X	X	X		X	X	X
Gewinne	X	X						
Rentabilität	X	X						
Risikoanalyse	X			X	X	X	X	X

Abb. 5: *Zusammenführung von Perioden- und Projektplänen*

Die entwickelten Programmbudgetansätze werden in einer ersten Planungssitzung diskutiert.

Im Anschluß an jede Sitzung wird jedes Planungsdokument im Hinblick auf drei Kriterien von jedem Teilnehmer bewertet:

— Signifikanz des Einflusses auf das strategische Unternehmensziel
— Leistung bis dato zur Zielerreichung
— Wachstumsrate für Budgetansatz.

Jedes Programm wird nach diesen drei Kriterien skaliert und schließlich muß der Planer selbst den endgültigen Planansatz treffen, der zu einem strategischen Budget führt. Es muß noch geplant werden, nach welcher Strategie Finanzmittel beschafft werden sollen und mit welcher administrativen Struktur der strategische Plan realisiert werden soll.

Langfristige Periodenpläne und Projektpläne müssen in einem Gesamtplan verknüpft werden.

2.2 Operative Periodenplanung

Auch hier müssen operative Entscheidungspakete gebildet werden, welche skalierbar und beurteilungsfähig sind. Hier können grundsätzlich zwei Planansätze verwendet werden: das Budget des Vorjahres (Differenzenplanung) oder die Nullbasis. Bei letzterem Planungsverfahren werden alle Aktivitäten der Unternehmung so behandelt, als ob sie grundsätzlich neu wären und in sich wirtschaftlich de novo begründet werden müssen[3]). Null-Basis-Budgetierung kann am besten dort angewandt werden, wo die Ausgabenhöhe nicht direkt durch die Höhe des zu erwartenden Absatz- und Produktionsniveaus bestimmt wird, sondern wo erheblicher Planungsspielraum hinsichtlich der auszuwählenden Aktivität und der Intensität dieser Aktivität besteht.

Jedes Entscheidungspaket muß die Informationen enthalten, welche zur Beurteilung durch das Management notwendig sind. Dazu gehören die Ziele der Aktivität, die Maßnahmenprogramme, der erwartete Nutzen, die Alternativen zum Programm, die Konsequenzen einer Ablehnung des Programms und die erwarteten Sach- und Personalausgaben.

Es können zwei Typen von Entscheidungspaketen unterschieden werden:
— sich gegenseitig ausschließende Pakete → zur Erfüllung der Funktion gibt es verschiedene Möglichkeiten
— Grenzpakete → es gibt unterschiedliche Intensitätsniveaus derselben Aktivität vom Basisniveau bis zu einem maximalen Niveau.

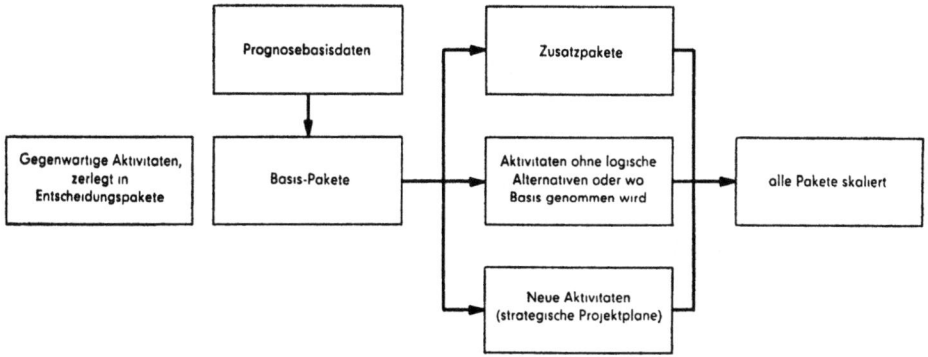

Abb. 6: *Formulierung von Entscheidungspaketen für operative und strategische Aktivitäten*

Zur Fertigungsplanung von Produkt X können z. B. drei sich anschließende Entscheidungspakete gebildet werden:

Paket A

Fünf Produktionsplaner zu 60 000,— DM p. a. Dieses Niveau würde Produktions- und Liefertermine aufrechterhalten und auch das Lagerwesen.

---

[3]) Vgl. Phyrr, Peter A.: Zero Base Budgeting. In: Harvard Business Review, November-December, 1970, S. 111—121.

Paket B

Abschaffen der Produktionsplaner und Durchführung der Planung durch Meister. Dies würde jedoch zu zusätzlichen Lägern, zu ineffizienten Fertigungsläufen und zu verzögerten Lieferungen führen.

Paket C

Zusammenfassung der Produktionsplanung für Produkte X, Y, Z. Das würde zwei Überwacher einsparen mit folgenden Konsequenzen: Die Meister würden mangelnde Planung für ihr Produkt befürchten, weil sie zu Belastungsspitzen bei allen Produktlinien führen könnte.

Nachdem die Basisalternativen definiert worden sind, sollte der Planer inkrementale Variationen seiner gewählten Alternative betrachten.

Bei Paket A würde dies bedeuten:

Basispaket:

Minimumerfordernis: 4 Produktionsplaner; Langfristplanung, Lagersteuerung und Marketingunterstützung würden dann vernachlässigt.

Zusatzpaket 1:

Bei Hinzufügung eines Planers kann der Planungshorizont von 2 Wochen auf 4 Wochen ausgedehnt werden; tägliche Lagerberichte können erstellt und spezielle Kundenbedürfnisse berücksichtigt werden.

Zusatzpaket 2:

Hinzufügung eines OR-Spezialisten für die Berücksichtigung optimaler Fertigungslose und Lagerniveaus. Zu erwarten sind 2 % Produktionskostensenkung und 5 % Lagerkostensenkung.

Um den Planern zu ermöglichen, ihre Budgetanforderungen besser einzuschätzen, müssen von der Planungsabteilung Prognosebasisdaten über die Konjunktur, Umsätze, Personalkostenplus usw. zur Verfügung gestellt werden. Die beantragten Entscheidungspakete sollten vom Planer in bestimmten Belegformaten eingereicht werden z. B. in folgendem Format:

Abteilung: Produktplanung X Paket No. 50

Paketname: Basispaket für Produktplanung X

Ziele:

1. Minimumniveaus an Planungsaktivitäten für Produkt X

2. Beibehalten der Niveaus von Zwischen- und Fertiglägern

3. Minimum Marketing Koordination

Beschreibung Programm:

1. Aufrechterhaltung von Produktions- und Lieferterminen von 2 Wochen im voraus
2. Tägliche Fertigwarenlagerberichte und gelegentliche Zwischenlägerberichte
3. Permanente Bestandsfortschreibung Rohstoffe für 2 Wochen Bedarf

Nutzen:

Minimumniveau, um Produkt X termintreu zu liefern

Personal: 4

Kosten: 55 000,— DM

Konsequenzen einer Ablehnung:

Abschaffung der Planer würde Meister zwingen, eigene Planung zu machen ohne Zusatzkosten, aber mit überhöhten Lagerbeständen, ineffizienten Produktionsläufen und verzögerten Lieferungen.

Zusatzpakete:

1. Hinzufügen eines Langfristplaners 15 000,— DM
2. OR-Spezialist 15 000,— DM

Alternativpaket:

Zusammenführung Produktplanung für X, Y, Z. Schlechte Logistik.

Ressourcen:

1971   65 000,— DM (Personal 5)
1972   55 000,— DM (Personal 4)

Alle Entscheidungspakete sollten in der Reihenfolge abnehmenden Nutzens für die Unternehmung gelistet werden. Die Pakete kommen nicht mehr zum Zuge, welche außerhalb der Budgetgrenzen liegen.

3. Planungsphasen

Strategische und operative Planungsprozesse bestehen aus verschiedenen phasenmäßig abgrenzbaren Teilaufgaben.

3.1 Zielsetzung

Voraussetzung jeglicher Planformulierung ist die Zielsetzung, gegliedert nach geschäftspolitischen, strategischen, taktischen und operativen Zielen. Die Zielsetzung gibt Auskunft darüber, wo und auf welche Weise sich das

Unternehmen in Zukunft betätigen wird. Wirtschaftliche, soziale, auch politische Erwägungen gehen in diese Überlegungen ein. Auch persönliche Motive und gesellschaftliche Standorte der die Zielsetzung beeinflussenden Leute (Inhaber, Manager, Geschäftsführer, Kunden, Lieferanten, Betriebsrat) spielen eine wesentliche Rolle. Je genauer diese Ziele formuliert sind, desto besser und schneller können Pläne formuliert werden.

3.2 Planformulierung

Die Planformulierung stellt die eigentliche kreative Aufgabe der Identifikation von realisierbaren Maßnahmenprogrammen dar.

Die strategische und operative Periodenplanung stellt eine möglichst realitätsnahe Extrapolation der Entwicklung bestehender Geschäftsbereiche dar. Die strategische Projektplanung dagegen besteht aus der noch schwierigeren Identifikation neuer Marktbedürfnisse sowie technischer und finanzieller Möglichkeiten. In akademischen Kreisen wird häufig die Entscheidungsfindung als das Zentralproblem des Managements angesehen. In der Realität besteht jedoch das Hauptproblem in der Identifikation und Formulierung neuer unternehmerischer Gelegenheiten. Das Wissen für die Planformulierung kann einmal von den Spezialisten in den entsprechenden Fachgebieten kommen, aber auch nicht zuletzt von den synthetischen Fähigkeiten und der Intuition des Generalisten im Management. Es muß noch festgehalten werden, daß Prognosedaten über Umwelt und Märkte, technologische Entwicklung noch keine formulierten Pläne darstellen, sondern nur die Grundlage solcher. Die formulierten Plansätze stellen noch keine Planergebnisse dar.

3.3 Planalternativen

Infolge des großen Möglichkeitenraumes und der Unsicherheit der Zukunft müssen Alternativen zur Erreichung desselben Zieles formuliert werden. Dabei steigt die Schwierigkeit mit zunehmendem Planungshorizont.

3.4 Entscheidung

Nachdem Vorteilhaftigkeit und Risiko verschiedener Alternativpläne beurteilt worden sind, muß die Entscheidung für eine Planalternative fallen, die sich in einem Planergebnis niederschlägt.

4. Planungsträger

Planungsträger ist nicht die als Planungsabteilung bezeichnete Stelle in der Unternehmung. Sie hat nur Koordinationsfunktionen. Planen können nur die Verantwortungs- und Geschäftsbereiche.

4.1 Kognitive Planungstypen

Es wird häufig zwischen verschiedenen kognitiven Planungstypen unterschieden:

— dem induktiv-heuristischen und

— dem deduktiv-analytischen

Planer. Die Forschung über kognitives Verhalten hat verschiedene kognitive Stile bei Spezialisten und Generalisten festgestellt[4]).

McKenney benutzt

— „Plan",

— „Process" und

— „Mode"

als die drei wesentlichen Merkmale der Kognition.

„Plan" gibt an, wie eine Person ein Problem sieht aus großer Perspektive (general) oder detaillierter Perspektive (local).

„Process" zeigt auf, ob der Planungsträger intuitiv (heuristisch) oder logisch analytisch vorgeht.

„Mode" ist die Fähigkeit eines Individuums, ein Problem in symbolischer algebraischer Form oder in verbaler bildhafter Form zu formulieren.

Diese unterschiedlichen kognitiven Stile führen zu unterschiedlichen Fähigkeiten bei der Problemerkennung (Zielfindung), Problemformulierung, Alternativengewinnung und Entscheidung.

Es besteht empirische Evidenz dafür, daß globale, intuitive, ikonische Planer bei der Problemerkennung (Zielsetzung) und Entscheidung sowie lokale, analytische, symbolische Planer bei der Planformulierung und Alternativengewinnung überlegen sind. Diese Erkenntnis wird auch durch die Forderung in der Praxis untermauert, daß die Zielsetzung und Entscheidung unbedingt durch Generalisten und Realisierer vorgenommen werden sollte.

4.2 Realisierer und Generalisten

Behavioristische Gesetzmäßigkeiten sprechen dafür, daß Pläne nur dann implementierbar sind, wenn sie durch die anschließenden „Durchführer" selbst geplant wurden[5]). Anderseits besteht mit zunehmendem Entwick-

---

[4]) Vgl. McKenney, James L.: Computer based Models as adaptive communicators between different cognitive styles. In: Management Information Systems: Progress and Perspectives, hrsg. von Charles H. Kriebel, Richard L. van Horn und J. Timothy Heames, Pittsburgh 1971, S. 279 ff.

[5]) Vgl. Bass, Bernard M.: When Planning for Others. In: The Journal of Applied Behavioral Science, Vol. 6, No. 2, 1970, S. 151—171.

lungsstand der Planungstechnik, z. B. durch Simulation oder Risikoanalyse, ein Trend zur Arbeitsteilung zwischen Planer und Realisierer. Dieses Dilemma wird in der Praxis dadurch gelöst, daß eine Planungsabteilung die Ergebnisse der Planungsprozesse von planenden Durchführern koordiniert. Auf keinen Fall darf aber die Planungsabteilung selbst planen. Eine andere wesentliche Funktion der Planungsabteilung scheint darin zu bestehen, Planungsgrunddaten über gegenwärtige und zukünftige Bedingungskonstellationen zur Verfügung zu stellen.

Eine andere Notwendigkeit ist, daß Planung unbedingt durch Generalisten vorgenommen wird, welche sich durch folgende Eigenschaften auszeichnen:

— sehr breitgefächertes Wissen,

— Verarbeitung und Synthese großer Informationsmengen,

— realistische Einschätzung zukünftiger Umweltbedingungen,

— Einschätzung der Konsequenzen gegenwärtiger Entscheidungen.

Der Generalist synthesiert dies Fachwissen mehrerer Experten und Spezialisten. Ein guter Generalist muß neben hoher Urteilskraft noch folgende Fähigkeiten besitzen:

— Einschätzung politischer Durchführbarkeit,

— Kommunikation,

— Gruppendynamik usw.

Der Generalist muß im Verlaufe des Planungsprozesses

— die richtigen Spezialisten befragen,

— richtige Fragen stellen können,

— ihre Antworten in Zweifel ziehen,

— ihre Antworten richtig gewichten und

— ihre Antworten im Gesamtzusammenhang sehen.

Dabei muß der Planer auch ein bestimmtes Risikoverhalten aufweisen.

Auf Grund der mangelnden Risikofreudigkeit unserer industriellen Gesellschaft passiert es allzu oft, daß Planer überkonservativ sind und zugleich zu hohe Risiken eingehen[6]). Das rührt daher, daß Realisierer nicht nach der Qualität der Entscheidungen beurteilt werden, welche sie treffen, sondern nach den Ergebnissen ihrer Entscheidungen. Die vielen verpaßten Gelegenheiten werden selten beurteilt.

---

6) Vgl. Kaufmann, Felix: The Strategic Decision Makers. In: Innovation, No. 25, 1971, S. 19 ff.

5. Planungsverfahren und Planungsrichtlinien

Es besteht die Hypothese, daß unterschiedliche Planungsverfahren Auswirkungen auf das Planungsergebnis haben. Diese Hypothese konnte in einem Forschungsprojekt der Stanford University Graduate School of Business nachgewiesen werden[7]. In experimentellen Planungssituationen wurden erhebliche Unterschiede in den Planungsergebnissen zwischen *synoptischen* und *evolutorischen* Planern gemessen. Unter synoptischen Planern wurden solche verstanden, die angefangen von den Unternehmungszielen ab ovo neue unternehmerische Gelegenheiten, strategische Handlungsalternativen durchdenken und analysieren. Unter evolutorischen Planern wurden solche verstanden, die das gegenwärtige Geschäft der Unternehmung als Ausgangspunkt nehmen und angrenzende Betätigungsbereiche nur im Sinne einer Diversifikationsstrategie untersuchen.

Das Vorhandensein formalisierter Planungsverfahren und Richtlinien muß als Voraussetzung jeglicher Computerunterstützung von Planungsprozessen angesehen werden. Im allgemeinen werden dazu von den Planungsabteilungen sogenannte Planungshandbücher entwickelt.

Diese bestehen normalerweise aus

— Prognosehandbuch,

— Aktivitätenchecklisten und

— Planungsformularen.

Im Prognosehandbuch sind die wichtigsten Zahlen zur

— Volkswirtschaftlichen Prognose

— Konjunkturprognose,

— Branchenprognose,

— Unternehmensprognose und

— Bereichsprognose

mit den geschäftspolitischen Zielen zusammengestellt.

Das Prognosehandbuch ist auch unterteilt in kurzfristige (Monats-Jahresprognosen) Prognosen und Langfristprognosen (langfristige Vorausschau). Das Prognosehandbuch enthält z. B. auch eine prognostische Konkurrenzanalyse, wenn es sich um Oligopolmärkte handelt. Es geht um ein widerspruchsfreies quantifiziertes Gesamtbild, in das die künftige Planung einzuordnen ist.

Wichtigster Teil des Prognosehandbuches ist die Zusammenstellung der quantitativen Entwicklung in den einzelnen Bereichen. Auf die Beschaf-

---

[7] Vgl. Wheelwright, Steven G.: Strategic Planning in the Small Business. In: Business Horizons, Vol. XIV, No. 4, August 1971, S. 52 ff.

fungsseite werden z. B. die für beschaffungspolitische Entscheidungen relevanten Tendenzen der Beschaffungsmärkte untersucht, neben Rohstoffen, Investitionsgütern auch der Personalmarkt, Kapitalmarkt, Werbemarkt, Frachten, Infrastruktur, Forschungs- und Verfahrenstechnik. Lieferanten all dieser Daten sind Marktforschungsinstitute, die eigene Marktforschung, Dokumentationszentralen und das Wettbewerbsarchiv.

Die Aktivitätenchecklisten geben Auskunft darüber, wie die Planung mit welchen Verfahren ablaufen soll.

Wichtig ist zunächst die Festlegung des sachlichen Ablaufs der operativen Planung. Zunächst sind die Absatzmengen zu ermitteln, weil sie die Ausgangsdaten für die Produktions- und Beschaffungsplanung setzen. Die Absatzmengen werden in detaillierte Beschaffungs- und Produktionspläne aufgelöst nach Arbeitsstunden, Material, Energie, Kapazität. Ein Ziel ist z. B. die Maximierung des Deckungsbeitrages der Verkäufe.

Die Kosten und Erlöse können zu den zukünftigen Preisen (Prognosehandbuch) oder zu gegenwärtigen Preisen bewertet werden.

Die durchgerechneten Beschaffungs-, Produktions- und Absatzpläne führen zum Betriebsergebnis. Mit den Steuern ist der erzielbare Gewinn ableitbar. Diese Planung wird über Bilanzprojektionen über die Jahre hin vervollständigt.

Der zeitliche Ablauf der periodenbezogenen Planung muß so früh im Jahr eröffnet werden, daß die vollzugsverbindliche Planung des nächsten Jahres, noch ehe diese beginnt, fertiggestellt werden kann. Als natürliche Zeitpunkte ergeben sich für die strategische Planung das Frühjahr und für die operative Planung der Herbst.

Aus dem Planungshandbuch muß auch hervorgehen, welches Planungsverfahren jeweils anzuwenden ist.

Die Fülle der verschiedenen möglichen Verfahren kann hier nicht aufgezeigt werden; sie reichen von

— historischer Analyse,

— kreativen Suchverfahren (Delphi), Brainstorming, Dialektik,

— strukturierten Suchverfahren (Entscheidungsmatrizen), Relevanzbäumen bis zum

— evolutionären Verfahren (evolutionäre Veränderung bestehender Pläne in bestehenden Geschäftsbereichen mit oder ohne Computerunterstützung).

Es ist für jeden Teil und jede Phase der Planung das jeweils geeignete Verfahren heranzuziehen. Die verschiedenen Planungstätigkeiten müssen sich in Formularen niederschlagen. Im folgenden sind empirische Beispiele für die Beantragung von Projekten im Forschungs- und Entwicklungsbereich einer Automobilgesellschaft und einer Softwaregesellschaft dargestellt[8]).

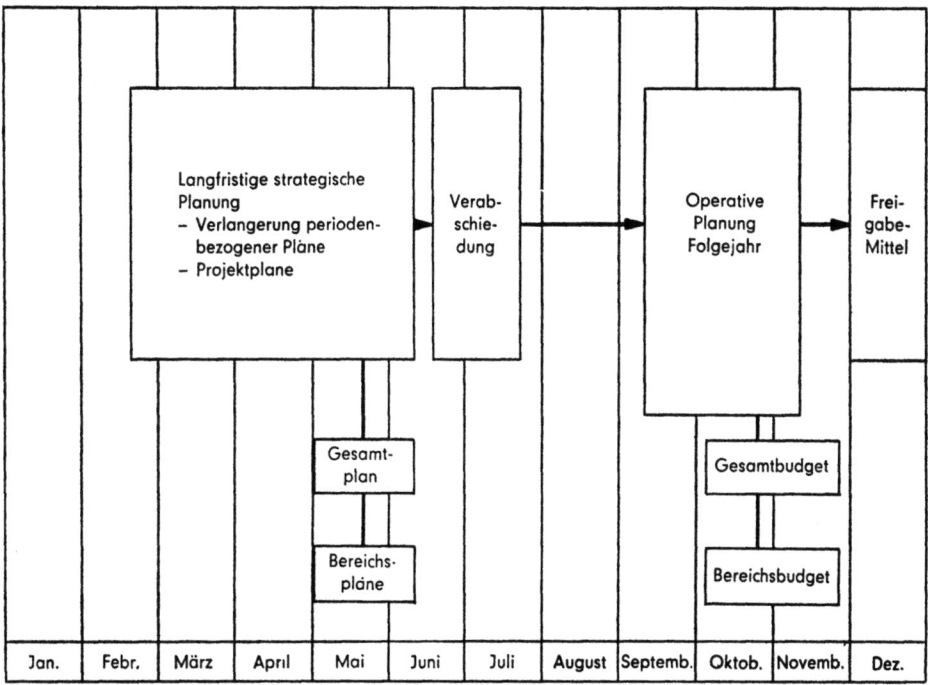

Abb. 6: *Zeitlicher Ablauf von Perioden- und Projektplänen*

6. Automatisierbarkeit von Planungsaufgaben und Phasen

6.1 Voraussetzungen

Um Planungsprozesse automatisieren zu können, sind Mindestbedingungen im Unternehmen erforderlich.

Für die kurzfristige und langfristige Periodenplanung ist ein offenes Rechnungswesen erforderlich, das die Daten für die Prognoserechnungen mühelos liefert. Geschlossene Budgetrechnungen über mehrere Jahre hinweg sollten auf der EDV durchgespielt werden können, wenigstens bis zum Überschuß der Verkaufserlöse über die variablen Kosten und unter Auflösung des Absatzmengengerüsts in seine Ausgangsbestandteile (Materialeinsatz, Lohnstunden, Energieverbrauch, Kapazitätsbedarf).

---

[8] Vgl. Greenblott, B. J. und Hung, J. C.: A Structure for Management Decision Making. In: **IEEE Transactions on Engineering Management**, Vol. EM-17, No. 4, November 1970, S. 145—158.

		Quantitative Judgments				Date 8/1/70	

Project title: A new programming training procedure Project No. 6
A. Value to the company. (Impact value)

R&D's Mission \ Center's goal	Data processing	Software development	Consultation and training	Data Management systems	Machine translation	Subtotal impact value
Operating systems (10)	.5 / 3 (6)	(0)	1 / 2 (2)	.5 / 1 (2)	(0)	6
Nu. Meth. & Prog. Supp. (35)	.8 / 8 (10)	1 / 15 (15)	1 / 5 (5)	.6 / 3 (5)	(0)	31
Prog. Lang. & Compilers (20)	(7)	(10)	(0)	(0)	(3)	
Form. Lang. & Syn. Analy. (30)	(0)	(0)	(0)	(0)	(30)	
Relia., Diag. & Maint. (5)	(5)	(0)	(0)	(0)	(0)	
					Total impact value $v_I = 37$	

B. Timeliness consideration.
t_e = Has passed t_b = Present t_f = 24 mo's

		Funding level (K$)					
		Requested K$ 150	2 × Req.	1.5 × Req.	½ × Req.	¼ × Req.	Maximum K$ 230	Minimum K$ 75
C.	Manpower factor m	100		100			100	100
D.	Facility factor f	100		100			100	100
E.	Proba. of success, p	95		97			97	90
F.	Expected time for completion (months)	12		6			6	30

Quantitative Judgments   Date 8/1/70
Project title: Computer requirement analysis program   Project No. 5
A. Value to the company. (Impact value)

R&D's Mission \ Center's goal	Data processing	Software development	Consultation and training	Data Management systems	Machine translation	Subtotal impact value
Operating systems (10)	0.5 / 3 (6)	(0)	1 / 2 (2)	(2)	(0)	5
Nu. Meth. & Prog. Supp. (35)	1 / 10 (10)	.6 / 9 (15)	.6 / 3 (5)	(5)	(0)	22
Prog. Lang. & Compilers (20)	(7)	.7 / 7 (10)	(0)	(0)	(3)	7
Form. Lang. & Syn. Analy. (30)	(0)	(0)	(0)	(0)	(30)	
Relia., Diag. & Maint. (5)	.8 / 4 (5)	(0)	(0)	(0)	(0)	4
					Total impact value $v_I = 38$	

B. Timeliness consideration.
t_e = Has passed t_b = 6 mo's t_f = 30 mo's

		Funding level (K$)						
		Requested K$ 150	2 × Req.	1.5 × Req.	½ × Req.	¼ × Req.	Maximum K$ 300	Minimum K$ 70
C.	Manpower factor m	100	100	100	100		100	100
D.	Facility factor f	100	100	100	100		100	100
E.	Proba. of success p	90	95	93	80		95	75
F.	Expected time for completion (months)	18	12	15	30		12	34

Abb. 7: Beantragung eines Projekts in einer Softwareunternehmung

Quantitative Judgments

Project title
Date
Project No.

A. Value to the company.
Fill in the upper triangle of each matrix box a decimal indicating the degree of project impact on the corresponding item.

1. Impact value v_I

R&D mission \ Company goal	Goal I	Goal II	Goal III	Goal IV	Subtotal impact value
Mission A	○	○	○	○	○
Mission B	○	○	○	○	○
Mission C	○	○	○	○	○

Total impact value $v_I =$

2. Technical readiness value v_R

Emergency rescue capability	○
Prepared mind for technology not clearly known	○
Attracting and holding superior people	○ Total v_R
Patent position	○ =

3. Value for non-technical objectives, v_N

Company prestige	○ Total v_N
Humanitarian	○ =

Value to the company, $v = v_I + v_R + v_N =$

B. Timeliness consideration.

Earliest date of possible use $t_e =$
Beginning date of high level demand $t_h =$
Beginning date of falling demand $t_f =$

		Funding level (K$)						
		Requested K$	Twice	one & a half	Half	Quarter	Maximum K$	Minimum K$
C.	Manpower factor m							
D.	Facility factor f							
E.	Prob. of success p							
F.	Expected time for completion (month)							

Abb. 8: Impact-Value-Matrix für eine Automobilunternehmung

Project title: Electric engine development Project No.: 8

R&D mission \ Company goal	Cars	Trucks	Motorcycles	Farm equipments	Subtotal impact value
(50) Engine development	1 / 10 (10)	.4 / 6 (15)	1 / 10 (10)	.2 / 3 (15)	29
(50) Transmission systems	(10)	(15)	(10)	(15)	
(110) Body styling	.4 / 24 (60)	.1 / 2 (20)	.4 / 8 (20)	.1 / 1 (10)	35
(80) Safety features	(20)	(20)	(20)	(20)	
(80) General components	(40)	(15)	(15)	(10)	
(30) Farm tools:	(0)	(0)	(0)	(30)	
	Weights	Subweights		Total impact value $v_I =$	64

Abb. 8: Fortsetzung Automobilunternehmung

Quantitative Judgments

Project title: Centralized Electronic Banking System
Date 8/1/70
Project No. 4

A. Value to the company. (Impact value)

R&D's Mission \ Center's goal	Data processing	Software development	Consultation and training	Data Management systems	Machine translation	Subtotal impact value
Operating systems (10)	.5 / 3 (6)	(0)	(2)	1 / 2 (2)	(0)	5
Nu Meth. & Prog. Supp. (35)	.8 / 8 (10)	1 / 15 (15)	.6 / 3 (5)	1 / 5 (5)	(0)	31
Prog. Lang. & Compilers (20)	(7)	(10)	(0)	(0)	(3)	
Form. Lang. & Syn Analy. (30)	(0)	(0)	(0)	(0)	(30)	
Relia., Diag. & Maint. (5)	(5)	(0)	(0)	(0)	(0)	

Total impact value $v_I = 36$

B. Timeliness consideration.
$t_e =$ Has passed $t_h = 12$ mo's $t_f = 60$ mo's

		Funding level (K$)					
		Requested K$ 500	2 x Req.	1.5 x Req.	½ x Req.	¼ x Req.	Maximum K$ 1000	Minimum K$ 200
C.	Manpower factor m	100	100	100	100		100	100
D.	Facility factor f	100	100	100	100		100	100
E.	Proba. of success p	90	95	93	70		95	65
F.	Expected time for completion (months)	48	36	40	70		36	80

Quantitative Judgments

Project title: Centralized household data and accounting system
Date 8/1/70
Project No. 3

A. Value to the company. (Impact value)

R&D's Mission \ Center's goal	Data processing	Software development	Consultation and training	Data Management systems	Machine translation	Subtotal impact value
Operating systems (10)	.5 / 3 (6)	(0)	(2)	.5 / 1 (2)	(0)	4
Nu Meth. & Prog. Supp. (35)	.8 / 8 (10)	1 / 15 (15)	.6 / 3 (5)	1 / 5 (5)	(0)	31
Prog. Lang. & Compilers (20)	(7)	(10)	(0)	(0)	(3)	
Form. Lang. & Syn Analy. (30)	(0)	(0)	(0)	(0)	(30)	
Relia., Diag. & Maint. (5)	(5)	(0)	(0)	(0)	(0)	

Total impact value $v_I = 35$

B. Timeliness consideration.
$t_e =$ Has passed $t_h = 12$ mo's $t_f = 52$ mo's

		Funding level (K$)					
		Requested K$ 300	2 x Req.	1.5 x Req.	½ x Req.	¼ x Req.	Maximum K$ 600	Minimum K$ 250
C.	Manpower factor m	100	100	100			100	100
D.	Facility factor f	100	100	100			100	100
E.	Proba. of success p	90	95	90			95	85
F.	Expected time for completion (months)	12	9	11			9	14

Abb. 9: Projektbeantragung EDV-Anwendungen

Project No. 1

Quantitative Judgments Date 8/1/70
Project title: Machine translation between English and Chinese Project No. 1
A. Value to the company. (Impact value)

R&D's Mission \ Center's goal	Data processing	Software development	Consultation and training	Data Management systems	Machine translation	Subtotal impact value
Operating systems (10)	(6)	(0)	(2)	(2)	(0)	
Nu. Meth. & Prog. Supp. (35)	(10)	(15)	(5)	(5)	(0)	
Prog. Lang. & Compilers (20)	.5 / 3.5 (7)	(10)	(0)	(0)	1 / 3 (3)	6.5
Form Lang. & Syn. Analy. (30)	(0)	(0)	(0)	(0)	1 / 30 (30)	30
Relia, Diag. & Maint. (5)	(5)	(0)	(0)	(0)	(0)	

Total impact value $v_I = 36.5$

B. Timeliness consideration.
  t_0 = Has passed t_h = 12 mo's t_f = at least 10 years

	Funding level (K$)					
	Requested K$ 800	2 × Req.	1.5 × Req.	½ × Req.	¼ × Req.	Maximum K$ 1200	Minimum K$ 800
C. Manpower factor m	100		100			100	100
D. Facility factor f	100		100			100	100
E. Proba. of success p	50		55			55	50
F. Expected time for completion (months)	60		57			57	60

Quantitative Judgments Date 8/1/70
Project title: Special purpose software for plastic industries Project No. 2
A. Value to the company. (Impact value)

R&D's Mission \ Center's goal	Data processing	Software development	Consultation and training	Data Management systems	Machine translation	Subtotal impact value
Operating systems (10)	(6)	(0)	.5 / 1 (2)	.5 / 1 (2)	(0)	2
Nu. Meth. & Prog. Supp. (35)	.5 / 5 (10)	.8 / 12 (15)	.4 / 2 (5)	(5)	(0)	19
Prog. Lang. & Compilers (20)	1 / 7 (7)	1 / 10 (10)	(0)	(0)	(3)	17
Form. Lang. & Syn. Analy. (30)	(0)	(0)	(0)	(0)	(30)	
Relia., Diag. & Maint. (5)	(5)	(0)	(0)	(0)	(0)	

Total impact value $v_I = 38$

B. Timeliness consideration.
  t_0 = Present t_h = 24 mo's t_f = 60 mo's

	Funding level (K$)						
	Requested K$ 500	2 × Req.	1.5 × Req.	½ × Req.	¼ × Req.	Maximum K$ 1000	Minimum K$ 300
C. Manpower factor m	100	100	100			100	100
D. Facility factor f	100	100	100			100	100
E. Proba. of success p	85	90	88			90	75
F. Expected time for completion (months)	18	12	15			12	24

Abb. 10: Quantitatives Beurteilungsformular

Neben den datenmäßigen und kapazitätsmäßigen Voraussetzungen der EDV ist der Führungsstil des Management von erheblicher Bedeutung. Wenn noch nicht einmal ein Jahr im voraus systematisch schriftlich geplant wird, dann wird für die Planergebnisse kein Benutzer da sein. Wenn die Planungsstelle selbst isoliert plant ohne Zusammenarbeit mit den Leistungs- und Verantwortungsbereichen, dann ist die Planung in der Unternehmung nicht etabliert. Wenn die Planungsstelle nicht so autorisiert und eingeordnet ist, daß sie ihren Auftrag den Geschäftsbereichen gegenüber wirksam vertreten kann, dann ist kein Zustandekommen von realistischen und realisierbaren Plänen sichergestellt. Schließlich muß auch im Anschluß an die Durchführung eine laufende Soll-Ist-Abweichung mit Konsequenzen für die Verantwortungsbereiche (Belohnungs- und Bestrafungssystem) stattfinden, wenn die Wirksamkeit der Planung gewährleistet sein soll.

Nicht zu vergessen sind die psychologischen Voraussetzungen. Es muß die Bereitschaft gegeben sein, auch ungesicherte Annahmen, die nach subjektiver Wahrscheinlichkeit gesetzt wurden, zu akzeptieren und mit ihnen zu arbeiten, nicht zuletzt muß Kooperationsbereitschaft mit Teamgeist gegeben sein.

6.2 Komparative Kosten- und Leistungsvorteile von Mensch und Computer bei einzelnen Planungsaufgaben

Zur Beurteilung dieser Fragen müssen strategische und operative Planungsprozesse unterschieden werden.

6.21 Automatisierbarkeit strategischer Planungsprozesse

Diese müssen ihrerseits wieder in langfristige Periodenpläne und Projektpläne untergliedert werden. Wenn die komparativen Kosten- und Leistungsvorteile des Computers in den

— „hard data"-intensiven,

— rechenintensiven,

— verknüpfungsintensiven und

— geschwindigkeitsintensiven

Teilen von Datenverarbeitungsaufgaben gesehen werden und des Menschen in den

— normativen,

— heuristischen,

— unstrukturierbaren,

— „soft data"-intensiven und

— intuitiven

Teilen von Datenverarbeitungsaufgaben, dann ist die Phase der Prognosegewinnung und Alternativenberechnung im strategischen Planungsprozeß an den Computer delegierbar.

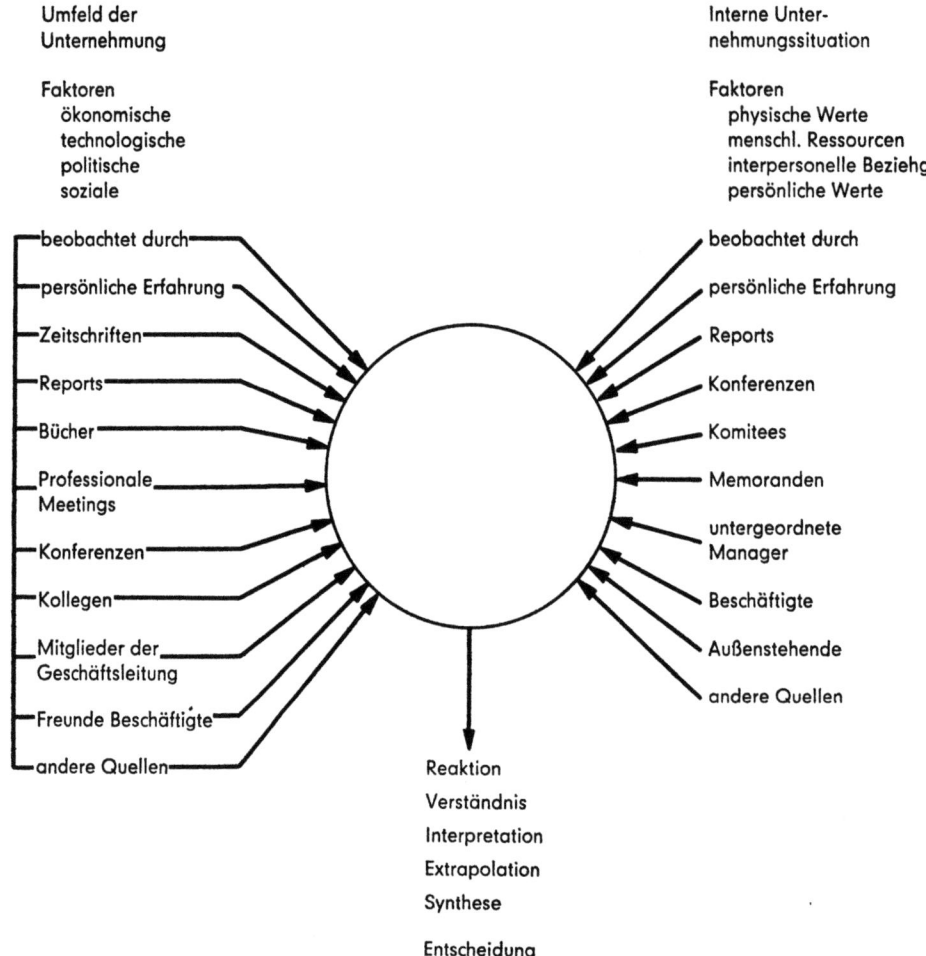

Abb. 11: *Informationsquellen für den strategischen Planer*

Die Vorteilhaftigkeit des Computereinsatzes nimmt jedoch mit zunehmendem Planungshorizont ab, da die Datenbasis immer „weicher" wird und die Planergebnisse dementsprechend in ihrem Sicherheits- und Genauigkeitsgrad immer mehr abnehmen, so daß schließlich der menschliche Planer dem Computer überlegen ist.

Diese Erkenntnisse spiegeln sich auch in dem derzeitigen Anwendungsspektrum von „corporate models" im Rahmen strategischer Periodenplanungsprozesse wider.

Je weiter der Planungshorizont, um so mehr wird von der sachlichen Maßnahmenplanung zur formalen Ergebnisplanung (Finanzplanung) übergegangen.

Bei den Projektplanungen müssen wiederum die Aufnahme völlig neuer Geschäftsbereiche und die Diversifikation in bestehende Geschäftsbereiche unterschieden werden. Letztere ist wie Periodenplanung zu behandeln. Anders die Projektplanung. Hier handelt es sich meistens um völlig neue Technologien oder Marktstrategien. Hier scheidet selbst der Computer für Prognosen oder Alternativberechnungen aus. Die wenigen Fakten, welche der strategische Projektplaner zur Beurteilung der Istsituation benötigt, lohnen nicht, mit dem Computer produziert zu werden. Dafür zieht der strategische Planer viele andere Informationsquellen heran[9]).

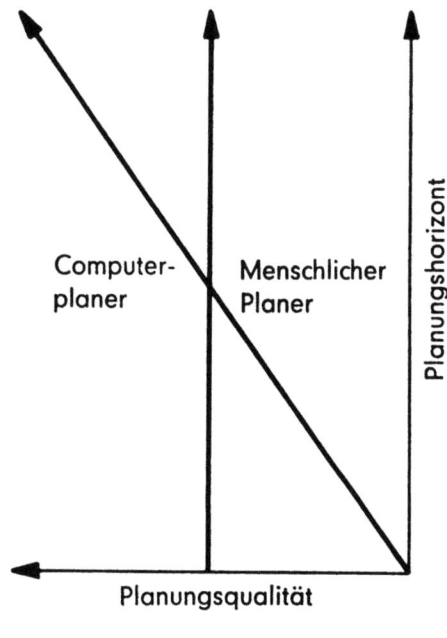

Abb. 12

Das Argument der Automationsbefürworter strategischer Projektpläne lautet, daß solche Entscheidungsprobleme so komplex seien, daß nur durch eine explizite Abbildung solcher Probleme in Modellen Transparenz in das Geschehen gebracht werden könne[10]). Die Ansätze der Entscheidungsanalyse sowie der mikroanalytischen Simulation zielen in diese Richtung. Häufig wird dasselbe Argument verwendet um zu begründen, daß der Mensch bei der

---

[9]) Vgl. Aguilar, Francis J.: Strategic Scanning: Some practical considerations for Top Management. In: Managing Computer Based Information Systems, hrsg. von John Dearden, F. Warren, McFarlan, William M. Zani, Homewood 1971, S. 521—533.
[10]) Vgl. Kaufmann, Felix, a. a. O., S. 24 ff.

Erkennung und Verarbeitung komplexer dynamischer Problemstrukturen dem Computer überlegen ist.

Von gegenwärtigen noch bestehenden hardware-software-technischen Beschränkungen abgesehen, scheint der Nachweis noch nicht erbracht zu sein, daß komplexe mentale Prozesse strategischer Planer explizierbar und abbildungsfähig sind. Ein explizites Modell für einen strategischen Planer würde eine Abbildung der gesamten Unternehmung und ihrer Umgebung erfordern. Die Ursache für das Unvermögen in diesem Bereich ist noch nicht hinlänglich geklärt. Es kann entweder an den noch mangelnden Verfahren für die Gestaltung solcher Modelle liegen oder an hardware-softwaretechnischen Beschränkungen in der Speicherung und Wiederauffindung der vielen „hard data" und vor allen Dingen „soft data". Bisherige Experimente der Formalisierung strategischer Projektplanungsprobleme in der Wirtschaftspraxis bezogen sich ausschließlich auf die Institutionalisierung innovativer Führungsstile im Rahmen eines „Organization Development". Ein wesentlicher Faktor scheint in diesem Bereich auch die Überlegenheit des Menschen bei Diskriminanz- und Assoziationsaufgaben zur Interpretation umfangreicher Informationsmengen zu sein.

Aber neben reinen Leistungsargumenten bei Mensch und Computer scheint es eine relativ unrealistische Annahme zu sein, daß ein strategischer Projektplaner das Modell eines Modellbauers als Leitschnur seines Handelns benutzt. In den meisten Unternehmungen muß die aufbau- und ablauforganisatorische Struktur für die Institutionalisierung strategischer Planungsprozesse erst noch geschaffen werden.

	Teile von Datenverarbeitungsaufgaben	Zielsetzung	Prognose	Planformkennung	Alternativenberechnung	Entscheidung
Mensch	harddata-intensiv		X		X	
	rechenintensiv		X		X	
	verknüpfungsintensiv				X	
	geschwindigkeitsintensiv		X		X	
Computer	normativ	X		X		X
	heuristisch	X		X		X
	unstrukturierbar	X		X		X
	softdata-intensiv	X		X		X
	intuitiv	X		X		X

Abb. 13: Aufgabenteilung Mensch/Computer Periodenplanung

6.22 Automatisierbarkeit operativer Planungsprozesse

Gegen die Unterstützung der kurzfristigen Periodenplanung mit Computern bei Prognose, Alternativenberechnung sprechen grundsätzlich keine kognitiven Gesetzmäßigkeiten. Es ist aber dennoch erstaunlich, wie wenig Unternehmungen jedoch von den Möglichkeiten des Computer-Einsatzes Gebrauch machen. Selbst das so gepriesene Produktions- und Absatzplanungssystem (Management Terminal System) bei Westinghouse ist in seinem Gebrauch eingestellt worden[11], obwohl es sich hier um eine monatliche Mengenplanung handelte.

Als Gründe für die mangelnde Anwendung des Computers in diesem Bereich kann nur die Anwendungs- und System-Software gesehen werden:

— mangelnde Flexibilität und demzufolge zu hoher Wartungs- und Pflegeaufwand sowie

— geringe Benutzerfreundlichkeit für Planer.

Diese Mängel können jedoch durch gezielte Forschungs- und Entwicklungsprojekte in diesem Bereich behoben werden.

---

11) Vgl. Scott-Morton, Michael, S.: Management Decision Systems, Boston 1971.

Literaturverzeichnis

Aguilar, Francis J.: Strategic Scanning: Some practical considerations for Top Management. In: Managing Computer Information Systems, hrsg. von John Dearden, F. Warren, McFarlan, William M. Zani, Homewood 1971, S. 521—533.

Bass, Bernard M.: When Planning for Others. In: The Journal of Applied Behavioral Science, Vol. 6, No. 2, 1970, S. 151—171.

Greenblott, B. J.: A Structure for Management Decision Making. In: IEEE Transactions on Engineering Management, Vol. EM-17, No. 4, November 1970, S. 145—158.

Hung, J. C.: A Structure for Management Decision Making. In: IEEE Transactions on Engineering Management, Vol. EM-17, No. 4, November 1970, S. 145—158.

Kaufmann, Felix: The Strategic Decision Makers. In: Innovation, No. 25, 1971, S. 19 ff.

McKenney, James L.: Computer based Models as adaptive communicators between different cognitive styles. In: Management Information Systems: Progress and Perspectives, hrsg. von Charles H. Kriebel, Richard L. Van Horn und J. Timothy Heames, Pittsburgh 1971, S. 279 ff.

Phyrr, Peter A.: Zero Base Budgeting. In: Harvard Business Review, November-December, 1970, S. 111—121.

Roberts, Richard: Creativity versus Planning, You can have both. In: Innovation, No. 13, 1971, S. 52—59.

Sauer, Manfred: Planung, langfristige. In: Management Enzyklopädie, Bd. 4, S. 1130 ff., München 1971.

Schmitt, Roland: Creativity versus Planning, You can have both. In: Innovation, No. 13, 1971, S. 52—59.

Scott-Morton, Michael, S.: Management Decision Systems, Boston 1971.

Wheelwright, Steven G.: Strategic Planning in the Small Business. In: Business Horizons, Vol. XIV, No. 4, August 1971, S. 52 ff.

Information Organization and Retrieval Systems for Corporate Planning

Von

Prof. Dr. Norton M. Bedford

It is the proposal of this paper that solutions to the problems of corporate planning can be improved by the use of suitable information storage, retrieval, and management systems.

The State of the Arts

It has been variously suggested that in one way or another the designing of any management information system necessarily involves the following four steps.

(1) Determining the information requirements of the system and selecting appropriate data base elements to meet these requirements. Ideally the resulting data base would include information useful in selecting problems to be solved or goals to be sought as well as information useful in solving the problem or attaining the goals. The purposefully **exclude from the data base information** useful in setting goals presumes an ability to distinguish clearly between the goals and the constraints on goal pursuit or on a problem solution method. In practical affairs this is a difficult distinction. The inference is that the scope of the corporate data base is necessarily restricted if the task of detecting problems or sensing goal opportunities is removed from the management information system.

(2) Analyzing these information requirements and the data base elements to determine the type of computer and / or management system to establish. This analysis process may include the development of various conceptual models (organized information displays) that will facilitate corporate planning. As a minimum it establishes relationships between data elements and information requirements.

(3) Designing a system that will permit storage, update, processing, and retrieval of the required information for the appropriate users and uses in suitable form and time. This may include adapting the system to different decision processes of different users.

(4) Testing the designed system and providing means for modifications and adjustments of the information system over time and for improvements.

There are necessarily many minute tasks involved in taking each of these steps but as a broad guide this sequential structure has been used to suggest and outline research opportunities in information storage and retrieval systems for corporate planning.

As background to a discussion of means for developing suitable management information systems, it seems desirable to provide an explanation of their importance to society and business at the present time. As diagram I indicates, growing complexity seems to be the nature of the environment in which organizational units operate and this growing complexity increases decision making uncertainty exponentially relative to complexity. Since complexity appears to be increasing exponentially relative to time, due to the apparent impact of the technological imperative, it appears that increasing decision making uncertainty may be the greatest problem of society. Diagram I calls attention to the role of traditional accounting in decision making: it reduces the uncertainty, represented by the area under the "uncertainty line", by reducing observed complexity. The reduction in observed complexity is the area under the "accounting information line." The net decision making uncertainty is the area between the "uncertainty line" and the "accounting information line." At any level of complexity, the decision making uncertainty would be measured as the distance between the two lines at that point. Thus at level D of complexity, the decision making uncertainty without accounting information is C-D; with accounting information, decision making uncertainty is C-A.

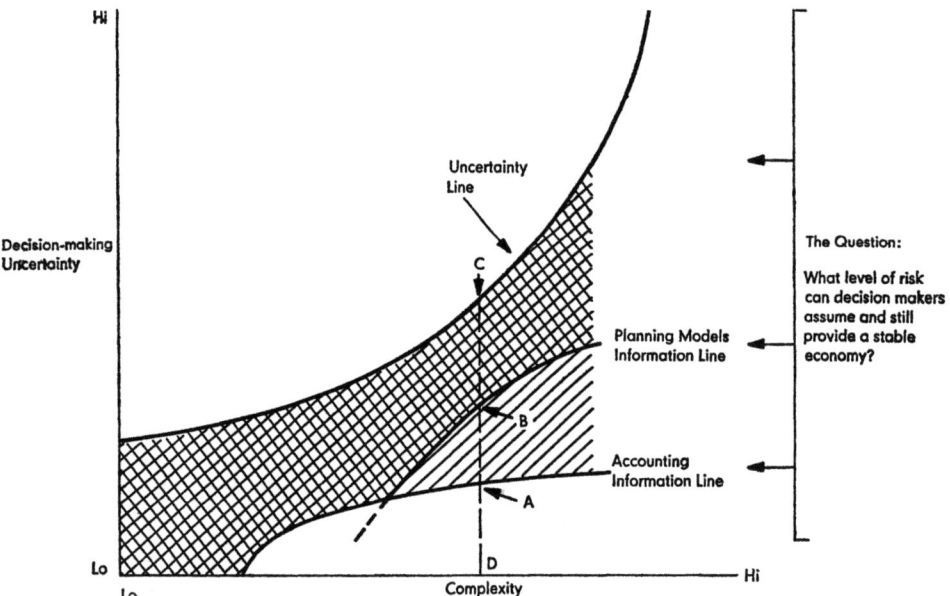

Diagram I. Nature of problem

The development of planning models represents a further expansion of the role of information in decision making. Effectively planning models are information items and as diagram I indicates, they reduce decision making uncertainty still further. At level D of complexity, decision-making uncertainty is reduced to C-B.

Complete elimination of decision making uncertainty, where a human decision maker is involved, is a most ambitious endeavor because of the unknown decision process; the so-called "black box", for no one know the reasoning process of different human decision makers or the bits of information they accept and use in the decision process. Efforts have been made to understand the decision process: bionics, the study of the nerve network and physical functioning of the brain; heuristics, the study of the learning process in relation to decisions; and intelligence evolution simulation by means of computer programs. In general, these efforts to develop artificial intelligence models at the level of economic decision making have not proven effective.

As a consequence of the lack of understanding of the decision process, as reflected in diagram II, there is seldom a one to one mapping between information inputs and decisions. Case C illustrates the ideal situation which normally does not exist. Cases A and B suggest other possibilities of the relationship between information and decisions. Pessimistically and possibly realistically, most decision situations would involve both multiple information inputs and multiple decision outputs.

This background discussion of the relationship between information, including planning models as information, and decisions reveals practical limitations to planning models but definitely implies they represent improvements over traditional accounting information. With this background in mind, the four steps in designing a management information system may be reviewed in terms of the appropriate system for corporate planning.

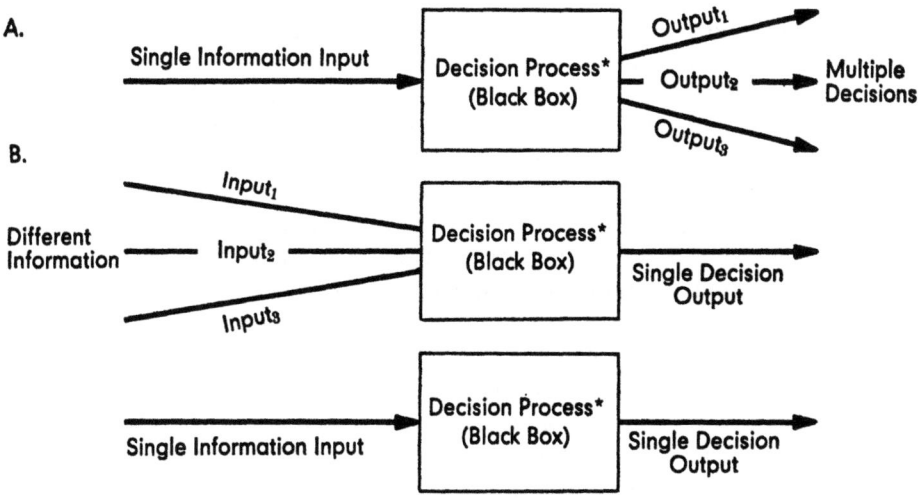

II. *Problem of Solution*

*) Efforts to date to comprehend the decision process include work in:
1. Bionics
2. Heuristics
3. Intelligence Simulation

Corporate Planning Information System

Clearly the determination of the specific information requirements for all possible present and future corporate planning, as called for in step (1), is beyond the realm of possibility. No manager can possibly know all future corporate plannning issues and no corporate planner can know all models that might be developed, and thus they cannot specify their future information requirements. The inference is that the opportunity to select and store data data elements appropriate for corporate planning models seems foreclosed. Nevertheless, there seems to be intuitive support for the proposal that an expanded data base will improve corporate planning. That is, there seems to be sort of a pragmatic logic which holds that corporate planning models will tend to be restricted to the data available. The basis for this condition appears to rest on observations of many elaborate corporate planning models that could not be implemented because data needed were not available. More serious are observations that, lacking precise data, substitute available data were inappropriately used with the result that the implemented corporate model was not reliable. Thus intuitive support arises for the belief that an expanded data base is imperative for an improvement in corporate planning. It is also recognized that such a data base will require a substantial increase in the data to be collected, stored and retrieved by the firm.

In order to appreciate fully the impact of an expanded data base on corporate planning, some general indication of the nature of corporate data bases seems desirable. First, different data bases are needed for different purposes and a data base for high-level corporate planning alone need not be one comprehensive physical corporate data bank that meets all corporate data requirements for all purposes. Second, most corporate planning requires information on the future, which is not available, with the result that recourse to surrogate data indicative of future information must be used in the data base for corporate planning. The development of surrogates normally involves the continuous implementation of some prediction function such as trend extrapolation, technological forecasting and the like. Normally, these developed data are measured probabilistically but such continuously updated statistics are an essential element of the data base for top-level corporate planning models. Third, because higher level corporate decisions will be influenced by external events as well as by internal activities, the corporate planning data base will have to include both external and internal data. Aside from the conceptual issues, an examination of corporate planning processes used by three well-established firms suggests the following kinds of data for any corporate planning data base.

A. External Data

1. Past, present and projected data on general social and economic conditions such as production indexes, gross national product measures, price levels

indicators, estimates of forest and mineral resources available, and various reports of social and economic progress.

2. Data on past, present, and projected government activities such as tax laws and regulations, political developments, foreign trade agreements, government regulatory actions and rulings, legislative proposals, court decisions, and established laws.

3. Data on industry developments such as technological developments, relative role of the industry in the economy, intra-industry cost ratios, and industry efforts to combat the inroads of another industry or government controls.

4. Data on activities of competitors such as hiring policies, salary scales, advertising methods, number of customers, and generally any information indicating success or failure of competitors actions.

B. Internal data derived from the traditional managerial accounting data and other data bases maintained in various parts of the company that indicate trends and change over time. Included would be data on such items as the following:

1. Cost behavior patterns for various activities within the firm.
2. Employees attitudes, qualifications, and morale.
3. Customers needs and demands.
4. Suppliers products and services.
5. Resource aggregation pattern models.

Because corporate planning includes the repetitive use of various types of planning models, the more standardized types of these models should be included as an integral part of the corporate data base. This will permit immediate computer retrieval of the desired planning model and facilitate ready analysis of retrieved data. Mere storage of the standard planning models is not enough. They need to be coordinated and systematically organized and data should be included in the data base to indicate types of models available, related models, assumptions of the models, and indications of any particular sensitivity of the models to input parameters. In other words, the corporate planning data base must not only contain the various models but also the supportive information relative to the models' use and characteristics pertinent to the firm's operating environment. Over and above this data base of models would be the raw external and internal data base. Means for meshing the contents of the two types of data bases needs more research.

Beyond the foregoing description of the basic structure of the management information system for corporate planning, it must be recognized that a constant interative exchange takes place between the stored planning models and the stored data. New planning models will be proposed and these will be investigated in terms of data elements needed to meet the data requirements of the model. The result may be an expansion of the raw data base. On the other hand, new raw data may become available that will enable an improvement of an existing planning model or even the development of a new planning model. Both of these developments occur and while the logic might suggest that the planning model should be developed first and the data base be developed to fit the needs of the planning models, it is equally evident that planning models cannot be developed without data on what company goals and objectives are or should be and data on what constraints exist to which corporate planning models must comply.

There is another line of reasoning that assumes corporate planning models are developed only to solve specific problems. No explanation is provided on how problems are to be sensed but the idea is that managers will become aware of problems. According to this line of reasoning a planning model is then developed to solve the problem and only then is a search for data undertaken. If data is difficult to find, recourse to the best data available is suggested. There is, of course, no objection to this view of corporate planning provided it is recognized as supplemental to the basic management information system. It is supplemental in that it deals with special projects or problems while the organized management information system deals with the more standardized and higher level decision problems. Of course, one could define as a company project some long range goals that span the entire life of the company and treat the entire management information system as a means for solving one problem. But the uncertainty and changing nature of company objectives over an extended period of time probably makes this an unrealistic assumption. The appropriate conclusion seems to be that data bases of corporate planning models and raw data is the preferred base for implementing effective corporate planning. New models and models to handle special problems must be viewed as supplemental to the basic data bases.

Information Storage and Retrieval

As to how information storage and retrieval systems to use the data bases for corporate planning models might be developed, considerable variation exists among companies. There seems to be some agreement, however, that there is a need for some type of a core technique or philosophy to which various methods might be related. In search of a source of such a core technique or philosophy, it is appropriate to examine the two disciplines that have been involved in the area of information systems: business and computer science. Business had recognized the economic potential of management information systems and the corporate efficiencies to be gained by their implementation. Computer science has viewed information systems as a logical extention of the powerful potential of the computer. While interest in information systems dominates both fields, the approaches to the study of the topic are quite distinct:

In computer science the study of information systems may be categorized somewhat arbitrarily into two main areas: information storage and retrieval, and data management. In business, the research on information systems has shifted gradually from data processing systems, such as payroll accounting, to control systems, such as inventory control programs, and is now focusing on planning systems, where the objective is to aid management in making higher-level decisions. Omitting consideration of the technical aspects of data storage and retrieval from computer-based information systems, one may propose a communication theory approach as a feasible means for merging the two developments. The communication theory approach is based on a realization that problem creation or problem solving are based on observations in the real world on which data are collected, processed and transmitted to decisions makers who take actions which change real world activities. In diagram form, this overview of the information organization and retrieval system for corporate planning appears as follows:

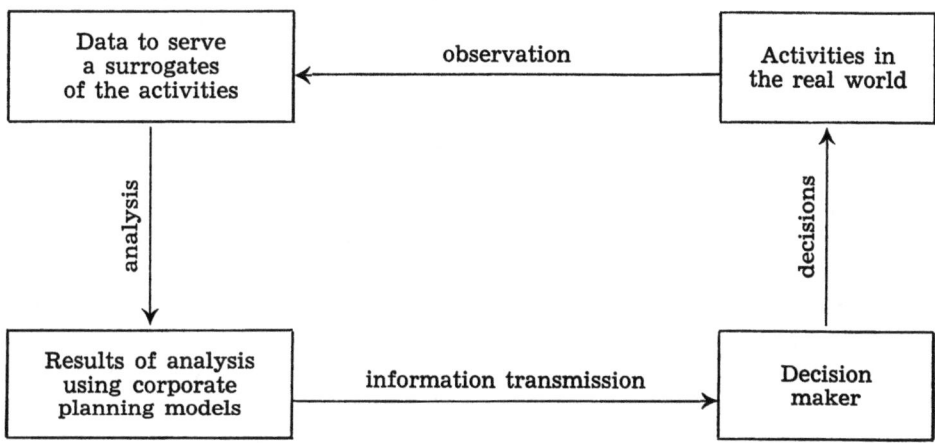

The core philosophy, reflected in the diagram, which ties together various development in the information storage and retrieval systems for corporate planning may be explained in general terms, as follows.

Information professionals observe activities in the real world and critically evaluates them. The observation may include future activities anticipated as well as certain characteristics of past activities. It may include both a sensing of goals that should, are, or may be pursued as well as merely certain characteristics of the tangible and intangible activities occurring. Because it is impossible to observe all possible goals, all possible activities, or all possible characteristics of an one goal or activity, there is a need of a theory to indicate the facts to be observed. It is well established that a fact cannot exist without some theory that provides the capacity to observe a fact. Since **this theory of a fact does not exist,** the decision as to which goals or activities are relevant is essentially the result of a long-run trial and error process.

This statement may be explained by pointing out that the apparently well known goal of maximizing economic income leaves in doubt such questions as whether the goal is a short-run or a long-run goal, whether the concept of economic income refers to monetary gains or adjusted monetary gains, and a host of questions that cannot now be answered with the available theory. If the reader presumes to know, let him define the "long-run" and determine whether or not the cost of providing for survival of the species 10 000 years from now is an activity that should be included in measuring economic income[1].

Assume, as we must, that by some ill-defined process the trained observers have developed over the ages, by trial and error, a capacity to observe the significant characteristics of activities, the information storage and retrieval has a starting base. The next step is to develop symbolic representations of those activities, as the accountant has traditionally done to a rather limited extent. Symbolic representation is an involved process as almost any study of the theory of signs reveals. Furthermore there must be a common understanding of the meaning of the symbols and for clarity, there must be a one to one relationship between the real world observed and the assigned symbols[2].

Given a collection of signs that provide a one-to-one mapping of the significant activities surrounding or of the entity, a data base exists. In one sense the data base is a symbolic model of the real world, assuming no mechanical errors in the symbolization process. This raw data alone may be useful for decision makers in deciding what to do, but increasingly it has been discovered that by analysis of the raw data, the relationship among elements in the real world can be portrayed and that the analyzed data is much more useful to decision makers than raw data. These analysis are growing in rigor and scope. The term corporate planning models is applied to some of them. The models may be stored in a computer and operate rapidly on raw data or new models may be developed for various purposes. The output of a corporate planning model or other analytic technique is information that will reduce the decision maker's uncertainty as to what he should do.

Typically overlooked by both computer science and business administration information storage and retrieval systems is the transmission (communication) of the developed report to decision makers. It involves consideration of various behavioral responses to different information stimulus and needs more study.

The proposed core philosophy can be implemented in stages. Currently interest seems to center on the development of corporate planning models. The

---

1) For a further discussion of this concept see The Theory of Valuation by John Dewey, University of Chicago Press, 1939.
2) For further discussion of the relations of signs and values, see Signification and Significance by Charles Morris, MIT Press, 1964.

long-run implication, as business and computer science researchers center on the core philosophy and seek to develop it overall instead of the traditional piece-meal approach, imply a number of opportunities for improving economic society.

The Long-Run Opportunity

Few will object to the notion that at some distant future date, management information systems will be so comprehensive in scope that many activities of economic society will be performed under automatic management control systems. Just as process control is applied in continuous factory operations, so may management control systems be developed for an entire plant. To accomplish this goal, however, it will be necessary to recognize the continuous nature of business operations. The effect may be to reduce concern with raw transaction data. That is, transactions are discrete points in a continuum of activities. For example, the sales transaction is merely one point in the continuous process of providing goods to customers. Recognition of the continuous nature of economic activity may require a fundamental change in the way managers view the operations of an economic entity. The resulting corporate planning models for such management control system will be total systems for the plant. Information storage and retrieval systems for automatic plants or firms will become monitoring systems where only raw data on variations from scheduled operations will be retrieved. Stored data, however, will include a host of alternative planning programs to provide means for adjusting to changes called for by variance reports.

The long-run opportunity is, however, just that. It is probably best viewed only as another factor among many considerations in developing storage and retrieval systems to facilitate the development and operation of extant corporate planning models.

The Intermediate Opportunity

Data collection requires some type of a taxonomy to classify and distinguish data elements. There is a need for a Linnaeus to come forth and develop a taxonomy of data elements relevant to corporate planning. For the present, only the accounting classifications are available though it must be conceded that over the years a certain professional accounting capacity has emerged for grouping data elements into meaningful classifications for limited data analyses for different purposes. Herculean as the proposal is that a taxonomy of data element is now a growing need, it cannot be avoided much longer if information storage and retrieval systems for corporate planning models are to be implemented. The amount of error, misunderstanding, and multiple definitions now existing threaten to preclude developments in the entire information field[3]. Something needs to be done.

---

3) For an exposition of data errors, see On the Accuracy of Economic Observations by Oskar Morgenstern, Princeton University Press, 1963.

The Immediate Issue

In the immediate future, groundwork must be laid in management information systems to provide a stable structure from which the area of information systems for corporate planning models can be developed. One possible approach in a systems analysis of management information systems. Under this view, the whole area of management information systems would be viewed as one system and it would be approached in the same manner (systems analysis) as that used to design current systems such as production scheduling. As an end result the objective would be to develop a uniform body of knowledge capable of yielding a logical analysis of effort when applied to information system development. It can be implemented.

Consider a systems effort to perceive the various functions involved in all processing of information within the firm for all purposes. Consider also that the various characteristics and structures of data associated with these functions, though not neccessarily the data itself, can be defined. That is, consider the possibility that all information systems, including corporate planning systems, involve the performance of a finite number of mutually exclusive functions, and that these basic functions can be assembled in various combinations to form any information processing activity now existing in the firm. In addition to the functions, consider that substantially all data used in management information systems throughout the firm can be classified conceptually according to characteristic and structure. Such a conceptual classification may be defined as a corporate data pool. Such a corporate data pool would contain no physical data. It would be merely a classification of the data types needed to implement management information systems. In addition, the corporate data pool could serve as a data classification scheme to define the meaning of information used in any information system. The combination of the functions and the data classification would provide one overall conceptual corporate information system for the firm and serve as a formal communication device in coordinating physical data throughout the firm. Immediate implementation of the corporate data pool concept would require somewhat arbitrary definitions of data elements and a somewhat arbitrary classification of functions. It would provide for uniform terminology through all divisions, territories, and functions of the economic unit. Thus internal errors due to terminology differences and duplicate performance of the same function would be minimized. Because of its arbitrariness, it may later cause problems when attempts are made to develop common intercompany terminology as the taxonomy of business data elements is realized. But the total coordinated corporate data pool would immediately facilitate the implementation of corporate planning models in all parts of the economic entity.

Extension of the Functions-Data Pool Concept

If one accepts the proposition implied by the corporate data pool concept that functions will be reasonably invarient over time and allows for the fact that the character of the data may change, the question arises as to where it might lead, as a last step in implementing a comprehensive management information system. Consider the possibility of a computerized system capable of analyzing the various needs for information, automatically inferred by the actions of decision-makers, with the result that additional functions are disclosed. Consider the possibility of this method of developing information processing functions with the economic reality of gathering data from the environment and storing and retrieving it. Such a program might be capable of providing an economic analysis of the sources and uses of data within the construct of the conceptual information data structure. Such a computerized heuristic system would be capable of performing the complicated task of evaluating new entries into the corporate data pool. This level of activity, because of its complexity, is probably beyond the ability of men but a well-defined conceptual structure of a corporate data pool makes machine-implementation of the task possible. This could be accomplished by having the machine calculate the impact of including a new piece of data on the total data processing activity necessary to gather that data from the environment and store and retrieve it. Essentially, this process involves a matching of the cost and value of the information under consideration. Since value is largely the subjective feeling of a decision-maker, the final determination of the net result of the cost-value comparison would remain a human decision. The inference is that the cost and value of information model for corporate planning is an essential ingredient for all corporate planning models: an ingredient that functions as a constraint overriding all models. Essential to any corporate planning model is a cost determination of the proposed information, not in isolation, but in terms of the overall increase in cost to the total system. That is, the additional information must be integrated into the comprehensive information system and both the cost of initiating the new information bits and their subsequent impact upon the operation of the information system must be recognized.

Conclusions

In summary, the proposition submitted is that a combination of the separate developments in computer science and business will facilitate long-range considerations in developing corporate information storage and retrieval systems for dealing with involved corporate planning models, and that immediate means are available for implementing a company-wide information system as a system of systems that will significantly reduce the cost and improve the efficiency of information storage and retrieval systems.

Ingredients for Success in Corporate Planning Models

Von

Dr. Carl. V. Swanson

Formalized corporate planning systems are well established for the management of large organizations. However, computer-based corporate planning models have met with mixed success. In some organizations, simulation models or optimization algorithms are well accepted and firmly embedded. In other organizations, simulation models and optimization algorithms have failed. Yet, it is clear that computer models offer unique capabilities to corporate planning.

Three questions facing the builder of corporate planning models are:

- When are computer planning models useful?
- How should the models be built?
- How should models be used?

This paper attempts to answer some of the fundamental issues posed by these questions. However, other issues posed by the questions are not addressed because complete answers are far beyond the scope of this paper. If this paper stimulates thought and discussion about models, and if it contributes to their successful use, its purpose will have been satisfied.

When are Computer Planning Models Useful?

Computer planning models are useful because they are able to perform two intellectual operations which are beyond the capabilities of the human mind. First, computer models can describe precisely the interactions of complex systems. For example, a computer model can project the outcome of changes that involve the full interactions of the parts of an organization — research, development, production, marketing, and finance — whereas the human mind cannot.

Second, computers can search within a complex system to pinpoint the best decision or strategy.

The reason that computers can describe the behavior of a complex system or pinpoint the best strategy or decision is not due to an intellectual capability inherently superior to that of the human. Rather the computer's power lies in its ability to perform simple logical and mathematical operations very rapidly and cheaply. After the human mind has described a complex situation in mathematical form, only the economics of a computer surpasses the human mind in searching for an optimum or describing the results of changes. As has so often been said, the computer can do nothing that cannot be done on the backs of envelopes. It is just that the computer can do in a matter of seconds and with very low probability of error, that which a great many clerks using a great many envelopes and working a very long time could perform only with a very high probability of error.

Given these properties of computer models, they are useful when one needs to describe the consequences of changes or to discover an optimum in a complex situation quickly and cheaply. For a computer model to be useful, the situation under investigation needs to be sufficiently complex that human intuition is significantly imprecise or incorrect. But before computer models can be used, the individual relationships in the complex situation need to be specified mathematically by the human mind.

These are very simple criteria for when to use computer planning models, but they are frequently ignored. A common mistake is to attempt to construct a computer model before a purpose for using the model is defined and before the situation to be investigated is conceptualized and described. The source of this mistake is, first of all, the failure to recognize that a model, even one containing thousands of variables, is a simplification of the situation under study. Instead, the model builder, observing the large storage capacity and high speed calculations of the modern computer, argues that he can build a model faithfully portraying the real world. He further argues that with such a model, any decision can be evaluated or any process understood. While this argument has some appeal, this author can cite three $ 1 million failures. The difficulty is that the number of variables which exist in any situation approaches infinity. For a moment, consider the number of variables present in a room containing five people. Recent research tells us that body chemistry interacts with the psychology of a person. If one were to describe the psychological interaction of these five individuals completely, one would also have to describe the physiology of each of the five people. Immediately, the number of variables present must exceed some hundreds of thousands. When representing organizations with thousands of employees serving markets consisting of millions of potential customers, no model or computer is able to completely describe all of the variables which are present even if analysts could understand the model, which is doubtful. A model no matter how large, will represent only a very small subset of the variables present in a situation. Therefore, criteria for selecting relevant variables need to be defined. These criteria are defined by the purpose for which the planning model is to be constructed. Only those variables which bear upon the purpose of the model are included. Without a clearly and precisely defined purpose, identified in sufficient detail to allow the relevance of individual variables to be judged, efficient and effective model construction cannot begin.

A second reason why models are constructed prematurely and inappropriately is a failure of the model builder to understand clearly where the human mind and a computer model have relative advantages. The human mind is much better than a computer model at conceptualizing and describing the system for which planning is to be conducted.

Conceptualization involves first drawing the boundaries about what is to be included in the model. Is the model to encompass only a production line, or a division, or the entire company, or the market and competition, or the entire economy? What particular aspects of each are to be included in the model? Second, during conceptualization, the model builder specifies the nature of the planning problem — is it search for an optimum, the aggregation of plans at individual profit centers to show their effect on overall operations, or the portrayal of the dynamics of alternative decisions and strategies? The human mind with its ability to define purpose, to separate the relevant from the irrelevant, and to create the integrated whole of model form, boundaries, purpose, and probable payoff is able to conceputalize. Computers are not.

After conceputalization, the system for which planning will be done, needs to be described. The description of a complex system is different from the description of how it behaves upon which the search for an optimum is based. The description of a system is the specification of the relationship between individual variables. This usually requires examination of only two to five variables at a time deciding which are relevant and identifying how they affect one another. Perception of the process by which one variable affects another, judgment of the importance of the relationship to the purpose of the model, and the translation of a verbal understanding of the relationship to mathematical form are the functions performed when describing a system. These functions require capabilities inherent in the human mind, but not in computers.

Another mistake of model builders is to believe that because computer models sometimes help cope with complexity, a model will always help planning and decision making in complex situations. The belief is incorrect. When the situation is so complex that the relevant system cannot even be described, then computer models should be used with caution. For example, accurate forecasts of the price of individual common stocks would be most useful, but the system of pricing stocks is very complex. Few have described the system sufficiently well to construct a computer model. Thus far, judgment, intuition, experience, simple mathematical calculations and simple models of parts of the system predict prices better than complete models of the system.

Before a model is constructed, another ingredient to success is an identified customer. The customer should have a real need for the model, at least be vaguely aware that he has the need, be able to pay for the model and be in a position to influence the plans and decisions addressed by the model. Without a customer, a corporate planning model is an academic exercise.

Essential ingredients of the success of a corporate planning model are purpose, conceptualization, a clear verbal description of the system to which planning is to be applied, and a customer. The proper development of these, more than anything else determines the success of a corporate planning model. Too often management complains that since planning models require specialized mathematics and computerized technology, they cannot manage model development. Not so. All of the ingredients described above are managerial functions. The failure of a corporate planning model because it lacks purpose, is ill conceived, describes a situation inadequately, or has no customer is a managerial ,not a technical, failure.

How Should the Models Be Built?

Planning models can be and should be built quickly and cheaply and be focused upon specific questions identified prior to the construction of the model. Gershefski relates that planning models for corporations have taken an average of 3.5 man-years to construct[2]). While a planning system involving data bases, five to ten different planning models, and sophisticated data entry and retrieval systems can take 3 to 4 man-years to construct, 3.5 man-years to develop a corporate planning model addressing a specific question is ridiculously long. This author has never spent more than 60 man-days before a model was producing useful output. However, models which require large data bases, sophisticated data manipulation routines, and remote access capabilities with extensive editing of data input have proven very useful and sometimes require 2 to 3 man-years of effort. But these models often address detailed operational problems. In the author's judgment, detailed justification should be expected if more than one man-year is required to construct an operating corporate planning model.

If models can be constructed quickly and cheaply, then results will be available when the problems which spawned the model still exist. Secondly, as soon as management discovers that models can be produced cheaply and quickly, their economics encourages their use.

Models built cheaply and quickly focus upon specific issues and ignore many planning and decision issues within the organization. Some model builders argue that it is more economic to build very large models which are capable of answering a wide range of planning and decision questions. In addition, these model builders argue that a large model will portray more accurately the full effects of any plan or decision alternative. While these arguments have a certain charm, they pose dangers. The principal danger of constructing a large model is that budgets and management's patience are likely to be exhausted before the model is useful. Secondly, very large models often are not completely debugged which reduces their creditability. Third, unless output is well designed, and the user of the model is also the builder, the results of the model are extremely difficult to analyze and to explain to management.

A better approach is to construct several models, each addressing a separate planning issue or organization. For example, an overall model can help establish plans for the entire corporation. Other models can treat individual divisions or product lines. Another model might concentrate solely upon investment analysis. Another could focus on tax planning. Another might represent the company's markets and be used to establish marketing plans. These models can be designed so that the output of one model can be the input to another. In such a fashion, a complete planning system can be constructed. Yet, the planning system can be built up over a period of years with each phase paying for itself by answering important planning and decision questions. For a more complete discussion of partitioning a complex system into component issues, each to be addressed by a model, see[8]).

A second important attribute of a planning model is its transparency. Transparency is the ease with which management can understand the model. Transparency is achieved in two ways: either the model is transparent or the output is. A model is transparent when the internal logic is simple and understood by interested management which means that sophisticated mathematical formulations are used with caution. Output transparency is achieved when the model output is easily evaluated by management. With output transparency, management quickly understands the results of the model and can quickly evaluate model output relative to other ways of handling the problem. For example, in one successful application, extremely sophisticated techniques generate a production schedule. Though he is unable to understand the underlying mathematics, the manager is unconcerned since he understands the schedule and with his years of experience preparing such schedules, he can evaluate the computer output readily.

The third ingredient to a successful model is output properly designed for two audiences: management and the planning analyst. Output should be in a form which is easily grasped by management, which may mean that model output has the content and form of normal management reports. Perhaps the output will be income statements and balance sheets or production schedules. With such output, management can grasp the essential implications of model results immediately. However, too many planning models contain only output addressed to management. Anytime management fails to understand a result of a model, it asks the cause. In this case, the analyst needs detailed output to explain precisely the causes of the results of the model. For example, between 70 percent and 80 percent of all the variables within a planning model that the author constructs are presented in output. With this output, he always has been able to discover the cause of behavior in sufficient detail so that he can determine whether results are due primarily to an unlucky draw of a random number, to a single change, or to a multitude of factors interacting in an unexpected way.

How Should the Models Be Used?

The introduction of a model in an organization usually has political and psychological overtones. Decisions and plans are influenced by a number of different characteristics of individuals. Some men influence by a forceful personality and persuasiveness. Others rely upon clear thought and articulateness. A record of good judgment is the base for some men's influence. Ultimately, men of power and authority make decisions and plans. However, the introduction of a model into an organization changes the web of influence surrounding decision making and planning. Rationality becomes a more important ingredient. The model is able to present precisely the consequences of alternative actions. In so doing, the model can be a discomfort or psychologically threatening to some individuals. Their "good judgment" is revealed as incorrect. The forceful and persuasive man will also be proven wrong. The methodology and rule of thumb by which decisions have long been made in the organization, will be shown to be the cause of poor performance. The model adds clear thought and is very articulate. Those who learn to use a planning model begin to exert more influence, even if they hold junior positions, thus changing the politics of the organization.

A necessary ingredient to the use of a model is a receptive organization. Organizations respond differently to the introduction of a planning or decision model. Some organizations will value highly the increase in rationality, more accurate predictions, greater clarity of thought, and the diffusion of influence in the decision making and planning process. Other organizations will reject planning models as managers find their power, position and traditional ways of thought threatened by the model. (On the other hand, some planning models should be rejected because they are ill conceived and/or poorly executed.)

Even in those organizations which welcome planning models, there are ingredients contributing to success. A few are discussed below.

The model must engender trust that its predictions are valid. This trust comes first from a transparent model. Second, if the situation is complex and the model is useful, it will from time to time generate results which are contrary to management's intuition and it will suggest courses of action contrary to tradition. Trust is built if the analyst can present a simple explanation defended by the model for the counterintuitive results. In the experience of the author, even in very complex models any result has a simple explanation[5]). However, to discover the simple explanation requires detailed and extensive output from the model and it may require from several hours to two days of hard analysis.

The need for simple explanations of unexpected results and management's trust in the model and understanding of its results is exemplified by some research previously performed by the author[6]). A simulation of the famous Holt, Modigliani, Muth and Simon[3]) rules for optimal work force, production, and inventory scheduling was made for a random sales input. These rules produced behavior contrary to an intuitive concept of optimality during one year of a five-year simulation run. During the first six months of that year costs were increased as manpower utilization ranged between 70 percent and 90 percent. During the following six months, costs were also increased as very heavy overtime was used to complete 15 percent to 30 percent of total production. In many places such results would appear to be gross mismanagement. Yet, the optimal policy proved to be 14 percent cheaper in the long run than policies designed to appear optimal to intuition and which are more likely to be politically acceptable. Management would have to understand the optimal policies before they would be implemented. Management will not, and should not, accept results simply because a computer generated them.

However, clarity of analysis and transparency of a model may be insufficient for implementation. Perhaps, a process such as that suggested by Swanson and Thorsten[7] is useful. Management became convinced of the correctness of a new control policy in the following manner: At the beginning of each week management would calculate with the model the consequences of five or six alternative decisions for each of five or six possible futures. One of the decision alternatives always tested was that recommended by a previously designed policy. With only one exception during a six month trial period, management always chose the decision calculated by the policy, and management eventually regretted deviating that one time from the policy. After this six month experience, management understood better the process they were controlling and several layers of management had faith in the policy, so that to this day the policy is used to control butane supplies at the Bayway Refinery of the Humble Oil and Refining Co.

This application at the Bayway Refinery illustrated the need for a flexible model. A flexible model is one that can be changed easily to incorporate more accurate descriptions of reality or to address planning questions not foreseen when the model was first constructed. The flexibility of a model will depend upon the programming language and the conceptual design of the model. DYNAMO is an example of a programming language which is designed to facilitate model changes[4]. Similarly, the concept of a level-rate structure of dynamical processes is useful since it allows changing any part of a system without having to change the programming for other parts[1]. Both DYNAMO and the level-rate structure proved most useful at the Bayway Refinery when the manager responsible for butane supply rejected the first model as inadequate. He then undertook, with the aid of an analyst, the alteration and threefold expansion of the original model. Flexibility proved itself useful as the new model was running with less than two man-weeks of effort.

Conclusion

The power of models to expand the intellectual and managerial grasp of complex situations makes them a necessary part of planning and decision making. But as the all too frequent failures demonstrate, planning models have to be developed and used with judgment and taste. They are not everywhere applicable or welcome nor are they always properly conceived and executed.

This paper discussed some fundamental ingredients to the successful use of planning models. However, as stated earlier, many important issues, such as the role of the model builder and analyst, computer systems, programming languages and the proper conceptual structure of models addressing certain generic problems have not been discussed. Since the use of planning models is still in its relative infancy for the management of private and government organizations, we have much to learn about when a model is useful, how to build a model and how to use a model. Conferences such as this, help us distill our experience and articulate more effective methods of using models in planning and decision making.

References

1. Jay W. Forrester, Industrial Dynamics, The M.I.T. Press, 1961.

2. Gershefski, George W., "Corporate Models — The State of the Art," in Schrieber, Albert N., ed., Corporate Simulation Models, Graduate School of Business Administration, University of Washington, Seattle, 1970.

3. C. C. Holt, F. Modigliani, J. F. Muth, and H. A. Simon, Planning Production, Inventory and Workforce, Prentice-Hall, Inc., 1960.

4. Alexander L. Pugh, III, DYNAMO II User's Manual, The M.I.T. Press, 1970.

5. Carl V. Swanson, "Some Properties of Feedback Systems as a Guide to the Analysis of Complex Simulation Models," Proceedings of the Department of Defense Logistics Research Conference, Warrenton, Virginia, May 26, 1965.

6. Carl V. Swanson, "Designing Information and Control Systems for Effective Response to Demand Changes," Proceedings of the 1970 Summer Computer Simulation Conference, ACM/SHARE/SCI, Denver, Colorado, June 10, 1970.

7. Swanson, V. V. and Thorsten, A. C., "A Systems Dynamics Design and Implementation of Inventory Policies," Sloan School of Management Working Paper 539—71, Massachusetts Institute of Technology, June 1971.

8. Carl V. Swanson, "Designing Logistic System Management," Proceedings of the 1971 Summer Computer Simulation Conference," Boston, Massachusetts, July 1971.

Strategies for Effective Implementation
of Complex Corporate Models

Von

Prof. Dr. Edward B. Roberts

Today I am going to outline a number of positions with respect to issues of implementation of corporate models, in particular complex corporate models. All of my personal experience stems from building "Systems Dynamics" models, that is models that you would historically identify with Forrester[1]). Yet I would assert that these observations apply equally well to other types of large-scale modelling endeavors. My experience in development and use of complex models began in 1958, when I participated in the formation of the Industrial Dynamics Group at MIT. Since that time, both at MIT and in my private consulting company, our group has engaged in the development and application of large-scale feedback-oriented models for a wide variety of clients. To indicate some of the variety of systems dynamics model applications from which my conclusions regarding the implementation process are derived, I refer you to work on manufacturing management at Sprague Electric Company[2]) and Badger Meter Company[3]), efforts in the retailing field for a large Canadian food chain[4]), models of R & D management carried out at Dow Chemical Corporation[5]), a model of health center problems in New York City[6]), and a major analysis of the societal problem of heroin addiction in the United States[7]). For each of these published complex models there are many more unpublished works that provide further instances of attempted system dynamics implementation, including some successes and some failures.

My observations regarding model implementation are divided into four kinds of issue areas. The areas are: first, selection and identification of the problem to be investigated; second, the process for construction of the model; third, the characteristics of the recommendations that are made regarding the problem; and fourth, some general views on the overall setting. Due to time limitations, I am merely going to indicate conclusions to you, and not really develop the basis on which the conclusions were derived. Thus, I recognize that many of these statements will appear to be, in some sense, unfounded on evidence and will remain only as experience-based testimonials.

---

1) Forrester, Jay W., Industrial Dynamics (Cambridge, Mass.: The M.I.T. Press, 1961).

2) Carlson, Bruce R., "An Industrialist Views Industrial Dynamics", Industrial Management Review, Fall 1964.

3) Schlager, Kenneth J., "How Managers Use Industrial Dynamics", Instrumentation Technology, March 1964.

4) Roberts, Edward B. et al., "A Systems Study of Policy Formulation in a Verxically Integrated Firm", Management Science, August 1968.

5) Spencer, Robert S., "Modelling Strategies for Corporate Growth", presented to the Society for General Systems Research, Washington, D. C., December 1966.

6) Kligler, Deborah et al., "System Simulation of Program-Patient Interaction", Proceedings of the Summer Simulation Conference, Boston, Mass., 1971.

7) Levin, Gilbert et al., "Narcotics and the Community: A System Simulation", American Journal of Public Health, June 1972.

Table 1. Project Selection

1. Solve a problem
2. Problem must be important to "client"
3. Objectives must be credible

The first area to be discussed in regard to implementation of complex models is the selection of the project setting for the complex modelling. Here I have three points to make. My first point is that you must be trying to solve a problem. In response to the potential charge that this is an obvious point, I would argue that most corporate models do not meet the first criterion. That is, most models were not built to solve a problem; they were instead built to model a corporation. If you build a model for the purpose of modelling a corporation, you should assume in advance that you will achieve no implementation of results. You must build models, particularly if by the nature of the situation they are going to have to be complex models, because you are motivated by a problem that exists.

Secondly, the problem you select has to be an important one to the "client" of your project. Whoever is the client of a project — whether company president or factory foreman — the problem has to be important to him. I can give you many examples of corporate models that focussed on problems, but where the problem was not very significant to the person paying the bill. In these cases implementation either did not occur or was only temporary. As one example, the very first application done by the MIT industrial dynamics group in 1958 was to a production problem at the Sprague Electric Company. Yet the problem was not really important to the president of the company who was in fact the client of the project. The president was sponsoring the project, directly funding all of its activities, but the problem consisted of fluctuations in one product line that constituted only five percent of the total business of the company. The president was not going to get excited one way or the other about anything that happened to this particular problem. Consequently, it would be unrealistic to believe that he would devote very much time, energy or personal effort on behalf of the project or on the change recommendations that came out of the project. If you want to achieve implementation, that is changes brought about in an organization as a result of your corporate modelling work, the problem that you select must be important to the client.

The third item on our list is that the objectives of your project must be credible. Credible, in this case, means believable to the client. The client must in advance or at least during the very early stages of the project believe that the types of changes you are seeking to achieve in this project situation are within the grasp of the organization. The objectives should not require an advancement of technology beyond the organization's capability. They must not demand allocation of corporate funds of a greater magnitude than the corporation would reasonably be willing to expend. The techniques that are going to be needed to carry out the problem must be understandable to the people involved. All of these relate to the credibility of objectives with respect to the problem. Again I will argue, if you fail on any one of these criteria, you are likely to fail to achieve implemented changes in the organization as a result of the project undertaken. You can initiate the modelling project, you can carry it out, just nothing will happen as a result of the work you do.

Table 2. Modelling Process

1. Maximum in-house involvement
2. Expedite initial model development
3. Model detail sufficient for persuasiveness
4. Validity testing geared to management assurance
5. Measures of effectiveness designed into model and consistent with real-world measures

The second area of discussion is the process of modelling the selected problem. Here are several points we need to consider. The first point relates to who does the work, whether it is done by insiders or outsiders. I agree with the general opinion expressed by several other speakers at this conference that maximum in-house involvement is needed for effective corporate modelling. However, this principle does not preclude the use of outside consultants to the extent they are necessary and available to supplement the inside skills. The greater the extent to which the job can be done inside the organization, the better the likelihood that the job will result in implemented changes. The more that outsiders have to be relied upon, the more there are likely to be problems of communication and continuity. Outside domination of the project is also likely to make more difficult the identification of an inside champion for the results. Of course, working with incompetent insiders, if that is all you have, is not acceptable. But you would be better off if competent insiders could be doing the modelling.

Second — and I think this is an important point — you should expedite the initial model development. My view of corporate modelling is that you never develop from the outset *the* corporate model of a problem. You develop *an* initial corporate model of the problem, and later you develop a second corporate model of the problem, and there may even be a third, and so on. In each case you may iterate, adding new variables, modifying your assumptions. But the point I am emphasizing here is that the first model for the particular problem should be expedited so that you have a developed and operating model running on the computer quickly. How quickly depends on the circumstances, but in our corporate consulting work we try very hard to have a first model operating within three months of starting work. The reasons are several: to reinforce client confidence, to communicate explicitly what kinds of work you are actually doing (in contrast to the work that people think you are doing), to begin to define data-needs, so that you can begin resolving them.

The third point I emphasize with respect to the process of modelling is that the model should have detail sufficient to be persuasive. That is not intended to be hedging on the issue of level of aggregation, it is meant to be specifying the issue of aggregation. How much detail do you need in a model? Enough to be persuasive to the client. If the client demands more detail, then the answer is that you must provide more detail. If the client does not demand more detail, if he is willing to look at the problem in a more gross fashion, then his satisfaction is a sufficient condition. You first meet the client's need for detail. After that, you meet your need — your own personal need for adequate problem representation. But the client in most cases will probably demand greater detail than the model builder thinks is necessary. In this case, from an implementation point of view, the client is the boss. You must provide the level of detail that causes him to be persuaded that you have properly taken into account his issues, his questions, his level of concerns. Otherwise he will not believe the model you have built, he will not accept it, and he will not use it.

By the way, this is an important issue on which I disagree with Forrester's writings. He argues that one should model a problem at a level sufficient only to demonstrate the major feedback mechanisms that are at work. Forrester is right theoretically, if you want to consider what you the model-builder need to gain understanding of a problem. But Forrester is wrong practically, if you are concerned with what it takes to cause results to be implemented. To achieve implementation you usually must go far beyond merely a gross feedback representation of the problem.

The fourth "process" point is that the validity testing of a model must be geared to the level that will give management assurance that the model is adequate. Several different validity testing schemes have been described in other sections of this symposium. From their descriptions I would suggest that they all seem to be based upon levels of assurance provision to management. One scheme was using last year's data to predict this year's results using a model and comparing them with this year's results actually. Then, if sufficiently good results were generated, the model would be used to predict next year's results. That seems to be a perfectly adequate approach if that provides assurance to that management. In some of our system dynamics cases we have done model-validation testing over five years historically, because in our judgment that was the relevant historical period about which management was concerned. In those instances management wanted the assurance that the model was consistent with its experiences for that period of time. In a case of a model of an economic development activity we engaged in[8]), we used a ten year period of historical validation, because that seemed like a reasonable database against which to gain assurance that what the model was doing was reasonable. In other cases, there has been no equivalent data-base against which to test the model, and the validity testing was completely limited to client and model-builder subjective analysis of individual equations, or general analysis of overall simulation results, or other forms of artificial testing of the model. In each case the validity testing was based upon what it took to gain managerial assurance, and that should be the criterion of emphasis.

Finally, with respect to the modelling process, I think it's important that when you begin trying to develop a complex corporate model you decide upon the measures of effectiveness of results that you are seeking in the real world. These measures should explicitly be included as part of what you model. You model the measures against which you will test the implementation, and within the simulation model itself you give yourself an opportunity of asking how that measure of effectiveness will change as a result of historical policies vs. proposed policies or alternative strategies. For greatest likelihood of implementation, the modelled effectiveness measures should be consistent with real world measures that will be able to be applied within the real organization; to have a theoretical measure alone is not going to be adequate for implementation.

Table 3. Recommendations for change

1. Account for ability to absorb change
2. Consider possible impact on other systems
3. Accompany by management re-education and/or by explicit decision rules

The third area for discussion about model implementation is with respect to the recommendations for change that are made. First, before making each contemplated recommendation one should consider: can this organization absorb the recommended change? It may well be that optimization of your model against whatever your criteria suggests that Policy X is the best policy to adopt. Can the organization accept the consequences of attempted installation of Policy X? If the answer is no, then clearly you should not be recommending Policy X. The model may say that Policy X is good, but if independent of the model you are able to say that the organization cannot accept so drastic a change, then you must contemplate and come up with some Policy Y. Policy Y may be less good according to your criteria of effectiveness, but more likely to be absorbed into the organization. Remember again, our overall criterion of effectiveness is implemented change, implemented improve-

---

[8] Hamilton, Henry R. et al., System Simulation for Regional Analysis (Cambridge, Mass.: The M.I.T. Press, 1969).

ment. A theoretically optimum result that is never implemented because the organization could not absorb it, generates no change or improvement. A less theoretically good change which is accepted, generates positives results.

Secondly, you have to ask of any corporate model you build: Have I been sufficiently oriented to interdependencies? As you recommend a solution in one area, are you liable to be getting the organization into problems in another area? This is very often done. No model is global for an organization. Every model is to some extent a subsystem-model. Every model has left out important considerations. You left them out because you thought they were not important to the problem. That is not to say that they are unimportant to the solution. A policy for improving organization A may well improve A but that policy could impact organization B. The policy's implementation may cross problem areas even though the initial problems were identifiably separate when they were analyzed. I can point to issues relating to attempted implementations that we have engaged in, where we did not take into account the cross-functional impact of recommended changes. Consequently sometimes opposition to a policy was unexpected and came from a part of the organization that did not participate in the work. Other times the policies were in fact implemented and difficulties later arose from the implementation because of unexpected consequences in other parts of the organization. You must ask in some manner the cross-functional, cross-matrix, cross-organizational question: Will this recommendation impact other systems or other parts of the system?

Finally, most recommendations for change that are made as a result of working with a complex corporate model are strategb recommendations or broad policy recommendations. They tend not to be very detailed in character. In order to be carried out, such recommended changes either have to be accompanied by a re-education program for management or explicit decision rules. Education programs should be started by asking how much new insight, new information, change, shifted concepts does management need before they can follow through this strategy or policy. If this is not required, explicit procedures of operation no doubt will have to accompany gross strategies and policies. It will not be enough merely to say, you are running the company wrong; you should run the company this way instead. That would not be adequate for implementation to occur. In most corporate cases you will need to do both: you need to be explicit as to the decision rules for implementation and you will have to carry out a thorough reeducation program for many members of management.

The final area that I want to comment on with respect to implementation are some general perspectives, all of which I believe are violated regularly in corporate modelling. First, from the outset of the work everybody associated with the project should have an implementation orientation. This means that right at the beginning you start by worrying about point of entry in the organization, membership in a project team, level of commitment to work,

Table 4. General Considerations

1. Implementation orientation from outset
2. Work continues until implementation achieved
3. Project process designed to produce —
   Implementable results
   Desire to implement
   Environment that enables implementation

etc. All these issues are posed with respect to questions of how will this contribute to the likelihood of implementation six months from now or a year from now or whenever the project is going to be at a point of having recommendations. That perspective must start at the beginning not at the end. Almost all management science projects, not limited merely to complex corporate models, have the wrong assumption about where implementation fits in. If you look at the books on problem solving, model-building, or information systems, they all start with analysis, problem finding, and problem solution. They typically go through long lists of steps involved in their relevant process and the last item says implementation and education, or installation and education. This classic approach is completely wrong. From the beginning of any project there should be consideration of the implementation issues that will arise. Consider the implementation issues with respect to problem finding, group composition, analysis method. At every point of the problem approach, you should be asking, "Are we doing this with an impplementation perspective?"

Secondly, the work should continue until implementation is achieved. Now, by this I really mean that the work group should stay essentially together until implementation is achieved. The people who had the commitment from the beginning for identification and analysis of the problem should not break up their working relationship when they submit a technical report containing recommendations. They should have as part of their responsibility the assisting of the organization in achievement of implementation, working together to consider problems that will arise and so forth. Let me give you a very simple example of this, arising not in work that we have done. A very classical piece of management science work is the Holt-Simon-Muth-Modigliani production scheduling activity. The analytical work was done in a paint factory. The implementation was started, but the academics from Carnegie Tech withdrew from the problem to go back to Carnegie Tech to write their books. The implementation stopped inside of six months of the initial completion of study and „acceptance" of recommendations. Why did it stop? One simple thing was that the decision rules were all calculated in terms of gallons of paint. The factory ran into a production problem when it tried to figure out what to do about half gallons. You may laugh, but that was one of the major stumbling blocks that caused implementation to stop.

The Carnegie Tech people were already back at the university and not available to help in translating the decision rules to handle half gallons in addition to gallons. We had a very similar problem at the Sprague Electric project that we had carried out at MIT at about the same period of time as the Carnegie Tech work. Sprague management said, "We accept your concept of new operating policies, but we can't carry them out." Why? They said, "We need an inventory priority list." We asked, "How did you get along until now without such a list?" They answered: "Well, this is a very big change, and we need a list to help us out." Nothing happened until our MIT team went and generated an inventory prioritizing computer program for them and implemented it. This effort had nothing technically to do with our organization model, but it was clearly essential so that management would go ahead with the implementation of our recommended decision rules. The work group that attacks an analytical problem must have the commitment and follow through to help all the way through until implementation is achieved. If they drop the ball, there is a good likelihood implementation will crash some place before it's finally installed.

Finally, in terms of overall perspective, the project process should be designed so that it's going to produce results that are implementable. That is the results must be practicable, and within the grasp of the organization — i. e., the result must be implementable. There must also be a desire to implement, that is you must have educated the people, persuaded them that the change is worthwhile, helped them to overcome their resistance barriers, motivated them to see the benefits — all that is part of the desire to implement. You must also have created an environment that enables the implementation to go forward. In many organizations, this may be a far broader task than all the corporate modelling activities that were undertaken. This may engage you in significant human organizational development work; it may require that you have a *behavioral* scientist as part of your team (not just another *management* scientist), an applied psychologist who will help you anticipate and overcome those classes of issues within the organization.

Training Management in the Construction and Use of Financial Models

Von

Dr. Claude W. Burrill

1. Introduction

There is considerable interest and activity in financial modeling in the United States at the present time. We at the Systems Sciences Institute can attest to this from contacts we have had with a broad spectrum of companies during the past year. This interest is also apparent from the large number of articles on modeling that have appeared in professional publications and in magazines such as Fortune and The Harvard Business Review. More concrete evidence of this wide-spread interest can be gleaned from a recent article in Business Week[1]) having to do with management consulting firms in the United States. In this article it was reported that most of these firms now devote a large part of their efforts to modeling and simulation; in some cases close to 25 % of their assignments are in these areas.

As interest in modeling has grown, so has the need for training the people who intend to enter the modeling field. It is not easy for the beginner to gain guidance and experience in how to use models effectively, and it is even more difficult for him to gain practical experience in building models of his own. To help people obtain this experience, we at IBM have been offering courses in the modeling area. This paper is a discussion of some of the observations we have made in these courses. These observations should be of interest to those who are about to enter the modeling field as well as to those who must train people to use the models they themselves construct.

This paper concludes with an assessment of the reaction that a model user might have to the ideas and opinions that have been presented at this symposium on "Model and Computer Based Corporate Planning."

2. The Modeling Curriculum at the Systems Science Institute

Before we discuss the reactions of our students, it will be necessary to present some background about the courses that these students take.

The Systems Science Institute is an educational organization and is a unit of IBM. We offer a variety of advanced courses for management and for professionals in the computer field. Financial modeling is one of the active interests of our group, and at the present time we have two courses in this area. One of these is oriented toward the model user, the other toward the model builder.

Our course for model users is called Computer Modeling for Financial Management. This is a one week course that addresses such questions as: What is a financial model? What will a model do for me? How do I use a

---

1) Business Week, November 27, 1971, page 71.

model effectively? What does a model cost? Answers to these questions are learned in part through lectures on modeling and financial topics, but heavy emphasis in the course is placed on gaining practical experience in working with models. This experience is gained in laboratory sessions in which the students use deterministic planning models in a simulation ("what if") mode. Some of these models are used from terminals, and some are used in a batch environment. The major model used by the students is designed to address questions involving pricing and production strategy, timing of capital investment, and the financing of capital expansion. In this course we discuss some of the management problems that are involved in building cost-effective models, but we do not actually build models.

Our course for model builders is called, appropriately, Building Financial Models. This is a two week course in which the student gains practical experience in model building. He gains this experience by working on two case studies. In the first of these, he is presented with a financial problem and is asked to go through the steps of modeling all the way from problem formulation and data gathering to the stage of having a running version of his model. Once the student has a running model, we sometimes alter the problem and force him to revise and reformulate his model. For the second case study, the student is asked to develop a simple model based on some financial problem from his own company. Thus, each student leaves at the end of two weeks having built two working models, one of which is on some aspect of his own company.

We do not assume any prior programming experience on the part of our students, therefore we include the rudiments of two model building languages in our course. One of these languages is terminal oriented, the other is batch oriented, so our students have the opportunity to do modeling in both modes.

As the above descriptions tend to indicate, both of our modeling courses are aimed at financial management, and our students frequently have backgrounds in finance or accounting. Our courses are also designed for data processing professionals who will be involved in the use or construction of models but have no previous experience in this area.

With this background, let us now turn to some of the lessons we have learned by observing our students. We shall discuss these lessons in the context of the two separate courses. Such a division offers a convenient way to present the material, but it is somewhat artificial because some of the things we shall discuss can be observed in both classes.

3. Observations from the Course for Users

First, let us discuss some observations we have made while teaching people how to use financial models.

Very many people approach financial models with great apprehension because they believe that models are complicated, esoteric monsters that are far more sophisticated than they, the lowly potential users. This belief probably stems from the many articles written a few years ago about the all-inclusive corporate model that, with the push of a button, would provide top management with detailed directives for solving any problem they might encounter. For many potential users, this aura surrounding models has been perpetuated by a communication gap between them and the operations research people whom they have consulted.

The belief that models are necessarily complex can be circumvented by introducing users to very simple, highly aggregated models with few decison variables. But then the belief in the complexity of models is very likely to surface in another form, namely, the contention that simple models just cannot be useful. The latter contention, however, is not too difficult to dispel. As he begins to work with models, the user soon becomes convinced that useful results can be obtained from simple models if they have been properly constructed.

It takes time and guidance before most people learn to use a simulation model effectively. In our courses, we usually start by having our students conduct simple, planned experiments that are designed to teach them the mechanics of using a model and to give them confidence in the model output. We then assign problems for them to work by themselves. At this point there is a strong tendency for the students to vary all of the control variables at one time, with the result that it is virtually impossible for them to understand the effects of the individual variables. Users soon discover that this is not effective, and they see the need for planning simple experiments. It takes longer, however, for them to make these experiments purposeful and to decide what it is they are trying to do.

In the beginning, there is a great deal of confusion about planning objectives. In spite of hearing lectures on the topic, most users fail to understand the importance of having a clear goal in mind when using a model. Initially, their stated objectives are usually very shallow or imperfectly perceived. Many students cannot formulate any reasonable goal, and an alarming number seem to have no idea as to the goals of their own corporations! As the students begin to analyze the output of model runs, they begin to reformulate their objectives. Thus, they learn through experience just how the use of a model can help to shape and to clarifiy planning objectives.

It is interesting to obeserve some people as they begin to use a simulation model. In an attempt to understand the model and to determine reasonable values for input variables, they are overly cautious and they make extensive hand calculations prior to each model run. Usually these hand calculations are totally unnecessary because the same information could be obtained much more easily simply by making a few model runs. It is nesessary for these students to overcome their inclination to avoid the model and attempt to outguess it. These students must learn a fundamental principle: Let the model tell you what will happen.

Some of the models we use in our classes provide the user with output in the form of standard financial statements. Because this output has the appearance of standard company reports, it carries with it an authority that lulls many students into accepting the model output as a blueprint of the future. These students display the common reaction that, no matter how bad the data or the model, if the output is in a neat printed form, then it must be right. Everyone in data processing knows that GIGO stands for "garbage in, garbage out." It has been suggested that in the field of modeling, this acronym should stand for "garbage in, gospel out."

One of the hardest lessons for some of our students to learn is that a model is not an oracle, and that the output of a model is only an approximation of what may happen. Whether it is a good approximation or not depends on many factors, such as the accuracy of the data and the skill of the model builder. This lesson must be stressed over and over again, and it must be reinforced by judicious examples of model output that did not correspond to reality. Such examples, of course, are not hard to find.

In the beginning, it is not uncommon for our students to be unduly concerned with the accuracy of model output. They believe that the model is either right or wrong, and they measure this by observing the absolute level of the outputs. We try to point out that, from this viewpoint, no model is ever likely to be right. We suggest that a more significant classification for models is whether they are useful or not. We also need to point out to our students that the absolute level of the output is not as important as the trends that are displayed when the model input is varied. Once learned, this lesson helps many of our students to gain a much better perspective of the role of models in financial planning, and it helps them to understand how well-constructed small models can be useful.

Once students master the elements of using models and are reasonably adept at planning a sequence of model experiments, they are very likely to fall into still another trap. At this stage there is a very strong tendency to "play games" with a model and to attempt to find a strategy that will maximize some simple objective function, such as earnings per share of common stock or the price per share of the stock. As one might expect, the tendency to engage in this activity is much more pronounced among students with technical backgrounds than it is among those occupying high corporate positions.

There ares everal ways to discourage "game playing." First of all, it is a good policy not to show much interest in any plan that has been devised to maximize the simple objective function. It is usually neccessary to reemphasize to the student that all models are abstractions and simplifications of the real world, and even if the model is skillfully constructed the results must be viewed only as an indication of what might take place in the real world. Also, it helps to point out that corporate objectives are extremely complex and usually involve many factors that have been omitted in the model, therefore the model at best can only be used by management as a guide.

4. Observations from the Course for Builders

Next, let us turn to some obervations we have made while teaching students how to build models.

For novice builders, the hardest part of the job of constructing a model is taking the first step. As they initially view the project, it seems to overwhelm them and they panic with the thought that everything must be done at once: The variables cannot be specified until the method of calculation is developed, and the calculations depend on the variables; the data cannot be collected until variables are specified, but the variables to be used depend on the data that is available. What the novice needs at the beginning is a good push. He must be forced to put something down on paper, and it really doesn't matter very much just what this is. As soon as he takes his first step, he learns an important lesson: Models tend to build themselves. That is, the initial step leads rather naturally to the next step, and this to another, and so on until the entire model evolves.

It is difficult for a beginner to have a reasonable perspective about what should be included in his first model. The tendency at first is to build all-inclusive models with too many variables and a much too detailed description of the problem. In part, this tendency stems from the same old idea that, if they are to be useful, models must be complex; but it is also simply a matter of being unable to assess the relative importance of the various segments of the problem. In this initial effort, some guidance from the instructor is helpful in deciding on the scope, on the complexity, and even on the goals of the modeling project.

In our classes, we stress that the students should build preliminary, simple models and get them running just as quickly as possible. Most students fail to understand just how important this is. They are inclined to polish and revise small portions of their models and, if left to themselves, they would be a long time before completing preliminary versions of their models. It is necessary to point out to the students that a crude, preliminary model has many important uses: It helps the builder identify the critical components of his model and helps him decide where his major efforts should be directed; it shows his customer, the man who is waiting to use the model, the direction that the model is taking and helps him redirect the project, if necessary, at an early stage; it also has the effect of sustaining management interest in the modeling project, which may make the difference between continuing and cancelling the modeling project.

As they move from preliminary models to more polished versions, the students come to realize just how natural and necessary it is to reformulate and revise their models. They see that the act of building the models is helping them gain additional insight into the problem, and that this additional insight must be reflected in a revision of the model.

Many students who come to us are confused about the amount and type of data that is required for the typical financial model. Many expect that it will be necessary for them to construct an elaborate data base for their company before they begin to build useful financial models. Indeed, one frequently hears the opinion that a particular company cannot build financial models because they do not have reliable data, and, after all, what good are financial forecasts if they are based on faulty data? Overlooked by this argument, of course, is the fact that the company's present planning is all based on this same unreliable data.

In fact, large data bases are usually associated with some type of transaction accounting, and the data requirements for most financial models are very modest. Our students become aware of this by examining the data requirements for the models they construct of their own companies. Usually all that they need is the type of summary information that is presented to top management. Students also come to realize that extreme accuracy of this data is not even essential because the chief benefit they will derive from their models is an indication of future trends and not the actual level of future activity. Finally, they begin to realize that they are defining their data requirements as they are building their models. Thus, the students learn that one function of a model is to help specify the data that is needed for financial planning.

5. General Observations from Our Experiences

Let us conclude this part of the discussion with some general observations from our experiences.

In learning to use or to build models, there is no substitute for practical experience. Students can be told something about models, and they seem to understand, but they really grasp the significance only when the lesson is reinforced by working with an actual model.

It takes time for a beginner to learn how to use a model effectively. The elements of model use can be taught in a day or so, but time and practice are needed to develop reasonable expertise and to gain confidence. Total immersion in modeling for about a week seems to do the trick.

To build useful financial models, it is not necessary to have a technical background in programming or in operations research. Such a background might be necessary for large or complicated models, but this is not the type of financial model that most American companies are seeking or, in fact, need at the present time. For present models, it is much more important to have a thorough grasp of the problem than to have technical skill.

Finally, a comment about the general direction in which we think financial modeling is heading. Three or four years ago there was much discussion about the total corporate model, and a few such models were attempted. For the most part, these projects gave modeling a bad name because many of the projects were extremely expensive, many did not live up to promise, and a good number of them were not even completed. Because of this experience, there is not too much interest at the present time in the total corporate model. What does excite financial people is the prospect of constructing small, special purpose models to be used on relatively routine forecasting problems. From our observations, it seems that the immediate future for financial modeling is in this direction. More sophisticated, larger models will probably evolve from this base, but for the most part these are several years away at least.

6. This Symposium from a User's View

I should like to conclude my paper with some remarks on a general impression I have gained from the discussions and many excellent papers that have been presented at this symposium on "Model and Computer Based Corporate Planning."

Building a successful model, one that is actually used, is a substantial undertaking and requires considerable effort. In my opinion perhaps 10 % to 20 % of this effort is devoted to the technical problem of building the model, and about 80 % to 90 % of the effort is devoted to the problem of gaining user acceptance and assuring that the model is used effectively. In any succesful modeling project, it is essential to have the potential user involved from the beginning and to consider his needs, wishes, and attitudes in all phases of the project. In the same vein, the user's point of view should be paramount in any discussion of modeling.

It is my impression that the user has been underrepresented at this conference. Most papers wre presented by "model builders" and few, if any, by "model users." This was almost inevitable because at the present time it is the model builder who is most actively promoting modeling and who is doing the most writing in the field. To balance the picture, let me attempt to present briefly the reaction many users might have to some of the topics we have discussed.

There has been considerable discussion about technical details of various models, but very little discussion about the cost of building such systems. However, except for a few non-profit organizations, the economic justification of models is the foremost concern of users. Justification is not easy because models can be very, very expensive and benefits can be intangible, ellusive, and hard to quantify. Nonetheless, the model builder must be aware that this difficult problem is *his* problem — it must be solved before his technical skills can be put to use.

At this conference there was some discussion of general purpose modeling languages, but the discussion that I heard did not involve the computer requirements for such systems. Model builders should realize that most potential users are severely restricted in the amount of high speed computer memory available to them. Languages that require even 120 K of main frame core are beyond the means of most potential users at the present time. A discussion of general purpose languages that ignores the user's present machine capabilities is largely academic.

Much of the discussion at this conference has involved fairly sophisticated, complex modeling ideas. However, it is important for the model builder to realize that the user's expertise is usually in other areas and that he usually does not possess the technical training required to understand complex models. What we do not understand, we frequently distrust and do not use. Nor does the user, in general, have need for complex models at the present time. Most companies are now making their financial forecasts manually; their need is to learn how to use computers to mechanize existing models. The need for sophisticated models will develop in the future, but for the most part it is not here today. It is important for the model builder to recognize the user's needs and to concentrate on satisfying these rather than to present the user with models for which he is not ready.

Bericht über die Ergebnisse des Workshop VI:

Organisatorische Implementierung und Schaffung der notwendigen Datenbasis

Von

Dr. Harald Rölle

in Zusammenarbeit mit

Dipl.-Kfm. Reinhard Gillner

In der Sektion VI „Organisatorische Implementierung und Schaffung der notwendigen Datenbasis" standen drei Problembereiche im Mittelpunkt des Interesses:

— Ansätze zur Schaffung einer umfassenden Planungstheorie einschließlich der Darstellung verschiedener Planungsverfahren
— Die Entwicklung einer ausreichenden Datenbasis als Voraussetzung für die Gestaltung von Planungsmodellen
— Implementierungsprobleme einer modell- und computer-gestützten Unternehmensplanung.

Planungsträgertypen, Planungsverfahren, Planungstheorie und der Versuch einer Taxonomie von Planungsprozessen waren Gegenstand der Beiträge von Herrn Rölle und Herrn Sackman.

Herr Sackman erläuterte in seinem Beitrag vornehmlich den Hintergrund auf dem sein von ihm eingereichtes Paper basiert. Dabei ging es ihm im wesentlichen darum, die Forschungsergebnisse eines Projekts zur Entwicklung eines alle Haushalte der USA umfassenden on-line Planungssystems, das auf einem Kabel-Fernsehnetz basiert, darzulegen. Bei seinen Ausführungen standen sowohl die mehr technisch orientierten Probleme[1] eines solchen Systems als auch die sich daraus ergebenden Anforderungen an eine allgemeine Planungstheorie[2] im Vordergrund.

Bei den technischen Problemen wurden sowohl die hardwaremäßigen Voraussetzungen als auch die Kosten eines solchen Systems für die Teilnehmer ausführlich erläutert (ca. 100 $ pro Teilnehmer je Monat). Das Ziel dieses on-line Planungssystems liegt vornehmlich in einer möglichst weitgehenden Demokratisierung der Planungs- und Entscheidungsprozesse im privaten, gesellschaftlichen, wirtschaftlichen Lebensbereich. Um das jedoch zu erreichen, ist die Entwicklung einer möglichst benutzerfreundlichen Dialogsprache zum Betrieb des Systems und die Erstellung umfassender Lernprogramme für die Benutzer eine unumgängliche Voraussetzung. In der Diskussion ergaben sich erhebliche Bedenken bezüglich des Bedarfs und der Wirtschaftlichkeit solcher Systeme.

Hinsichtlich der Anforderungen an eine umfassende Planungstheorie stellte Herr Sackman die Forderung nach der Erstellung und empirischen Überprüfung von Planungshypothesen auf, um daraus Gesetzmäßigkeiten zu er-

---

[1] Vgl. Sackman, H.; Boehm, B. (eds.): Planning Community Information Utilities. AFIPS-Press (im Druck).
[2] Vgl. Sackman, H.; Citrenbaum, R. L. (eds.): Online Planning. Englewood Cliffs New Jersey 1972.

mitteln und diese schließlich in einer generellen Planungstheorie zu systematisieren.

Herr Rölle wies in seinem Beitrag darauf hin, daß in der Praxis in der BRD noch keine umfassenden formalen Planungssysteme im Einsatz sind. Die meisten angetroffenen Systeme sind evolutorische Differenzenplanungssysteme, hingegen werden von der Theorie synoptische Null-Basis-Planungssysteme gefordert. Formale Planungssysteme existieren meistens nur für operative Planungsaufgaben, selten dagegen für strategische Planungsaufgaben. Um solche Planungssysteme zu entwickeln und zu implementieren, ist es notwendig, sich eingehend mit ihren Elementen, den verschiedenen Verfahren und schließlich mit dem Planungsträger selbst auseinanderzusetzen. Hinsichtlich der Automatisierbarkeit strategischer Sachpläne wurde festgestellt, daß diese nur schwer mit den gegenwärtigen Verfahren der Modellierung möglich sei, was auch die bisherigen Erfahrungen zeigen. Die Anwendungen strategischer Modelle beziehen sich fast ausschließlich auf strategische Formalpläne, mit Hilfe derer die finanziellen Auswirkungen alternativer Sachpläne transparent werden. Die Sachpläne selbst werden mit „soft-data" und impliziten Hypothesen formuliert. Ein Widerspruch bei den komparativen Kosten- und/oder Leistungsvorteilen von Modellen ergibt sich aus der Tatsache, daß das gleiche Argument für oder wider den Modelleinsatz verwendet wird. Einmal wird postuliert, daß Modelle dann einzusetzen seien, wenn die Probleme zu komplex für den menschlichen Verstand werden; zum anderen aber wird gleichzeitig gesagt, daß Modelle dann nicht einsetzbar sind, wenn das Problem zu komplex wird. Die zu entwickelnden Modelle sollen so gestaltet werden, daß sie den Anforderungen der Simplizität und der Transparenz genügen. Um jedoch realitätsbezogene Aussagen aus den Modellen zu gewinnen, können die Modelle häufig nicht diesen Anforderungen entsprechen und bleiben ungenutzt, weil sie nicht verstanden werden. Sind sie jedoch für den Benutzer transparent, so haben die durch sie erzielten Aussagen häufig nur einen geringen praktischen Relevanzgrad.

Ein weiteres Problem einer solchen Modellentwicklung besteht darin, daß solche Modelle sehr häufig nicht dem Bedarf der Modellbenutzer entsprechen, weil sie dem Manager nicht die Möglichkeit geben, seine eigenen Planungshypothesen an den Modellen zu testen. Dazu treten häufig noch psychologische Probleme bei der Modellbenutzung im Mensch-Maschine-Kommunikationsprozeß auf.

Bei der Diskussion des zweiten Problembereiches, der Schaffung einer ausreichenden Datenbasis als Voraussetzung für die Entwicklung von Planungsmodellen zeigte sich, daß vom Teilnehmerkreis scheinbar zwei verschiedene Ansätze zur Lösung von Unternehmensplanungssystemen vertreten wurden. Einerseits wurde von der Hypothese ausgegangen, daß zur Entwicklung von Unternehmensplanungsmodellen zuerst die Schaffung einer umfangreichen Datenbasis unumgänglich ist, die durch eine Datenbank manipulierbar gehalten werden sollte. Andererseits wurde auch die Auffassung vertreten, daß zuerst die Modelle bekannt sein müssen, um überhaupt eine zweckbezogene Aufnahme von Daten in die Datenbank durchführen zu können.

Herr Pott ging in seinem Beitrag vornehmlich auf ein Beschreibungssystem für große Datenbestände ein. Dabei stellte er als ein wesentliches Forschungs- und Entwicklungsziel der Zukunft, die Entwicklung einer allgemeinen Datenbeschreibungssprache, heraus. Mit Hilfe dieser Sprache sollte es möglich sein, den Geltungsbereich und den Begriffsinhalt von betrieblichen Daten eindeutig zu determinieren. Außerdem sollte diese Sprache die Verknüpfung von Daten mit den entsprechenden Begriffsmerkmalen und die Zeitbestimmung ihres Gültigkeitsbereiches ermöglichen.

Um die ständig wachsende Datenbasis in Unternehmungen nutzen zu können, sollten sowohl die Speicherprobleme als auch die Zugriffsprobleme gelöst werden. Dazu müssen, so stellte Herr Pott heraus, eindeutige Kriterien zur Datenverdichtung und zum Retrieval entwickelt werden. Ist bei der Datenerfassung der Verwendungszweck noch nicht eindeutig determiniert, so müssen diese Kriterien eine äußerst flexible Verwendung zulassen.

Hieraus ergab sich im Rahmen der anschließenden Diskussion die kontroverse Auffassung, daß eine umfassende Datenanalyse erst dann notwendig wird, wenn die entsprechenden Planungsmodelle entwickelt worden sind, da sonst keine Beurteilungsmöglichkeit für die vorhandene Datenbasis vorhanden sei. Dieser scheinbare Widerspruch entstand dadurch, daß Herr Pott vornehmlich operative Verarbeitungsaufgaben und die dazu erforderlichen Input-Daten bei seinen Ausführungen betrachtete, während beim Diskussionsbeitrag von Herrn Roberts vornehmlich Input-Daten für strategische Unternehmungsplanungsmodelle im Vordergrund standen.

Herr Bedford ging in seinem Beitrag hauptsächlich auf Verfahren zur Analyse des Entscheidungsprozesses menschlicher Aufgabenträger ein. Die Bedeutung einer solchen Analyse wird verständlich, da der Entscheidungsprozeß transparent sein muß, bevor umfassende Planungsmodelle entwickelt werden können. Dabei wies er im wesentlichen auf drei Ansätze hin.

— Einmal wird versucht den Entscheidungsprozeß durch eine detaillierte Analyse des menschlichen Nervensystems näher erklären zu können. Da hierzu aber eine umfassende Kenntnis des menschlichen Nervensystems eine unabdingbare Voraussetzung ist, diese jedoch bis heute und auch in der nächsten Zukunft nicht vorliegen wird, wurde dieser Entwicklung keine Bedeutung für kurzfristige Problemlösungen zugemessen.

— Ein weiterer Ansatz versucht den Entscheidungsprozeß durch eine behavioristische Betrachtungsweise näher zu spezifizieren. Dabei wird der Entscheidungsprozeß als black-box betrachtet. Bei einer Variation des Inputs wird dann versucht, die dadurch ausgelöste Veränderung der Entscheidung (des Outputs) zu determinieren. Da heute jedoch weder alle Input-Daten eindeutig determiniert werden können, noch bei gleichen Input-Daten gleiche Entscheidungen getroffen werden, scheint dieser Weg zumindest nicht in der nächsten Zukunft zu brauchbaren Ergebnissen zu führen.

— Der letzte Ansatz basiert schließlich auf einer umfassenden Analyse von Entscheidungsprozessen in der Vergangenheit und den dazu benutzten Daten. Um diesen Weg als Voraussetzung für die Entwicklung umfassender Planungsmodelle verfolgen zu können, müssen ausreichend große Datenbasen geschaffen und manipulierbar gehalten werden. Deshalb sollten hier die verstärkten Forschungs- und Entwicklungsbemühungen in der nächsten Zukunft liegen (Informatik-Ansatz).

Herr Uhde stellte ein implementiertes System der kurzfristigen Absatzplanung einer Unternehmung vor. Dabei verwies er vor allem auf die Problematik einer problemspezifischen Datenerfassung und zeigte — wie es in seinem Paper beschrieben ist — auf welche Weise dieses Problem in dieser Unternehmung gelöst werden konnte.

Zu dem Problembereich der Implementierung von komplexen Planungsmodellen nahmen die Referenten Herr Roberts und Herr Burrill Stellung. Dabei analysierte Herr Roberts vier Zentralprobleme für eine effiziente Implementierung komplexer Planungsmodelle.

— Notwendigkeit einer adäquaten Problemselektion

Im Rahmen dieses Zentralproblems sollte einerseits darauf geachtet werden, daß das Modell nicht nur eine bloße Abbildungsfunktion hat, sondern vielmehr reale Probleme lösen sollte. Diese Probleme müssen auch von Relevanz für den Benutzer sein. Außerdem müssen die durch die Anwendung des Modells erzielten Ergebnisse den Anforderungen des Benutzers gerecht werden.

— Anforderungen an den Prozeß der Modellbildung

Dabei kann grundsätzlich von der Forderung ausgegangen werden, daß komplexe Planungsmodelle einer Unternehmung möglichst durch unternehmungsinterne Forschungs- und Entwicklungsgruppen erstellt werden sollten, da hier eine genaue Kenntnis der Problemstruktur und eine Kontinuität der Entwicklungstätigkeit vorausgesetzt werden kann. Dabei ist jedoch eine Unterstützung durch externe Berater durchaus möglich.

Hinsichtlich der Implementierung sollte darauf geachtet werden, möglichst schnell (3 Monate) zu „running-systems" zu kommen. Dadurch kann am besten ein Vertrauen der Benutzer erreicht werden. Die dabei erzielten Testergebnisse sollten jedoch stets so gut sein, daß sie den Benutzer davon überzeugen, daß das vorhandene Modell konsistent ist und seinen Anforderungen entspricht. Dabei kann der Detaillierungsgrad des Modells zu diesem Zeitpunkt noch unzureichend sein und später vervollständigt werden. Grundsätzlich sollte er sich jedoch stets an den Anforderungen des Benutzers orientieren. Außerdem sollten schon während des Prozesses der Modellentwicklung Größen determiniert werden, an denen die Effizienz des Modells gemessen werden kann. Dabei sollten die Meßgrößen keinen theoretischen Charakter tragen, sondern vielmehr stets einen praktischen Bezug haben.

— Analyse der Voraussetzungen

Hierbei muß die Forderung erhoben werden, daß schon möglichst früh Maßnahmen ergriffen werden, die es gestatten, die durch das Modell erzielten Ergebnisse auch durchsetzen zu können. Ist das nicht gewährleistet — beispielsweise kann eine erforderliche organisatorische Umstrukturierung nicht durchgeführt werden — so ist der Entwicklungsansatz des Modells falsch gewählt.

Soll das Modell auch später genutzt werden, so müssen alle Interdependenzen und Einflußgrößen zum Umsystem des Modells berücksichtigt werden.

Schließlich ist eine wesentliche Voraussetzung für die Implementierung komplexer Planungsmodelle eine entsprechende Schulung der Benutzer.

— Generelle Implementierungsanforderungen

Die Implementierung eines Modells ist nicht die letzte Stufe des Modellbildungsprozesses, sondern beginnt vielmehr mit der Aufnahme der Planungs- und Entwicklungsarbeit. Schon die Zusammensetzung des Entwicklungsteams, die Auswahl der Analysenmethoden und die Beteiligung des Managements — um nur einige Faktoren zu nennen — sind Komponenten einer effizienten Implementierung des zu entwickelnden Modells. Außerdem sollte das Entwicklungsteam so lange als Team bestehen, bis die Implementierungsphase völlig abgeschlossen ist. Wird das Team bereits nach der Modellbildung aufgelöst, so wird der Einsatz des Modells in Frage gestellt, da nicht gewährleistet ist, daß evtl. auftretende Schwierigkeiten gelöst werden können.

In der anschließenden Diskussion wurden diese Thesen und Erfahrungen von den Teilnehmern unterstützt.

Herr Burrill wies in seinem Referat nochmals auf die zentrale Rolle des Benutzers in der Phase der Modellbildung und Modellanwendung hin. Dabei schenkte er dem Ausbildungsproblem eine besondere Beachtung.

Um zu einer praxisrelevanten Modellentwicklung zu kommen, ist es notwendig, den Systemplaner mit den verschiedenen Verfahren der Modellbildung und Modellanalyse vertraut zu machen. Daneben ist das Erlernen einer spezifischen, an den Problemen der Modellbildung und Modellpflege ausgerichteten Programmiersprache eine wesentliche Voraussetzung, um zu einer effizienten, computergestützten Modellentwicklung zu kommen. Außerdem muß auch eine entsprechende Ausbildung des Managements erfolgen, das die entwickelten Modelle bei Entscheidungsprozessen benutzen soll. Nur so können die Voraussetzungen für die Implementierung der entwickelten Modelle geschaffen werden. Dazu genügt es jedoch nicht, nur den modellanalytischen Wissensstand der zukünftigen Benutzer zu erhöhen; vielmehr müssen auch psychologische Barrieren hinsichtlich der Qualität des Modelloutputs abgebaut werden.

Herr Burrill schloß seine Ausführungen mit der Forderung nach der Entwicklung von möglichst einfachen und schnell zu implementierenden Modellen, bei denen das Kosten/Leistungsverhältnis stets gewahrt werden sollte.

Zur Bedeutung
betriebswirtschaftlicher Planungsmodelle
beim Aufbau interdimensionaler Bezugsrahmen
für die Unternehmungsplanung

Von

Prof. Dr. Norbert S z y p e r s k i und Dr. Klaus S i k o r a

Veranstaltungen wie das Internationale Symposium über modell- und computergestützte Unternehmungsplanung haben die Aufgabe, ihre Entwicklungsrichtung zu diagnostizieren und gegebenenfalls kritisch zu diskutieren. In diesem Sinne hatte das Programmkomitee des Internationalen Symposiums über modell- und computergestützte Unternehmungsplanung die Aufgabe der Teilnehmer darin gesehen, zu folgenden Fragenkomplexen Stellung zu nehmen:

(1) Macht die Einführung computertechnischer Planungsverfahren zur Unterstützung der Unternehmungsplanung, international gesehen, weitere Fortschritte und beschreiten auch deutsche Unternehmungen zunehmend diesen Weg?

(2) Sofern das der Fall ist, welche Modelle und Methoden werden dabei verwandt, wie werden die Modelle und Methoden verfahrenstechnisch realisiert und bewegen sich die deutschen Unternehmungen bei ihren Bemühungen im Rahmen der internationalen Entwicklung?

(3) Befinden sich die Unternehmungen, die ihre Unternehmungsplanung beim gegenwärtigen Entwicklungsstand der Modelle und Methoden durch computertechnische Planungsverfahren unterstützen wollen, überhaupt auf dem richtigen Weg oder setzen ihre Aktivitäten verfrüht oder möglicherweise an der falschen Stelle an?

Nach Ablauf des Symposiums erscheint es angebracht, selbstkritisch zu prüfen, ob es seine Aufgabe erfüllt hat. Das gibt uns gleichzeitig die Gelegenheit, die Ergebnisse kurz zusammenzufassen und einen Punkt der Diskussion kritisch zu kommentieren.

Hinsichtlich der Fragen 1 und 2 vermittelten die Vorträge und Diskussionsbeiträge der meisten Teilnehmer den Eindruck, daß die Einführung computertechnischer Planungsverfahren zur Unterstützung der Unternehmungsplanung bei nüchterner Einschätzung ihrer Möglichkeiten und Grenzen stetig voranschreitet. Die beherrschende Konzeption ist die des „decision calculus". Sie geht bekanntlich davon aus, daß computertechnische Planungsverfahren, wenn sie erfolgreich sein sollen, der Denkweise und Denkfähigkeit der planenden Individuen und Kollektive angepaßt sein müssen, und versteht unter einem „decision calculus" eine modellbezogene Menge von Methoden zur Verarbeitung von Daten und Schätzurteilen, die den (die) Planer bei der Planung unterstützen sollen, ohne ihm (ihnen) die Entscheidung abnehmen zu können[1]). Die gegenwärtig implementierten, in Implementierung befindlichen oder geplanten computertechnischen Planungsverfahren zur Unterstützung der Unternehmungsplanung in den auf dem Symposium vertretenen Unternehmungen folgen alle grundsätzlich der genannten Konzeption. Bei den deutschen bzw. in Deutschland ansässigen Unternehmungen reicht die Spannweite

— von einem umfassenden Verfahren zur Unterstützung der strategischen Unternehmungsplanung der größten deutschen Energieversorgungsunternehmung und

— einem ähnlich umfassenden Verfahren zur Unterstützung der strategischen Unternehmungsplanung einer divisionalisierten Konzern-Unternehmung mit den Geschäftsbereichen Mineralöl/Erdgas, Chemie, Strom/Kernenergie und Handel[2]) bis zu

— einem Verfahren der Kostenträgererfolgsermittlung, das im Rahmen der Fünfjahresplanung einer Unternehmung der Konsumgüterindustrie eingesetzt wird.

Dabei ging die gemeinsame Überzeugung dahin, daß es bei allen Modellrechnungen weniger auf die eigentliche Optimierung ankommt. „Die Bedeutung von computergestützten Modellen für die Unternehmungsplanung besteht vielmehr in der fundierten Analyse eines möglichst breiten Spektrums von Alternativen im Sinne einer letzten Entscheidungsvorbereitung[3])."

Hinsichtlich der technischen Realisierung computertechnischer Planungsverfahren zur Unterstützung der Unternehmungsplanung wurde die auch andererorts vertretene Auffassung unterstrichen[4]), daß die auf der Mensch-Maschine-Kommunikation basierenden interaktiven Planungsverfahren zunehmend Bedeutung gewinnen werden.

Deshalb überraschte es ein wenig, daß von zwei Teilnehmern des Symposiums, Gälweiler und Hayes, im Hinblick auf die Frage 3 ausdrücklich die

---

1) Vgl. dazu Little, John D. C.: Models and Managers: The Concept of a Decision Calculus. Management Science, Vol. 16, 1970, No. 8 S. B-466—B-485, insbes. S. B-467—B-471.
Die Verfasser gehen davon aus, daß der Begriff des decision calculus so weit gefaßt ist, daß er auch die hier zur Diskussion stehenden computertechnischen Planungsverfahren umfaßt.

2) Dieses Verfahren wird gegenwärtig im Rahmen des Zweiten DV-Förderungsprogramms der Bundesregierung von einem Projektteam entwickelt und implementiert, dessen Mitglieder von der Anwenderunternehmung, einem deutschen Software-Haus und vom Betriebswirtschaftlichen Institut für Organisation und Automation an der Universität zu Köln gestellt werden.

3) Stahlknecht, Peter: Erfahrungen mit computergestützten Planungsmodellen. In diesem Band, S. 350.

4) Vgl. z. B. Boulden, James B. and Band Elwood S. Buffa: Corporate Models: On-line, Real-time Systems. Harvard Business Review, Vol. 48, 1970, No. 4, S. 65—83. Jones, Curtis H.: At last: Real Computer Power for Decision Makers, Harvard Business Review, Vol. 48, 1970, No. Do. 5, S. 75—89. Scott Morton, Michael S.: Management-Entscheidungen im Bildschirmdialog. Essen 1972.

Meinung vertreten wurde, daß im Bereich der strategischen Unternehmungsplanung (Zielplanung) die Entwicklung und Implementierung computertechnischer Planungsverfahren beim gegenwärtigen Entwicklungsstand der Modelle und Methoden verfrüht sei. Diese Meinungsäußerungen haben auf dem Symposium bedauerlicherweise nicht die differenzierte kritische Aufmerksamkeit und Auseinandersetzung hervorgerufen, die sie verdienen. Die Verfasser wollen diesen „Fehler" korrigieren, indem sie an dieser Stelle, in der bei einem Nachwort gebotenen Kürze, eine kritische Stellungnahme nachtragen.

Den Meinungsäußerungen von Gälweiler und Hayes liegt offenbar folgende Argumentation zugrunde[5]):

1. Unternehmungen planen im Rahmen der strategischen Unternehmungsplanung Veränderungen ihrer Organisation (ihres Verhaltensrepertoires) in Anpassung an Veränderungen der Umwelt bzw. in Übereinstimmung mit ihren Absichten, die Umwelt zu verändern.

2. Dabei müssen die Planer die Unternehmung in ihren Beziehungen zur Umwelt, wie Jantsch es ausdrückt, interdimensional konzeptualisieren und analysieren. "All social systems of non-deterministic behaviour are inter- and transdimensional, by which I mean here not just the coexistence of factors and aspects pertaining to different dimensions — economic, social, political, psychological, technological and others —, but a truly systemic kind of interdependence and interpenetration between them."[6])

3. Interdimensionalen Planungssituationen sind eindimensionale Planungsverfahren nur dann adäquat, wenn sie interdimensional koordiniert werden. "While current planning procedures would dictate laying out alternatives and attempting to develop some 'optimal' portfolio based mainly on financial considerations, we would argue that financial criteria are more usefully viewed as a constraint."[7])

4. Die Qualität der Planung in interdimensionalen Planungssituationen ist weitgehend von der Qualität eines koordinierenden interdimensionalen Bezugsrahmens abhängig[8]).

5. Die Ausarbeitung interdimensionaler Bezugsrahmen für die strategische Unternehmungsplanung ist vernachlässigt worden und muß wegen ihrer Bedeutung mit Nachdruck vorangetrieben werden.

---

[5]) Vgl. dazu Gälweiler, Aloys: Zur Formalisierbarkeit von Planungssystemen. In diesem Band, S. 67. Hayes, Robert L.: Planning Models for Entrepreneurial Organizations. In diesem Band, S. 85.

[6]) Jantsch, Erich: Computer Simulation and Systems Approach. In diesem Band, S. 138.

[7]) Hayes, Robert L.: Planning Models for Entrepreneurial Organizations. In diesem Band, S. 94.

[8]) Vgl. Hayes, Robert L.: Planning Models for Entrepreneurial Organizations. In diesem Band, S. 87 ff.

Bis dahin kann der Argumentation prinzipiell nicht widersprochen werden. Widerspruch rufen jedoch die Folgerungen hervor, die Gälweiler und Hayes hinsichtlich der Entwicklung und Implementierung computertechnischer Planungsverfahren *zur Unterstützung* der strategischen Unternehmungsplanung ziehen.

Gälweiler führt in dem Zusammenhang aus: „Die qualitative Identifizierung und Strukturierung der für die konkreten Unternehmensziele relevanten Problemfelder und Determinanten ist zur Zeit die vorrangige Forschungs- und Entwicklungsaufgabe auf dem Gebiet der Unternehmensplanung. Die Lösung dieser Aufgabe ist eine *grundsätzliche Voraussetzung für die Anwendung von Computern und Modellen*[9])."

Ähnlich äußert sich Hayes: "The development of decision support systems may be an important step in improving the quality of planning. *Before this can be expected to occur*, however, some fundamental problems will need to be attacked. The first and most obvious is the need for an appropriate model of the firm for planning purposes. ... A second kind of model in need of development is a normative framework for the planning process itself."[10])

Der Formulierung der Argumente, mit denen die Verfasser ihren Widerspruch begründen, haben sie drei Fragen zugrunde gelegt:

1. Wie sollen die von Gälweiler und Hayes geforderten interdimensionalen Bezugsrahmen aufgebaut werden?
2. Kann die Entwicklung und Implementierung computertechnischer Planungsverfahren zum Aufbau interdimensionaler Bezugsrahmen für die strategische Unternehmungsplanung beitragen?
3. Kann die computertechnische Realisierung betriebswirtschaftlicher Planungsmodelle und -methoden den Aufbau interdimensionaler Bezugsrahmen für die strategische Unternehmungsplanung fördern?

Zu 1: Die geforderten interdimensionalen Bezugsrahmen für die strategische Unternehmungsplanung sollen eine vollständige Menge eindimensionaler Submodelle umfassen, die in geeigneter Weise miteinander verknüpft sind[11]). Bei Existenz einer vollständigen Menge adäquater eindimensionaler Submodelle, d. h. solcher eindimensionaler Submodelle, die gegenüber einer interdimensionalen Integration offen sind, würde der Aufbau interdimensionaler Bezugsrahmen in der geeigneten Verknüpfung adäquater Submodelle bestehen. Von der Existenz einer solchen Submodellmenge kann

---

9) Gälweiler, Aloys: Zur Formalisierbarkeit von Planungssystemen. In diesem Band, S. 71; Hervorhebungen stammen von den Verfassern.

10) Hayes, Robert L.: Planning Models for Entreprenurial Organizations. In diesem Band, S. 92; Hervorhebungen stammen von den Verfassern.

11) Vgl. Hayes, Robert L.: Planning Models for Entreprenurial Organizations. In diesem Band, S. 87 ff.

jedoch nicht die Rede sein. Jede Präsizierung und Verbesserung vorhandener und jede Entwicklung neuer adäquater Submodelle ist daher gleichzeitig als Beitrag zum Aufbau interdimensionaler Bezugsrahmen zu werten. Jeder disziplinär Arbeitende muß besser werden, wenn die Gesamtleistung im interdisziplinären Zusammenhang verbessert werden soll. Dabei muß ein ausgeprägtes Bewußtsein der Dimensionalität strategischer Unternehmungsplanung bestehen, denn jede eindimensionale Weiterentwicklung ist lediglich eine notwendige, aber keineswegs eine hinreichende Bedingung für einen interdimensionalen Entwicklungserfolg; zugleich muß ein richtiges Verständnis der Funktion interdimensionaler Bezugsrahmen vorhanden sein. "It is essential to view the challenge of higher dimensional integration not just as incentive to develop and apply techniques which will permit to conduct the entire range of discussions pertinent to a systemic forecast in some sort of highly integrated meta-language. The aim is rather to bring together view-points from different dimensions — which may be sharpened by the use of approaches with low dimensional integragration — and to coordinate them from higher levels of discourse."[12])

Zu 2.: Unter diesen Umständen kann die Entwicklung und Implementierung computertechnischer Planungsverfahren, die auf adäquaten Planungsmodellen basieren, in mehrfacher Hinsicht zum Aufbau interdimensionaler Bezugsrahmen beitragen.

Der Beitrag ist einmal ein direkter. Die computertechnische Realisierung adäquater Planungsmodelle und -methoden führt zwangsläufig zur Objektivierung und Präsizierung, in der Regel aber auch zur Verbesserung vorhandener Modelle und Methoden sowie zur Entwicklung neuer Modell-Methoden-Kombinationen.

Die Beiträge sind zum anderen indirekter Art. Computertechnisch realisierte, adäquate Planungsmodelle und -methoden eignen sich aufgrund ihrer präzisen Formulierung in hervorragender Weise als Ansatzpunkt für eine Spezifizierung ihres Kontextes, aus dem die Eingangsgrößen stammen und in den die Ausgangsgrößen eingehen. Von diesen Größen ausgehend kann versucht werden, die Verknüpfungen zu anderen Dimensionen des Planungsproblems herzustellen und gegebenenfalls dort die Ausarbeitung adäquater Submodelle zu initiieren. Darüber hinaus ist zu erwarten, daß die Interaktion von Planern aus mehreren Disziplinen selbst mit einem nur eindimensionalen (disziplinären) Modell das Bewußtsein der höheren Dimensionalität des Planungsproblems und der Notwendigkeit koordinierender Bezugsrahmen schärft.

Solche vergleichsweise stark strukturierbare Interaktionsprozesse dürften schließlich Fundgruben für teilnehmende Beobachter und beobachtende Teilnehmer sein, die am Aufbau interdimensionaler Bezugsrahmen und an Einsichten in den Planungsprozeß interessiert sind.

---

12) Jantsch, Erich: Computer Simulation and Systems Approach. In diesem Band S. 139.

Ähnliche, vorteilhafte Konsequenzen für den Aufbau koordinierender Bezugsrahmen sind nicht nur beim Einsatz, sondern auch bereits während des Prozesses der Entwicklung und Implementierung computertechnischer Planungsverfahren zu erwarten.

Zu 3.: Das, was für die Entwicklung und Implementierung computertechnischer Planungsverfahren allgemein festgestellt wurde, gilt auch für die computertechnische Realisierung betriebswirtschaftlicher Planungsmodelle und -methoden: durch sie kann und wird der Aufbau interdimensionaler Bezugsrahmen für die strategische Unternehmungsplanung gefördert werden.

Das ist einerseits dringend notwendig; denn die Anzahl objektivierter und präzise formulierter betriebswirtschaftlicher Planungsmodelle und -methoden für die strategische Unternehmungsplanung, die den Bedingungen interdimensionaler Planungssituationen adäquat sind, ist klein. Als unverdächtiger Zeuge sei Martin K. Starr zitiert: "It turns out that what management needs in planning models has little counterpart in what has been delivered. With a few notable exceptions, planning relates to a class of models that is least familiar in practice to management scientists. Of course, through one ploy or another almost any existing management science model could be shown to embody vital elements of the planning function. But it is not the intention ... to portray the illusion of a highly developed class of models. No matter how you view it, the need for planning models is far more striking than their degree of development. They are in an incipient stage and there should be no risk to mask that fact."[13]) Diese Aussage gilt auch weitgehend noch heute.

Andererseits stimmen bereits die begrenzten Erfahrungen, die die Verfasser mit computertechnisch realisierten betriebswirtschaftlichen Planungsmodellen und -methoden zur Unterstützung der strategischen Unternehmungsplanung bzw. bei ihrer konzeptionellen Gestaltung gemacht haben[14]), vergleichsweise optimistisch. Abgesehen davon, daß jedes hinsichtlich seiner wichtigsten Randbedingungen spezifizierte computertechnisch realisierte betriebswirtschaftliche Modell für die strategische Unternehmungsplanung den interdimensionalen Bezugsrahmen anreichert, regen diese Verfahren interdimensionale Überlegungen in hohem Maße an. Das sei in aller Kürze am Beispiel computertechnisch realisierter, betriebswirtschaftlicher Modelle für die strategische Planung im Maschinenbau bei Einzel- und Kleinserienfertigung belegt. Bei ihrer Gestaltung wurde bzw. wird[15]) an die Vorgehensweise

---

13) Starr, Martin K.: Planning Models. Management Science, Vol. 13, 1966, No. 4, S. B-116.
14) Die Verfasser befassen sich in Zusammenarbeit mit mehreren Unternehmungen des Maschinenbaus mit der Entwicklung computertechnisch zu realisierender betriebswirtschaftlicher Modelle zur Unterstützung der Unternehmungsplanung.
15) Vgl. z. B. Contestabile, Bruno: Ein Modell für die mittelfristige Erfolgsplanung, entwickelt am Beispiel eines Unternehmens der Apparate- und Maschinenbauindustrie mit vorwiegender Serienfertigung. Diss. ETH Zürich 1972.

bei der sogenannten langfristigen Erfolgs-, Finanz- und Bilanzplanung (einschließlich der zugrundeliegenden Mengenplanung) angeknüpft, wie sie bereits seit längerem in der Praxis üblich ist[16]).

Die Planungssituation ist dadurch gekennzeichnet,

daß die Umwelt instabil ist,

daß die zeitlichen Entwicklungen (Trajektorien) der Umweltbedingungen nicht vollständig entwickelt, sondern nur ausgewählte, fokale Ereignisse berücksichtigt werden können,

daß die Trajektorien der Konsequenzen demzufolge ebenfalls nur fokale Ereignisse umfassen und

daß die Bewertung der Konsequenzen, soweit sie Mittelcharakter haben, mehrwertig ist, weil sie im Lichte späterer, mehrwertig erwarteter Ereignisse vollzogen werden muß.

Deshalb machen die strategischen Pläne nicht Aussagen über einen besten Weg in die Zukunft. Vielmehr sind sie als mehrpfadige Netzwerke aufzufassen[17]), die neben den strategischen Programmen (Strategieänderungen), deren unmittelbare Inangriffnahme entschieden worden ist, mögliche strategische Programme umfassen, über die erst später entschieden zu werden braucht. Jeder Pfad im Netzwerk eines strategischen Plans ist ein Szenario, d. h. eine Trajektorie möglicher und beabsichtigter, miteinander verknüpfter zukünftiger Ereignisse. Da die interdimensionale Verknüpfung in den bekanntgewordenen strategischen Plänen des Maschinenbaus in der Regel im Textteil aufgezeigt wird, sind die strategischen Szenarien des Maschinenbaus eher als Mengen eindimensionaler Trajektorien aufzufassen. Sie umfassen Trajektorien der Umweltbedingungen unter Einschluß der Trajektorien der Konkurrenz, Trajektorien der Produkt-Markt-Strategie, der organisatorischen Strategie, der Einsatzgütererwerbs- und -entwicklungsstrategie[18]) und nicht zuletzt betriebswirtschaftliche Trajektorien, d. h. zeitlich geordnete Erfolgs-, Bilanz- und Mengenpläne. Jedem Szenario ist darüber hinaus eine zeitlich geordnete Menge entschiedener und möglicher strategischer Programme (Aktionspläne, Maßnahmenpläne) zugeordnet.

Die Aufgabe betriebswirtschaftlicher Planungsmodelle besteht in diesem Kontext darin, betriebswirtschaftliche Trajektorien zu entwickeln. Das geschieht in den bekannt gewordenen Fällen in der Weise, daß zunächst auf der Grundlage der gegenwärtig geltenden Strategien nach Maßgabe der erwarteten Umweltbedingungen eine (mehrere) Trajektorie(n) dieser soge-

---

[16]) Vgl. z. B. Long-Range Profit Planning. NAA Research Report No. 42, 1964. Weinwurm, Ernest H. und Weinwurm, George J.: Long-Term Profit Planning. American Management Association, Inc., 1971.
[17]) Vgl. Starr, Martin K.: Planning Model, a. a. O., S. B-130 ff.
[18]) Zu dieser Gliederung der Strategien vgl. Ansoff, Igor H.: Corporate Strategy. New York 1965.

nannten Momentumstrategie entwickelt werden. So werden beispielsweise auf der Datenbasis der gegenwärtig geltenden Kostenträgerfunktionen für Material und Arbeitszeit die Materialkosten, Kostenstellenbelastungen und direkten Löhne in Abhängigkeit von erwarteten Absatzmengen, Preisen usw. ermittelt. Danach wird die Trajektorie der Momentumstrategie aufgrund der strategischen Programme korrigiert und so in die Trajektorie der neuen möglichen oder entschiedenen Strategie überführt.

Die betriebswirtschaftlichen Planungsmodelle sind daher Instrumente sowohl der Problemfindung (Erfolgslücken, Kapazitätslücken usw.) als auch der Problemlösung. Hauptanknüpfungspunkt für mehrdimensionale Analysen sind die strategischen Programme. Sie sind im Kontext betriebswirtschaftlicher Planungsmodelle auf Aussagen über betriebswirtschaftliche Größen beschränkt. So wird z. B. ein strategisches Programm zur Produktweiterentwicklung lediglich hinsichtlich des Gütereinsatzes, der Kosten und Ausgaben für das Projekt und seine Konsequenzen in bezug auf die Absatzmengen, Absatzpreise, den Materialeinsatz und den Arbeitszeitbedarf in der Herstellung und auftragsabhängigen Entwicklung gekennzeichnet. Modellorientierte Formulierungen strategischer Programme bedürfen daher stets der Ergänzung, fordern aber auch zur Ergänzung und damit zu interdimensionaler Analyse heraus. Die Tatsache, daß sie explizit und streng formuliert werden müssen, ist ein Fortschritt, der sich fördernd auf interdimensionale Analysen und damit auf den Aufbau interdimensionaler Bezugsrahmen auswirken wird.

Schriftenreihe „Betriebswirtschaftliche Beiträge zur Organisation und Automation"

Herausgegeben von Prof. Dr. Erwin Grochla und Prof. Dr. Norbert Szyperski

---

Band 1
Automation und Organisation
Von Prof. Dr. Erwin Grochla   143 Seiten, Leinen 19,70 DM

Band 2
Grundlagen einer Theorie betrieblicher Datenverarbeitung
Von Dr. Konrad F. Schweiker   197 Seiten, Leinen 22,80 DM

Band 3
Die Gliederung der Datenverarbeitungsstelle und ihre Einordnung in die Organisation der Unternehmung
Von Studienkreis Prof. Dr. Meller   159 Seiten, Leinen 18,60 DM

Band 4
Kontrolle und Unternehmungsführung
Von Dr. Erich Frese   170 Seiten, Leinen 19,70 DM

Band 5
Simulation und Planspieltechnik
Von Prof. Dr. Horst Koller   200 Seiten, Leinen 28,80 DM

Band 6
Systemanalyse und Sachmitteleinsatz in der Betriebsorganisation
Von Dr. Gertrud Wegner   124 Seiten, Leinen 16,60 DM

Band 7
Die Koordination betrieblicher Finanzentscheidungen
Von Dr. Hans-Walter Schmidtkunz   135 Seiten, Leinen 19,20 DM

Band 8
Die Wirtschaftlichkeit automatisierter Datenverarbeitungssysteme
Herausgegeben von Prof. Dr. Erwin Grochla   334 Seiten, Leinen 49,60 DM

Band 9
Das Rechnungswesen bei automatisierter Datenverarbeitung
Von Studienkreis Präsident Schröder   250 Seiten, Leinen 36,60 DM

Band 10
Das Büro als Zentrum der Informationsverarbeitung
Herausgegeben von Prof. Dr. Erwin Grochla   435 Seiten, Leinen 58,80 DM

Band 11
Maschinelle Datenverarbeitungssysteme in der Unternehmung
Von Dr. Manfred zur Nieden   211 Seiten, Leinen 29,50 DM

Band 12
Computer-gestützte Entscheidungen in Unternehmungen
Herausgegeben von Prof. Dr. Erwin Grochla   227 Seiten, Leinen 29,50 DM

Band 13
Regelungstheorie und Entscheidungsprozesse
Von Prof. Dr. Bernd Schiemenz   208 Seiten, Leinen 29,20 DM

Band 14
Management-Informationssysteme
Herausgegeben von Prof. Dr. Erwin Grochla und Prof. Dr. Norbert Szyperski
                                                868 Seiten, Leinen 68,— DM

Band 15
Istaufnahme und automatisierte Datenverarbeitung
Von Studienkreis Dr. Pärli   237 Seiten, Leinen 34,60 DM

Band 16
Grundlagen und organisatorische Möglichkeiten der Datenerfassung
Von Studienkreis Prof. Dr. Meller   212 Seiten, Leinen 29,80 DM

Band 17
Ordnungsmäßige Buchführungssysteme bei automatisierter Datenverarbeitung
Von Dr. Harald Rölle   300 Seiten, Leinen 39,80 DM

Band 18
Organisation von Software-Systemen
Von Dr. Dietrich Seibt   269 Seiten, Leinen 38,80 DM

Band 19
Die Wirksamkeit von Programmiersprachen
Von Studienkreis Prof. Dr. Paul Schmitz   434 Seiten, Leinen 54,80 DM

Band 20
Kooperativer Führungsstil und Organisation
Von Dr. Günter Zepf   231 Seiten, Leinen 32,— DM

Band 21
Systemtheorie und Organisation
Von Dr. Herbert Fuchs   239 Seiten, Leinen 31,60 DM

Band 22
Modell- und computer-gestützte Unternehmensplanung
Herausgegeben von
Prof. Dr. Erwin Grochla und Prof. Dr. Norbert Szyperski   760 Seiten, Leinen 61,50 DM

Betriebswirtschaftlicher Verlag Dr. Th. Gabler · Wiesbaden

If you have any concerns about our products,
you can contact us on
ProductSafety@springernature.com

In case Publisher is established outside the EU,
the EU authorized representative is:
**Springer Nature Customer Service Center GmbH
Europaplatz 3, 69115 Heidelberg, Germany**

Printed by Libri Plureos GmbH
in Hamburg, Germany